रामशरण शर्मा

रामशरण शर्मा का जन्म 1 सितम्बर, 1920 को बरौनी बिहार में हुआ। उन्होंने पटना कॉलेज से एम.ए. किया और लंदन विश्वविद्यालय से पी-एच.डी. की उपाधि प्राप्त की। आरा, भागलपुर और पटना के कॉलेजों में प्राध्यापन किया। पटना विश्वविद्यालय में इतिहास के प्रोफेसर एवं विभागाध्यक्ष, दिल्ली विश्वविद्यालय में प्रोफ़ेसर तथा विभागाध्यक्ष रहे। भारतीय इतिहास अनुसंधान परिषद के अध्यक्ष, भारतीय इतिहास कांग्रेस के सभापति, यूनेस्को की इंटरनेशनल एसोसिएशन फ़ॉर स्टडी ऑफ़ कल्चर्स ऑफ़ सेंट्रल एशिया के उपाध्यक्ष रहे। अनेक समितियों-आयोगों के सदस्य और भारतीय इतिहास अनुसन्धान परिषद के नेशनल फ़ैलो भी रहे। बम्बई एशियाटिक सोसायटी के 'कैंपवेल स्वर्णपदक' से सम्मानित हुए।

उनकी प्रमुख पुस्तकें हैं—'विश्व इतिहास की भूमिका', 'आर्य एवं हड़प्पा संस्कृतियों की भिन्नता', 'भारतीय सामंतवाद', 'प्राचीन भारत में राजनीतिक विचार एवं संस्थाएँ', 'प्राचीन भारत में भौतिक प्रगति एवं सामाजिक संरचनाएँ', 'शूद्रों का प्राचीन इतिहास', 'भारत के प्राचीन नगरों का पतन', 'पूर्व मध्यकालीन भारत का सामंती समाज और संस्कृति' आदि। हिन्दी और अंग्रेज़ी के अतिरिक्त प्रो. शर्मा की पुस्तकें अनेक भारतीय भाषाओं समेत जापानी, फ़्रांसीसी, जर्मन तथा रूसी आदि विदेशी भाषाओं में भी प्रकाशित हुई हैं।

20 अगस्त, 2011 को उनका निधन हुआ।

शूद्रों का प्राचीन इतिहास

रामशरण शर्मा

राजकमल पेपरबैक्स

पहला पुस्तकालय संस्करण
राजकमल प्रकाशन प्राइवेट लिमिटेड द्वारा
1992 में प्रकाशित
तेरहवाँ छात्र संस्करण : 2023

राजकमल पेपरबैक्स में
पहला संस्करण : 2024

राजकमल पेपरबैक्स : उत्कृष्ट साहित्य के जनसुलभ संस्करण

राजकमल प्रकाशन प्रा.लि.
1-बी, नेताजी सुभाष मार्ग, दरियागंज
नई दिल्ली-110 002
द्वारा प्रकाशित

शाखाएँ : अशोक राजपथ, साइंस कॉलेज के सामने, पटना-800 006
पहली मंजिल, दरबारी बिल्डिंग, महात्मा गांधी मार्ग, प्रयागराज-211 001
1, अनमोल सोराबजी संतुक लेन, धोबी तलाव, मरीन लाइंस, मुम्बई-400 002
वेबसाइट : www.rajkamalprakashan.com
ई-मेल : info@rajkamalprakashan.com

बी.के. ऑफसेट
नवीन शाहदरा, दिल्ली-110 032
द्वारा मुद्रित

मूल्य : ₹ 399

SHUDRON KA PRACHEEN ITIHAS
History by Prof. R.S. Sharma

ISBN : 978-93-6086-992-2

अनुक्रम

भूमिका	9
उत्पत्ति	16
जनजाति से वर्ण की ओर	49
दासता और अशक्तता	88
मौर्यकालीन राज्यनियंत्रण और सेविवर्ग	146
प्राचीन व्यवस्था का कमजोर पड़ना	176
रूपांतरण की प्रक्रिया	220
सारांश और निष्कर्ष	278
ग्रंथ सूची	301

आमुख

मैंने इस विषय का अध्ययन लगभग दस वर्ष पहले आरंभ किया किंतु भारतीय विश्वविद्यालय के शिक्षक की कार्यव्यस्तता और पुस्तकालय की समुचित सुविधा के अभाव के कारण कोई उल्लेखनीय प्रगति नहीं कर सका। इस ग्रंथ का अधिकांश स्कूल ऑफ ओरियंटल ऐंड अफ्रीकन स्टडीज़ में दो शिक्षासत्रों (1954-56) में पूरा किया गया, जहाँ जाने के लिए पटना विश्वविद्यालय ने मुझे उदारतापूर्वक अध्ययन-अवकाश प्रदान किया। यह पुस्तक मुख्यतया मेरे उस शोधप्रबंध पर आधारित है जो लंदन विश्वविद्यालय में 1956 ई. में पी-एच.डी. की उपाधि के लिए स्वीकृत हुआ था।

डॉ. एफ. आर. आलचिन, प्रो. एच. डब्ल्यू. बेली, डॉ. टी. एन. दवे, डॉ. जे. डी. एम. डेरेट, प्रो. सी. वान फुरस्हैमेनडार्फ, प्रो. डी. डी. कोसंबी, प्रो. आर. एन. शर्मा और डॉ. ए. के. वार्डर और अनेक अन्य मित्रों को मैं धन्यवाद देता हूँ, जिनसे मुझे इस कार्य में अनेक प्रकार की सहायता मिली है। डॉ. एल. डी. बार्नेट ने मुझे जो बहुमूल्य सुझाव दिए हैं, उसके लिए मैं उनका आभारी हूँ। अपने प्रिय मित्र डॉ. देवराज को मैं अवश्य धन्यवाद दूँगा जिनकी सहायता यदि प्रमाणीवाचन और आनुषंगिक कार्य में नहीं मिलती तो पुस्तक के प्रकाशन में कुछ और विलंब हो जाता। डॉ. उपेंद्र ठाकुर का भी आभारी हूँ जिन्होंने अनुक्रमणी तैयार की है और प्रमाणीवाचन में भी मेरी सहायता की है। सबसे बढ़कर, इसे मैं अपना सौभाग्य मानता हूँ कि मुझे प्रो. ए. एल. बैशम के साथ कार्य करने का अवसर मिला जिनके अविचल वैदुष्य-मानदंड, छात्रों की बौद्धिक स्वतंत्रता के प्रति स्नेह और सुहृद संमित मार्गदर्शन से इस ग्रंथ की रचना में बहुत सहारा मिला है। इसमें तथ्य और निर्णय संबंधी जो भूलें अथवा अन्य तकनीकी अनियमितताएँ रह गई हों, उनका दायित्व मैं अपने ऊपर लेता हूँ।

रामशरण शर्मा

भूमिका

प्राचीन भारत की सामाजिक व्यवस्था का आधुनिक अध्ययन ईस्ट इंडिया कंपनी के प्रयासों से आरंभ हुआ। कंपनी एक विदेशी जाति की संव्यवस्थाओं से परिचित हुए बिना उस पर शासन नहीं कर सकती थी। भारत के आरंभिक सामाजिक इतिहास की दृष्टि से जिन आंग्ल रचनाओं का कुछ महत्व है उनमें से एक है : *अ कोड ऑफ जेंटू लाज* (1776), जिसकी भूमिका में बताया गया है कि 'भारत के व्यापार और बंगाल में स्थानीय सत्ता को स्थापना' के लाभ तभी कायम रह सकते हैं जब 'उस देश की उन मौलिक संव्यवस्थाओं को अपना लिया जाए जो विजेताओं के कानूनों और हितों के प्रतिकूल नहीं हैं।'[1] *मनुस्मृति* के अनुवाद की भूमिका (1794) में आधुनिक भारतीय विद्या (इंडोलोजी) के जन्मदाता सर विलियम जोंस ने लिखा है कि यदि इस नीति का अनुसरण किया जाए तो 'करोड़ों हिंदू प्रजा' का 'सुनिर्दिष्ट श्रम' 'ब्रिटेन की श्रीवृद्धि में सहायक होगा'।[2] चार वर्ष बाद इन स्रोतों के आधार पर कोलब्रुक ने 'एन्युमरेशन ऑफ इंडियन क्लासेज़' पर निबंध लिखा।[3] उसके अनुसार भारत का सामाजिक वर्गीकरण अत्यंत महत्वपूर्ण, विशिष्ट संव्यवस्था है।[4] उसके शीघ्र ही बाद अपनी पुस्तक *दि हिस्ट्री ऑफ इंडिया* (1818) में मिल ने वर्ण व्यवस्था का विवरण प्रस्तुत करने के लिए इन स्रोतों का उपयोग किया। शूद्रों की अशक्तताओं की चर्चा करते हुए वे इस निष्कर्ष पर पहुँचे कि हिंदुओं में जातिजन्य पराधीनता की विभीषिका किसी भी अन्य समाज की अपेक्षा अधिक विनाशात्मक थी।[5] उसने यह भी कहा कि हिंदू समाज की यह वीभत्सता अभी भी बनी हुई है। किंतु इन्हीं स्रोतों के आधार पर एलफिंस्टन (1841) का निष्कर्ष था कि 'शूद्रों की स्थिति' कुछ प्राचीन गणराज्यों के लोकदासों की स्थिति से अच्छी थी। उसका ख्याल था कि शूद्र मध्ययुग के कृषि दासों या अन्य पराश्रित वर्गों से, जिनसे हम परिचित हैं, अच्छी हालत में तो अवश्य थे।[6] उसका यह भी विचार था

कि उसके समय वैसे पराश्रित वर्ग अब विद्यमान नहीं थे ।[7]

इसमें संदेह नहीं कि बहुत-सी अति पुरातन सामाजिक प्रथाएँ उन्नीसवीं शताब्दी में भी प्रचलित थीं । इंग्लैंड के विकासोन्मुख औद्योगिक समाज और भारत के पुराने तथा पतनोन्मुख समाज के बीच की गहरी विषमता ने राष्ट्रीय भावना से प्रेरित भारत के शिक्षित और बुद्धिजीवी वर्ग का ध्यान आकर्षित किया ।[8] उन्होंने महसूस किया कि सती प्रथा, आजीवन वैधव्य, बाल विवाह और सजातीय विवाह की प्रथा राष्ट्र की प्रगति में बाधक हैं । चूँकि ये प्रथाएँ धर्मशास्त्रों के बल पर चल रही थीं, इसलिए यह अनुभव किया गया कि उनमें आवश्यक सुधार आसानी से लाए जा सकते हैं, यदि यह सिद्ध किया जा सके कि वे सुधार धार्मिक ग्रंथों के अनुरूप हैं । इस प्रकार सन् 1818 ई. में राममोहन राय ने सती-प्रथा के विरोध में प्रकाशित अपनी प्रथम पुस्तिका (ट्रैक्ट) के द्वारा यह सिद्ध करने का प्रयास किया कि शास्त्रों के अनुसार, नारी के मोक्ष का सर्वोत्तम साधन सती प्रथा नहीं है ।[9] इसी शताब्दी के पाँचवें दशक में स्मृति ग्रंथों के आधार पर ईश्वरचंद्र विद्यासागर ने विधवा-विवाह का समर्थन किया ।[10] सातवें दशक में आर्य समाज के संस्थापक स्वामी दयानंद ने मूल संस्कृत ग्रंथों के उद्धरणों का संकलन *सत्यार्थ प्रकाश* के नाम से प्रकाशित किया । उनके जरिए उन्होंने विधवा विवाह का समर्थन किया, जन्म पर आधारित जाति प्रथा के बहिष्कार की घोषणा की,[11] और शूद्रों को भी वेदाध्ययन का अधिकारी माना ।[12] हमें मालूम नहीं कि आरंभ में समाज सुधारकों को म्यूर की सभकालीन रचनाओं [13] से कहाँ तक प्रेरणा मिली । उसने यह प्रमाणित करने का प्रयास किया है कि प्राचीन युग में यह विश्वास प्रचलित नहीं था कि चारों वर्णों की उत्पत्ति आदि मानव से हुई है ।[14] हम यह भी नहीं जानते कि वेबर की उन रचनाओं का भी उन पर कोई प्रभाव पड़ा या नहीं जिनमें उसने ब्राह्मणों और सूत्रों के आधार पर वर्ण व्यवस्था का प्रथम महत्वपूर्ण विश्लेषण प्रस्तुत किया है ।[15]

1891 ई. में, जब सम्मति आयु विधेयक (एज ऑफ कंसेंट बिल) प्रस्तुत किया जा रहा था, सर आर. जी. भंडारकर ने एक प्रामाणिक पुस्तिका प्रकाशित की जिसमें संस्कृत ग्रंथों का उद्धरण देकर उन्होंने यह सिद्ध करने का प्रयास किया कि वयस्क होने पर ही किसी लड़की का विवाह किया जाना चाहिए । दूसरी ओर बाल गंगाधर तिलक ने, जो विदेशी शासकों के विरुद्ध किसी भी हथियार का प्रयोग करने को तैयार रहते थे, प्राचीन संदर्भग्रंथों से उद्धरण प्रस्तुत करके इस विधेयक का विरोध किया ।[16]

आधुनिक सुधारों के समर्थन में प्राचीन ग्रंथों का उद्धरण देने की प्रवृत्ति कितनी व्यापक थी इसका कुछ अनुमान आर. जी. भंडारकर (1895) के इन शब्दों से किया जा सकता है : 'प्राचीन काल में लड़कियों का विवाह वयस्क होने पर किया जाता था, अब उनका

विवाह उसके पूर्व ही हो जाता है; तब विधवा विवाह का प्रचलन था, अब वह बिल्कुल उठ गया है··· विभिन्न जातियों के लोग उन दिनों साथ मिलकर खाते थे और इस बात पर कोई रोक नहीं थी, लेकिन अब इन असंख्य जातियों में ··· इस प्रकार का कोई पारस्परिक संपर्क नहीं है।'[17]

भारतीय विद्वानों ने समाज के पुराने रीति-रिवाजों को इस ढंग से प्रस्तुत करने का प्रयास किया है कि वे नए युग के लोगों को अधिक ग्राह्य हों, पर पश्चिम के लेखकों को यह बात रुचिकर नहीं लगी है। सेनार्ट (1896) का कथन है कि अँगरेजी रंग-ढंग में पले हिंदुओं ने जातिप्रथा की तुलना यूरोपवासियों में प्रचलित सामाजिक भेदभावों से की है, पर पश्चिमी सामाजिक वर्गों के साथ यदि उनमें कुछ समानता दीखती भी है तो बहुत कम ही।[18] इसी प्रकार हापकिंस (1881) का विचार है कि शूद्रों की स्थिति 1860 के पहले अमरीकी गृह-दासों से भिन्न नहीं थी।[19] हापकिंस के इस मंतव्य की समीक्षा करते हुए हिलब्रांट (1896) ने कहा है कि शूद्रों की तुलना पुराने जमाने के दासों से की जानी चाहिए, न कि बाद में विकसित ऐतिहासिक तथ्यों के संदर्भ में।[20]

हापकिंस की आलोचना करते हुए केतकर (1911) की शिकायत है कि हब्शियों के प्रति बरते जानेवाले जातीय भेदभाव से प्रभावित होने के कारण यूरोपीय लेखक भारतीय जातिप्रथा का नाहक बढ़ा-चढ़ाकर चित्रण करते हैं।[21] केतकर, दत्त, धुर्वे तथा अन्य नवीन भारतीय लेखकों की रचनाओं की मुख्य प्रवृत्ति यह है कि जातिप्रथा को इस रूप में चित्रित किया जाए कि वह नए ढाँचे में ढलकर वर्तमान आवश्यकताओं के अनुकूल बन सके।[22] इससे यह आभास मिलता है कि प्राचीन भारतीय सामाजिक समस्याओं का अध्ययन अधिकतर सुधारवादियों और कट्टरपंथियों के बीच झगड़े की पृष्ठभूमि में किया गया है। सुधार और राष्ट्रीयता की सशक्त प्रेरणाओं ने भारत के आरंभिक सामाजिक जीवन के बारे में निस्संदेह अनमोल रचनाओं को जन्म दिया है। किंतु आधुनिक दृष्टिकोण के अनुसार जो कुछ बातें अरुचिकर और कलुषित लगीं, उनकी या तो उपेक्षा कर दी गई या उनकी ऐसी व्याख्या की गई जो युक्तिसंगत नहीं लगती। उदाहरणार्थ, यह कहा गया है कि अशक्तताओं के कारण शूद्रों के सुख या कल्याण में कोई कमी नहीं आई।[23]

आरंभिक सामाजिक जीवन के अनुकूल पहलुओं पर विशेष ध्यान देने की इस प्रवृत्ति के कारण प्राचीन भारतीय शूद्रों की स्थिति के बारे में ग्रंथों का सर्वथा अभाव है। यूरोपीय लेखकों का भी ध्यान मुख्यतः हिंदू समाज के उच्च वर्गों के अध्ययन पर ही केंद्रित रहा है। इस प्रकार म्यूर ने ब्राह्मण और क्षत्रियों के बीच के संघर्ष के आख्यानों का वर्णन 188 पृष्ठों में किया[24] और हापकिंस (1889) ने भी 'प्राचीन भारत में शासक जातियों की स्थिति' का विशद विवरण दिया है।[25] उत्तर-पूर्व भारत के सामाजिक संगठन पर फिक (1897) की

सराहनीय रचना भी मुख्यतया क्षत्रियों, ब्राह्मणों और गहपतियों या सेट्ठियों के वर्णन में ही सिमटी रही। निम्न वर्णों की स्थिति के प्रति इन लेखकों की अरुचि का कोई कारण नहीं हो सकता, सिवाय इसके कि उनकी दृष्टि स्वयं उनके अपने युग के प्रबल, प्रमुख वर्ग के जीवन-दर्शन से परिसीमित थी।

शूद्रों के बारे में प्रथम स्वतंत्र रचना वी. एस. शास्त्री (1922) का एक छोटा-सा निबंध है जिसमें उन्होंने 'शूद्र' शब्द के दार्शनिक आधार की चर्चा की है।[26] इसी विषय पर एक अन्य लेख में उन्होंने यह बताने का प्रयास किया है कि शूद्र वैदिक अनुष्ठान कर सकते हैं।[27] घोषाल (1947) ने हाल के अपने एक निबंध में धर्मसूत्रों में शूद्रों के स्थान की विवेचना की है।[28] इस विषय पर नवीनतम रचना रूसी लेखक जी. एफ. इलिन ने (1950) की है[29] जिन्होंने धर्मशास्त्रों के आधार पर[30] सिद्ध किया है कि शूद्र गुलाम नहीं थे। शूद्रों के संबंध में एकमात्र प्रबंध रचना (1946) सुविख्यात भारतीय राजनीतिज्ञ अंबेडकर की है। यह शूद्रों के उद्भव के प्रश्न तक ही सीमित है।[31] लेखक ने पूरी सामग्री अनुवादों[32] से जुटाई है और इससे भी बुरी बात यह है कि उनके लेखन से यह आभास मिलता है कि उन्होंने शूद्रों को उच्च वंश का सिद्ध करने का दृढ़ संकल्प लेकर अपनी यह पुस्तक लिखी है। यह उस मनोवृत्ति का परिचायक है, जो हाल में नीची जाति के पढ़े-लिखे लोगों में उत्पन्न हुई है। 'शांति पर्व' के मात्र एक स्थल पर शूद्र पैजवन द्वारा किए गए यज्ञ की चर्चा को शूद्रों के मूलतया क्षत्रिय होने का पर्याप्त प्रमाण मान लिया गया है।[33] लेखक ने विभिन्न परिस्थितियों की उस पेचीदगी की ओर कोई ध्यान नहीं दिया है जिसके कारण शूद्र नामक श्रमजीवी वर्ग बना। हमारे विषय से संबंधित एक बहुत हाल की रचना (1957) में[34] प्राचीन भारत के श्रमिकों से संबंधित छिटपुट सूचनाएँ एकत्र की गई हैं किंतु इससे हमारी समझदारी में कोई महत्वपूर्ण वृद्धि नहीं होती। इस पुस्तक का प्रधान उद्देश्य है प्राचीन भारत में श्रम संबंधी अर्थशास्त्र के क्रियाकलाप की छानबीन करना। इस क्रम में लेखक ने पाया है कि पहले भी आज की तरह पारिश्रमिक बोर्ड, मध्यस्थता, सामाजिक सुरक्षा आदि की व्यवस्था थी। फलस्वरूप यह पुस्तक 'आधुनिकता' से ग्रस्त है। इतना ही नहीं, यह पुस्तक प्रधानतया कौटिल्य के *अर्थशास्त्र* के आधार पर लिखी गई है, अपूर्ण है और इसमें ऐतिहासिक समझदारी का अभाव है।

प्रस्तुत ग्रंथ की रचना का उद्देश्य मात्र प्राचीन भारत में शूद्रों की स्थिति का विस्तृत विवेचन करना ही नहीं, बल्कि उसके ऐसे आधुनिक विवरणों का मूल्यांकन करना भी है जो या तो अपर्याप्त आँकड़ों के आधार पर अथवा सुधारवादी या सुधारविरोधी भावनाओं से प्रेरित होकर लिखे गए हैं। इसमें लगभग पाँच सौ ई. तक हुए शूद्रों के विकास को सुसंबद्ध और क्रमानुसार रूप में प्रस्तुत करने का प्रयास किया जाएगा।

इस ग्रंथ की सामग्री के लिए मुख्यतः साहित्यिक स्रोतों पर निर्भर करना पड़ा है, जिनका या जिनके कुछ अंशों का काल-निर्धारण कठिन है। हमने साहित्यिक ग्रंथों का साधारणतया स्वीकृत कालक्रम अपनाया है, किंतु जहाँ इस पर मतभेद है, वहाँ परंपरा से भिन्न रचनातिथि अपनाने के बारे में हमने अपने तर्क प्रस्तुत किए हैं।

यद्यपि ये ग्रंथ विभिन्न कालावधियों के हैं, फिर भी इनमें एक ही प्रकार के सूत्र और समरूप शब्दावली का ऐसा आधिक्य है कि इनके चलते समाज में हुए परिवर्तनों का पता लगाना कठिन है। इसलिए पाठभेदों पर पूरा ध्यान रखा गया है। इनमें से बहुतेरे ग्रंथों को टीकाकार की सहायता के बिना समझ सकना संभव नहीं है, किंतु टीकाकार अधिकतर अपने युग के विचारों को आरंभिक युगों पर आरोपित कर देते हैं।

यह भी ध्यातव्य है कि ब्राह्मण और ब्राह्मणेतर ग्रंथों में ब्राह्मणों या क्षत्रियों या दोनों की प्रभुता को प्रामाणिक सिद्ध करने का प्रयास किया गया है और उनमें शायद ही कहीं शूद्रों के प्रति सहानुभूति की भावना है। यह दलील दी जाती है कि धर्मशास्त्र और अन्यान्य ग्रंथों के लेखक शूद्रों के शत्रु थे, अतः प्रमाण की दृष्टि से इनका महत्व नहीं है।[35] किंतु अन्य प्राचीन समाजों के विधिग्रंथों में भी भारतीय धर्मशास्त्रों की तरह ही वर्ग के आधार पर विधान बनाने का सिद्धांत अपनाया गया है। दुर्भाग्यवश पर्याप्त आँकड़ों के अभाव में निश्चित रूप से यह बताना कठिन है कि धर्मशास्त्र के न्यायसूत्रों का कहाँ तक अनुपालन होता था।

चूँकि शूद्र श्रमिक वर्ग के थे, अतः इस पुस्तक में उनकी माली हालत और उच्च वर्ग के लोगों के साथ उनके आर्थिक और सामाजिक संबंधों का स्वरूप निश्चित करने पर विशेष ध्यान रखा गया है। स्वाभाविक रूप से इसमें दासों की स्थिति का भी अध्ययन करना पड़ा है, क्योंकि शूद्रों को उनके सदृश माना जाता था। अछूतों को सिद्धांततः शूद्रों की कोटि में रखा गया है और यही कारण है कि उनकी उत्पत्ति और स्थिति की भी चर्चा विस्तारपूर्वक की गई है।

शूद्रों की स्थिति में हुई प्रगति की सुचारु व्याख्या और उसे सोदाहरण प्रस्तुत करने के उद्देश्य से, जहाँ कहीं संभव हुआ है, उसकी तुलना प्राचीन काल के उन समाजों और आदिकालीन लोगों की स्थिति में हुई उसी तरह की प्रगति के साथ की गई है, जिनकी जानकारी मानवशास्त्रवेत्ताओं को प्राप्त है।

संदर्भ

1. विवादार्णवसेतु, अनुवाद की भूमिका, पृ . IX. इस ग्रंथ का अंगरेजी से जर्मन भाषा में अनुवाद 1778 ई . में हुआ .
2. इंस्टीट्यूट्स ऑफ हिंदू लॉ, भूमिका, पृ . XIX. देखें रायल एशियाटिक सोसाइटी की प्रथम साधारण सभा (15 मार्च, 1823) में कोलब्रुक का भाषण, एसेज I, पृ . 1-2
3. वही, ii, पृ . 157-70.
4. वही, ii , पृ . 157.
5. जेम्स मिल : 'दि हिस्ट्री ऑफ इंडिया', ii, पृ. 166, i, पृ . 166-9, पृ . 169, पाद-टिप्पणी 1. ऐसा प्रतीत होता है कि मिल ने भारत के इतिहास में जो साधारणीकरण, जो सामान्य विवेचन प्रस्तुत किया, उसका ब्रिटिश इतिहासकारों पर बहुत अधिक प्रभाव पड़ा .
6. वही, i, पृ . 34.
7. वही, पृ . 107.
8. जे . सी . घोष : 'ब्राह्मणिज़्म ऐंड शूद्र', पृ . 46. 1902 ई . में एक पुराने भारतीय लेखक ने खेद प्रकट किया है कि ब्राह्मणों को यूरेसियन (आंग्ल-भारतीय) उद्योगपतियों से नीचे स्थान दिया गया .
9. सं . —जे . सी . घोष : 'दि इंगलिश वर्क्स ऑफ राममोहन राय', i, प्रस्तावना, पृ . XVIII; ii, पृ . 123-192.
10. आर . जी . भंडारकर : 'कलेक्टेड वर्क्स', ii, पृ . 498.
11. स्वामी दयानंद सरस्वती : 'सत्यार्थ प्रकाश', चतुर्थ समुल्लास, पृ . 83-92, 113-122.
12. वही, तृतीय समुल्लास, पृ . 39, 73-74.
13. जे . म्यूर : 'ओरिजिनल संस्कृत टेक्सट्स', i, लंदन, 1872
14. वही, पृ . 159-60.
15. इंडिसे स्टुडियन, x, 1-160.
16. आर . जी . भंडारकर : 'क्लेक्टेड वर्क्स', ii, पृ. 538-83. 'हिस्ट्री ऑफ चाइल्ड मैरिज' पर जाली के निबंध की भंडारकर द्वारा की गई आलोचना भी देखें, वही, पृ . 584-602.
17. वही, ii, पृ. 522-23.
18. एमिल सेनार्ट : 'कास्ट इन इंडिया', पृ . 12-13.
19. ई . डब्ल्यू . हापकिंस : 'म्यूचुअल रिलेशंस ऑफ दि फोर कास्ट्स इन मनु', पृ . 102.
20. हिलब्रांट : 'ब्राह्मणेन उण्ड शूद्राज, फेस्टशृफ्ट फ्यूर कार्ल वेनहोल्ड', पृ . 57.
21. केतकर : 'हिस्ट्री ऑफ कास्ट', पृ . 78, पाद-टिप्पणी - 3.
22. वही, पृ. 9. बेल्वलकर की पुस्तक 'हिंदू सोशल इंस्टीट्यूशंस' में राधाकृष्णन का प्राक्कथन . दत्त और धुर्वे की रचनाओं में अपेक्षाकृत अच्छा ऐतिहासिक दृष्टिकोण लक्षित हुआ है; पर देखें, दत्त : पूर्व निर्दिष्ट, भूमिका , पृ . VI.
23. सरकार : 'हिंदू सोशियालजी', पृ . 92-95 ; 'शुक्रनीति सार' के आधार पर, देखें के . बी . रंगस्वामी अयंगर : 'इंडियन [illegible]रेलिज़्म', पृ . 85.
24. जे . म्यूर : 'ओरिजिनल संस्कृत टेक्स्ट्स', i, अध्याय IV.
25. (जरनल ऑफ दि अमेरिकन ओरिएंटल सोसायटी), बाल्टीमोर, xiii, पृ . 57-376.
26. वी . एस . शास्त्री (इंडियन एंटीक्वेरी), li, पृ . 137-9.

27. वी . एस . भट्टाचार्य : 'दि स्टेटस ऑफ शूद्र इन एनशिएंट इंडिया', (विश्वभारती क्वार्टरली), i,पृ . 268-278.
28. यू . एन . घोषाल (इंडियन कल्चर), xiv, पृ . 21-27.
29. जी . एफ . इलिन : 'शूद्राज उण्ड स्कलावेन इन डेन अल्टिनडिस्वेन गेसेत्‌जबुचेर्न (सौजेट्‌वसेनशैफ्ट, 1952), 'वेस्तनिक ड्रेवेनीय इस्तोरी' से अनूदित, 1950, सं . 2, पृ . 94-107.
30. काणे ने शूद्रों के बारे में धर्मशास्त्र से जो उद्धरण संकलित किए हैं, उनमें शूद्रों की स्थिति का ऐतिहासिक दृष्टि से अध्ययन करने के लिए मूल्यवान सामग्री प्राप्त होती है।
31. अंबेडकर : 'हू वेयर दि शूद्राज ?'
32. वही, भूमिका, पृ . IV.
33. यह ध्यान देने की बात है कि हाल के जातीय आंदोलन में कई शूद्र जातियों ने क्षत्रिय होने का दावा किया। दुसाध दुःशासन के और ग्वाले यदु के वंशज होने का दावा करते हैं।
34. के. एम . शरण : 'लेबर इन एनशिएंट इंडिया'
35. अंबेडकर : पूर्व निर्दिष्ट, 114.

उत्पत्ति

1847 ई. में रौथ ने संकेत किया था कि शूद्र आर्यों के समाज से बाहर के रहे होंगे।[1] उस समय से सामान्यतया यह विचारधारा चली आ रही है कि ब्राह्मणकालीन समाज का चौथा वर्ण मुख्यतया आर्येतर लोगों का था जिनकी वैसी स्थिति आर्य विजेताओं ने बना रखी थी।[2] यूरोप के गौरांग और एशिया तथा अफ्रीका के गौरांगेतर लोगों के बीच हुए संघर्ष से साम्य के आधार पर इस विचारधारा की पुष्टि की जाती रही है।

यदि दास और दस्यु दोनों आर्येतर भाषा बोलनेवाले भारत के मूल निवासी हों,[3] तो उपर्युक्त विचारधारा के पक्ष में *ऋग्वेद* से प्रमाण प्रस्तुत करना संभव है। इस ग्रंथ के अनेक सूक्तों में, जिन्हें *अथर्ववेद* में भी दुहराया गया है, आर्यों के देवता इंद्र को दासों के विजेता के रूप में चित्रित किया गया है। ऐसा प्रतीत होता है कि ये दास मनुष्य ही रहे होंगे। वेदों में कहा गया है कि इंद्र ने अधम दास वर्ण को गुफाओं में रहने को बाध्य कर दिया था।[4] विश्व-नियंता की हैसियत से दासों को पराधीन बनाने का भार उनके ऊपर है[5], और उनसे यह भी अनुरोध किया जाता है कि वे इन दासों का विनाश करने के लिए तैयार रहें।[6] ऋग्वैदिक स्तुतियों में बार-बार इंद्र से अनुरोध किया गया है कि वे दास जनजाति (विश्) का विध्वंस करें।[7] इंद्र के बारे में यह भी कहा गया है कि उसने दस्युओं को सभी अच्छे गुणों से वंचित रखा है और दासों को अपने वश में किया है।[8]

वेदों में दासों की अपेक्षा दस्युओं के विनाश और उन्हें पराधीन बनाने की चर्चा अधिक है। कहा गया है कि दस्युओं को मारकर इंद्र ने आर्य वर्ण की रक्षा की है।[9] स्तुतियों में उससे अनुरोध किया गया है कि वह दस्युओं से युद्ध करे ताकि आर्यों की शक्ति बढ़ सके।[10] महत्व की बात है कि दस्युओं की हत्या की चर्चा कम से कम बारह जगहों पर हुई है जिनमें से अधिकांश हत्याएँ इंद्र के द्वारा ही बताई गई हैं।[11] इसके विपरीत यद्यपि दासों

की हत्या के अलग-अलग प्रसंग भी आए हैं किंतु 'दासहत्या' शब्द कहीं नहीं मिलता है। इससे पता चलता है कि दास और दस्यु पर्यायवाची नहीं थे और आर्य दस्युओं का विनाश निर्ममतापूर्वक करते थे, पर दासों के प्रति उनकी नीति नरम थी।

आर्यों और उनके शत्रुओं के बीच जो संघर्ष हुए, उनमें मुख्यतः शत्रुओं के किलों और दीवारों से घिरी बस्तियों को ध्वस्त किया गया। दासों और दस्युओं, दोनों ही के कब्जे में अनेक किलाबंद बस्तियाँ थीं[12], जिनका संबंध भी सामान्यतया आर्यों के शत्रुओं के साथ जोड़ा जाता है।[13] मालूम होता है कि घुमक्कड़ आर्यों की आँखें दुश्मनों की बस्तियों में संचित संपत्ति पर लगी हुई थीं और उन्हें हड़पने के लिए दोनों में निरंतर संघर्ष होता रहता था।[14] उपासक की कामना रहती थी कि सभी ऐसे लोगों को मार दिया जाए जो यज्ञ, हवन आदि नहीं करते हैं और उन्हें मार देने के बाद उनकी सारी संपत्ति लोगों में बाँट दी जाए।[15] दस्युओं को संपत्तिशाली (धनिनः) होने पर भी यज्ञ न करनेवाला (अक्रतु) कहा गया है।[16] दो ऐसे दासप्रमुखों का उल्लेख किया गया है जो धनलोलुप माने गए हैं।[17] कामना की गई है कि इंद्र[18] दासों की शक्ति को क्षीण करें और उनकी एकत्रित संपत्ति लोगों में बाँट दें। दस्युओं के पास स्वर्ण और हीरा-जवाहरात भी थे, जिनके चलते प्रायः आर्यों का मन और भी ललच गया।[19] किंतु आर्य जैसी पशुपालक जाति को मुख्यतया अपने दुश्मनों के पशुधन का अधिक लोभ था। तर्क दिया जाता है कि 'कीकट' (हरियाणा में रहनेवाली एक जनजाति) गाय रखने के अधिकारी नहीं हैं, क्योंकि वे यज्ञ में गव्य (दुग्धोत्पादित वस्तुओं) का उपयोग नहीं करते।[20] दूसरी ओर यह भी संभव है कि आर्यों के शत्रु उनके घोड़ों और रथों को अधिक महत्व देते थे। *ऋग्वेद* में एक कथा आई है कि असुरों ने राजर्षि दधीति के नगर पर कब्जा कर लिया था किंतु जब असुर लौट रहे थे तो इंद्र ने उन्हें घेरकर पराजित किया और उनसे मवेशी, घोड़े तथा रथ छीनकर राजर्षि को वापस कर दिए।[21]

दस्युओं के रहन-सहन के ढंग से भी आर्य उनके बैरी बन गए। ऐसा लगता है कि आर्यों का पशुपालन पर आधारित जनजातीय और अस्थायी जीवनक्रम देशीय संस्कृति के स्थायी एवं शहरी जीवन से बेमेल था।[22] आर्यों का जीवन प्रधानतया जनजातीय जीवन था, जो गण, सभा, समिति और विदथ जैसी विभिन्न सामुदायिक संस्थाओं के माध्यम से रूपायित हुआ है और जिसमें यज्ञ का बहुत महत्वपूर्ण स्थान था। किंतु दस्युओं को यज्ञ से कोई सरोकार नहीं था। दासों के साथ भी यही बात थी, क्योंकि इंद्र के बारे में बताया गया है कि वह दास और आर्य का विभेद करते हुए यज्ञस्थल में आता था।[23] *ऋग्वेद* के सातवें मंडल का एक संपूर्ण सूक्त अक्रतुन्, अश्रद्धान्, अयज्ञान् और अयज्वानः जैसे विशेषणों की शृंखला मात्र है! इनका प्रयोग दस्युओं के लिए पुरजोर तौर पर यह सिद्ध करने के लिए किया गया है कि उनको यज्ञ पसंद नहीं था।[24] इंद्र से कहा गया है कि वे यज्ञपरायण आर्य

और यज्ञविमुख दस्युओं के बीच अंतर करें ।[25] 'अनिंद्र' (इंद्र को न माननेवाला) शब्द का प्रयोग भी कई स्थलों पर किया गया है,[26] और अनुमानतः इससे दस्युओं, दासों और संभवतः कुछ भिन्न मतावलंबी आर्यों का बोध होता है । आर्यों के कथनानुसार दस्यु तिलस्मी जादू करते थे ।[27] ऐसा मत *अथर्ववेद* में विशेष रूप से व्यक्त किया गया है । यहाँ दस्युओं को भूत-पिशाच के रूप में प्रस्तुत किया गया है और इन्हें यज्ञ स्थल से भगाने की चेष्टा की गई है ।[28] कहा जाता है कि 'अंगिरस्' मुनि के पास एक परम शक्तिशाली रक्षाकवच (ताबीज) था जिससे वे दस्युओं के किले ध्वस्त कर सकते थे ।[29] ऋग्वैदिक काल में उन्होंने जो लड़ाइयाँ लड़ी थीं, उनके कारण ही *अथर्ववेद* में दस्युओं को दुष्टात्मा के रूप में चित्रित किया गया है । *अथर्ववेद* में कहा गया है कि ईश्वर के निंदक दस्युओं को बलिवेदी पर चढ़ा दिया जाना चाहिए ।[30] ऐसा विश्वास था कि दस्यु विश्वासघाती होते हैं, वे आर्यों की तरह धर्म-कर्म नहीं करते और उनमें मानवता नहीं होती।[31]

आर्यों और दस्युओं के रहन-सहन में जो अंतर है, उससे आर्यों के व्रत, जिसका अर्थ सामान्यतया जीवन का सुनिश्चित ढंग होता है, के प्रति दस्युओं की क्या दृष्टि थी इसका पता चलता है ।[32] यदि व्रत और व्रात, जिसका अर्थ जनजातीय दल या समूह होता है, के बीच संबंध स्थापित करना संभव हो तो यह कहा जा सकता है कि व्रत शब्द का अर्थ जनजातीय कानून या प्रथा है । दस्युओं को साधारणतः अव्रत[33] और अन्यव्रत[34] कहा गया है । 'अपव्रत' शब्द का प्रयोग दो स्थलों पर हुआ है जो प्रायः दस्युओं और भिन्न मत रखनेवाले आर्यों के लिए है ।[35] ध्यान देने की बात है कि दासों के लिए इस प्रकार के विशेषणों का प्रयोग नहीं हुआ है जिससे मालूम होता है कि वे दस्युओं की अपेक्षा आर्यों के तौर-तरीके अधिक पसंद करते थे ।

ऐसा लगता है कि आर्यों और उनके शत्रुओं में रंग का अंतर था । आर्य, जो मानव (मानुषी प्रजा) कहे जाते थे और अग्नि वैश्वानर की पूजा करते थे, कभी-कभी काले रंगवाले मनुष्यों (असिक्नीविशः) की बस्तियों में आग लगा देते थे और वे लोग संघर्ष किए बिना ही अपना सर्वस्व छोड़कर भाग खड़े होते थे ।[36] आर्य देवता सोम को काले वर्ण के लोगों का हिंसक कहा गया है, जो दस्यु होते थे ।[37] इंद्र को भी काले रंग के राक्षसों (त्वचमसिक्नीम्) से संघर्ष करना पड़ा था,[38] और एक स्थल पर उन्हें पचास हजार काले वर्णवालों (कृष्ण) की हत्या का श्रेय दिया गया है, जिन्हें सायण काले वर्ण का राक्षस मानते हैं ।[39] इंद्र का असुरों की काली चमड़ी उधेड़ते हुए भी चित्रण किया गया है ।[40] इंद्र का एक वीरतापूर्ण कार्य, जिसका कुछ ऐतिहासिक आधार हो सकता है, कृष्ण नामक योद्धा के साथ उनका युद्ध है । कहा जाता है कि जब कृष्ण ने अपनी दस हजार सेना के साथ अंशुमती या यमुना पर खेमा गिराया तब इंद्र ने मरुतों (आर्यविश्) को संगठित किया और पुरोहित देव वृहस्पति

की सहायता से अदेवीः विशः के साथ युद्ध किया।[41] अदेवीः विशः का अर्थ सायण ने काले रंग का असुर बताया है (कृष्णरूपाः असुरसेनाः)। कृष्ण को श्याम वर्ण का आर्येतर योद्धा बताया गया है जो यादव जाति का था।[42] यह संभव मालूम पड़ता है, क्योंकि परवर्ती अनुश्रुति है कि इंद्र और कृष्ण में बड़ी शत्रुता थी। ऐसा प्रसंग आया है जिसमें कृष्णगर्भा के मारे जाने की चर्चा है, जिसका अर्थ संशयपूर्वक सायण ने कृष्ण नामक असुर की गर्भवती पत्नियाँ बताया है।[43] इसी प्रकार इंद्र द्वारा कृष्णयोनिः दासीः के विनाश का भी उल्लेख है।[44] सायण की उर्वर कल्पना ने उन्हें निकृष्ट जाति की आसुरी सेना (निकृष्ट जातीः··· आसुरीः सेनाः) माना है, किंतु विल्सन कृष्ण को श्याम वर्ण का द्योतक मानते हैं। यदि विल्सन का अर्थ सही माना जाए तो यह स्पष्ट है कि दास काले रंग के होते थे। किंतु हो सकता है कि उन्हें उसी प्रकार काले रंग का कहा गया हो, जिस प्रकार दस्युओं और आर्यों के अन्य शत्रुओं को कहा गया है। उपर्युक्त प्रसंगों से निस्संदेह यह स्पष्ट होता है कि अग्नि और सोम के उपासक आर्यों को भारत के काले लोगों से युद्ध करना पड़ा था। ऋग्वेद में एक प्रसंग आया है जिसमें 'पुरुकुत्स' का पुत्र 'त्रसदस्यु' नामक वैदिक योद्धा काले रंग के लोगों के नेता के रूप में वर्णित है।[45] इससे यह स्पष्ट होता है कि उसने उन लोगों पर अपनी धाक जमा रखी थी।

यदि दस्युओं के संबंध में प्रयुक्त अनास[46] शब्द का अर्थ नासाविहीन या चिपटी नाकवाला किया जाए और दासों के प्रसंग में प्रयुक्त वृषशिप्र शब्द[47] का अर्थ 'वृषभ ओष्ठवाला' या उभरे ओठोंवाला माना जाए तो यह मालूम पड़ेगा कि मुखाकृतियों की दृष्टि से आर्यों के शत्रु उनसे भिन्न प्रकार के थे।

ऋग्वेद में 'मृध्रवाक' शब्द का प्रयोग विभिन्न रूप में छः स्थलों पर हुआ है,[48] जिससे पता चलता है कि आर्यों और उनके शत्रुओं में बोलचाल की रीति भिन्न थी। यह दो स्थलों पर दस्युओं का विशेषण है।[49] सायण ने इसका अर्थ 'विद्वेषपूर्ण वचन' वाला किया है, और गेल्डनर ने इसे 'झूठ बोलनेवाले' का पर्याय माना है।[50] इससे पता चलता है कि आर्यों और दस्युओं में कोई भाषाजन्य अंतर था और दस्यु अपनी अनुचित वाणी से आर्यों की भावना को चोट पहुँचाते थे। अतः आर्यों और उनके दुश्मनों के बीच युद्ध में यद्यपि मुख्य प्रश्न पशु, रथ और अन्य प्रकार की संपत्ति को दखल करने का रहता था, फिर भी जाति, धर्म और बोलचाल की रीति में अंतर होने के कारण भी उनके संबंध कटु बने रहते थे।

यदि *ऋग्वेद* में दास और दस्यु शब्द के प्रयोग की आपेक्षिक मात्रा से कोई निष्कर्ष निकाला जा सके, तो जान पड़ता है कि दस्युगण, जिनकी चर्चा चौरासी बार हुई है, स्पष्टतः दासों से अधिक संख्या में थे जिनका उल्लेख इकसठ बार हुआ है।[51] दस्युओं के

साथ युद्ध में अधिक रक्तपात हुआ। अपने विस्तार की आरंभिक अवस्था में आर्यों को जीविकोपार्जन के लिए पशुधन की आकांक्षा रहती थी। इसलिए स्वभावतया उन्होंने नागर जीवन और संगठित कृषि का महत्व समझा।[52] ऐसा जान पड़ता है कि आर्यों के आने के पहले की नगर बस्तियाँ पूर्णतः ध्वस्त हो गई थीं। युद्ध में शत्रुओं से अपहृत वस्तुओं, खासकर मवेशियों के कारण सरदारों और पुरोहितों की शक्ति बढ़ी होगी और वे 'विश्' से ऊपर उठे होंगे। बाद में क्रमशः उन्होंने समझा होगा कि पुरानी संस्कृति के किसानों से श्रमिकों का काम लिया जा सकता है और उनसे कृषिकार्य कराया जा सकता है ; साथ ही अपनी जनजाति के लोगों से भी श्रमिकों का काम लेना उन्होंने धीरे-धीरे आरंभ किया होगा।

आर्यों और उनके शत्रुओं के बीच तो संघर्ष चल ही रहा था, आर्य जनजातीय समाज में भी आतंरिक द्वंद्व विद्यमान था। एक युद्धगीत में 'मन्यु', —मूर्तिमान क्रोध से याचना की गई है कि वे आर्य और दास दोनों तरह के शत्रुओं को पराजित करने में सहायक हों।[53] इंद्र से अनुरोध किया गया है कि वे ईश्वर में आस्था नहीं रखनेवाले दासों और आर्यों से युद्ध करें; ये इंद्र के अनुयाइयों के शत्रु के रूप में वर्णित हैं।[54] *ऋग्वेद* में एक स्थल पर कहा गया है कि इंद्र और वरुण ने सुदास् के विरोधी दासों और आर्यों का संहार कर उसकी रक्षा की।[55] सज्जन और धर्मपरायण लोगों की ओर से दो मुख्य ऋग्वैदिक देवताओं, अग्नि और इंद्र से प्रार्थना की गई है कि वे आर्यों और दासों के दुष्टतापूर्ण कार्यों और अत्याचारों का शमन करें।[56] चूँकि आर्य खुद मानवजाति के मुख्य दुश्मन थे, अतः आश्चर्य नहीं कि इंद्र ने दासों के साथ-साथ आर्यों का भी विनाश किया होगा।[57] विल्सन ने *ऋग्वेद* के एक परिच्छेद का जैसा अनुवाद किया है उसे यदि स्वीकार किया जाए तो उसमें इंद्र की भरपूर प्रशंसा की गई है, क्योंकि उन्होंने सप्तसिंधु (सात नदियों) के तट पर राक्षसों और आर्यों से लोगों की रक्षा की। उनसे यह भी अनुरोध किया गया है कि वे दासों को अस्त्र-शस्त्रविहीन कर दें।[58]

ऋग्वेद में आर्य शब्द का प्रयोग छत्तीस बार हुआ है जिनमें से नौ स्थलों पर बताया गया है कि खुद आर्यों में भी आपसी मतभेद थे।[59] शत्रु आर्यों की दस्युओं के साथ एक स्थल पर चर्चा है और पाँच स्थलों पर दासों के साथ, जिससे यह पता चलता है कि आर्यों के एक समूह से दस्युओं की अपेक्षा दासों का संबंध अच्छा था। आर्यों के अपने आपसी संघर्ष में दास स्वभावतः आर्यों के मित्र और सहयोगी थे। इसलिए आर्यों के समाज का जनजातीय आधार धीरे-धीरे क्षीण होने लगा और आर्यों तथा दासों के विलयन की क्रिया को बल मिला। *ऋग्वेद* के आरंभिक भाग में ऐसे पाँच प्रसंग आए हैं, जिनसे पता चलता है कि आंतरिक संघर्षों की परंपरा बहुत ही पुरानी थी।

आर्यों में बहुत पहले जो आंतरिक संघर्ष हुए थे, उनका सबसे महत्वपूर्ण प्रमाण 'दाशराज्ञ' युद्ध है, जो *ऋग्वेद* में एकमात्र महत्वपूर्ण ऐतिहासिक घटना है। गेल्डनर के अनुसार *ऋग्वेद*, मंडल सात का तैंतीसवाँ सूक्त, जिसमें इस युद्ध की चर्चा की गई है, प्रारंभिक काल से संबंधित है।[60] दस राजाओं का युद्ध मुख्यतः ऋग्वेदकालीन आर्यों की दो मुख्य शाखाओं 'पूरुओं' और 'भारतों' के बीच हुआ था, जिसमें आर्येतर लोग भी सहायक के रूप में सम्मिलित हुए होंगे।[61] ऋग्वेद का सुविख्यात नायक सुदास् भारतों का नेता था और पुरोहित वसिष्ठ उसके सहायक थे। इनके शत्रु थे पाँच प्रसिद्ध जनजातियाँ यथा 'अनु', 'द्रुह्यु', 'यदु', 'तुर्वशस्' और 'पूरु' तथा पाँच गौण जनजातियों यथा 'अलिन', 'पक्थ', 'भलानस्', 'शिव' और 'विषाणिन' के दस राजा। विरोधी गुट के सूत्रधार ऋषि विश्वामित्र थे और उसका नेतृत्व पूरुओं ने किया था। दास काले रंग के होते थे।[62] ऐसा प्रतीत होता है कि इस युद्ध में आर्यों की लघुतर जनजातियों ने अपना अलग अस्तित्व बनाए रखने का स्मरणीय प्रयास किया। पर सुदास् के नेतृत्व में भारतों ने पुरुष्णि (रावी) के किनारे उन्हें पूरी तरह हरा दिया। इन पराजित आर्यों के साथ कैसा व्यवहार किया गया, इसका कोई संकेत नहीं मिलता, किंतु अनुमान है कि उनके प्रति भी वैसा ही व्यवहार किया गया होगा, जैसा आर्येतर लोगों के साथ किया गया था।

यह असंभव नहीं कि इस तरह के और भी कई अंतर्जातीय संघर्ष हुए हों जिनका कोई वृत्तांत हमें उपलब्ध नहीं। ऐसे संघर्षों के संकेत उन प्रसंगों में मिलते हैं जिनमें आर्यों को देवताओं द्वारा प्रतिष्ठित व्रतों का भंजक माना गया है। काणे ने *ऋग्वेद* से पाँच अंश उद्धृत किए हैं जिनका ऐसा अर्थ लगाया जा सकता है।[63] आदियुगीन ऋषि अथर्वण ने वरुण के साथ हुए संभाषण में यह दावा किया है कि मैं जो नियम बनाऊँगा उसका उल्लंघन कोई भी दास, जो आर्य से भिन्न हो, नहीं कर सकता चाहे वह कितना भी बड़ा क्यों न हो।[64]

म्यूर ने *ऋग्वेद* से ऐसे अट्ठावन अंश उद्धृत किए हैं जिनमें आर्य समुदाय के सदस्यों की धार्मिक शत्रुता या उदासीनता की भर्त्सना की गई है।[65] इनमें से बहुत-से परिच्छेद *ऋग्वेद* के मूल भाग (मंडल दो से आठ) में उपलब्ध हैं और उनसे पता चलता है कि आदिकाल में आर्यों की स्थिति कैसी थी। इनमें से कई अंश उन अनुदार व्यक्तियों के विरुद्ध हैं, जिन्हें अराधसम्[66] या अपृणतः[67] कहा गया है। एक स्थल पर इंद्र को समृद्ध व्यक्तियों (एथमानद्विट्) का, संभवतः उन समृद्ध आर्यों का जिन्होंने उसकी कोई सेवा नहीं की थी, दुश्मन बताया गया है।[68] दास और आर्य अपनी संपत्ति छिपाकर रखते थे, जिसके चलते उनका विरोध होता था।[69] कहा जाता है कि अग्नि ने अपनी प्रजा की भलाई के लिए समतल भूमि और पहाड़ियों में स्थित संपत्ति को अपने कब्जे में कर लिया और अपनी प्रजा के दास तथा आर्य शत्रुओं को हराया।[70] इन अंशों में यह बताया गया है कि जो आर्य

दुश्मन समझे जाते थे उनकी भी संपत्ति (अनुमानतः मवेशी) छीन ली जाती थी और उन्हें आर्येतर लोगों की भाँति कंगाल बना दिया जाता था।

कई अनुच्छेदों में पणियों के रूप में विख्यात लोगों के प्रति सामान्यतः शत्रुतापूर्ण भाव देखने को मिलता है।[71] म्यूर ने उन्हें कंजूस माना है।[72] *वैदिक इंडेक्स* के प्रणेताओं के अनुसार *ऋग्वेद* में 'पणि' शब्द उस व्यक्ति का द्योतक है जो संपत्तिवान हो, पर न तो ईश्वर को हव्य अर्पित करता हो और न पुरोहितों को दक्षिणा देता हो, फलतः संहिता के रचयिताओं की घृणा का पात्र हो।[73] एक अनुच्छेद में उन्हें 'बेकनाट' या सूदखोर (?) बताया गया है जिन्हें इंद्र ने पराजित किया था।[74] पणि यज्ञ करने के लिए सक्षम थे और वैरदेय (वरगेल्ड) पाने के अधिकारी भी थे। इन तथ्यों से ज्ञात होता है कि वे आर्य-समुदाय के ही सदस्य थे।[75] हिलब्रांट उन्हें पर्णियों से अभिन्न मानते हैं।[76] पर्णि दहे अर्थात अश्वारोही और लड़ाकू सीथियन जनजातियों के विशाल समुदाय के अंग ।[77] *वैदिक इंडेक्स* के प्रणेता समझते हैं कि यह शब्द इतना व्यापक है कि इससे आदिवासी या विद्वेषी आर्य जनजातियों का भी बोध होता है।[78]

जिन परिच्छेदों में पणियों को कंजूस बताया गया है और साधारणतः अनुदार व्यक्तियों की निंदा की गई है, उनमें से कुछ दान लोभी पुरोहितों के इशारे पर लिखे गए होंगे। किंतु उनसे सामान्यतया पता चलता है कि अपने बांधवों का गला दबाकर भी संपत्ति इकट्ठी करने की प्रवृत्ति कुछ आर्यों में पाई जाती थी। ऐसे लोगों से अपेक्षा की जाती थी कि वे अपनी एकत्रित संपत्ति में से इंद्र तथा अन्य देवताओं को यज्ञ में धनराशि अर्पित करें, जिससे इस धन में फिर दूसरों को कुछ हिस्सा मिल सके[79] और जनसमुदाय को बार-बार सहभोज का अवसर मिले। पर लूट के धन का अधिकांश अंश जब वे लोग अपने पास रखने लगे तो आर्थिक और सामाजिक विषमता का जन्म हुआ।

आर्यों के अन्य जनजातियों के साथ और उनके अंतर जनजातीय संघर्षों के कारण समाज विशृंखल होता गया और जैसे-जैसे पशुपालन की अपेक्षा कृषि जोर पकड़ती गयी, सामाजिक वर्गों की स्थापना हुई। यद्यपि *ऋग्वेद* में 'वर्ण' शब्द का प्रयोग आर्य[80] और दास[81] के लिए हुआ है किंतु इससे किसी ऐसे श्रम-विभाजन का संकेत नहीं मिलता जो परवर्ती काल में समाज के व्यापक वर्गीकरण का आधार हुआ। आर्य वर्ण और दास वर्ण दो वृहद जनजातीय समूह थे जो सामाजिक वर्गों के रूप में विघटित हो रहे थे। आर्यों के संबंध में इसके पर्याप्त प्रमाण हैं। सेनार्ट की आलोचना करते हुए ओल्डेनबर्ग ने ठीक ही कहा है कि ऋग्वेद में जाति (कास्ट) की चर्चा नहीं है,[82] किंतु इस संकलन से आरंभिक अवस्था में सामाजिक वर्गभेद के धीरे-धीरे पनपने का आभास मिलता है। उसमें 'ब्राह्मण' शब्द का प्रयोग पंद्रह बार और 'क्षत्रिय' शब्द का प्रयोग नौ बार हुआ है। फिर भी, 'जन' और

'विश्'[83] जैसे शब्दों के बार-बार दुहराए जाने और उनके रीतिरिवाजों से पता चलता है कि ऋग्वैदिक समाज जनजातीय था। हमें मालूम नहीं कि जब आर्य भारत में पहली बार आए तो उनके पास दास थे या नहीं। कीथ का विचार है कि वैदिक युग के भारतीय प्रधानतया पशुचारी थे।[84] कम से कम *ऋग्वेद* के आरंभिक भागों में वर्णित आर्यों के बारे में यह समीचीन है। मानव विज्ञान संबंधी अनुसंधानों से पता चलता है कि कुछ पशुचारी जनजातियाँ भी दास रखती हैं, हालाँकि अपेक्षित अर्थ में दासप्रथा का अधिक विकसित रूप कृषक जनजातियों में दिखाई पड़ता है ।[85]

इसमें संदेह नहीं कि हड़प्पा समुदाय की शहरी आबादी में जो आर्थिक विषमता थी, वह लगभग वर्गभेद जैसी थी।[86] ह्वीलर की राय है कि हड़प्पा और मेसोपोटामिया के निवासियों के बीच दास व्यापार भी हुआ करता था।[87] यह मानना युक्तिसंगत है कि हड़प्पा की शहरी आबादी का विकास निकटवर्ती देहातों के किसानों द्वारा अतिरिक्त कृषि उत्पादनों की आपूर्ति के बिना नहीं हो सकता था। सिंधु घाटी का राजनीतिक ढाँचा सुमेर के राजनीतिक ढाँचे जैसा माना गया है, जहाँ पुरोहित राजा आज्ञाशील प्रजा पर सुगठित अफसरशाही के माध्यम से शासन करता था।[88] हमें मालूम नहीं कि हड़प्पा समाज के विभिन्न वर्गों और लोगों के साथ दस्युओं और दासों का कैसा संबंध था। जो भी हो, ऋग्वैदिक आर्यों के आने के पहले सैंधव सभ्यता प्रायः नष्ट हो चुकी थी। गंगा की घाटी में आर्य ज्यों-ज्यों पूरब की ओर बढ़ते गए, उन्हें संभवतया ताँबे के हथियार रखने वाले लोगों का मुकाबला करना पड़ा, जो उस क्षेत्र के प्राचीन निवासी थे।[89] हो सकता है कि ताम्रयुग के अन्य लोगों की भाँति ये लोग भी वर्गों में बँटे रहे होंगे।

तथ्य उपलब्ध न रहने के कारण हड़प्पा समाज के बचे-खुचे लोगों और आर्यों के बीच क्या आदान-प्रदान हुए, यह कहना कठिन है । चाहे ये अनार्य जो भी हों, *ऋग्वेद* से तो लगता है कि उनके धन को आर्यों ने अवश्य लूटा। युद्ध में अपहरण की गई संपत्ति से जनजाति के नेताओं का ऐश्वर्य और सामाजिक दर्जा अवश्य बढ़ा होगा और उन्होंने मवेशी और दासियों का दान कर पुरोहितों का संरक्षण किया होगा। *ऋग्वेद* की दानस्तुति से यह स्पष्ट है। इस प्रकार *ऋग्वेद* में रथ पर जाते हुए एक यजमान को 'धनवान, दाता, और सभाओं में संस्तुत' के रूप में चित्रित किया गया है।[90]

ऐसा प्रतीत होता है कि आर्यों के विस्तार के पहले दौर में बस्तियों और दस्युओं जैसे लोगों का विनाश इतना अधिक किया गया कि नए समाज में आर्यों के विलयन हेतु उत्तर-पश्चिमी भारत में बहुत कम ही लोग बच रहे होंगे, हालाँकि बाद में उनके विस्तार के क्रमों में ऐसी स्थिति नहीं भी रही होगी। एक ओर तो बचे हुए लोगों में से अधिकांश लोगों और विशेषतः अपेक्षाकृत पिछड़े वर्ग के लोगों को दासता स्वीकार करनी पड़ी होगी तथा दूसरी

ओर आर्यों के समाज में 'विश्' की सहज प्रवृत्ति यही रही होगी कि निम्न वर्ग में विलयन करें। आर्य पुरोहितों और योद्धाओं की प्रवृत्ति प्राचीन समाज के उच्च वर्ग से मिल जाने की रही होगी। दो ऐसे प्रसंग मिले हैं जिनसे स्पष्ट होता है कि कुछ मामलों में आर्य के दुश्मनों को इस नए और मिश्रित समाज में ऊँचा दर्जा दिया गया था। एक स्थल पर कहा गया है कि इंद्र ने दासों को आर्य में परिवर्तित किया।[91] सायण की टीका के अनुसार उन्हें आर्यों के जीवन के तौर-तरीके सिखाए जाते थे। एक अन्य प्रसंग में चर्चा आई है कि इंद्र ने दस्युओं को आर्य की उपाधि से वंचित कर दिया।[92] क्या इससे यह अनुमान किया जाए कि कुछ दस्युओं को आर्य की हैसियत देकर फिर उन्हें अपने आर्यविरोधी कार्यकलापों के कारण उससे वंचित कर दिया गया होगा ? इन तथ्यों के आधार पर हम अनुमान करते हैं कि बैरियों के बचे हुए पुरोहितों और प्रमुखों को आर्यों के नए समाज में उनके उपयुक्त स्थान (संभवतः निम्नतर कोटि का) दिया गया होगा।

कहा गया है कि ब्राह्मणवाद आर्यों से पूर्व की संस्था है।[93] सारे पुरोहितवर्ग के विषय में यह कहना कठिन है। लैटिन फ्लामेन रोमन राजाओं द्वारा स्थापित एक प्रकार के पुरोहित-पद का अभिधान है, जिसका समीकरण ब्राह्मण शब्द से किया गया है।[94] इस समानता के अतिरिक्त वेदकालीन भारत के अथर्वन पुरोहित और ईरान के अथर्वन की सुपरिचित समानता है। किंतु फिर भी एक प्रमुख आपत्ति का उत्तर देना शेष रह जाता है। कीथ का कथन है कि ऋग्वैदिक मान्यता और वैदिक देवताओं की अपेक्षाकृत बहुलता पुरोहितों के कठिन प्रयास और अपरिमित समन्वयवाद का परिणाम रही होगी।[95] इतना ही नहीं, वेदों और महाकाव्यों की परंपरा से पर्याप्त प्रमाण प्रस्तुत किए गए हैं जिनसे पता चलता है कि इंद्र ब्राह्मणघाती थे और उनका मुख्य दुश्मन 'वृत्र' ब्राह्मण था।[96] इससे यह परिकल्पना पुष्ट होती है कि विकसित पुरोहित प्रथा आर्यों के पहले की प्रथा थी, जिससे निष्कर्ष निकल सकता है कि जो लोग पराजित हुए वे सभी दास या शूद्र नहीं बना लिए गए। अतएव, यद्यपि ब्राह्मणवाद भारोपीय संस्था था, फिर भी आर्य विजेताओं के पुरोहित वर्ग में अधिकांश विजित जाति के लोग लिए गए होंगे।[97] उनका अनुपात क्या रहा होगा यह बताने के लिए कोई सामग्री उपलब्ध नहीं है, किंतु प्रतीत होता है कि आर्यपूर्व पुरोहितों को इस नए समाज में स्थान मिला था। यह सोचना गलत होगा कि सभी काले लोगों को शूद्र बना लिया गया था, क्योंकि ऐसे प्रसंग आए हैं जिनमें काले ऋषियों की चर्चा है। *ऋग्वेद* में 'अश्विनी' के संबंध में जो वर्णन किया गया है उसके अनुसार उन्होंने काले वर्ण के (श्यावाय) कण्व को गौरवर्ण की स्त्रियाँ प्रदान की थीं।[98] संभवतः कण्व को कृष्ण भी कहा गया है[99] और वे इन युग्म देवों को संबोधित सूक्तों (*ऋग्वेद* के मंडल आठ, सूक्त पचासी और छियासी) के द्रष्टा हैं। शायद कण्व को ही पुनः *ऋग्वेद* के प्रथम मंडल में कृष्ण

ऋषि के रूप में चित्रित किया गया है।[100] इसी प्रकार *ऋग्वेद* की एक ऋचा में गायक के रूप में वर्णित 'दीर्घतमस्' काले रंग का रहा होगा, अगर यह नाम उसे काले वर्ण के कारण मिला हो।[101] यह महत्वपूर्ण है कि *ऋग्वेद* के कई अनुच्छेदों में वह केवल मातृमूलक नाम 'मामतेय' से ही चर्चित है। बाद की एक अनुश्रुति यह भी है कि उसने उशिज से विवाह किया जो एक दास की लड़की थी और उससे काक्षीवंत् उत्पन्न हुआ।[102] पुनः ऋग्वेद के प्रथम मंडल में ऋषि दिवोदास को, जिनके नाम से ही ध्वनित होता है कि वे दास वंश के थे,[103] नई ऋचाओं का रचयिता बताया गया है [104] तथा दसवें मंडल में उसके सूक्त बयालिस-चौवालिस के लेखक अंगिरस को कृष्ण कहा गया है।[105] चूँकि ऊपर बताए गए अधिकांश निर्देश *ऋग्वेद* के परवर्ती भागों में पड़ते हैं इसलिए यह स्पष्ट होगा कि ऋग्वैदिक काल के अंतिम चरण में नवगठित आर्य समुदाय में कुछ काले ऋषियों और दास पुरोहितों का प्रवेश हो रहा था।

इसी प्रकार मालूम पड़ता है कि कुछ पराजित सरदारों को नए समाज में उच्च स्थान दिया गया था। दास के प्रमुखों—यथा बलबूथ और तरुक्ष से पुरोहितों ने जो उपहार ग्रहण किया उसके चलते इन लोगों की बड़ी सराहना हुई और नए समाज में उनका दर्जा भी बढ़ा। दास उपहार प्रस्तुत करने की स्थिति में थे और उन्हें दानी समझा जाता था, यह निष्कर्ष दश् धातु के अर्थ से ही निकाला जा सकता है जिससे दास संज्ञा का निर्माण हुआ है।[106] बाद में भी विलयन की प्रक्रिया चलती रही, क्योंकि बाद के साहित्य में इस अनुश्रुति का उल्लेख है कि प्रतर्दन दैवोदासि इंद्रलोक गए[107], और ऐतिहासिक दृष्टि से इंद्र आर्य आक्रमणकारियों के नामधारी शासक थे।

प्राचीन ग्रंथ इस तथ्य पर विशेष प्रकाश नहीं डालते कि सामान्य आर्यजन (विश्) और प्राचीन समाज के अवशिष्ट लोगों का आत्मसातीकरण किस प्रकार हुआ। संभवतः अधिकांश लोग आर्यों के समाज के चौथे वर्ण में मिला लिए गए। किंतु पुरुष सूक्त को छोड़कर *ऋग्वेद* में शूद्र वर्ण का कोई प्रमाण नहीं है। हाँ, ऋग्वैदिक काल के आरंभ में दासियों का छोटा-सा आज्ञानुवर्ती समुदाय विद्यमान था। अनुमानतः, आर्यों के जो शत्रु थे उनमें पुरुषों के मारे जाने पर उनकी पत्नियाँ दासता की स्थिति में पहुँच गईं। कहा गया है कि पुरुकुत्स के बेटे त्रसदस्यु ने उपहार के रूप में पचास दासियाँ दीं।[108] *अथर्ववेद* के आरंभिक अंशों में भी दासियों के संबंध में प्रमाण मिलते हैं। उसमें दासी का जो चित्र उपस्थित किया गया है उसके अनुसार उसके हाथ भीगे रहते थे, वह ओखल-मूसल कूटती थी[109] तथा गाय के गोबर[110] पर पानी छिड़कती थी। इससे पता चलता है कि वह घरेलू कार्य करती थी। इस संहिता में काली दासी का प्राचीनतम उल्लेख मिलता है।[111] संदर्भों से पता चलता है कि आरंभिक वैदिक समाज में दासियों से गृहकार्य कराया जाता था। दासी

शब्द के प्रयोग से स्पष्ट है कि वे पराजित दासों की स्त्रियाँ थीं।

गुलाम के अर्थ में दास शब्द का प्रयोग अधिकांशतः *ऋग्वेद* के परवर्ती भागों में पाया जाता है। प्रथम मंडल में दो जगह[112], दशम मंडल में एक जगह[113] और अष्टम मंडल में जो अतिरिक्त सूक्त (बालखिल्य) जोड़े गए हैं, उनमें एक जगह[114] इसका प्रसंग आया है। इस प्रकार का एकमात्र प्राचीन प्रसंग आठवें मंडल में पाया जाता है।[115] *ऋग्वेद* में कोई दूसरा शब्द नहीं मिलता जिसका अर्थ दास लगाया जा सकता हो। इससे स्पष्ट है कि आरंभिक ऋग्वेद-काल में शायद ही पुरुष दास रहे होंगे।

उत्तर ऋग्वेद-काल में दासों की संख्या और स्वरूप के बारे में जो प्रसंग आए हैं उनसे केवल धुँधला-सा चित्र उभरता है। बालखिल्य में सौ दासों की चर्चा आई है जिन्हें गदहे और भेड़ की कोटि में रखा गया है।[116] बाद के एक अन्य प्रसंग में आए 'दासप्रवर्ग' का अर्थ संपत्ति या दासों का समूह किया जा सकता है।[117] इससे यह स्पष्ट है कि ऋग्वेद-काल के अंत में दासों की संख्या बढ़ रही थी। किंतु ऐसा कोई प्रमाण उपलब्ध नहीं है जिससे सिद्ध हो सके कि उन्हें किसी उत्पादन-कार्य में लगाया जाता था। संभवतः उन्हें घरेलू नौकर की तरह रखा जाता था, जिसका मुख्य कार्य अपने मालिक की सेवा करना था, जो या तो सरदार या पुरोहित होते थे। सामान्यतः ऐसे मालिक दीर्घतमस् के पास दास थे।[118] इन दासों को मुक्त रूप से किसी के हाथ सौंपा जा सकता था।[119] ऐसा प्रतीत होता है कि कोई व्यक्ति ऋण नहीं चुका पाता, तो उसे दास बना लिया जाता था,[120] पर ऋण में पैसे नहीं दिए जाते थे क्योंकि सिक्के का प्रचलन नहीं था। वास्तव में 'दास' नाम से ही प्रकट होता है कि वैदिक काल में दासता का सबसे महत्वपूर्ण स्रोत युद्ध था। दास जनजाति के लोग युद्ध में विजित होने पर भी दास के नाम से पुकारे जाते थे, पर इससे उनकी गुलामी का बोध होता था।

दास कौन थे ? साधारणतः दासों और दस्युओं को एक मान लिया जाता है। किंतु दस्युहत्या शब्द के प्रयोग तो हैं, पर दासहत्या शब्द का प्रयोग नहीं मिलता ; आर्यों के अंतर्जातीय युद्धों में दासों को सहायक सेना के रूप में दिखाया गया है ; अपव्रत, अन्यव्रत, आदि के रूप में उनका वर्णन नहीं किया गया है; तीन स्थलों पर 'दास विशों' का उल्लेख किया गया है;[121] और सबसे बढ़कर तो यह कि एक सीथियन जनजाति—ईरानी दहे[122] से उनको अभिन्न दिखाया गया है। इन सब तथ्यों से दासों और दस्युओं का अंतर स्पष्ट है : दस्युओं और वैदिक आर्यों में समानता की बात बहुत ही कम आती है।[123] इसके विपरीत, दास संभवतः उन मिश्रित भारतीय आर्यों के अग्रिम दस्ते थे जो उसी समय भारत आए जब केसाइट बेबीलोनिया पहुँचे थे (1750 ई. पू.)। पुरातात्विकों का अनुमान है कि उत्तर फारस से भारत की ओर लोगों का प्रस्थान या तो निरंतर होता रहा अथवा उनका

आगमन मुख्यतः दो बार हुआ था, जिनमें पहला आगमन 2000 ई. पू. के तुरंत बाद हुआ था।[124] शायद इसी कारण आर्यों ने दासों के प्रति मेलमिलाप की नीति अपनाई और दिवोदास, बलबुथ एवं तरुक्ष जैसे उनके सरदार आर्यों के दल में आसानी से आत्मसात किए जा सके। अंतर्जातीय संघर्षों में अधिकतर आर्यों के सहायक के रूप में दासों के उल्लेख का भी यही कारण है। इससे लगता है कि गुलाम के अर्थ में दास शब्द का प्रयोग भारत के आर्येतर निवासियों के बीच नहीं, बल्कि भारतीय आर्यों से संबद्ध लोगों के बीच प्रचलित था। *ऋग्वेद* के उत्तरवर्ती काल में दास शब्द का प्रयोग व्यापक अर्थ में होने लगा होगा, जिससे न केवल मूल भारोपीय दासों के वंशजों बल्कि दस्यु और राक्षस जैसे आर्य पूर्व लोगों और आर्य समुदाय के उन सदस्यों का भी बोध होता होगा, जो अपने आंतरिक संघर्षों के कारण अकिंचनता या गुलामी की स्थिति में पहुँच गए थे।

यदि आर्यों की संख्या कम होती तो वे पराजित लोगों पर नए अल्पसंख्यक उच्चवर्गीय शासक के रूप में अपने को स्थापित करते जैसा कि हित्तियों (हिट्टाइट), कसाइटों और मितन्नी ने पश्चिम एशिया में किया था। किंतु ऋग्वैदिक प्रमाण इस बात के प्रतिकूल हैं।[125] न केवल पराजित लोगों की जन-हत्या बल्कि कितनी ही आर्य जनजातियों की बस्तियों का भी उल्लेख मिलता है।[126] फिर, भारत के बहुत बड़े हिस्से में आर्य भाषाओं के प्रचलन से भी यह अनुमान किया जा सकता है कि इन भाषाओं के बोलनेवाले बड़ी तादाद में आए थे। आगे चलकर बताया गया है कि उत्तर भारत की आबादी में वैश्यों के साथ-साथ शूद्रों की संख्या बहुत अधिक थी, किंतु इसका कोई प्रमाण नहीं मिलता कि वे आर्येतर भाषाएँ बोलते थे। दूसरी ओर, शूद्र के लिए यज्ञ में प्रयुक्त संबोधन से स्पष्ट है कि उत्तर वैदिक काल में शूद्र आर्यों की भाषा समझते थे।[127] इस संबंध में *महाभारत* की एक अनुश्रुति महत्वपूर्ण है : 'ब्रह्मा ने वेद के प्रतीकस्वरूप सरस्वती का निर्माण पहले चारों वर्णों के लिए किया, किंतु शूद्र धनलिप्सा में पड़कर अज्ञानांधकार में डूब गए और वेद के प्रति उनका अधिकार जाता रहा।[128] वेबर की दृष्टि में इस कंडिका से यह ध्वनित होता है कि प्राचीन युग में शूद्र आर्यों की भाषा बोलते थे।[129] संभव है कि कुछ स्वस्थानिक जनजातियों ने अपनी बोली के बदले आर्यों की बोलियाँ अपना ली हों, जैसे आधुनिक युग में बिहार की कई जनजातियों ने अपनी भाषा छोड़कर कुर्माली और सदाना जैसी आर्य-बोलियाँ अपना ली हैं। किंतु उन्होंने जिन लोगों की भाषा अपनाई, उनकी अपेक्षा इन आदिवासियों की संख्या अवश्य कम रही होगी। आधुनिक युग में भी, जबकि आर्यभाषा बोलनेवालों को अपनी भाषा और संस्कृति का प्रसार करने के लिए अधिक सुविधाएँ प्राप्त हैं, वे आर्येतर भाषाओं को नहीं मिटा पाए हैं। इन आर्येतर भाषाओं में कुछ तो अपनी सशक्त वर्णनशीलता सिद्ध कर चुकी हैं।

ऊपर बताए गए तथ्यों के आधार पर यह कहना दुस्साहस नहीं होगा कि आर्य बड़ी

तादाद में भारत आए। बैरी जनजातियों के साथ मिश्रण के बावजूद, आर्य सरदारों और पुरोहितों की संख्या बहुत कम रही होगी। कालक्रम से आर्य जन-जातियों के अधिकांश लोग पशुपालक और किसान बन गए, और कुछ लोग श्रमिक बन गए। पर ऋग्वेद काल में आर्थिक और सामाजिक विशिष्टीकरण की प्रक्रिया अत्यंत आरंभिक अवस्था में थी। इस जनजातिप्रधान समाज में सैनिक नेताओं को अतिरिक्त अनाज या मवेशी प्राप्त करने के नियत और नियमित साधन प्रायः नहीं थे, जिससे वे और उनके धार्मिक समर्थक अपना निर्वाह और समुन्नति कर सकते। यह समाज मुख्यतः घुमंतू और पशुचारी था, और इसमें कृषि अथवा एक जगह बसने की प्रधानता नहीं थी। अतएव अनाज की चर्चा दान के रूप में भी नहीं आई है, और कर देने का तो कोई प्रश्न ही नहीं उठता है। युद्ध में पराजित लोगों से उपहार के रूप में या लूटपाट से जो संपत्ति आर्य समुदायों को प्राप्त होती थी, वही उनकी आमदनी थी और प्रायः इस संपत्ति में भी उन्हें जनजाति के सदस्यों को हिस्सा देना पड़ता था।[130] *ऋग्वेद* में केवल बलि ही एक शब्द है जो एक प्रकार से कर का द्योतक है। साधारणतया इसका तात्पर्य है देवता को अर्पित चढ़ावा,[131] किंतु इसका प्रयोग राजा को दिए गए उपहार के रूप में भी किया जाता है।[132] अनुमान है कि बलि का भुगतान करना ऐच्छिक था,[133] क्योंकि लोगों से इसकी वसूली के लिए कोई करवसूली संगठन नहीं था। जनजातीय राजा द्वारा अपने योद्धाओं और पुरोहितों को अनाज या भूमि के दान का दृष्टांत नहीं मिलता। इसका कारण शायद यह था कि भूमि पूरे जनसमुदाय की संपत्ति थी। ऋग्वैदिक समाज एक प्रकार का समतावादी समाज था, यह इस तथ्य से भी स्पष्ट है कि पुरुष या स्त्री, प्रत्येक व्यक्ति के लिए एक ही वैरदेय प्राप्त करने का परंपरासिद्ध अधिकार प्राप्त था,[134] जो एक सौ गायों के बराबर था।[135]

सारांश यह कि *ऋग्वेद* एवं *अथर्ववेद* में वर्णित समाज में गहरे वर्गभेद का अभाव था जैसा सामान्यतया प्रारंभिक आदिम समाजों में देखने को मिलता है।[136] प्रायः पुराणों में वर्णव्यवस्था की उत्पत्ति के विषय में जो अनुमान किए गए हैं वे उस स्थिति का ही उल्लेख करते हैं। इन अनुमानों के अनुसार त्रेता युग का आरंभ होने तक न तो कोई वर्णव्यवस्था थी, न कोई व्यक्ति लालची था और न लोगों में दूसरे की वस्तु चुरा लेने की प्रवृत्ति ही थी।[137] किंतु अति प्राचीन काल में भी सैनिकों, नेताओं और पुरोहितों के मंथर उद्‌भव के साथ-साथ खेतिहर किसान और हस्तकलाओं का व्यवसाय करनेवाले कारीगर या शिल्पी जैसे वर्गों का भी उद्‌भव हुआ। बुनकर (जुलाहे), चर्मकार, बढ़ई और चित्रकार के लिए एक ही ढंग के शब्दों का प्रयोग उनके भारोपीय उद्‌भव का संकेत देता है।[138] रथ के लिए एक भारोपीय शब्द के व्यापक प्रयोग से पता चलता है कि भारोपीय लोग रथ का निर्माण करना जानते रहे होंगे।[139] किंतु *ऋग्वेद* में जहाँ पहले के अनेकानेक परिच्छेदों में बढ़ई के

कार्य की चर्चा हुई है, वहाँ रथकार शब्द का प्रयोग नहीं दिखाई पड़ता।[140] *अथर्ववेद* से संकेत मिलता है कि रथनिर्माता (रथकार) और धातुकर्म करनेवाले (कर्मार) को समाज में महत्वपूर्ण स्थान प्राप्त था। इसी ग्रंथ के आरंभिक भाग में नवनिर्वाचित राजा पर्णमणि (पादपीयताबीज) से प्रार्थना करता है कि वह आसपास रहनेवाले कुशल रथ निर्माताओं और धातुकर्म करनेवालों के बीच उसकी स्थिति सुदृढ़ करने में सहायक हो। प्रार्थना का उद्देश्य शिल्पियों को राजा का सहायक बनाना है[141] और इस दृष्टि से वे राजाओं, राजविधाताओं, सूतों और दलपतियों (ग्रामणी) के समकक्ष मालूम पड़ते हैं,[142] जो सब राजा के आसपास रहते हैं और जो राजा के सहायक माने जाते हैं।[143]

स्पष्ट है कि आर्य समुदाय के सदस्य (विश्) ऊपर बताए गए शिल्पों का व्यवसाय करते थे और उन्हें किसी तरह हीन नहीं समझा जाता था। ऋग्वेद की एक परवर्ती ऋचा में बढ़ई का वर्णन इस रूप में किया गया है कि वह सामान्यतया अपना काम तब तक झुककर करता रहता है, जब तक उसकी कमर टूटने न लग जाए।[144] इससे आभास मिलता है कि उसका कार्य कठिन था पर इससे हमारे मन में उसके प्रति घृणा के भाव नहीं जगते हैं। वैदिक काल के संदर्भ में यह नहीं कहा जा सकता कि बढ़ई नीची जाति के थे या उनका अपना पृथक वर्ग था।[145] किंतु कर्मार, बढ़ई (तक्षन्), चर्मम्[146], जुलाहे और अन्य लोग, जिनका व्यवसाय *ऋग्वेद* में सम्मानजनक माना गया है और जिनका विश् के सम्मानित सदस्य भी आदर करते थे, पालि ग्रंथों में शूद्र माने गए हैं।[147] संभव है कि आर्येतर लोगों ने भी स्वतंत्र रूप से इन शिल्पों को अपनाया हो,[148] पर इसमें कोई संदेह नहीं कि आर्य शिल्पियों के अनेक वंशज, जो अपने प्राचीन व्यवसाय में ही लगे रहे, शूद्र समझे जाने लगे।

चतुर्वर्ण की उत्पत्ति के बारे में प्राचीनतम अनुमान *ऋग्वेद* के पुरुषसूक्त में वर्णित सृष्टि संबंधी पुराकथा में पाया जाता है। समझा जाता है कि इस संहिता के दशम मंडल में यह विषय बाद में अंतर्वेशित किया गया है। लेकिन उत्तर-वैदिक साहित्य[149] में और गाथाकाव्य,[150] पुराण[151] तथा धर्मशास्त्र[152] की अनुश्रुतियों में भी इसे कुछ हेरफेर के साथ प्रस्तुत किया गया है। इसमें कहा गया है कि ब्राह्मण की उत्पत्ति आदिमानव (ब्रह्मा) के मुँह से, क्षत्रिय की उनकी भुजाओं से, वैश्य की उनकी जाँघों से और शूद्र की उनके पैरों से हुई थी।[153] इससे या तो यह स्पष्ट होता है कि शूद्र और अन्य तीन वर्ण एक ही वंश के थे और इसके फलस्वरूप वे आर्य समुदाय के अंग थे, अथवा इसके द्वारा विभिन्न जातियों को ब्राह्मणीय समाज में उत्पत्ति की कहानी के द्वारा मिलाने का प्रयास किया गया। पुरुषसूक्त *अथर्ववेद* के अंतिम अंश में है[154] और इसे कालक्रम की दृष्टि से अथर्ववैदिक युग के अंत का माना जा सकता है।[155] यह जनजातियों के सामाजिक वर्गों में विघटित होने का सैद्धांतिक औचित्य प्रस्तुत करता है। श्रम का विभाजन ऋग्वैदिक काल में ही काफी

विकसित हो चुका था। किंतु, यद्यपि एक ही परिवार के विभिन्न सदस्य कवि, भिषक और पाठक (पिसाई करनेवाले) का काम करते थे,[156] इससे कोई सामाजिक भेदभाव उत्पन्न नहीं होता था। पर अथर्ववैदिक काल के अंत में कार्यों की भिन्नता के आधार पर सामाजिक हैसियत में भी अंतर किया जाने लगा और इस प्रकार जनजातियों तथा कुनबों का सामाजिक वर्गों में विघटन शुरू हुआ। मालूम होता है कि शूद्र या दासकर्म करनेवाले कुछ आर्य चतुर्थ वर्ण की श्रेणी में आ गए। इस अर्थ में चारों वर्णों की समान उत्पत्ति की कथा में सत्य का अंश है। किंतु यह परंपरा पूर्णतः सत्य नहीं मानी जा सकती। संभव है कि बाद में आर्य शूद्रों के वंशजों की संख्या गंगा की नई उर्वर घाटियों में बढ़ती गई हो। साथ ही वैदिक काल से लेकर आगे तक विभिन्न प्रकार के विभिन्न वर्णों के आर्येतर आदिवासी धीरे-धीरे बड़ी संख्या में शूद्र वर्ण में सम्मिलित किए गए।[157] वर्णों की समान उत्पत्ति के बारे में चली आ रही परंपरा से यह स्पष्ट नहीं हो सका कि आर्येतर जनजातियाँ किस प्रकार ब्राह्मणीय समाज में प्रवेश पा सकीं, लेकिन यह कल्पना उपयोगी सिद्ध हुई। यह विभिन्न प्रकार के लोगों को मिलाने और उन्हें साथ ले चलने में सहायक हो सकी, और चूँकि शूद्रों को प्रथम मानव के चरण से उत्पन्न माना गया है, इससे ब्राह्मणप्रधान समाज में उनकी गुलामों जैसी स्थिति को न्यायसिद्ध माना और बताया जा सका।

तीन उच्च वर्णों की सेवा करनेवाले सामाजिक वर्ग के रूप में शूद्रों का सर्वप्रथम उल्लेख कब किया गया है? ऋग्वेदकालीन समाज में कुछ दास-दासियाँ होती थीं, जो घरेलू नौकर के रूप में काम करती थीं पर उनकी संख्या इतनी नहीं थी कि उनको मिलाकर शूद्रों का दास वर्ण बन पाता। समाज के वर्ग के रूप में शूद्रों का प्रथम और एकमात्र उल्लेख *ऋग्वेद* के पुरुषसूक्त में आया है जिसकी पुनरावृत्ति *अथर्ववेद* के उन्नीसवें भाग में हुई है।[158] इसी भाग के दो अन्य परिच्छेदों में भी चार वर्णों का संकेत किया गया है। इसमें से एक परिच्छेद में दर्भ (घास) से प्रार्थना की गई है कि वह प्रार्थी को ब्राह्मण, क्षत्रिय, शूद्र और आर्य का प्रियपात्र बनाए।[159] यहाँ आर्य शब्द का प्रयोग प्रायः वैश्य के लिए किया गया है। दूसरे परिच्छेद में देवों और राजाओं के साथ-साथ शूद्र तथा आर्य दोनों के ही प्रियपात्र बनने की इच्छा व्यक्त की गई है।[160] मालूम होता है कि यहाँ देव ब्राह्मण के लिए और आर्य वैश्य के लिए प्रयुक्त हुआ है।[161] हमें स्मरण रखना है कि ये सभी परिच्छेद उन्नीसवें भाग में आए हैं जो बीसवें भाग को मिलाकर *अथर्ववेद* के मुख्य संकलन का परिशिष्ट है।[162] इसके पूर्व के एक परिच्छेद में ब्राह्मण, राजन्य या शूद्र द्वारा किए गए जादू-टोने (या उनके द्वारा बनाए गए ताबीज) का उल्लेख है और एक मंत्र में बताया गया है कि प्रयोग करनेवाले को भी जादू का झटका लग सकता है।[163] यह परिच्छेद *अथर्ववेद* के द्वितीय खंड (भाग आठ-बारह) में है जिसके संबंध में ह्विटने की राय है कि इसकी रचना स्पष्टतः पुरोहितों ने

की होगी ।[164] इससे यह संकेत मिलता है कि वर्णव्यवस्था का विकास पुरोहितों के प्रभाव में हुआ । हमारे काम का केवल एक प्रसंग ऐसा है जिसे व्हिटने के अनुसार *अथर्ववेद* के आरंभिक काल का कहा जा सकता है । इसमें ब्राह्मण, राजन्य और वैश्य का उल्लेख तो हुआ है,[165] किंतु शूद्र को छोड़ दिया गया है । इससे स्पष्ट है कि अथर्ववेद काल के अंत में ही शूद्रों को समाज के एक वर्ग के रूप में चित्रित किया गया है । इसी अवधि में उनकी उत्पत्ति के संबंध में पुरुषसूक्त में उल्लिखित उक्ति का समावेश *ऋग्वेद* के दशम मंडल में किया गया होगा ।

लोग जानना चाहेंगे कि चतुर्थ वर्ण शूद्र क्यों कहलाने लगा । मालूम होता है कि जिस प्रकार सामान्य यूरोपीय शब्द 'स्लेव' और संस्कृत शब्द 'दास' विजित जनों के नाम पर बने थे, उसी प्रकार शूद्र शब्द उक्त नामधारी पराजित जनजाति के नाम पर बना था । ईसा पूर्व चौथी शताब्दी में शूद्र नाम की जनजाति थी, क्योंकि डियोडोरस ने लिखा है कि सिकंदर ने आधुनिक सिंध के कुछ इलाकों में रहनेवाली सोद्रई नामक जनजाति पर चढ़ाई की थी ।[166] ग्रीक लेखकों ने जिन जातियों का उल्लेख किया है, उनका अस्तित्व अतिप्राचीन काल में भी देखा जा सकता है । उदाहरणार्थ, एरियन द्वारा चर्चित अबस्तनोई (जिसे डियोडोरस ने संबस्तई कहा है) को *ऐतरेय ब्राह्मण* के अंबष्ठों का समरूप माना गया है ।[167] इस *ब्राह्मण* में एक अंबष्ठ राजा की चर्चा है ।[168] यही बात शूद्र जाति पर भी लागू होती है और इस तरह लगभग ई.पू. 10 वीं शताब्दी की शूद्र जाति और चौथी शताब्दी की शूद्र जनजाति में साम्य देखा जा सकता है ।

अथर्ववेद के आरंभिक भाग में शूद्रों के तीन उल्लेखों की इस दृष्टि से विवेचना की जा सकती है । व्हिटने का कथन है कि ये *अथर्ववेद* के प्रथम खंड (भाग 1-7) में आते हैं जो परम लोकमूलक है और सभी प्रकार से उस संहिता का अत्यंत अभिलाक्षणिक अंश है।[169] इनमें से दो संदर्भों में पुजारी चाहता है कि हर किसी को, चाहे वह आर्य हो या शूद्र, जड़ी-बूटी की सहायता से परखे ताकि जादूगर का पता चल जाए ।[170] इस संबंध में ब्राह्मण या राजन्य का कोई उल्लेख नहीं हुआ है । अब प्रश्न यह है कि यहाँ आर्य और शूद्र दो सामाजिक वर्गों (वर्णों) के प्रतीक हैं या दो जनजातियों के । इनमें से उत्तरवर्ती कल्पना युक्तियुक्त लगती है । पहले आर्य और दास या दस्यु के बीच जो विरोध रहता था, वह अब बदलकर आर्य और शूद्र के बीच का हो गया । यह विशेष रूप से ध्यान देने योग्य है कि ये निर्देश सामाजिक विभेद या अशक्तताओं का ऐसा आभास नहीं देते जो वर्ण की कल्पना में अंतर्निहित है । उनकी तुलना उसी संहिता के एक अन्य परिच्छेद से की जा सकती है जिसमें आर्य और दास की चर्चा है और जिसमें पुरोहित या वरुण ने यह दावा किया है कि उसने जिस मार्ग का अनुसरण किया है उसे कोई दास या आर्य विनष्ट नहीं कर सकता ।[171]

ऋग्वेद में इसी तरह की अन्य ऋचाएँ भी आई हैं, जिनमें पुरोहित चाहता है कि वह अपने दुश्मन आर्यों और दासों या दस्युओं को परास्त करे। वैदिक ग्रंथों में आए हुए सामाजिक संबंधों के प्रत्यक्ष निर्देशों का सही अर्थ लगाने में ब्राह्मण टीकाकार इसलिए सफल नहीं हो सके कि उनका ध्यान सदा बाद में होनेवाली घटनाओं की ओर लगा रहता था। *ऋग्वेद* में आर्य और दास शब्दों का अर्थ जिस रूप में किया गया है, वह इस आशय का उदाहरण कहा जा सकता है। सायण आर्य को प्रथम तीन वर्णों का और दास को शूद्र वर्ण का मानते हैं।[172] स्पष्ट है कि सायण ने यह टीका बाद में समाज के चार वर्णों में विभक्त होने के आधार पर की, जिनका औचित्य वह सिद्ध करना चाहते हैं। इसी प्रकार यहाँ जिस अथर्ववैदिक प्रसंग का विवेचन किया जा रहा है उसमें सायण ने आर्य की व्याख्या तीन वर्णों के सदस्य के रूप में की है,[173] जिससे सहज ही शूद्र चौथे वर्ण के प्रतिनिधि हो जाते हैं। किंतु धर्मशास्त्रों में आर्य और शूद्र के प्रति जो दृष्टि अपनाई गई है, उसके आधार पर पहले के ग्रंथों का सही अर्थ लगाना बहुत कठिन हो जाता है।

अथर्ववेद के आरंभिक भाग में शूद्र को जनजाति माना गया है। इस आशय का निष्कर्ष इसमें उपलब्ध तीसरे प्रसंग से भी निकाला जा सकता है जिसमें 'तक्मन्' ज्वर से कहा गया है कि वह मुजवंतों, बल्हिकों और महावृषों के साथ-साथ कुलटा शूद्र महिलाओं को भी ग्रसित करे।[174] मालूम है कि ये सभी जन उत्तरपूर्व भारत के निवासी थे,[175] जहाँ शूद्र जनजाति आभीरों के साथ रहती थी,[176] जैसा कि *महाभारत* में बताया गया है। एक अन्य ऋचा में भी इस इच्छा की पुनरावृत्ति की गई है कि ज्वर विदेशियों को ग्रसित करे।[177] इससे आभास मिलता है कि शूद्र महिलाओं का उल्लेख जिस संदर्भ में हुआ है वह अथर्ववेदकालीन आर्यों के उस बैर-भाव का द्योतक है जो उनके मन में भारत के उत्तर-पश्चिम भाग के विजातीय निवासियों के प्रति रहता था। अतः यहाँ संभवतः शूद्र शब्द का अर्थ है शूद्र जाति की महिला। पैप्लाद शाखा की एक ऐसी ही ऋचा में शूद्रा की जगह 'दासी' शब्द का प्रयोग हुआ है,[178] जिससे लेखक की राय में यह प्रकट होता है कि ये दोनों शब्द पर्यायवाची हैं। अतः *अथर्ववेद* के आरंभिक भाग में जो शूद्र शब्द का प्रयोग हुआ है उसे वर्ण के अर्थ में नहीं, बल्कि जाति के अर्थ में लेना चाहिए, जो प्रसंग की दृष्टि से अधिक समीचीन मालूम पड़ता है।

महाभारत में आभीरों के साथ शूद्रों की चर्चा बार-बार जनजाति के रूप में हुई है, जिससे ई.पू. दसवीं शताब्दी की परंपराओं का आभास मिलता है। इस महाकाव्य में शूद्र कुल का उल्लेख क्षत्रिय और वैश्य कुल के साथ हुआ है,[179] और शूद्र जनजाति का वर्णन आभीरों, दरदों, तुखारों, पहलवों आदि के साथ हुआ है,[180] तथा कुल एवं जाति के बीच स्पष्ट भेद दिखाया गया है। नकुल ने अपनी दिग्विजय-यात्रा के क्रम में जिन जातियों को

पराजित किया, उनकी सूची में[181] तथा राजसूय यज्ञ के अवसर पर युधिष्ठिर को जिन लोगों ने उपहार प्रस्तुत किए उनकी सूची में[182] भी शूद्र का उल्लेख जनजाति के रूप में हुआ है। इनका कालक्रम निर्धारित करने के लिए संभवतः एक ओर भारत-युद्ध के समय विद्यमान शूद्रों और आभीरों तथा दूसरी ओर बाद में इस सूची में प्रक्षिप्त शकों, तुखारों, पहलवों, रोमकों, चीनों और हूणों आदि जनों के बीच विभेद करना पड़ेगा।[183] भारतीयेतर स्रोतों से ऐसा कुछ पता नहीं चलता कि ईस्वी सन के पूर्व या पश्चात की कुछ आरंभिक शताब्दियों में शूद्रों और आभीरों का बाहरी देशों से भी कोई संबंध था। इस बात के समर्थक तथ्य शायद ही उपलब्ध हैं कि आभीर ईसा की आरंभिक शताब्दियों में भारत आए। मालूम होता है कि भारत-युद्ध के समय वे जनजाति के रूप में यहाँ रहते थे,[184] पर उस महायुद्ध के पश्चात जो अस्तव्यस्तता की अवधि आई उसमें वे पंजाब में बिखर गए।[185] आभीरों के साथ शूद्रों का जो बार-बार उल्लेख हुआ है उससे संकेत मिलता है कि वे पुरानी जनजाति के थे और युद्ध के समय सुखी एवं संपन्न थे। *अथर्ववेद* के आरंभिक अंश में शूद्र शब्द के जनजाति-स्वरूप किए गए अर्थ के यह सर्वथा उपयुक्त है।

दूसरा प्रश्न यह है कि शूद्र आर्य थे या आर्य-आगमन से पहले की जनजाति थे और यदि वे आर्य थे तो भारत में किस समय आए। शूद्र जनजाति के मानवजातीय वर्गीकरण (एथनोलाजिकल क्लासीफिकेशन) के विषय में परस्पर-विरोधी विचार व्यक्त किए गए हैं। पहले यह माना जाता था कि पहले-पहल जो आर्य आए उनमें से कुछ शूद्र जनजाति के थे,[186] बाद में यह माना जाने लगा कि शूद्र आर्यपूर्व जनों की एक शाखा थे,[187] किंतु दोनों विचारों में से किसी के भी पक्ष में कोई सबल प्रमाण नहीं है। उपलब्ध तथ्यों के आधार पर सोचा जा सकता है कि शूद्र जनजाति का आर्यों के साथ कुछ सादृश्य था। शूद्रों की चर्चा हमेशा आभीरों के साथ हुई है,[188] जो आर्यों की एक बोली 'आभीरी' बोलते थे।[189] ब्राह्मणकाल में शूद्र आर्य की भाषा समझने में समर्थ थे, जिससे परोक्ष रूप में सिद्ध होता है कि वे आर्यों की भाषा जानते थे। इतना ही नहीं, शूद्र को आर्य-पूर्व लोगों, यथा द्रविड़, पुलिंद, शबर आदि की सूची में कभी शामिल नहीं किया गया है। उन्हें बराबर उत्तर-पश्चिम का निवासी माना गया है,[190] जहाँ आगे चलकर मुख्यतः आर्य ही निवास करते थे।[191] आभीर और शूद्र सरस्वती नदी के निकट रहते थे।[192] कहा जाता है कि इन लोगों के प्रति बैर-भाव के कारण सरस्वती मरुभूमि में विलीन हो गई।[193] ये संदर्भ महत्वपूर्ण हैं, क्योंकि दृषद्वती के साथ सरस्वती उस प्रदेश की एक सीमा स्थिर करती थी जो आर्य-देश कहलाता था। ऊपर 'दहे' शब्द का हवाला दिया जा चुका है, जो भारतीय 'दास' शब्द का ईरानी पर्याय है, किंतु शूद्र के लिए ऐसा तादात्म्य स्थापन कठिन है। यह सुझाव दिया जा सकता है कि ग्रीक 'कुद्रोस' शब्द का समानार्थक है,[194] जिसे होमर ने (ई. पू.

दसवीं-नवीं शताब्दी) 'महान' के अर्थ में प्रयुक्त किया है और इसका प्रयोग सामान्यतया मर्त्यलोक के प्राणियों के लिए नहीं, बल्कि देवलोकवासियों की विशेषता बताने के लिए किया गया है।[195] भारत में, बाद में, शूद्र शब्द अपमानसूचक माना जाने लगा,और उन लोगों के लिए व्यवहृत होता था जिनसे ब्राह्मण अप्रसन्न थे। इसके विपरीत होमरकालीन ग्रीस में 'शूद्र' शब्द (कुद्रोस) प्रशंसावाचक था। हम यह कह सकते हैं कि 'कुद्र' नामक एक भारोपीय जनजाति थी जिसकी शाखाएँ ग्रीस और भारत दोनों देशों में गईं। ग्रीस में इस शाखा को महत्व का स्थान मिला, लेकिन इस जाति के जो लोग भारतवर्ष आए उन्हें उनके सहआक्रमणकारियों ने हराकर अपने अधीन कर लिया। इस कारण ग्रीस में कुद्रों का ऊँचा स्थान हुआ और भारत में शूद्रों का नीचा। एक ही शब्द के विभिन्न संदर्भ में विपरीत अर्थ होते हैं, जैसा कि असुर शब्द के उदाहरण से स्पष्ट है। भारत में असुर अनिष्टकर (शैतान) माना जाता है, किंतु उसके प्रतिरूप 'अहुर' को ईरान में देवता माना जाता है। भारत और ग्रीस में शूद्र शब्द का प्रयोग-भेद भी इसी प्रकार का माना जा सकता है, किंतु उपरोक्त व्याख्या को तब तक निश्चयात्मक नहीं कहा जा सकता जब तक कि यह प्रमाणित न हो जाए कि 'कुद्रोस' ग्रीस की एक जनजाति थी। फिर भी, ऊपर जितनी बातें कही गई हैं, उनके आधार पर यह संभव प्रतीत होता है कि दासों के समान शूद्र भी भारतीय आर्यवंश के लोगों से संबंधित थे।

यदि शूद्र भारतीय आर्यों से संबद्ध थे, तो वे भारत में कब आए ? कहा गया है कि वे भारत में आनेवाले आर्यों के किसी आरंभ के दल के थे।[196] किंतु चूँकि *ऋग्वेद* में उनका उल्लेख नहीं हुआ है, इसलिए संभव है कि शूद्र उन विदेशी जनजातियों में से थे जो ऋग्वैदिक काल का अंत होते-होते उत्तर-पश्चिम भारत में आईं। पुरातत्व संबंधी साक्ष्य के आधार पर ऐसा संभव मालूम होता है कि 2000 ई. पू. के पश्चात हजार वर्षों तक लोगों का भारत में आना जारी रहा।[197] इस परिकल्पना का समर्थन भाषाजन्य प्रमाणों से भी होता है।[198] अतएव अनुमान किया जाता है कि शूद्र ई. पू. दूसरे सहस्राब्द के अंत में भारत आए, जबकि उन्हें वैदिककालीन आर्यों ने पराजित किया और वैदिक काल के उत्तरवर्ती समाज ने उन्हें चतुर्थ वर्ण के रूप में अपनाया।

यह जोर देकर कहा गया है कि ब्राह्मणों के साथ दीर्घकाल तक संघर्ष करते रहने के फलस्वरूप क्षत्रियों को शूद्र की स्थिति में पहुँचा दिया गया और ब्राह्मणों ने अपने शत्रु क्षत्रियों को अंततः उपनयन (यज्ञोपवीत संस्कार) के अधिकार से वंचित कर दिया।[199] *महाभारत* के शांतिपर्व में वर्णित एकमात्र अनुश्रुति के आधार पर कि पैजवन शूद्र राजा था, यह दावा किया जाता है कि शूद्र आरंभ में क्षत्रिय थे।[200] इस तरह की धारणा का कोई तथ्यगत आधार नहीं है। प्रथमतः, ऋग्वेद-काल में क्षत्रियों का ऐसा वर्णन कहीं नहीं मिलता

है जिससे पता चले कि उनका एक निश्चित वर्ण था तथा उनके कर्तव्य और अधिकार अलग थे। संपूर्ण जनजाति के लोग युद्ध और सार्वजनिक कार्यों के प्रबंध को अपना कर्तव्य समझते थे। यह कुछ गिने-चुने योद्धाओं का काम नहीं समझा जाता था। आरंभ से ही विकसित हो रहे योद्धाओं और पुरोहितों के समुदाय ने आर्यों और आर्येतर लोगों के साथ युद्ध में विश् का मार्गदर्शन किया और उन्हें सहायता दी। ज्यों-ज्यों समय बीतता गया, सरदार और योद्धागण पुरोहितों को उदारतापूर्वक भेंट-उपहार देने लगे और धार्मिक कर्मकांड जटिल होता गया, जिससे उस कर्मकांड का निष्पादन करनेवाले पुरोहितों और उन पुरोहितों को संरक्षण देनेवाले योद्धाओं की शक्ति सामान्य जन की शक्ति की अपेक्षा बहुत अधिक बढ़ी। दूसरे, यद्यपि उत्तरवैदिक काल में, परशुराम और विश्वामित्र की कथाओं में पुरोहितों और योद्धाओं का संघर्ष ध्वनित होता है, फिर भी इसका कोई प्रमाण नहीं है कि विवाद का विषय उपनयन था, जिसका निर्णय क्षत्रियों के विपक्ष में हुआ। उत्तरवैदिककाल के अंत में कृषि के आरंभ हो जाने से किसानों से अनाज वसूल किया जाने लगा। इस वसूली में किसका कितना हिस्सा होगा, इसे लेकर सरदारों और पुरोहितों में संघर्ष अवश्यंभावी था। संघर्ष सामाजिक आधिपत्य को लेकर हुआ करता था, जिसके आधार पर विशेषाधिकारों का निर्णय होता था। ज्ञान के क्षेत्र में ब्राह्मणों के एकाधिकार के विषय में भी कुछ विवाद उठे और क्षत्रियों ने इसे चुनौती दी और उसमें सफल भी हुए। ऐसा जान पड़ता है कि अश्वपति कैकेय और प्रवाहण जैवलि संभवतः ब्राह्मणों के अध्यापक थे।[201] मिथिला के क्षत्रिय शासक जनक ने उपनिषदीय चिंतन को आगे बढ़ाने में योगदान दिया तथा क्षत्रिय राजा विश्वामित्र ने ब्रह्मर्षि का पद प्राप्त किया। उत्तर-पूर्व भारत में क्षत्रियों का विद्रोह गौतम बुद्ध और वर्द्धमान महावीर के उपदेशों के रूप में अपनी चरम सीमा पर आया। उनके अनुसार समाज में प्रमुख स्थान क्षत्रियों का था और ब्राह्मण उसके बाद थे। झगड़ा इस प्रश्न को लेकर था कि समाज में प्रथम स्थान ब्राह्मणों को मिले या क्षत्रियों को। न तो उत्तर-वैदिक और न मौर्य-पूर्व ग्रंथों में ही कहीं ऐसा संकेत है कि ब्राह्मण चाहते थे कि क्षत्रियों को तृतीय या चतुर्थ वर्ण में रखा जाए, या क्षत्रियों की यह इच्छा थी कि ब्राह्मणों की वह गति हो।

तीसरी बात, ऐसा सोचना गलत है कि आरंभ में उपनयन संस्कार का न होना शूद्रता का निश्चित प्रमाण माना जाता था। इस मामले में आज के न्यायालयों का निर्णय[202] उस समय की परिस्थितियों का द्योतक नहीं बन सकता ,जब शूद्र वर्ण का उद्भव हुआ। शूद्रों को उपनयन-च्युत केवल उत्तर-वैदिक काल के अंत से पाया जाता है और तब भी शूद्रों की दासतासूचक एकमात्र अशक्तता केवल यही नहीं थी कि उन्हें यज्ञोपवीत से वंचित रखा गया, इस तरह की अन्य कई अशक्तताएँ थीं। आगे चलकर हम देखेंगे कि बात ऐसी नहीं थी कि

उपनयन नहीं होने के कारण आर्य शूद्र में परिवर्तित हो गए थे, बल्कि आर्थिक और सामाजिक विषमताओं के चलते वे इस अधोगति में पहुँचे थे।

चौथी बात यह है कि शांतिपर्व की इस अनुश्रुति की प्रामाणिकता को दृढ़तापूर्वक स्वीकार करना कठिन है कि पैजवन शूद्र था। उसे सुदास् से अभिन्न माना गया है जो भारत जनजाति का प्रधान था, और कहा जाता है कि दस राजाओं के युद्ध का यह सुप्रसिद्ध नायक शूद्र ही था।[203] वैदिक ग्रंथों में ऐसे तथ्य नहीं हैं जिनसे इस विचार की पुष्टि होती हो और शांतिपर्व की अनुश्रुति को किसी अन्य स्रोत से, चाहे वह महाकाव्य हो या पुराण, बल नहीं मिलता है। इस अनुश्रुति के अनुसार शूद्र पैजवन यज्ञ करते थे। यह बात भी ऐसे प्रसंग में आई है, जहाँ कहा गया है कि शूद्र पाँच महायज्ञ कर सकते थे और दान दे सकते थे।[204] यह निर्णय करना कठिन है कि यह अनुश्रुति सच है या झूठ, किंतु इसका उद्देश्य यह सिद्ध करना था कि शूद्र यज्ञ और दान-पुण्य कर सकते थे। हम आगे यह देखेंगे कि ऐसा दृष्टिकोण शांतिपर्व की उदारवादी भावना के अनुकूल था, और तब पैदा हुआ जब शूद्र किसानों की संख्या बढ़कर काफी हो गई। यह भी ध्यातव्य है कि परवर्ती काल में ब्राह्मण ऐसे किसी भी व्यक्ति के लिए, जो उनका विरोध करता था, व्यापक रूप से शूद्र या वृषल शब्द का प्रयोग करने लगे थे। हमें मालूम नहीं कि शूद्र पैजवन के साथ भी ऐसी ही बात थी या नहीं। प्रायः ऐसे कथनों का यह अर्थ नहीं कि क्षत्रिय और ब्राह्मण शूद्र की स्थिति में पहुँच गए थे, बल्कि वे मात्र इतना संकेत देते हैं कि इन मान्य व्यक्तियों की उत्पत्ति शूद्रों से हुई थी, खासकर मातृकुल की ओर से।[205]

स्पष्ट है कि आर्य जनजातियों और उनकी संस्थाओं की ही तरह शूद्र जनजाति भी सैनिक कृत्यों का निर्वाह करती थी।[206] *महाभारत* में शूद्रों की सेना का उल्लेख अंबष्ठों, शिवियों, शूरसेनों आदि के साथ हुआ है।[207] किंतु, जैसा कि हम जानते हैं, इससे पूरी जनजाति क्षत्रिय वर्ण नहीं बन सकी और न उसके कर्तव्य और विशेषाधिकार सुनिश्चित हो सके। अतः इस सिद्धांत में शायद ही कोई बल है कि क्षत्रियों को शूद्र की स्थिति में पहुँचा दिया गया था।

शूद्र शब्द का व्युत्पत्यर्थ निकालने के जो प्रयास हुए हैं वे अनिश्चित-से लगते हैं और उनसे वर्ण की समस्या सुलझाने में शायद ही कोई सहायता मिलती है। सबसे पहले *वेदांत सूत्र* में बादरायण ने इस दिशा में प्रयास किया था। इसमें शूद्र शब्द को दो भागों में विभक्त कर दिया गया है —'शुक्' (शोक) और 'द्र' जो 'द्रु' धातु से बना है और जिसका अर्थ है दौड़ना।[208] इसकी टीका करते हुए शंकर ने इस बात की तीन वैकल्पिक व्याख्याएँ की हैं कि जानश्रुति[209] शूद्र क्यों कहलाया : (1) 'वह शोक के अंदर दौड़ गया',—'वह शोक-निमग्न हो गया' (शुचम् अभिदुद्राव),(2) 'उस पर शोक दौड़ आया',—'उस पर

संताप छा गया' (शुचा वा अभिद्रुवे) और (3) 'अपने शोक के मारे वह रैक्व दौड़ गया' (शुचा वा रैक्वम् अभिदुद्राव)।[210] शंकर का निष्कर्ष है कि शूद्र शब्द के विभिन्न अंगों की व्याख्या करने पर ही उसे समझा जा सकता है, अन्यथा नहीं।[211] बादरायण द्वारा शूद्र शब्द की व्युत्पत्ति और शंकर द्वारा उसकी व्याख्या दोनों ही वस्तुतः असंतोषजनक हैं।[212] कहा जाता है कि शंकर ने जिस जानश्रुति का उल्लेख किया है, वह *अथर्ववेद* में वर्णित उत्तर-पश्चिम भारत के निवासी महावृषों पर राज्य करता था। यह अनिश्चित है कि वह शूद्र वर्ण का था। वह या तो शूद्र जनजाति का था या उत्तर-पश्चिम की किसी जाति का था, जिसे ब्राह्मण लेखकों ने शूद्र के रूप में चित्रित किया है।

पाणिनि के व्याकरण में उणादिसूत्र के लेखक ने इस शब्द की ऐसी ही व्युत्पत्ति की है जिसमें शूद्र शब्द के दो भाग किए गए हैं, अर्थात धातु शुच् या शुक् +र।[213] प्रत्यय 'र' की व्याख्या करना कठिन है और यह व्युत्पत्ति भी काल्पनिक और अस्वाभाविक लगती है।[214]

पुराणों में जो परंपराएँ हैं उनसे भी शूद्र शब्द शुच् धातु से संबद्ध जान पड़ता है, जिसका अर्थ होता है संतप्त होना। कहा जाता है कि 'जो खिन्न हुए और भागे, शारीरिक श्रम करने के अभ्यस्त थे तथा दीन-हीन थे, उन्हें शूद्र बना दिया गया।'[215] किंतु शूद्र शब्द की ऐसी व्याख्या उसके व्युत्पत्यर्थ बताने की अपेक्षा परवर्ती काल में शूद्रों की स्थिति पर ही प्रकाश डालती है। बौद्धों द्वारा प्रस्तुत व्याख्या भी ब्राह्मणों की व्याख्या की ही तरह काल्पनिक मालूम होती है। बुद्ध के अनुसार जिन व्यक्तियों का आचरण आतंकपूर्ण और हीन कोटि का था (लुदआचारा खुद्दाचाराति), वे सुद्द (संस्कृत—शूद्र) कहलाने लगे और इस तरह सुद्द (सं. शूद्र) शब्द बना।[216] आदि मध्यकाल के बौद्ध शब्दकोश में शूद्र शब्द क्षुद्र का पर्याय बन गया,[217] और इससे यह निष्कर्ष निकाला गया कि शूद्र शब्द क्षुद्र से बना है।[218] दोनों ही व्युत्पत्तियाँ भाषाविज्ञान की दृष्टि से असंतोषजनक हैं, किंतु फिर भी महत्वपूर्ण हैं, क्योंकि उनसे प्राचीन काल में शूद्र वर्ण के प्रति प्रचलित धारणा का आभास मिलता है। ब्राह्मणों द्वारा प्रस्तुत व्युत्पत्ति में शूद्रों की दयनीय अवस्था का चित्रण किया गया है, किंतु बौद्ध व्युत्पत्ति में समाज में उनकी हीनता और न्यूनता का परिचय मिलता है। इन व्युत्पत्तियों से केवल इतना पता चलता है कि भाषा और व्युत्पत्ति संबंधी व्याख्याएँ भी सामाजिक स्थितियों से प्रभावित होती हैं। हाल में एक लेखक ने शूद्र शब्द की व्युत्पत्ति इस रूप में की है— धातु 'श्वी' (मोटा होना)+धातु 'द्रु' (दौड़ना)। उसकी राय है कि इस शब्द का अर्थ है 'ऐसा व्यक्ति जो स्थूल जीवन की ओर दौड़े।' अतएव उसकी दृष्टि में शूद्र 'ऐसा गँवार है जो शारीरिक श्रम करने के लिए ही बना है।'[219] यह बहुत ही अद्भुत बात है कि यहाँ दो धातुओं के मेल से 'शूद्र' शब्द की उत्पत्ति की गई है और तब जब उसका कोई पुराना व्युत्पत्यात्मक आधार नहीं है। इस शब्द को लेखक जो अर्थ देना चाहता है, वह शूद्रों

के प्रति केवल परंपरावादी मनोवृत्ति को चित्रित कर पाता है। उससे शूद्रों की उत्पत्ति पर कोई प्रकाश नहीं पड़ता।

उत्पत्ति के समय शूद्र वर्ण की स्थिति दयनीय और उपेक्षित थी, यह बात *ऋग्वेद* और *अथर्ववेद* में वर्णित समाज के चित्रण से शायद ही सिद्ध होती है। इन संहिताओं में कहीं भी न तो दास और आर्य के बीच और न शूद्र और उच्च वर्णों के बीच भोजन और वैवाहिक प्रतिबंध का प्रमाण मिलता है।[220] वर्णों के बीच सामाजिक भेदभाव बतानेवाला एकमात्र पूर्वकालीन संदर्भ *अथर्ववेद* में पाया जाता है जिसमें यह दावा किया गया है कि ब्राह्मण को, राजन्य और वैश्य की तुलना में, किसी नारी का पहला पति बनने का अधिकार प्राप्त है।[221] और भी कहीं-कहीं ब्राह्मणों के विशेषाधिकारों की चर्चा की गई है, यथा कहा गया है कि उनकी गाय अथवा स्त्री को कोई हाथ नहीं लगा सकता। पर इस संबंध में कहीं शूद्र की चर्चा नहीं मिलती, क्योंकि प्रायः उस समय यह वर्ण विद्यमान नहीं था। इसका कोई आधार नहीं कि दास और शूद्र अपवित्र समझे जाते थे और न ही इसका कोई प्रमाण मिलता है कि उनके छू जाने से उच्च वर्णों के लोगों का शरीर और भोजन दूषित हो जाता था।[222] अपवित्रता का सारा ढकोसला बाद में खड़ा किया गया, जब समाज कृषिप्रधान होने के बाद वर्णों में बँट गया और ऊपर के वर्ण अपने लिए तरह-तरह की सुविधाएँ और विशेषाधिकार माँगने लगे।[223]

शूद्र वर्ण के उद्भव के विषय में इस अध्याय का सारांश यह है कि आंतरिक और बाहरी संघर्षों के कारण आर्य या आर्य-पूर्व लोगों की स्थिति ऐसी हो गई है।[224] चूँकि संघर्ष मुख्यतया मवेशी के स्वामित्व को लेकर और बाद में भूमि को लेकर होता था, अतः जिनसे ये वस्तुएँ छीन ली जाती थीं और जो अशक्त हो जाते थे, वे नए समाज में चतुर्थ वर्ण कहलाने लगते थे। फिर जिन परिवारों के पास इतने अधिक मवेशी हो गए और इतनी अधिक जमीन हो गई कि वे स्वयं सँभाल नहीं पाते थे, तो उन्हें मजदूरों की आवश्यकता हुई और वैदिककाल के अंत में ये शूद्र कहलाने लगे।

यह मंतव्य कि शूद्र वर्ण का निर्माण आर्य-पूर्व लोगों से हुआ था, उतना ही एकांगी और अतिरंजित मालूम पड़ता है, जितना यह समझना कि उस वर्ण में मुख्यतः आर्य ही थे।[225] वास्तविकता यह है कि आर्थिक तथा सामाजिक विषमताओं के कारण आर्य और आर्येतर, दोनों के अंदर श्रमिक समुदाय का उदय हुआ और ये श्रमिक आगे जाकर शूद्र कहलाए। साधारणतया मान्य समाजशास्त्रीय सिद्धांत है कि वर्गविभाजन बराबर सजातीय असमानताओं से मूलतया संबद्ध होता है,[226] किंतु इस सिद्धांत से शूद्रों और दासों की उत्पत्ति पर आंशिक प्रकाश ही पड़ता है। बहुत संभव है कि दासों और शूद्रों का नाम क्रमशः इन्हीं नामों की जनजातियों के आधार पर रखा गया हो जो भारतीय आर्यों के निकट संपर्क

में रही हों। लेकिन कालक्रम से आर्य-पूर्व आबादी के लोग और विपन्न आर्य भी इन वर्गों में शामिल हो गए होंगे। यह बहुत स्पष्ट है कि वैदिक काल के आरंभिक लोगों में शूद्रों और दासों की जनसंख्या बहुत सीमित थी और उत्तरवर्ती वैदिक काल के अंत से लेकर आगे तक शूद्र जिन अशक्तताओं के शिकार रहे हैं, वे आदिवैदिक काल में विद्यमान नहीं थीं।

संदर्भ

1. आर. रौथ : शब्रह्म अंड डाइ ब्राह्मनेन साइटशिफ्ट डेर डोयूचेन मेर्गेनलेंडिशेन गेज़ेलशाफ्ट बर्लिन', I, पृ. 84.
2. वैदिक इंडेक्स, ii, पृ. 265,388; आर. सी. दत्त :ए हिस्ट्री ऑफ सिविलिजेशन इन एनशिएंट इंडिया', I, पृ. 2; सेनार्ट :कास्ट इन इंडिया', पृ. 83; एन. के. दत्त :ओरिजिन ऐंड ग्रोथ ऑफ कास्ट इन इंडिया', पृ. 151-52; धुर्वे :कास्ट ऐंड क्लास', पृ. 152-2, डी. आर. भंडारकर :सम आस्पेक्ट्स ऑफ एनशिएंट इंडियन कल्चर', पृ. 10.
3. जे : म्यूर : 'ओरिजिनल संस्कृत टेक्स्ट्स', II, पृ. 387. म्यूर का विचार है कि यह बताने के लिए कोई प्रमाण नहीं है कि वे आर्यों से भिन्न थे.
4. ऋग्वेद, II, 12. 4. 'येनेमा विश्वा च्यवना कृतानि, यो दासं वर्णमधरं गुहाकः', अथर्ववेद, XX, 34.4.
5. ऋग्वेद, V. 34.6—'यथावशं नयति दासमार्यः'.
6. वही, II. 13.8,—'दासवेशाय चावः'. सायण ने इसकी टीका दासों के विनाश के रूप में की है, किंतु वैदिक इंडेक्स, I, 358, इसे दास का नाम मानता है।
7. ऋग्वेद, II. 11.4; VI. 25.2; और X. 148.2.
8. वही, IV. 28.4.
9. वही, III, 34.9,—हत्वी दस्यून् प्रार्यं वर्णमावत; अथर्ववेद, XX. 11.9 (पिप्पलाद संस्करण में नहीं.).
10. I. 103.3; अथर्ववेद, XX. 20. 4.
11. ऋग्वेद, I. 51.5-6, 103.4; X. 95.7, 99. 7 में दस्युता शब्द आया है . दस्युघ्न शब्द ऋग्वेद, VI. 16.10 में, दस्युहन शब्द ऋग्वेद, X. 47.4 में, दस्युहंतम् शब्द ऋग्वेद, IV. 16.15, VIII. 39. 8 में आया है और वाजसनेयि संहिता, XI. 34 में उसकी पुनरावृत्ति की गई है . आर्यों और दस्युओं में शत्रुता के कई अन्य प्रसंग आए हैं, यथा, ऋग्वेद, V. 7. 10, VII. 5. 6 आदि. ऋग्वेद, 1.100. 12, VI. 45.24; VIII. 76.11, 77.3 में इंद्र को दस्युहा कहा गया है. इंद्र द्वारा दस्युओं की हत्या के ऐसे ही प्रसंग अथर्ववेद III. 10-12; VIII. 8.5, 7; IX. 2. 17और 18; X. 3. 11; XIX. 46.2; XX. 11.6, 21.4, 29. 4, 34.10, 37.4, 42.2, 64.3, 78.3 में आए हैं और अग्नि द्वारा दस्युओं की हत्या के प्रसंग अथर्ववेद में I. 7. 1; XI. 1.2 में आए हैं। अथर्ववेद, VI. 32.3 में मन्यु को दस्युहा कहा गया है.

12. ऋग्वेद, I. 103.3; II. 19. 6; IV. 30. 20; VI. 20. 10, 31.4.
13. वही, I. 33.13, 53.8; VIII. 17.4.
14. वही, IV. 30. 13; V. 40. 6; X. 69. 6.
15. वही, 176.4,'अस्मभ्यमस्य वेदनं दद्धि सूरिश्चिदो हते' .
16. वही, I. 33.4.
17. वही, VI. 47.21.
18. वही, VIII. 40. 6, 'वयं तदस्य सम्भृतं वसु इंद्रेण विभजेमहि' .
19. वही, I. 33.7-8.
20. वही, III. 53.14, 'किं ते कृण्वंति की कटेषु गावो नाशीरं दुर्हे न तपन्ति धर्मम्' .
21. वही, II. 15.4.
22. ह्वीलर : 'दि इंडस सिविलिजेशन', (सप्लीमेंट वाल्यूम टु कैंब्रिज हिस्ट्री ऑफ इंडिया, I) पृ. 90-91.
23. ऋग्वेद, X, 86.19; अथर्ववेद, XX. 126.19.
24. ऋग्वेद, VII. 6.3.
25. वही, I. 51.8.
26. वही, I. 133.1; V. 2. 3; VII. 1.8. 16; X. 27.6; X. 48.7.
27. वही, IV. 16.9.
28. अथर्ववेद, II. 14.5.
29. वही, X. 6. 20.
30. वही, XII. 1.37.
31. ऋग्वेद, X. 22.8.
32. पी. वी. काणे : 'दि वर्ड व्रत इन दि ऋग्वेद', जर्नल ऑफ दि बाम्बे ब्रांच ऑफ दि रायल एशियाटिक सोसायटी, न्यू सीरीज, XXIX, पृ. 12.
33. ऋग्वेद, I. 51.8-9; I. 101 2; I. 175.3; VI. 14.3; IX. 41.2. किंतु 'अव्रत' शब्द का प्रयोग कहीं भी दास के लिए नहीं किया गया है .
34. वही, VIII. 70. 11; X 22.8.
35. वही, V. 42.9; V. 40. 6 में 'अपव्रत' शब्द का अर्थ 'काला' माना गया है .
36. वही, VII. 5. 2-3. गेल्डर का अनुवाद; बी. बी. लाल : 'एनशिएंट इंडिया', 9, पृ. 88. राणा घुंडई III में हड़प्पा संस्कृति का अंत भीषण अग्निकांड में हुआ .
37. ऋग्वेद, IX, 41.1-2. 'घ्नन्तः कृष्णां आप त्वचं ˙ ˙ ˙साह्वाम्सो दास्युमव्रतम्' .
38. वही, IX. 73.5.
39. वही, IV. 16.13. किंतु गेल्डनर ने इस संदर्भ में राक्षस का जिक्र नहीं किया है .
40. वही, I. 130. 8.
41. ऋग्वेद, VIII, 96.13-15.'अध द्रप्सो अंशुमत्या उपस्थे धारयतत्वम्, तित्विषाणः; विशो

अदेविर्भ्या चरन्तिर् वृहस्पतिना युजेन्द्रः ससाहे' .

42. कोसंबी : 'जर्नल आफ दि बाम्बे ब्रांच ऑफ दि रायल एशियाटिक सोसायटी', बम्बई, न्यू सीरीज, XXVII, 43.

43. ऋग्वेद, I. 101.1. 'यः कृष्णगर्भानिरहन्नृजिश्वाना' .

44. वही, II. 20.7. 'सवृत्रहेन्द्रः कृष्णयोनिः पुरन्दर ओदासीरैर्याद्धि' . सायण की टीका . किंतु गेल्डनर का सुझाव है कि दासी में पुरः अंतर्निहित है और कवि गर्भाधान की बात सोचता है .

45. वही, VIII. 19. 36-37.

46. वही, V. 29. 10. सायण अनास की व्याख्या वाणीविहीन (आस्यरहित) के अर्थ में करते हैं .

47. वही, VII. 99. 4.

48. वही, I. 174.2; V. 29. 10, 32.8; VII, 6.3, 18.13. चार स्थानों पर नहीं, जैसा कि 'हू वेयर दि शूद्राज', पृ . 71 में है .

49. वही, V. 29. 10; VII. 6.3.

50. वही, I. 174.2.

51. यह गिनती विश्वबंधु शास्त्री के वैदिक कोश पर आधारित है ।

52. व्हीलर : पूर्व निर्दिष्ट, पृ . 8 . व्हीलर की राय है कि असभ्य खानाबदोशों (अर्थात आर्यों) की चढ़ाई के कारण संगठित कृषि बिखर गई, पर अभी तक ऐसे प्रमाण नहीं मिले हैं, जिनके आधार पर कहा जाए कि सैंधव शहरी सभ्यता के लोगों और आर्यों के बीच जमकर लड़ाई हुई .

53. ऋग्वेद, X. 83.1. 'साह्याम दासमार्यं त्वयायुजा सहस्कृतेन सहसा सहस्वता', जो अथर्ववेद, IV. 32.1 जैसा ही है .

54. ऋग्वेद, , X. 38.3; देखें अथर्ववेद, XX. 36.10.

55. ऋग्वेद, VII. 83.1. 'दासाच वृत्रा हतमार्याणि च सुदासम् इन्द्रावरुणावसावतम्' .

56. वही, VI. 60. 6.

57. वही, VI. 33.3; देखें X. 102.3.

58. ऋग्वेद, VIII. 24.27. 'य ऋक्षादंहसो मुचद्योवार्यात् सप्तसिन्धुषु; वधर्दासस्य तुविनृम्ण नीनम;' गेल्डनर इस परिच्छेद का अर्थ लगाते हैं कि इंद्र ने दासों के अस्त्रों को आर्यों से विमुख कर दिया .

59. ऋग्वेद, VI. 33.3; 60. 6; VII. 83.1; VIII. 24.27 (विवादास्पद कंडिका); X. 38.3, 69. 6, 83.1, 86.19, 102.3. इनमें से चार निर्देशों को अंबेडकर ने सही रूप में उद्धृत किया है . अंबेडकर : 'पूर्व निर्दिष्ट' पृ . 83-4.

60. वैदिक इंडेक्स, I, 356, दाशराज्ञ के ऊपर देखें पाद टिप्पणी 4.

61. ऋग्वेद, VII. 33.2-5, 83.8 . वास्तविक युद्ध-स्तुति ऋग्वेद, VII. 18 में है.

62. आर. सी. मजुमदार और ए. डी. पुसलकर : वैदिक एज' पृ. 245. अन्य आर्यों के प्रति वैरभाव के कारण पूरुओं को ऋग्वेद, VII. 18.13 में मृध्रवाचः कहा गया है.

63. पी. वी. काणे : पूर्व निर्दिष्ट, (जर्नल आफ दि बाम्बे ब्रांच ऑफ दि रायल एशियाटिक सोसायटी, बंबई न्यू सीरीज, xxix, 11.

64. अथर्ववेद, V. 11.3; पैप्पलाद, VIII. 1.3. 'नमे दासोनार्यो महीत्वा व्रतं मीमाय यदहम् धरिष्ये.'

65. जर्नल आफ दि रायल एशियाटक सोसायटी ऑफ ग्रेट ब्रिटेन एंड आयरलैंड, लंदन, न्यू सीरीज, ii, पृ.286-294

66. ऋग्वेद, I. 84.8.

67. वही, VI. 44.11.

68. वही, VI. 47.16; (जर्नल ऑफ दि रायल एशियाटिक सोसायटी ऑफ ग्रेट ब्रिटेन एंड आयरलैंड, लंदन, न्यू सीरीज, II, पृ. 286-294.)

69. ऋग्वेद, VIII. 51.9. 'यस्यायं विश्व आर्यो दासः शेवाधिपा अरिः' इस अनुच्छेद पर सायण की टिप्पणी में, और वाजसनेयि संहिता, XXXIII के एक ऐसे ही अनुच्छेद पर उवट तथा महीधर की टिप्पणी में भी दास को 'आर्य' का विशेषण माना गया है, किंतु गेल्डनर (ऋग्वेद, VIII. 51.9) आर्य और दास को दो अलग-अलग संज्ञा मानते हैं. हर हालत में यह स्पष्ट है कि आर्यों का भी विरोध होता था.

70. ऋग्वेद, X. 69. 6. 'समज्रया पर्वत्या वसूनि दासा वृत्राण्यार्या जिगेथ'.

71. ऋग्वेद, I. 124.10; 182.3; IV. 25.7, 51.3; V. 34.7; VI. 13.3, 53. 6-7.

72. जर्नल ऑफ दि रायल एशियाटिक सोसायटी ऑफ ग्रेट ब्रिटेन एंड आयरलैंड, लंदन, न्यू सीरीज, ii, 286-294.

73. वैदिक इंडेक्स, I, पृ. 471.

74. वही, ऋग्वेद. VIII. 66.10.

75. वैदिक इंडेक्स, I,472.

76. वही

77. गीर्समन, ईरान, पृ. 243.

78. वैदिक इंडेक्स, I, 472.

79. ऋग्वेद, viii. 40. 6.

80. वही, III. 34.9.

81. ऋग्वेद, I. 104.2; III. 34.9. 'देवासो मन्युं दासस्य श्चमन्ते न आवक्षन्त्सुविताय वर्णम्'.

82. साइटशृफ्ट डेर डोय्चेन मेर्ग्रेनलैंडिशेनगेज़ेलशाफ्ट, बर्लिन, ii, 272..

83. जन का उल्लेख लगभग 275 बार और विश् का उल्लेख 170 बार हुआ है.

84. ई. जे. रैप्सन : 'दि कैम्ब्रिज हिस्ट्री ऑफ इंडिया', पृ. 99.

85. लैंटमैन : 'दि ओरिजिन्स ऑफ सोशल इनइक्वेलिटीज ऑफ दि सोशल क्लासेज', पृ. 230.

86. चाइल्ड : 'दि मोस्ट एनशिएंट ईस्ट' पृ. 175.

87. व्हीलर : पूर्व निर्दिष्ट, पृ. 94.

88. मैके : 'अर्ली इंडस सिविलिजेशंस', पृ. XII-XIII.

89. लाल : 'एनशिएंट इंडिया', सं. 9. पृ. 93.

90. ऋग्वेद, II. 27.12.

91. ऋग्वेद, VI. 22.1.'यया दासान्यार्णि वृत्र करो वज्रिन्त्सुलूका नाहुषाणि'.

92. ऋग्वेद, X. 49. 3. 'अहं शूष्णस्य श्नथिता वधर्यमं न यो रर आर्य नाम दस्यवे'.

93. पार्जिटर : 'एनशिएंट इंडियन हिस्टारिकल ट्रेडीशन', पृ. 306-8.

94. ड्यूमेजिल : 'फ्लामेन ब्राह्मण', अध्याय II और III. एक अन्य निर्देश के लिए देखें, पाल थिमे ; (साइटशृफ्ट डेर डोय्चेन मेर्गेनलैंडिशेनगेजेलशाफ्ट, बर्लिन, एन. एफ. 27, पृ. 91-129.

95. ई. जे. रैप्सन : पूर्व निर्दिष्ट, I. 103.

96. डब्ल्यू. रुयूबेन : 'इन्द्राज फाइट अगेन्स्ट वृत्र इन दि महाभारत' (एस. के. बेल्वल्कर कमेमोरेशन वाल्यूम, पृ. 116-8), धर्मानंद कोसंबी, 'भगवान बुद्ध', पृ. 24.

97. कोसंबी : (जर्नल ऑफ दि बाम्बे ब्रांच ऑफ दि रायल एशियाटिक सोसायटी, बम्बई, न्यू सीरीज, XXII, 35)

98. ऋग्वेद, I, 117-8. किंतु सायण 'श्यावाय' को 'कुष्ठरोगेण श्यामवर्णाय' बताते हैं.

99. वही, VIII. 85.3-4. वही, VIII. 50. 10 में भी कण्व का उल्लेख है.

100. वही, I. 116-23; देखें I. 117.7. पार्जिटर मानते हैं कि काण्वायन ही वास्तविक ब्राह्मण हैं : डायनेस्टीज ऑफ दि कलि एज, पृ. 35.

101. ऋग्वेद, I. 158.6. अंबेडकर : हू वेयर दि शूद्राज ?, पृ. 77.

102. 'वैदिक इंडेक्स' I. 366. शतपथ ब्राह्मण, XIV. 9. 4. 15 में एक ऐसी माँ का वर्णन आया है जो काले रंग के बालक की आकांक्षा रखती है, जिसे वेद का ज्ञान हो.

103. वैदिक इंडेक्स, I. 363, हिलब्रांट का सुझाव.

104. ऋग्वेद, I. 130. 10.

105. कोसंबी : (जर्नल ऑफ दि बाम्बे ब्रांच ऑफ एशियाटिक सोसायटी, बम्बई, न्यू सीरीज, XXVI, 44).

106. मोनियर-विलियम्स : संस्कृत-इंगलिश डिक्शनरी, देखें दास, दाश.

107. कौषतकि उप. III. 1. वैदिक इंडेक्स में उद्धृत, II. 30.

108. ऋग्वेद, VIII. 19. 36.

109. अथर्ववेद, XII. 3.13; पैप्प., XVII. 37.3, 'यद्वा दास्यार्द्रहस्ता समंत उलूखलं मुसलम् शुम्भताप:'.

110. वही, XII. 4.9; पप्प. के एक ऐसे ही परिच्छेद XVII. 16.9 में दासी शब्द के स्थान पर देवी लिया गया है.

111. अथर्ववेद, V. 13.8.

112. ऋग्वेद, I. 92.8, 158.5 गेल्डनर के अनुवाद के अनुसार.

113. वही, X. 62.10.

114. वही, VIII. 56.3.

115. वही, VII. 86.7. हिलब्रांट इसे संदिग्ध मानते हैं. उन्होंने गलत ढंग से VII. 86.3 में 'कदाचित्' जोड़ दिया है, जो होना चाहिए VII. 86.7. 'साइटश्रिफ्ट फ्यूर इंडोलोगिअ उंड ईरोनिस्टिक, लाइपत्सिख्, iii. 16.

116. वही, VIII. 56.3. 'शतं मे गर्दभानां शतमूर्णावतीनां, शतं दासा अति स्रजः'. 100 रूढ़ संख्या हो सकती है .

117. वही, I. 92.8. 'उषसिआमस्यां यषसंसुवीरं दासप्रवर्गं रयिमश्व बुध्यम्' .

118. वही, I. 158.5-6.

119. वही, X. 62.10. 'उत् दासा परिविषेऽस्मद् दिष्टि गोपरिणसाः यदुस् तुर्वश् च मामहे'.

120. वही, X. 34.4.

121. वही, II. 11.4, IV. 28.4 और VI. 25.2; दत्त : 'स्टडीज इन हिंदू सोशल पालिटी', पृ . 334, बी . एन . दत्त का विचार है कि ऋग्वेद VI. 25.2 में दासविश् का जो उल्लेख हुआ है, उसका तात्पर्य यह है कि दास को वैश्य कोटि में रखा गया है . किंतु चूँकि उस समय वैश्य समाज के एक वर्ग के रूप में नहीं थे, इसलिए यहाँ विश् को एक जनजाति विशेष माना जा सकता है .

122. वही, VI, I, 357, पाद टिप्पणी 20, जाति और भाषा की दृष्टि से दहे ईरानियों के बहुत निकट रहे होंगे, किंतु यह बहुत स्पष्ट रूप से प्रमाणित नहीं हो पाया है; वही, त्सिम्मर ने हेरोडोट्स के दआई या दाअई, i, 126 को तूरानियन जनजाति का बताया है ।

123. शेफर : 'एथनोग्राफी इन एनशिएंट इंडिया', पृ . 32, कहा गया है कि सामाजिक स्तर पर दास और आर्य का स्थान दस्यु भीलों से ऊपर था .

124. स्टुअर्ट पिगाट :'एंटिक्विटी', जिल्द XXIV, सं. 96, 218 लाल : पूर्व निर्दिष्ट, दिल्ली, सं. 9, पृ . 90-91. लाल का कथन है कि दूसरी सहस्राब्दी ई. पू. के पूर्वार्ध में शाही टुंप (आधुनिक बलूचिस्तान) में और दूसरी सहस्राब्दी ई . पू . के उत्तरार्ध में फोर्ट मुनरो (अफगानिस्तान) में लोग झुंड के झुंड आए.

125. वैदिक इंडेक्स, ii, पृ. 255, पाद टिप्पणी 67. देखें, वर्ण शब्द.

126. आस. सी. मजुमदार और ए. डी. पुसलकर : पूर्व निर्दिष्ट, ऋग्वैदिक जातियों के लिये देखें, पृ . 245-248 और उत्तर वैदिककालीन जातियों के लिए पृ. 252-262.

127. शतपथ ब्राह्मण, I. 1. 4. 11-12.

128. महाभारत, शांति पर्व, 181.15, 'वर्णश्चत्वार : एते हि येषां ब्राह्मी सरस्वती, विहिता ब्रह्मणा पूर्वा लोभात्वज्ञानतां गतः'.

129. वेबर : इंडिश स्टुडियेन, II, 94 पाद टिप्पणी .

130. आर . एस . शर्मा : (जर्नल ऑफ दि बिहार रिसर्च सोसायटी, XXXVIII, 434-5; XXXIX, 418-9).

131. ऋग्वेद, I. 70. 9; V. 1. 10; VIII. 100. 9.

132. ऋग्वेद, VII. 6.5; X. 173.6, बलिहृत (कर देना) .

133. वैदिक इंडेक्स, II, 62, त्सिम्मर के विचार .

134. मैक्समूलर : 'सेक्रेड बुक्स ऑफ दि ईस्ट,' XXXII, 361, ऋग्वेद का अनुवाद, V. 61.8.

135. वैदिक इंडेक्स, II. 331.

136. लैंटमैन : पूर्व निर्दिष्ट, पृ . 5-12 में दिए गए उदाहरण . उन्होंने पूर्वी भारत के नागाओं और

कूकियों में वर्गभेद के अभाव का भी उल्लेख किया है (पृ . 11).

137. वायु पुराण, I, VIII. 60; देखें, दीघ निकाय, अगञ्ञसुत्त, 'वर्णाश्रमव्यवस्थाश्च न तदासन्नसंकरः न लिप्सन्ति हि तेऽन्योन्यत्रानुगृह्णन्ति चैव हि'.

138. कार्ल डार्लिंग : 'ए डिक्शनरी ऑफ सिलेक्टेड सिनोनिम्स इन दि प्रिंसिपल इंडो-यूरोपियन लैंग्वेजेज', चर्म (चर्मन्) के लिए देखें पृ . 40, बुनाई के लिए पृ . 408, तक्षन् के लिए पृ . 589-90 और वेणीकार के लिए पृ . 621-22; चाइल्ड : दि एरियंस, पृ . 86.

139. चाइल्ड : पूर्व निर्दिष्ट, पृ . 86 और 92.

140. ऋग्वेद, IV. 35.6, 36.5; VI. 32.1.

141. अथर्ववेद, III. 5.6; 'ये धीवानो रथकाराः कर्मारा ये मनीषिणः उपस्तीन्पर्ण मह्यं त्वम् सर्वानकृण्वभितो जनान्' .
यहाँ ब्लूमफील्ड के अनुवाद का अनुसरण किया गया है . व्हिटने ने ब्लूमफील्ड जैसा ही अनुवाद प्रस्तुत किया है, किंतु उन्होंने सायण के विचारानुसार उपस्तिन् को प्रजा के अर्थ में लिया है . सायण धीवानः और मनीषिणः को अलग-अलग संज्ञा मानते हैं, जिनका अर्थ मछुआ और बुद्धिजीवी किया गया है . पैप्प . ग्रंथ में थोड़ा सा पाठभेद है, 'ये तक्षाणो रथकाराः कर्मारा ये मनीषिणः, सर्वांस तानूपर्ण रंधयोपर्स्ति कृणु मेदिनम्' . III. 13.7.

142. 'वैदिक इंडेक्स', I, पृ . 247; संभवतः वह असैनिक और सैनिक, दोनों प्रकार के कार्यों के लिए गाँव का प्रधान था .

143. अथर्ववेद, III, 5.7.

144. ऋग्वेद, I. 105.18.

145. वैदिक इंडेक्स , I, पृ . 297.

146. ऋग्वेद, VIII. 5.38.

147. वैदिक इंडेक्स , II. पृ . 265-6.

148. फिक : 'दि सोशल आर्गेनाइजेशन इन नार्थ ईस्ट इंडिया, ' पृ . 326-7.

149. पंचविंश ब्राह्मण, V. I. 6-10; वाजसनेयि संहिता, XXXI, 11; तैत्तिरीय आरण्यक, III. 12.5 और 6.

150. महाभारत, XII. 73.4-8.

151. वायु पुराण, I. VIII. 155.9; मार्क . पु . , अध्याय 49; विष्णु पुराण, I, अध्याय VI.

152. वसिष्ठ-धर्मसूत्र, IV. 2; बौधायन धर्मसूत्र, I. 10. 19. 5-6; देखें आपस्तम्ब धर्मसूत्र, I. 1. 1.7; मनु . , I. 31; यजु . III. 126.

153. ऋग्वेद, X. 90-12.

154. व्हिटने : 'हार्वर्ड ओरिएंटल सिरीज', VII, पृ . CXLI; VIII. 895-898.

155. अथर्ववेद, XIX. 6.6.

156. ऋग्वेद, IX. 112.3.

157. ओल्डेनबर्ग (साइटशृफ्ट डेर डोय्चेन मेर्गेनलैंडिशेनगेज़ेलशाफ्ट, बर्लिन, 1i, 286.).

158. अथर्ववेद, XIX. 6.6.

159. वही, XIX. 32.8; पैप्पलाद . , XII. 4.8.
160. वही, XIX. 62.1; पैप्पलाद, II, 32.5.
161. हार्वर्ड ओरिएंटल सिरीज, VIII, 1003; अथर्ववेद के अनुवाद पर व्हिटने की टिप्पणी, XIX. 62.1.
162. व्हिटने : पूर्व निर्दिष्ट, पृ . 33.
163. अथर्ववेद, X. 1.3.
164. व्हिटने : पूर्व निर्दिष्ट, VII, पृ . CLV.
165. अथर्ववेद, V. 17.9; पैप्प . IX. 16.7.
166. माक्रिण्डल : 'इनवेजन ऑफ इंडिया', पृ . 293. एरियन सोगदोई (वही, पृ. 157) का उल्लेख करते हैं जो गलत हो सकता है. मैक्रिण्डल : ऐनशिएंट इंडिया ऐज डिस्क्राइब्ड बाइ टालमी, पृ. 317. फिर टालमी ने स्पष्टतः लिखा है (VI. 20. 3) कि सिद्रोई आर्केसिया के मध्य भाग में रहते थे जिसके अंतर्गत पूर्वी अफगानिस्तान का काफी बड़ा हिस्सा पड़ता है और जिसकी पूर्वी सीमा पर सिंधु है.
167. एच . सी . रायचौधरी : पोलिटिकल हिस्ट्री आफ एनशिएंट इंडिया, पृ . 255.
168. ऐतरेय ब्राह्मण, VII. 21.
169. हार्वर्ड ओरिएंटल सिरीज, VII, पृ . CXLVIII और CLV.
170. अथर्ववेद, IV. 20. 4, 8; पैप्प . VIII. 6.8. 'तयाहं सर्वं पश्यामि यश्च शूद्र उतार्यः'
171. अथर्ववेद, V. 11.3.
172. ऋग्वेद की टीका, II. 12.4.
173. अथर्ववेद की टीका, IV. 20. 4.
174. अथर्ववेद, V. 22.7 और 8.
175. मजुमदार और पुसलकर : पूर्व निर्दिष्ट, पृ . 258-9.
176. महाभारत, VI. 10. 66, 46 जहाँ क्रिटिकल एडिशन ऑफ महाभारत में अपरान्ताः की जगह अशुद्ध पाठ अपरंध्राः है . 'शूद्राभीराथ दरदाः काश्मीरा पशुभिः सह'.
177. अथर्ववेद, V. 22.12, 14.
178. पैप्पलाद, XIII. 1.9.
179. वही, II. 29. 8-9. पह्लव और बर्बर का भी उल्लेख हुआ है . वही, II, 29. 15.
180. महाभारत, VI. 10. 65.
181. वही, VI. 10. 66.
182. वही, II. 47.7.
183. वही, II. 47.7 एवं आगे .
184. पी . बनर्जी : (जर्नल ऑफ दि बिहार रिसर्च सोसायटी, पटना, x1i, 160-1).
185. बुधप्रकाशः(जर्नल ऑफ दि बिहार रिसर्च सोसायटी, पटना, x1, 255, 260-3).
186. वेबर : (साइटिशृफ्ट डेर डोयूचेन मेर्गेनलैंडिशेनगेज़ेलशाफ्ट, बर्लिन, iv, 301, पाद टिप्पणी 2); रौथ : वही, बर्लिन, i, 84.

187. फिक : पूर्व निर्दिष्ट, पृ. 315; कीथ : कैम्ब्रिज हिस्ट्री ऑफ इंडिया, I, 86; लैसेन : इंडिश आल्टरटुम्स्कुंड, II, 174. देखें वेबर, इंडिश स्टुडियेन, xviii, 85-86 और 255. त्सिम्मर टोलेमी द्वारा उल्लिखित शूद्रों को ब्राहई से अभिन्न मानते हैं (अल्ट. लेबेन, पृ. 435), किंतु ऐसे अनुमान का कोई आधार नहीं दीखता. हापकिन्स, रिलिजन्स ऑफ इंडिया, पृ. 548. पाद टिप्पणी 3; मार्कण्डेय पुराण, अनुवाद पृ. 313-14, पाद टिप्पणी, पार्जिटर का मत है कि शूद्र और आभीर परस्पर सम्मिलित और संबद्ध आदिम जाति के थे.

188. महाभारत, VI. 10. 45 और 46;65 और 66; महाभारत के आलोचनात्मक संस्करण VII. 19.7 में शूराभीर पाठ अशुद्ध मालूम पड़ता है. यह शूद्रभरा : होना चाहिए जैसा कि अन्य हस्तलिपियों में पाया जाता है (VII. 19. 7 पर पाद टिप्पणी). पतंजलि आन पाणिनिज ग्रामर, I. 2. 72.6; पतंजलि के महाभाष्य में शूद्रों और आभीरों का एक साथ उल्लेख हुआ है.

189. पी. डी. गुने : भविसयत्तकहा, पृ. 50-51, आभीरोक्ति के प्राचीनतम उदाहरण भरत के नाट्यशास्त्र में मिलते हैं, जो ई. सन् की दूसरी या तीसरी शताब्दी की रचना है. ये स्पष्टतः संस्कृत के बहुत निकट हैं.

190. महाभारत की सूची लगभग उसी रूप में पुराणों में भी आई है, जिसमें शूद्रों को आभीरों, कालतोयकों, अपरांतों, पह्लवों (जिन्हें आलोचनात्मक संस्करण VI. 10. 66 में गलत रूप में पल्लव कहा गया है) और अन्य लोगों के साथ एक जाति के रूप में चित्रित किया गया है। मार्कण्डेय पुराण, अध्याय 57.35-36 और मत्स्य पुराण, अध्याय 113.40. मालूम पड़ता है कि गुप्त काल में शूद्र जनजाति का अपना एक नियत राज्यक्षेत्र था जिसे विष्णु पुराण (IV. 24.18) में सौराष्ट्र, अवंति और अर्बुद राज्यक्षेत्रों के साथ सूचीबद्ध किया गया है. दीक्षितार ने (गुप्त पालिटी, पृ. 3-4 में) सूर के रूप में जो पाठ प्रस्तुत किया है उसका कोई औचित्य नहीं है, क्योंकि ग्रंथ में शूद्र राज्यक्षेत्र का स्पष्ट उल्लेख है.

191. म्यूर : पूर्व निर्दिष्ट, II, 355-357.

192. महाभारत, II. 29. 9. 'शूद्राभीरगणाश्चैव ये चाश्रित्य सरस्वतीम्'.

193. महाभारत (कल), IX. 37.1. 'शूद्रभीरान् प्रति द्वेषाद् यत्र नष्टा सरस्वती'.

194. वैकरनैगेल, इंड्वायरेनिश्चे : सितजुंगबेरिक्टे डेर कोनिग्लिश प्रेसिस्चेन अकैडेमी डेर विसेनशाफ्टेन, 1918, 410-411.

195. कुद्रोस : लिडेल ऍंड स्काट, ए ग्रीक-इंगलिश लेक्सिकन, i.

196. वेबर : (साइटशृफ्ट डेर डोयूचेन् मेर्गेनलैंडिशेनगेज़ेलशाफ्ट, बर्लिन, iv. 301, पाद टिप्पणी 2); रौध, वही, बर्लिन, i, 84.

197. स्टुअर्ट पिगाट : पूर्व निर्दिष्ट, IV, सं. 96, 218.

198. टी. बरो : दि संस्कृत लैंग्वेज, पृ. 31.

199. अंबेडकर : पूर्वोद्धृत, पृ. 239.

200. वही, पृ. 139-42. लैसेन ने इस तथ्य की ओर ध्यान आकृष्ट किया कि प्राचीन राजा सुदास् को महाभारत में शूद्र कहा गया है, इंडिश् आल्टर. I, 969.

201. कोसंबी : (जर्नल ऑफ दि बाम्बे ब्रांच ऑफ दि रायल एशियाटिक सोसायटी, बम्बई, न्यू सीरीज,

XXIII, 45).

202. अंबेडकर : पूर्वोद्धृत, पृ. 185-90.

203. वही, पृ. 139.

204. महाभारत, XII. 60. 38-40.

205. ऐसे ऋषियों की चर्चा भविष्य पुराण, I. 42.22-26 में की गई है, जिनकी माँ शूद्र वर्ण के किसी-न-किसी वर्ग की समझी जाती थी। यह सूची कई अन्य पुराणों और महाभारत, पृ. 70 में भी दी गई है.

206. आर. एस. शर्मा : (जर्नल ऑफ दि बिहार रिसर्च सोसायटी, XXXVIII, 435-7; XXXIX, 416-7).

207. महाभारत, VII. 6.6; देखें 19. 7.

208. वेदांत सूत्र, 1.3.34, 'शुगस्य तदनादर श्रवणात् तदाद्रवणत्: सूच्यते'.

209. छांदोग्य उपनिषद्, IV. 2. 3 में राजा के रूप में वर्णित.

210. शंकर्स कमेंट्री टु वेदांतसूत्र, 1.3.34.

211. वही, शूद्र अवयवार्थ-सम्भावात् रूढ़ार्थस्य चासम्भवात्.

212. (इंडियन ऐंटीक्वेरी बंबई, 1i, 137-8).

213. शुचेर दश्व, II. 19.

214. (इंडियन ऐंटीक्वेरी बंबई, 1i, 137-8).

215. वायु पुराण, I. VIII. 158. 'शोचन्तश्च परिचर्यासु ये रताः निस्तेजसो अल्पवीर्याश्च शूद्रांस्तानब्रवीन्तु स:'. भविष्य पुराण, I. 44.23 एवं आगे में कहा गया है कि शूद्रों को इसलिए शूद्र कहा जाता था कि उन्हें वैदिक ज्ञान का महज उच्छिष्ट प्राप्त होता था : 'ये ते श्रुतेद्रुतिं प्राप्ताः शूद्रास्तेनेह कीर्तिता:'.

216. दीघ निकाय, III, 95.'सुद्धा त्वेव अक्खरं उपनिव्बतम्'.

217. देखें शूद्र शब्द, 'महाव्युत्पत्ति'.

218. (इंडियन ऐंटीक्वेरी, बंबई, 1i, 138-9).

219. सूर्यकांत : कीकट, फलिगा और पणि, (एस. के. बेल्वल्कर कमेमोरेशन वाल्यूम, पृ. 44).

220. (इंडियन कल्चर, कलकत्ता, XII, 179), एन. एन. घोष ने गलत कहा है कि आर्य और दास के बीच ऐसा प्रतिबंध ऋग्वेद द्वारा प्रमाणित है।

221. अथर्ववेद, V. 17.8-9.

222. दत्त : ओरिज़िन एंड ग्रोथ आफ कास्ट सिस्टम, पृ. 20 और 62.

223. आजकल कई यूरोपीय समाजशास्त्री, जैसे लूई दूगो, अपवित्रता ही के कारण वर्ण या जातिप्रथा का उदय मानते हैं, पर किस आर्थिक और सामाजिक परिस्थिति में अपवित्रता की भावना बढ़ी, इस पर विचार करने का कष्ट नहीं करते.

224. जी. जे. हेल्ड : 'एथनालाजी ऑफ महाभारत', पृ. 89-95; बी. एन. दत्त : 'स्टडीज़ इन इंडियन सोशल पालिटी', पृ. 28-30; अंबेडकर : 'हू वेयर दि शूद्राज़', पृ. 239.

225. वैदिक इंडेक्स, II. 265.

226. लैंटमेन : पूर्व निर्दिष्ट, पृ. 38.

जनजाति से वर्ण की ओर

(लगभग 1000 ई. पू. से लगभग 600 ई. पू. तक)

उत्तरवैदिक साहित्य, जो शूद्रों की तत्कालीन स्थिति की जानकारी का एकमात्र साधन है, मुख्यतया जनजीवन के प्रत्येक क्षेत्र में व्याप्त कर्मकांड से संबंधित है। इस युग में हर सामाजिक या वैयक्तिक कार्य किसी उपयुक्त धार्मिक अनुष्ठान से जुड़ा हुआ था, पर इन अनुष्ठानों में बहुधा सामाजिक विभेदों का ध्यान रखा जाता था।

कर्मकांडों का प्रचलन मुख्यतया कुरुपांचाल देश में था, जहाँ उत्तरवैदिक साहित्य का अधिकांश भाग रचा गया था।[1] यह साहित्य सामान्यतया 1000 ई. पू. से 600 ई. पू. तक के काल से संबद्ध है। इसमें सामाजिक विकास के विभिन्न चरणों की कल्पना की गई है। कालक्रम के अनुसार सामाजिक विकास का पता उस बात से चलता है कि कौन-सा पाठ किस विशेष समय का है। इस प्रकार *कृष्ण यजुर्वेद संहिता शुक्ल यजुर्वेद संहिता* से प्राचीन है।[2] ब्राह्मण ग्रंथों में *शतपथ* और *ऐतरेय*, जो वर्णों के पारस्परिक संबंध का महत्वपूर्ण विवरण प्रस्तुत करते हैं, 'अपेक्षाकृत नवीन' हैं, और *पञ्चविंश* एवं *तैत्तिरीय* प्राचीनतम हैं।[3] *जैमिनीय ब्राह्मण, शतपथ ब्राह्मण* और *ऐतरेय ब्राह्मण* से भी बाद का है,[4] और उसी तरह *कौषीतकि* या *शाङ्खायन ब्राह्मण* भी।[5] कुछ मामलों में *श्रौतसूत्र* और ब्राह्मण ग्रंथों के बीच विभेद करना कठिन है, जैसे *बौधायन श्रौतसूत्र* बाद का ब्राह्मण ग्रंथ माना जा सकता है।[6] *आपस्तंब श्रौतसूत्र* भी उतना ही पुराना मालूम पड़ता है।[7] इनके अतिरिक्त अन्य प्रमुख श्रौतसूत्र (यथा, *आश्वलायन, कात्यायन, शाङ्खायन, लाट्यायन*, *द्राह्यायन* और *सत्याषाढ़*) आठ सौ ई. पू. और पाँच सौ ई. पू. के बीच के माने गए हैं,[8] यद्यपि उनमें से अधिकांश छः सौ ई. पू. के बाद रचे हुए मालूम पड़ते हैं। अभी उपनिषदों की संख्या दो सौ से अधिक हो गई है, किंतु उनमें से केवल छः बुद्ध से पहले के माने जा सकते हैं।[9] उत्तरवैदिक साहित्य के विभिन्न भागों से उपलब्ध सामग्री की जाँच करने में अलग-अलग ग्रंथों के कतिपय अंशों के पारस्परिक तिथिनिर्धारण का भी ध्यान रखना होगा।[10] इतना ही नहीं, हम देखते हैं कि *ऋग्वेद* और *अथर्ववेद* की अपेक्षा बाद की

संहिताओं और खासकर ब्राह्मणों में इच्छासूचक क्रियापद का प्रयोग कहीं अधिक हुआ है।[11] अतएव परवर्ती वैदिक साहित्य में बहुत से संदर्भ वस्तुतः घटित तथ्यों के अभिलेख नहीं हैं, उनसे केवल वैचारिक स्थिति का पता चलता है। लेकिन उत्तरवैदिक काल की घटनाओं के प्रमुख ग्रंथ *महाभारत* के विवरणात्मक अंशों से घटनाओं के साक्ष्य यदा-कदा प्राप्त हो सकते हैं।[12]

चूँकि वैदिक काल के बाद शूद्रों का वर्णन मुख्यतः अनुचर वर्ग के रूप में हुआ है, इसलिए उत्तरवैदिक काल में उनकी स्थिति का अध्ययन आरंभ करने में उनकी आर्थिक दशा पर ध्यान देना होगा। एक आरंभिक प्रसंग में कहा गया है कि शूद्रों के पास मवेशी होते थे, जिन्हें उच्च वर्ण के लोग यज्ञ के लिए पकड़ ले जाते थे।[13] इस तथ्य की पुष्टि पूर्ववर्ती ब्राह्मणग्रंथ के एक अन्य ऐसे प्रसंग से होती है जिसमें बताया गया है कि शूद्र का जन्म उस समाज में हुआ जहाँ ईश्वर का अस्तित्व नहीं माना जाता था और यज्ञ का आयोजन भी नहीं होता था परंतु उसके पास बहुत-से मवेशी रहते थे (बहुपशुः)।[14] संभव है कि यहाँ उन शूद्रों का उल्लेख है जिनके बीच आर्य धर्म का प्रचार नहीं हुआ था और जिनके पशुधन पर यज्ञ करनेवालों की आँख लगी रहती थी।

कुछ ऐसे भी प्रसंग आए हैं जिनमें शूद्रों के अनुचरजन्य कर्मों का उल्लेख है। *जैमिनीय ब्राह्मण* में कहा गया है कि शूद्र की उत्पत्ति प्रजापति के पाँव से हुई है और उसका कोई देवता नहीं है। गृहस्वामी उसके देवता हैं और उनका चरण पखारकर ही उसे अपना जीवननिर्वाह करना है।[15] दूसरे शब्दों में, एक परवर्ती श्रौत के अनुसार उसे उच्च वर्ण के लोगों की सेवा करके अपना निर्वाह करना है।[16] ऊपर जिन दो श्रौतों की चर्चा है उनमें पहलेवाले से यह भी सूचना मिलती है कि अश्वमेध यज्ञ के परिणामस्वरूप पोषक वैश्य संपत्तिशाली बनता था और कर्मठ शूद्र दक्ष कर्मकर्ता होता था।[17] संभवतः यहाँ कर्मकर्ता शब्द का प्रयोग भाड़े के मजदूर के अर्थ में नहीं हुआ है; इस अर्थ में 'कर्मकर' शब्द वैदिकोत्तर साहित्य में प्रयुक्त होता है।[18] उत्तरवैदिक काल में खेती का प्रचार अवश्य हुआ, पर इतनी जमीन किसी परिवार के पास नहीं थी जिसके लिए उसे खेतिहर मजदूरों की आवश्यकता पड़े। अतएव शूद्र इस काल में खेत-मजदूर के रूप में नहीं पाए जाते हैं। एक पूर्वकालीन उपनिषद् में शूद्र को 'पूषन' या 'पोषक' कहा गया है,[19] जो ऐसी उपाधि (पोषयिष्णुः) है जिसका प्रयोग *जैमिनीय ब्राह्मण* में वैश्यों के लिए किया गया है।[20] इससे संकेत मिलता है कि वह जमीन जोतनेवाला था,[21] और समाज को पोषाहार प्राप्त कराने के उद्देश्य से उत्पादन-कार्य में लगा रहता था। संभवतया अपने परिवार का पोषण वह पशुपालन और खेती से करता था, और इस काल के उत्तरभाग में वैश्यों की तरह वह भी उत्पादन का हिस्सा करों के रूप में चुकाता था।

किंतु यह धारणा कि शूद्र श्रमिक वर्ग के थे, कई अन्य प्रसंगों पर भी आधारित है। पुरुषमेध यज्ञ में ब्राह्मण ब्रह्मत्व को , राजन्य राज्य को, वैश्य मरुत (कृषक-समुदाय) को और शूद्र तप (शारीरिक श्रम) को बलि चढ़ाया जाना चाहिए।[22] यह समझा जाता था कि शूद्र श्रमसाध्य कार्य करनेवाले हैं। यज्ञ में बलि दिए जानेवाले लोगों की सूची में चारों वर्णों के पश्चात् विभिन्न प्रकार के पेशेवर लोगों का स्थान आता है; यथा, रथनिर्माता, बढ़ई, कुंभकार, लोहार, सर्राफ, चरवाहा, गड़ेरिया, किसान, मद्यनिर्माता , मछुआ और शिकारी। इन्हें वैश्य अथवा शूद्रों की कोटि में रखा जा सकता है। निषाद, किरात, पर्णक, पौलकस और बैंद [23] संभवतया शूद्र समझे जाते थे।[24] इस सूची से पता चलता है कि शिल्पों की संख्या बढ़ गई थी और लोग मानने लगे थे कि विभिन्न प्रकार के शिल्पी और मजदूर शूद्र थे। ऐसा लगता है कि शिल्पी जनजातीय सामाजिक इकाइयों के अभिन्न अंग थे। कुछ शिल्पी राजकीय आवश्यकताओं की पूर्ति करते थे , और अन्य कृषक समाज का काम चलाते थे।

शूद्र मजदूरों और उनके नियोजकों के बीच किस प्रकार का संबंध था ? *वैदिक इंडेक्स* के लेखकों का कथन है कि 'शूद्र ' शब्द से दास का भी बोध होता था। [25] किन्तु दासों की संख्या बहुत कम थी। हमें यह भी पता चलता है कि अंग ने विभिन्न देशों से दस हजार दासियों को बंदी बनाया था और उन्हें अपने ब्राह्मण पुरोहित आत्रेय को समर्पित किया था।[26] लगता है कि यह आँकड़ा अतिरंजित और परंपरागत है। श्वेतकेतु के पिता आरुणि को इस बात का गर्व है कि उसके पास स्वर्ण, मवेशी, घोड़े, दासियाँ, अमले और बंदियाँ हैं, किंतु वह पुरुष दास की चर्चा नहीं करता।[27] परंपरा से यह बात चली आ रही है कि युधिष्ठिर के विशाल राज्याभिषेक यज्ञ में ब्राह्मणों को दासियाँ अर्पित की गई थीं। [28] यह यज्ञ संभवतः उत्तरवैदिक काल में हुआ था। इससे स्पष्ट है कि इस काल में शासक वर्ग और पुरोहित बड़े पैमाने पर दासियाँ रखते थे। यह इसलिए संभव था क्योंकि वैदिक सरदारों की विजययात्रा के कारण स्त्रियों की संख्या घटती जाती थी। युद्ध में विरोधी पक्ष के पुरुष मारे जाते थे और उनकी स्त्रियों को बड़ी संख्या में दासीगत किया जाता था।

'दास' शब्द का उल्लेख *ऐतरेय* और *गोपथ* ब्राह्मणों [29] में हुआ है, किंतु गुलाम के अर्थ में नहीं। ध्यान देने की बात यह है कि *निघंटु* में [30] चाकर का काम करनेवालों (परिचरणकर्माणः) की जो सूची दी गई है, उसमें कहीं भी 'दास' का उल्लेख नहीं है, यद्यपि 'चाकर' शब्द के दस पर्याय दिए गए हैं। संभवतया दासों की संख्या इतनी कम थी कि उस ओर लोगों का ध्यान ही नहीं गया होगा। स्वभावतया शूद्रों के बड़े पैमाने पर गुलाम के रूप में नियोजित किए जाने की संभावना नहीं रह जाती। इसलिए कीथ का यह कथन वास्तविक स्थिति का संकेत नहीं देता कि किसान पहले स्वयं अपना खेत जोतते थे, पर ब्राह्मणकाल में

उनकी जगह भूस्वामी लोग आ गए, जो गुलाम मजदूरों के सहारे अपनी गृहस्थी सँभालने लगे ।[31] ब्राह्मणकाल में कहीं भी इस प्रकार के भूखंडों के होने का प्रमाण नहीं मिलता है जिनकी खेती लोग अपने घर के सदस्यों की सहायता से न कर पाएँ । अतएव उन्हें दासों अथवा कर्मकरों की आवश्यकता नहीं थी । यह स्थिति वैदिकोत्तर काल में उत्पन्न हुई ।

खेतों में काम करते हुए गुलामों का सर्वप्रथम प्रसंग श्रौतसूत्रों में आया है, जिसकी रचना वैदिक काल के अंत और बाद में हुई थी । इन सूत्रों में से एक से हमें यह जानकारी मिलती है कि अन्न, हल और पशुओं के साथ दो गुलाम भी दिए जाते थे,[32] जिससे प्रतीत होता है कि गुलामों से हल जुतवाया जाता था और उनके मालिक उन्हें खुलेआम बेच सकते थे । किंतु बहुत-से परिच्छेदों में जमीन और उस पर काम करनेवाले लोगों को उपहार में देने की प्रथा का विरोध किया गया है । इस प्रकार कहा गया है कि अश्वमेध यज्ञ में भूमि और उस पर काम करनेवाले लोग यज्ञशुल्क नहीं हो सकते थे (भूमिपुरुषवर्जम्)[33]। बताया गया है कि एकाह (एक दिन वाले) यज्ञ में भी भूमि और शूद्र उपहार में नहीं दिए जा सकते थे (भूमिशूद्रवर्जम्) ।[34] यों, वैकल्पिक रूप से कभी-कभी शूद्र भी दिए जा सकते थे,[35] हालाँकि टीका के अनुसार ये शूद्र जन्मजात गुलाम ही होते थे ।[36] *शांखायन श्रौतसूत्र* से इस आशय के दो प्रसंग उपलब्ध हैं । इनमें से एक में कहा गया है कि पुरुषमेध यज्ञ में भूमि और मनुष्य यज्ञशुल्क के रूप में दिए जाते थे ।[37] दूसरा प्रसंग स्पष्ट नहीं है, पर उससे संकेत मिलता है कि सर्वमेध यज्ञ में 'मनुष्य के साथ' भूमि भी दी जाती थी ।[38] इन प्रसंगों से वैदिक काल के अंतिम चरण में और बाद में हुए एक नए सामाजिक विकास का आभास मिलता है । शूद्रों से कुछ व्यक्तियों (अधिकतर शासक सरदारों) के खेतों में गुलाम के तौर पर काम कराया जाता था और उन्हें, भूमि के साथ उपहार के रूप में भी अर्पित किया जा सकता था, यद्यपि *आश्वलायन* और *कात्यायन श्रौतसूत्र* के रचयिताओं को इससे आपत्ति थी ।

कहा गया है कि वैदिक काल में शूद्र कृषिदास थे ।[39] कृषिदास (कम्मी) शब्द अपने मालिक की भूमि में काम करनेवाले व्यक्ति के लिए प्रयुक्त होता है । कृषिदास एक भूखंड का स्वामी होता था जिसके लिए वह अपने मालिक को कर चुकाता था, और उसके खेतों में काम करता था, पर उसे भूमि के साथ ही दूसरे मालिकों के नाम अंतरित किया जा सकता था । शूद्र शब्द का यह जो अर्थ लगाया गया है, वह संबद्ध प्रसंगों के बिल्कुल अनुकूल नहीं है । प्रथमतः, वैदिक काल में भूमि का निजी स्वामित्व बहुत ही सीमित था । स्वामित्व का तात्पर्य है संपत्ति का मुक्त क्रय-विक्रय या हस्तांतरण । किंतु संहिताओं में भूमिदान के दृष्टांत नहीं हैं । *छांदोग्य उपनिषद्* में एक उदाहरण के अनुसार पूरे गाँव को राजा जानश्रुति ने रैक्व को दान दिया था ।[40] दो, परवर्ती ब्राह्मण ग्रंथों में एक अन्य दृष्टांत मिलता है ।[41]

इन दृष्टांतों से हमें पता चलता है कि भूमि का अंतरण कुटुंबों की सहमति से ही किया जा सकता था, किंतु इस पर भी धरती हस्तांतरित होने से इनकार कर सकती है ।[42] पूर्वकाल में ऐसा कोई उदाहरण नहीं मिलता , जिसमें भूमि के साथ शूद्र का भी दान किया गया हो । कुछ श्रौतसूत्रों में ऐसे दृष्टांत मिलते हैं, किंतु ये बाद के हैं और एक टीका के अनुसार ऐसे शूद्रों को जन्मजात गुलाम (गर्भदास) माना गया है,[43] न कि भूसंबद्ध चाकर या कृषिदास ।

वैदिक काल में, गुलामी या कृषिदासता की दृष्टि से, शूद्रों की स्थिति सुनिश्चित करना कठिन है । यद्यपि संदर्भों से धारणा बनती है कि मजदूर वर्ग को शूद्र की संज्ञा दी जा रही थी, फिर भी सामान्यतया ऐसा प्रतीत नहीं होता कि वे किसी खास व्यक्ति के गुलाम या कृषिदास थे । स्पष्ट है कि जिस प्रकार भूमि पर समुदाय का सामान्य नियंत्रण रहता था, उसी प्रकार का नियंत्रण श्रमिक वर्ग पर भी रखा जाता था । इस दृष्टि से शूद्रों की तुलना स्पार्टा के गुलामों से की जा सकती है । अंतर इतना है कि उनके साथ उस हद तक बलप्रयोग नहीं किया जाता था और न उन्हें उस तरह तिरस्कृत ही किया जाता था ।

यद्यपि परवर्ती वैदिक काल में 'विश् ' का शिल्पी वर्ग शूद्र की स्थिति में पहुँच गया था, फिर भी ऐसा कोई प्रमाण नहीं मिलता जिससे सिद्ध हो सके कि वे जिन शिल्पों या कृषिकर्मों से लगे हुए थे, उनसे लोग घृणा करते थे । जहाँ तक कृषि का संबंध है, लोगों के मन में निश्चित भावना थी कि इस कार्य में सहायता दी जाए और इसमें संलग्न रहनेवालों को प्रोत्साहन तथा सम्मान मिले । इसके लिए वे कई प्रकार के घरेलू कर्मकांड और तंत्र-मंत्र करते थे ।[44] जहाँ तक शिल्प का प्रश्न है, चमड़े के काम के प्रति भी घृणा के प्रमाण नहीं मिलते ।[45] इससे यह आभास मिलता है कि कोई भी कार्य अपने स्वरूप के कारण अपवित्र नहीं माना जाता था और यही धारणा बाद में भी चलती रही। श्रौतसूत्र में एक विशेष प्रकार का अनुष्टान शिल्प कहलाता है, जिसका अर्थ हस्तकौशल भी है ।[46] परवर्ती वैदिक काल में शारीरिक श्रम के प्रति घृणा का अभाव था । इसकी तुलना ग्रीस में हुए समानांतर विकास से की जा सकती है, जहाँ हेसियोद से लेकर सुकरात तक (800 ई . पू . से करीब-करीब 400 ई . पू . तक) जनभावना शारीरिक श्रम के पक्ष में थी ।[47] परवर्ती वैदिक काल में शारीरिक श्रम के प्रति निष्ठा संभवतः पुराने सीधे-सादे समाज से चली आ रही थी, जिसमें राजा भी खेत जोतने के काम में हाथ बँटाता था ।[48] राजा जनक के हल चलाने की कथा प्रसिद्ध है ।

उस काल के राजनैतिक जीवन में भी शूद्रों की भूमिका उनकी स्थिति के अनुकूल महत्वपूर्ण ही जान पड़ती है । भारतीय आर्यों की राज्यव्यवस्था की निर्माणावस्था में उन्हें राज-काज में हाथ बँटाने का पर्याप्त अवसर मिला । ध्यान देने की बात यह है कि उन्हें राज्य के लगभग एक दर्जन उच्च कर्मचारियों के उन्नत निकाय में स्थान प्राप्त था,[49] जिन्हें

रत्निन् (रत्नाधिकारी) कहा गया है। इसकी तुलना बारह व्यक्तियों के उस पर्षद से की जा सकती है जो प्राचीन सैक्सन, फ्रिजियन, केल्ट्स आदि जैसी कई भारोपीय जातियों की अति प्राचीन संस्था थी।[50] रत्निनों का चढ़ावा अर्पित करने का समारोह संपन्न करने के लिए राजा को इनके घर जाना पड़ता था। रत्निनों की सूची से पता चलता है कि उनमें सभी वर्णों के लोग रहते थे।[51] इनमें से दो रत्निन् रथकार और तक्षन्, जिनकी चर्चा विभिन्न ग्रंथों में हुई है,[52] शूद्र वर्ण के शिल्पी वर्ग के थे। इनके घरों पर होनेवाले समारोहों में सभी प्रकार के धातु यज्ञशुल्क के रूप में विहित किए गए हैं,[53] जिससे पता चलता है कि वे अपने धातु संबंधी कार्य और व्यवसाय के कारण महत्वपूर्ण थे। पहले ही बताया जा चुका है कि अथर्ववेद में वर्णित एक राजा ने किस तरह कर्मार और रथकार की सहायता प्राप्त करने का प्रयास किया था। किंतु वर्तमान सूची में कर्मार का स्थान तक्षन् ने ले लिया है जो रथकार के साथ ही धातुकर्म और बैलगाड़ी के निर्माण संबंधी सभी कार्यों के प्रभारी रहे होंगे और जिनके बिना सुदूरपूर्व में आर्यों का विस्तार और उनकी बस्तियों की स्थापना नहीं हो पाती। किंतु *शतपथ ब्राह्मण* में इन दोनों रत्निनों का कोई उल्लेख नहीं है और उनके बदले गोविकर्तन (शिकारी) और पालागल (संवादवाहक) का उल्लेख हुआ है।[54] इन दोनों को भी शूद्र समझने के कारण मौजूद हैं। रत्न आदि अर्पित करने के समारोह के पश्चात राजा प्रायश्चित करता था, क्योंकि उसे यज्ञ के अनधिकारी शूद्रों को यज्ञ के संपर्क में लाने का दोषी समझा जाता था।[55] सायण ने तो सेनानी को भी शूद्र रत्निन् माना है, लेकिन उसकी यह स्थापना कपोलकल्पित लगती है।[56] अधिक संभावना यही है कि यज्ञ के अनधिकारी शूद्रों का जो उल्लेख आया है, वह केवल पालागल और गोविकर्तन पर ही लागू है। पालागल शूद्र था, यह निष्कर्ष इस तथ्य से निकाला जा सकता है कि पालागल को शूद्र के रूप में संबोधित किया गया है।[57] एक अन्य स्थान में पालागल शब्द मिथ्या दूत (अनृतदूत) के रूप में परिभाषित किया गया है।[58] यहाँ पालागल की जो विशेषता बताई गई है, आगे चलकर वह सर्वथा शूद्र के बारे में लागू होती है।[59] गोविकर्तन, जिसका वर्णन शतपथ के अतिरिक्त कई अन्य सूचियों में भी रत्निन् के रूप में किया गया है,[60] सायण द्वारा नीच जाति (हीन जाति) का बताया गया है।[61] संभवतया वह आखेटरक्षक और वन का प्रभारी था, जो शूद्र रहा होगा। कीथ क्षतृ को, जो रत्निन् था, मूर्तिकार मानता है,[62] जिसका आशय यह हुआ कि वह भी शूद्र था। किंतु यह संदेहास्पद लगता है, क्योंकि महाकाव्य में क्षतृ का अर्थ प्रतिहार किया गया है,[63] और यह समझने का कोई विशेष कारण नहीं कि ब्राह्मणों में इसका प्रयोग भिन्न अर्थ में किया गया है। रत्निनों में तक्षन् को अधिक अधिकार के साथ मूर्तिकार कहा जा सकता है। इससे यह स्पष्ट है कि कुछ मामलों में शिल्पियों और कुछ में पशुपालकों तथा संदेशवाहकों (जो शूद्र वर्ण के थे) का इतना महत्व था कि राजसूय यज्ञ के

अवसर पर राजा उनकी खोज करते थे।

किंतु शूद्र रत्निनों की स्थिति पर और भी प्रकाश डालना आवश्यक है। प्रथमतः, उन्हें वर्ण नाम से निर्दिष्ट किया गया है जैसे ब्राह्मण, राजन्य और वैश्य रत्निनों को किया गया है।[64] फिर, जहाँ तक प्रभाव, कृतित्व और प्रतिनिधित्व का प्रश्न है, शूद्र रत्निनों के विरुद्ध पलड़ा भारी रहा होगा और राजनीतिक अनुष्ठानों में उनकी उपस्थिति कालांतर में मात्र एक औपचारिकता बनकर रह गई होगी। अलग-अलग सूचियों में शूद्र रत्निनों की संख्या दो या तीन बताई गई है।[65] किसी भी बात से यह पता नहीं चलता कि उनकी उपस्थिति से संपूर्ण शूद्र वर्ण का प्रतिनिधित्व हो जाता था, किंतु इतनी बात तो अवश्य थी कि इस समुदाय के कुछ लोगों को राज्यव्यवस्था में स्थान मिल गया था।

जायसवाल ने रत्नार्पण समारोह (रंतहवींषि) को महान संवैधानिक परिवर्तन माना है, क्योंकि शूद्र की 'जो विजित गुलाम थे, राजा बननेवाला व्यक्ति पूजा करता था।'[66] इसका अर्थ यह हुआ कि विजित आर्यपूर्व जनों को आर्यों की राज्यव्यवस्था में जान-बूझकर ऊँचा दर्जा दिया गया था। किंतु आर्यों के राजनीतिक संगठन में कम से कम दो शूद्र रत्निन्, रथकार और तक्षन् का स्थान विजितों को जान बूझकर उच्च स्थान देने की नीति के कारण नहीं था, बल्कि उसका आधार तो यह था कि वे दोनों ऐसी आर्य जनजातियों के मूल सदस्य थे जो उस समय तक वर्गों में बिखर गई थीं। अथर्ववेद में रथकार और कर्मार (जिसका स्थान अब तक्षन् ने ले लिया है) को स्पष्टतः राजा के इर्द-गिर्द रहनेवाले विश् के रूप में चित्रित किया गया है।[67] धातुकर्म और रथनिर्माण में उनकी नैपुण्यजन्य अपरिहार्यता के कारण भी प्राचीन समाज में उनका महत्व बढ़ गया होगा। इतना ही नहीं, यह भी असंभव नहीं कि इन शूद्र रत्निनों के कारण शूद्र वर्ण के अन्य वर्णों को भी परोक्ष रूप से महत्व मिल गया होगा।

उस समय के राजनीतिक जीवन में शूद्रों के सहयोग का तथ्य पासे के खेल से भी स्पष्ट है जो राजसूय यज्ञ में एक तरह के धार्मिक कृत्य के रूप में विहित है। हमें इसके बारे में दो तरह के पाठ मिलते हैं। पूर्ववर्ती पाठ में , *जो कृष्ण यजुर्वेद* में उपलब्ध है, बताया गया है कि ब्राह्मण, राजन्य, वैश्य और शूद्र गाय को दाव पर रखकर पासा खेलते थे और उसमें राजा जीतता था।[68] परवर्ती पाठ में, जो *शुक्ल यजुर्वेद* में आया है, गाय के लिए होनेवाली प्रतियोगिता में से वैश्य और शूद्र को हटा दिया गया है। इस जुए के खेल में राजा का संबंधी (सजात) गाय को दाँव पर रखता है और कार्यकारी पुरोहित (अध्वर्यु) उसे राजा के लिए जीतता है।[69] जान पड़ता है कि गाय का यह जुआ मूलतः जनजातीय प्रथा थी, जिसका आयोजन नेता की विचक्षणता और वाक्चातुरी जाँचने के लिए किया जाता था। अतः जनजातियों की समेकता और समरूपता की पुरानी परंपरा के ही कारण पासे के खेल

में सभी वर्णों को भाग लेने दिया जाता था। किंतु कालांतर में इस प्रथा का स्वरूप बदल गया और वैश्य तथा शूद्र को इस खेल से बहिष्कृत कर दिया गया। इतना ही नहीं, यह महत्व की बात है कि पूर्वकाल में शूद्र भी एक प्रतियोगी के रूप में इस खेल में भाग ले सकता था, जो राजा के औपचारिक अभिषेक की प्रारंभिक क्रियाओं में से एक थी।

राजसूय यज्ञ के एक अन्य समारोह में भी हमें शूद्र की चर्चा मिलती है, जिसमें यजमान प्रथमतः ब्राह्मण को स्वर्ण प्रदान करता है और उससे दीप्ति खरीदता है, तब राजन्य को तीन तीर के साथ धनुष देकर कांति खरीदता है, तत्पश्चात वैश्य को अंकुश देता है और उससे पुष्टि प्राप्त करता है और अंततः शूद्र को माषपात्र देता है जिससे दीर्घ आयु खरीदता है।[70] यहाँ वर्णभेद का चित्रण किया गया है। इससे पता चलता है कि वैश्य पशुपालन में लगे थे और शूद्र कृषिकर्म में। फिर भी उन्हें राजा के संपर्क में लाया गया है और यह माना गया है कि वे राजा को दीर्घ आयु प्रदान करने में सक्षम हैं।

संभवतया, शूद्र राजसूय यज्ञ के एक और समारोह से संबद्ध हैं, जिसमें नवाभिषिक्त राजा को आकाश की चारों दिशाओं में आरोहण करने को कहा जाता है और पूर्व दिशा में ब्रह्म से, दक्षिण में क्षत्र से, पश्चिम में विश् से तथा उत्तर में फल, वर्चस् और पुष्टम् से निवेदन किया जाता है कि वे राजा की रक्षा करें।[71] जायसवाल का कथन है कि फल स्पष्टतया शूद्र का पर्यायवाची है।[72] घोषाल इसे स्वीकार नहीं करते और वे इस समारोह को वैदिक राज्यव्यवस्था में तीन उच्च जातियों के प्रभाव का प्रतीक मानते हैं।[73] यह भी सुझाव दिया गया है कि फल शिल्पी वर्ग का द्योतक है।[74] हमारी राय है कि वैदिक साहित्य में [75] फल शब्द का प्रयोग उसके शाब्दिक अर्थ में किया गया है न कि उसके पश्चातवर्ती गौण अर्थ 'परिणाम' के रूप में। अतः हो सकता है कि वह शूद्र के उत्पादन कार्यों से संबंधित रहा हो। किंतु वर्चस (जिसका अर्थ है कांति) के बारे में भी ऐसा ही नहीं कहा जा सकता। जहाँ तक पुष्टम् शब्द का संबंध है, वह सामान्यतया वैश्यों से संबद्ध है, किंतु एक परिच्छेद में शूद्र को पूषण (पोषक) भी कहा गया है।[76] अतः यह सुझाव दिया जा सकता है कि फलम् और पुष्टम् शब्द शूद्र के उत्पादन कार्यों का संकेत देते हैं और शूद्र से यह अनुरोध किया जाता है कि वह उत्तर दिशा में राजा की रक्षा करे।

हमें ज्ञात है कि युधिष्ठिर के महान राजसूय यज्ञ में संभ्रांत शूद्रों को आमंत्रित किया गया था।[77] ऐसा विरोधात्मक वक्तव्य कि उस अवसर पर यज्ञ का अनधिकारी एक भी शूद्र उपस्थित नहीं था,[78] संभवतया उस प्रयास का परिचायक है जो शूद्रों को राजनीतिक सत्ता से बहिष्कृत करने के लिए किया गया था। जो भी हो, इतना तो स्पष्ट है कि कम-से-कम शूद्र वर्ण के कुछ लोग राज्याभिषेकों में भाग लेते थे।

शुक्ल और *कृष्ण* दोनों यजुः संहिताओं में पाए जानेवाले एक मंत्र के अनुसार[79]

राजसूय यज्ञ के अवसर पर 'विश्' के बीच प्रतिष्ठापित राजा[80] अर्य और शूद्र के प्रति किए गए पाप के प्रायश्चित के लिए सूर्य से प्रार्थना करता है। पाणिनि [81] को आधार मानकर, टीकाकार उवट और महीधर ने 'अर्य ' शब्द की व्याख्या वैश्य के रूप में की है।[82] इससे स्पष्ट है कि राजा भी दो निम्न वर्णों को सताने के लिए स्वच्छंद नहीं था। यह स्थिति *ऐतरेय ब्राह्मण* में वर्णित स्थिति से बिल्कुल भिन्न है, [83] जहाँ राजा की इच्छानुसार वैश्य को सताया और शूद्र को पीटा जा सकता है।

माना गया है कि अश्वमेध यज्ञ करने से याजक को सर्वोच्च सत्ता प्राप्त होती है और कहा गया है कि शूद्र विश्वविजय के अभियान पर भेजे गए अश्व के साथ अस्त्र-शस्त्र लेकर रक्षक के रूप में जाता था।[84] शूद्र अस्त्र चला सकता था , यह निष्कर्ष एक प्राचीन परिच्छेद से भी निकाला जा सकता है, जिसमें लिखा गया है कि राजा के सहयोग से राजा, वैश्य के सहयोग से वैश्य, और शूद्र के सहयोग से शूद्र मारा जाता है। [85] *महाभारत* में दम्भोद्भव नाम के राजा की कथा है। वह प्रतिदिन क्षत्रिय, वैश्य और शूद्र वर्ग के सशस्त्र सैनिकों को ललकारकर कहता था कि वे युद्ध करने में उसके समान बहादुर बनें।[86] युद्ध में भाग लेनेवाले विभिन्न नेताओं और लोगों की गणना करते हुए इस महाकाव्य में बताया गया है कि चारों वर्ण युद्ध में भाग लेते थे और इससे उन्हें ख्याति, आनंद और मर्यादा की प्राप्ति होती थी।[87] शूद्र भी सैनिक के रूप में कार्य करते थे, यह तथ्य भी प्राचीन जनजातीय राज्यव्यवस्था के प्रभाव का परिचायक है। इस राज्यव्यवस्था में भी हर व्यक्ति शस्त्र ग्रहण कर सकता था।

यह भी ध्यान देने की बात है कि आयोगव, जिसे टीकाकारों ने वैश्य महिला से उत्पन्न शूद्रपुत्र बताया है, अश्वमेध यज्ञ में जागरूक कुत्ते जैसा काम करता है।[88] प्रायः यह उस प्रथा की ओर संकेत करता है जिसमें आदिम जाति के लोगों को प्रहरी के रूप में बहाल किया जाता था। *शतपथ ब्राह्मण* में एक आयोगव राजा मरुत आविक्षित का अद्वितीय विवरण मिलता है। यह अश्वमेध यज्ञ करता है और मरुत उसके अंगरक्षक , अग्नि उसके प्रतिहार और विश्वदेव उसके सभासद के रूप में कार्य करते हैं।[89] यह दृष्टांत शूद्र राजा का नहीं मालूम पड़ता ; यह संभवतया ब्राह्मणप्रधान राज्यव्यवस्था में ब्राह्मणेतर शासक को समाविष्ट करने का दृष्टांत है। आयोगव शब्द की परिभाषा धर्मसूत्रों के पहले नहीं मिलती और यह निश्चयपूर्वक नहीं कहा जा सकता कि मरुत आविक्षित हीन जाति का राजा था।

अश्वमेध यज्ञ में ऐसी व्यवस्था थी कि रथकार का घर यज्ञ के अश्व और उसके रक्षकों का विश्रामस्थान होगा।[90] इससे प्रकट होता है कि परवर्ती काल के अश्वमेध यज्ञ में भी रथकार को राजनीतिक महत्व प्राप्त था।

अश्वमेध यज्ञ का आयोजन चारों वर्णों को जीतने के उद्देश्य से किया जाता था, जिससे

मालूम होता है कि शासक आवश्यक समझता था कि समाज के सभी वर्गों की निष्ठा उसे प्राप्त हो।[91] एक अन्य परिच्छेद से भी ऐसी ही धारणा बनती है। इसके अनुसार राजसूय यज्ञ के अवसर पर पुरोहित राजा को दीप्ति, शक्ति, संतति और सुदृढ़ स्थिति की प्राप्ति में सफलता प्रदान कराता है। ये गुण क्रमशः ब्राह्मण, क्षत्रिय, वैश्य और शूद्र में पाए जाते हैं।[92] इसी आशय का एक परिच्छेद तैत्तिरीय संहिता में मिलता है।[93] इसके अनुसार राजन्य को अग्न्याधानमन्त्र तीन बार पढ़ना पड़ता है, क्योंकि उसे योद्धा की निष्ठा के अतिरिक्त तीन अन्य वर्णों, यथा ब्राह्मण, वैश्य और शूद्र की आज्ञाकारिता भी प्राप्त करनी होती है। इन बातों से पता चलता है कि इस युग में परवर्ती ग्रंथों की तरह, शूद्रों की आज्ञाकारिता स्वयंसिद्ध ही थी। *जैमिनीय ब्राह्मण* के एक अनुच्छेद से भी स्पष्ट है कि राजा के लिए यह अनिवार्य था कि वह उनका भी समर्थन प्राप्त करे। इस ग्रंथ से हम जान पाते हैं कि ब्राह्मण , क्षत्रिय , वैश्य और शूद्र ने क्रमशः गायत्री, त्रिष्टुभ्, जगती और अनुष्टुभ् छंदों के जरिए पांचालनरेश दर्भ शातानीकि का सम्मान किया था।[94]

सभी यजुः संहिताओं में एक महत्वपूर्ण परिच्छेद आया है, जिसमें अग्नि से प्रार्थना की गई है कि वह पुरोहितों, योद्धाओं, वैश्यों और शूद्रों को प्रभा प्रदान करे।[95] *वाजसनेयि संहिता* में यह परिच्छेद वसोर्धारा कर्म की विधि के प्रसंग में आया है, जिसमें अग्नि को राजा के रूप में अभिषिक्त किया जाता है। इस अवसर पर कार्यकारी पुरोहित (अध्वर्यु) इस आशय का मंत्रपाठ करता है कि याजक को सभी आधिभौतिक और आधिदैविक वर मिलें। यह स्पष्ट तो नहीं है किंतु इसे असंभव नहीं कहा जा सकता कि यह कर्म राजा के लिए विहित है, जो अग्नि से प्रार्थना करता है कि वह उसकी सभी वर्णों की प्रजा को, जिसमें शूद्र भी सम्मिलित है, दीप्ति प्रदान करे।

राजनीतिक ढंग के धर्मकर्म में शूद्रों का सहयोग किस प्रकार का और किस हद तक हो इसमें कोई एकरूपता नहीं थी। कुछ मामलों में समारोह की गौण बातों में वर्ण के अनुसार अंतर पड़ता था। स्वभावतया शूद्र को निम्नतम स्थान प्राप्त था। अन्य मामलों में शूद्र सहित सभी वर्ण समारोह में उसी प्रकार भाग लेते थे और समान आशीष की आशा रख सकते थे। जो भी हो, धर्मशास्त्रों के नियमों से तुलना करने पर यह ध्यातव्य है कि उत्तरवैदिक काल में तीनों उच्च वर्णों के साथ शूद्रों को भी राजनीतिक सत्ता में कुछ हिस्सा मिल सका था।

किंतु इसका एक दूसरा पहलू भी है। इस काल में पहले ही यह प्रवृत्ति चल पड़ी थी कि शूद्रों को सामुदायिक जीवन में भाग लेने से बहिष्कृत किया जाए। इसीलिए अन्य तीन उच्च वर्ण के लोगों की भाँति शूद्र राजसूय यज्ञ के अवसर पर अभिषेचन कर्म में भाग नहीं ले सकता था।[96] जायसवाल का मत है कि जन्य या जन्यमित्र, जिसे राजा को अभिषिक्त

करनेवाला चौथा व्यक्ति बताया गया है, बैरी जनजाति के सदस्य के रूप में शूद्र है[97], किंतु इस तरह का अर्थ प्रमाणहीन प्रतीत होता है। इस शब्द का वास्तविक अर्थ चाहे जो कुछ भी हो,[98] इतना तो स्पष्ट है कि उपलब्ध साहित्य में कहीं भी इस शब्द का शूद्र से कोई संबंध नहीं है। यह भी कहा गया है कि राजसूय यज्ञ के अवसर पर तीनों उच्च वर्ण के लोग राजा से ईश्वर की पूजा के लिए स्थान माँगें।[99] इसमें शूद्रों को छोड़ देना इस सिद्धांत का स्वाभाविक परिणाम है कि शूद्र देवपूजक नहीं थे, फिर भी यह राजनीतिक जीवन में उसके महत्व के घटते जाने का संकेत है।

शतपथ ब्राह्मण में कुछ ऐसे कर्मों का विधान है जो विश् (समुदाय) पर क्षत्र (शासनप्रमुख) का नियंत्रण स्थापित करते हैं।[100] यहाँ शूद्र का उल्लेख नहीं किया गया है, क्योंकि प्रायः यह निश्चित मान लिया गया है कि उस पर राजा का नियंत्रण था। एक दूसरे अनुच्छेद से भी ऐसा ही विचार व्यक्त होता है। इसके अनुसार ब्रह्म और क्षत्र विश् में सुस्थापित थे,[101] किंतु यहाँ भी शूद्र की चर्चा नहीं हुई है।

वाजपेय यज्ञ राजा की शक्ति बढ़ानेवाला यज्ञ था और उसमें शूद्र को भाग लेने की अनुमति नहीं थी। एक ग्रंथ के अनुसार ब्राह्मण, क्षत्रिय और वैश्य इस यज्ञ में भाग ले सकते थे,[102] किंतु दूसरे ग्रंथों में वैश्यों को भी इस अधिकार से वंचित कर दिया गया है।[103]

तैत्तिरीय ब्राह्मण में एक छोटे समारोह के प्रसंग में संकेत मिलता है कि शूद्र को नागरिक की हैसियत प्राप्त नहीं थी। अमावस और पूर्णमासी को होनेवाले दशपूर्णमास यज्ञ की विधिविशेष की व्याख्या करते हुए यह तर्क दिया गया है कि शूद्र अपने स्वामी के सामने उनकी आज्ञा लेकर ही कुछ कर सकता है, और जो कोई आज्ञा के बिना कुछ कर नहीं सकता, उसके साथ शूद्रवत व्यवहार किया जाए।[104] इससे पता चलता है कि शूद्र से यह उम्मीद की जाती थी कि वह अपने स्वामी के विरुद्ध नहीं बोलेगा। शूद्र पूर्णतया गुलाम समझा जाता था।

उत्तरवैदिक काल की राज्यव्यवस्था में जो एक महत्वपूर्ण परिवर्तन हुआ, वह है वैश्य और शूद्र से विभेद करते हुए ब्राह्मण और क्षत्रियों को विशेष स्थान प्राप्त कराने की प्रवृत्ति। घोषाल ने अनेक दृष्टांत देकर बताया है कि दो प्रभावशाली शक्तियों के रूप में ब्रह्म और क्षत्र का समाज में कितना महत्व था, उनमें परस्पर कितना विरोध था तथा उनकी राजनीतिक मित्रता कितनी गहरी थी।[105] संहिताओं[106] और ब्राह्मण ग्रंथों[107] में दो उच्च वर्णों की रक्षा के लिए प्रार्थनाओं का उल्लेख है। यदि इन निर्देशों का सूक्ष्म विवेचन किया जाए तो दो परिणाम निकल सकते हैं। प्रथमतः, उनमें से अधिकांश का उल्लेख परवर्ती साहित्य, खासकर *शतपथ ब्राह्मण* में ही हुआ है। दूसरा यह कि पूर्वकालीन ग्रंथों में जहाँ साधारणतया दोनों उच्च वर्णों के आपस में मिले-जुले रहने का संकेत मिलता है, वहाँ बाद

के ग्रंथ वैश्य और शूद्र को अलग रखने का स्पष्ट संकेत देते हैं। *शतपथ ब्राह्मण* में साफ-साफ बताया गया है कि वैश्य और शूद्र ब्राह्मणों और क्षत्रियों से घिरे हुए हैं।[108] वही ग्रंथ यह भी प्रमाणित करता है कि जो लोग न तो क्षत्रिय हैं और न ब्राह्मण, वे अपूर्ण हैं।[109] पहले ही ध्यान आकृष्ट किया जा चुका है कि बाद में राजसूय यज्ञ के जो वृतांत आए हैं उनमें वैश्य और शूद्र को पाँसा के खेल से छाँट दिया गया है।[110] उसी राज्याभिषेक यज्ञ के संबंध में ऐतरेय ब्राह्मण का मत है कि ब्राह्मण को तो 'क्षत्र' से पहले स्थान मिलता है, किंतु वैश्य और शूद्र उसके बाद ही आते हैं।[111] अतः मालूम पड़ता है कि वैश्य को शूद्र के बराबर मानने और उसे जनजीवन में स्थान न देने की धारणा पूर्वकालीन ग्रंथों में तो परोक्ष थी, किंतु बाद के ग्रंथों में पूर्णतया स्पष्ट और प्रत्यक्ष हो गई।

उत्तरवैदिक काल के समाज में शूद्र के कार्य की समीक्षा *ऐतरेय ब्राह्मण* के एक ऐसे अनुच्छेद[112] की परीक्षा करके समाप्त की जा सकती है जिसके आधार पर कहा जाता है कि वेदकालीन राज्यव्यवस्था में शूद्र का स्थान सर्वथा गुलाम जैसा था। इस महत्वपूर्ण परिच्छेद के प्रसंग और तात्पर्य का विश्लेषण करने से मालूम होता है कि इस तरह का विचार न्यायोचित नहीं है। कहा जाता है कि विश्वंतर सौषद्मन नामक एक राजा ने पुरोहित कुल श्यापर्ण के बिना ही यज्ञ किया और उन पुरोहितों को यज्ञवेदी से उठा दिया। उनकी ओर से बोलते हुए उनके विद्वान नेता राम मार्गविय ने पुरोहितों के निष्कासन का इस आधार पर विरोध किया कि उसे इस बात की जानकारी है कि राजसूय यज्ञ के अवसर पर सोमरस के बदले राजा को क्या खाना चाहिए।[113] प्रसंगाधीन परिच्छेद में उसके शब्दों में कहा गया है कि राजा द्वारा विभिन्न प्रकार के आहार ग्रहण करने के क्या-क्या परिणाम हो सकते हैं और इस सिलसिले में यह भी जतलाया है कि क्षत्रिय राजा का अन्य तीन वर्णों के साथ कैसा संबंध था। कहा जाता है कि यदि राजा सोम का पान करे, जो ब्राह्मण का आहार है तो उसके वंशज ब्राह्मण होंगे और उनमें ब्राह्मण के सभी लक्षण रहेंगे। वे प्रतिग्रह लेंगे, सोमपायी होंगे, आजीविका की खोज करनेवाले होंगे और इच्छानुसार कहीं भी भेजे जाने योग्य (यथाकामप्राप्य) होंगे।[114] यदि राजा दही खाए जो वैश्य का आहार है तो उसका वंशज वैश्य होगा और उसमें वैश्य के सभी लक्षण होंगे। वह करदाता होगा, दूसरे का भोज्य होगा और इच्छानुसार सताया जा सकेगा। किंतु यहाँ हमारा विशेष प्रयोजन उन विशेषणों से है जिनसे शूद्र की स्थिति का पता चलता है। यह भी कहा गया है कि यदि राजा पानी पिए, जो शूद्र का आहार है तो वह शूद्र का पक्ष करेगा और उसकी संतान में शूद्र के सभी लक्षण रहेंगे।[115] वह (i) अन्यस्य प्रेष्यः (ii) कामोत्थाप्यः और (iii) यथाकामवध्यः होगा। कीथ ने प्रथम विशेषण का अनुवाद किया है 'दूसरे का सेवक ' जो सही है। किंतु अन्य दो विशेषणों का उसने जो अनुवाद किया है वह सही नहीं कहा जा सकता। उसने

दूसरे विशेषण 'कामोत्थाप्य:' का अनुवाद किया है, ऐसा व्यक्ति जिसे 'इच्छानुसार हटाया जा सके',[116] और हेग ने उसका अनुवाद किया है, ऐसा व्यक्ति जिसे स्वामी की इच्छानुसार 'निकाल बाहर किया जा सके।'[117] इस आधार पर कहा जाता है कि शूद्र की स्थिति उस रैयत के समान थी जिसे उसका मालिक किसी भी समय अपनी भूमि से निष्कासित कर सकता था।[118] किंतु सायण ने इस शब्द की टीका करते हुए बताया है कि शूद्र को दिन या रात में किसी भी समय मालिक की इच्छानुसार काम करने के लिए उठाया जा सकता है।[119] उसने जो अर्थ किया है वह बहुत कुछ संभव प्रतीत होता है, क्योंकि 'उत्थापन' का सीधा-सादा अर्थ होता है—जगाना। प्राचीन संस्कृत में निकाल बाहर करने के लिए 'निर्वासन'[120] या 'निष्कासन' शब्द का प्रयोग हुआ है। तीसरे विशेषण 'यथाकामवध्य:' का अनुवाद कीथ ने यह किया है कि 'मालिक की इच्छानुसार उसका वध किया जा सकता है।'[121] किंतु सायण ने इसका अर्थ किया है कि 'यदि शूद्र अपने मालिक की मर्जी के विरुद्ध कोई काम करे तो उसका मालिक क्रुद्ध होकर उसे पीट सकता है'[122] सायण द्वारा किए गए अर्थ की 'निरुक्त' से भी पुष्टि होती है, जिसमें तीन जगह तो वध का अर्थ 'जान से मार डालना' किया गया है,[123] पर पाँच जगह इसका प्रयोग 'चोट पहुँचाने या घायल करने' के अर्थ में हुआ है।[124] अतः हेग ने तीसरे विशेषण का जो अर्थ किया है, 'मनमाने ढंग से पीटा जाने योग्य', वह सही है।[125]

बिना विचारे ही लोगों ने इस गलत मत को मान लिया कि ऐतरेय ब्राह्मण के अनुसार मालिक अपनी मर्जी से शूद्र की जान ले सकता है।[126] इसका निष्कर्ष यह निकाला गया कि वैदिक काल में उसका वैरदेय नहीं था ; अर्थात उसकी जान लेने के बदले हर्जाना नहीं देना पड़ता था।[127] स्पष्ट है कि ऐसे विचार 'यथा-कामवध्य:' शब्द के संदिग्ध अर्थान्वयन पर आश्रित है। इतना ही नहीं, यद्यपि 'वैर' या 'वैरदेय' के लिए प्राय: एक सौ गायें निर्धारित की गई थीं,[128] फिर भी न तो ऐसा कोई प्रसंग मिलता है जिससे पता चले कि वर्ण के अनुसार इस राशि में अंतर किया जाता था और न यही प्रमाण दिखाई पड़ता है कि किसी खास वर्ण को इस अधिकार से वंचित रखा जाता था। मानव-वध (वैर हत्या) के पाप से मुक्त होने के लिए यज्ञ के रूप में प्रायश्चित करने की व्यवस्था भी थी,[129] किंतु इसे भी वर्णमूलक विभेदों से मुक्त रखा गया है। अतः यह स्पष्ट है कि उत्तरवैदिककालीन समाज में वर्णगत अंतर इतना प्रबल और व्यापक नहीं था, जितना कि धर्मसूत्रों के काल में हुआ, जब सामाजिक भेदभाव इतना गहरा हो गया कि शूद्र को न्यूनतम वैरदेय, अर्थात दस गाय मात्र पाने का ही अधिकार रह गया।

ऐतरेय ब्राह्मण के इस परिच्छेद को पुनः देखें तो शूद्र के लिए प्रयुक्त दोनों विशेषणों के जो अर्थ बताए गए हैं, वे संभव प्रतीत होंगे। पूरे वैदिक साहित्य में इस परिच्छेद के समान

दूसरा प्रसंग नहीं है, जिसमें यह कहा गया हो कि शूद्र को उसका मालिक अपनी इच्छानुसार घर से निकाल बाहर कर सकता है और चाहे तो उसे कत्ल भी कर सकता है।

ऊपर बताए गए दोनों विशेषणों के विभिन्न अर्थ वास्तविक स्थिति के द्योतक हैं या नहीं, यह सुनिश्चित कर पाना कठिन है। इसका कारण यह है कि *ऐतरेय ब्राह्मण* का सातवाँ भाग, जिसमें प्रसंगाधीन परिच्छेद आया है, परवर्ती भाग है।[130] कोई आश्चर्य नहीं कि किसी निष्कासित पुरोहित ने राजा का कृपापात्र बनने की दृष्टि से विभिन्न वर्णों पर लागू कुछ विशेषणों का प्रयोग किया हो। यह कम महत्व की बात नहीं कि ब्राह्मण को भी इच्छानुसार निर्वासन योग्य बताया गया है। ऐसी दशा में अन्य वर्णों की स्थिति का अनुमान तो सहज ही लगाया जा सकता है।

किंतु सारे विचार-विमर्श के बाद भी परवर्ती वैदिककालीन राज्यव्यवस्था में शूद्रों की हीन स्थिति से इनकार नहीं किया जा सकता। हमारा उद्देश्य है उसकी यथासंभव सुनिश्चित परिभाषा प्रस्तुत करना। यह पूर्णतया स्पष्ट है कि यद्यपि शूद्र अश्वमेध और राजसूय जैसे दो महत्वपूर्ण राजनीतिक ढंग के यज्ञों के कतिपय समारोहों से सहबद्ध था, फिर भी, संभवतया वैदिक काल के अंत तक, राजनीतिक जीवन से संबंधित कर्मों से उसे अलग रखने की निश्चित प्रवृत्ति पनप चुकी थी। कुछ दृष्टांतों में वैश्य को भी शूद्र की स्थिति में रख दिया गया और उसे पुराने अधिकारों से वंचित कर दिया गया।

कर्मकांडी साहित्य से भी शूद्रों की सामाजिक स्थिति की कुछ जानकारी मिल सकती है। *यजुर्वेद* के एक परिच्छेद में कहा गया है कि वैश्य और शूद्र की सृष्टि एक साथ हुई थी।[131] यह *पुरुषसूक्त* की उक्ति के प्रतिकूल है, जिसमें वैश्य की सृष्टि शूद्र से पहले बताई गई है जिसके परिणामस्वरूप शूद्र को समाज में सबसे हीन स्थान मिला। किंतु वैश्य और शूद्र को एक ही सामाजिक कोटि में रखने की प्रवृत्ति कुछ कर्मकांडों में लक्षित होती है, क्योंकि वे बताते हैं कि वैश्य शूद्र महिला का तथा शूद्र वैश्य महिला का पति बन सकता है।[132] व्यंग्यपूर्ण भाषा में कहा गया है कि शूद्र महिला का अर्य पति अपनी उन्नति की बात नहीं सोचता, क्योंकि ऐसे विवाह से उसे चिरकाल तक दरिद्र बने रहना ही है।[133] टीकाकारों ने अर्य शब्द का अर्थ वैश्य किया है,[134] जिससे वैश्य और शूद्र महिला के बीच विवाह का प्रमाण मिलता है, किंतु *वैदिक इंडेक्स* के लेखक इन प्रसंगों को आर्य और शूद्र के अवैध संबंध का दृष्टांत मानते हैं।[135] अधिकांश मामलों में पाठ अर्य है, अतः टीकाकारों ने जो अर्थ लगाया है, वह सही मालूम होता है। जे. इगलिंग ने भी *शतपथ ब्राह्मण* के अनुवाद में अर्य पाठ को ही ग्रहण किया है,[136] और इसका रूपांतर वैश्य के रूप में किया है। किंतु यह भी संभव है कि मूल पाठ में ही, नई परिस्थितियों के अनुकूल, उस वक्त कुछ परिवर्तन कर दिए गए होंगे जब उच्च वर्ण और शूद्र के बीच विवाह-संबंध को बुरा समझा

जाने लगा होगा। इस उपधारणा के आधार पर कहा जा सकता है कि आर्य, और शूद्र अथवा बाद में शूद्र वर्ण में शामिल किए गए लोगों के बीच निर्बाध रूप से विवाह-संबंध स्थापित हो सकते थे। बाद में इस तरह का संबंध दो निम्न वर्णों तक ही सिमटकर रह गया।

ब्राह्मण ग्रंथों से पता चलता है कि ब्राह्मण और क्षत्रिय दोनों निम्न वर्णों के साथ —जिनमें शूद्र भी आ जाते हैं —अंतर्जातीय विवाह कर सकते थे, जैसा कि वत्स और कवष के दृष्टांत से स्पष्ट है।[137] वत्स को उसका भाई मेधातिथि शूद्र-पुत्र कहता था, जिससे प्रकट होता है कि प्रायः इस शब्द का प्रयोग अपमानजनक शब्द के रूप में नहीं होता था।[138] कहा जाता है कि वत्स ने आग पर निरापद चलकर अपना ब्राह्मणत्व प्रमाणित किया और इस प्रकार इस कलंक को मिटाया। यह बताता है कि किसी व्यक्ति की सामाजिक मर्यादा उसके वंश से नहीं, बल्कि उसकी योग्यता से निर्धारित होती थी।[139] कवष ऐलूष का जन्म दासी से हुआ था, और यह दृष्टांत संदिग्ध मालूम पड़ता है। सायण का विचार है कि उसके लिए 'दास्याः पुत्रः' का प्रयोग अपशब्द के रूप में हुआ है।[140] यदि हम ऋषि दीर्घतमस् की माँ उशिज के बारे में *बृहद्देवता*[141] में दिए गए विवरण को अंगीकार करें तो *पंचविंश ब्राह्मण*[142] में हमें इस दासी कन्या उशिज के विधिसम्मत विवाह का दृष्टांत मिलेगा। पौराणिक अनुश्रुतियों से विदित होता है कि काक्षीवत्, जो ब्रह्मवादिन् था, दीर्घतमस् का पुत्र था और उसका जन्म राजा बलि की शूद्र दासी से हुआ था।[143] पुराण में उसे शूद्रयोनि का कहा गया है।[144] *ऐतरेय ब्राह्मण* के लेखक महीदास के बारे में बताया गया है कि वह शूद्र था।[145] इस तथ्य के समर्थन में कोई प्रमाण नहीं मिलता, जब तक कि उसके उपाधिनाम 'ऐतरेय' का अर्थ यह न किया जाए कि वह 'इतरा' का पुत्र था,[146] जिसका अर्थ होता है भ्रष्ट, नीच या बहिष्कृत। किंतु यह बहुत खींच-तानकर लगाया गया अर्थ मालूम पड़ता है। एक परवर्ती ब्राह्मण ग्रंथ में सुदक्षिण क्षैमि नामक ऋषि और पुरोहित को शूद्र कहकर संबोधित किया गया है,[147] किंतु उसके माँ-बाप का कोई विवरण नहीं दिया गया है। मात्र इतना कहा गया है कि वह क्षेम का वंशज था और प्रायः इसके संबंध में यह विशेषण अपशब्द के रूप में प्रयुक्त हुआ है। *भविष्य पुराण* में लगभग एक दर्जन ऐसे ऋषियों के नाम गिनाए गए हैं, जिनकी माँ शूद्र वर्ण की किसी न किसी शाखा की थी।[148] मामूली हेरफेर के साथ यह सूची कई अन्य पुराणों और *महाभारत* में भी आई है।[149] इससे पता चलता है कि व्यास का जन्म मछुआइन से, पराशर का श्वपाक महिला से, कपिंजलाद का चंडाल महिला से, वसिष्ठ का गणिका से और मुनिश्रेष्ठ मदनपाल का मल्लाहिन से हुआ था। इस तरह की सूची के औचित्य के विषय में ग्रंथ के अंत में कहा गया है कि ऋषियों, नदियों, धर्मात्माओं , महात्माओं और स्त्रियों की दुश्चरित्रता का उद्गम

नहीं जाना जा सकता।[150] इन ऋषियों की कालानुक्रमिक स्थिति या उनके वास्तविक जीवनकाल के बारे में निश्चित रूप से कुछ भी नहीं कहा जा सकता, किंतु यह सूची प्रमाणित करती है कि परवर्ती वैदिक काल में यह प्रथा थी कि ऋषि और पुरोहित शूद्रकन्या या दासी से विवाह करते थे। ऐसा जान पड़ता है कि राजा और प्रमुख भी शूद्र महिलाओं से विवाह करते थे। पालागली, जो राजा की चौथी पत्नी थी और जिसका आदर सबसे कम होता था, शूद्र महिला थी।[151]

ऊपर के दृष्टांत बताते हैं कि शूद्र महिला से उच्च वर्ण के लोगों के विवाह को बुरा नहीं माना जाता था।[152] संभवतया आरंभ में वेदकालीन भारतीय और आदिवासी अपनी-अपनी जनजातियों में ही विवाह-संबंध रचाते थे।[153] जब जनजातियाँ छिन्न-भिन्न हो गईं और उनके सदस्य चार वर्णों में बँट गए तब भी पुरानी प्रथा कुछ दिनों तक चलती रही। किंतु परवर्ती वैदिककाल में वर्ण का भेदभाव इतना प्रबल हो गया कि निम्न वर्गों के पुरुष और उच्च वर्गों की स्त्रियों के विवाह की अनुमति नहीं दी जाती थी। यह धारणा भी चल पड़ी थी कि शूद्र महिलाएँ उच्च वर्णों के लोगों के लिए सुखभोग की वस्तु हैं। अतः अपेक्षाकृत बाद के ब्राह्मण ग्रंथों में अनुष्टुभ् छंद की तुलना शूद्र वेश्या से की गई है, जो समान रूप से सुगम्य हैं।[154]

इस अवधि में हमें चंडाल के प्रति घृणा के भाव भी दिखाई पड़ते हैं। कहा गया है कि जिनका आचरण अच्छा होगा उनका पुनर्जन्म ब्राह्मण, क्षत्रिय या वैश्य के रूप में होगा, किंतु जिनका आचरण कुत्सित होगा वे कुत्ते, सूअर या चंडाल के घृणित गर्भ में उद्भूत होंगे।[155] ध्यान देने की बात है कि शूद्र वर्ण में जन्म लेना चंडाल की तरह अपवित्र (कपूयाम्) नहीं माना जाता था, पर ऐसा प्रतीत होता है कि इसे लोग अवांछनीय जरूर मानते थे। यह भी मालूम होता है कि चंडाल जो आदिम जाति के थे[156] निंदनीय आचरणवाले समझे जाने लगे थे। किंतु इस काल के आरंभिक ग्रंथों में चंडाल को पुरुषमेध यज्ञ की बलि समझा गया है,[157] जिससे उसके अस्पृश्य होने का संकेत नहीं मिलता। परंतु पौलकस को लोग घृणा की दृष्टि से देखते थे।[158]

जिस काल की हम यहाँ समीक्षा कर रहे हैं, उसके सामाजिक आचारशास्त्र के अनुसार शूद्रों में कुछ दुर्गुणों का आरोप किया गया था। हम देखते हैं कि आंगिरस गोत्रीय शुनःशेप ने अपने पिता अजीगर्त्त की निंदा करते हुए उसे शूद्र कहा, क्योंकि पिता ने पुत्र को तीन सौ गाएँ लेकर वरुण यज्ञ के निमित्त पदार्थ के रूप में बेच दिया था।[159] यद्यपि देव ने पुत्र को मुक्त कर दिया और पिता ने अपना कलंक मिटाने के उद्देश्य से उसे सौ गाएँ भी दीं, फिर भी शुनःशेप ने कटु शब्दों में उसकी भर्त्सना की। उसने कहा, 'तुम अभी भी शूद्रसुलभ नृशंसता से मुक्त नहीं हो क्योंकि तुम्हारे अपराध का कोई समाधान नहीं ...।'[160] इससे पता

चलता है कि अजीगर्त्त की तरह शूद्र भी भूखे रहने पर अपने बच्चों को बेचने के लिए तैयार रहते थे। ऐसा समझा जाता था कि धन-प्राप्ति के लिए वे अपने कुटुंब के प्रति पाशविक और निर्दयतापूर्ण आचरण कर सकते थे।

यह भी ज्ञातव्य है कि जब विश्वामित्र ने शुनःशेप को अपना दत्तक पुत्र बनाया और अपने सौ बेटों में उसे प्रथम स्थान दिया तथा उसे ज्येष्ठाधिकार भी प्रदान किया, तब उनके पचास ज्येष्ठ पुत्रों ने इस स्थिति को स्वीकार करने से इनकार कर दिया। पिता को इस पर क्रोध आया और उन्होंने इन पुत्रों को शाप दिया कि उनके वंशज अंध्र, पुंड्र, शबर, पुलिंद, मुतिब, दस्यु और अंतस् (जातिच्युत) की तरह हीनजाति के होंगे।[161] आर्येतर लोगों को ब्राह्मणकालीन समाज की निम्न कोटि में रखने के उद्देश्य से पुरोहितों ने जिस पटुता से उनकी वंशावली खोज निकाली है, उसका यह वृत्तांत प्रारंभिक उदाहरण है, लेकिन इससे यह भी स्पष्ट है कि अवज्ञा और विरोध करनेवाले पुत्रों को दस्यु और अंतस् माना जाता था। सायण ने इस अनुच्छेद की टीका में चंडाल और निम्न कोटि की अन्य जातियों को भी सम्मिलित कर लिया है, किंतु मूल ग्रंथ में इसका उल्लेख नहीं है।[162]

वाजसनेयि संहिता में एक अनुपूरक सूत्र आया है, जिसका प्रयोग अनेक सामयिक और घरेलू यज्ञों में किया जाता है। इस सूत्र में सभी वर्णों के साथ 'कल्याणीवाक्' के उपयोग की इच्छा व्यक्त की गई है।[163] इस आधार पर यह कहा गया है कि सभी वर्णों को वेद के अध्ययन का अधिकार था।[164] किंतु 'कल्याणीवाक्' शब्द वेद के लिए प्रयुक्त नहीं हुआ है। टीकाकारों ने ठीक ही इसे मधुर और शिष्ट वचन माना है।[165] इससे ध्वनित होता है कि सभी वर्णों से बातचीत के क्रम में मैत्रीपूर्ण शब्दों का प्रयोग किया जाना चाहिए। किंतु *शतपथ ब्राह्मण* में स्थिति भिन्न मालूम पड़ती है, क्योंकि एक समारोह विशेष के बारे में जो अनुदेश दिए गए हैं, उनमें विभिन्न वर्णों के लिए विभिन्न संबोधनों का प्रयोग हुआ है। इस प्रकार क्रमशः ब्राह्मण, राजन्यबंधु, वैश्य और शूद्र वर्णों के 'हविष्कृत' को बुलाने के लिए एहि, आगहि, आद्रव और आधाव शब्दों का प्रयोग किया गया है।[166] उत्तरवैदिक काल के सामाजिक संसर्ग में इस तरह के भेदभाव बहुधा दिखाई पड़ते हैं।

वैदिक काल के अंत में जीवन के जो चार आश्रम बने, उनमें आगे चलकर, केवल गार्हस्थ्य ही शूद्रों के लिए विहित किया गया। किंतु इस काल में ऐसे विभेद का कोई उल्लेख नहीं मिलता। *छांदोग्योपनिषद्* में चार आश्रमों का उल्लेख है, लेकिन वर्णों के साथ उनके संबंध का कोई निर्देश नहीं मिलता।[167] इस तरह, अब हमारे सामने शूद्रों की शिक्षा का प्रश्न आ खड़ा होता है, क्योंकि बाद के ग्रंथ बताते हैं कि ब्रह्मचर्याश्रम में उनका प्रवेश नहीं हो सकता था, जो उपनयन संस्कार से आरंभ होता है। उपनयन का उल्लेख सर्वप्रथम *अथर्ववेद* में हुआ है, जहाँ दिखाया गया है कि गुरु युवक को नए जीवन में प्रवेश कराते हैं,

क्योंकि ऐसा माना जाता है कि वह गुरु के ही उदर से उत्पन्न हुआ है।[168] नवजीवन में प्रवेश करनेवाला ब्रह्मचारिन् कहलाता था, किंतु वह किस वर्ण का होता था, इसका कोई संकेत नहीं मिलता। — आरुणि ने अपने पुत्र श्वेतकेतु को उपदेश दिया था कि उसे ब्रह्मचर्य धारण करना चाहिए, जिसके आधार पर यह अनुमान किया गया है कि बहुत दिनों तक उपनयन केवल पुरोहितों और विद्वानों के परिवार तक ही सीमित था। बाद में सारे ब्राह्मण समुदाय में इसका प्रचार हुआ और फिर वहाँ से पूरे आर्य समुदाय में।[169] यदि उपनयन को गुरुकुल-प्रवेश का प्रारंभिक बिंदु माना जाए तो यह सत्य सिद्ध होगा, क्योंकि प्राचीन समाज में शिक्षा साधारणतया पुरोहितों के हाथ में थी। ब्रह्मचारिन् सामान्यतया ब्राह्मण होता था, यह बात विभिन्न स्रोतों से प्रमाणित होती है[170] किंतु यदि उपनयन की तुलना उस संस्कार से की जा सकती है जो जनजाति के किसी पूर्ण वयस्क सदस्य के नए जीवन में विधिवत प्रवेश करने के समय होता है तो यह सही नहीं लगता। ऐसा अर्थ उस अनुश्रुति के आधार पर लगाया जा सकता है कि देवता, मनुष्य और दानव ब्रह्मचर्य की अवधि अपने पिता प्रजापति के संरक्षण में बिताते थे, जो उनके शिक्षक थे।[171] इसका यह तात्पर्य नहीं कि आदिकालीन लोगों में पढ़ाई का व्यापक प्रचलन था। इससे केवल इतना संकेत मिलता है कि वैदिककालीन भारतीयों या आर्यपूर्व समुदायों के बीच एक सर्वमान्य प्रथा प्रचलित थी कि वयस्क जीवन में प्रवेश करने के पहले कुछ रीतियाँ निभाई जाएँ। यह ऐसा तथ्य है जिसकी आदिम जातियों में प्रचलित इसी प्रकार की प्रथा से पुष्टि होती है। गुरुकुल में इस तरह से प्रवेश करने की प्रथा का प्रसार व्रात्यों में भी हुआ, जिन्हें ब्रह्मचर्य धारण कराकर आर्यों के समाज में प्रविष्ट कराया जाता था।[172]

प्राचीन ईरानियों में भी उपनयन जैसा प्रवेश संस्कार प्रचलित था। पंद्रह वर्ष की अवस्था में ईरानी पुरुष और स्त्री को पवित्र सूत्र धारण कराकर दीक्षित कराया जाता था, और इस प्रकार अहुर मज्द के संप्रदाय में उनका प्रवेश होता था।[173] इसकी चर्चा करते हुए गाइगर ने कहा है कि यह एक पुरानी प्रथा थी, जिसमें आगे चलकर हेरफेर और सुधार किए गए।[174] यह बात सर्वविदित है कि सामुदायिक जीवन में प्रवेश कराने की प्रथा स्पार्टनों में प्रचलित थी।[175] अतः ऐसा माना जा सकता है कि वैदिककालीन भारतीयों में भी यह प्रथा प्रचलित थी। इस तरह शुरू में संभवतया, विघटित आर्य जन जातियों के शूद्रजन भी उसी ढंग से उपनयन और ब्रह्मचर्य-संस्कार संपन्न करने के अधिकारी थे, जिस प्रकार कई अन्य धार्मिक कृत्य। संहिताओं और ब्राह्मणों में ऐसे प्रसंग नहीं हैं जिनसे यह संकेत मिलता हो कि शूद्रों के लिए उपनयन संस्कार वर्जित था।

छांदोग्य उपनिषद् से हमें पता चलता है कि जानश्रुति, जिसे रैक्व ने प्राण और वायु का ज्ञान कराया था, शूद्र था।[176] किंतु अन्यत्र उसे पश्चिम-उत्तर के निवासी महावृष

लोगों के प्रधान के रूप में चित्रित किया गया है।[177] उसे या तो उस क्षेत्र में रहनेवाली शूद्र जाति के साथ संपर्क के कारण, अथवा इसलिए कि ब्राह्मण समाज के बाहर के लोगों के लिए यह अपमानजनक शब्द प्रयुक्त होता था, शूद्र कहा गया है।[178]

जानश्रुति शूद्र नहीं भी हो, किंतु ऐसे संकेत मिलते हैं जिनसे प्रकट होता है कि शूद्र को किसी खास ढंग के ज्ञानार्जन से बिल्कुल वंचित नहीं रखा जाता था। *तैत्तिरीय ब्राह्मण* में कहा गया है कि वैश्य *ऋग्वेद* से, क्षत्रिय *यजुर्वेद* से और ब्राह्मण *सामवेद* से उत्पन्न हुए थे।[179] इसका स्पष्ट अर्थ होता है कि *अथर्ववेद* शूद्रों के लिए था। *आपस्तम्ब धर्मसूत्र* में भी परोक्ष रूप से यह बात दुहराई गई है। तात्पर्य यह कि शूद्रों के लिए परंपरानिष्ठ वैदिक ज्ञान का अर्जन वर्जित था, न कि अन्य प्रकार के अध्ययन। *शतपथ ब्राह्मण* के कई अनुच्छेदों से भी यह धारणा बनती है। इन अनुच्छेदों में कहा गया है कि सँपेरा, सूदखोर, मछुआ, बहेलिया, सेलंग, निषाद, असुर और गंधर्व को पुरोहित शिक्षा देते थे, जिनमें से अधिकांश शूद्र वर्ण के थे।[180] वे इतिहास, अथर्ववेद, सर्पविद्या और देवजन विद्या सिखाते थे।[181] छात्रों और अध्ययन के विषयों की सूची से मालूम होता है कि प्राचीन काल में ब्राह्मण कला और शिल्प से विमुख नहीं थे, पर बाद में इस प्रकार के सारे धंधे शूद्र वर्ण को दिए गए कार्य-क्षेत्र के अंतर्गत आ गए। किंतु यह स्पष्ट नहीं कि ऐसी शिक्षा के साथ शूद्रों को साहित्य भी पढ़ाया जाता था या नहीं।

वैदिक काल के अंत में यह धारणा चल पड़ी कि शूद्र को उपनयन और परिणामतया अध्ययन से वंचित रखा जाए। इस तरह का आभास छांदोग्य उपनिषद् के एक परिच्छेद से मिलता है, जिसमें एक सुविख्यात छात्र दावा करता है कि उसने ब्राह्मण, राजन् और वैश्य की गरिमा बढ़ाई है।[182] किंतु एक अन्य स्थल पर छात्र चाहता है कि वह सारे वर्णों के लोगों का, शूद्रों का भी, प्रियपात्र बने।[183] परवर्ती काल के एक श्रौतसूत्र में शूद्रों के बहिष्कार का प्रथम स्पष्ट उल्लेख मिलता है। इसमें तीन उच्च वर्णों के उपनयन संस्कार के लिए उपयुक्त ऋतुओं का उल्लेख हुआ है।[184] इसमें स्पष्ट बताया गया है कि उपनयन, वेदाध्ययन, और अग्निस्थापन केवल उन्हीं लोगों के लिए फलदायक हो सकते हैं, जो शूद्र नहीं हैं और कुकर्मों में नहीं फँसे हैं।[185] एक अन्य ग्रंथ में बताया गया है कि 'उपनीत' छात्र को शूद्र से बातचीत नहीं करनी चाहिए।[186] यह भी विहित किया गया है कि शूद्रों को चाहिए, जिन स्नातकों ने अपनी पाठचर्या पूरी कर ली हो, मधुपर्क समारोह में वे उनके पैर धोएँ।[187] यह कहना कठिन है कि दो श्रौतसूत्रों से लिए गए उपर्युक्त प्रसंग परवर्ती वैदिक काल की स्थितियों का संकेत देते हैं। उन्हें उस काल के अंत का बताया जाता है और संभव है कि वे वैदिक काल के पश्चात के हों भी, क्योंकि प्राचीन गृह्यसूत्र जो प्राचीन श्रौतसूत्र का समकालीन ग्रंथ है, बताता है कि रथकार को उपनयन का अधिकार प्राप्त

था।[188]

तो यह मालूम पड़ता है कि आरंभ में पूरी जनजाति के लोग उपनयन करते थे, किंतु जैसे-जैसे जनजाति वर्गों में बिखरती गई वैसे-वैसे यह परमाधिकार और सम्मान का विषय बनता गया, जिसे संपन्न करने के लिए संपत्ति और उच्च सामाजिक हैसियत की आवश्यकता थी। उपनयन के आधार पर ही विशिष्ट, लगभग गुप्त वर्गों में, लोगों का प्रवेश हो पाता था।[189] जिस प्रकार ईरान में, हूइति वर्ग को यह अधिकार नहीं मिला था,[190] उसी प्रकार भारत में शूद्र वर्ण को इससे वंचित रखा गया था। सेनार्ट का ख्याल है कि जनजातियों के बीच जनजाति के भीतर और अपने-अपने गोत्र के बाहर विवाह करने की प्रथा प्रचलित थी। इस प्रथा के कारण बाद में जातिविभेद आया। उनके इस विचार के आधार पर कहा जा सकता है कि सामुदायिक जीवन में दीक्षित कराने की प्रथा भी जनजातीय अवस्था की अवशेष थी। इसने बाद में तीन उच्च वर्णों में उपनयन का रूप लिया, जिसके फलस्वरूप समाज में शूद्र को हीन स्थान प्राप्त हुआ।

यद्यपि उपनयन संस्कार से वंचित हो जाने से शूद्र शिक्षा से भी वंचित हो गए, फिर भी अभी हम जिस कालावधि पर विचार कर रहे हैं, उसमें इसका प्रभाव संभवतया बहुत नहीं पड़ा। उत्तर-वैदिक-काल में शिक्षा का स्वरूप कैसा था यह स्पष्ट नहीं, और कोई प्रत्यक्ष प्रमाण भी उपलब्ध नहीं है जिसके आधार पर कहा जा सके कि उस समय लोग साक्षर थे।[191] संभव है कि क्षत्रिय और वैश्य भी 'वेद के प्रति अपने कर्तव्य का निष्पादन अगर करते भी थे तो महज औपचारिक ढंग से।'[192] बाद के एक ग्रंथ में बताया गया है कि साधारणतया छात्र मनोयोगपूर्वक वेद का अध्ययन नहीं करते थे, वे केवल दिखाना चाहते थे कि उन्होंने वेद का अध्ययन किया है।[193] उस समय शिक्षा मुख्यतया ब्राह्मणों का विषय थी। किंतु उपनयन का महत्व शिक्षा के अधिकार के अलावा कुछ और भी था। जो लोग उपनयन संस्कार के अधिकारी थे, समाज में उनका स्थान ऊँचा था।

शूद्र को इस आधार पर उपनयन संस्कार की अनुमति नहीं थी कि यह वैदिक संस्कार है। किंतु वैदिक काल के धार्मिक जीवन से मालूम होता है कि शूद्र को हमेशा वैदिक संस्कारों से वंचित नहीं रखा गया था। कई ग्रंथों में यज्ञ के लिए, रथकार द्वारा अग्निस्थापन का उल्लेख हुआ है,[194] जिसे वह वर्षा ऋतु में संपन्न कर सकता था।[195] सूची में उसका स्थान चौथा है; ब्राह्मण, क्षत्रिय और वैश्य के बाद। *आश्वलायन श्रौतसूत्र* में रथकार के स्थान में 'उपक्रुष्ट' शब्द प्रयुक्त हुआ है। इसका शाब्दिक अर्थ है कोई निंदित व्यक्ति, किंतु, टीकाकारों ने इसका अर्थ लगाया है— बढ़ई (तक्षक)।[196] इससे पता चलता है कि यद्यपि बढ़ई की निंदा की जाती थी, फिर भी उसे यज्ञ में आने दिया जाता था। इस कोटि के एक अन्य व्यक्ति, निषादों के सरदार (निषाद स्थपति) को भी वैदिक यज्ञ का अधिकार प्राप्त

था।[197] किंतु उसका यज्ञ रुद्र पशुपति की प्रजा द्वारा पशुओं के शमन के लिए किया जाता था।[198] एक अन्य स्थल पर ऐसे ही एक संदर्भ में केवल निषाद की चर्चा हुई है।[199] किंतु टीकाकार का कथन है कि यह निषाद प्रमुख (स्थपति) का निर्देश करता है और उसका यह भी कहना है कि *आपस्तम्ब श्रौतसूत्र* में वह त्रैवर्णिक (प्रथम तीन वर्णों का) है।[200] *महाभारत* में भी कहा गया है कि निषादाधिपति ने यज्ञ संपन्न किया।[201] ऋग्वेद के एक परिच्छेद में 'पंचजनाः' (पाँच व्यक्ति) के यज्ञ में भाग लेने का प्रसंग आया है।[202] *निरुक्त* के अनुसार पंचजनाः शब्द का अर्थ है चार वर्ण और निषाद।[203] ऐसा *ऋग्वेदकाल* के बारे में नहीं कहा जा सकता, जैसा कि कभी-कभी किया जाता है।[204] ऋग्वेद में न तो निषाद शब्द आया है, और न उस वक्त चार वर्णों की ही समुचित स्थापना हो सकी थी। स्पष्ट है कि 'पंचजनाः' शब्द से उन पाँच ऋग्वैदिक जातियों का बोध होता है जिनके सदस्य बिना किसी भेदभाव के आहुति चढ़ाते थे। किंतु यास्क ने जो अर्थ किया है उससे मालूम होता है कि उनके समय में शूद्र और निषाद (धर्मसूत्र में जिन्हें ब्राह्मण और शूद्र स्त्री से उत्पन्न वर्णसंकर माना गया है) यज्ञ में भाग ले सकते थे। अतः इन प्रसंगों से सिद्ध है कि निषादों को कभी-कभी और निषाद प्रमुख को साधारणतया वैदिक यज्ञ का अधिकार मिला था। यह बताया गया है कि विश्वजित् यज्ञ में याजक को तीन रात तक निषाद और वैश्य तथा राजन्य के साथ ठहरना होगा।[205] इससे मालूम होता है कि निषाद इस यज्ञ से अप्रत्यक्ष रूप में संबद्ध थे।

जिन दो श्रेणियों के लोगों को यज्ञ करने का अधिकार दिया गया था, उनमें से रथकार स्पष्टतया आर्य समुदाय के सदस्य थे, किंतु निषाद आर्येतर समुदाय के जान पड़ते हैं, और अपने गाँवों में रहते थे।[206] *महाभारत* और *विष्णु पुराण* में कई ऐसे प्रसंग आए हैं जिनसे सिद्ध है कि निषाद श्याम वर्ण के थे।[207] संभवतया निषाद जाति को ब्राह्मणप्रमुख समाज में अंगीकृत करने के प्रयास में उन्हें वैदिक रीति से अपना यज्ञ संपन्न करने की अनुमति दी गई थी, जो विशेषाधिकार बाद में उनके प्रमुख मात्र तक ही सीमित रहा। यह स्पष्ट है कि वैदिक काल के अंत तक रथकार और निषाद को यज्ञ करने का अधिकार था, यद्यपि वे शूद्र की कोटि में थे। अधिक महत्वपूर्ण तथ्य यह है कि यास्क ने 'पंचजनाः' शब्द की जो व्याख्या की है, उससे पता चलता है कि उसके विचारानुसार तमाम शूद्र जाति को यह अधिकार प्राप्त था।

शूद्र कई धार्मिक संस्कारों में भाग लेता था। इसका स्पष्ट निश्चित उल्लेख मिलता है। देवता के लिए हविष् तैयार करने में वह तीनों वर्ण के लोगों के साथ कार्य करता था। किंतु उसे जिस रूप में संबोधित किया गया है वह बताता है कि उसे ऐसे धार्मिक कार्य में सबसे निचला स्थान दिया गया था।[208] इसी प्रकार अन्य वर्ण के लोगों के साथ वह सोमरस का

पान करता था और वमन करने पर उसे प्रायश्चित करना पड़ता था।[209] दासीपुत्र कवष ऐलूष का जिक्र करते हुए हापकिंस ने बताया है कि शूद्र का बेटा यज्ञ में भाग लेता था और शूद्र एक सामाजिक त्योहार-विशेष में सोमरस पान करता था।[210] विचित्र तथ्य है कि *काठक संहिता* के एक परिच्छेद में शूद्रों और महिलाओं को सोमरस पान करने की अनुमति नहीं दी गई है।[211] किंतु यजुओं के अन्य संग्रहों में ऐसी बात नहीं पाई जाती। अतः संभवतया यह बात *काठक संहिता* में बाद में जोड़ी गई है, अथवा यह अधिक से अधिक काठक संप्रदाय का मत है।

शूद्र दो अन्य छोटे-छोटे संस्कारों में भी भाग लेता था। वह 'ओदनसव' अर्थात बने हुए भोजन के अर्पणकर्म में अन्य तीन वर्णों की भाँति भाग लेता था, किंतु भोज्य पदार्थ वर्ण के अनुसार भिन्न हुआ करते थे।[212] इसी प्रकार, प्रथम फल के अर्पण का कार्य सभी वर्ण के लोग कर सकते थे।[213]

महाव्रत नाम से प्रसिद्ध अयनांत कर्म में शूद्रों के लिए जो कर्तव्य निर्धारित हैं, वे तत्कालीन धार्मिक कृत्यों में शूद्र के भाग लेने के महत्वपूर्ण प्रमाण हैं।

इसके अनुसार शूद्र वेदी के बाहर और आर्य वेदी के भीतर रहते हैं। वे आपस में चमड़े के लिए लड़ते हैं और आर्य की जीत होती है।[214] कुछ ग्रंथों में तो शूद्र वर्ण और आर्य वर्ण का स्पष्ट उल्लेख किया गया है।[215] जहाँ 'अर्य' शब्द का प्रयोग हुआ है, वहाँ वैश्य से तात्पर्य है।[216] दूसरी ओर जहाँ 'आर्य' शब्द का प्रयोग हुआ है वहाँ तात्पर्य प्रथम तीन वर्ण के लोगों से है। कहीं-कहीं आर्य के स्थान पर ब्राह्मण का प्रयोग हुआ है,[217] जो शूद्र के विरोधी मालूम पड़ते हैं; और यह विशेषता वैदिक काल के उपरांत सामान्य रूप में पाई जाती है। वेद की एक अन्य कंडिका, जिसमें दोनों पर विशेष ध्यान दिया गया है, बताती है कि न तो ब्राह्मण और न शूद्र की बलि प्रजापति को चढ़ाई जा सकती है।[218] *वाजसनेयि संहिता* के उत्तरार्द्ध के एक परिच्छेद में इस आशय का निर्देश लगता है कि ब्राह्मण बलि के लिए आवश्यकता से अधिक श्रेष्ठ और शूद्र आवश्यकता से अधिक हीन हैं।

जहाँ तक महाव्रत के अर्थ का प्रश्न है, यह प्रायः आर्यों के बीच और आर्य तथा आर्येतर लोगों (जो शूद्र की स्थिति में पहुँच गए) के बीच पशु के लिए हुए संघर्षों की याद दिलाता है। *शांखायन श्रौतसूत्र* में उल्लिखित है कि इस पुरातन और अप्रचलित रिवाज का परित्याग होना चाहिए।[219] इससे प्रकट होता है कि महाव्रत जैसे पुराने धार्मिक कर्म में शूद्र उच्च वर्णों के लोगों के साथ भाग ले सकता था, किंतु जब ऐसे कर्म अप्रचलित हो गए तब धार्मिक कर्म में उसका भाग लेना खतम हो गया।

उत्तर-वैदिक काल में दाह-संस्कार में भी शूद्रों का अपना स्थान था। यह निर्धारित था कि शूद्र के लिए भी समाधिटीला बनाया जा सकता है जो घुटना-भर ऊँचा हो सकता

है। टीले की ऊँचाई में वर्ण के अनुसार अंतर होता था।[220]

शूद्रों के विषय में कहा गया है कि अन्य समुदायों की भाँति उनके भी अपने देवी-देवता थे जिनकी वे पूजा करते थे। *बृहदारण्यक उपनिषद* में शूद्र को पूषन् कहा गया है, जिससे आभास मिलता है कि वह शूद्रों का देवता है।[221] इसी प्रकार *महाभारत* में देवताओं के चिकित्सक यमल अश्विनों को शूद्र माना गया है।[222] यह महत्वपूर्ण बात है कि रत्नहवींषि महोत्सव में अश्विनों को संग्रहीतृ[223] के साथ और पूषन् को भागदुध के साथ संबंधित माना गया है।[224] किंतु *तैत्तिरीय ब्राह्मण* में विश्वेदेवों और मरुतों (कृषि देवता) के साथ पूषन् को भी वैश्यों से संबद्ध बताया गया है।[225] इस तरह कहा जा सकता है कि विश्वेदेव परोक्ष रूप से शूद्र के भी देवता हैं। अनुष्टुभ्, जो बाद का लोकप्रिय छंद है, शूद्रों[226] और विश्वेदेवों[227] का छंद माना गया है। कहा गया है कि इस छंद के पाठ द्वारा विश्वेदेवों में प्रजापति[228] और इंद्र तथा शूद्रों में पंचाल राजा दर्भशातानीकि ने प्रतिष्ठा पाई।[229] अतएव इस प्रसंग में, देवों के समाज में विश्वेदेवों का वही स्थान है जो मानवसमाज में शूद्रों का है।

शूद्रों के देवताओं में से पूषन् भेड़ों के देवता मालूम पड़ते हैं[230] जिससे आर्य 'विश्' के पशुपालन कार्य पर प्रकाश पड़ता है। ऋग्वेद के अंतिम भाग में अश्विनों के विषय में बताया गया है कि वे मनुष्य के लिए हल जोतकर बीज बोते थे और उन्हें आहार देते थे,[231] जिनसे 'विश्' के कृषिकर्म का पता चलता है। विश्वेदेव को 'विश्' का देवता माना गया है, क्योंकि वे बड़ी संख्या में थे। यह तथ्य कि आर्य 'विश्' के जो तीनों देवता थे वही बाद में प्रत्यक्षतः या परोक्षतः शूद्र के भी देवता माने जाने लगे, इस बात का द्योतक है कि 'विश्' के कुछ वर्ग शूद्र की स्थिति में पहुँच जाने पर भी अपने पुराने वैदिक देवताओं को ही मानते रहे।

कुछ ऐसे भी प्रमाण उपलब्ध हैं जिनसे सिद्ध होता है कि आर्य और आर्य से भिन्न निम्न कोटि के लोग रुद्र पशुपति की पूजा करते थे, जो आर्यपूर्व देवता प्रतीत होते हैं। *शतरुद्रीय* में रुद्र की विभिन्न मूर्तियों (स्वरूपों) के अनुरूप भिन्न-भिन्न हविष् चढ़ाते हुए समाज के सभी वर्गों को (रुद्रस्वरूप मानकर) नमस्कार किया गया है, जिसमें सबसे पहले ब्राह्मण का, तब राजन्य, सूत और वैश्य का और उसके बाद विभिन्न प्रकार के शिल्पियों और आदिवासी जनों का उल्लेख है। किंतु प्रथम तीन वर्णों का उल्लेख *यजुर्वेद* की केवल एक संहिता में हुआ है।[232] शूद्र का उल्लेख तो सामान्य रूप में एक भी संहिता में नहीं हुआ है, किंतु *यजुर्वेद* की सभी संहिताओं की प्रस्तुत सूची में रथकारों, कुलालों (कुंभकारों), कर्मारों, निषादों, पुंजिष्ठों (मछुओं या बहेलियों का काम करनेवाले आदिम जाति के लोग), श्वनियों (कुत्ते को खिलानेवाले या कुत्ते पालनेवाले) और मृगयों (शिकारियों) को नमस्कार

किया गया है,[233] जिन्हें चतुर्थ वर्ण में रखा जा सकता है। इनके अतिरिक्त *तैत्तिरीय संहिता* में धनुकारों और इषुकारों[234] का वर्णन किया गया है, जो धनुष और तीर के निर्माता कहे जाते हैं। इन दोनों को भी इसी कोटि में रखा जा सकता है।

ये शिल्पी और जनजाति के लोग अपने संरक्षक देवता के रूप में रुद्र की पूजा करते थे।[235] वेबर का मत है कि 'रुद्राध्याय उस समय का है जब विजित जनजातियों और व्रात्यों या ब्राह्मणों में अगृहीत आर्यों का प्रत्यक्ष विरोध दबा दिया गया था, किंतु आंतरिक संघर्ष बना हुआ था।'[236] उनका यह भी कहना है कि विभिन्न मिश्रित जातियों का निर्माण आसानी से नहीं हो पाया, जिन लोगों को निम्नकोटि जातियों में रखा गया उन्होंने उस व्यवस्था का जोरदार विरोध किया।[237] इसका यह अर्थ लगाया जा सकता है कि उच्च वर्णों के बढ़ते विशेषाधिकार के विरुद्ध संघर्ष के क्रम में आर्य जातियों के पराजित वर्ग और विजित जनजातियों के सदस्य आपस में घुलमिल गए, जिसका अपरिहार्य परिणाम यह हुआ कि कुछ आर्य; यथा रथकार और कर्मार, आर्येतर देव रुद्र की आराधना करने लगे। यह ध्यान देने योग्य है कि 'रत्नहवींषि' समारोह में रुद्र को 'गोविकर्तन' का देवता माना गया है, जिसे सायण ने निम्न कोटि की जाति का माना है।[238] पहले बताया गया है कि रुद्र पशुपति निषादप्रमुख के देवता थे।[239] अतः इसमें कोई संदेह नहीं कि शूद्रों के भी अपने देवी-देवता थे, जिनमें से कुछ आर्यों के थे और कुछ आर्येतर थे। इस प्रकार सृष्टि की कहानियों में ब्राह्मणों का यह कथन कि शूद्र का अपना कोई देवता नहीं था,[240] वास्तविक स्थिति का चित्रण नहीं करता। सृष्टि संबंधी एक कथा से कम-से-कम यह पता तो चल जाता है कि दिन और रात शूद्रों के देवता थे।[241] ब्राह्मणों के आख्यानों से स्पष्ट पता चलता है कि उन्होंने जान-बूझकर शूद्रों को पूजा और यज्ञ के अधिकार से वंचित रखने का प्रयास किया था, हालाँकि पहले वे अपने आर्य बंधुओं के साथ पूजा में भाग लेते थे अथवा आदिम जनजाति के सदस्य के रूप में अलग से भी यज्ञादि में हाथ बँटाते थे।

शूद्र वैदिक यज्ञ में भाग लेते थे, इसके समर्थन में जो विपुल प्रमाण हैं, उसके विरोध में भी कुछ कम नहीं वरन अधिक ही प्रमाण हैं। बार-बार यह कहा गया है कि शूद्र को यज्ञ का अधिकार नहीं था,[242] क्योंकि वह जन्म से नीच है और वह यज्ञ, हवन आदि करने के लिए अक्षम है।[243] अग्निचयन, अग्नि की स्थापना संबंधी कर्म के बिना कोई वैदिक यज्ञ नहीं हो सकता है। कहा गया है कि इसका अर्थ है, अग्नि को शूद्र से हटाना।[244] किंतु संहिताओं में ऐसे प्रत्यक्ष कथन नहीं मिलते हैं कि शूद्र को वैदिक यज्ञ से बहिष्कृत कर दिया गया था, जिससे पता चलता है कि इस तरह की बात बाद में उठाई गई है। इतना ही नहीं, उन संहिताओं में ऐसे अनेक संदर्भ हैं जिनका ऐसा अर्थ निकाला जा सकता है। यज्ञ के लिए अग्निस्थापन के बारे में जो अनुदेश दिए गए हैं, उनमें प्रथम तीन वर्णों की ही चर्चा हुई

है,[245] और ब्राह्मण ग्रंथों में उनके लिए अलग-अलग ऋतुओं का विधान किया गया है। इसमें 'रथकार' को भी छाँट दिया गया है। इस विषय में कहा गया है कि अग्नि विश्वरूप है और उसके तीन अंग हैं — ब्राह्मण, क्षत्रिय और विश्।[246] यह भी बताया गया है कि राजन्य और विश् की उत्पत्ति यज्ञ अतः ब्राह्मण, से हुई है।[247] पुनः इस बात पर जो जोर दिया गया है कि केवल प्रथम तीन वर्ण के लोग यज्ञ कर सकते हैं, और शूद्र यज्ञस्थल में प्रवेश नहीं कर सकता,[248] वह उपर्युक्त विवरणों के अनुकूल प्रतीत होता है।

सामान्य वैदिक यज्ञ से शूद्र को वंचित रखने के अतिरिक्त उसे कतिपय विशेष कर्मों से भी अलग रखने की चेष्टा हो रही थी। यथा, सोमयज्ञ ब्राह्मण, वैश्य और राजन्य के लिए ही विहित थे।[249] अग्निहोत्र, जो अग्नि का तर्पण है, कोई आर्य ही कर सकता है, जिसे टीकाकार ने तीन उच्च वर्णों का ही सदस्य माना है।[250] यह विशेष रूप से कहा गया है कि अग्निहोत्र के लिए अपेक्षित दूध शूद्र न दुहे,[251] क्योंकि ऐसी धारणा है कि शूद्र की उत्पत्ति असत्य से हुई है।[252] तदनुसार, दूध के लिए मिट्टी का पात्र (स्थली) किसी आर्य द्वारा ही तैयार किया जाना विहित है।[253] किंतु यजुओं के *वाजसनेयि* और *तैत्तिरीय* संहिताओं में ऐसे निषेध नहीं विहित किए गए हैं। यह तो केवल *मैत्रायणि* और *कपिष्ठल* संहिताओं के अनुपूरक अंश में मिलता है। *काठक संहिता* की इसी तरह की एक कंडिका में स्वराघात का अभाव है, अतः कहा जा सकता है कि यह बाद में सन्निविष्ट की गई है। इतना ही नहीं, आपस्तंब श्रौतसूत्र, जो अपने ढंग का प्राचीनतम ग्रंथ माना जाता है,[254] एक विकल्प प्रस्तुत करता है कि शूद्र गाय दुहे सकता है।[255] टीकाकार ने यह बताकर कि जब उसे अनुमति दी जाए तब वह गाय दुहे सकता है, अर्थ-समन्वय का प्रयास किया है।[256] इन बातों से पता चलता है कि 'अग्निहोत्र' के लिए गाय दुहने के संबंध में शूद्रों पर जो निषेध लगाया गया है, वह संहिताओं के मूल अंशों में संभवतया नहीं था। *तैत्तिरीय ब्राह्मण* के काल में ऐसा निषेध लगाया गया होगा।[257]

वैदिक काल का अंत होते-होते कुछ कटु बातें भी प्रकट होने लगीं। शूद्र के शरीर से स्पर्श होना और कुछ आचारिक अवसरों पर उसे देखना भी निषिद्ध किया जाने लगा। यज्ञ के लिए अर्पित व्यक्ति को शूद्र से बोलने की भी अनुमति नहीं है,[258] और 'उपनीत' पर भी यही प्रतिबंध लगाया गया है।[259] *शतपथ ब्राह्मण* में विधान है कि 'प्रवर्ग्य' समारोह (सोम-संस्कार का आरंभ) में याजक को महिला और शूद्र से संपर्क नहीं करना चाहिए, क्योंकि वे असत्य हैं।[260] *काठक संहिता* के एक प्रसंग को छोड़ महिला को शूद्र के समतुल्य बताने का यह सबसे पुराना उदाहरण है और यह ऐसी परिपाटी है जो बाद के ग्रंथों में यदा-कदा चर्चित है।[261] यह भी उपबंध किया गया है कि जो महिला पुत्र की कामना से पूजा-अर्चना कर रही हो, उसके शरीर को कोई वृषल चाहे वह पुरुष हो या

स्त्री, नहीं छुए।[262] बाद में यह वृषल शूद्र माना जाने लगा और उसे ब्राह्मणविरोधी कहा गया। *शतपथ ब्राह्मण* में वर्णित है कि यदि यज्ञपात्र को बढ़ई छू दे तो आचार की दृष्टि से वह अपवित्र हो गया।[263] किंतु एक अन्य स्थल पर, यदि उस ग्रंथ का 'माध्यदिन' पाठ सही है, तो तक्षन् को आरुणि के निमित्त मंत्रोच्चार करते हुए पाया जाता है।[264] यह ध्यान देने योग्य बात है कि शूद्रों का संपर्क न करने से संबंधित सारे निर्देश या तो *शतपथ ब्राह्मण* अथवा *श्रौतसूत्रों* में मिलते हैं, जिससे पता चलता है कि शूद्र को अपवित्र मानकर मांगलिक अवसरों पर उसकी उपस्थिति और उसके शरीर के स्पर्श, दर्शन आदि को निषिद्ध मानने की बात वैदिक काल के अंत में प्रचलित थी।

उत्तर-वैदिक काल के धार्मिक जीवन में शूद्र के स्थान की समीक्षा करने पर मालूम पड़ता है कि 'रथकार' और 'निषाद' के अतिरिक्त, जो वैदिक यज्ञ में भाग ले सकते थे, शूद्र वर्ण के अपने देवता थे और शूद्र भी कतिपय वैदिक कर्मों में सम्मिलित हो सकता था। इसमें कोई संदेह नहीं कि अधिकांश मामलों में उसके भाग लेने का ढंग ऐसा है जो समाज में उसकी हीन स्थिति का द्योतक है। किंतु इस आधार पर उसे इस विशेषाधिकार से सर्वथा वंचित नहीं रखा गया है। उसके बहिष्कार की प्रक्रिया, जो प्राचीन ग्रंथों में पहले से ही देखने में आती है, वैदिक काल समाप्त होते-होते अधिक तीव्र हो गई। मालूम होता है कि आर्थिक और सामाजिक विभेदों के बढ़ने से जनजाति के यज्ञ का स्वरूप ही क्रमशः बदल गया और वह व्यक्तिसापेक्ष बन गया, जिसमें पुरोहितों को अधिक से अधिक दान मिलने लगा। कालक्रम से यज्ञ उच्च वर्णों के परमाधिकार का विषय बन गया, जिन्हें इसके लिए धनराशि खर्च करने की क्षमता थी। यह निष्कर्ष *बृहदारण्यक* उपनिषद् की शंकर द्वारा लिखित टीका से निकाला जा सकता है,[265] जिसमें उन्होंने बताया है कि ईश्वर ने वैश्यों का सृजन धन उपार्जित करने के लिए किया है, जो यज्ञ करने का साधन है। इसी प्रकार *महाभारत* में युधिष्ठिर कहते हैं कि कोई गरीब आदमी यज्ञ नहीं कर सकता, क्योंकि यज्ञ के लिए विभिन्न प्रकार की सामग्री प्रचुर मात्रा में इकट्ठी करनी पड़ती है। उन्होंने यह भी कहा है कि यज्ञ करने की योग्यता राजाओं और राजकुमारों को हो सकती है न कि अकिंचनों और असहायों को।[266] इसका आशय यह हुआ कि साधारणतया शूद्र यज्ञ के अवसर पर दान देने में असमर्थ था, अतः वह यज्ञ में भाग लेने में सक्षम नहीं था। धनी शूद्र को यज्ञ में भाग लेने देना अनुचित नहीं समझा जाता था, क्योंकि उसके घर से अग्नि ग्रहण करना विहित था।[267]

यह भी दलील दी जाती है कि 'आदिम जातियों की मूर्तिपूजन प्रथा से ब्राह्मण धर्म की विशुद्धता को जिस खतरे की आशंका उत्पन्न हुई' उससे प्रथमतः ब्राह्मणों को यह अनुभव हुआ कि 'मुक्त आर्य और पराधीन वर्गों के बीच दुर्लंघ्य दीवार खड़ी करना आवश्यक

है।'[268] लेकिन यह व्याख्या बड़े सीधे-सादे किस्म की है। स्पष्ट है कि यह उस गलत धारणा पर आधारित है कि शूद्र पराजित जाति के ही लोग थे। *ऋग्वेद, अथर्ववेद* और बहुत-से उत्तरकालीन वैदिक साहित्य के पुराने संदर्भों में भी ऐसा कोई संकेत नहीं मिलता है कि शूद्रों और ब्राह्मणों के बीच दीवार खड़ी करके ब्राह्मण धर्म की विशुद्धता की रक्षा की जाए। संभव है कि जो शूद्र पराजित आदिवासियों से आए थे, उन्हें वैदिक यज्ञ से वंचित रखा गया हो, क्योंकि उनकी धार्मिक प्रथाएँ भिन्न थीं। किंतु इस तरह की स्थिति का यही एकमात्र कारण नहीं कहा जा सकता। शूद्रों के बहिष्कार के संभावित कारणों का उल्लेख हमने ऊपर कर दिया है।

वैदिक कर्मकांड के विश्लेषण से शूद्रों का जो चित्र उभरता है, वह सुसंगत और समनुरूप नहीं मालूम होता। आर्थिक दृष्टि से विश्लेषण करने पर पता चलता है कि जहाँ एक ओर वे मवेशी पालते थे और प्रायः स्वतंत्र किसान के रूप में अपना कार्य करते थे, वहीं दूसरी ओर उन्हें घरेलू नौकर, खेतिहर मजदूर और कुछ मामलों में गुलाम भी समझा जाता था। राजनीति के क्षेत्र में शूद्र रत्नियों की बात सुनी जाती है, किंतु ऐसे भी वृतांत मिलते हैं कि शूद्र और वैश्य ब्राह्मण और क्षत्रिय से जुड़े थे। सामाजिक दृष्टि से यह सोचना अनुपयुक्त होगा कि भोजन और विवाह के विषय में शूद्र पर प्रतिबंध लगाए गए थे,[269] किंतु कुछ ऐसे प्रमाण भी मिलते हैं जिनसे चंडाल परिवार में जन्म लेने के कारण उन्हें घृणा का पात्र समझा जाता था और उनमें कुछ दुर्गुणों का आरोप भी किया जाता था। धर्म के मामलों में शूद्रों को कुछ धार्मिक कृत्यों की अनुमति दी गई थी, किंतु उन्हें बहुतेरे विशिष्ट कर्मों से तथा सामान्यतया वैदिक यज्ञ से वंचित रखा गया था। यों कहें कि कीथ का यह कथन सही है कि संहिताओं और ब्राह्मण ग्रंथों में शूद्र की स्थिति अस्पष्ट है।[270]

उत्तर-वैदिक काल में शूद्रों की स्थिति के संबंध में जो उल्लेख हैं उनके अंतर्विरोध की व्याख्या अंशतः उन प्रसंगों के कालक्रम के आधार पर की जा सकती है। साधारणतया धार्मिक अनुष्ठान में, जो जीवन के हर क्षेत्र में व्याप्त था, शूद्रों के सहभाग या सहयोग का निषेध केवल उत्तरकालीन ग्रंथों में दिखाई पड़ता है। किंतु इसमें अधिकारों और असमर्थताओं का वर्णन साथ ही साथ किया गया है। इसका कारण यह बताया जा सकता है कि ज्यों-ज्यों जनजातीय समाज का विघटन हुआ और वर्णविभेद बढ़ते गए, त्यों-त्यों शूद्रों की अपनी जनजातीय विशेषताएँ विलीन होती गईं। आर्य जाति के सदस्य के रूप में शूद्र ने विभिन्न कर्मों में भाग लेने के अपने जनजातीय अधिकारों को उस समय भी कायम रखा, जब उसे दास की कोटि में रख दिया गया था।

इस अवधि में शूद्रों की स्थिति के बारे में विशेष ध्यातव्य बात यह है कि उस वर्ण के रथकार और तक्षन् जैसे शिल्पी वर्ग को खास ओहदा दिया गया था। प्रायः काष्ठ और धातु

कर्म के सापेक्षिक महत्व की दृष्टि से ही ऐसा किया गया होगा, क्योंकि उनके बिना वैदिक काल के लोगों का विकास और विस्तार नहीं हो सकता था, और खेती-बाड़ी नहीं चल सकती थी। पहले कहा गया है कि तक्षन् लोहार प्रतीत होता है। वैदिक समाज में उसे महत्वपूर्ण स्थान प्राप्त था, क्योंकि प्राचीन कृषक समुदाय में उसका आदर होता था और वह राजा के पार्षद के रूप में भी कार्य करता था।[271]

वैदिक इंडेक्स में प्रस्तुत और विभिन्न ग्रंथकारों [272] द्वारा स्वीकृत इस तथ्य को मानना संभव नहीं है कि आरंभ में शूद्र कृषिदास थे और उनका जीवन असुरक्षित था, किंतु बाद में क्रमशः उनकी असमर्थताएँ हटने लगीं। इस तरह के तथ्य उन आर्यों के संबंध में समीचीन नहीं जँचते जो शूद्र की स्थिति में पहुँच गए थे। प्राचीन काल के युद्ध में आर्येतर लोगों को मिटा डालने की नीति अपनाई गई थी, किंतु इस तरह का कोई प्रमाण नहीं मिलता है कि उस समय जिन लोगों को पराजित किया गया, उन पर ऐसी असमर्थताएँ लाद दी गईं। इसके विपरीत प्रक्रिया ठीक उल्टी मालूम पड़ती है। प्राचीन प्रसंगों में बताया गया है कि शूद्र सामुदायिक जीवन में भाग लेते थे, किंतु उत्तरवर्ती प्रसंग उनके बहिष्कार का ही संकेत देते हैं। परिणामस्वरूप वैदिक काल का अंत होते-होते जनजातियों के प्राचीन अधिकारों को पूर्णतया समाप्त कर दिया गया। ये बातें इतनी प्रमुख और प्रायः इतनी दमनात्मक हो गईं कि उपनिषदों ने इनका विरोध किया। *बृहदारण्यक उपनिषद* [273] में कहा गया है कि ब्रह्मलोक में चंडाल और पौल्कस भी हेय नहीं समझे जाते हैं। वहाँ सभी भेदभाव मिट जाते हैं। *छांदोग्य उपनिषद* [274] में कहा गया है कि *अग्निहोत्र* यज्ञ के चारों ओर भूखे बच्चे उसी प्रकार बैठते हैं, जिस प्रकार वे अपनी माँ को घेरकर बैठते हैं। अतः चंडाल को भी यज्ञ का अवशेष पाने का अधिकार है। हम यह नहीं जानते कि निम्न वर्ग के लोगों के हित में भेदभाव के प्रति जो विरोध प्रकट किए गए हैं, वे कहाँ तक जनजातियों के बीच समता के प्राचीन आदर्श से प्रेरित थे। किंतु इसकी संभावना सर्वथा निराधार नहीं कही जा सकती। यह विचारधारा उत्तर-वैदिक काल के सुधारवादी आंदोलन से आगे बढ़ी, पर गृह्यसूत्र और धर्मसूत्र के संकलनकर्ताओं ने विरोधी विचारधाराओं को चालू रखा, जिससे शूद्र वर्ण की अशक्तताएँ और भी बढ़ती गईं।

संदर्भ

1. विंटरनिज : हिस्ट्री ऑफ इंडियन लिटरेचर', I, पृ. 195-6. कीथ : 'हार्वर्ड ओरिएंटल सीरीज़,' XVIII, पृ. XCIII. कीथ का कथन है कि तैत्तिरीय मतावलंबी भी काठक, मैत्रायणि, वाजसनेयि और शतपथ के मतावलंबियों की भाँति मध्यदेश के निवासी थे.
2. वेबर : 'इंडियन लिटरेचर' पृ. 86.

3. वैकरनेगेल : 'अलटिश्चेज ग्रामाटिक', I, पृ. XXX-XXXI; कीथ : 'हार्वर्ड ओरिएंटल सीरीज़', XXV, पृ. 44.
4. कीथ : पूर्व निर्दिष्ट, XXV, पृ. 46.
5. विंटरनिज : पूर्व निर्दिष्ट, I, पृ. 191.
6. बी. के. घोष : 'वेदिक एज', पृ. 235.
7. कीथ : पूर्व निर्दिष्ट, XVIII, पृ. XI. I.
8. बी. के. घोष : पूर्व निर्दिष्ट, पृ. 476.
9. वही, पृ. 467.
10. यहाँ सामान्यतया मान्य प्राधिकारियों की राय का निर्देश देने के अलावा और कुछ कहना संभव नहीं है.
11. मैकडानल : 'ए वैदिक ग्रामर फार स्टूडेंट्स', पृ. 118.
12. एच. सी. रायचौधरी : 'पोलिटिकल हिस्ट्री ऑफ एनशिएंट इंडिया', पृ. 7-8.
13. मैत्रायणि संहिता, IV. 2.7 और 10.
14. पंचविंश ब्राह्मण, VI.1.11.
15. जैमिनीय ब्राह्मण, I. 68-69. शूद्रो अनुष्टूपछन्दा वेश्मपतिदेवस ; तस्माद उपादावनेज्येनैव जिजिविषति.
16. सत्याषाढ श्रौत सूत्र, XXVI. 1-7. शुश्रूषा शूद्रस्येतरेषां वर्णानाम्. किंतु यह किसी अन्य पूर्व श्रौतसूत्र में नहीं पाया जाता.
17. जै. ब्रा., II, 266, उत्थाता शूद्रोदक्षः कर्मकर्ता. संभवतया अन्य ब्राह्मण ग्रंथों में ऐसी कोई कंडिका नहीं है.
18. तैत्तिरीय ब्राह्मण, III, 11, 10. 3 में 'कर्मकर' शब्द का प्रयोग ऋत्विक पुरोहित के अर्थ में किया गया है, न कि भाड़े के मजदूर के रूप में, अन्य ब्राह्मण ग्रंथों में कर्मकर का कोई उल्लेख नहीं है.
19. बृहदारण्यक उपनिषद, I. 4. 13.
20. वही, II. 266.
21. मुखर्जी : 'एनशिएंट इंडियन एजुकेशन' पृ. 158.
22. वाजसनेयि संहिता, XXX. 5; शतपथ ब्राह्मण, XIII. 6.2.10; तैत्तिरीय ब्राह्मण, III. 4. 1. 1.
23. वाजसनेयि संहिता, XXX. 6-21; तैत्तिरीय ब्राह्मण, III. 4. 2.17.
24. वैदिक इंडेक्स, II, पृ. 267.
25. वही.
26. ऐतरेय ब्राह्मण, VIII, 22. देशाद्-देशात् समोहलानां सर्वासाम् आद्यदुहितृणाम्; दशाददात् सहस्राणि आत्रेयो निष्कण्ठयः. यह अध्याय इस ग्रंथ के उत्तर भाग का एक अंश है.
27. बृहदारण्यक उपनिषद, VI. 2.7. इसमें भूमि की भी चर्चा नहीं है.
28. महाभारत (कलकत्ता संस्करण), II. 33.52. अंग के सूत राजा कर्ण ने संगीत और ऐसी ही अन्य कलाओं में प्रशिक्षित सौ मागधी दासी कन्याएँ समर्पित की थीं. महाभारत (कलकत्ता संस्करण), VIII. 38.7.18.

29. ऐतरेय ब्राह्मण, VI. 18-19; गोपथ ब्राह्मण, II. 4. 2, 6.1.
30. वही, III. 5.
31. रैप्सन : 'कैम्ब्रिज हिस्ट्री ऑफ इंडिया', I, 128 . तुलनीय, घोषाल : 'हिस्टोरियोग्राफी एंड अदर एसेज़', पृ. 87, पाद टिप्पणी 9.
32. लाट्या . , श्रौतसूत्र , VIII. 4.14, ''' दासमिथुनौ धान्यपाल्यम् सीरम् धेनुरिति .
33. आश्व . श्रौतसूत्र, X. 10. 10.
34. कात्यायन श्रौत सूत्र, XXII. 10.
35. वही, XXII. 11, शूद्रदानं वा दर्शनाविरोधाध्याम् .
36. वही, XXII. 11 की टीका, न च विरोध गर्भदासस्य .
37. शांखायन श्रौतसूत्र, XVI. 14.18, सहपुरुषम् च दीयते .
38. वही, XVI. 15.20, सहभूमि च दीयते . टीका में 'सपुरुषं च' जोड़ा हुआ है .
39. वैदिक इंडेक्स, II, पृ . 389.
40. छांदोग्य उपनिषद, IV. 2. 4-5.
41. ऐतरेय ब्राह्मण, VIII. 21; शतपथ ब्राह्मण, XIII. 7.1.15.
42. वही .
43. कात्यायन श्रौतसूत्र की टीका, XXII. 11.
44. अथर्ववेद, III. 24, VI. 142; वाजसनेयि संहिता, IV, 10; शतपथ ब्राह्मण, I. 6.1.1-8.
45. दास : 'दि इकनामिक हिस्ट्री ऑफ एनशिएंट इंडिया', पृ . 139-40, एस . के . दास ने संगत निर्देशों का संग्रह किया है .
46. आश्वलायन श्रौतसूत्र, VIII. 4.5-8; IX. 10. 11, 11.2.
47. पास्ट एंड प्रेजेन्ट, सं . 6, पृ . 1.
48. विदेह के जनक का दृष्टांत .
49. जायसवाल : 'हिंदू पोलिटी', II, 20.
50. चैडविक : 'दि हिरोइक एज',पृ . 370.
51. घोषाल : 'हिस्टोरियोग्राफी एंड अदर एसेज़' पृ . 253.
52. मैत्रायणि संहिता, II. 6.5;''' तक्षरथकार्योगृहे . आपस्तम्ब श्रौतसूत्र, XVIII. 10. 17; सत्याषाढ़ श्रौतसूत्र, XIII. 4.8. यह ध्यातव्य है कि तैत्तिरीय संहिता में रत्निन के इसी प्रकार के वर्णन में तक्ष और रथकार का उल्लेख नहीं हुआ .
53. वही, सर्वायसानि दक्षिण .
54. शतपथ ब्राह्मण, V. 3. 1. 10- 11.
55. वही, V. 3.2. 2-4. इषयेतातियमः प्रविशत्येताम् वा तमः प्रविशति यदयज्ञियानि यज्ञेन प्रसजत्ययज्ञियात्रवा एताद्यज्ञेन प्रसजति शूद्रांस्त्वाद्यांस्तु . सोम और रुद्र तथा मित्र और बृहस्पति को चढ़ावा चढ़ाकर प्रायश्चित करने का प्रावधान दो प्रतिकूल विचारों का सामंजस्य करने के प्रयास जैसा लगता है . इनमें से एक विचार प्राचीन है और एक नवीन, जो यज्ञ में शूद्र के भाग लेने के संबंध में है . राजा शूद्र के साथ सांस्कारिक संबंध जोड़ सकता था, किंतु इसके फलस्वरूप होनेवाले पाप को दूसरे धार्मिक संस्कार द्वारा हटाना पड़ता था . यह उल्लेखनीय है

कि इसका उल्लेख न तो कृष्ण यजु ग्रंथों में और न शुक्ल यजु ग्रंथों में हुआ है, घोषाल : 'हिंदू पब्लिक लाइफ', i, पृ . 133.

56. शतपथ ब्राह्मण की टीका, V. 3. 2. 2, 'शूद्रान सेनान्यादीन्' . . .

57. शांखायन श्रौतसूत्र, XVI. 4.4; शतपथ ब्राह्मण, XIII, 5.2.8.

58. आपस्तम्ब श्रौतसूत्र, (गार्बीज एडिशन), XVII, 10. 26.

59. वही, VI. 3.12.

60. मैत्रायणि संहिता, II. 6.5; आ . श्रौतसूत्र (गार्बीज एडिशन) ,XVIII. 10. 20; सत्याषाढ श्रौतसूत्र, XIII. 4.8.

61. शतपथ ब्राह्मण की टीका . V. 3.2.2-4.

62. कीथ : पूर्व निर्दिष्ट, XVIII, पृ . 120. वह 'क्षद्' अर्थात नक्काशी करना से यह अर्थ निकालते हैं .

63. मोनियर विलियम्स : संस्कृत-इंगलिश डिक्शनरी . देखें 'क्षतृ' शब्द . सायण के अनुसार वह क्षत्रिय पत्नी का शूद्रजात पुत्र है .

64. संहिताओं और ब्राह्मणों में रत्निनों की सूची का संकलन घोषाल ने हिस्टोरियोग्राफी एंड अदर एसेज के पृष्ठ 249 के सामने के पृष्ठ पर किया है .

65. एक सूची (मैत्रायणि संहिता, II. 6.5; IV. 3.8) में उनकी संख्या तीन है और दो सूचियों में यह संख्या दो है (काठक संहिता, XV. 4; शतपथ ब्राह्मण, V. 3). अजीब बात यह है कि कृष्ण यजु के ग्रंथों में उनका उल्लेख नहीं हुआ है (तैत्तिरीय संहिता, I. 8.9; तै . ब्रा . I. 7. 3).

66. जायसवाल : पूर्व निर्दिष्ट, ii, पृ . 21.

67. अथर्ववेद, III, 5.6.

68. वाराह श्रौतसूत्र, III. 3.3.24; तत्र पष्ठौहीं विदीयन्ते ब्राह्मणो राजन्यो वैश्यः शूद्रः; मैत्रायणि संहिता, IV. 4.6; आपस्तम्ब श्रौतसूत्र, (गार्बीज एडिशन) XVIII. 19. 2-3; सत्याषाढ़ श्रौतसूत्र, XIII, 6.29-30.

69. वाजसनेयि संहिता X. 29; शतपथ ब्राह्मण, V. 4. 4. 19. 23; कात्यायन श्रौतसत्र, XV. 7.7.11-20.

70. काठक संहिता, XXXVIII. 1. वाजसनेयि संहिता, कपिष्ठल संहिता, तैत्तिरीय संहिता और मैत्रायणि संहिता में इस अनुच्छेद को जोड़ा नहीं है, किंतु तैत्तिरीय ब्राह्मण II. 7. 9. 1 और 2 में यह परिवर्तित रूप में आया है, जिसमें दान और उसके फल का तो उल्लेख हुआ है पर चारों वर्णों का नहीं . 'ओजस्' के स्थान में यहाँ 'वीर्यम्' का उल्लेख हुआ है . देखें, सत्याषाढ़ श्रौतसूत्र XXIII. 4.21, जिसमें यह अनुच्छेद ओदनसव नैवेद्य के प्रसंग में आया है .

71. फल और वर्चस वाजसनेयि संहिता, X. 10-13 में; बल और वर्चस तैत्तिरीय संहिता, 1. 8. 13 में; पुष्टम् और फलम् मैत्रायणि संहिता, II. 6.10; पुष्टम् और वर्चस् काठक संहिता, XV. 7 में आए हैं .

72. पूर्वोद्धृत, ii, 29, पाद टिप्पणी 2.

73. घोषाल : 'हिस्ट्री एंड एसेज,' पृ . 264.

74. एस . वी . वेंकटेश्वर : 'इंडियन कल्चर थ्रू दि एजेज़', भाग I, पृ . 11.

75. वैदिक इंडेक्स, ii, पृ . 57.

76. बृहदारण्यक उपनिषद, I. 4. 13.

77. महाभारत, II. 30. 41, विशश्च मान्याशूद्राश्च सर्वानानयतेति च .

78. वही, II. 33.9, न तस्यां संनिधौ शूद्रः कश्चिदासीन्न चाव्रतः .

79. वाजसनेयि संहिता, XX. 17 (सौत्रामणि यज्ञ के अवसर पर); यच्छूद्रे यदय यदेनश्चकृमा वयं यदेकस्या धि धर्माणि तस्यावय जनमति . तैत्तिरीय संहिता, I. 8. 3. 1;काठक संहिता, XXXVIII. 5; देखें शतपथ ब्राह्मण, XII.9.2.3.

80. वाजसनेयि संहिता, XX. 9.

81. पाणिनीज़ ग्रामर, III. 1.103, अर्यः स्वामि वैश्ययोः

82. वाजसनेयि संहिता, XX. 17 की टीका, वैदिक इंडेक्स में इसकी व्याख्या आर्य के अर्थ में की गई है .

83. ऐतरेय ब्राह्मण, VII. 29, ऊपर पृ . 59-60.

84. आपस्तम्ब श्रौतसूत्र (गार्बी संस्करण), XX. 5.13; शतं शूद्रा वरूथिनः. कात्यायन श्रौतसूत्र, XX. 50. ऐसा प्रतीत होता है कि बाद में कुछ विद्वेष के चलते सत्याषाढ़ श्रौतसूत्र, जो आपस्तम्ब श्रौतसूत्र का लोकप्रिय संस्करण है, में 'शूद्र वरूथिनः' को छोड़ दिया गया है . सत्याषाढ़ श्रौतसूत्र, XIV. 1. 46.

85. तैत्तिरीय संहिता, VI, 4. 8, तस्माद् राज्ञा राजानम् अशभुवा घ्नन्ति वैश्येन वैश्यं शूद्रेण शूद्रम् .

86. महाभारत, V. 94.7; अस्ति कश्चिद्विशिष्टो वा मद्विधो वा भवेद्युधि; शूद्रो वैश्यः क्षत्रियो वा ब्राह्मणो वापि शस्त्रभृत् .

87. तेषामन्तकरं युद्धं देहपाप प्रणाशनम्, शूद्र विट्क्षत्रविप्राणां धर्म्यं स्वर्ग्यं यशस्करम् . महाभारत, VIII. 32.18, क्रिटिकल एडिशन में विप्राणाम् के स्थान में वीराणाम् पाठ आया है, किंतु उपर्युक्त मै . सं . के अनुवाद में भी आया है और अधिक उपयुक्त है .

88. कात्यायन श्रौतसूत्र, XX. 37.

89. शतपथ ब्राह्मण, XIII. 5. 4. 6.

90. वही, XIII. 4.2.17; आपस्तम्ब श्रौतसूत्र (गार्बीज संस्करण), XX. 5.18; कात्यायन श्रौतसूत्र, XX. 55; सत्याषाढ़ श्रौतसूत्र, XIII. 1. 47.

91. जैमि . ब्राह्मण, II. 266-267.

92. ऐतरेय ब्राह्मण, VIII. 4.

93. तैत्तिरीय संहिता, III. 5.10 यजुओं के अन्य संग्रहों में समानांतर पाठ नहीं हैं .

94. जैमि . ब्राह्मण,II. 102.शांखायन श्रौतसूत्र, XIV. 33.18-19 में यही विचार कुछ भिन्न रूप में दुहराया गया है .

95. तैत्तिरीय सं . , V. 7. 6. 4. रुचं वैश्येषु शूद्रेषु मयि धेहि रूचारूचम्, वाजसनेयि सं . XVIII. 48; काठक संहिता XL. 13; मैत्रायणि संहिता,III. 4.8; तै . सं . V, 7.6. शतपथ ब्राह्मण IX. 4.2.14 में रूचं नो धेहि ब्राह्मणेष्विति कहा गया है . जे . इगेलिंग मानते हैं कि अन्य तीन वर्ण अंतर्निहित हैं, अतः इस परिच्छेद का अनुवाद करने में उनका उल्लेख

कोष्ठक में किया है (सेक्रेड बुक्स ऑफ दि ईस्ट, xliii. 238). किंतु इस ग्रंथ में प्रायः ब्राह्मणों द्वारा अपने पौरोहित्यजन्य दावे के हित में प्राचीन धार्मिक कृत्यों के नाम पर धोखेबाजी करने का विशेष उदाहरण प्रस्तुत किया गया है .

96. शतपथ ब्रा . , V. 3. 5. 11-14; तैत्ति . ब्रा . I. 7.8.7; बाराह श्रौतसूत्र, III. 3.2.48.
97. जायसवाल : पूर्व निर्दिष्ट, II, पृ . 25. आगे चलकर जायसवाल ने जो कहा है उसका अर्थ है कि बाद में शूद्र हमेशा अभिषेक समारोह में भाग लेता हुआ जान पड़ता है, किंतु जब तक हम अग्निपुराण, जो मध्ययुग के आरंभ की रचना है, में वर्णित राज्याभिषेक समारोह तक नहीं पहुँचते (अध्याय 218, 18-20) तब तक इसका कोई प्रमाण नहीं मिलता .
98. घोषाल : पूर्व निर्दिष्ट, पृ . 265-66 और एस . वी . वेंकटेश्वर : पूर्व निर्दिष्ट, भाग I, पृ . 11 विभिन्न प्रकार के अर्थों के लिए देखें .
99. ऐतरेय ब्राह्मण, VII. 20.
100. शतपथ ब्रा . I. 3. 4. 15; II. 5. 2. 6; देखें XII. 7.3.15.
101. वही, XI. 2. 7. 16.
102. शांखायन श्रौतसूत्र, XVI. 17.4 वैदिक इंडेक्स II, 256 में उद्धृत .
103. वाराह श्रौतसूत्र, III. 1.1.1; घोषाल : पूर्व निर्दिष्ट पृ . 283. लेकिन क्षत्रिय के साथ वैश्य भी वाजपेय यज्ञ के छोटे-मोटे समारोहों से संबद्ध था (कात्यायन श्रौतसूत्र, XIV. 75).
104. तैत्तिरीय ब्राह्मण, III. 3. 11.2 (भट्टभास्कर की टीका सहित).
105. घोषाल : 'हिंदू पब्लिक लाइफ', i, पृ . 73-80.
106. तैत्तिरीय संहिता, XVIII. 38-44; कण्व संहिता, XX. 2.
107. शतपथ ब्राह्मण, III. 5.2.11;III. 6. 1. 17-18; IX. 4. 1. 7-8.
108. वही, VI, 4. 4. 12-13.
109. वही, VI. 6. 3. 12-13.
110. वही पृ . 52.
111. ऐतरेय ब्राह्मण, VIII. 4; विशं चैवास्मै तच्छौद्रं च वर्णम् अनुवर्तमानौ कुर्वन्ति .
112 ऐतरेय ब्राह्मण, VII. 29.
113. वही, VII. 27-8.
114. म्यूर, हेग और वेबर ने इस शब्द का अर्थ किया है 'इच्छानुसार गमन करनेवाला'. किंतु इस क्रिया-पद का प्रयोग प्रेरणार्थक अर्थ में हुआ है (वैदिक इंडेक्स, ii, पृ . 255), जिसे सायण ने मान्यता दी है .
115. ऐत . ब्रा . , VIII. 29; अथ यदि अटः , शूद्राणां स भक्षः; शूद्राविस्तेन भक्षेन जिमिष्यासि, शूद्रकल्पस्ते प्रजायामाजनिष्यते .
116. कीथ : पूर्व निर्दिष्ट, XXV, पृ . 315.
117. ऐतरेय ब्राह्मण का अनुवाद, पृ . 485.
118. घोषाल : पूर्व निर्दिष्ट, i, पृ . 158.
119 मध्यरात्रादौ यदाकदाचिद्दिन इच्छा भवति तदानीम् अयम् उत्थाप्यते .
120. पाणिनि व्याकरण, II. 4.10.

121. कीथ : पूर्व निर्दिष्ट, XXV, पृ. 315.

122. बध्यः = कुपितेय स्वामिना ताड्यो भवति इच्छामनतिक्रम्य.

123. III, 11; V. 16 और X. 11.

124. III. 9; IX. 15, 16, 18; X. 29.

125. हेग : ऐतरेय ब्राह्मण का अनुवाद, पृ. 485.

126. वैदिक इंडेक्स ; ii, पृ. 256.

127. कीथ : 'कैम्ब्रिज हिस्ट्री ऑफ इंडिया', i, पृ. 128-9; दत्त : पूर्व निर्दिष्ट, पृ. 166; घोषाल : 'हिंदू पब्लिक लाइफ', i, पृ. 167.

128. वैदिक इंडेक्स, ii, पृ. 331.

129. तैत्तिरीय ब्राह्मण, I. 5. 9. 5-6; III. 4.1.7.

130. कीथ : 'हार्वर्ड ओरिएंटल सीरीज', XXV, पृ. 29; वैदिक इंडेक्स, ii, पृ. 256.

131. वाजसनेयि संहिता, XIV. 30; मैत्रायणि संहिता, II. 8.6; काठक संहिता, XVII. 5; कात्यायन संहिता, XXVI. 24; तैत्तिरीय संहिता, IV. 3.10. 2.

132. शतपथ ब्राह्मण, XIII. 2. 9. 8; तैत्तिरीय ब्राह्मण, III. 9. 7. 3; वाजसनेयि संहिता, XXIII. 30-31.

133. वाजसनेयि संहिता, XXIII, 30; शूद्रा यदर्यजारा न पोषाये धनायति . मैत्रायणि संहिता, III. 13.1; तैत्तिरीय संहिता, VII. 4-19. 13; काठक संहिता (अश्वमेध) V. 4.8; शांखा . श्रौतसूत्र, XVI. 4.4-6.

134. वाजसनेयि संहिता, XXIII. 30 पर महीधर और उवट की टीका .

135. वैदिक इंडेक्स, ii, पृ. 391.

136. जे . इगेलिंग : 'सेक्रेड बुक्स आफ दि ईस्ट', xliv, पृ. 326.

137. कीथ : 'केम्ब्रिज हिस्ट्री ऑफ इंडिया, i, पृ. 126.

138. पंचविंश ब्राह्मण, XIV. 6. 6.

139. वही .

140. ऐतरेय ब्राह्मण, VII. 19, सायण की टीका सहित .

141. वैंदिक इंडेक्स, ii, पृ. 259; बृहद्देवता, IV. 24-25.

142. पंचविंश ब्राह्मण, XIV. 11.17.

143. वायु पुराण, ii, 37.67-94.

144. आदि पर्वन्, 98.25.

145. मुखर्जी : पूर्व निर्दिष्ट, पृ. 52.

146. सायण के अनुसार, वैदिक इंडेक्स, i, पृ. 121-122.

147. जैमिनीय उप . , II. 2.5-6.

148. वैदिक इंडेक्स, 42.22-26.

149. अनुशासन पर्वन् (कुम्ब . संस्करण), 53.13-19.

150. वही, 53.38.

151. शांखायन श्रौतसूत्र, XVI. 4. 4.

152. धुर्वे : पूर्व निर्दिष्ट, पृ . 51.
153. कीथ : पूर्व निर्दिष्ट, i, पृ . 129.
154. शांखायन ब्रा . XXVII. 1. यह ब्राह्मण शतपथ और ऐतरेय ब्राह्मणों के बाद का माना जाता है .
155. छांदोग्य उपनिषद्, VI. 10. 7.
156. रामायण, I. 58. 10-11; जान पड़ता है कि त्रिशंक जो श्यामवर्ण का था, संभवतः चंडाल जाति का नेता था .
157. वाजसनेयि संहिता, XXX. 21; तैत्तिरीय ब्राह्मण, III. 4.1-17.
158. वही, 17; तैत्तिरीय ब्राह्मण, III. 4. 1-14.
159. ऐतरेय ब्राह्मण, VII. 15-17; शांखायन श्रौतसूत्र, XV. 24.
160. वही, 17, नापागः शौद्रान् न्यायाद् असंधेयं त्वया कृतम् .
161. वही, 18.
162. वही, 18 की टीका, चण्डालादि रूपान् नीचजातिविशेषान् .
163. वाजसनेयि संहिता, XXVI. 2; यथेमां वाचं कल्याणी मावदानि जनेभ्यः; ब्रह्म राजन्याभ्याम् शूद्राय चार्याय च स्वाय चारणाय च .
164. मुकर्जी : पूर्व निर्दिष्ट, पृ . 53.
165. उवट और महीधर द्वारा प्रस्तुत वाजसनेयि संहिता, XXVI. 2 की टीका .
166. शतपथ ब्राह्मण, I. 1. 4. 12.
167. छांदोग्य उपनिषद्, II. 23. 1-2.जी . सी . पांडेय : 'दि ओरिजिंस ऑफ बुद्धिज़्म' पृ . 322-23; जी . सी . पांडेय का विचार है कि चार आश्रमों का सिद्धांत बुद्धदेव के पहले नहीं था .
168. अथर्ववेद, XI.5.3.
169. अल्टेकर : 'एडुकेशन इन एनशिएंट इंडिया',पृ . 10.
170. तैत्तिरीय संहिता, VI. 3. 10; गोपथ ब्राह्मण, I.2.2 और 4; शतपथ ब्राह्मण, XI. 54.12.
171. बृहदारण्यक उपनिषद्, V. 2. 1.
172. अथर्ववेद, XI.5; पंचविंश ब्राह्मण, XVII. 1.2-ब्लूमफील्ड की राय है कि परिवर्तित व्रात्य को शुद्ध ब्रह्मचारिन् कहा गया है, अथर्ववेद, पृ. 94.
173. वेंदिदाद, XVIII, 9 और 54.9; स्पीगल : 'अल्टिरानिस्चेस्कुन्डे,' iii, पृ . 700 देखें, पृ . 548-49 भी .
174. गाइगर : 'सिविलाइजेशन ऑफ दि ईस्टर्न ईरानियंस इन एनशिएंट टाइम्स' i, पृ . 58-9.
175. टामसन : 'स्टडीज इन एनशिएंट ग्रीक सोसाइटी', i, पृ . 272.
176. छांदोग्योपनिषद्, IV. 1.1-8, 3.1-4.
177. जैमिनीय ब्राह्मण, III. 7.3.2. इसे जैमिनीय उप . ब्राह्मण, III. 7.3.2 में नगरी जानश्रुतेयः भी कहा गया है . औपवि जानश्रुतेय ने वाजपेय यज्ञ किया था (शतपथ ब्राह्मण, V. 1.1.5 और 7).
178. विंटरनित्ज़ : पूर्व निर्दिष्ट, i, पृ . 229, पाद टिप्पणी 3.

179. तैत्तिरीय ब्राह्मण, III. 12.9. 2.
180. शतपथ ब्राह्मण, XIII. 4.3.7-13.
181. वही, देखें छांदोग्य उपनिषद्, VII. 1.1.
182. छांदोग्य उपनिषद्, VIII. 14.1.
183. सत्या . श्रौतसूत्र, XIX. 3.26.
184. वही, XIX. 1. 4; XXVI. 1.20.
185. वही, XXVI. 1.6.
186. द्राहा . श्रौतसूत्र, VII. 3. 14.
187. सत्या . श्रौतसूत्र, XIX. 4. 13.
188. बौधायन गृह्यसूत्र, II. 5.6.
189. गेल्ड : 'एथनालाजी ऑफ दि महाभारत' पृ . 241-2.
190. सेनार्ट : 'कास्ट इन इंडिया', पृ . 118.
191. हापकिंस, मुखर्जी : पूर्व निर्दिष्ट, पृ . 10-11, 14. हाल ही में हस्तिनापुर में हुई खुदाई में बहुत से औजार, जो सुई की तरह नोकदार हैं, प्राप्त हुए हैं, जो नौ सौ से पाँच सौ ई . पू . के कहे जाते हैं, किंतु यह निश्चित नहीं है कि उनका प्रयोग लिखने के लिए किया जाता था .
192. हापकिंस, मुखर्जी : वही, पृ . 339-40.
193. शांखायन गृह्यसूत्र, II. 7.21. 25.
194. तैत्तिरीय ब्राह्मण, I. 1.4.8; आपस्तम्ब श्रौतसूत्र (गार्बीज संस्करण), V. 11.7; कात्यायन श्रौतसूत्र, I. 9; सत्या . श्रौतसूत्र, III. 1; वाराह श्रौतसूत्र, I. 1.1.4.
195. आपस्तम्ब श्रौतसूत्र, (कैलेंड और गार्बीज संस्करण), V. 3.19; कात्यायन श्रौतसूत्र, IV. 179-81; सत्या . श्रौतसूत्र, III. 2; वाराह श्रौतसूत्र, I. 4.1.1; बैखानस श्रौतसूत्र, I. 1; आश्व . श्रौतसूत्र, II. 1.13.
196. तक्षककर्मोपजीव्युपक्रुष्ट इत्युच्यते . आश्व . श्रौतसूत्र, II. 1.13; नारायण की टीका सहित .
197. आप . श्रौतसूत्र (गार्बीज संस्करण), IX. 14-12; सत्या. श्रौतसूत्र, XV. 4. 20; वाराह श्रौतसूत्र, I. 1.1.5. कात्यायन श्रौतसूत्र, I.12.
198. आपस्तम्ब श्रौतसूत्र (गार्बीज संस्करण), IX. 14.11; सत्या . श्रौतसूत्र, XV 4.19; वाराह श्रौतसूत्र, I. 1.1.5.
199. सत्या . श्रौतसूत्र, III. 1.
200. सत्या . श्रौतसूत्र की टीका, III. 1.
201. महाभारत, I. 61.48.
202. ऋग्वेद, X. 53.4.
203. निरुक्त, III. 8.औपमन्यव निषाद शब्द को निषाद-स्थपति मानते हैं, निरुक्त, III. 8 के बारे में एकन्दस्वामी और महेश्वर के विचार .
204. मुकर्जी : पूर्व निर्दिष्ट, पृ . 52-53.
205. जैमिनीय ब्राह्मण, II. 184;''' निषादेषु हेव ता वसेद ''' वैश्ये वा ह ता भ्रातृयुये वा वसेद् राजनि हैव ता वसेद्; पंचविंश ब्राह्मण, XVI. 6.7; कौषीतकि ब्राह्मण, XXV. 15; आपस्तम्ब

श्रौतसूत्र (गार्बीज संस्करण), XVII. 26.18; लाट्यायन श्रौतसूत्र, VIII. 2.8.

206. लाट्यायन श्रौतसूत्र, VIII. 2. 8 की टीका में निषाद ग्राम का प्रसंग आया है .

207. शेफर : 'एथनोग्राफी ऑफ एनशिएंट इंडिया' पृ . 10.

208. शतपथ ब्राह्मण, I. 1.4.11-12; आपस्तम्ब श्रौतसूत्र (कैलेंड संस्करण), I. 19. 9.

209. शतपथ ब्राह्मण, V. 5.4.9; चत्वारो वो वर्णाः, ब्राह्मणो राजन्यो वैश्यः शूद्रो न हैतेषामेकश्चन भवति यः सोमं वमति, स यत् हैतेषामेकश्चित्स्यात् तस्याद्धैव प्रायश्चिततिः .

210. ऐतरेय ब्राह्मण, II. 19; हापकिंस : 'रेलिजंस आफ इंडिया', पृ . 477.

211. काठक संहिता, XI. 10.

212. आज्यमन्थं ब्राह्मणः पयोमन्थं राजन्यो दधिमन्थं वैश्य उदमन्थं शूद्रः . सत्या . श्रौतसूत्र, XXIII. 4-17. इस कंडिका से शूद्रों की सापेक्ष गरीबी का परिचय मिलता है .

213 आश्व . श्रौतसूत्र, II. 9. 7.

214. कात्या . श्रौतसूत्र, XIII. 40-41; पंच . ब्रा, V. 5.14; सत्या . श्रौतसूत्र, XVI. 6.28, शूद्रार्यो चर्मणि परिमण्डले व्यायच्छेते जयत्यार्यः .

215. जैमिनीय ब्राह्मण, II. 404-5. आर्यवर्ण शब्द काठक संहिता में आया है, XXXIV. 5 . किंतु उसमें शूद्र वर्ण का कोई उल्लेख नहीं है .

216. शांखा . श्रौतसूत्र, XVII. 6.1-2; लाट्यायन श्रौतसूत्र, IV. 3.9. 5-6.

217. तैत्तिरीय ब्राह्मण, I. 2.6.7.

218. वाजसनेयि संहिता, XXX. 22, अशूद्रा अब्रांह्मणास्ते प्राजापत्याः .

219. शांखायन श्रौतसूत्र, XVII. 6.1-2.

220. शतपथ ब्राह्मण, XIII. 8.3.11. यह ध्यातव्य है कि क्षत्रियों की समाधि सबसे ऊँची होती थी और उसके बाद ब्राह्मणों की .

221. बृहदारण्यक उप . I. 4.11-13.

222. हापकिंस : 'एपिक माइथालोजी', पृ . 168.

223. शतपथ ब्राह्मण, V. 3.1.8.

224. वही, V. 3.1.9.

225. तैत्तिरीय ब्राह्मण, II. 7.2.1 और 2.

226. तैत्तिरीय संहिता, VII. 1.1.4-5; पंचविंश ब्राह्मण, VI. 1.6-11.

227. जैमिनीय ब्राह्मण, II. 101; शांख . श्रौतसूत्र, XV. 10. 1-4

228. शांखायन श्रौतसूत्र में प्रजापति की चर्चा नहीं है .

229. जैमिनीय ब्राह्मण, III. 101.

230 दत्त : पूर्व निर्दिष्ट, i, 60-61.

231. ऋग्वेद, I. 117.21; याबं वृकेणाश्विना वपन्तेषाम् दुहंता मानुषाय दसा . . .

232. मैत्रायणि संहिता, II. 9. 5.

233. वाजसनेयि संहिता, XVI. 27; काठक संहिता, XVII. 13; कपिष्ठल संहिता, XXVIII. 3; मैत्रायणि संहिता, II. 9. 5; तैत्तिरीय संहिता, IV. 5.4.2; कण्व संहिता, XVII. 4.

234. तैत्तिरीय संहिता, IV. 5.4.2.

235. वैदिक इंडेक्स, ii, पृ . 249-50.

236. वेबर : 'इंडियन लिटरेचर', पृ . 110-111.

237. वही .

238. शतपथ ब्राह्मण, V. 3.1.10.

239. ऊपर देखें, पृ . 71.

240. तैत्तिरीय संहिता, VIII. 1.1; पंचविंश, VI. 1.6-11.

241. वाजसनेयि संहिता, XIV. 30; शतपथ ब्राह्मण, VIII. 4.3.12.

242. तैत्तिरीय ब्राह्मण, III. 2.3.9; कात्या . श्रौतसूत्र, I. 5; देखें शांखा . श्रौतसूत्र, I. 1.1-3; आश्वलायन श्रौतसूत्र, I. 3.3.

243. तैत्तिरीय ब्राह्मण, III. 2.3.9.

244. शतपथ ब्राह्मण, VI. 4.4.9.

245. मैत्रायणि संहिता, III. 1-5; III. 2.2; तैत्तिरीय संहिता, V. 1.4.5; कात्या . संहिता, XIX.4 और कपिष्ठल संहिता XXX, 2 में केवल ब्राह्मण और राजन्य का उल्लेख हुआ है, वैश्य को भी छोड़ दिया गया है .

246. शतपथ ब्राह्मण, II 5.2.36.

247. वही, III. 2.1.40.

248. वैदिक इंडेक्स, ii, 390.

249. कात्यायन श्रौतसूत्र, VII. 105.

250. आपस्तम्ब श्रौतसूत्र (गार्बीज संस्करण), VI. 3. 7, रुद्रदत्त की टीका सहित.

251. तैत्तिरीय ब्राह्मण, III. 2.3.9-10; कपिष्ठल संहिता, XLVII. 2; मैत्रायणि संहिता, IV. 13; आपस्तम्ब श्रौतसूत्र (गार्बीज संस्करण), VI. 3.11; बौधायन श्रौतसूत्र, XXIV. 31; शांखा . श्रौतसूत्र, II. 8. 3; सत्या . श्रौतसूत्र, III. 7.

252. आपस्तम्ब श्रौतसूत्र (गार्बीज संस्करण), VI. 3.12, असतो वा एष संभूतो यच्छूद्रः .

253. मैत्रायणि संहिता, I. 8.3.

254. आपस्तम्ब श्रौतसूत्र (गार्बीज संस्करण), II, भूमिका, पृ . XII.

255. वही, VI. 3.13, दुह्याद वा .

256. आपस्तम्ब श्रौतसूत्र, VI. 3.13 की रुद्रदत्तीय टीका .

257. तैत्तिरीय ब्राह्मण, III. 2.3.9-10.

258. शतपथ ब्राह्मण, III. 1.1.10; न शूद्रेण सम्भाषेरन् . द्रा . श्रौतसूत्र, VIII. 3.14; लाट्यायन श्रौतसूत्र, III. 3.15-16 के अनुसार यह शर्त सत्र यज्ञ के याजक पर भी लागू है . सत्या . श्रौतसूत्र, X. 2.

259. द्रा . श्रौतसूत्र, VIII. 3.14; सत्या . श्रौतसूत्र, XXIV. 8.16 में कहा गया है कि महिला के साथ भी ब्रह्मचारिन् को ब्रह्मचर्य धारण करने के पश्चात बातचीत नहीं करनी चाहिए .

260. शतपथ ब्राह्मण, XIV. 1.1.31; सत्या . श्रौतसूत्र, XXIV. 1.13 में भी .

261. आर . एस . शर्मा, (जर्नल ऑफ दि बिहार रिसर्च सोसायटी, XXXVI), 183-191.

262. शतपथ ब्राह्मण, XIV. 9. 4. 12.

263. शतपथ ब्राह्मण, I. 1.3.12, अशुद्धस्तक्षा . बनर्जी : 'स्टडीज इन दि ब्राह्मणाज़,' पृ . 127, पाद टिप्पणी 2. ब्रफ का कथन है कि यह प्राचीन काल के उस विचार के चलते हुए होगा, जिसके अनुसार वृक्षों को अपवित्र करने से वन के देवी-देवताओं का तिरस्कार होता था .

264. शतपथ ब्राह्मण, II. 3.1.31. कण्व द्वारा निर्धारित पाठ में यह द्रष्टव्य है .

265. I. 4.12.

266. न ते शक्या दरिद्रेण यज्ञाः प्राप्तं पितामह, बहूपकरणा यज्ञा नाना सम्भारविस्तराः . पार्थिवै राजपुत्रेर्वा शक्याः प्राप्तुंपितामह, नार्थन्यूनैरवगुणैरेकात्मभिरसंहतैः . महाभारत (कुम्ब .), XIII. 164-2-3; (कल .) XII. 107- 2-3; यह अनुच्छेद बहुत बाद का है, किंतु इसे हम उत्तर-वैदिक काल की परिस्थितियों का सूचक मान सकते हैं .

267. यो ब्राह्मणो राजन्यो वैश्यश्शूद्रो वा असुर इव बहुपुष्टस्यात्तस्य गृहादाहृत्यादध्यात् पुष्टिकामस्य. आपस्तम्ब श्रौतसूत्र (गार्बी संस्करण), V. 14.1. इसमें कोई संदेह नहीं कि विशेषण 'बहुपुष्टः' ब्राह्मण, राजन्य और वैश्य पर भी लागू होता है, किंतु शूद्र के मामले में यह विशेष महत्व का प्रतीत होता है, जिसे अग्नि से निकाला हुआ कहा गया है .

268. इगलिंग : पूर्व निर्दिष्ट, XII, प्रस्तावना, पृ . XIII.

269. इंडियन कल्चर, XII, 183.

270. रैप्सन : पूर्व निर्दिष्ट, i, 129.

271. आर . जी . फाबूर्स : 'मेटलर्जी इन एंटिक्विटी', पृ . 79.

272. वैदिक इंडेक्स, II, पृ . 390. ; दत्त : 'ओरिजिन एंड ग्रोथ आफ कास्ट,' पृ . 101-5; वलवल्कर : 'हिंदू सोशल इंस्टीट्यूशंस, ' पृ . 288.

273. वृहदारण्यक उपनिषद, शंकर की टीका सहित, IV. 3.22.

274. छांदोग्य उपनिषद, V. 24.4.

दासता और अशक्तता

(लगभग छः सौ ई . पू . से लगभग तीन सौ ई . पू . तक)

वेदों के बादवाले युग में शूद्रों की स्थिति का अध्ययन करने के लिए ब्राह्मण ग्रंथों के अतिरिक्त बौद्ध और जैन ग्रंथों का भी सहारा लिया जा सकता है । ये ब्राह्मण ग्रंथ मुख्यतया धर्मसूत्र (विधिग्रंथ), गृह्यसूत्र (घरेलू कर्मकांड के ग्रंथ) और पाणिनि के व्याकरण हैं । इन ग्रंथों का कालक्रम मोटे तौर पर ही निर्धारित किया जा सकता है । काणे ने इस विषय से संबंधित नवीनतम रचना में सिद्ध किया है कि प्रमुख धर्मसूत्र लगभग छः सौ-तीन सौ ई . पू . के हैं ।[1] इन सूत्रों में भाषागत प्रयोग की जो स्वतंत्रता दीख पड़ती है, वह पाणिनि के प्रभाव के पूर्णतया व्याप्त हो जाने के बाद संभव नहीं रही होगी,[2] और पाणिनि का व्याकरण ई . पू . पाँचवीं शताब्दी के मध्य का माना गया है ।[3] गौतम का विधिग्रंथ, जिसमें शूद्रों से संबंधित अधिकांश सूचनाएँ मिलती हैं, धर्मसूत्रों में सबसे प्राचीन ग्रंथ माना जाता है ।[4] किंतु यह बतलाता है कि यवन की उत्पत्ति शूद्र स्त्री और क्षत्रिय पुरुष से हुई थी ।[5] बाद के धर्मशास्त्रों की ही तरह इसमें वैश्यों और शूद्रों के सहोल्लेख के कई दृष्टांत मिलते हैं ।[6] इसमें संपूर्ण भारत में समान ढंग के कानून चलाने का प्रयास,[7] गोवध के लिए दंडविधान[8] और लगभग बीस वर्णसंकरों का वर्णन[9] मिलता है । इन सब बातों से पता चलता है कि गौतम के विधिग्रंथ में पीछे चलकर व्यापक संशोधन किए गए ।[10] अतः संभव है कि इस ग्रंथ में वर्णित समाज संबंधी सभी कानूनों से मौर्यपूर्व काल की स्थिति का आभास नहीं मिले ।

आर्यों के देश आर्यावर्त के अंतर्गत जिस पर धर्मसूत्र लागू होनेवाले थे, पंजाब, बिहार तथा हिमालय और मालवा की पहाड़ियों के बीच के भूक्षेत्र हैं ।[11] किंतु कानूनों के निर्माता बौधायन दक्षिण के निवासी थे । आपस्तंब के बारे में यही बात निश्चयपूर्वक नहीं कही जा सकती, क्योंकि उन्होंने उत्तर के निवासियों (उदीच्यों) में प्रचलित विशेष ढंग की श्राद्ध-प्रथा का उल्लेख किया है ।[12] वसिष्ठ की विचारधारा संभवतया उत्तर-पश्चिम भाग में फूली-फली ।[13] प्रमुख गृह्यसूत्र, जो प्राचीन भारतीयों के दैनिक जीवन के बारे में

सर्वाधिक विश्वसनीय विवरण माने जाते हैं,[14] ई. पू. छः सौ-तीन सौ के बताए गए हैं।[15]

बौद्ध ग्रंथों में सुत्तों (वार्तालाप) के चार संग्रह, अर्थात *दीघ, मज्झिम, संयुत्त* और *अंगुत्तर*[16] और साथ ही *विनय पिटक*[17] सामान्यतया मौर्यपूर्व काल के माने जा सकते हैं। जातकों का कालनिर्धारण अधिक टेढ़ा काम है,[18] क्योंकि इनकी गाथाएँ, जो धर्म से संबंधित हैं, सर्वाधिक प्राचीन काल की हैं। किंतु अतीत की कथाएँ भी, जो टिप्पणी के रूप में गद्य में लिखित हैं, मौर्यपूर्व काल की कही जा सकती हैं। वर्तमान कथाओं में कहीं-कहीं मौर्यकालीन परिस्थितियों का चित्रण मिलता है, जिससे स्पष्ट है कि वे बाद में जोड़ी गई हैं।[19] यद्यपि अतीत की कथाओं के घटनास्थल भारत के पश्चिमी या मध्यवर्ती भाग के हैं, फिर भी वर्तमान की अधिकांश कथाओं का घटनास्थल सावत्थी या राजगृह है।[20] इसके अतिरिक्त, जातक के तृतीय, चतुर्थ और पंचम खंड सामान्यतया ऐसे खंड समझे जा सकते हैं जिनके वर्तमान रूप प्रथम और द्वितीय खंडों की अधिकांश साधारण कथाओं के बाद के हैं।[21]

हाल में यह सुझाव दिया गया है कि 'जातक' समाज के ऐसे चरण के प्रतीक हैं जो, संभवतया सातवाहन काल में, व्यापार के अनुकूल था।[22] किंतु चाँदी और तांबे की आहत मुद्राएँ तथा नार्थ ब्लैक पालिश्ड वेयर (उत्तरक्षेत्रीय परिष्कृत कृष्ण पात्र) के युग (लगभग छः सौ-दो सौ ई. पू.) की बहुत सारी लौह वस्तुएँ जो मिली हैं, उनसे स्पष्ट है कि नगर जीवन का आरंभ[23] और व्यापार एवं वाणिज्य का विकास निश्चित रूप से बुद्धकालीन युग में हो चुका था।[24] इनके अलावा, यदि उद्योग और वाणिज्य विषयक कौटिल्य के नियम-विनियम मौर्य काल के बारे में सच हैं तो उनसे यह धारणा बन सकती है कि उससे पूर्वकाल में ऐसे आर्थिक कार्यकलाप कुछ प्रगति कर चुके थे। फिर, जातकों में दक्षिण भारत के व्यापार और वाणिज्य का उल्लेख विरले ही है; यद्यपि, सातवाहनों के युग में, उसके साथ रोमनों का सक्रिय संपर्क था। जातकों में उन बहुतेरे संघों और व्यवसायों का भी उल्लेख नहीं है जो हमें सातवाहन काल में मिलते हैं।[25] चूँकि बुद्ध की जन्मकथाएँ ई. पू. दूसरी शताब्दी में ही साँची और भारहूत के चित्रों और मूर्तियों में दिखाई गई हैं, इसलिए उन्हें खासकर ऐसे देश में, जहाँ प्राचीन धार्मिक परंपराएँ मध्यकाल तक कला का आधार बनी रहीं, कम से कम दो शताब्दी पहले का मानना चाहिए। इस प्रकार यद्यपि जातक गाथाओं और अतीतकालीन कथाओं से पता चलता है कि मौर्य साम्राज्य की स्थापना के पहले दो-तीन शताब्दियों में स्थिति कैसी थी, फिर भी अध्ययन की दृष्टि से जातकों के वे भाग जिनमें चंडालों का वर्णन किया गया है, बाद में जोड़े गए माने जा सकते हैं; क्योंकि इन उपेक्षित लोगों के प्रति जातक में जो निर्देश हैं उनकी पुष्टि मौर्यकाल से पूर्व के ब्राह्मण ग्रंथों

से नहीं होती है। यह भी ध्यान देने योग्य है कि मनु ने वर्णसंकर अर्थात मिश्रित जातियों की जो सूची दी है, उस प्रकार की सूची जातकों में नहीं मिलती है ।

जैन ग्रंथों की कालावधि अधिक अनिश्चित है, क्योंकि उनका संपादन और अध्ययन उस रूप में नहीं हो पाया है, जिस रूप में बौद्ध ग्रंथों का हुआ है। कहा जाता है कि जैन धर्मग्रंथों का संकलन सर्वप्रथम ई. पू. चौथी शताब्दी के अंत या तीसरी शताब्दी के आरंभ में किसी समय हुआ था।[26] किंतु इन ग्रंथों में चूँकि महावीर का जीवन वृतांत है, इसलिए इनका उपयोग मौर्यकाल के पूर्व की स्थिति के लिए किया जा सकता है, जिससे वे काल की दृष्टि से बहुत दूर नहीं हैं।

इन साहित्यिक रचनाओं की प्रामाणिकता पर अनेक प्रकार के मत व्यक्त किए गए हैं और ऐतिहासिक रचनाओं या पुरातात्विक अभिलेखों के अभाव में इन मतों की व्याख्या करना कठिन है। बौद्धग्रंथों के समर्थन की दृष्टि से ब्राह्मणग्रंथों की अवहेलना की भी मनोवृत्ति देखने में आई है।[27] कहा जाता है कि धर्मशास्त्रों में वर्णों को नियत ढाँचों में समाविष्ट करने का प्रयास सर्वथा कृत्रिम और आनुमानिक है।[28] इस मत के विरोध में तर्क दिया गया है कि अनेक धर्मसूत्रों में समान रूप से कही गई बातों का कुछ तथ्यात्मक आधार अवश्य होगा।[29] कहा जाता है कि ऐसा आरोप मध्यकालीन यूरोप के रूढ़िवादी लेखकों पर लगाया जाता था जिसका खंडन आधुनिक विद्वानों ने किया है।[30] किंतु ब्राह्मण अथवा ब्राह्मणेतर ग्रंथों पर ही सर्वथा निर्भर करना उचित नहीं होगा। मौर्यकाल के पूर्व की सामाजिक स्थिति के यथार्थ विवरण के लिए सभी प्रकार के ग्रंथों के समन्वित अध्ययन को ही आधार बनाया जा सकता है।[31] दुर्भाग्यवश ऐसा यथार्थ विवरण न तो 'कैंब्रिज हिस्ट्री ऑफ इंडिया', खंड-1[32] और न 'दि एज ऑफ इंपीरियल यूनिटी' में ही उपलब्ध है। दूसरी पुस्तक में ई. पू. छः सौ से लेकर सन तीन सौ ई. तक की कालावधि के साहित्यिक ग्रंथों में उपलब्ध सामग्री को एक जगह जुटाकर रखने का प्रयास तो किया गया है, किंतु धर्मसूत्रों और गृह्यसूत्रों की बिल्कुल उपेक्षा कर दी गई है।[33]

इन सभी स्रोतों द्वारा अनुप्रमाणित तथ्यों को ग्रहण करने में कोई कठिनाई नहीं हो सकती है। जहाँ इन ग्रंथों में मत-साम्य नहीं है, वहाँ बौद्ध और जैन ग्रंथों में प्रस्तुत सामग्री को धर्मसूत्रों में नियमबद्ध बातों की अपेक्षा सामाजिक अवस्थाओं का विशेष परिचायक माना जाना चाहिए। किंतु इनमें से किसी भी रचना में शूद्रों और समाज के अन्य अशक्त वर्गों के विचारों का वर्णन नहीं किया गया है। धर्मसूत्रों में ब्राह्मणों की श्रेष्ठता पर जोर दिया गया है तो बौद्ध और जैन ग्रंथों में क्षत्रियों के आधिपत्य की ओर झुकाव है। केवल छिटपुट ढंग से कहीं-कहीं निम्न वर्गों के लोगों के प्रति थोड़ी-बहुत सहानुभूति दिखलाई गई है। इनके अलावा धर्मसूत्रों से सामान्यतया उत्तर भारत की ही जानकारी मिलती है और बौद्ध तथा

जैन ग्रंथ उत्तरपूर्वीय भारत की स्थिति पर प्रकाश डालते हैं।

शूद्रों के बारे में कुछ प्रत्यक्ष जानकारी धर्मसूत्रों से, थोड़ी-बहुत प्राचीन पालि ग्रंथों से और उससे भी कम जैन ग्रंथों से मिलती है। प्रायः इतनी अल्प जानकारी के ही कारण फिक ने तर्क दिया है कि केवल सैद्धांतिक विवादों को छोड़कर प्राचीन पालि ग्रंथों में कोई भी ऐसी बात नहीं है, जिससे सिद्ध होता हो कि शूद्र चतुर्थ वर्ण के रूप में वस्तुतः विद्यमान थे।[34] ओल्डनबर्ग ने, ठीक ही, इस विचार को सही नहीं माना है।[35] ऐसे उदाहरण प्रस्तुत किए जा सकते हैं जिनसे पता चलेगा कि किसी भी व्यक्ति को लोग उसकी जाति से जानते थे और जाति के आधार पर ही उसकी हैसियत स्थिर होती थी। जैसे, एक धनुर्धर की पहचान के लिए पूछा जाता था कि वह क्षत्रिय है या ब्राह्मण, वैश्य अथवा शूद्र।[36] बुद्धदेव ने अपने धर्मोपदेश के एक सामान्य उदाहरण में कहा है कि बुद्धिमान व्यक्ति को यह जानकारी होनी चाहिए कि उसकी प्रियतमा क्षत्रिय, ब्राह्मण, वैश्य या शूद्र वर्ग में से किस वर्ग की है।[37] टी. डब्ल्यू. रीज़ डेविड्स भी, जो प्रायः ब्राह्मणों के साक्ष्य को बिल्कुल अस्वीकृत कर देते हैं, बताते हैं कि बौद्ध ग्रंथों मे वर्णित चार वर्णों की व्यवस्था सामाजिक तथ्य के अनुकूल है।[38] इन बातों से स्पष्ट है कि बौद्धग्रंथों में शूद्रों को समाज का एक वर्ग माना गया है, यद्यपि इन ग्रंथों में उनके स्थान और कृत्यों को उतना स्पष्ट नहीं किया गया है जितना ब्राह्मण (कर्मकांड) विधियों में। शूद्र सेवक वर्ग के थे, यह बात उत्तर वैदिककालीन ग्रंथों से ध्वनित होती है। किंतु इस युग में धर्मसूत्रों ने साफ तौर पर जोर देकर कहा कि शूद्र को तीन उच्च वर्णों की सेवा करके अपने आश्रितों का भरण-पोषण करना है।[39] शूद्र को स्वतंत्र रूप से अपनी गृहस्थी चलानी पड़ती थी जिसके लिए उसे नाना प्रकार के व्यवसाय करने पड़ते थे। गौतम कहते हैं कि शूद्र यांत्रिक शिल्पों का सहारा लेकर अपनी गुजर-बसर करता था।[40] मालूम होता है कि शूद्र समुदाय के कुछ लोग बुनकर के रूप में कार्य करते थे तो कुछ लकड़हारे, लोहार, चर्मकार, कुंभकार, रंगरेज आदि थे। यद्यपि इन शिल्पों का उल्लेख प्राचीन पालि ग्रंथों में हुआ है,[41] फिर भी इन्हें अपनानेवाले वर्ण कौन-कौन से थे, इसका कोई संकेत नहीं किया गया है। गहपति[42] सामान्यतया ब्राह्मणकालीन समाज के वैश्य से मिलता-जुलता है और उसके बारे में एक जगह कहा गया है कि वह कला और शिल्प का व्यवसाय करके जीवननिर्वाह करता था।[43] यदि साधनसंपन्न व्यक्ति गहपति हो सकता था तो संभव है कि चुंद लोहार, जिसने गौतम बुद्ध तथा उनके अनुयायियों को शानदार भोजन कराया था,[44] और संपन्न कुंभकार सद्दलपुत्त, जो पाँच सौ कुंभकारी की दूकानों का मालिक था और जिनमें अनेकानेक कुंभकार कार्य करते थे,[45] जैसे कुछ धनवान शिल्पी गहपति थे। यह बात एक हजार लोहारों के गाँव के उस प्रधान के बारे में भी सत्य हो सकती है जिसने बौद्धिसत्त से अपनी कन्या का विवाह रचाया।[46] यद्यपि गहपति शब्द

का प्रयोग अब इस प्रकार के शिल्पियों के लिए किया जाता है, यह संभव है कि अपनी संपत्ति के कारण ही उनमें से कुछ लोग ऊँची जगह पा सके ।

हम यहाँ शिल्पों और शिल्पियों के इतिहास की गवेषणा नहीं कर सकते, वह अलग शोध का विषय है। फिर भी यहाँ कुछ मूल बिंदुओं पर विचार किया जा सकता है। शूद्र वर्ण के शिल्पी मौर्यपूर्व काल की कृषि-अर्थव्यवस्था के बहुत ही महत्वपूर्ण अंग थे। धातुशिल्पी न केवल बढ़ई और लोहारों के लिए कुल्हाड़ी, हथौड़ा, आरा और छेनी बनाते थे,[47] बल्कि खेती के लिए हल, कुदाल और इसी प्रकार के अन्य औजार भी तैयार करते थे,[48] जिससे किसान शहर के निवासियों के लिए अतिरिक्त खाद्यान्न उपजाने में समर्थ हो सके। खुदाइयों से पता चलता है कि बौद्धकालीन किसान पूर्वी उत्तर प्रदेश और बिहार में लोहे के हथियारों का प्रयोग पहले-पहल बड़े पैमाने पर करने लगे। पालि ग्रंथों में लोहे के बने फाल की चर्चा है, जिससे खेती होती थी। दक्षिण बिहार में लोहे की सबसे बड़ी खानें हैं, जिसके कारण लोहे के काम में शिल्पियों की बहुत जरूरत थी। नगर जीवन[49] और उन्नतिशील व्यापार एवं वाणिज्य, जो उत्तरपूर्व भारत में पहली बार इस युग में दिखाई पड़ते हैं, शिल्पियों द्वारा प्रचुर वस्तु-उत्पादन के बिना संभव नहीं हो पाते। मुख्य नगरों में शिल्पियों का संघ होता था और उनके प्रधान का राजा से विशेष संबंध रहता था।[50] कुछ शिल्पी तो राजा के घरेलू कामों में लगे रहते थे और इस तरह उन्हें राजा का संरक्षण प्राप्त था। *पाणिनि व्याकरण* की टीका के अनुसार इन्हें राजशिल्पी कहा जाता था; इनमें राज नापित और राज कुलाल (कुंभकार) का उल्लेख विशेष रूप से हुआ है।[51] इसकी पुष्टि बाद की एक जातक कथा से भी होती है जिसमें राज कुंभकार और राज मालाकार की चर्चा आई है।[52] सेट्ठियों और गहपतियों से भी कुछ शिल्पी जुड़े हुए थे। हमें पता चलता है कि एक सेट्ठी का अपना दर्जी (तुन्नकार) था, जो उसके संरक्षण में रहता था और उसके घर का काम करता था।[53] गहपति के बुनकरों का भी उल्लेख हुआ है जो उसके लिए कपड़े बुनते थे।[54] किंतु अधिकांश शिल्पी प्रायः ऐसे मालिकों से संबद्ध नहीं थे; स्वतंत्र शिल्पियों के दृष्टांत के रूप में बढ़इयों[55] और लोहारों[56] के गाँवों और नगरों में रहनेवाले शिल्पियों[57] का उदाहरण प्रस्तुत किया जा सकता है। संभवतया राजा शिल्पियों के प्रमुख को प्रश्रय देकर उनके माध्यम से शिल्पी ग्रामों पर अपना थोड़ा-बहुत नियंत्रण रखता था। जैसे, हजार लोहारों के ग्राम का जेत्थक (प्रधान) राजा का प्रिय पात्र कहा गया है।[58] गाँवों में बिखरे हुए शिल्पी परिवार, जो कृषकों की आवश्यकताओं की पूर्ति करते थे, इस तरह के नियंत्रण में नहीं थे। पाणिनि ने उन्हें ग्रामशिल्पिन् बताया है।[59] पाणिनि के अनुसार बढ़ई दो प्रकार के होते थे, ग्रामतक्ष, जो गाँव में अपने ग्राहक के घर जाकर रोजाना मजूरी लेकर काम करते थे और कौटतक्ष, जो अपने घर पर ही रहकर काम करते थे।[60] वह स्वतंत्र शिल्पी था जो किसी

का काम स्वीकार करके उसके हाथ बँधता नहीं था।[61] एक जातक गाथा में किसी भ्रमणशील लोहार का प्रसंग आया है जो कहीं भी बुलाए जाने पर अपनी भाथी साथ लेकर चलता था।[62] शिल्पियों के अपने औजार होते थे और कुछ मामलों में तो उन्हें निर्माण सामग्री प्राप्त करने की स्वतंत्रता थी। हमें ऐसे ब्राह्मण बढ़ई का पता चलता है जो जंगल से लकड़ी लाता था और गाड़ियाँ बनाकर अपना जीविकोपार्जन करता था।[63] कुंभकार के साथ भी यही बात रही होगी, जिसे मिट्टी और जलावन मुफ्त मिल जाते थे। बुनकरों और धातुकर्म करनेवालों के साथ यह स्थिति नहीं थी। लेकिन ये शिल्पी जिन लोगों की सेवा करते थे, वे उनके मालिक नहीं होते थे, जैसी स्थिति ग्रीस और रोम में थी। वहाँ दासों से शिल्पी का काम लिया जाता था[64] जो अपने मालिक की सेवा करते थे। सामान्य रूप में शिल्पियों पर राज्य का नियंत्रण उन पर बेगार लगाने तक ही सीमित था। कर देने के बदले उन्हें महीने में एक दिन राजा का काम करना पड़ता था।[65] अन्यथा, धर्मशास्त्रों से मालूम होता है कि जो शूद्र शिल्पियों और कारीगरों का काम करते थे, वे स्वतंत्र व्यक्ति थे। उनके लिए ये व्यवसाय तब विहित थे, जब वे सेवा करके अपना जीवनयापन नहीं कर पाते थे।[66]

लेकिन शूद्र समुदाय का अधिकांश संभवतया कृषि-कार्यों में ही लगा रहता था। धर्मसूत्रों के अनुसार कृषि वैश्यों का विषय था,[67] जो स्वतंत्र किसान थे और उपज का एक हिस्सा राज्य को कर के रूप में चुकाते थे।[68] किंतु इस तथ्य से कि शूद्रों को जमीन की मालगुजारी नहीं चुकानी पड़ती थी, पता चलता है कि वे भूमिहीन मजदूर थे। *आपस्तंब* में कहा गया है कि शूद्र चरण पखारकर अपना गुजर-बसर करते थे, अतः उन्हें करों से मुक्त कर दिया गया था।[69] इससे आभास होता है कि जो शूद्र दास नहीं थे, उन्हें कर चुकाना पड़ता था। पर इस विधिग्रंथ की एक पुरानी पांडुलिपि में 'पादावनेकता' शब्द का प्रयोग नहीं हुआ है,[70] अतः अनुमान किया जाता है कि शूद्रों को कर से मुक्त बताने का औचित्य सिद्ध करने के अभिप्राय से उक्त शब्द बाद में सन्निविष्ट कर दिया गया है। सामान्यतया शूद्रों के पास कोई कर योग्य भूसंपत्ति नहीं थी, इसलिए अधिकांश लोगों को दूसरों की जमीन में काम करना पड़ता था। *मज्झिम निकाय* के एक परिच्छेद में चारों वर्णों के उपार्जन का वर्गीकरण प्रस्तुत किया गया है, जिससे यह विषय सुस्पष्ट हो जाता है। इससे हमें पता चलता है कि ब्राह्मण अपना जीवनयापन भिक्षा से, क्षत्रिय तीर-धनुष के प्रयोग से, वैश्य खेती, गृहस्थी और पशुपालन से तथा शूद्र हँसिया से फसल काटकर और उसे अपने कंधों पर बहँगा से ढोकर करता था।[71]

प्राचीन पालि ग्रंथों के अन्य प्रसंगों में, खेत पर काम करनेवालों के रूप में शूद्रों की तो नहीं, लेकिन दासों और कम्मकरों (भाड़े के मजदूर) की चर्चा है। इसमें संदेह की गुंजाइश

नहीं कि भूमिहीन शूद्र कम्मकर के रूप में काम करते थे। ऐसे भी प्रमाण मिले हैं कि अधिकांश दास शूद्र वर्ण के थे। यह निष्कर्ष 'सुद्दो वा सुद्द दासो वा' वाक्यखंड से निकाला जा सकता है, जिसका प्रयोग बुद्धदेव ने प्रथम तीन वर्णों की गणना कराने के बाद शूद्र की स्थिति स्पष्ट करने की दृष्टि से किया था।[72] 'सुद्द दासो वा' का अनुवाद 'किसी व्यक्ति का गुलाम' करना गलत होगा।[73] यह महत्वपूर्ण वाक्यखंड समानाधिकरण का स्पष्ट उदाहरण है और इसका तात्पर्य है शूद्र, जो गुलाम हो। क्षत्रिय, ब्राह्मण और सेट्ठी को छोड़कर, जिन्हें अन्यत्र गुलामों का मालिक बताया गया है, यहाँ शूद्रों को गुलामों का मालिक कैसे बताया गया, इसकी कोई व्याख्या नहीं। अतएव ओल्डेनबर्ग ने ठीक ही यह निष्कर्ष निकाला है कि प्रसंगाधीन विवरण शूद्र और दास में कोई अंतर नहीं करता है।[74] यह महत्वपूर्ण है कि शूद्रों को दास के साथ मिलाने का प्रयास सबसे पहले प्राचीन पालि ग्रंथ में किया गया था, न कि धर्मसूत्रों में, जिनसे यह निष्कर्ष परोक्ष रूप में ही निकाला जा सकता है। कहीं मौर्योत्तर काल में जाकर मनु ने स्पष्ट और जोरदार शब्दों में इस स्थिति का उल्लेख किया है।

दासता केवल शूद्र वर्ण के सदस्यों तक ही सीमित नहीं थी। यहाँ तक कि ग्रामभोजक (ग्राम मुखिया)[75], मंत्रीगण[76], ब्राह्मण, क्षत्रिय और उच्चकुल में उत्पन्न लोग भी इस स्थिति में पहुँच जाते थे।[77] किसी भी हालत में ऐसे लोगों की संख्या अधिक नहीं रही होगी। अधिकांश दास मजदूर शूद्र वर्ण के होते थे।[78] ऋण, क्रय, अपनी स्वयं की इच्छा और भय से उत्पन्न दासता[79] की उम्मीद उच्च वर्णों की अपेक्षा निम्न वर्णों से ही अधिक की जा सकती है। उदाहरणार्थ, एक गाड़ीवान की कन्या, इसिदासी, अपने पिता द्वारा कर्ज न चुकाए जाने के कारण एक व्यापारी द्वारा दासी के रूप में घर लाई गई थी।[80] किंतु जातकों में कहीं यह उल्लेख नहीं है कि दास युद्ध में बंदी बनाए गए, जिससे पता चलता है कि इस अवधि में दासों की संख्या कम थी।[81]

कुछ दासों, खासकर महिलाओं, को घरेलू कार्यों में नियोजित किया जाता था[82] और अन्य लोग कृषि-कार्य में लगाए जाते थे। दास और भाड़े के मजदूर खेतों के छोटे-छोटे टुकड़ों में भी काम करते थे,[83] किंतु प्रायः उन्हें बड़े-बड़े भूखंडों में काम करना पड़ता था। उत्तर-वैदिक युग में लोगों के पास उतनी ही जमीन थी जितनी वे अपने घर के सदस्यों की मेहनत से सँभाल सकते थे। पर अब गंगा के निचले मैदानों में लोहे के फाल के उपयोग के कारण बड़े-बड़े खेत कायम हुए। एक-एक घर के पास इतनी अधिक जमीन आ गई, जिसे वह अपनी मेहनत से नहीं जोत सकता था। इसलिए पहले-पहल बुद्धकालीन युग में सम्पन्न घरों को खेती चलाने के लिए दासों और कम्मकरों की आवश्यकता पड़ी। प्राचीन पालि ग्रंथों में कम से कम ऐसे दो उदाहरण हैं, जिनसे पता चलता है कि मगध में दो

बड़े-बड़े प्रक्षेत्र (फार्म) थे, जिनमें से हर एक का क्षेत्रफल एक हजार करीसा (चिल्डर्स के अनुसार 8,000 एकड़ के करीब) था।[84] एक अन्य कृषिक्षेत्र कासी में था, जिसकी जुताई पाँच सौ हलों से होती थी।[85] इन सबके मालिक ब्राह्मण थे। एक ऐसा प्रसंग भी आया है, जिसमें एक ग्राम-व्यापारी ने शहर के एक सौदागर के पास पाँच सौ हल जमा किए, जिससे प्रकट होता है कि या तो उसके पास बहुत बड़ी भूसंपदा थी या वह फाल खरीदकर गाँवों में बेचा करता था।[86] हो सकता है कि पाँच सौ या हजार रूढ़ संख्याएँ हों, किंतु इनसे चकबंदी की प्रवृत्ति का पता तो चलता ही है। यह प्रवृत्ति तब अपनी चरम सीमा पर पहुँच गई , जब मौर्यकाल में कृषि को राज्य के नियंत्रण में ले लिया गया। स्पष्ट है कि बड़े-बड़े प्रक्षेत्रों का काम पर्याप्त संख्या में दासों और कम्मकरों के बिना नहीं चल सकता था।

नियोजकों (मालिक) की तुलना में दासों और खेत-मजदूरों की संख्या कितनी थी, इसका अंदाज लगाना मुश्किल है। ऐटिका के मामले में भी, जहाँ आँकड़े मौजूद हैं, स्वतंत्र व्यक्ति और दास की आबादी के अनुपात के संबंध में मतैक्य होना कठिन है।[87] भारत में आँकड़ों के अभाव के कारण इस संबंध में कोई निश्चित जानकारी पा सकना और भी कठिन है। बाद के एक सुत्त में कहा गया है कि वैसे लोग बहुत कम हैं जो दास या दासियों को ग्रहण नहीं करना चाहते।[88] ब्राह्मण,[89] क्षत्रिय[90] और सेट्ठि तथा गहपति[91] दासों और मजदूरों को नियोजित करते थे; इससे यह ब्राह्मणीय सिद्धांत परिलक्षित होता है कि शूद्र तीन उच्च वर्णों की सेवा के लिए थे। धर्मसूत्रों के अनुसार ब्राह्मण एक दास को बदलकर दूसरा दास रख सकता था, किंतु उसे बेच नहीं सकता था ।[92] इन बातों से पता चलता है कि दासता बड़े पैमाने पर प्रचलित थी, किंतु किसी भी हालत में इसकी तुलना ऐटिका की स्थिति से नहीं की जा सकती है, जहाँ ई . पू . पाँचवीं शताब्दी में दासों की संख्या कुल आबादी की एक तिहाई थी।[93]

धर्मसूत्रों से शूद्र वर्ण के रहन-सहन की स्थिति पर कुछ प्रकाश पड़ता है। गौतम ने कहा है कि शूद्र नौकर को चाहिए कि वह उच्च वर्ण के लोगों द्वारा उतार फेंके गए जूते, छाते, वस्त्र और चटाई का इस्तेमाल करे।[94] जातक कथा से भी यही स्थिति प्रकट होती है। इस कथा में बताया गया है कि चूहे द्वारा काटकर चिथड़े बनाए गए वस्त्र दासों और कम्मकरों के लिए होते थे।[95] गौतम ने तो यहाँ तक बताया है कि भोजन का उच्छिष्ट (जूठन) शूद्र नौकरों के लिए रखा जाता था ।[96] *आपस्तंब धर्मसूत्र* में छात्रों को यह उपदेश दिया गया है कि उनकी थाली में जो उच्छिष्ट रह जाए उसे या तो किसी अदीक्षित आर्य के निकट अथवा अपने गुरु के शूद्र नौकर के निकट रख दें।[97] इसका स्पष्ट अर्थ हुआ कि शूद्र नौकर को जूठन खाना पड़ता था। *हिरण्यकेशिन् गृह्यसूत्र* से भी यह बात

सिद्ध है; उसमें कहा गया है कि छात्रों को अपना अध्ययन समाप्त करने के बाद तीन दिन तक व्रत रखने की अवधि में अपना जूठन किसी शूद्र को नहीं खिलाना चाहिए।[98] पाणिनि ने भोजन के अवशेष के लिए, जो प्रायः घरेलू नौकरों को दिए जाते थे, विशेष पर्याय का निर्देश किया है।[99] *विनय पिटक* के एक परिच्छेद से हमें यह जानकारी मिलती है कि एक सौदागर की बीमार पत्नी ने अपने वमन में निकले हुए घी को सँजोकर रखा कि दास या कम्मकर उसे अपने पाँव में लेपेंगे या दीप में जलाएँगे।[100] यह भी लिखा हुआ है कि बुद्धदेव के नेतृत्व में चल रहे एक साधुसमाज के पीछे-पीछे पाँच सौ आदमी उनके जूठन खाने के उद्देश्य से जाते थे।[101] इन तथ्यों से ज्ञात होता है कि अपने मालिकों का जूठन खाना शूद्र सेवकों के लिए कोई असामान्य बात नहीं थी।

आपस्तंब में यह उदात्त भावना व्यक्त की गई है —लोगों को चाहिए कि वह अपने को, अपनी पत्नी और बच्चे को भले ही कम खाना खिलाएँ, किंतु अपने साथ काम करनेवाले दास के साथ वैसा न करें।[102] लेकिन यह मानना कठिन है कि लोग इस सिद्धांत का पालन कड़ाई से करते होंगे। हाँ, इससे इतना पता चलता है कि कुछेक संभ्रांत परिवारों में दासों को भली-भाँति खिलाया-पिलाया जाता था और उनके प्रति सहानुभूति रखी जाती थी। हो सकता है कि दास और भाड़े के मजदूरों को भूखा नहीं रखा जाता हो, किंतु सामान्यतया उन्हें जो भोजन दिया जाता था वह उनके मालिक के भोजन की अपेक्षा अवश्य ही हीन कोटि का रहता था। एक ब्राह्मण साधु गर्व से कहता है कि उसके दास और नौकर भी भात और मांस खाते हैं, तथा काशी में बने वस्त्र और लेप का प्रयोग करते हैं।[103] इससे पता चलता है कि आमतौर पर दासों और नौकरों को हीन कोटि का भोजन और कपड़ा दिया जाता था। बुद्धदेव ने भी ऐसी ही बात कही है कि दूसरों के घरों में तो दासों और कम्मकरों को खट्टी दलिया के साथ भात खिलाया जाता है किंतु पिता के घर में उन्हें भात, मांस और दूध खाने के लिए मिलता है।[104] दास को एक खास ढंग का भोजन दिया जाता था, यह बात 'दास परिभोग' जैसे अपशब्द के बार-बार प्रयोग से स्पष्ट होती है।[105] खट्टी दलिया मजूरी पर जीनवाले गरीबों का भोजन था।[106] एक जातक कथा में एक कुम्भकार द्वारा रखे गए भाड़े के मजदूर की चर्चा आई है, जो दिन-भर चाक पर मिट्टी का सामान बनाने के बाद बदन में मिट्टी लगाए हुए ही तिनकों के गट्ठर पर बैठता है और थोड़े से घोल में ज्वार की टिकियों को डुबा-डुबाकर खाता है।[107]

जातकों में सामान्य रूप में यह वर्णन आता है कि कामगारों को जो मजूरी मिलती थी, उससे वे अपना जीवन-निर्वाह बहुत कठिनाई से करते थे।[108] एक स्थल पर एक कामगार, जो बोधिसत्व है, इन शब्दों में अपने भाग्य को कोसता है : 'मुझे मजूरी के रूप में एक मासक या आधा मासक मिलता है, जिससे मैं अपनी माँ का भरण-पोषण करने में

असमर्थ हूँ ।'[109] बताया गया है कि घसियारे की दैनिक आय दो मासक थी जो उसे बाजार में काटकर लाई गई घास के मूल्य के रूप में मिलती थी ।[110] इस काल में मासक प्रायः ताँबे का छिद्रित सिक्का होता था । प्राचीन पालि ग्रंथों की टीकाओं में उल्लिखित है कि मुद्रा की सरणि में इस सिक्के का स्थान इतना न्यून था कि इसका महत्व नगण्य-सा था ।[111] बाद के मासक का मूल्य रजत पण के सोलहवें भाग के बराबर था,[112] किंतु हम निश्चयपूर्वक नहीं बता सकते कि मौर्य काल से पहले भी रजत पण के साथ इसका मूल्यांक यही था । इस अवधि में मासक का कुछ मूल्य तभी समझा जाता था, जब इसकी संख्या पाँच हो,[113] किंतु यह तुच्छ राशि भी मजदूरों को नहीं दी जाती थी । अतएव *गंगमाल जातक* की उस कथा से बहुत कुछ तथ्य निकालना संभव नहीं है,[114] जिसमें पानी ढोनेवाला एक मजदूर अपनी पत्नी के साथ शहर के एक त्योहार में भाग लेना चाहता है, जिसके लिए उसने केवल एक मासक जैसी छोटी रकम बचा रखी है और उस रकम का भी आधा उसकी पत्नी ने बचाकर दिया है । कथा का उपदेशात्मक भाग यह है कि जब बोद्धिसत्त राजा उदय पानी भरनेवाले उस मजदूर को अपार संपत्ति देते हैं, तब भी वह आधा मासक जैसी अपनी उस नगण्य राशि को छोड़ने से इंकार करता है । अंत में उसे आधा राज्य मिलता है, किंतु वह इच्छा की विभीषिकाओं से अवगत हो जाता है और निर्वाण प्राप्त करने के उद्देश्य से संन्यासी बन जाता है । इससे हमें शिक्षा मिलती है कि मनुष्य आधा मासक से भी संतुष्ट रह सकता है, यद्यपि आदर्श तो यह होगा कि वह उस राशि के बिना भी काम चला ले । गाथा के अनुसार, 'इच्छा कम हो यही पर्याप्त नहीं है; अधिक इच्छा तो केवल कष्ट की जननी है ।'[115] सारांशतः फिक का अनुमान सही मालूम होता है कि जातक कथाओं में वर्णित रोजहा मजदूरों की मजूरी उनके जीवननिर्वाह के लिए पर्याप्त नहीं थी । भाड़े के मजदूर के रूप में काम करनेवाले अधिकांश शूद्रों पर यह बात अच्छी तरह लागू हो सकती है ।

सेवक समुदाय के विभिन्न उपवर्गों में बहुत अंतर नहीं दिखाई पड़ता है । एक जैनग्रंथ में दासों, नौकरों (पेस्स) और भारवाहक पशुओं को एक ही कोटि में रखा गया है ।[116] पालि ग्रंथों में दासों, पेस्सों और कम्मकरों की चर्चा बारंबार आई है ।[117] पेस्स संवादवाहक या पेयादा होते थे, या ऐसे नौकर जिन्हें छोटे-मोटे कार्यों के निष्पादन के लिए इधर-उधर भेजा जाता था । जैसा हम पहले देख चुके हैं, दासों और कम्मकरों को सौंपे गए काम[118] या उनको दिए गए भोजन में कोई अंतर नहीं था ।[119] आगे बताया जाएगा कि यदि वे अपराध करते थे तो उन्हें समान ढंग की सजाएँ दी जाती थीं । यह सिद्ध करने के लिए कोई तथ्य नहीं मिलता कि समाज में भाड़े के मजदूर को घरेलू नौकरों से हीन समझा जाता था ।[120] प्रायः दासों और कम्मकरों के बीच का अंतर मालिक के साथ उनके संबंध के आधार

पर निर्धारित किया जाता था। कम्मकरों की तुलना में दास अपने मालिक की संपत्ति समझा जाता था[121] और उसे पैतृक संपत्ति मानकर उसका बँटवारा भी किया जा सकता था ।[122] दासों की स्थिति सर्वथा गुलाम जैसी थी, यह उनके विभेदक चिह्न से प्रकट होता है। उनके सिर के बाल मुँड़े रहते थे और उसमें एक चोटी रहती थी।[123] एक स्थान पर तो दासों के साथ कम्मकरों को भी सेट्ठि की संपत्ति माना गया है।[124] इससे पता चलता है कि भाड़े के मजदूरों को भी दास बनाने की प्रवृत्ति थी। एक जातक कथा में बताया गया है कि दास अपने मालिक के ही घर में रह जाते थे, किंतु कम्मकर संध्या होने पर अपने-अपने निवासस्थान को चले जाते थे।[125] स्पष्ट है कि भाड़े के मजदूर का जीवन कभी-कभी दास से अधिक कठिन हो जाता था।[126] उसकी जीविका उतनी सुरक्षित नहीं समझी जाती थी, जितनी दासों या स्थाई घरेलू नौकरों की थी। गौतम ने नियम बनाया है कि यदि शूद्र काम करने में अक्षम हो जाए, तो वह जिस आर्य के संरक्षण में रहा हो, उसे चाहिए कि उस शूद्र का भरण-पोषण करे। [127] किंतु इस सिद्धांत के अनुरूप व्यवहार नहीं किया जाता था, क्योंकि एक गाथा में बताया गया है कि लोग असमर्थ (जीर्णावस्था प्राप्त) नौकरों को हथिनी की तरह निष्कासित कर देते थे।[128]

कम्मकर और भटक (मजदूर) में कुछ अंतर दिखाई पड़ता है।[129] *विनय पिटक* में कम्मकर को भटक कहा गया है, जो आहतक है। *पालि-इंगलिश डिक्शनरी* के निर्माताओं ने 'आहतक' शब्द का अर्थ 'पिटा हुआ' किया है। इसका आशय यह हुआ कि कम्मकर ऐसा कार्यकर्ता है, जिसे पीटा जा सकता है। यह अर्थ आश्चर्यजनक लगता है और दास के बारे में भी इस तरह का उल्लेख नहीं हुआ है। प्रायः 'आहतक' शब्द को संस्कृत शब्द 'आहत' का समानार्थी नहीं माना गया है,[130] बल्कि उसे 'आहृत' शब्द से मिलाया गया है जिसका अर्थ होता है लिया हुआ, अधिकरण किया हुआ या लाया हुआ।[131] इससे संकेत मिलता है कि कम्मकर अपने मालिक से विशेष रूप में संबद्ध रहते थे । मालिक के कब्जे में आने का कारण प्रायः यह होता था कि वे या तो उसका कर्ज अदा नहीं कर पाते थे या उसकी जमीन पर बसे होते थे। उनकी स्थिति अर्द्धदास जैसी थी, जिसे कभी-कभी संपत्ति भी समझ लिया जाता था। इस प्रकार ऐसे विचार के समर्थन में शायद ही कोई प्रमाण मिलता है कि मौर्यपूर्व काल में कम्मकर स्वतंत्र मजदूर थे जो अपने काम और मजदूरी के बारे में संविदा करते थे और विवाद उठ जाने पर उनकी मजूरी विशेषज्ञों द्वारा तय की जाती थी।[132] इस विचार से भृतक की स्थिति अधिक स्पष्ट होती है, जिसके साथ उसका मालिक गुलाम जैसा बर्ताव नहीं करता था। भृतक की जीविका मजूरी , अर्थात भृति पर चलती थी, जिसका उल्लेख पाणिनि ने सेवा की मजूरी या केवल मजूरी के अर्थ में किया है।[133] मालूम होता है कि भृतक को एक खास अवधि के लिए मजूरी पर रखा जाता था।[134] एक प्राचीन जैन ग्रंथ के

अनुसार भृतक चार प्रकार के होते थे : (1) दिवसभयग, जो दैनिक मजूरी पर काम करते थे; (2) जात्तभयग, जो यात्रा-भर के लिए रखे जाते थे; (3) उच्चतभयग, जो निर्णीत समय पर काम पूरा करने के ठेके पर नियोजित किए जाते थे; (4) कबालभयग (यथा, भूमि खोदनेवाले) जिन्हें किए गए काम के अनुपात में भुगतान किया जाता था ।[135] ठेके के मजदूर के रूप में कुछ शिल्पियों को भृतक नियुक्त किया गया होगा । बाद की एक जातक कथा में अनुबंधित दास (अन्तनो पुरिस), जिससे अपने मालिक के धान के खेत की रखवाली करने को कहा जाता था और भृतक , जिसे उसी काम के लिए वेतन मिलता था और जो फसल का नुकसान होने पर मुआवजा (प्रतिकर) चुकाने का भागी होता था —के बीच विभेद किया गया है ।[136] एक गाथा में बताया गया है कि पुरिस को हमेशा वैसे व्यक्ति के हित का काम करना चाहिए, जिसके घर में उसे भोजन मिलता है।[137] 'दासकम्मकरपोरिस' वाक्य खंड से बोध होता है कि अनुबंधित दास या तो भाड़े के मजदूर के रूप में कार्य करते थे या गुलाम के रूप में, और इन विभिन्न प्रकार के मजदूरों में बहुत अंतर नहीं था ।[138]

मालिक और मजदूरों के पारस्परिक संबंध स्थिर करनेवाले नियमों से हमें शूद्रों की आर्थिक स्थिति का कुछ आभास मिल सकता है । मौर्यों के पहले की अर्थव्यवस्था मूलतया कृषिप्रधान और पशुचारी थी । जमीन और पशुओं के असमान बँटवारे के कारण कुछ लोगों के पास जोत की जमीन अधिक थी, और इसके लिए उन्हें मजदूरों की जरूरत थी । इस प्रकार बड़े गहपतियों के पास पशु भी बहुत अधिक थे, जिनके लिए उन्हें चरवाहे की जरूरत थी । ऐसी अर्थव्यवस्था को चलाने के लिए पहले-पहल मालिक और उसके कृषि मजदूर तथा चरवाहों के संबंध के विषय में कानून बने । *आपस्तंब* में कहा गया है कि यदि खेतिहर मजदूर काम छोड़ दे तो उसे शारीरिक दंड दिया जाना चाहिए ।[139] इसी प्रकार के दंड का विधान उस चरवाहे के लिए भी किया गया है, जो पशुओं को पालना छोड़ दे ।[140] इस विधान में यह व्यवस्था है कि ऐसी स्थिति आने पर मवेशी किसी दूसरे चरवाहे को दे दिए जाएँ ।[141] यदि चरवाहे की लापरवाही से मवेशी को नुकसान पहुँचे तो इसके लिए वह जिम्मेदार ठहराया जाएगा ।[142] गौतम ने इन प्रावधानों का कोई उल्लेख नहीं किया है, किंतु उनके नियमानुसार यदि किसी व्यक्ति के पशु से किसी को नुकसान पहुँचे तो, यथास्थिति, उसका चरवाहा अथवा स्वयं मालिक जवाबदेह होगा ।[143] इनमें से किसी भी नियम बनानेवाले ने चरवाहे या कृषि मजदूरों के प्रति मालिक के दायित्व की चर्चा नहीं की है । इस प्रकार ये मजदूर अपने मालिकों की अपेक्षा अलाभकर स्थिति में थे ।

धर्मसूत्रों द्वारा शूद्रों पर जो आर्थिक अशक्तताएँ लादी गई हैं, वे शूद्रों की आर्थिक स्थिति पर और भी अधिक प्रकाश डालते हैं । राजा ने महीने में एक दिन की अनिवार्य सेवा

प्रदान करने का जो भार शिल्पियों पर सौंप रखा था, उसकी भी चर्चा आई है। गौतम का कथन है कि कन्या के विवाह का खर्च वहन करने के लिए और शास्त्रविहित किसी धार्मिक अनुष्ठान के लिए कोई व्यक्ति शूद्र से छल या बल का प्रयोग करके रुपया ले सकता है।[144] वैश्य, क्षत्रिय और प्रायः ब्राह्मण वर्ग के जो लोग, अपने-अपने वर्ण, धर्म और आचार से च्युत हों, उनके साथ भी सामाजिक हैसियत के क्रम से, इस तरह का व्यवहार किया जा सकता था। किंतु यह तभी किया जा सकता था, जब शूद्र उपलब्ध नहीं हों।[145] यह नियम , जिसके अधीन उच्च्व वर्ग के लोगों को शूद्र वर्ण से धन ऐंठने की अनुमति दी गई है, किसी अन्य धर्मसूत्र में नहीं मिलता। हाँ, *मनुस्मृति* में इसके समानांतर व्यवस्था दिखाई पड़ती है।[146] हो सकता है कि इस तथ्य का समावेश बाद में किया गया हो, जिससे ब्राह्मण मतावलंबियों की इस धारणा का आभास मिलता है कि शूद्र का भरपूर शोषण किया जाना चाहिए।

उत्तराधिकार-विधि में शूद्र पत्नी से उत्पन्न पुत्र के हिस्से के बारे में विभेदपूर्ण प्रावधान किए गए हैं। बौधायन के अनुसार विभिन्न वर्णों की पत्नियों से संतान रहने पर चार हिस्से ब्राह्मण को, तीन क्षत्रिय को, दो वैश्य को और एक शूद्र के बेटे को मिलेगा।[147] वसिष्ठ ने तो ऐसी स्थिति रहने पर मात्र तीन उच्च्ववर्णों के पुत्रों को हिस्सा देने की व्यवस्था की है, और शूद्र पुत्र को छोड़ दिया है।[148] उन्होंने दूसरों के मत का उद्धरण दिया है, जिसमें बताया गया है कि शूद्र पुत्र परिवार का सदस्य माना जा सकता है, किंतु उत्तराधिकारी नहीं।[149] यह ऐसा नियम है जिसे बौधायन ने[150] ऐसे निषाद तक ही सीमित रखा है, जिसका पिता ब्राह्मण और माता शूद्र हो।[151] गौतम ने ब्राह्मण के शूद्रपुत्र को उत्तराधिकार से वंचित करने का समर्थन बड़े ही स्पष्ट और जोरदार शब्दों में किया है। उनका मत है कि यदि कोई ब्राह्मण निस्संतान मर जाए, और उसे शूद्र पत्नी से उत्पन्न पुत्र हो तो वह कितना भी आज्ञाकारी क्यों न हो, अपने मृत पिता की संपत्ति में से मात्र खोरिस योग्य राशि ही पाएगा।[152] इससे प्रकट होता है कि धर्मसूत्र के लेखकों में से केवल बौधायन ने ब्राह्मण के शूद्र बेटे के लिए हिस्से का प्रबंध किया है, वसिष्ठ और गौतम तो इसके विरोधी ही रहे हैं। संभव है कि बौधायन में उदारता इसलिए रही हो कि उनका संबंध दक्षिण भारत से था, जहाँ ब्राह्मणवाद की जड़ें बहुत गहराई तक नहीं पहुँच पाई थीं। इतना ही नहीं, ऊपर जिन नियमों की चर्चा आई है उनसे पता चलता है कि वे केवल ब्राह्मण के शूद्रपुत्र के लिए थे। यह स्पष्ट नहीं होता कि उत्तराधिकार के ये नियम क्षत्रिय और वैश्य के शूद्रपुत्र पर भी लागू थे या नहीं, यद्यपि संभावना इसी बात की है कि वैसे ही नियम लागू होंगे। इस तरह का कोई भी समर्थक साक्ष्य नहीं है जिसके आधार पर जाना जा सके कि नियम वस्तुतः किस रूप में लागू थे। जो भी हो, इन नियमों का प्रभाव बहुत कम शूद्रों पर ही पड़ा, क्योंकि उच्च्व

वर्ण के लोगों के साथ शूद्र महिला के विवाह का प्रचलन बड़े पैमाने पर नहीं था।

मौर्य पूर्व काल में शूद्र की सामान्य आर्थिक स्थिति का विश्लेषण करने में सेवि वर्ग के रूप में उनकी विशेषता पर खासतौर से ध्यान देना होगा, जिसकी चर्चा प्रथमतः इस अवधि में स्पष्ट रूप में की गई है। सेवा कार्य के चलते इस वर्ण में सजातीयता का बोध हुआ, जो विजातीयता के भाव से प्रभावित थे। सेवि वर्ग के सदस्य के रूप में, वैश्य किसानों के साथ,[153] शूद्र मुख्य उत्पादकों का कार्य करते थे, जिससे समाज के विकास की नींव सुदृढ़ होती थी। कृषि मजदूरों के रूप में उन्होंने कोशल और मगध के घने जंगलवाले क्षेत्रों को कृषियोग्य बनाने में सहायता पहुँचाई। इन क्षेत्रों के बारे में ग्रंथों[154] में बताया गया है कि वे छोटे और बड़े टुकड़ों में बँटे थे, जिनमें दास और मजदूर खेती करते थे। आगे चलकर हम पाएँगे कि कौटिल्य ने यह नीति निर्धारित की थी कि नई बस्तियों में परती जमीन को आबाद करने के लिए शूद्र मजदूर लगाए जाएँ। इनके अतिरिक्त शिल्पियों के रूप में शूद्रों ने शिल्पविज्ञान के विकास में योगदान दिया, और बिक्री योग्य बहुत-सी सामग्रियाँ बनाईं। इनके चलते कई नगर बस गए, जहाँ वाणिज्य और व्यापार होते थे।

किंतु उच्च वर्ण के लोग जो शूद्रों के नियोजक भी थे, जिस ढंग का जीवन व्यतीत करते थे, वैसा जीवन शूद्र नहीं बिता सकते थे। पालि ग्रंथों में खत्तिय, ब्राह्मण और गहपति को महासाल[155] कहा गया है, जिससे प्रकट होता है कि दास, पेस्स, कम्मकर, पुरिस और भटक उतने सुखी नहीं थे। संभव है कुछ धनी शूद्र शिल्पी उन्नतिशील गहपति रहे हों, किंतु उस समय की अर्थव्यवस्था कृषिप्रधान थी और अधिकांश जमीन ब्राह्मणों, क्षत्रियों[156] तथा सेट्ठियों[157] के कब्जे में थी। अतः अधिक शूद्रों को मजूरी पर ही जीवन बिताना पड़ता था, और इस मजूरी की दर तय करने में उनका कोई हाथ नहीं रहता था। कहा गया है कि सुखी किसान या हस्तशिल्पी जिनके पास अपनी जमीन थी,[158] काफी बड़ी संख्या में थे। यह बात वैश्य या गहपति वर्ग के संबंध में भले ही लागू होती हो, किंतु शूद्रों पर लागू नहीं होती, क्योंकि वे दूसरों के खेतों में काम करके अपना निर्वाह करते थे। उनकी यह स्थिति केवल उनके जन्म के चलते नहीं, बल्कि गरीब परिवारों में जन्म लेने के चलते हुई थी। ब्राह्मणों की श्रेष्ठता के दावे को झुठलाने के लिए बौद्धों के तर्कसंग्रह में इस विषय पर स्पष्ट रूप से प्रकाश डाला गया है। कहा गया है कि यदि कोई शूद्र धनी बन जाए तो वह अपने सेवक के रूप में न केवल दूसरे शूद्र को बल्कि क्षत्रिय, ब्राह्मण या वैश्य को भी नियुक्त कर सकता है।[159] सामान्यतया ऐसे मामलों में किसी व्यक्ति की हीन सामाजिक अवस्था और उसकी संपन्न आर्थिक स्थिति के बीच असमानता तभी दूर की जा सकती है, जब समाज में उसे ऊँचा स्थान दिया जाए। बाद में ब्राह्मणों ने इस नीति का अनुसरण किया, और वे बाहरी शासकों को क्षत्रिय मानने लगे। इसलिए संभव है कि जो शूद्र सुखी-संपन्न थे, उन्हें

समाज में ऊँचा स्थान दे दिया गया हो।

उत्पादनकर्ता के रूप में शूद्रों की स्थिति तत्कालीन ग्रीक नगरों के दासों और गुलामों की स्थिति से मिलती-जुलती है। सिद्धांततः जिस प्रकार ग्रीक नागरिक अपनी गुलाम जनता से सेवा का दावा कर सकते थे, उसी प्रकार भारतीय द्विज और आर्य भी शूद्रों की श्रमशक्ति का दावा करते थे। समाज में श्रमशोषण की व्यवस्था को कायम करने के लिए प्राचीन ग्रीस में नागरिकता के आधार पर समाज का गठन किया गया। नागरिकों को सामाजिक और राजनीतिक अधिकार सौंपे गए और अनागरिकों से, जिनमें दासों की संख्या अधिक थी, ये सारे अधिकार छीन लिए गए। वे केवल अपनी श्रमशक्ति से नागरिकों की सेवा करते थे। इस प्रकार एक तरह से शूद्रों की तुलना यूनान के दासों से की जा सकती है। किंतु कई दृष्टियों से शूद्रों की आर्थिक स्थिति भिन्न थी। न तो शूद्र कृषि मजदूर और न शूद्र शिल्पी उस रूप में अपने मालिकों की कृपा पर पूर्णतया निर्भर थे, जिस रूप में ग्रीक और रोम के दास अपने मालिकों पर निर्भर रहते थे। शूद्र के पास संपत्ति थी और यह स्थिति ग्रीस के दासों की स्थिति से भिन्न थी।[160] संपत्ति इतनी अधिक नहीं थी कि उस पर कर लगाया जाए, फिर भी, उस पर कुछ दायित्व तो रहता ही था। कानून के द्वारा उस पर यह दायित्व आरोपित किया गया था कि यदि उसका मालिक, जो उच्च वर्ण का होता था, दुर्दिन में पड़ जाए तो वह अपनी बचत से उसका भरण-पोषण करे।[161] यह भी निर्धारित किया गया था कि वैश्य और शूद्र को चाहिए कि अपनी संपत्ति से मालिक के दुख दूर करे।[162] 'दासभोग' शब्द का प्रयोग बताता है कि दास भी संपत्ति के मालिक होते थे,[163] हालाँकि संपत्ति रखने के लिए उनके मालिक की सम्मति अपेक्षित रही होगी। प्रायः इन्हीं विभेदों के चलते वर्णव्यवस्था, जो श्रम के मुख्य स्रोत के रूप में शूद्र वर्ग पर ही प्रधानतया निर्भर थी, दासता की अपेक्षा उत्पादन का बहुत ही उपयोगी साधन साबित हुई। यद्यपि यह व्यवस्था ग्रीस की आबादी और क्षेत्र की अपेक्षा अधिक विशाल क्षेत्र और जनसंख्या में प्रचलित थी, फिर भी यह कभी आवश्यक नहीं मालूम हुआ कि शूद्रों से उन्हीं स्थितियों में काम कराया जाए, जिनमें दास या गुलाम काम करते थे।

इस काल में शूद्रों की राजनीतिक और कानूनी स्थिति उनकी आर्थिक स्थिति के प्रतिरूप मालूम होती है। उत्तर-वैदिककालीन राज्यव्यवस्था में उनका स्थान महत्वपूर्ण था, लेकिन अब राजनीतिक संगठन में उनका कोई स्थान नहीं रह गया। आपस्तंब के अनुसार राजा गाँवों और शहरों के प्रभारी अधिकारियों के रूप में केवल आर्यों, अर्थात प्रथम तीन वर्णों के सदस्यों की ही नियुक्ति कर सकता था।[164] उनके अधीन काम करनेवाले निचली पंक्ति के अधिकारियों के लिए भी उसी प्रकार की योग्यता अपेक्षित थी।[165]

आपस्तंब में कहा गया है कि राजा का दरबार शुद्ध और विश्वासी आर्यों से सुशोभित

रहना चाहिए जो राजा के पार्षद और न्यायाधीश के रूप में काम करेंगे।[166] इन प्रसंगों में आर्य शब्द का अर्थ माना गया है प्रथम तीन वर्णों का सदस्य, और यह ठीक भी है।[167] किसी भी शूद्र को मात्र इस अर्थ में आर्य समझा जाता था कि पुनः जन्म ले सकता है।[168] किंतु यह सोचना गलत है कि इस काल में भी आर्य शब्द का प्रयोग जातीय भेदभाव का संकेत करता है।[169] यही कारण है कि पाणिनि [170] में आर्य कृत शब्द का अर्थ स्पष्ट रूप में ऐसा व्यक्ति किया गया है जो मुक्त कर दिया गया हो।[171] एक बौद्ध ग्रंथ में उल्लिखित है कि काम्बोजों और यवनों के बीच आर्य दास और दास आर्य बन जाते हैं।[172] इससे स्पष्ट संकेत मिलता है कि दास गुलाम की स्थिति में थे और उनकी तुलना में आर्य स्वतंत्र थे। इसलिए आर्य और शूद्र में राजनीतिक विभेद उसी प्रकार का मालूम होता है जैसा ग्रीस और रोम में नागरिकों और उनसे भिन्न लोगों के बीच व्याप्त था। चूँकि शूद्र को पराधीन माना जाता था, इसलिए उसे प्रशासन संबंधी कार्य में लगाना उचित नहीं समझा गया। इससे प्रकट होता है कि उस समय में निम्न वर्ग के लोगों का राजकाज में कोई प्रभाव नहीं था। एक जैन ग्रंथ में ऐसे विभिन्न कोटियों के क्षत्रियों और ब्राह्मणों का उल्लेख हुआ है जो राजा की सभा में भाग लेते थे, किंतु उसमें गहपतियों (अर्थात वैश्यों)या शूद्रों की कहीं कोई चर्चा नहीं की गई है।[173] यद्यपि पालि ग्रंथों के अनुसार सेट्ठियों को प्रशासन संबंधी कुछ कार्य दिए गए होंगे, क्योंकि वे राजा से सेट्ठिछत्त पाते थे,[174] फिर भी ऐसा जान पड़ता है कि वैश्यों को भी सामान्यतया पार्षद नियुक्त नहीं किया जाता होगा। एक जातक कथा से हमें यह जानकारी मिलती है कि एक दर्जी के बेटे को भांडागारिक नियुक्त किया गया था,[175] किंतु ऐसे दृष्टांत तो बहुत कम ही मिलते हैं।

कहा जाता है कि इस काल के अत्यंत शक्तिसंपन्न राजवंशों में से एक वंश शूद्र उत्पत्ति का था और शूद्रों ने निचली गंगा घाटी में सर्वोच्च सत्ता प्राप्त कर रखी थी।[176] ये विवरण केवल इसी हद तक वास्तविक माने जा सकते हैं कि ये नंद शासकों को हीन कुल का बताते हैं। उनका यह अर्थ नहीं लगाया जाना चाहिए कि राजनीतिक सत्ता शूद्र समुदाय के हाथ में चली गई, क्योंकि कोई भी ऐसे तथ्य नहीं हैं, जो प्रमाणित कर सकें कि नंद वंश के उत्थान से शूद्रों की राजनीतिक अशक्तताएँ समाप्त हो गईं।

जहाँ तक इस काल के गणतंत्रीय शासन में उनकी भूमिका का प्रश्न है, यह ठीक ही बताया गया है कि 'संघगण की शासिका सभा पर क्षत्रिय अभिजात वर्ग का दबदबा था और इसे समाज में ब्राह्मणों और गहपतियों से भी उच्च स्थान प्राप्त था, फिर निम्नवर्गीय लोगों के विषय में तो कुछ कहना ही नहीं'।[177] *गौतम धर्मसूत्र* के एक परिच्छेद के आधार पर जायसवाल ने बताया है कि शूद्र (नगर या राजधानी के) पौर का सदस्य हो सकता था। यह ऐसा निकाय होता था जिससे राजा परामर्श लेता था।[178] यदि हम यह मान लें कि पौर एक

निगमित निकाय था, तो शूद्र के संबंध में जायसवाल के विचार की मस्करिन् की टीका से पुष्टि नहीं होती, क्योंकि उन्होंने पौर की व्याख्या 'समानस्थानवासी' (एक जगह रहनेवाले) के रूप में की है।[179]

जहाँ तक विधि न्यायालयों में गवाहों के रूप में उपस्थित होने का प्रश्न है, बौधायन ने कुछ अपवादों को छोड़कर सभी वर्णों के सदस्यों को यह विशेषाधिकार दिया है।[180] उन्होंने उच्च वर्णों के विरुद्ध चल रहे मुकदमे में गवाही देने से शूद्र को वंचित नहीं किया है। यह ऐसा उपबंध है जो वसिष्ठ के विधि ग्रंथ में भी दिखाई पड़ता है।[181] गौतम ने बताया है कि शूद्रों को गवाही देने के लिए बुलाया जा सकता है, पर टीकाकारों की राय है कि ऐसा तभी हो सकता था जब अपेक्षित योग्यतावाले द्विज उपलब्ध न हों।[182] यह स्पष्ट नहीं कि इसका संबंध द्विज के मुकदमों में इनकी गवाही से है या उनके अपने मुकदमे में। प्रायः इसका संबंध पूर्ववर्ती स्थिति से है। किंतु वसिष्ठ ने स्पष्ट शब्दों में कहा है कि एक ही वर्ण के द्विज अपने वर्ण के लिए, भद्र शूद्र भद्र शूद्रों के लिए, और निम्न कुल में उत्पन्न लोग वैसे ही लोगों के लिए गवाही दे सकते हैं।[183] भद्र शूद्र वे लोग थे जो अपने कर्तव्यों के संबंध में ब्राह्मण ग्रंथों के उपदेशों का अनुसरण कड़ाई से करते थे। इससे पता चलता है कि भद्र शूद्रों के मुकदमे में अभद्र शूद्रों को गवाही के रूप में स्वीकार नहीं किया जाता था। इस प्रकार धर्मसूत्रों के बाद के लेखक, अर्थात गौतम और वसिष्ठ में यह प्रवृत्ति दिखाई पड़ती है कि उच्च वर्णों के मुकदमे में शूद्र को गवाह नहीं रखा जाए। यह पता लगाने का कोई साधन नहीं कि इस प्रकार का भेदभाव रखा जाता था, किंतु यह वर्ण-विधान की भावनाओं के अनुकूल है, जिससे धर्मसूत्र भी प्रभावित थे। फिर भी, यह ध्यान देने योग्य है कि इस काल में ग्रीस में दासों के बयान के लिए उनके तलवों पर बेंत लगाकर और अन्य यातनाएँ देकर प्रश्न पूछे जाते थे।[184] धर्मसूत्रों में अपराध स्वीकार कराने के लिए ऐसे निष्ठुर कार्य विहित नहीं किए गए हैं।

गौतम ने बताया है कि विभिन्न जातियों के सदस्यों और कृषकों, व्यापारियों, पशुपालकों, महाजनों तथा शिल्पियों के संघ अपने-अपने कार्य की व्यवस्था अपने रिवाजों के अनुसार करते थे, परंतु शर्त यह थी कि ऐसे रिवाज धर्मसंबंधी नियमों का उल्लंघन न करते हों।[185] दूसरे शब्दों में, शूद्रों के वे वर्ग , जो शिल्पों या जातियों के आधार पर संघबद्ध थे, अपने आंतरिक कार्यों को सँभालने के लिए निजी नियमों का अनुसरण कर सकते थे। किंतु जब अन्य वर्णों के सदस्यों के साथ उनका दीवानी या फौजदारी मामला अंतर्ग्रस्त हो जाता था, तब वे कानूनी भेदभावों के शिकार हो जाते थे। पहले बताया जा चुका है कि दीवानी कानून के अंतर्गत ब्राह्मण पिता का शूद्र पुत्र उत्तराधिकार के आधार पर या तो मामूली हिस्सा पाने अथवा कोई भी हिस्सा पाने का हकदार नहीं था।[186]

फौजदारी मामलों में भी धर्मसूत्रों ने विधितः शूद्रों को समानता नहीं प्रदान की है। गौतम के विधान के अनुसार यदि कोई ब्राह्मण किसी क्षत्रिय या वैश्य को गाली दे तो उसे जुर्माना चुकाना पड़ेगा, किंतु यदि वह शूद्रों को गाली दे तो उसे कोई भी सजा नहीं मिलेगी।[187] यदि शूद्र किसी द्विज की निंदा जान-बूझकर आपराधिक शब्दों में करे या उस पर आपराधिक ढंग से प्रहार करे तो वह उस अंग के विच्छेदन का भागी होता था जिससे उसने अपराध किया हो।[188] *आपस्तंब* में तो रूखे, साफ शब्दों में कहा है कि यदि शूद्र किसी आचारवान आर्य को गाली दे तो उसकी जीभ काट ली जाए।[189] संभ्रांत लोगों को गालियाँ देने और झूठ बोलने के पाप के लिए विहित किए गए प्रायश्चित में भी शूद्रों के प्रति भेद-भाव रखा गया है। ऐसी स्थिति में शूद्र को सात दिन तक उपवास करने का विधान किया गया है,[190] जबकि प्रथम तीन वर्णों के सदस्यों को केवल दूध, तीखे मसाले और नमक से तीन दिनों तक परहेज करने को कहा गया है।[191] अंत में *आपस्तंब* और *गौतम धर्मसूत्र*, दोनों ही ने विहित किया है कि यदि बातचीत करने में या बैठने, लेटने अथवा सड़क पर चलने में शूद्र किसी द्विज की बराबरी करे तो उसे कोड़े से पीटा जाना चाहिए।[192]

परस्त्रीगमन संबंधी विधियों में शूद्रों के लिए बहुत कठोर दंड की व्यवस्था की गई है। *आपस्तंब* में कहा गया है कि यदि कोई शूद्र किसी आर्य, अर्थात प्रथम तीन वर्ण की किसी स्त्री के साथ व्यभिचार करे तो उसकी हत्या कर दी जानी चाहिए,[193] और यदि उस संभोग के फलस्वरूप कोई संतान उत्पन्न न हो तो प्रायश्चित करवाकर उस स्त्री को पवित्र बना लिया जा सकता है।[194] पर उसी ग्रंथ में यह भी लिखा है कि यदि कोई आर्य किसी शूद्र स्त्री के साथ वैसा ही अपराध करे तो उसे निर्वासित कर देना चाहिए।[195] चोरी के मामले में गौतम के नियम के अधीन शूद्र के लिए मामूली जुर्माना विहित किया गया है, पर किसी उच्च वर्ण का अपराधी होने की दशा में जुर्माने की राशि बढ़ा दी गई। इस प्रकार यदि किसी की संपत्ति चुराने के लिए शूद्र को संपत्ति का आठ गुना मूल्य चुकाना पड़ता था, तो ब्राह्मण के लिए चौसठ गुना चुकाना विहित था।[196] यद्यपि यह कहा जा सकता है कि शूद्र अधिक जुर्माना चुकाने में असमर्थ थे, फिर भी नियम में यह परिकल्पना की गई है कि उच्च वर्णों के सदस्यों का आचरण भी ऊँचे दर्जे का होना चाहिए और उनसे यह उम्मीद नहीं की जानी चाहिए कि वे चोरी करेंगे। यह बात उस उपबंध के अनुकूल है, जिसमें विहित किया गया है कि जिस अधिकारी का प्रमुख कार्य चोरी से रक्षा करना हो, उसके पद पर केवल प्रथम तीन वर्णों के सदस्यों को ही नियुक्त किया जाना चाहिए।[197]

जहाँ तक इन आपराधिक कानूनों के लागू होने का प्रश्न है, *मज्झिम निकाय* के एक परिच्छेद में कहा गया है कि परस्त्रीगमन और चोरी के मामलों में अपराधी के लिए एक ही

प्रकार का दंड विहित है, चाहे वह किसी भी वर्ण का क्यों न हो।[198] अतः धर्मसूत्रों में इससे संबंधित विभेदक नियमों पर बहुत गंभीरता से विचार करना आवश्यक नहीं है। किंतु ब्राह्मणेतर ग्रंथों से प्रकट होता है कि अपराध करनेवाले दासों, कम्मकरों और अन्य श्रमिक वर्गों को उनके मालिक शारीरिक दंड देते थे। पीटने के भी दो उदाहरण मिलते हैं, जो दासियों के संबंध में हैं।[199] एक में कार्य की उपेक्षा का अपराध है,[200] और दूसरे में बताया गया है कि दासी ने अपनी मजूरी अपने मालिक को नहीं लौटाई।[201] यद्यपि एक ऐसे दास का वर्णन मिलता है जिसे दुलार-प्यार मिलता था और लिखना तथा हस्तशिल्प सीखने की अनुमति भी दी गई थी, फिर भी उसे निरंतर यह भय बना रहता था कि छोटी-सी भी गलती होने पर वह पिटाई, कारावास, दागे जाने और दास का भोजन खाने का पात्र माना जा सकता है।[202]

शारीरिक दंड केवल दासों तक ही जो स्वाधीन नहीं थे, सीमित नहीं था। इनके साथ बौद्ध कथोपकथन में अधिकतर पेस्सों और कम्मकरों का वर्णन इस रूप में किया गया है कि वे कोड़ों की मार से पीड़ित और भयभीत होकर आँसू बहाते हुए राजा का काम करते थे।[203] जैन ग्रंथ के एक ऐसे ही उदाहरण से हमें पता चलता है कि प्रेष्यों (दूत या नौकर) को छड़ी मार-मारकर काम करने के लिए कहा जाता था।[204] जब निर्दोष कामगारों के साथ ऐसा व्यवहार किया जाता था, तब अपराधियों की स्थिति कैसे अच्छी रही होगी? *सूयगडम्* के निम्नलिखित परिच्छेद का विषय ही यह है कि श्रमजीवियों के छोटे से छोटे अपराध के लिए भी उन्हें अत्यंत कठोर दंड दिए जाते थे, 'कोई भी व्यक्ति (समय-समय पर) घरेलू नौकरों, अर्थात दास या दूत या वेतनभोगी नौकर या अधीनस्थ (भागिल्लभागिक)[205] अथवा आश्रितों को छोटे-मोटे अपराध के लिए भी कठोर दंड दे सकेगा, अर्थात उसके बाल नोचेगा, उसे पीटेगा या लोहे के शिकंजों और बेड़ियों में जकड़ देगा, काठ में उसके पाँव ठोक देगा, उसे कारा में बंद कर देगा, उसके हाथ और पाँव को कड़ी में जड़ देगा और उन्हें तोड़ देगा, उसके हाथ या पाँव या कान या नाक या ओंठ या सिर अथवा चेहरे (?) को काट देगा,[206] उसकी टाँगें चीर देगा, आँखें और दाँत निकाल लेगा, जीभ काट लेगा, उसे रस्सी से लटका देगा, उसके ऊपर घोड़े दौड़ा देगा, चाक पर घुमा देगा, सूली पर चढ़ा देगा, उसे चीर देगा, उसके घावों पर तेजाब उँड़ेल देगा, गँड़ासे से काट देगा, उसे सिंह की दुम से या साँड़ की दुम से बाँध देगा, किसी जंगल में जला डालेगा, कौओं और गिद्धों से उसकी बोटियाँ नोचवाएगा, उसका खाना-पीना बंद कर देगा, आजीवन कारावास में रख देगा तथा उसे ऊपर बताई गई किसी भी प्रकार की भीषण मृत्यु का शिकार बना देगा।[207]

उपर्युक्त अनुच्छेद व्यभिचारी व्यक्तियों के आचरण का वर्णन करता है, जो जैन धर्म के

दायरे से बाहर थे, अतः हो सकता है कि बातें बढ़ा-चढ़ाकर कही गई हों। किंतु यह निस्संदेह बताता है कि मालिक न केवल अपने दासों को बल्कि अपने अधीन काम करनेवाले विभिन्न कोटि के श्रमिकों को विभिन्न प्रकार के क्रूर दंड देता था। इन सब बातों से पता चलता है सेवि वर्ग के जो व्यक्ति अपराध करते थे, उन्हें शारीरिक दंड देना असामान्य बात नहीं थी। हाँ, शूद्र वर्ण के शिल्पियों को इस तरह नहीं सताया जाता था। ग्रीस में भी दासों को अपने छोटे-मोटे अपराध के लिए शारीरिक दंड भोगना पड़ता था, जबकि उनसे भिन्न व्यक्तियों के प्रति ऐसे अमर्यादित व्यवहार नहीं किए जाते थे।[208]

सर्वप्रथम धर्मसूत्र विधि में ही विभिन्न वर्णों के लिए वैरदेय (हत्या करने के बदले हर्जाना) की विभिन्न दरें निर्धारित की गई हैं, यद्यपि वैदिक काल में ऐसा विभेद नहीं किया गया है। इनमें से तीन वैरदेयों में कहा गया है कि क्षत्रिय का वध करने पर अपराधी को एक हजार गायें देनी होंगी और किसी शूद्र का वध करने के लिए केवल दस गायें देनी पड़ेंगी, किंतु गायों के साथ साँड़ हर हालत में दिया जाएगा।[209] बौधायन का मत है कि यह वैरदेय राजा को मिलेगा,[210] किंतु आपस्तंब राजा के बदले ब्राह्मण का पक्ष लेता है।[211] किसी भी हालत में यह मारे गए व्यक्ति के संबंधी को नहीं मिलेगा। हत्याजन्य पाप के प्रायश्चित के रूप में भी मारे गए व्यक्ति के वर्ण के अनुसार अंतर था। गौतम के मतानुसार क्षत्रिय की हत्या करने के लिए अपराधी को छः वर्षों तक, वैश्य की हत्या के लिए तीन वर्षों तक और शूद्र की हत्या के लिए एक वर्ष तक इंद्रिय निग्रह (ब्रह्मचर्य) का व्रत धारण करना चाहिए।[212] किंतु वसिष्ठ ने प्रायश्चित की इस निरोधावधि को वैश्य की हत्या की दशा में तीन वर्ष तथा क्षत्रिय या शूद्र की हत्या की दशा में दो वर्ष बढ़ा दिया है।[213] किंतु सामविधान ब्राह्मण में, जिसे बर्नेल इस अवधि की रचना मानते हैं,[214] यद्यपि प्रथम तीन वर्णों के सदस्यों की हत्या के लिए समान प्रायश्चित विहित किया गया है, फिर भी शूद्र की हत्या के लिए निर्धारित प्रायश्चित भिन्न ढंग का है।[215] इससे पता चलता है कि वैरदेय के बारे में पहले शूद्रों और 'त्रैवर्णिकों' में विभेद किया गया। बाद में इसे पराकाष्ठा पर पहुँचा दिया गया और भिन्न-भिन्न वर्णों के सदस्यों की हत्या के लिए जुर्माने की अलग-अलग दरें विहित की गईं। अधिकांश धर्मसूत्रों में जो वैरदेय के नियम पाए जाते हैं, उनका कुछ आधार अवश्य होगा। वर्ग के अनुसार वैरदेय की अलग-अलग दरें न केवल परवर्ती समाजों में, बल्कि सुप्रसिद्ध *हम्मुरबी संहिता* में भी पाई जाती हैं। किंतु शूद्र के मामले में इस विधि का अनुपालन कहाँ तक और किन रीतियों से किया जाता था, इसका अनुमान नहीं किया जा सकता, क्योंकि इस विषय पर न्यायालय के निर्णयों का अभाव है।

आधुनिक जनतांत्रिक विचारवालों को जो बात सर्वाधिक अशोभनीय और दुखद लगेगी, वह यह है कि *आपस्तंब* और *बौधायन* में शूद्र की हत्या करने के लिए वही

प्रायश्चित निर्धारित है जो किसी राजहंस, भास, मयूर, ब्राह्मणी बत्तख, प्रचलाक, कौवे, उल्लू, मेढ़क, छछूँदर, कुत्ते आदि की हत्या के लिए।[216] संभव है इस अतिवादी विचार को, जिसके अनुसार शूद्रों की जान को किसी जानवर या चिड़िया की जान के बराबर ही महत्व दिया गया है,[217] सभी ने मान्यता न दी हो, क्योंकि उन्हीं विधि-प्रवर्तकों के अनुसार शूद्र की हत्या करने का वैरदेय दस गायें और एक साँड है।[218] किंतु इसमें संदेह नहीं कि आरंभिक ब्राह्मण ग्रंथों में शूद्र की जान को बहुत कम महत्व दिया गया है।

इस प्रकार वैदिक काल के पश्चात जनजातीय समाज के स्थान पर पूर्णतया वर्ण पर आधारित समाज के आ जाने से शूद्र वर्ण के सदस्यों का प्रशासन में कोई स्थान नहीं रह गया। संभवतया उन्हें सभी तरह के प्रशासकीय पदों से वंचित कर दिया गया और छोटे-मोटे अपराधों के लिए भी शारीरिक दंड दिया जाने लगा। एक प्रकार से यह स्वाभाविक ही था, क्योंकि वे साधारणतया जुर्माना नहीं चुका सकते थे। प्रायश्चित के नियम और दंडविधान के अनुसार शूद्रों के बारे में निर्धारित दंड वस्तुतः उच्च वर्णों द्वारा किए गए अपराधों के लिए विहित दंड के अनुपात में बहुत अधिक था। किंतु इससे कम से कम यह आभास तो मिलता है कि शूद्र को जान और जायदाद के अधिकार थे।[219] जिस प्रकार ग्रीस में दासों की हत्या दंड की संभावना के बिना की जाती थी, उस प्रकार शूद्र का वध नहीं किया जा सकता था।

मौर्यपूर्व काल में शूद्र की सामाजिक स्थिति में परिवर्तन हुए तथा उसकी दशा और भी बिगड़ गई। विधि-प्रवर्तकों ने उस पुरानी मान्यता पर जोर दिया कि शूद्र की उत्पत्ति सृष्टिकर्ता के पाँव से हुई है[220] और इस आधार पर उन्होंने संगति, आहार, विवाह और शिक्षा की दृष्टि से उस पर अनेक प्रकार की सामाजिक अशक्तताएँ आरोपित कर दीं। इनके फलस्वरूप कई मामलों में तो उच्च वर्ण के लोगों ने आमतौर से और ब्राह्मणों ने खासतौर से शूद्रों का सामाजिक बहिष्कार कर दिया। बौधायन ने यह विधान किया कि स्नातक को अछूत, स्त्री या शूद्र के साथ यात्रा नहीं करनी चाहिए।[221] गौतम के एक परिच्छेद की टीका में कहा गया है कि यहाँ स्नातक शब्द का आशय है ब्राह्मण या क्षत्रिय,[222] जिससे मालूम होता है कि यह नियम वैश्य पर लागू नहीं था। फिर, सफलता प्राप्त करने के लिए अनिवार्य नियम यह था कि सफलता के इच्छुक छात्र को स्त्री और शूद्र से बातचीत नहीं करनी चाहिए।[223] शूद्र से भिन्न वर्ण की स्त्री (संभवतया उच्च वर्ण की) के शूद्रजात पुत्र (पतित) का साहचर्य अवांछनीय माना जाता था।[224] इसका तात्पर्य स्पष्टतया यह था कि उच्च वर्णों के साथ शूद्र का सामाजिक संपर्क कम हो जाए। धर्मसूत्रों में ऐसी प्रवृत्ति साफ दिखाई पड़ती है कि ब्राह्मण और शूद्र का सामाजिक विभेद बढ़े। आपस्तंब और बौधायन का मत है कि यदि कोई शूद्र अतिथि के रूप में ब्राह्मण के घर आए तो उसे कुछ काम करने का भार सौंपना

चाहिए और जब काम संपन्न हो जाए तब उसे भोजन देना चाहिए।[225] ब्राह्मण न तो उसका सत्कार करे और न स्वयं खाना खिलाए, बल्कि ब्राह्मण का नौकर राजा के भंडार से चावल लाकर उसे भोजन कराए।[226] गौतम का विचार है कि ब्राह्मणेतर जाति को, यज्ञ का अवसर छोड़ अन्यथा ब्राह्मण का अतिथि नहीं होना चाहिए,[227] किंतु यज्ञ के अवसर पर भी वैश्य और शूद्र को ब्राह्मण का नौकर ही भोजन कराएगा।[228] वैश्वेदेव यज्ञ के अवसर पर यदि चंडाल, कुत्ते और कौवे भी यज्ञ समाप्ति के समय उपस्थित हो जाएँ तो उन्हें भी कुछ अंश दिया जाएगा।[229] मालूम होता है कि इस यज्ञ में अनेकानेक देवताओं को नैवेद्य अर्पित किया जाता था जिससे इसका सांप्रदायिक और जनजातीय स्वरूप कुछ-कुछ बना रहा और नए वर्गविभेद का उस पर बहुत असर नहीं पड़ा।

गौतम के मतानुसार यदि कोई शूद्र अस्सी वर्ष का बूढ़ा हो तो उस शहर के रहनेवाले नौजवान को उसके प्रति सम्मान प्रकट करना चाहिए।[230] इसका मतलब यह हुआ कि उसका आदर करने में उसकी आयु का सम्मान किया जाता था, न कि अन्य गुणों का। इसकी तुलना में शूद्र के लिए यह बाध्यकारी था कि वह आर्य का आदर करे, भले ही वह उम्र में उससे छोटा ही क्यों न हो।[231] धर्मसूत्रों में वर्ण के अनुसार वंदना और अभिवादन के जो स्वरूप निर्धारित किए गए हैं, उनसे प्रकट होता है कि समाज में शूद्र कितने पराधीन थे। *आपस्तंब* में बताया गया है कि ब्राह्मण अपनी दाहिनी बाँह को अपने कान के समानांतर, क्षत्रिय उसे अपनी छाती के स्तर तक, वैश्य अपनी कमर तक, और शूद्र उसे अपने पाँव की सीध में रखकर अभिवादन करे।[232] विभिन्न वर्णों के लोगों के क्षेम-कुशल और स्वास्थ्य के संबंध में जिज्ञासा करने के लिए भिन्न-भिन्न शब्द विहित किए गए हैं। क्षत्रिय के स्वास्थ्य की जिज्ञासा के लिए प्रयुक्त किया जानेवाला शब्द है 'अमानय' और शूद्र के लिए 'आरोग्य'।[233] यह भी बताया गया है कि किसी क्षत्रिय अथवा वैश्य का अभिवादन करने में लोगों को केवल सर्वनाम का प्रयोग करना चाहिए, न कि उसके नाम का।[234] इसका अर्थ हुआ कि मात्र शूद्र को उसके नाम से संबोधित किया जा सकता था। इस संबोधन की दृष्टि से द्विज वर्गों की स्थिति बहुत अच्छी थी। प्राचीन पालि ग्रंथों में निम्न वर्गों के लोगों ने किसी क्षत्रिय को उसके नाम से या उत्तम पुरुष में संबोधित नहीं किया है।[235] राजा उदय को गंगमाल हजाम पारिवारिक नाम से संबोधित करता है, इस पर उसकी माँ बड़े रोष के साथ कहती है, इस नीच नापितपुत्र को अपनी स्थिति का इतना भी ज्ञान नहीं है कि वह मेरे बेटे को, जो पृथ्वी का मालिक है और क्षत्रिय जाति का है, ब्रह्मदत्त कहकर पुकारता है।[236]

यह विचार कि जिस भोजन को शूद्र ने छू दिया, वह अपवित्र हो गया और ब्राह्मण उसे ग्रहण नहीं कर सकता, सबसे पहले धर्मसूत्रों में मिलता है। आपस्तंब के मतानुसार किसी

अशुद्ध ब्राह्मण या उच्च वर्ण के व्यक्ति द्वारा स्पर्श किया गया भोजन अपवित्र तो हो जाता है, किंतु इतना अपवित्र नहीं कि उसे ग्रहण ही नहीं किया जा सके ।[237] लेकिन कोई अपवित्र शूद्र यदि उसे उठाकर लाए तो उसे ग्रहण नहीं किया जा सकता ।[238] यही स्थिति उस आहार की है जिस पर किसी कुत्ते या पतित अथवा चंडाल की कोटि के अपपात्र की नजर पड़े ।[239] एक अन्य नियम में कहा गया है कि यदि भोजन करते समय किसी ब्राह्मण को कोई शूद्र स्पर्श कर दे तो उसे भोजन रोक देना चाहिए, क्योंकि शूद्र स्पर्श के कारण वह अपवित्र हो जाता है ।[240] *आपस्तंब* के इस कथन से तो उसकी कट्टरता और भी प्रकट होती है कि यदि कोई शूद्र विहित विधियों का अनुसरण भी करे तो भी उसके द्वारा लाया गया भोजन ग्राह्य नहीं है ।[241] किंतु 'शूद्रबर्जम्' शब्द, जिसका अर्थ यह किया जाता है कि शूद्रों का अन्न ग्रहण करना निषिद्ध है, पुरानी पांडुलिपि में नहीं मिलता ।[242] इससे पता चलता है कि पहले ऐसा विचार प्रचलित नहीं था, जब केवल अपवित्र शूद्र का अन्न ग्रहण करना वर्जित था। फिर भी, धर्मसूत्रों में निर्विवाद रूप से ब्राह्मणों को आदेश दिया गया है कि वे किसी शूद्र का अन्न ग्रहण नहीं करें ।[243] हरदत्त की टीकावाले *आपस्तंब धर्मसूत्र* के एक अनुच्छेद[244] में ब्राह्मण को अनुमति दी गई है कि नितांत अभावग्रस्तता की स्थिति में वह शूद्र का अन्न ग्रहण कर सकता है, किंतु शर्त यह है कि वह अन्न स्वर्ण और अग्नि को स्पर्श कराकर पवित्र बना लिया जाए और जैसे ही ब्राह्मण को कोई वैकल्पिक जीविका मिल जाए, वैसे ही वह शूद्र का अन्न ग्रहण करना छोड़ दे ।[245] गौतम ने ऐसी कोई शर्त नहीं लगाई है । उन्होंने जीवननिर्वाह का साधन समाप्त हो जाने पर ब्राह्मण को शूद्र का अन्न ग्रहण करने की अनुमति देते समय,[246] यह छूट दी है कि वह पशुपालक, खेतिहर मजदूर, परिवार के परिचित व्यक्ति और सेवक से प्राप्त अन्न ग्रहण करे ।[247] किंतु गौतम उसे यह अनुमति नहीं देते कि वह शूद्र के व्यवसायों को अपनाकर जीवननिर्वाह करे ।[248] इतना ही नहीं, उन्होंने यह नियम भी बनाया है कि स्नातक (अर्थात, हरदत्त के अनुसार, ब्राह्मण या क्षत्रिय) को शूद्र का पानी तक नहीं पीना चाहिए ।[249] ऐसा नियम केवल गौतम ने ही बनाया है । कुछ मामलों में तो ब्राह्मण द्वारा शूद्र के अन्न के बहिष्कार संबंधी नियमों को धमकियों और प्रायश्चित के आधार पर लागू कराया गया है । वसिष्ठ की दृष्टि में पूर्णतया योग्य ब्राह्मण वह है, जिसके उदर में शूद्र का एक भी दाना नहीं गया हो ।[250] ऐसे नियम के अनुसार स्वभावतया अपराधी ब्राह्मण यज्ञ का दान ग्रहण करने से वंचित कर दिया गया होगा, जो उसकी आय का मुख्य साधन था । उन्होंने यह भी घोषित किया है कि यदि किसी ब्राह्मण के पेट में शूद्र का दाना हो और वह मर जाए तो उसका जन्म या तो ग्राम शूकर के रूप में अथवा शूद्र के ही परिवार में होगा ।[251] इतना ही नहीं, यदि कोई ब्राह्मण शूद्र के अन्न पर पला हो, तो वह नित्य वेद का पाठ और पूजा-अर्चना क्यों न करे, उसे स्वर्ग नहीं मिल

सकता। पुनः, यदि वह शूद्र का अन्न खाकर स्त्री से संभोग करे तो उसके पुत्र शूद्र जाति के होंगे और खुद उसे स्वर्ग की प्राप्ति नहीं हो सकेगी।[252] बौधायन का मत है कि यदि कोई व्यक्ति किसी शूद्र का अन्न ग्रहण करने या शूद्रस्त्रीगमन करने का अपराध करे तो उसके पाप का प्रायश्चित एक सप्ताह तक प्रति दिन सात बार प्राणायाम करने से होगा।[253] इसी कर्म के लिए उन्होंने ऐसे प्रायश्चित की भी व्यवस्था की है कि प्रायश्चित करनेवाला उबाले हुए यव के दाने ग्रहण करने का समारोह आयोजित करे।[254] किंतु ये प्रायश्चित इस काल की वास्तविक स्थिति के द्योतक नहीं माने जा सकते। पहला प्रायश्चित चतुर्थ प्रश्न में आया है जिसके बारे में एक मत यह है कि यह ई. सन् की दसवीं शताब्दी का है,[255] और दूसरे प्रायश्चित का उल्लेख तृतीय प्रश्न में हुआ है जो बुहलर के मतानुसार मूल रचना में पीछे चलकर जोड़ दिया गया है।[256]

धर्मसूत्रों से यह धारणा बनती है कि सामान्यतया आदर्श ब्राह्मण शूद्र का अन्न,[257] खासकर यदि शूद्र अपवित्र हो, नहीं ग्रहण करते थे। लेकिन इस प्रतिबंध को लागू कराने के लिए जिस प्रायश्चित और धमकी का विधान है, वह बाद में सन्निविष्ट किया गया मालूम होता है। ऐसा कोई विधान इस काल में संभवतया लागू नहीं था। यह स्पष्ट है कि क्षत्रिय और वैश्य पर ऐसा कोई भी प्रतिबंध नहीं लगाया गया था। वैश्वेदेव यज्ञ के अवसर पर प्रथम तीन वर्णों के लोगों की देख रेख में शूद्र भोजन सामग्री तैयार करता था।[258] रसोई करते समय उसे बिल्कुल साफ-सुथरा रहना पड़ता था, ताकि भोजन दूषित न होने पाए। इस प्रयोजन के लिए उसे हर महीने के पूर्वार्ध और उत्तरार्ध के आठवें दिन अथवा पूर्णमासी या द्वितीया तिथि को अपने सर के बाल, दाढ़ी और शरीर पर के केश मुड़वाने पड़ते थे, और नाखून भी कटवाने पड़ते थे। इसके अलावा उसे अपने शरीर पर वस्त्र धारण किए हुए स्नान भी करना पड़ता था।[259] सामान्यतया यह उपबंध किया गया था कि आर्य की नौकरी करनेवाले शूद्रों को प्रति मास अपने बाल एवं नाखून कटवाने चाहिए। बौधायन के विचारानुसार उनके पानी पीने का ढंग आर्यों के समान ही था।[260] धार्मिक अनुष्ठान में अत्यधिक पवित्रता का ध्यान रखा जाता है, लेकिन उसमें भी शूद्र को भोजन बनाने की अनुमति दी जा सकती थी। इससे पता चलता है कि उच्च वर्णों के लोग, जिनमें प्रायः ब्राह्मण सम्मिलित नहीं थे, सामान्यतया शूद्र द्वारा बनाया गया भोजन ग्रहण करते थे। बाद की भी एक जातक कथा में रसोइया के व्यवसाय के बारे में कहा गया है कि यह व्यवसाय गुलामों और भाड़े के मजदूरों को करना चाहिए।[261] एक ऐसा दृष्टांत मिला है जिसमें एक क्षत्रिय पिता अपनी दासी पत्नी से उत्पन्न पुत्री के साथ खाने से परहेज करता है। किंतु यह परिच्छेद बाद के एक जातक की वर्तमान कथा में आता है,[262] अतः इसे उस कालावधि का नहीं माना जा सकता। जिन आदेशों के अधीन अपवित्र व्यक्ति द्वारा स्पर्श किया गया भोजन

और खासकर उसके जूठन का संपर्क तक करना निषिद्ध था तथा जिनके अधीन नियमों के उल्लंघन के लिए दंड दिया जाता था, वे प्राचीन पालि ग्रंथों में देखे जा सकते हैं।[263] किंतु उनमें कोई भी ऐसी बात नहीं है जिससे सिद्ध होता हो कि वे खासकर शूद्रों के लिए बताए गए थे। ऐसा प्रायः इस कारणवश हुआ था कि प्राचीन भारोपीय प्रथा के अनुसार कुल के सभी सदस्य विशेष अवसरों पर सहभोज का आयोजन करते थे,[264] जिसका प्रभाव जनजातियों के वर्णों में विभक्त हो जाने के बाद भी बना रहा।

धर्मसूत्रों के वैवाहिक नियम वर्ण के आधार पर बने थे। विवाह के आठ प्रकारों का उल्लेख सर्वप्रथम इसी अवधि में मिलता है। इनमें से गांधर्व और पैशाच (प्रलोभन देकर किया गया विवाह, जिसमें सम्मति ध्वनित होती है) विवाह वैश्यों और शूद्रों के लिए विधिसंगत समझे जाते थे। बौधायन के अनुसार प्रथम कोटि का विवाह वैश्यों के लिए और द्वितीय कोटि का विवाह शूद्रों के लिए विहित था।[265] इस विचार का औचित्य सिद्ध करने के लिए उन्होंने बताया है कि चूँकि वैश्य और शूद्र कृषिकर्म और सेवा में व्यस्त रहते थे, इसलिए उनकी पत्नियाँ उनके नियंत्रण में नहीं रह सकती थीं।[266] इससे संकेत मिलता है कि निम्न वर्ग की महिलाओं को अपनी जीविका अर्जित करने के लिए नौकरी करनी पड़ती थी, जिससे वे अपेक्षाकृत अपने-अपने पतियों से स्वतंत्र रहती थीं। उच्च वर्णों की महिलाएँ अपना जीविकोपार्जन करने में असमर्थ थीं, अतः उन्हें अधिक आश्रित बनकर रहना पड़ता था, किंतु समाज में उनकी मर्यादा अधिक थी।

वैवाहिक संबंध के स्थायित्व का विचार वर्ण की दृष्टि से किया जाता था। वसिष्ठ का मत है कि जितना ही ऊँचा वर्ण होगा, वैवाहिक जीवन उतना ही अधिक स्थाई होगा। इसी दृष्टि से विहित किया गया है कि यदि पति घर छोड़कर चला जाए तो ब्राह्मण या क्षत्रिय की पत्नी जिसे संतान हो, पाँच वर्ष तक प्रतीक्षा करेगी, वैश्य की पत्नी चार वर्ष तक और शूद्र की तीन वर्ष तक राह देखेगी। यदि उसे संतान नहीं हो तो ब्राह्मण की स्थिति में प्रतीक्षा की अवधि एक वर्ष घट जाएगी और क्षत्रिय, वैश्य तथा शूद्र की प्रतीक्षा अवधि दो-दो वर्ष कम हो जाएगी।[267] इसके फलस्वरूप शूद्र की पत्नी को केवल एक वर्ष तक प्रतीक्षा करनी होगी। इस तरह के नियम से पुनः यह अर्थ निकलता है कि निम्न वर्ण की स्त्रियाँ अपेक्षाकृत अधिक स्वाधीन होती थीं और उनका विवाह-संबंध आसानी से विच्छेदन योग्य था।

किंतु उच्च वर्ण के पति अपनी शूद्र पत्नियों के प्रति समान बर्ताव नहीं करते थे। वसिष्ठ का कहना है कि काली जाति की शूद्र पत्नी को सुख-संभोग के लिए रखैल रखा जा सकता है,[268] पर उससे विवाह नहीं किया जा सकता।[269] इसी ग्रंथ के एक परिच्छेद में यह अनुमति दी गई है कि आर्य शूद्र जाति की महिलाओं से विवाह कर सकता है, यदि उस विवाह में समुचित वेदमंत्रों का पाठ न किया जाए। किंतु स्वयं वसिष्ठ इसे वांछनीय नहीं

मानते,[270] क्योंकि इस तरह के विवाह से परिवार की मर्यादा का ह्रास होता है और मृत्यु के पश्चात उस व्यक्ति को स्वर्ग नहीं मिलता।[271] आपस्तंब के मतानुसार यह श्रेयस्कर नहीं कि कोई ब्राह्मण शूद्र महिला का संभोग करे या कृष्ण वर्ण के व्यक्ति की नौकरी करे।[272] आपस्तंब और बौधायन, दोनों ने ही ऐसे व्यक्तियों के लिए शुद्धिकरण संस्कार विहित किए हैं जिनका शूद्र वर्ण की महिला के साथ संबंध है।[273] किंतु बौधायन *धर्मसूत्र* के ये दोनों परिच्छेद चतुर्थ प्रश्न में आए हैं, जो बाद में जोड़े गए हैं, जैसा कि पहले भी बताया जा चुका है। अतः ऐसे प्रायश्चित इस काल पर लागू नहीं माने जाने चाहिए। यह विचार कि शूद्र पत्नी वर्जनीय है, वसिष्ठ के एक पूर्ववर्ती नियम के प्रतिकूल पड़ता है, जिसमें कहा गया है कि ब्राह्मण तीन पत्नियाँ रख सकता है, क्षत्रिय दो, और वैश्य तथा शूद्र एक-एक।[274] इसके द्वारा प्रथम दो वर्णों के लोगों को स्पष्ट अनुमति मिली हुई है कि वे शूद्र स्त्री से नियमित रूप में विवाह कर सकते हैं। अतः संभव है कि यह विचार बाद में सन्निविष्ट हुआ हो कि शूद्र पत्नियाँ केवल सुख-संभोग के लिए अंगीकृत की जाएँ। यह भी स्पष्ट है कि कोई सुखी-संपन्न व्यक्ति कई पत्नियों का निर्वाह कर सकता है। इस प्रकार उच्च वर्णों में जहाँ बहुविवाह का चलन उनकी आर्थिक संपन्नता का परिचायक है, वहाँ शूद्रों में एक विवाह की प्रथा[275] उनकी आर्थिक विपन्नता सूचित करती है।

यद्यपि नीच जातियों की स्त्रियों से विवाह करने की अनुमति है, किंतु धर्मसूत्रों में इसके विपरीत क्रम के विवाह को बहुत हेय समझा गया है।[276] गौतम का मत है कि यदि कोई शूद्र अपनी जाति से भिन्न किसी महिला से पुत्र उत्पन्न करे तो उसे पतित समझा जाएगा।[277] इन्हीं विवाहों और संबंधों के कारण अधिकतर प्राचीन विधिग्रंथों में लगभग एक दर्जन मिश्रित (वर्णसंकर) जातियों की उत्पत्ति का वृतांत दिया गया है। इस प्रकार क्षत्रिय वर्ण की स्त्री से शूद्र द्वारा उत्पन्न संतान को 'क्षतृ' कहा गया है और वैश्य जाति की स्त्री से उत्पन्न संतान को 'मागध' कहा गया है।[278] ब्राह्मण स्त्री से उत्पन्न शूद्रपुत्र चंडाल माना गया है।[279] गौतम के मतानुसार किसी शूद्र पत्नी से ब्राह्मण, क्षत्रिय, वैश्य और शूद्र द्वारा उत्पन्न व्यक्ति क्रमशः 'पारशव', 'यवन', 'करण' और 'शूद्र' कहलाता है।[280] किसी शूद्र पत्नी से उत्पन्न ब्राह्मण पुत्र 'निषाद' कहलाता है।[281] उसकी संतान, जो किसी शूद्र स्त्री से उत्पन्न हो, 'पुलुकस' कहलाती है और निषाद जाति की स्त्री से किसी शूद्र द्वारा उत्पन्न पुत्र 'कुक्कुटक' कहलाता है।[282] क्षत्रिय और शूद्र पत्नी के संयोग से उत्पन्न संतान 'उग्र' कहलाती है[283] तथा वैश्य और शूद्र की संतति को रथकार माना गया है।[284] जातियों की उपर्युक्त सूची बताती है कि धर्मसूत्रों के मतानुसार शूद्र और उच्च वर्णों के लोगों के बीच अनुलोम वर्णों के क्रम में और प्रतिलोम (वर्णक्रम के विपरीत) संबंधों को संकर जातियों के उद्‌भव का महान स्रोत माना गया है और इन्हीं में से अनेक को अछूत की श्रेणी

में रखा गया है। किंतु इनमें से अधिकतर संकर जातियाँ पिछड़ी जनजाति की थीं, जिन्हें मनमाने ढंग से वर्णों से जैसे-तैसे जोड़कर चातुर्वर्ण्य व्यवस्था में मिला लिया गया था।[285] इतना ही नहीं, ऐसी व्याख्याओं के कारण कालक्रम से नई-नई जातियाँ बनी होंगी, क्योंकि आधुनिक काल में भी ऐसा हुआ है।[286]

यद्यपि पूर्वकालीन गृह्यसूत्रों में कहीं भी शूद्रों को दीक्षा-संस्कार से वंचित करने का स्पष्ट उल्लेख नहीं है, फिर भी *आपस्तंब धर्मसूत्र* से पता चलता है कि उसे उपनयन और वेदाध्ययन की अनुमति नहीं दी जा सकती है।[287] किसी शूद्र और खासकर चंडाल की उपस्थिति को वेदपाठ बंद कर देने का पर्याप्त कारण माना गया है।[288] ऐसी स्थितियों को बौधायन और गौतम दोनों ही, सभी प्रकार के अध्ययन के लिए बाधक मानते हैं।[289] गौतम तो यहाँ तक कहते हैं कि हमेशा एक ही शहर में नहीं पढ़ते रहना चाहिए।[290] मस्करिन का ख्याल है कि यह ऐसे शहर के बारे में कहा गया होगा, जिसके निवासी मुख्यतया शूद्र हों।[291] केवल गौतम ने बताया है कि यदि कोई शूद्र वेद की ऋचाओं का पाठ करे तो उसकी जीभ काट ली जानी चाहिए और यदि वह उन ऋचाओं को स्मरण रखे तो उसके शरीर के दो टुकड़े कर दिए जाने चाहिए।[292] इस तरह के भीषण दंड-विधान में मनु की कट्टर मनोवृत्ति का आभास मिलता है; अतः यह सोचा जा सकता है कि इसे गौतम के विधि ग्रंथ में बाद में जोड़ दिया गया होगा।[293] किंतु यह स्पष्ट है कि इस काल में भी शूद्र को वेद की शिक्षा देने का तीव्र विरोध किया जाता था।

आपस्तंब के एक परिच्छेद में शूद्र को वेद पढ़ाने का समर्थन किया गया है, जहाँ उन्होंने यह बताया है कि छात्र को चाहिए कि वेद पढ़ाने के लिए अपने गुरु को शुल्क दे, वहीं उनकी यह भी स्पष्ट अनुमति है कि गुरु (शिक्षक) सभी परिस्थितियों में किसी उग्र अथवा किसी शूद्र से शुल्क ग्रहण कर सकता है।[294] यह किसी प्राचीन स्थिति का परिचायक हो सकता है, जब शूद्र को वैदिक शिक्षा के लिए अनुमति प्राप्त थी। किंतु आगे चलकर न केवल गौतम और वसिष्ठ ने, बल्कि स्वयं आपस्तंब ने भी उसे इस सुविधा से वंचित कर दिया। वेद विधि (धर्म) का स्रोत है, और वसिष्ठ का मत है कि शूद्र धर्मसंबंधी कोई भी विषय जानने का पात्र नहीं है।[295] स्पष्ट है कि ऐसे विचार का आशय यह था कि शूद्रों को उस विधि से सर्वथा अपरिचित रखा जाए, जिससे वे शासित होते थे।

आपस्तंब में कहा गया है कि स्त्रियाँ और शूद्र *अथर्ववेद* के परिशिष्ट का अध्ययन कर सकते हैं।[296] इसके अंतर्गत नृत्य, संगीत और दैनिक जीवन से संबंधित कला और विद्या है।[297] गौतम के एक परिच्छेद की टीका करते हुए मस्करिन ने इसी तरह की शिक्षा का उल्लेख किया है। उन्होंने स्मृतियों से उद्धरण प्रस्तुत किए हैं जिनमें बताया गया है कि निषाद को हस्ति-प्रशिक्षण (पीलवानी) की शिक्षा-दीक्षा दी जानी चाहिए।[298] इन सबका

आशय यह हो सकता है कि शूद्रों को कला और शिल्प का प्रशिक्षण तो दिया जा सकता था, किंतु उन्हें वेद के अध्ययन से वंचित रखा गया था जो बहुत कुछ साहित्यिक शिक्षा के समान था। इस तरह धर्मसूत्रों ने शास्त्रीय शिक्षा, जो द्विज वर्णों तक ही सीमित थी और शिल्पशिक्षा, जो शूद्रों के लिए अभिप्रेत थी— दोनों को पृथक करने का प्रयास किया। यह भी उल्लेख किया गया है कि वेद-अध्ययन से कृषिकर्म में बाधा पड़ती है और कृषिकर्म से वेद के अध्ययन में।[299] स्वभावतया इस प्रकार के नियम से न केवल शूद्र बल्कि ऐसे वैश्य भी प्रभावित हुए जो स्वयं खेती-गृहस्थी करते थे। हम यह नहीं जानते कि व्यवहार में यह नीति कहाँ तक सफल हुई। बाद के एक जातक से जानकारी मिलती है कि दो चंडालपुत्र तक्षशिला में शिक्षा पाने के लिए छद्म वेश धारण करके गए, किंतु जब उन्होंने असावधानी से अपनी बोलचाल की भाषा का प्रयोग किया तो भेद खुल गया और उन्हें संस्था से निकाल दिया गया।[300] लेकिन अन्य जातक कथाओं से पता चलता है कि विद्यालयों में सौदागरों और दर्जियों[301] तथा मछुओं के भी पुत्र पढ़ते थे।[302] इस प्रकार, इस काल में भी, शूद्र पूर्णतया शिक्षाप्राप्ति से वंचित नहीं थे।

धर्मसूत्रों में शूद्र के लिए वेद का अध्ययन निषिद्ध था, जिसके फलस्वरूप वे यज्ञों और धार्मिक कृत्यों में भाग नहीं ले सकते थे, क्योंकि इनमें केवल वैदिक मंत्रों का प्रयोग होता था। *आश्वलायन गृह्यसूत्र* के एक नियम[303] का अर्थ इस प्रकार किया गया है कि शूद्र मधुपर्क समारोह के अवसर पर होनेवाले वेदमंत्रों का पाठ सुन सकते थे।[304] इसी प्रकार जैमिनी ने एक प्राचीन गुरु बादरि का उद्धरण दिया है जिसमें कहा गया है कि चारों वर्णों के लोग वैदिक यज्ञ कर सकते हैं।[305] किंतु उन्होंने बादरि के विचार का समर्थन नहीं किया है,[306] जिससे मालूम होता है कि वह भी उस युग के कट्टर विचारों से प्रभावित थे। वैदिक यज्ञ के लिए शूद्र अग्निस्थापन नहीं कर सकता था।[307] वह किसी संस्कार का अधिकारी नहीं था।[308] वैदिक यज्ञ से उसका बहिष्कार इस सीमा तक कर दिया गया था कि कुछ धार्मिक कृत्यों में तो उसकी उपस्थिति वर्जित थी, और उसे देखना भी मना था।[309] शूद्र सामान्यतया 'नमः' का उच्चारण भी नहीं कर सकता था।[310] इसका उच्चारण वह विशेष रूप से अनुमति मिलने पर ही कर सकता था।[311] किंतु गौतम ने कुछ ऐसे ऋषियों का उल्लेख किया है, जिन्होंने पाक-यज्ञ (साधारण गृह्य कर्म) नाम से विदित कुछ छोटे-छोटे यज्ञों की सूची बनाई है, जिनका संपादन शूद्र कर सकता है।[312] बौधायन ने अन्य आचार्यों का भी उल्लेख किया है जिन्होंने कहा है कि जल में निमज्जन और स्नान सभी वर्णों के लिए विहित है, किंतु मार्जन (मंत्रों का उच्चारण करते हुए शरीर पर पानी छिड़कना) केवल द्विज का कर्तव्य है।[313]

यह तर्क दिया जाता है कि विभिन्न प्रकार के धार्मिक समारोह और यज्ञों का संपादन

नहीं करना शूद्र के लिए लाभकर ही था, क्योंकि उनके संपादन के दायित्व से वह मुक्त था।[314] किंतु आधुनिक दृष्टि से जो बात उसके लिए लाभकर समझी जाती है वह उस काल के सामाजिक दृष्टिकोण के अनुसार अलाभकर थी, जिसके अनुसार यज्ञ न करनेवाले लोगों को समाज में हेय समझा जाता था।[315]

गौतम ने यह नियम बनाया है कि शूद्र अपनी पत्नी के संग रहेगा।[316] हरदत्त ने एक अन्य टीकाकार का उद्धरण दिया है जिसने इसका अर्थ किया है कि शूद्र केवल गृहस्थ के रूप में जीवन व्यतीत कर सकता है; छात्र, आश्रमवासी या तपस्वी के रूप में नहीं।[317] मालूम होता है कि आगे चलकर ब्राह्मण के लिए सामान्यतया चार, क्षत्रिय के लिए तीन, वैश्य के लिए दो तथा शूद्र के लिए एक आश्रम विहित थे।[318] हो सकता है कि बराबर ऐसी स्थिति नहीं रही हो, किंतु शूद्र के साथ जो भेदभाव रखा गया वह संगत ही मालूम होता है, क्योंकि यह कार्य ऐसा था जिसे वह एक गृहवासी के रूप में ही संपन्न कर सकता था।

किंतु शूद्र को श्राद्ध कर्म की अनुमति थी।[319] लेकिन गौतम और वसिष्ठ ने विहित किया है कि किसी सपिंड के जन्म या मरण से वह एक महीने तक अशौच में रहेगा।[320] वसिष्ठ के मतानुसार ब्राह्मण, राजन्य और वैश्य के लिए यह अवधि क्रमशः दस, पंद्रह और बीस दिन की होती है।[321] गौतम ने इस अवधि में से चार दिन क्षत्रिय के लिए और आठ दिन वैश्य के लिए घटा दिया है।[322] अशौच की सबसे लंबी अवधि को मानने के कारण शूद्र को भारी कठिनाई का सामना करना पड़ता था। अपनी जीविका उपार्जित करने में असमर्थ होने के कारण उसे अपने महाजन या मालिक की कृपा पर निर्भर रहने को बाध्य होना पड़ता था। हाल में भी देखा गया है कि मृत्यु के कारण हुए अशौच की अवधि में गरीब शूद्र घर-घर भीख माँगता था। किंतु एक दृष्टि से उसकी स्थिति अच्छी थी, वह इतना अपवित्र नहीं समझा जाता था कि उच्च वर्णों का मुर्दा छूना उसके लिए वर्जित हो। वह ब्राह्मण के शव को भी श्मशान घाट ले जा सकता था,[323] और वहाँ चिता का स्पर्श कर सकता था।[324]

तीन उच्च वर्णों में से ब्राह्मण से यह आशा की जाती थी कि वह पूरी नियम-निष्ठा से अपना धार्मिक कर्तव्य निभाएगा। बौधायन ने कहा है कि राजा को चाहिए कि जो ब्राह्मण प्रातः और सायंकाल संध्यावंदन नहीं करे, उससे शूद्र का कार्य कराए।[325] जो ब्राह्मण शारीरिक श्रमवाली जीविका अपनाएगा, वह ब्राह्मणत्व खो बैठेगा। बौधायन का मत है कि जो ब्राह्मण पशुपालन करे, व्यापार करके जीविका चलाए, शिल्पी, अभिनेता, सेवक या सूदखोर का काम करे उसके साथ शूद्रवत् व्यवहार किया जाना चाहिए।[326] गौतम इससे भी आगे बढ़कर कहते हैं कि यदि कोई आर्य किसी आर्येतर (अर्थात शूद्र) व्यक्ति का

व्यवसाय अपनाए तो वह उसी कोटि का बन जाएगा।[327] इस परिच्छेद पर टिप्पणी करते हुए हरदत्त ने कहा है कि यदि कोई व्यक्ति ब्राह्मण होकर भी किसी आर्येतर व्यक्ति का पेशा अपनाए तो शूद्र को उसकी सेवा नहीं करनी चाहिए। उनका यह मत भी है कि जो शूद्र किसी आर्य का काम करे, उससे आर्येतर व्यक्तियों का पेशा अपनानेवालों को घृणा नहीं करनी चाहिए। सामान्यतया ऐसी घृणा में कोई तथ्य तो नहीं दीख पड़ता, क्योंकि आर्यों का दर्जा ऊँचा था। फिर भी, ये नियम बताते हैं कि उच्च वर्णों के सदस्य, खासकर ब्राह्मण, शारीरिक श्रम संबंधी व्यवसायों के प्रति घृणा का भाव रखते थे और यही कारण था कि जब उन्हें शारीरिक श्रम करके अपनी जीविका चलाने के लिए बाध्य होना पड़ता था, तब वे शूद्र समझे जाते थे।[328] *विनय पिटक* में कृषि, व्यापार और पशुपालन को उच्च कोटि का काम माना गया है।[329] जाहिर है कि यह वैश्य के कर्मों का उल्लेख करता है। दूसरी ओर बढ़ई और भंगी का काम हीन कोटि का समझा जाता था।[330] इसी ग्रंथ में नलकार (बाँस का काम करनेवाला), कुंभकार, पेसकार (बुनकर), चम्मकार और नहापित (हज्जाम), पाँचों के व्यवसाय को हीन कोटि का बताया गया है।[331] किंतु एक स्थान पर बुनकर, नलकार, कुंभकार और हज्जाम के कार्य को सामान्य शिल्प की सूची में रखा गया है,[332] जिससे पता चलता है कि पाँचवें व्यवसाय, अर्थात चर्मकार के व्यवसाय को सभी लोग हेय समझते थे।

इन शिल्पों को समाज में कैसा दर्जा मिला था, उसका अलग-अलग आकलन करने पर पता चलता है कि सामान्यतया कुंभकार के कर्म को बुरा नहीं माना गया है।[333] किंतु एक जगह बुनकर (तंतुवाय) के काम को हीन कोटि का बताया गया है।[334] मालूम होता है कि हज्जाम भी उपहास का पात्र होता था।[335] इस प्रकार यद्यपि उपाल नामक हज्जाम भिक्षु बन गया था, फिर भी भिक्षुणियाँ उसे ऐसे हीन कुल में उत्पन्न कहकर निंदित करती थीं, जिसका पेशा लोगों के सिर की मालिश करना और गंदगी को साफ करना है।[336] इससे मालूम होता है कि कुछ व्यवसायों को हीन कोटि का मानने की प्रवृत्ति प्रचलित थी। चूँकि ऐसे कार्य विभिन्न वर्ग के शूद्रों द्वारा किए जाते थे, इसलिए कालक्रम में पूरे शूद्र वर्ण के पेशे को कलंकित किया जाने लगा। *दीघ निकाय* के एक परिच्छेद से यह बात स्पष्ट हो जाती है, जिसमें शूद्रों के कृत्यों का निर्धारण करने में 'लुद्दाचार खुद्दाचार ति' वाक्यखंड का प्रयोग किया गया है।[337] इसका अर्थ यह हुआ कि शूद्र वे हैं जो शिकार और अन्य हीन कर्म द्वारा जीवन-निर्वाह करते हैं। एक जैन ग्रंथ में भी वृषल गृहदास (जन्मजात दास) और हीन कुल में उत्पन्न अधम व्यक्ति जैसे शब्दों का प्रयोग उसी रूप में किया गया है जिस रूप में कुत्ता, चोर, डकैत, ठग, मक्कार आदि को दुत्कारा जाता है।[338]

प्राचीन पालि ग्रंथों में पाँच हीन जातियों, यथा चंडाल, नेसाद, वेण, रथकार और

पुक्कुस जातियों की चर्चा बार-बार हुई है।[339] उन्हें नीच कुल[340] और हीन जाति[341] का बताया गया है। हीन व्यवसायों, कार्यों और जातियों की गणना मूलतः मौर्यपूर्व काल की मानी जाती है, क्योंकि बुद्ध अपने भिक्षुओं को निदेश देते हैं कि वे भिक्षुओं की पूर्व जाति, सिप्प, कम्म आदि का हवाला देकर उन्हें अपमानित न करें और इस प्रकार संघ में भेदभाव उत्पन्न न करें।[342]

बौद्ध ग्रंथों की अनेक हीन जातियाँ ब्राह्मणकालीन समाज के अछूत वर्गों से मोटे तौर पर मिलती-जुलती हैं। बौद्ध और जैन ग्रंथों के अनुसार चंडाल और पुक्कुस शूद्र वर्ण में सम्मिलित नहीं थे।[343] किंतु धर्मसूत्रों ने उन्हें मिश्रित जातियों की सूची में रखा है, और इनमें शूद्र जातियों का खून मिला है। पतंजलि का कथन है कि पाणिनि ने चंडाल और मृतप (शवों की रखवाली करनेवाला) को उन शूद्रों की कोटि में रखा है जो नगरों और गाँवों से बाहर रहते थे, जिनका स्पर्श हो जाने से ब्राह्मणों का कांस्य पात्र सदा के लिए अपवित्र हो जाता था।[344]

मूलतः चंडाल आदिवासी प्रतीत होते हैं। यह उनकी बोली से ही स्पष्ट हो जाता है।[345] एक जैन ग्रंथ में अन्य जनजातियों, अर्थात शबर, द्रविड़, कलिंग, गौड और गांधारों के साथ उनका उल्लेख किया गया है।[346] किंतु कालक्रम से चंडाल अछूत समझे जाने लगे। आपस्तंब का मत है कि चंडाल को छूना और देखना पाप है।[347] किंतु यह परिच्छेद उसके धर्मसूत्र की पहले की दो पांडुलिपियों में नहीं मिलता,[348] जिससे पता चलता है कि अस्पृश्यता प्रायः मौर्यपूर्व काल के अंत में आई। इसी प्रकार का एक उपबंध गौतम के परवर्ती ग्रंथ में मिलता है कि यदि किसी चंडाल के स्पर्श से शरीर अपवित्र हो जाए, तो सभी वस्त्रों के साथ स्नान करके उसे पवित्र किया जा सकता है।[349]

पालि ग्रंथों में चंडालों को स्पष्टतया अछूत बताया गया है। बाद के एक जातक में चंडाल को अधमाधम कोटि का माना गया है।[350] चंडाल का शरीर स्पर्श करके आनेवाली हवा दूषित समझी जाती थी।[351] चंडाल पर दृष्टि पड़ना अपशकुन माना जाता था।[352] यही कारण है कि बनारस के एक सेट्ठि की लड़की चंडाल को देखने पर अपनी आँखें धोने लगती है, क्योंकि वे आँखें अधम व्यक्ति को देखने के कारण दूषित हो गई थीं।[353] यदि चंडाल भोजन या पेय सामग्री को देख ले तो उसे ग्रहण करना वर्जित था।[354] अज्ञानवश भी उसका अन्न ग्रहण कर लेने पर लोगों को सामाजिक बहिष्कार का भागी बनना पड़ता था। कहा जाता है कि सोलह हजार ब्राह्मण अपनी जाति से इसलिए बहिष्कृत कर दिए गए कि उन्होंने अनजाने ऐसा अन्न ग्रहण किया जो शूद्र के जूठन के स्पर्श से दूषित हो गया था।[355] ऐसे ब्राह्मण का भी वर्णन आया है, जिसने भूख की पीड़ा में चंडाल का जूठा खा लिया और अपनी जाति के लोगों की निंदा से बचने के लिए आत्महत्या कर ली।[356] एक

जातक कथा में बताया गया है कि जब चंडाल शहर में प्रवेश करता है तब लोग उसे मार-मारकर बेहोश कर देते हैं।[357] इसी प्रकार की कथा बाद के जैन ग्रंथ में आई है। कहा गया है कि जब कामदेव की पूजा के अवसर पर बनारस के मातंग नेता के दो बेटे गायक और नर्तक दल को लेकर पहुँचे तो उच्च जाति के लोगों ने उन्हें लातों और थप्पड़ों से मारा और शहर से बाहर निकाल दिया।[358] जो भी हो, जातक-प्रसंगों से पता चलता है कि यद्यपि उच्च वर्णों के सभी लोग चंडालों को अस्पृश्य समझकर घृणा करते थे, फिर भी ब्राह्मण उनसे विशेष नफरत करते थे।

जब ब्राह्मणप्रधान समाज में चंडालों को संभवतया शिकारी और बहेलिया होने के कारण स्थान मिला, तब उन्हें पशुओं और मनुष्यों के शव फेंकने का काम सौंपा गया। वे हमेशा शवों को हटाने और जलाने के काम[359] से संबद्ध दीख पड़ते हैं।[360] यह काम पण भी करते थे, जो चंडाल कहलाते थे।[361] चंडालों को कभी-कभी सड़क पर झाड़ू लगाने के लिए कहा जाता था।[362] धर्मसूत्रों में चंडाल को जल्लाद के रूप में चित्रित नहीं किया गया है, जो अपराधियों को फाँसी पर चढ़ाता है। जातक में उसे अपराधी को कोड़ा मारने और उसका अंगविच्छेद करनेवाला बताया गया है।[363] कहा गया है कि जातक में जिस चोरघातक की चर्चा आई है, संभव है कि वह चंडाल हो।[364] कुछ चंडाल बाजीगरी और कलाबाजी का व्यवसाय करके अपनी जीविका चलाते थे।[365] आज भी उत्तर भारत में पिछड़ी जाति के घुमक्कड़ लोग एक स्थान से दूसरे स्थान में जाकर यह पेशा करते हैं। चंडाल दुखपूर्ण और गंदा जीवन व्यतीत करते थे। पालि ग्रंथ में दी गई एक उपमा से पता चलता है कि जब चंडाल के बच्चे फटा-चिटा कपड़ा पहने हुए अपने हाथ में भिक्षापात्र लेकर गाँव या शहर में प्रवेश करते हैं, तब वे सिर झुकाए हुए आगे बढ़ते हैं।[366] बाद के एक जातक से हमें मालूम होता है कि चंडाल के पास एक जोड़ा रंगीन वस्त्र (जो अन्य लोगों से उसका विभेद कर सके), एक कमरबंद, जीर्ण-शीर्ण वस्त्र और मिट्टी का एक पात्र रहता था।[367]

साधारण बोलचाल की भाषा में वह व्यक्ति चंडाल कहलाता था जिसमें कोई भी गुण न हो, जो धर्म और नैतिक चरित्र से विहीन हो।[368] फिक ने ठीक ही कहा है कि जातकों से प्रकट होता है कि चंडालों का जो चित्रण उन्होंने किया है, उसमें व्यवहार और सिद्धांत में बहुत अंतर नहीं है।[369] किंतु यह बड़ा महत्वपूर्ण है कि चंडालों के संबंध में अधिकांश प्रसंग बाद के जातकों में, खासकर चौथे खंड में आए हैं, अतः वे मौर्यपूर्व काल के अंत अथवा उसके बाद के भी माने जा सकते हैं।

पुल्कस और पुक्कुस ऐसी आदिम जाति के ज्ञात होते हैं जो शिकार करके या बाँस की वस्तुएँ बनाकर जीवनयापन करते थे,[370] किंतु धीरे-धीरे उन्हें ब्राह्मणकालीन समाज में खास-खास ढंग के कार्यों के लिए रख लिया गया, यथा मंदिर और राजमहल से फूलों को

हटाना।[371] फूल हटाने के लिए वे मंदिर के प्रांगण में प्रवेश कर सकते थे, जिससे पता चलता है कि वे चंडाल-जैसे अधम नहीं माने जाते थे।

वेण एक दूसरी जनजाति थी जो शिकार और बाँस का काम करके निर्वाह करती थी।[372] एक परवर्ती जातक में वेणुकार या वेलुकार का वर्णन आया है जो बाँस काटकर बोझा बनाने के लिए चाकू लेकर जंगल जाता है, ताकि उसका व्यापार कर सके।[373] धर्मसूत्रों में वेणों की भी उत्पत्ति का अन्वेषण किया गया है। बौधायन का मत है कि वैण वैदेहक पिता (वैश्य-पिता और क्षत्रिय माता से उत्पन्न) और अंबष्ठ माता (ब्राह्मण पिता और वैश्य माता से उत्पन्न) की संतति था।[374] इस प्रकार चंडाल और पुल्कस की भाँति वैण में शूद्र का रक्तसंपर्क नहीं था। यद्यपि एक परवर्ती जातक में वेणी शब्द को चंडाल के साथ कोष्ठबद्ध किया गया है,[375] फिर भी ऐसा कोई प्रमाण नहीं मिलता, जिससे यह पता चले कि वेणों को चंडाल के समान अस्पृश्य समझा जाता था। *विनय पिटक* की टीका में स्पष्ट बताया गया है कि वेण के रूप में जन्म लेने का अर्थ हुआ बढ़ई (तच्छक) के रूप में जन्म लेना।[376] जब वैण और तक्षक शब्द समान अर्थबोधक हैं, तब यह बात विचित्र लगती है कि जिस तक्षक को वैदिक समाज में ऊँचा दर्जा मिला हुआ था, उसे बौद्ध ग्रंथों में अधम जाति की कोटि में दिखाया जाए।

बौद्ध ग्रंथों में रथकार को भी अधम जाति का माना गया है, किंतु ब्राह्मण ग्रंथों में उसकी सामाजिक हैसियत उच्च कोटि की ही रखी गई है। गृह्यसूत्र में उसके उपनयन का भी उपबंध किया गया है।[377] रीज डेविड्स का विचार है कि रथकार आदिम जाति के थे।[378] यह सही नहीं मालूम पड़ता, क्योंकि वैदिक काल में वे आर्य विश् के अंग थे। किंतु संभव है, बाद में कुछ आदिम जातियाँ रथकारों की पंक्ति में मिला दी गई हों। परवर्ती जातक के एक अनुच्छेद[379] के आधार पर यह सुझाव दिया गया है कि रथकार का ओहदा इसलिए गिर गया कि उसने चर्मकार का काम आरंभ कर दिया।[380] किंतु रथकार भी राजा के रथ के पहिए बनाने में संलग्न रहता था।[381] इतना ही नहीं, यद्यपि चर्मकार का काम हीन कोटि का माना जाता था, फिर भी वह अधम जातियों की सूची में नहीं रखा गया था। बौद्ध ग्रंथों में रथकार को अधम जाति का मानने का एक कारण प्रायः यह था कि बौद्धों को युद्ध से घृणा थी और रथकार युद्ध के लिए रथों का निर्माण करते थे। जो भी हो, इतना तो स्पष्ट है कि वे चंडाल और पुक्कुस के स्तर तक नीचे नहीं गिरे थे।

बौद्धों ने हीन जातियों की जो सूची बनाई उसमें नेसादों को कैसे सम्मिलित किया गया, इसकी व्याख्या करना बहुत कठिन नहीं है। यह धर्मसूत्रों में उनकी हीन स्थिति से मिलता-जुलता है। वे लोग आर्यपूर्व जनजातियों में से थे, जो नाटे कद के होते थे। उनका रंग कोयले जैसा काला, आँखें लाल,[382] कपोल उभरे हुए, नाक चिपटी और बाल ताँबे के

रंग के थे।[383] उनके संबंध में विचित्र परंपरा चली आ रही है कि वे वेण राजा के तन से उत्पन्न हुए थे,[384] जिसने मुनियों पर बहुत अत्याचार किए। इससे अनुमान किया जा सकता है कि उन्होंने ब्राह्मणवाद के विकास का विरोध किया था। जब उन्हें ब्राह्मणप्रधान समाज में समाविष्ट कर लिया गया, तब भी निषाद मुख्यतया शिकारी ही बने रहे[385] और अपने गाँवों में निवास करते रहे।[386] संभव है कि कुछ निषादों ने ब्राह्मणों के वर्ग में स्थान पा लिया हो। यद्यपि गोत्रों की किसी भी मानक सूची में निषाद गोत्र का उल्लेख नहीं है, फिर भी पाणिनि के गणपाठ[387] में निषाद गोत्र की चर्चा हुई है। ऐसा तभी संभव हुआ होगा, जब आदिवासी पुरोहितों में से कुछ को ब्राह्मणों का दर्जा दे दिया गया होगा, या जब ब्राह्मण आदिम निवासियों के पुरोहितों के रूप में काम करने लगे होंगे।[388] इतना तो स्पष्ट है कि इस काल में निषाद उस दर्जे से नीचे अवश्य आ गए थे, जो वैदिक समाज में उन्हें मिला था।

पालि ग्रंथों में उल्लिखित कुछ हीन जातियों, खासकर निषादों और चंडालों को तो अवश्य ही अछूत माना जाता था। सामूहिक रूप से अछूत अंत्य या बाह्य कहे जाते थे, अर्थात वे लोग गाँव या नगर के बाहर रहनेवाले थे। गौतम ने अंत्य को पापिष्ठ माना है।[389] वसिष्ठ ने भद्र शूद्रों और अंत्ययोनियों के बीच अंतर करते हुए बताया है कि अंत्ययोनि के लोग केवल अपने मुकदमे में गवाह बनकर उपस्थित हो सकते थे।[390] *आपस्तंब धर्मसूत्र* में 'अंतः' शब्द का प्रयोग चंडाल के प्रसंग में हुआ है और उसमें बताया गया है कि वह गाँव के आखिरी छोर पर रहता था।[391] इसी संदर्भ में हरदत्त ने बाह्यों को, जिनके सामने वेदपाठ करना निषिद्ध था, उग्र और निषाद कहा है।[392] वसिष्ठ के मतानुसार अंतावसायिन् ऐसी जाति थी जिसकी उत्पत्ति शूद्र पुरुष और वैश्य स्त्री से हुई थी।[393] कहा गया है कि जो ब्राह्मण पिता अंतावसायिनों के साथ रहे या उस समुदाय की किसी स्त्री का संभोग करे, उसे जाति से बहिष्कृत कर देना चाहिए।[394] अछूत साधारणतया गाँवों और नगरों के छोर पर अथवा अपनी बस्तियों में रहते थे। उनका विलगाव किन्हीं प्राचीन आर्य बस्तियों से जान-बूझकर बाहर निकाले जाने की नीति के फलस्वरूप नहीं हुआ था। मालूम होता है कि आदिम जातियों के गाँवों की पूरी आबादी को ब्राह्मणों ने अस्पृश्य घोषित कर दिया था।

धर्मसूत्रों में अस्पृश्यता की उत्पत्ति की जो व्याख्या की गई है, उसे स्वीकार करना संभव नहीं है, क्योंकि इसमें अस्पृश्य उसे कहा गया है जो विभिन्न जातियों से उत्पन्न हो। बताया गया है कि अधिकांश मामलों में अस्पृश्यों की उत्पत्ति बौद्ध समुदायों के सर्वथा विलग और परंपरारहित जीवन के परिणामस्वरूप हुई।[395] किंतु यह विचार तर्कसंगत नहीं लगता, क्योंकि यह सामाजिक तथ्य मौर्यपूर्व काल में प्रकट हुआ, जब बौद्ध धर्म का उद्भव

और विकास हुआ। यह भी कहा गया है कि जिन लोगों ने गोमांस खाना जारी रखा, उन्हें अछूत करार दिया गया।[396] हो सकता है कि इस कारण आगे चलकर उनकी संख्या बढ़ी हो, किंतु यह उनकी उत्पत्ति की व्याख्या नहीं मानी जा सकती, क्योंकि मात्र *गौतम धर्मसूत्र*[397] को छोड़ कहीं भी कुछ ऐसा नहीं दिखाई पड़ता, जिससे पता चलता हो कि इस युग में ब्राह्मण समाज में गोमांस खाना निषिद्ध था। यह भी तर्क दिया जाता है कि घृणा की जिस भावना से अस्पृश्यता का विकास हुआ, वह भारतीय आर्यों में मूलतया नहीं थी, बल्कि उसका प्रवेश द्रविड़ों के माध्यम से हुआ जिनके बीच दक्षिण में आज भी अस्पृश्यता की भावना प्रबल है।[398] किंतु इसका कोई प्रमाण नहीं मिलता कि ब्राह्मणप्रधान समाज में द्रविड़ों के आत्मसात्करण के पहले, उनके द्वारा ब्राह्मणवाद के अंगीकार के पहले दक्षिण में अस्पृश्यता प्रचलित थी। इसके विपरीत दक्षिण के विधिप्रवर्तक बौधायन ने तथा आपस्तंब ने आहार और स्पर्श के विषय में शूद्रों के प्रति उतना कट्टर दृष्टिकोण नहीं अपनाया है, जितना धर्मसूत्रों के दो अन्य उत्तरक्षेत्रीय लेखकों ने अपनाया है। इसके अलावा पहले यह भी बताया गया है कि उच्च वर्ण के लोग, जो आर्य होने का दावा करते थे, किस प्रकार कुछ शिल्पों और व्यवसायों को हेय समझते थे। अंततः, यह निष्कर्ष निकलता है कि अस्पृश्यता की भावना का उद्‌भव कुछ व्यवसायों को अपवित्र मानने के सिद्धांत के आधार पर हुआ है।[399] किंतु महत्वपूर्ण प्रश्न यह है कि कुछ व्यवसाय क्यों अपवित्र माने जाएँ?

अस्पृश्यता की उत्पत्ति का एक कारण आदिम जातियों का संस्कारहीन जीवन था, क्योंकि वे मुख्यतया शिकारी और बहेलिए के रूप में जीवन बिताते थे और उनकी तुलना में ब्राह्मण समाज के लोग धातुकर्म और कृषि का ज्ञान रखते थे तथा नगरजीवन का विकास कर रहे थे।[400] बौद्ध ग्रंथों में इन जातियों के हीन संस्कार और तज्जन्य उनकी दुरवस्था का वर्णन इन शब्दों में किया गया है: 'यदि वह मूढ़ इतनी लंबी अवधि के बाद मनुष्य की कोख में जन्म लेता भी है तो वह नीच जाति के घर जाता है, जैसे चंडाल, नेसाद, वेण, रथकार और पुक्कुस। इनका पुनर्जन्म घुमक्कड़ और अकिंचन के रूप में अभावग्रस्त जीवन बिताने के लिए होता है; इन्हें पेट-भर भोजन और शरीर पर वस्त्र शायद ही मिल पाता है।'[401] इससे पता चलता है कि इन अधम जातियों का जीवन बड़ा संकटमय था और इनकी हालत वैसे शूद्रों से कहीं बदतर थी जो दासों और कम्मकरों के रूप में नियोजित थे और जीविका की दृष्टि से कुछ हद तक सुरक्षा का अनुभव करते थे। भौतिक जीवन की यह विषमता खुद ब्राह्मण समाज में बढ़ रही घृणा की भावना के साथ उग्र होती चली गई। तत्कालीन ग्रीक समाज[402] की भाँति ही वैदिक काल के पश्चातवर्ती समाज में शारीरिक श्रमवाले कार्यों और व्यवसायों के प्रति घृणा के भाव दिखाई पड़ते हैं। उच्च वर्ण के लोग, खासकर ब्राह्मण और क्षत्रिय, धीरे-धीरे उत्पादन कार्य से हाथ खींचने लगे और अपनी

स्थिति तथा कृत्यों के संबंध में वंश-परंपरा का निर्वाह करने लगे, जिसका परिणाम यह हुआ कि उनके मन में न केवल शारीरिक श्रमवाले कार्यों के प्रति घृणा बढ़ी, बल्कि वे उन्हें भी हेय समझने लगे जो इस तरह का कार्य करते थे।

आदिम जातियों की हीन संस्कृति, श्रमसाध्य कार्य के प्रति बढ़ते हुए घृणा के भाव, और निषेध तथा अपवित्रता संबंधी अतिप्राचीन विचारों की पृष्ठभूमि में अस्पृश्यता जैसी असाधारण भावना का उदय हुआ। यह खासकर चंडाल के कार्य के बारे में सत्य था, जो शवों को निपटाता था और जिस कार्य को पुराने विचार के लोग अपवित्र और घृणास्पद समझते थे। नतीजा यह हुआ कि लोग ऐसे व्यक्तियों का संग-साथ छोड़ने लगे। आगे चलकर न केवल निषादों और पुल्कसों को ही, वरन चमड़े के व्यवसायियों और बुनकरों को भी अस्पृश्य माना जाने लगा। यों, इस काल में यद्यपि चम्मकारों और पेसकारों का कार्य हेय समझा जाता था, फिर भी खुद उन्हें अस्पृश्य नहीं माना जाता था।

अंततः, हमें यह देखना है कि इस काल के धार्मिक सुधार-आंदोलनों ने शूद्रों की स्थिति को कहाँ तक प्रभावित किया। जहाँ तक धार्मिक उद्धार का संबंध है, बौद्ध धर्म ने न केवल चारों वर्णों के लिए अपना दरवाजा खोलकर उन्हें संघ में प्रवेश करके भिक्षु बनने की अनुमति दी[403] बल्कि चंडालों और पुक्कुसों को भी निर्वाण प्राप्त करने योग्य बताया।[404] जब डाकू अंगुलिमाल को बौद्ध संप्रदाय में लिया गया तब उसने प्रसन्नतापूर्वक कहा : 'वस्तुतः अब मेरा आर्य-कुल में जन्म हुआ है।'[405] इससे पता चलता है कि बौद्धों ने अपने मठों में शूद्रों को जो प्रवेश दिया, उससे जनजातियों के दीक्षा पाने के प्राचीन अधिकार उन्हें वापस मिल गए, जिनसे वे ब्राह्मण समाज द्वारा वंचित कर दिए गए थे। किंतु जहाँ जनजातियों की जीवन-दीक्षा उन्हें इस संसार के व्यावहारिक जीवन के लिए तैयार करती थी, वहाँ यह नई दीक्षा उन्हें इस जीवन के कष्टों से त्राण पाने के लिए आध्यात्मिक दृष्टि देती थी।[406]

ज्ञान प्रदान करने में बौद्ध धर्म किसी प्रकार का भेदभाव नहीं करता था। बुद्धदेव कहते थे कि जिस प्रकार राजा या राज्यक्षेत्र के स्वामी के लिए सारा राजस्व अपने ही हित में लगाना श्रेयस्कर नहीं है, उसी प्रकार ब्राह्मण या श्रमण का सारे ज्ञान पर एकाधिकार कर लेना उचित नहीं।[407] बुद्धदेव के विचारानुसार कोई भी व्यक्ति, चाहे वह किसी भी जाति का क्यों न हो, अध्यापक बन सकता है। कहा गया है कि अध्यापक शुद्ध चंडाल या पुक्कुस क्यों न हो, उसका हमेशा आदर किया जाना चाहिए।[408] बौद्ध धर्म की मनोवृत्ति का एक विशेष उदाहरण जातक कथा में मिलता है, जिसमें कहा गया है कि एक ब्राह्मण ने चंडाल से जादू सीखा किंतु लज्जावश उसे गुरु नहीं स्वीकार करने के कारण वह जादू भूल गया।[409] दूसरा उदाहरण एक बोधिसत्त चंडाल का है जिसने शास्त्रार्थ में पराजित अपने एक ब्राह्मण

सहपाठी को लात से मारा, किंतु इस आचरण के लिए अध्यापक द्वारा निंदित हुआ।[410]

आरंभ में जैन धर्म ने सभी वर्णों के सदस्यों को मठ में प्रवेश की अनुमति दी और चंडालों के उत्थान का भी प्रयास किया। एक परवर्ती जैन ग्रंथ में ऐसे राजा की चर्चा आई है, जिसने एक मातंग से तंत्र-मंत्र सीखने के लिए निरंतर आसन ग्रहण किया।[411] *उत्तराध्ययन* से पता चलता है कि हरिसेन, जो जन्म से सोवाग (श्वपाक चंडाल) था, एक ब्राह्मण अध्यापक के यज्ञ-परिसर में गया और ब्राह्मण को उसने तपस्या, साधु जीवन, सम्यक् चेष्टा, आत्मनिग्रह, शांति और ब्रह्मचर्य का उपदेश दिया।[412]

प्राचीन जैन साधु, ब्राह्मणों के विपरीत, निम्न वर्ग के परिवारों, जिनमें बुनकर भी सम्मिलित थे,[413] का अन्न ग्रहण करते थे। उसी प्रकार बौद्ध भिक्षु या भिक्खुनी चारों वर्णों के परिवारों में अन्न माँगने जा सकते थे, अथवा निमंत्रण मिलने पर उनके घर जाकर भोजन कर सकते थे।[414] किंतु हमें यह मालूम नहीं कि इन धर्मों के साधारण अनुयायी इस बात में अपने शिक्षकों का अनुसरण करते थे या नहीं।

कई दृष्टांतों से पता चलता है कि निम्न जाति के लोग बौद्ध-विहारों में जाते थे। कहा जाता है कि यद्यपि मातंग चंडाल का बेटा था, फिर भी उसने अभय वर प्राप्त किया था जो कितने ही क्षत्रियों और ब्राह्मणों को भी नहीं मिल पाया।[415] एक भिक्खु का वर्णन है जो गृद्धों को प्रशिक्षण देता था,[416] और एक ऐसे चंडाल का जिक्र आया है जिसने गृहविहीन जीवन का वरण किया। फिक का विचार है कि 'ऐसे धर्मात्माओं का अस्तित्व संदिग्ध है।'[417] किंतु पालि धर्मग्रंथ के इस विवरण में संदेह करने का कोई सुसंगत कारण उन्होंने नहीं बताया है। थेर और थेरिगाथाओं के लेखकों की सूची में कम से कम दो सौ उनसठ थेरों में दस[418] और उनसठ थेरियों में से आठ[419] समाज में ऐसे वर्ग के थे जिन्हें शूद्र माना जा सकता है। इनके अंतर्गत अभिनेता, चंडाल, टोकरी बनानेवाले, अहेरी, वेश्या और दासी थे।[420] जैन मठों के बारे में ऐसी जानकारी नहीं मिलती, जिससे विदित हो सके कि उनमें निम्न वर्गों के लोगों का अनुपात क्या था। किंतु यह महत्वपूर्ण है कि महावीर की प्रथम शिष्या दासी थी, जो बंदी बनाकर लाई गई थी।[421] कहा गया है कि बहुधा धन और शक्ति से अघा जाने की प्रतिक्रियास्वरूप लोग घर छोड़ देते थे, फलतः निम्न वर्ग के लोग घर का त्याग नहीं करते थे।[422] किंतु बौद्धों अथवा जैनों के मठों के विषय में इस तथ्य के समर्थक प्रमाण शायद ही मिलते हैं। जैनों के धर्म-सिद्धांत के अनुसार संन्यास धारण करने के कुछ कारणों में अकिंचनता, अस्वस्थता, आकस्मिक क्रोध और अपमान आदि थे।[423] जैन साधुओं को गृहस्थों ने जो निम्नलिखित दुर्वचन कहे, उनमें हो सकता है कुछ वास्तविकता रही हो : 'जो श्रमण हो जाते हैं, वे अधमाधम कोटि के कामगार होते हैं, वे अपने परिवार का भरण-पोषण करने में असमर्थ रहते हैं, वे हीन जाति और हीन कोटि के

तथा अकर्मण्य होते हैं।'[424] लोग धड़ल्ले से साधु न बनते चले जाएँ, इसके लिए कहा गया कि जो दुखी व्यक्ति दूसरों से भोजन प्राप्त करने के उद्देश्य से साधु बनेगा, उसे अगले जन्म में सूअर बनना पड़ेगा जो फेंके हुए जूठन की खोज में घूमता फिरेगा।[425] एक बौद्ध ग्रंथ में बताया गया है कि बिंबिसार के राज्यकाल में संघ को राजा की ओर से विशेष सुरक्षा प्राप्त थी, जिसके चलते यदा-कदा बंदी, चोर, कोड़े से पीटे जाने का दंड प्राप्त (क्रशाहत) व्यक्ति, ऋणी और भागे हुए गुलाम बौद्ध धर्म की शरण में चले जाते थे और अभिषिक्त हो जाते थे।[426] जब ऐसे मामलों की ओर बुद्धदेव का ध्यान आकृष्ट किया गया तब उन्होंने यह विधान किया कि ऐसे लोगों को संघ में प्रवेश नहीं करने दिया जाए। *दीघ निकाय* के एक परिच्छेद से भी यह स्पष्ट है कि निम्न वर्ग के लोग बौद्ध भिक्खु बनकर अपनी यातनाओं का अंत करना चाहते थे। *सामञ्ञफलसुत्त* के एक प्रसंग में मगध के अजातशत्रु ने महावत, साईस, गृहदासों, रसोइयों, नापितों, स्नापकों, हलवाइयों, मालाकारों, धोबियों, बुनकरों, टोकरी-निर्माताओं और कुंभकारों को उनके व्यवसायों से[427] मिलनेवाले लाभ की चर्चा करते हुए बुद्धदेव से पूछा कि संघ के सदस्यों को जिन्होंने सांसारिक जीवन छोड़कर संन्यास ले लिया है, वैसा कोई लाभ प्राप्त है या नहीं, जो उन्हें अपने व्यवसाय से प्राप्त होता था। उत्तर में बुद्धदेव ने पाँचों इंद्रियों के सुखों से संपन्न राजा के विलासितापूर्ण जीवन और उस शूद्र सेवक के जीवन के बीच व्याप्त विषमता की ओर ध्यान आकृष्ट किया जो देर से सोता, जल्दी जागता और हमेशा मालिक के आदेशपालन में तत्पर रहता है। उसे हमेशा यह चिंता रहती है कि उसका हर काम उसके मालिक की रुचि के अनुकूल हो।[428] बुद्धदेव ने यह भी बताया कि ऐसा दास राजा के समान जीवन की आकांक्षा करने लगता है और उसकी पूर्ति हेतु पुण्य अर्जित करने के लिए एकांतवासी बन जाता है। यहाँ बुद्धदेव एक प्रतिप्रश्न कर बैठते हैं : 'जिस व्यक्ति को आप साधारण स्थिति में दास या नौकर समझते हैं, वही व्यक्ति यदि संघ की शरण में आ जाए तो आप उसके साथ कैसा व्यवहार करेंगे?' राजा ने स्वीकार किया कि 'उसे सम्मानित और प्रतिष्ठित व्यक्ति मानकर और आसन, परिधान, भिक्षापात्र, आवास और औषध का प्रबंध कर, वह उसका आदर करेगा।'[429] बुद्धदेव की उपर्युक्त वाणी से यह असंदिग्ध है कि निम्न वर्ग के लोग जो संन्यास अपनाते थे, उसके फलस्वरूप उन्हें न केवल तात्कालिक निर्धनता से मुक्ति मिल जाती थी, बल्कि अगले जन्म में सुखमय जीवन बिताने के लिए भी पर्याप्त पुण्य प्राप्त हो जाता था। उसी परिच्छेद में बुद्धदेव ने कर देनेवाले खेतिहर गृहस्थ के जीवन से राजा के विलासपूर्ण जीवन की तुलना करके बताया है कि उस गृहस्थ के मन में भी सुखमय जीवन की भावना जग सकती है और वह एकांतवासी बनने का निर्णय कर सकता है।[430] यह ध्यातव्य है कि इस संबंध में ब्राह्मणों और क्षत्रियों की कोई चर्चा नहीं हुई है, जिससे पता चलता है कि साधारणतया वैश्यों और

शूद्रों जैसे गरीब लोग भौतिक लाभ की दृष्टि से संघ की शरण लेते थे। वे भिक्खुओं के जीवन की कामना करते थे, जो अच्छा भोजन करके बाहर की हवा से बचकर आराम से बिछावन पर लेटते हैं।[431]

किंतु बौद्ध और जैन मठों के नियमानुसार यह इष्टकर नहीं समझा जाता था कि बहुत बड़े श्रमिक वर्ग को संघ में लेकर सांसारिक कर्तव्यों से विरत कर दिया जाए। कोई दास या ऋणी बौद्ध मठ में तब तक नहीं प्रवेश पा सकता था[432] जब तक कि दास का मालिक उसे दासत्व से मुक्ति न दे दे और ऋणी अपना ऋण-शोधन न कर दे। संघ में प्रवेश करने के लाभ स्पष्ट थे। एक उपदेश-वार्ता के क्रम में बुद्धदेव अजातशत्रु से खासतौर से पूछते हैं कि क्या आप ऐसे भूतपूर्व दास को, जो संघ का सदस्य बन गया है, अपना दास मानेंगे और उसे पुनः दास कर्म के लिए बाध्य करेंगे। राजा का उत्तर स्पष्टतया नकारात्मक है।[433] संभवतया इस प्रसंग में ऐसे दास की चर्चा है जो स्वामी की अनुमति से संघ में दाखिल हुआ हो। जैन मठ में भी जिन लोगों के लिए प्रवेश वर्जित था ; वे थे डकैत, राजा के शत्रु, ऋणी, अनुचर, सेवक और ऐसे लोग जिनका बलात् धर्म-परिवर्तन किया गया हो।[434]

बौद्ध और जैन धर्म ने, तात्कालिक सामाजिक और आर्थिक संबंधों को स्वीकार करते हुए भी, दासों की स्थिति सुधारने के कुछ दूसरे तरीके अपनाए। एक धर्मसूत्र ने केवल ब्राह्मणों के लिए मनुष्य का व्यापार वर्जित किया था,[435] किंतु वह भी दासों के बदले दासों का विनिमय कर सकता था।[436] पर बौद्ध और जैन धर्मग्रंथों ने अपने साधारण अनुयायियों के लिए भी मनुष्य का व्यापार निषिद्ध किया है।[437] फिर भी, एक बौद्ध ग्रंथ में कहा गया है कि आर्य शिष्य दासों और कम्मकरों से समृद्ध बनते हैं।[438] इससे पता चलता है कि साधारण उपासक अपने दासों की संख्या अन्य तरीकों से बढ़ा सकता था। भिक्खु दास नहीं रखते थे। जातक कथा के एक अनुच्छेद[439] का यह अर्थ लगाया गया है कि भिक्खुओं के दास अपने बीमार मालिकों के लिए रुचिकर भोजन प्राप्त करने के उद्देश्य से नगर में जाते थे।[440] किंतु यह अर्थ उक्त परिच्छेद के गलत रूपांतर के आधार पर किया गया है।[441] इस परिच्छेद में दासों और मालिकों की चर्चा नहीं की गई है, बल्कि ऐसे अन्य भिक्खुओं का उल्लेख किया गया है जो अपने बीमार बंधुओं की सुश्रूषा करते थे और जिन्हें 'आवुसो' शब्द से संबोधित किया जाता था। यह ऐसा शब्द है जो सामान्यतया भिक्खुओं के लिए प्रयुक्त होता है।[442]

बौद्ध और जैन धर्म ने अपने अनुयायियों में अपने कर्मचारियों के प्रति उदारता और दयालुता की भावना जगाने का प्रयास किया। *दीघ निकाय* के एक परिच्छेद में यह आदेश दिया गया है कि मालिकों को चाहिए कि वे अपने दासों और कामगारों के प्रति भद्र व्यवहार करें; उन्हें सामर्थ्य से बाहर कार्य नहीं दें। उन्हें भोजन और मजूरी दें; अस्वस्थावस्था में

उनकी देखभाल करें; समय-समय पर उन्हें छुट्टी दें; और अपने असाधारण सुस्वादु भोजन में से हिस्सा दें। नौकर को भी चाहिए कि मजूरी से संतुष्ट रहे, ठीक से काम करे और अपने मालिक का नाम बनाए रखे।[443] अशोक ने भी अपनी प्रजा को ऐसे अनुदेश दिए थे। जातक में भी कहा गया है कि यदि मालिक बोधिसत्व हो तो वह दास से अच्छा व्यवहार करता है।[444] एक जैन ग्रंथ में कहा गया है कि धन का संचय न केवल सगे-संबंधियों और राजाओं के लिए बल्कि दासों, दासियों, कम्मकरों और कर्मचारियों के लिए भी किया जाना चाहिए। इस तरह यह सुझाव दिया गया है कि ये दास, दासियाँ, कम्मकर आदि अपने मालिक से भरण-पोषण पाने के हकदार हैं।[445]

हमें इस बात का स्पष्ट ज्ञान नहीं हो पाता है कि निम्नवर्गीय लोगों में अपधर्मी संप्रदाय के अयाजकीय अनुयायियों की संख्या कितनी थी। शिल्पी समुदायों के बीच बौद्ध धर्म के कुछ अनुयायी अवश्य थे।[446] आजीविक संप्रदाय कुंभकारों के बीच विशेष रूप से प्रचलित था, और उनके बीच इसका विशेष आकर्षण था।[447] सुधारवादी धर्मों ने कृषि तथा कुछ अंश तक शिल्प-व्यापार पर आधारित वर्ग-व्यवस्था को मजबूत अवश्य किया, पर उन्होंने निम्न वर्ग के लोगों की स्थिति में किसी तरह कोई मूलभूत परिवर्तन नहीं किया। बौद्ध मठों में ऐसे लोगों का अनुपात और महत्व नगण्य मालूम होता है। प्राचीन बौद्ध धर्म में समता के सिद्धांत का आलंबन रहने पर भी अभिजात तंत्र (तीनों प्रकार के, जन्म, विद्या और वैभव) की ओर विशेष झुकाव था, जिसे परंपरा की देन कहा जा सकता है।[448] यह कहना तो अतिरंजना होगी कि बुद्धदेव के प्रादुर्भाव से भारत के सामाजिक संघटन पर कुछ भी प्रभाव नहीं पड़ा।[449] किंतु बौद्धों ने उस वर्ण व्यवस्था के आधारभूत तथ्यों का शायद ही कभी खुलकर विरोध किया, जिसके अनुसार शूद्रों को सेवि वर्ग के अंतर्गत रखा गया था। ब्राह्मणों का यह दावा था कि वे अन्य तीन वर्णों से श्रेष्ठ हैं, किंतु गौतम बुद्ध ने इसका खंडन करते हुए बताया है कि जहाँ तक उद्‌भव का प्रश्न है, क्षत्रिय उच्च हैं और ब्राह्मण निम्न। पर वे वैश्यों और शूद्रों की अपेक्षा न तो ब्राह्मणों और न क्षत्रियों की ही श्रेष्ठता पर कोई आपत्ति करते हैं।[450] बौद्ध धर्म केवल यह बताने का प्रयास करता है कि मुक्ति की खोज में जाति का कोई महत्व नहीं।[451] ईसाई धर्म की ही तरह इस काल के धार्मिक सुधार-आंदोलनों ने भी दासता की बुनियाद पर कभी कोई आघात नहीं किया। उन्होंने शूद्रों की आर्थिक एवं राजनीतिक अशक्तताओं को भी दूर करने का कोई प्रयास नहीं किया। उलटे बौद्ध संघ का दरवाजा गुलामों और कर्जखोरों के लिए बंद था, और बौद्ध धर्म कर्ज की अदायगी पर जोर देता था।

ऊपर के विचार-विमर्श से पता चलता है कि वैदिक काल के पश्चात शूद्रों की स्थिति अस्पष्ट नहीं रह गई। इस काल में वे शेष जातीय अधिकारों से वंचित कर दिए गए और

आर्थिक, राजनीतिक, सामाजिक तथा धार्मिक अशक्तताएँ उनके सिर मढ़ दी गईं। तीनों उच्च वर्णों से उनमें स्पष्ट विभेद कर दिया गया; उन्हें वैदिक यज्ञ, दीक्षा, शिक्षा और प्रशासनिक पदों पर नियुक्ति से वंचित रखा गया और सबसे बड़ी बात तो यह हुई कि उन्हें दास, कृषि मजदूर और शिल्पियों के रूप में द्विजों की सेवा करने का भार सौंपा गया। इस संबंध में प्राचीन बौद्ध और जैन ग्रंथों में निम्नवर्गीय लोगों का जो चित्र उभरता है, वह सारतः भिन्न नहीं है। बौद्ध ग्रंथों में बार-बार प्रथम तीन वर्णों के लोगों को धनधान्य से परिपूर्ण बताया गया है,[452] किंतु दासों, शूद्रों और कम्मकरों की चर्चा भी नहीं की गई है। ऐसा उल्लेख मिलता है कि बुद्धदेव ने ब्राह्मण, क्षत्रिय और गहपति उपासकों[453] की सभाओं में भाग लिया था, पर शूद्रों की सभा का कोई उल्लेख नहीं है।

ऐसा कहना सतही होगा कि शूद्रों को यज्ञ कर्म और उच्च वर्णों की पंथत से विलग रखने के पीछे केवल यही भावना थी कि धर्म-कर्मों की पवित्रता और शुचिता बनी रहें।[454] यह विशेष रूप से ध्यातव्य है कि इस तरह की भावना तभी पनपी होगी जब समाज के अनेक लोगों को पीढ़ियों तक श्रमजीवी बने रहने की स्थिति में पहुँचा दिया गया होगा और परिणामस्वरूप उन्हें अपने कार्य के आधार पर अपवित्र मान लिया गया होगा। निम्नवर्गीय लोगों के शारीरिक श्रम के प्रति घृणा की इस भावना ने अंततः अस्पृश्यता को जन्म दिया।

धर्मसूत्रों, खासकर वसिष्ठ और गौतम के धर्मसूत्रों में यह प्रवृत्ति दिखाई पड़ती है कि पवित्रता, भोजन और विवाह की दृष्टि से वैश्यों को शूद्र ही समझना चाहिए। यह ऐसी प्रक्रिया है जो समान रूप में बौद्ध ग्रंथों में भी पाई जाती है। बुद्धदेव कहते हैं कि संबोधन, सत्कार, उपगम और बर्ताव के विषय में वैश्यों और शूद्रों की अपेक्षा क्षत्रियों और ब्राह्मणों को प्राथमिकता दी जानी चाहिए।[455] बाद के (संभवतया मौर्यकालीन) एक बौद्ध ग्रंथ में गोत्र केवल क्षत्रियों और ब्राह्मणों के ही बताए गए हैं।[456] जातक के एक प्रारंभिक परिच्छेद में यह दावा किया गया है कि बौद्धों का जन्म वैश्य या शूद्र जाति में कभी नहीं होता है, बल्कि उनका जन्म दो अन्य उच्च जातियों में होता है।[457] किंतु यह परिच्छेद खास जातक का अंश नहीं है और इसे बाद का माना जा सकता है। इसी प्रकार का विचार जैन गुरुओं के जन्म के संबंध में भी प्रकट किया गया है और यह माना गया है कि उनका जन्म नीच, पतित, गरीब, अकिंचन या ब्राह्मण परिवारों में कभी नहीं होता है।[458] स्पष्ट है कि इस सूची में ब्राह्मण को शामिल करने का कारण धार्मिक वैरभाव है। किंतु सूची के शेष सदस्य सामान्यतया निम्न वर्ग के कहे जा सकते हैं। वैश्यों को शूद्रों में मिलाने की प्रवृत्ति प्रायः इस काल के अंत की मालूम होती है। इससे शूद्रों की संख्या बढ़ी होगी, क्योंकि दरिद्र वैश्यों को इन शूद्रों की कोटि में रख दिया गया होगा। किंतु ऐसा लगता है कि इस काल में वैश्यों की सामाजिक स्थिति पर इस बात का कोई प्रभाव नहीं पड़ा। इसी प्रकार सुधारवादी धर्मों ने भी

मौजूदा समाज-व्यवस्था में कोई महत्वपूर्ण परिवर्तन नहीं किया और शूद्रों की आर्थिक, राजनैतिक तथा कानूनी अशक्तताएँ पूर्ववत बनी रहीं।

शूद्रों की अशक्तताओं और वर्णप्रथा के ढाँचे को समझने के लिए बौद्धकालीन भौतिक परिवेश की समझ आवश्यक है। लोहे का बड़े पैमाने पर प्रयोग होने के कारण गंगा के मैदान खेती के लायक बनाए गए और पहले-पहल लोहे के फाल के उपयोग के कारण बड़े-बड़े खेत कायम हुए। खेती की जमीन का बँटवारा असमान हुआ और कुछ लोगों के पास इतनी अधिक जमीन हो गई कि वे उसे अपने कुटुंब की सहायता से नहीं जोत सकते थे। इसके लिए उन्हें श्रम की आवश्यकता थी जो दास और कम्मकर ही दे सकते थे। उल्लेखनीय है कि वैदिक साहित्य में 'कर्मकर' शब्द का प्रयोग भाड़े के मजदूर के अर्थ में नहीं हुआ है; यह प्रयोग वैदिकोत्तर सूत्र-साहित्य में होता है और पालि में कर्मकर को कम्मकर कहा गया है।

खेती में श्रम की आवश्यकता केवल बड़े-बड़े कृषकों और गहपतियों को ही नहीं थी, बल्कि साधारण गृहस्थों को भी एकाध दास अथवा कर्मकर की जरूरत होती थी। कृषकों के कर देने के कारण महाजनपदों अथवा बड़े राज्यों का जन्म हुआ, जिनके अधिकारी वर्ग टैक्सों पर जीते थे और उत्पादन-कार्य से मुक्त थे। उनकी सेवा और घरेलू काम के लिए भी दासों और कर्मकरों की आवश्यकता थी। ऐसे पुरोहित अथवा ब्राह्मण को भी सेवकों की आवश्यकता थी, जो राजाओं और कृषकों के दान-दक्षिणा से धनाढ्य बन गए थे। राजाओं के हथियार बनाने के लिए और कृषकों के औजार बनाने के लिए बड़े पैमाने पर कामगरों की जरूरत थी। इस प्रकार खेती और कारीगरी को चलाने के लिए खेतिहर मजदूर और शिल्पी लगाए जाने लगे। उन्हें अपने श्रम के अनुरूप पारिश्रमिक नहीं मिलता था, और उनकी मेहनत के फल का खासा हिस्सा उच्च वर्ग के लोगों को मिलता था।

इस प्रकार की सामाजिक संरचना को कायम रखने के लिए वर्गव्यवस्था का निर्माण किया गया। इसके अनुसार दासों, कर्मकरों, शिल्पियों और घरेलू सेवकों को शूद्र वर्ण की संज्ञा दी गई। उन पर भाँति-भाँति की अशक्तताएँ इसलिए लादी गईं ताकि वे उच्च वर्ण के लोगों की अनवरत सेवा करते रहें, अपने श्रम का यथेष्ठ भाग उनकी सुख-सुविधा के लिए देते रहें, और उनके विरुद्ध किसी प्रकार का विरोध न करें। इन अशक्तताओं के प्रति शूद्रों की क्या प्रतिक्रिया हुई, इसकी बहुत कम जानकारी मिलती है। किंतु इस मामूली जानकारी के आधार पर भी इस मत को स्वीकार करना कठिन है कि 'जीवनयापन के लिए भीषण संघर्ष नहीं चल रहा था और समाज-व्यवस्था शांतिपूर्ण ढंग से चलती जा रही थी।'[459] *वसिष्ठ धर्मसूत्र* की एक कंडिका में शूद्रों के निम्नलिखित लक्षण बताए गए हैं : चुगली खाना, असत्य बोलना, निर्दयी होना, छिद्रान्वेषण करना, ब्राह्मणों की निंदा करना और उनके प्रति निरंतर वैर-भाव रखना।[460] इससे यह संकेत मिलता है कि शूद्र आमतौर से

तत्कालीन वर्णव्यवस्था के प्रति और खासकर आदर्श वर्णनेता ब्राह्मणों के प्रति शत्रुता का भाव रखते थे। किंतु जैसा ऊपर बताया गया है, मालिक अपने दासों और मजूरों के प्रति अधिक कठोर रहता था।[461] दास और मजूर की कठोरता अपने मालिक के प्रति अपेक्षाकृत कम होती थी। दासों की क्रांति का एकमात्र उदाहरण विनय पिटक में मिलता है,[462] और यह बड़े साधारण प्रकार की थी। कहा जाता है कि एक बार कपिलवस्तु के शाक्यों के दास काबू से बाहर हो गए और जंगल में भिक्खुओं को खाना पहुँचाने के लिए गई हुई स्त्रियों के साथ छीना-झपटी की तथा उनका सतीत्व भंग किया।[463]

निम्न वर्ग के लोग सामान्यतया विरोध का जो तरीका अपनाते थे, वह था अपने मालिक का काम छोड़कर चल देना। यह स्थिति केवल कर के बोझ से दबे हुए गहपतियों की ही नहीं थी,[464] बल्कि शिल्पियों और दासों का भी यही हाल था। बाद के एक जातक से हमें जानकारी मिलती है कि लकड़हारों की एक बस्ती को एक काम संपन्न करने के लिए पहले ही भुगतान कर दिया गया था, पर जब उन्होंने उसे पूरा नहीं किया तो काम पूरा करने के लिए उन्हें बाध्य किया गया। किंतु तथाकथित 'प्राच्य वैराग्य-भावना' से अपने भाग्य के भरोसे न बैठकर उन्होंने चुपचाप मजबूत नाव बनाई और अपने परिवार सहित रातोंरात गंगा नदी के रास्ते समुद्र में पहुँच गए और तब तक चलते रहे जब तक उन्हें एक उपजाऊ द्वीप नहीं मिला।[465] काम छोड़कर भाग निकलना दासों के लिए आम बात थी। श्रीमती रीज डेविड्स का यह कथन गलत है कि भगोड़े दासों के उदाहरण नहीं मिलते।[466] जातक में कम से कम दो ऐसे उदाहरण मिलते हैं जिनसे पता चलता है कि दासों ने भागकर मुक्ति पाई।[467] यह भी कहा गया है कि भागे हुए दासों ने बौद्ध मठ में शरण ली।[468] बाद के एक जातक में कहा गया है कि बलि के लिए रखे गए कुछ व्यक्तियों ने अपनी जान बचाने के लिए अत्याचारी पुरोहित को बताया कि वे जंजीर में बँधे रहकर भी उसका दास बनकर सेवा करने को तैयार हैं।[469] इससे यह अनुमान लगाया जा सकता है कि कुछ मामलों में दासों को कड़ियों में बाँधकर रखा जाता था, ताकि वे भाग न निकलें। मक्खलि गोसाल विषयक बौद्ध परंपरा में आजीवक नेता को भगोश बताया गया है, जो भले ही सत्य न हो,[470] पर इससे ऐसा संकेत तो मिलता ही है कि दास के भाग निकलने की संभावना रहती थी। एक जगह कहा गया है कि मालिक का नियंत्रण नहीं रहने के कारण दास और कम्मकर अपनी संपत्ति के साथ भाग निकले।[471] इन उदाहरणों से पता चलता है कि सामान्यतया मजदूर वर्ग के लोग अपना कार्य छोड़कर भाग जाते थे और इस तरह तत्कालीन व्यवस्था के प्रति अपना रोष प्रकट करते थे। ग्रीस या रोम के दासों के विद्रोह जैसे दृष्टांत नहीं मिलते हैं। फिर भी, धर्मसूत्रों में कहा गया है कि वर्णसंकर की स्थिति आने पर ब्राह्मण और वैश्य भी आत्मरक्षा के लिए शस्त्र धारण कर सकते थे। क्षत्रियों को तो

हमेशा से यह अधिकार था ही।[472] यह तथ्य कि आपतकालीन स्थिति में तीन वर्णों के लोग ही शस्त्र धारण कर सकते हैं;[473] यह सूचित करता है कि नियम बनानेवाले के मन में ऐसी आकस्मिक स्थिति की कल्पना रही होगी, जब शूद्र बलपूर्वक वर्ण की सीमाओं को तोड़ने का प्रयास करेंगे। यद्यपि कपिलवस्तु के दासों की सामान्य क्रांति को छोड़, इस तरह के प्रयास का कोई दृष्टांत नहीं मिलता, फिर भी वसिष्ठ के नियम से पता चलता है कि उच्च वर्णों के लोगों को आशंका थी कि शूद्रों पर जो अशक्तताएँ लादी गई हैं, उनके चलते कहीं वे व्यापक विद्रोह न कर बैठें।

संदर्भ

1. काणे : 'हिस्ट्री ऑफ धर्मशास्त्र', ii, भाग 1, पृ. XI. अल्ट्रिन. रेस्टश्रिफ्टेन, पृ. VII; मेयर बौधायन धर्मसूत्र और आपस्तंब धर्मसूत्र को बुद्ध से पहले का मानते हैं और वसिष्ठ धर्मसूत्र को ई. पू. चौथी शताब्दी का बताते हैं, हापकिंस : 'केम्ब्रिज हिस्ट्री ऑफ इंडिया', i, पृ. 249 .
2. कीथ : 'केम्ब्रिज हिस्ट्री ऑफ इंडिया ', i, पृ. 113.
3. अग्रवाल : 'इंडिया ऐज नोन टु पाणिनि', पृ. 475.
4. बुहलर : 'सेक्रेड बुक्स ऑफ दि ईस्ट', ii, पृ. XLV ; काणे : पूर्व निर्दिष्ट,i, पृ. 13.
5. गौतम धर्मसूत्र, IV. पृ. 21. हापकिंस : पूर्व निर्दिष्ट, i, पृ. 240, पाद टिप्पणी 1. हापकिंस मानते हैं कि यह बैक्ट्रियन और अन्य एशियाई ग्रीकों के बारे में है .
6. गौतम धर्मसूत्र, V. पृ. 41-42, पृ. 45.
7. बुहलर : पूर्व निर्दिष्ट,ii, पृ. XLIX.
8. गौतम धर्मसूत्र, XXII, पृ. 18.
9. वही, IV. पृ. 16-21.
10. बी. के. घोष : (इंडियन हिस्टारिकल क्वार्टर्ली, कलकत्ता ;पृ. iii) 6,7-11.
11. हापकिंस : पूर्व निर्दिष्ट, i, पृ. 242.
12. बौधायन धर्मसूत्र, II, 7.17.17; काणे : पूर्व निर्दिष्ट, i, पृ. 44.
13. हापकिंस : पूर्व निर्दिष्ट, i, पृ. 249-50.
14. विंटरनिज : 'हिस्ट्री ऑफ इंडियन लिटरेचर', i, पृ. 274.
15. काणे : पूर्व निर्दिष्ट, ii, भाग I, पृ. XI.
16. ला : 'हिस्ट्री ऑफ पालि लिटरेचर ', i, पृ. 30-33.
17. वही, पृ. 15.
18. टी. डब्ल्यू. आर. डेविड्स: 'बुद्धिस्ट इंडिया ' पृ. 207. जातकों के प्राचीन तिथि निर्धारण के लिए देखें .
19. ला : पूर्व निर्दिष्ट, i, पृ. 30; हापकिंस : पूर्व निर्दिष्ट, i, पृ. 260, पाद टिप्पणी 1. इस विषय का नवीनतम विवेचन ओ. फाइजर के निबंध : 'दि प्राब्लम ऑफ दि एट्जि इन बुद्धिस्ट जातकाज़', (आर्कीव ओरियेंटैलिनी, प्राग, xxii) पृ. 238-9, में मिल सकता है.

20. फाइजूर : पूर्व निर्दिष्ट , पृ . 238-9.
21. वहीं, XXII, 249 ; टी . डब्ल्यू . आर . डेविड्स : पूर्व निर्दिष्ट , पृ . 208.
22. डी . डी . कोसम्बी : 'एन इंट्रोडक्शन टु दि स्टडी ऑफ इंडियन हिस्ट्री ', पृ . 259-60. डेनियल एच . एच . इंगल्स : (जर्नल ऑफ दि अमेरिकन ओरिएंटल सोसायटी, बाल्टीमोर, LXXVII) पृ . 223-4.
23. हस्तिनापुर और कतरा (मथुरा) में हुई हाल की खुदाई के आधार पर कहा जा सकता है कि एक प्रकार के नगर-जीवन का आरंभ छः सौ ई . पू . के लगभग हो चुका था .
24. इस विषय पर और भी अध्ययन करना है . एन . बी . पी . काल के पुरातात्विक अवशेषों और प्राचीन पालि ग्रंथों की विषयवस्तु की तुलना से न केवल इन साहित्यिक स्रोतों की तिथि दृढ़तापूर्वक निश्चित करने में सहायता मिलेगी , बल्कि मौर्य-पूर्वकालीन भौतिक जीवन का भी ज्ञान बढ़ेगा और हम उसे अच्छी तरह समझ भी पाएँगे .
25. नीचे देखें, अध्ययन VI.
26. जैकोबी : 'सेक्रेड बुक्स ऑफ दि ईस्ट ', XXII, प्रस्तावना , पृ . XLIII. मजूमदार और पुसलकर :'दि एज ऑफ इंपीरियल यूनिटी ', पृ . 423. चारपेंटियर (उत्तरा, प्रस्तावना, पृ . 32 और 48) उन्हें ई . पू . तीन सौ और ईस्वी सन के आरंभ होने के बीच के काल का बताते हैं .
27. टी . डब्ल्यू. रीज डेविड्स : 'डायलाग्स ऑफ दि बुद्ध ', i, पृ . 286.
28. सेनार्ट : 'कास्ट इन इंडिया ', पृ . 101 ; लेखक की टिप्पणी पृ . X ; सेन्सस रिपोर्ट ऑफ इंडिया , 1901, पृ . 546 से लेखक का उद्धरण बेंस ने 'इथनोग्राफी', पृ . 11 पर दिया है .
29. के . वी . रंगस्वामी अय्यंगर : 'आस्पेक्ट्स ऑफ सोशल ऐंड पोलिटिकल सिस्टम ऑफ मनु', पृ . 56; देखें हापकिंस : पूर्व निर्दिष्ट, i, पृ . 293-4.
30. के. वी. रंगस्वामी अय्यंगर, 'इंडियन कैमरेलिज्म', पृ. 48.
31. अभी तक इन ग्रंथों का अध्ययन छिटपुट ढंग से किया गया है . जाली के हिंदू लॉ ऐंड कस्टम तथा काणे के हिस्ट्री ऑफ दि धर्मशास्त्र में विधि ग्रंथों की विषयवस्तु को कालक्रम से नहीं रखा गया है . पालि ग्रंथों के आधार पर फिंक, रीज डेविस, आर . मेहता और ए . एन . बोस के जो ग्रंथ प्रकाशित हुए हैं, उनमें भी वही त्रुटि है . जे . सी . जैन के लाइफ ऐज डिपिक्टेड इन दि जैन कैनन्स में भी सभी सामग्री को एकत्रित करके रख दिया गया है, पर समय और स्थान का ध्यान नहीं रखा गया है . कुछ मामलों में कालक्रमानुसार विषय रखने के प्रयास हुए हैं, किंतु भारतीय वर्ण-व्यवस्था संबंधी रचनाओं में ब्राह्मणेतर ग्रंथों पर विचार ही नहीं किया गया है .
32. प्राचीन बौद्ध साहित्य और धर्मसूत्र से क्रमशः जिन सामाजिक स्थितियों का पता चला है उन्हें अलग-अलग अध्यायों (VIII-IX) में लिखा गया है .
33. मजुमदार और पुसलकर : पूर्व निर्दिष्ट, अध्याय XXI.
34. फिक : 'दि सोशल आर्गेनाइजेशन ऑफ नार्थ ईस्टर्न इंडिया ', पृ . 314; दत्त : 'ओरिजिन ऐंड दि ग्रोथ ऑफ कास्ट ', पृ . 268-9.
35. (साइटश्रिफ्ट डेर डोयत्रेन मेर्गेनलैंडिशेन गेजेलशाफ्ट) ii, पृ . 286.
36. मज्झिम निकाय, i, पृ . 429.
37. दीघ निकाय, i, 193 ; मज्झिम निकाय, ii, पृ . 33 और 40.
38. डेविड्स : 'बुद्धिस्ट इंडिया ', पृ . 54.

39. आपस्तंब धर्मसूत्र, I. 1.1-7 ; गौतम धर्मसूत्र, X. पृ . 54-57.
40. शिल्पवृत्तिश्च, X. 60.
41. मेहता : 'प्री-बुद्धिस्ट इंडिया ', पृ . 194-204.
42. इन्हें जैन ग्रंथों में 'गाभावई' कहा गया है.
43. अंगुत्तर निकाय, iii, पृ . 363 ; सिप्पाधिट्ठाना .
44. दीघ निकाय, ii, 126.
45. उवासग, पृ . 184.
46. जात ., iii, 281.
47. वही, V, 45.
48. मेहता : पूर्व निर्दिष्ट, पृ . 198-9.
49. दीघ निकाय, ii, 147; सावत्थि जैसे बड़े-बड़े शहरों की संख्या बीस थी और उनमें से छः इतने महत्वपूर्ण समझे जाते थे कि उन्हें बुद्ध के महानिर्वाण का स्थल माना गया .
50. श्रीमती रीज डेविड्स : 'केम्ब्रिज हिस्ट्री ऑफ इंडिया', I, पृ . 206.
51. पाणिनि व्याकरण की वृत्ति, VI . 2.63.
52. जात . , V, 290 और 292.
53. वही, VI, 38.
54. गहपतिकस्स तंतूवायेहि, जात ., III, 258-9. स्पष्ट है कि ऐसे गहपति प्रायः उनसे व्यापार सामग्री का उत्पादन कराते थे .
55. जात . , IV, 159.
56. वही, 281.
57. केम्ब्रिज हिस्ट्री ऑफ इंडिया , i, 208.
58. जातक, III, 281.
59. वैदिक इंडेक्स, 2.62.
60. पाणिनि व्याकरण, V, 4.95.
61. पाणिनि व्याकरण भाष्य, V. 4.95.
62. जात . , VI, 189.
63. वही, IV, 207.
64. दीघ निकाय, i, 51 में गृह दासों के शिल्प का निर्देश किया गया है, किंतु इससे गृहसेवा का संकेत मिल सकता है. जात . , IV, 16 ; एक अन्य प्रसंग में दासों और नौकरों के बारे में बताया गया है कि उन्हें कोई ब्राह्मण व्यापार में लगाए हुए था .
65. गौतम धर्मसूत्र, X. 31 ; वसिष्ठ धर्मसूत्र , XIX. 28. शिल्पिनो मासि मास्यकैकं कर्म कुर्यु : .
66. गौतम धर्मसूत्र, X. 53-55;घोषाल : 'इंडियन कल्चर ', XiV, पृ . 26.
67. गौतम धर्मसूत्र, X. 47; आपस्तंब धर्मसूत्र, II, 11.28.1, हरदत्त की टीका के साथ .
68. वसिष्ठ धर्मसूत्र, I. 42.
69. आपस्तंब धर्मसूत्र, II. 10. 26.5, शूद्राश्च पादावनेक्ता .
70. मैत्रायणि संहिता, बुहलर के वर्गीकरण के अनुसार .
71. "मज्झिम निकाय , II. 180, सुद्धस्स् संघनम् असितव्यभंगिम् .
72. दीघ निकाय, I, 104.
73. टी . डब्ल्यू . रीज डेविड्स : 'सेक्रेड बुक्स ऑफ दि बुद्धिस्ट्स ', II, पृ . 128.
74. (साइटशृफ्ट डेर डोयूचेन मेग्रेनलैंडिशेनगेजेलशाफ्ट, li), पृ. 286. दत्त : पूर्व निर्दिष्ट, पृ. 272. एन. के. दत्त लिखते हैं कि बौद्ध साहित्य में गुलामों को कहीं भी शूद्र नहीं कहा गया है, लेकिन

वर्तमान उदाहरण से स्पष्टतया विपरीत तथ्य का संकेत मिलता है.

75. जात . I, पृ . 200.
76. वही, VI, पृ . 389.
77. बंद्योपाध्याय : 'स्लेवरी इन एनशिएंट इंडिया' (कलकत्ता रिव्यू, 1930, सं. 8, पृ. 254.)
78. बोस : 'सोशल ऍंड रूरल इकानमी आफ नार्दर्न इंडिया', ii, पृ. 423.
79. जात ., VI, पृ . 285 (गाथा); विनय पिटक, IV, पृ . 224.
80. जी . पी . मलसेकेरा : 'पालि डिक्शनरी ऑफ प्रापर नेम्स', I, पृ . 323, देखें इसिदासी थेरी शब्द .
81. फिक : पूर्व निर्दिष्ट, पृ . 308.
82. दासी-भार,: पाणिनि व्याकरण, VI, 1.42 ; सूयगडम्, I.1.4.8; जात ., III, पृ . 59, 98-99.
83. 'कैंब्रिज हिस्ट्री ऑफ इंडिया ',I , 207 ; विनय पिटक, I. 240 ; देखें सूयगडम् , II. 1. 13 जो बड़े और छोटे, दोनों प्रकार के खेतों का हवाला देते हैं . जात ., V, पृ . 413. शाक्यों और कोलियों के दास और कम्मकर खेतों की सिंचाई करने में लगाए जाते थे .
84. जातक, III, 293 ;IV, पृ . 276.
85. सुत्तनिपात, I. 4.
86. जात ., II, पृ . 181.
87. वेस्टरमन्न : 'दि स्लेव सिस्टम्स ऑफ ग्रीक ऍंड रोमन एंटिक्विटी ', पृ . 8-9.
88. सुत्तनिपात, V. 472.
89. जात ., IV, पृ . 15; मझिम निकाय, II, पृ . 186.
90. जात ., V, पृ . 413.
91. विनय पिटक, I, पृ : 243, 272; II, पृ . 154.
92. आपस्तंब धर्मसूत्र , I. 7. 20. 15 ; वसिष्ठ धर्मसूत्र, II. 39 ; गौतम धर्मसूत्र, VII. 16.
93. वेस्टरमन्न : पूर्व निर्दिष्ट, पृ . 9.
94. गौतम धर्मसूत्र, X. 58, जीर्णान्युपानच्छत्रवासः कूर्चानि.
95. जात०, I, 372 (वर्तमान कथा).
96. गौतम धर्मसूत्र, X. 59.
97. आपस्तंब धर्मसूत्र, I, 1.3.40, उज्ज्वला की टीका सहित ; अंतर्धिने वा शूद्राय .
98. हिरण्यकेशिन गृह्यसूत्र I. 2.8.1-2 (सेक्रेड बुक्स ऑफ दि ईस्ट, अनुवाद).
99. अग्रवाल : पूर्व निर्दिष्ट, पृ . 114.
100. विनय पिटक, IV, पृ . 272, वरम् एवं सप्पि दासानं वा कम्मकरानं वा पादभञ्जनं वा पादीपकरणे वा आसित्तम् .
101. विनय पिटक, I, पृ . 220.
102. आपस्तंब धर्मसूत्र, II. 4. 9. 11 ; काममात्मानं भार्या पुत्रं वोपरुध्यात्र त्वेव दासकर्मकरम् .
103. जातक, I. पृ . 355 (वर्तमान कथा), दासकम्मकरापि नो सालिमांसोदनं भुंजंति, कासिकवत्थं निवासेन्ति .
104. अंगुत्तर निकाय, I, पृ . 145, कणजकं भोजनं दिय्यति .
105. वही, I, पृ . 451,459.
106. वही, III, पृ . 406-7.
107. वही, VI, पृ . 372.
108. जात ., I, पृ . 475, II, पृ . 139; III, पृ . 325, 406, 444 ; परेसं भतिं

कत्वाकिच्छेन जीवति .

109. जात ., III, पृ . 326.

110. जात ., III, 130, नगरद्वारे विकिणित्वा मासके गहेत्वा .

111. 'पालि-इंगलिश डिक्शनरी ', देखें, मासक शब्द .

112. एस . के . चक्रवर्ती : 'एनशिएंट इंडियन न्युमिसमेटिक्स ', पृ . 56.

113. हार्नर : 'दि बुक ऑफ दि डिसिप्लिन ', I ; (अनुवाद, सेक्रेड बुक्स ऑफ दि बुद्धिस्ट्स में आई . बी . हार्नर का किया हुआ है, X, पृ . 71-2).

114. बोस : पूर्व निर्दिष्ट, II, पृ . 428.

115. जातक, III, पृ . 446-50 ; अप्पापि कामा न अलम्, बहूहि पि न तत्पपि .

116. सूय ., I, 4. 2. 18.

117. दीघ निकाय, I, पृ . 141; अंगुत्तर निकाय, II, पृ . 207-8; III, पृ . 37 ; IV, पृ . 266, 393.

118. गौतम धर्मसूत्र , XX. 4.

119. जात ., III, पृ . 300.

120. कैंब्रिज हिस्ट्री ऑफ इंडिया, I, 203, पाद टिप्पणी 8 में उद्धृत निर्देश इस विचार का समर्थन नहीं करते .

121. सुत्तनिपात, 769; ओवैया, छंद 6; उत्तर, III. 17; सूयगडम्, II. 7. 1.

122. गौतम धर्मसूत्र, XXVIII. 13.

123. जातक, VI, 135.

124. वही, III, 129.

125. जात . , III, पृ . 445, अत्तनो वसनट्ठानं गंत्वा .

126. रैप्सन : 'कैंब्रिज हिस्ट्री ऑफ इंडिया', I, पृ . 205.

127. गौतम धर्मसूत्र, X. पृ . 61.

128. जातक, III, पृ . 387, यावतासींसति पोसोतावद एद पवीणति, अट्ठापाये जहन्ति .

129. भतक के रूप में भी लिखा गया है .

130. पालि-इंगलिश डिक्शनरी, यह व्युत्पत्ति उपर्युक्त ग्रंथ 'आहतक' में अंगीकृत की गई है.

131. आहितक (अर्थात बंधक रखा गया) शब्द की वैकल्पिक व्युत्पत्ति व्याकरण के सिद्धांत के अनुसार ग्राह्य नहीं है .

132. बंद्योपाध्याय : 'इकनामिक लाइफ ऐंड प्रोग्रेस इन एनशिएंट इंडिया', पृ . 94.

133. पाणिनि व्याकरण, I. 3. 36; III. 2. 22.

134. वही, V. 1.80.

135. ठाणांग, IV. पृ . 271, अभयदेवसुरि की टीका .

136. जातक, IV, पृ . 276-8.

137. जात . VI. पृ . 426, यस्सेव घरे भुंजेय्य भोगं तस्सेव अत्थं पुरिसो चरेय्य .

138. जातक, IV; अंगुत्तर निकाय, I, पृ . 206; विनय पिटक, I, पृ . 240.

139. आपस्तंब धर्मसूत्र, II. 11.28.2.

140. वही, 3.

141. वही, 4.

142. वही, 6.

143. गौतम धर्मसूत्र, XII. 16-7.

144. गौतम धर्मसूत्र, XXVII , 24, हरदत्त की टीका सहित, द्रव्यादानं विवाहसिध्यर्थम, धर्मतंत्रसंयोगे

च शूद्रात् .

145. वही, XXVIII. 25, हरदत्त की टीका सहित, अन्यत्रापि शूद्राद् बहुपशीर्हीन्कर्मण:.
146. मनु, XI. 13.
147. बौधायन धर्मसूत्र, II. 2. 3. 10.
148. वसिष्ठ धर्मसूत्र, XVIII. 47.50.
149. वही, XVII. 38, शूद्रापुत्र एव षष्ठो भवतीत्याहुरित्येते दायादबान्धवा: .
150. बौधायन धर्मसूत्र, II. 2. 3. 32.
151. वही, II. 2. 3. 10.
152. गौतम धर्मसूत्र, XXVIII. 37, शूद्रापुत्रोप्यनपत्यस्य शुश्रूषुचेल्लभेत् वृत्तिमूलमन्तवासिविधिना .
153. वही, X.42; गौतम ने यह नियम बनाया है कि वैश्य और शूद्र को अपनी मेहनत से ही आय प्राप्त करनी चाहिए, निर्विष्टं वैश्यशूद्रयोः .
154. कोसंबी : 'एनशिएंट कोसल ऐंड मगध', (जर्नल ऑफ दि बांबे ब्रांच ऑफ दि रायल एशियाटिक सोसायटी, बांबे, XXVII), पृ . 195-201.
155. अंगुत्तर निकाय, IV, पृ . 239; जात . I, पृ . 49; इस शब्द का शाब्दिक अर्थ है 'बड़े प्रकोष्ठवाला' . बिहार में आज भी धनी व्यक्तियों का संकेत करने के लिए सामान्य बोलचाल में इसी आशय के मुहावरों का प्रयोग किया जाता है .
156. फिक : पूर्व निर्दिष्ट, पृ . 119 . गौतम के अनुसार (X. 5-6) कृषि, व्यापार और सूदखोरी ब्राह्मण के लिए विधिसंगत है, किंतु शर्त यह है कि वह ये काम स्वयं न करे .
157. फाइजर : पूर्व निर्दिष्ट (आर्कीव ओरियंटेलनी, प्राग, XXII) पृ . 238-265.
158. रीज डेविड्स : 'बुद्धिस्ट इंडिया', पृ . 102.
159. मझिम निकाय, II, पृ . 84-85.
160. वेस्टरमत्र : पूर्व निर्दिष्ट, पृ . 16; क्रीट के कृषिदास को अपवाद माना गया है, जो ऐसी संपत्ति धारण कर सकता था जिसमें महिला दासियों के दहेज संबंधी अधिकार को सुरक्षित रखा गया था .
161. गौतम धर्मसूत्र, X. पृ . 62-3.
162. वसिष्ठ धर्मसूत्र, XXVI. 16; क्षत्रियो बाहुवीर्येण तरेदापदमात्मनः धनेन वैश्यशूद्रौ .
163. विनय पिटक, III, पृ . 136.
164. आपस्तंब धर्मसूत्र, II. 10. 26.4, ग्रामेषु नगरेषु च आर्योछुचीन् सत्यशीलान् प्रजागुप्तये निदध्यात् .
165. वही, II. 10. 26.5.
166. वही, II. 10. 25.12-13.
167. आपस्तंब धर्मसूत्र की हरदत्तीय टीका, II. 10. 25.13.
168. हापकिंस : 'कैंब्रिज हिस्ट्री ऑफ इंडिया', I, पृ . 240.
169. वही .
170. पाणिनि ग्रामर, IV. 1.30.
171. अग्रवाल : पूर्व निर्दिष्ट, पृ . 79.
172. दीघ निकाय, II, पृ . 149.
173. सूयगडमु, III, 1.9.
174. फाइजर : पूर्व निर्दिष्ट, (आर्कीव ओरियेंटलनी, प्राग, XII) पृ . 261.
175. जातक, IV. पृ . 43.

176. रायचौधरी : पूर्व निर्दिष्ट, पृ. 71.
177. घोषाल : 'दि कांस्टीट्यूशनल सिग्निफिकेंस ऑफ संघ-गण इन दि पोस्ट वैदिक पीरियड', (इंडियन कल्चर, कलकत्ता, XII) पृ. 62.
178. जायसवाल : पूर्व निर्दिष्ट, II, पृ. 69-70.
179. गौतम धर्मसूत्र की टीका, VI. 10.
180. बौधायन धर्मसूत्र, I. 10. 19. 13, चत्वारो वर्णाः पुत्रिणः साक्षिणः स्युः.
181. वसिष्ठ धर्मसूत्र, XVI. 29. सर्वेषु सर्व एव वा .
182. गौतम धर्मसूत्र, XIII. 3, मस्करिन और हरदत्त की 'अपि शूद्रः' की व्याख्या .
183. वसिष्ठ धर्मसूत्र, XVI. 30, शूद्राणाम् संतः शूद्राश्वान्त्यानामन्त्ययोनयः .
184. वेस्टरमन्न : पूर्व निर्दिष्ट, पृ. 17.
185. गौतम धर्मसूत्र, XI, पृ. 20-21.
186. पीछे, पृ. 100-1.
187. गौतम धर्मसूत्र, XII. पृ. 11-13, ब्राह्मणस्तु क्षत्रिये पंचाशत्, तदर्ध वैश्ये, न शूद्रे किंचित् .
188. वही, XII. 1, शूद्रों द्विजान्तीनतिसन्धायाभिहत्य वाग्दंडपारुष्याभ्यामंगं मोच्यो येनोपहन्यात .
189. आपस्तंब धर्मसूत्र, II. 10. 27.14, जिह्वाच्छेदनं शूद्रस्य आर्यम् धार्मिकम् आक्रोशतः.
190. वही, I. 9. 26.4, यह महिलाओं के लिए भी विहित है .
191. वही, I. 9. 26.3.
192. वही, II. 10. 27.15, वाचि पथि शय्यायामासन इति समीभवतो दण्डताडनम् ; गौतम धर्मसूत्र, XII. 7.
193. आपस्तंब धर्मसूत्र, II. 10. 27.9, वध्यः शूद्र आर्यायाम् .
194. वही, II. 10. 27.10.
195. वही, II. 10. 27.8, नाश्य आर्यः शूद्रायाम् .
196. गौतम धर्मसूत्र, XII. 15-16. अष्टपाद्यं स्तेयकिल्विषं शूद्रस्य, द्विगुणोत्तराणीन्तरेषाम्, प्रतिवर्णम् .
197. आपस्तंब धर्मसूत्र, II. 10. 26.6-8.
198. मज्झिम निकाय, II. पृ. 88, एवं सन्ते इमे चत्तारो वण्णा समसमा होन्ति .
199. रैप्सन : 'कैंब्रिज हिस्ट्री ऑफ इंडिया', I, पृ. 205.
200. वही .
201. जातक, I, पृ. 402.
202. वही, I, पृ. 451.
203. मज्झिम निकाय, I, पृ. 344; दण्ड तज्जिता भय-तज्जिता अस्सुमुखा रुदमाना परिकम्मानि करोंति; संयुत्त निकाय, I, पृ. 76; अंगुत्तर निकाय, ii, पृ. 207-8; III, पृ. 172, दीघ निकाय, I, पृ. 141.
204. सूयगडम्, I. 5.2.5.
205. सेक्रेड बुक्स ऑफ दि ईस्ट, xlv, पृ. 374, पाद टिप्पणी 9, वह व्यक्ति, जिसे उस उत्पादन (कृषि का) का छठा भाग प्राप्त होता है, जिसके लिए उससे मजूरी पर काम कराया गया है .
206. वही, 375, पाद टिप्पणी 1, वेयगच्छहिय और अंगच्छहिय शब्दों का अनुवाद करना जैकोबी की दृष्टि से कठिन है.
207. सूयगडम् II, 2. 20; जैकोबी का अनुवाद, सूयगडम्, II. 2. 63, 'सेक्रेड बुक्स ऑफ दि ईस्ट', XVI, पृ. 374-5; जा विय से वाहिरिया परिसा भवै, तं जहादासे इ वा पेसे इ वा भय

ए इ वा भाइल्ले इ वा कम्मकरए इ वा भोगपुरिसे इ वा तेसिं पि यणं अन्नयंरसि अहालहुगंसि अवराहंसि सयमेव गणुयं दण्डं निवतेइ . तं जहाइमं दण्डेह, इमं मुण्डेह, इमं तजेह, इमं तालेह, इमं अदुयबन्धनं करेह, इमं नियलबन्धनं करेह, इमं हड्डिबन्धनं करेह, इमं चारगबन्धनं करेह, इमं नियलजुयल संकोधियमोडियं करेह, इमं हथच्छिन्न करेह, इमं पायच्छिन्नम् करेह, इमं कण्णच्छिन्नहं करेह, इमं नक्कओट्ठ सीसमुहच्छिनयं करेह, वेयगच्छहियम अंगच्छहियम्, पक्खाफोडियं करेह, इमं नयणुप्पाडियं करेह, इमं दंसणुप्पाडियं वसणुप्पाडियं जीभुप्पाडियं ओलम्बियं करेह, घलियं करेह, घोलियं करेह, सूलाइयं करेह, सूलाभिन्नयं करेह, खारवत्तियं करेह, वज्झवत्तियम् करेह, सीहपुच्छियं करेह, वसभपुच्छियगं करेह, दर्वाग्गदुद्धयंगं कागणिमंसखावियगं भत्तपाणनिरुद्धगं इमं जवज्जीवं वहबन्धनं करेह, इमं अन्नयरेन असुभेणं कुमारेणं मारेह .

208. वेस्टरमन्न : पूर्व निर्दिष्ट, पृ. 17.

209. बौधायन धर्मसूत्र, I. 10. 19. 1 आर 2; आपस्तंब धर्मसूत्र, I. 9. 24. 1-4; गौतम धर्मसूत्र, XXII, पृ . 14-16.

210. बौधायन धर्मसूत्र, I, 10. 19. 1.

211. आपस्तंब धर्मसूत्र, I. 9. 24.1 हरदत्त की टीका सहित .

212. गौतम धर्मसूत्र, XXII. 14-16.

213. वसिष्ठ धर्मसूत्र, XX. 31-33.

214. साम्विधान ब्राह्मण, (इंट्रोडक्शन), पृ . X.

215. वही, I. 7.5-6.

216. आपस्तंब धर्मसूत्र, I. 9. 25.13; बौधायन धर्मसूत्र, I. 10. 19. 6.

217. यह जानने योग्य है कि 'साम विधान ब्राह्मण', 1.7.7 में शूद्र की हत्या के लिए वही प्रायश्चित विहित किया गया है, जो गाय को मारनेवाले के लिए विहित है .

218. पीछे, पृ . 109.

219. घोषाल : पूर्व निर्दिष्ट, (इंडियन कल्चर, कलकत्ता, XIV) पृ . 27.

220. वसिष्ठ धर्मसूत्र, IV. 2 बौधायन धर्मसूत्र, I. 10. 19. 5-6.

221. बौधायन धर्मसूत्र, II. 3.6.22.

222. गौतम धर्मसूत्र, IX. 1 की टीका (सेक्रेड बुक्स ऑफ दि ईस्ट, II, पृ . 216) .

223. बौधायन धर्मसूत्र, IV. 5.4; देखें, भारद्वाज गृह्यसूत्र, III. 6; कौशिक सूत्र, III. 4.24.

224. गौतम धर्मसूत्र, IV. 27, असमानायां च शूद्रात् पतितवृत्तिः.

225. आपस्तंब धर्मसूत्र, II. 2. 4. 19; शूद्रमम्यागतम् शूद्रोचेदागतस्तं कर्मणि नियुंज्यात्; बौधायन धर्मसूत्र, II. 3. 5. 14.

226. आपस्तंब धर्मसूत्र, II. 2. 4. 20; ब्राह्मणों के लिए राजा के भंडार में इस प्रयोजन की सामग्री रखी जाएगी .

227. गौतम धर्मसूत्र, V. 43.

228. वही, V. 45, अन्यानृभृत्यैः सहानृशंसार्थम् .

229. आपस्तंब धर्मसूत्र, II. 4.9. 5; बौधायन धर्मसूत्र, II. 3. 5. 11; वसिष्ठ धर्मसूत्र, XI. 9.

230. गौतम धर्मसूत्र, VI. 10.

231. वही, VI.11, अवरोप्यार्य शूद्रेण .

232. आपस्तंब धर्मसूत्र, I. 2.5.16.

233. आपस्तंब धर्मसूत्र, I. 4.14.26-29; गौतम धर्मसूत्र, V. 41-42.

234. आपस्तंब धर्मसूत्र, I. 4. 14.23, सर्वनाम्ना स्त्रियो राजन्यवैश्यौ च न नाम्ना .

235. फिक : पूर्व निर्दिष्ट, पृ . 83.
236. जातक, III, पृ . 452.
237. आपस्तंब धर्मसूत्र, I. 5. 16.21.
238. वही, I. 5. 16.22.
239. वही, I. 5.16.30 , हरदत्त की टीका सहित .
240. वही, I. 5. 17.1.
241. वही, I. 6. 18.13; सर्ववर्णानां स्वधर्मे वर्तमानानां भोक्तव्यं शूद्रवर्यमित्येके .
242. आपस्तंब धर्मसूत्र, प्रस्तावना, पृ . III, बुहलर के वर्गीकरण के अनुसार पांडुलिपि जी . यू . 2.
243. वही, II. 8.18.2; बौधायन धर्मसूत्र, II. 2.3.1; वसिष्ठ धर्मसूत्र, XIV. 2-4.
244. आपस्तंब धर्मसूत्र, I. 6. 18.14, तस्यापि धर्मोपनतस्य .
245. वही, I. 6. 18.15.
246. गौतम धर्मसूत्र, XVII. 5; वृत्तिश्चेनांतरेण शूद्रात् .
247. वही, XVII. 6; पशुपालक्षेत्रकर्षककुलसंगतकारयितृपरिचारका भोज्यात्रा:.
248. गौतम धर्मसूत्र, VII. 22.
249. वही, IX. 11.
250. वसिष्ठ धर्मसूत्र, VI. 26.
251. वही, VI. 27-29.
252. वही .
253. बौधायन धर्मसूत्र, IV. 1.5.
254. वही, III. 6.5.
255. हुल्श : 'दि बौधायन धर्मशास्त्र', इंट्रोडक्शन, पृ . IX.
256. वही .
257. निरुक्त, III. 16, ब्राह्मण और वृषल के वैषम्य पर निरुक्त में जोर दिया गया है .
258. आपस्तंब धर्मसूत्र, II. 2.3.1-4, आर्याधिष्ठिता वा शूद्राः संस्कर्तारः स्युः.बाद की पांडुलिपियों में यह परिच्छेद नहीं मिलता (जैसा कि बुहलर के वर्गीकरण से प्रतीत होता है) . स्पष्ट है कि बाद में इसे हटा दिया गया, ताकि शूद्रों को भोजन बनाने से बिल्कुल बहिष्कृत कर दिया जाए .
259. वही, II. 2.3.6-8.
260. बौधायन धर्मसूत्र, I. 5.10. 20, (हुल्श के वर्गीकरण के अनुसार) यह परिच्छेद उस पांडुलिपि में नहीं मिलता, जो कि दक्षिण से प्राप्त हुई है और उत्तर की पांडुलिपि की अपेक्षा अधिक मौलिक है (दि बौधायन धर्मसूत्र, इंट्रोडक्शन, पृ . VIII) .
261. जातक, V, 293.
262. वही, IV, 145-6.
263. फिक : पूर्व निर्दिष्ट, पृ . 47.
264. सेनार्ट : पूर्व निर्दिष्ट, पृ . 182-3.
265. बौधायन धर्मसूत्र, I. 11.20. 13.
266. अयंत्रितकलत्रा हि वैश्यशूद्रा भवन्ति, कर्षणशुश्रुषाधिकृतत्वात्. बौधायन धर्मसूत्र, I. 11.20. 14-15. बुहलर का अनुवाद कि वैश्य और शूद्र अपनी पत्नी का बहुत ख्याल नहीं रखते थे, संबद्ध

परिच्छेद का सही अर्थ नहीं बताता है . (सेक्रेड बुक्स ऑफ दि ईस्ट, XIV, 207).

267. वसिष्ठ धर्मसूत्र, XVII. 78.
268. वही, XVIII. 18; निरुक्त, XII. 13, कृष्णवर्णा या रामा रमणायैव न धर्माय .
269. वही; घोषाल : पूर्व निर्दिष्ट, (इंडियन कल्चर, कलकत्ता, XIV), पृ . 22.
270. वसिष्ठ धर्मसूत्र, I. 25-26. शूद्रामप्येके मंत्रवर्जम् तद्वत्, तथा न कुर्यात् .
271. वही, I. 27, अतो हि ध्रुवः कुलापकर्षः प्रेत्य चास्वर्गः . प्राचीन जर्मन लोगों में यह प्रथा प्रचलित थी कि यदि कोई दासेतर व्यक्ति दास पत्नी से विवाह कर लेता था तो वह भी दास बन जाता था . लैंटमैन : 'दि ओरिजिन ऑफ दि इनइक्वलिटी ऑफ दि सोशल क्लासेज़', पृ . 282.
272. आपस्तंब धर्मसूत्र, 1.9. 27. 10-11.
273. वही, I. 9. 26.7, 27-11; बौधायन धर्मसूत्र, IV. 2. 13, 6.5-6.
274. वसिष्ठ धर्मसूत्र, I. 24; बौधायन (I.8.16.1-4) ने ब्राह्मण को चार पत्नियाँ, क्षत्रिय को तीन, वैश्य को दो और शूद्र को एक पत्नी रखने की अनुमति दी है .
275. वसिष्ठ और बौधायन, दोनों ने शूद्र के लिए एक पत्नी की अनुमति दी है, हालाँकि वसिष्ठ ने वैश्य के लिए भी एक ही पत्नी की अनुमति दी है .
276. फिक : पूर्व निर्दिष्ट, पृ . 51; इस समय में सामान्यतया जातियों में सगोत्र विवाह प्रचलित था .
277. गौतम धर्मसूत्र IV. 27.
278. बौधायन धर्मसूत्र, I. 9. 17.7.
279. वही, वसिष्ठ धर्मसूत्र, XVIII. 1.
280. गौतम धर्मसूत्र IV. 21; बौधायन धर्मसूत्र . II. 2.3.30.
281. वही, II. 2.3.29; गौतम धर्मसूत्र, IV. 16; वसिष्ठ धर्मसूत्र, XVIII. 8.
282. बौधायन धर्मसूत्र . I. 9. 17.13-14.
283. वही, I. 9. 17.5.
284. वही, I. 9. 17.6.
285. फिक : पूर्व निर्दिष्ट, पृ . 9.
286. छोटा नागपुर में इस तरह की कई जनजातियाँ हैं और पूर्वी नेपाल में भी इस तरह की कुछ जातियाँ हैं .
287. आपस्तंब धर्मसूत्र, I. 1.1.6, अशूद्राणाम् अदुष्टकर्मणामुपायनम् वेदाध्ययनमग्न्याधेयं फलवन्ति च कर्माण .
288. वही, ~~I.3.9.9~~; शांखायन गृह्यसूत्र, IV. 7. 33.
289. बौधायन धर्मसूत्र, I. 11.21.15; गौतम धर्मसूत्र, XVI. 19.
290. गौतम धर्मसूत्र, XVI.46.
291. तत्र शूद्रादिभूयिष्ठे अनध्यायः.
292. गौतम धर्मसूत्र, XII. 4-6; उदाहरणे जिह्वा छेदः धारणे शरीर भेदः.
293. वही, VIII. 270-272.
294. आपस्तंब धर्मसूत्र, I. 2. 7. 19-21, सर्वदा शूद्रत उग्रतो वाचार्यार्थस्याहरणं धर्म्यमित्येके .
295. वसिष्ठ धर्मसूत्र, XVIII. 14, न शूद्राय मतिं दद्यात् ... न चास्योपदिशेद्धर्मम् .
296. आपस्तंब धर्मसूत्र, II. 11.29. 11-12,हरदत्त की टीका सहित .
297. सेक्रेड बुक्स ऑफ दि ईस्ट, II, पृ . 169.
298. गौतम धर्मसूत्र, IV. 26.

299. वेदः कृषिविनाशाय कृषिवेदविनाशिनी . बौधायन धर्मसूत्र, 1.5.10. 30.
300. जातक कथा, IV, 391-2.
301. वही, IV, 38.
302. वही, III, 171.
303. अश्वलायन गृह्यसूत्र, I. 21.12 (त्रिवेन्द्रम संस्करण); I. 24.12-15 (सेक्रेड बुक्स ऑफ दि ईस्ट, अनुवाद) .
304. हापकिंस : 'म्यूचुअल रिलेशंस ऑफ दि फोर कास्ट्स इन मनु', पृ . 86, पाद टिप्पणी 1.
305. जैमिनी मीमांसा सूत्र, VI. 1. 25-27.
306. वही, VI. 1. 33.
307. आपस्तंब धर्मसूत्र, I. 1. 1. 6.
308. वसिष्ठ धर्मसूत्र, IV. 3, शूद्रमित्यसंस्कार्यौं विज्ञायते .
309. पारस्कर गृह्यसूत्र, II . 8.3.
310. गौतम धर्मसूत्र, X. 64.
311. वही .
312. गौतम धर्मसूत्र, X. 65.
313. बौधायन धर्मसूत्र, II. 4.7.3.
314. दत्त : पूर्व निर्दिष्ट, पृ . 175.
315. दत्त ने इस तथ्य को अपनी पुस्तक के पृ . 177-78 में एक तौर पर स्वीकारा है .
316. गौतम धर्मसूत्र, X. 55.
317. गौतम धर्मसूत्र की टीका, X. 55, नाश्रमान्तरा प्राप्तिरिति .
318. मैक्समूलर : 'दि हिबर्ट लेक्चर्स', पृ . 343.
319. गौतम धर्मसूत्र, X. 53.
320. वही, XIV, 2-4; वसिष्ठ धर्मसूत्र, IV. 30.
321. वसिष्ठ धर्मसूत्र, IV. 27-29.
322. गौतम धर्मसूत्र, XIV. 2-4. दूसरों के मतानुसार वैश्य के लिए अशुचि की अवधि आधे महीने रखी गई थी (वही).
323. आर . एल . मित्र : 'इंडो-एरियंस', II, पृ . 131-2.
324. अश्वलायन गृह्यसूत्र (सेक्रेड बुक्स ऑफ दि ईस्ट, अनुवाद), IV. 2.19-21. यहाँ प्रयुक्त शब्द वृषल है .
325. बौधायन धर्मसूत्र, II. 4. 7. 15.
326. वही, I. 5. 10. 24; वसिष्ठ धर्मसूत्र, II. 27.
327. गौतम धर्मसूत्र, X. 67, आर्यानार्ययोर्व्यतिक्षेपे कर्मणः साम्यम् .
328. जातकों में शारीरिक श्रम करके अपना जीवन-निर्वाह करनेवाले ब्राह्मणों के उदाहरण मिलते हैं .
329. विनय पिटक, IV. 6.
330. वही, विनय पिटक अट्ठकथा, पृ . 439 में कोट्ठककम्मम् शब्द की व्याख्या तच्छक कम्म के रूप में की गई है, किंतु हार्नर ने इसका अनुवाद भंडारपाल के काम के रूप में किया है . 'सेक्रेड बुक्स ऑफ दि ईस्ट', XI, पृ. 175.
331. विनय पिटक, IV. 6.
332. दीघ निकाय, I. 51.
333. बोस : पूर्व निर्दिष्ट, II, 460.
334. लामक-कम्म, जातक, I, 356.

335. जातक, III, 452-53.
336. कसवतो मलमज्जनो निहीनजव्वो . विनय पिटक, IV, 308.
337. दीघ निकाय, III, 95.
338. आयारंगसुत्त, II. 4.1.8; दीघ निकाय, I. 92-3.
339. मज्झिम निकाय, III, 169-78; II, 152, 183-4.
340. वही .
341. विनय पिटक, II, 6; देखें, अंगुत्तर निकाय, II. 85; संयुत्त निकाय, I, 93.
342. विनय पिटक, IV, 4-11.
343. संयुत्त निकाय, I, 102, 166; सूयगडम्, 1.9. 2-3; फिक : पूर्व निर्दिष्ट, पृ. 20-30.
344. पाणिनि, II, 4-10; महाभाष्य, I, 475, शूद्राणामनिरवसितानाम् .
345. जातक, IV, पृ. 391-2.
346. सूयगडम् (सेक्रेड बुक्स ऑफ दि ईस्ट, अनुवाद). II. 2. 27.
347. आपस्तंब धर्मसूत्र, II. 1.2.8.
348. मैत्रायणि संहिता; बुहलर के वर्गीकरण (पूर्वोद्धृत, इंट्रोडक्शन, पृ. III) के अनुसार पांडुलिपि जी. यू. 2.3.
349. गौतम धर्मसूत्र, XIV. 30.
350. जातक, IV, 397.
351. वही, III, 233.
352. वही, IV, 376, 390-1.
353. वही,
354. वही , IV, 390.
355. वही, IV, 387.
356. वही, II. 82-84.
357. वही, IV, 376, 391.
358. उत्तराध्ययन सूत्र टीका, 13, पृ. 185a, जैन लिखित पूर्व निर्दिष्ट ग्रंथ , पृ. 144 में उद्धृत .
359. रामायण, I. 58. 10.
360. चवचड्ढक-चंडाला, जातक टीका, III, 195.
361. अंतगड दसाओ, 65.
362. जातक, IV, 390.
363. वही, III, 41, 179.
364. बोस : पूर्व निर्दिष्ट, II, पृ. 438.
365. वही, पृ. 439-440.
366. अंगुत्तर निकाय, IV, पृ. 376,''' कलोपिहत्थो नन्तिकवासी गामं वा निगमं वा पविसन्तो नीचचित्तं योवा उपट्ठपेत्वा पविसति .
367. जातक, IV, पृ. 379 .
368. अंगुत्तर निकाय, III, पृ. 206.
369. फिक : पूर्व निर्दिष्ट, पृ. 318.
370. पालि ग्रंथों में इसका कोई संकेत नहीं है, किंतु मनु (X. 49) और विष्णु (XVI. 9) ने शिकार को उनका पेशा विहित किया है .
371. जातक, III, 195; देखें, फिक : पूर्व निर्दिष्ट, पृ. 321.

372. बोस : पूर्व निर्दिष्ट, II, पृ. 454-5.
373. जातक, IV, पृ. 251.
374. बौधायन धर्मसूत्र, 1.9. 17.12.
375. जातक, V, पृ. 306.
376. 'सेक्रेड बुक्स ऑफ दि बुद्धिस्ट्स', XI, पृ. 173; जातक, V, पृ. 306, वेणजाति ति तच्छकजाति .
377. भारद्वाज गृह्यसूत्र, I. 1; वसन्ते ब्राह्मणमुपनीत ··· वर्षा रथकारं शिशिरे वा; बौधायन गृह्य सूत्र, II, 5.6, II. 8.5; जैमिनी मीमांसा सूत्र, VI. 1.50.
378. रीज डेविड्स : 'डायलाग्स ऑफ दि बुद्ध', I, पृ. 100.
379. जातक, VI, 51; देखें पेतवत्थु अठकथा, III. 1. 13.
380. बोस : पूर्व निर्दिष्ट, II, पृ. 456.
381. अंगुत्तर निकाय, I, पृ. 111-113.
382. महाभारत, XII, 59. 102-3.
383. दत्त : पूर्व निर्दिष्ट, पृ. 107.
384. महाभारत, XII. 59. 99-101; ला : पूर्व निर्दिष्ट, पृ. 100, बी. सी. ला का कथन है कि ये निषध थे न कि निषाद, किंतु महाभारत के आलोचनात्मक संस्करण में स्पष्टतया निषाद शब्द का उल्लेख हुआ है .
385. जातक, II, पृ. 200; VI, पृ. 71,170.
386. वही, VI, पृ. 71.
387. पाणिनि, IV. 1.100.
388. कोसंबी : (जर्नल ऑफ दि अमेरिकन ओरियंटल सोसायटी, बाल्टीमोर, LXXV, 44). यह इस धारणा पर निर्भर है कि निषाद गोत्र ब्राह्मणीय गोत्र था, जो संदिग्ध है .
389. गौतम धर्मसूत्र, IV. 28; एक अन्य स्थान पर गौतम ने कहा है कि अंत्यों को अपवित्र वस्त्र दिए जाने चाहिए (XIV. 42).
390. वसिष्ठ धर्मसूत्र, XVI. 30.
391. आपस्तंब धर्मसूत्र, I 3.9. 15.
392. वही, I. 3. 9. 18.
393. वसिष्ठ धर्मसूत्र, XVIII. 3.
394. गौतम धर्मसूत्र, XX. 1; देखें, XXIII, 32.
395. (माडर्न रिव्यू, दिसंबर 1923), पृ. 7 12-13. अंबेडकर : 'दि अनटचेबुल्स', अध्याय IX. अंबेडकर ने इस विचार को और भी विकसित किया है .
396. अंबेडकर : पूर्व निर्दिष्ट, अध्याय X.
397. गौतम धर्मसूत्र, XXII. 13 में गोवध को मामूली अपराध बताया गया है, जिसका मोचन प्रायश्चित से किया जा सकता है .
398. दत्त : पूर्व निर्दिष्ट, पृ. 106-7; पृ. 31.
399. धुर्वे : 'कास्ट ऍंड क्लास', पृ. 159.
400. फिक : पूर्व निर्दिष्ट, पृ. 324.
401. मज्झिम निकाय, III, ··· न लाभी अन्नस्स पानस्स वत्थस्स यानस्स ; पृ. 169-70; अंगुत्तर निकाय, II, पृ. 85.
402. (पास्ट ऍंड प्रेजेंट, सं. 6).
403. मज्झिम निकाय, I, पृ. 211, II, पृ. 182-84; संयुत्त निकाय, I, 99; विनय पिटक, II,

पृ. 239; अंगुत्तर निकाय, IV, पृ. 202; देखें, मज्झिम निकाय, III, पृ. 60; I, पृ. 384; दीघ निकाय, III, पृ. 80-98.

404. जातक, III, पृ. 194. IV, पृ. 303.

405. मज्झिम निकाय, II, पृ. 103, अरियाय जातिया जातो .

406. टामसन : 'स्टडीज़ इन एनशिएंट ग्रीक सोसायटी', II, पृ. 238.

407. दीघ निकाय, I, पृ. 226-30.

408. जातक, IV, पृ. 200.

409. वही .

410. जातक, III, पृ. 233.

411. दस . कु . , पृ . 45. पूर्वोद्धृत जैन ग्रंथ में उद्धृत, पृ० 229.

412. उत्तरा, XII.

413. आयारंगसुत्त, II. 1. 2. 2.

414. विनय पिटक, III, 184.5; IV, पृ. 80, 177.

415. सुत्त निपात, 137 और 138.

416. मलसेकेरा : 'डिक्शनरी ऑफ पालि प्रापर नेम्स', I, पृ. 174.

417. फिक : पूर्व निर्दिष्ट, पृ. 77-78.

418. बोस : पूर्व निर्दिष्ट, II, पृ. 285, पाद टिप्पणी 1.

419. 'हिस्ट्री ऑफ पालि लिटरेचर' की विधि में दी गई सूची के आधार पर संगणित, II, पृ. 508-16.

420. वही, II, पृ. 501-508; 508-516.

421. जैन : 'लाइफ एंज डिपिक्टिड इन जैन कैनन्स, पृ. 107.

422. बोस : पूर्व निर्दिष्ट, II, पृ. 485.

423. ढाणांग, X. 712; परिजुना, रोगिणोतीआ, रोसा और अणाढिता पव्वज्जा .

424. सूयगडमू, II. 2.54.

425. वही, I. 7. 25.

426. विनय पिटक, I, पृ. 74-76... कारभेदको चोरो ... चोरो... कसाहतो कतदण्डकम्मो ... इणायिको ... दासो ...हर मामले में कहा जाता है : पलायित्वा भिक्खूसु पव्वजितो होति .

427. दीघ निकाय, I, 51.. हथारोहा अस्सारोहा ... दासकपुत्ता आलारिका कप्पका नहापका सूदा मालाकारा रजका पेसकारा ...

428. वही, I. 60, दासो कम्मकरो पुब्बुट्ठायी पच्छा-निपाती किंकरपटिस्सावी मनापचारी पिय-वादी मुखुल्लोकको .

429. वही, I, 60-61.

430. दीघ निकाय, I. 61, कस्सको गहपतिको कार-कारको रासि वड्ढको .

431. विनय पिटक, I, पृ. 77, समणा सक्यपुत्तिया ... सुभोजनानि भुंजित्वा निवातेसु सयनेसु सयन्ति .

432. दीघ निकाय, I, 5.

433. वही, I, पृ. 60.

434. ठाणांग, III 202; जैन : पूर्व निर्दिष्ट, पृ. 194.

435. आपस्तंब धर्मसूत्र, I. 7. 20. 11-12.

436. वही, I. 7. 20. 15; मनुष्याणां च मनुष्यैः;वसिष्ठ धर्मसूत्र, II. 39.

437. अंगुत्तर निकाय, II, 208; केसावणिज्जे ... उवासग, पृ. 51.

438. अंगुत्तर निकाय, V, 137, दासकम्मकरपोरिसेहि वड्ढति .
439. जातक, III, पृ . 49.
440. बोस : पूर्व निर्दिष्ट, II, पृ . 414.
441. जातक, III, अनुवाद, 33; मूल, 48.
442. वही .
443. दीघ निकाय, III, पृ . 191.
444. जातक, I, पृ . 451.
445. आयारंगसुत्त, I. 2. 5. 1.
446. मलसेकेरा : पूर्व निर्दिष्ट,I, 876-77, जैसे लोहार चुंद .
447. बैशम : 'हिस्ट्री ऐंड डाक्ट्रिन्स ऑफ आजीविकाज़', पृ . 134.
448. ओल्डेनबर्ग : 'बुद्ध', पृ . 155-9.
449. फिक : पूर्व निर्दिष्ट, पृ . 32.
450. दीघ निकाय, I, पृ . 91-98.
451. फिक : पूर्व निर्दिष्ट, पृ . 31.
452. अंगुत्तर निकाय, IV, पृ . 239; संयुत्त निकाय, IV, 239; जातक, I, पृ . 49.
453. अंगुत्तर निकाय, III, पृ . 307 एवं आगे .
454. दत्त : 'ओरिजिन ऐंड ग्रोथ ऑफ कास्ट इन इंडिया', पृ . 133. इस अवधि में भी शूद्र वैश्वदेव यज्ञ के अवसर पर उच्च वर्णों के लिए भोजन तैयार करते थे .
455. मज्झिम निकाय, II, 128; देखें, II, 147 एवं आगे .
456. सुत्त निपात, 314-15.
457. जातक, I, 49; देखें, ललितविस्तर . I. 20.
458. अन्त कुलेसु वा पन्त ... तुच्छ ... दरिद्द ... किविण ... भिक्खाग ... माहण ... कल्पसूत्र, II. 17, तुल . 22.
459. बंद्योपाध्याय : पूर्व निर्दिष्ट, पृ . 302, 309-10.
460. वसिष्ठ धर्मसूत्र, VI. 24, दीर्घवैरमसूया चासत्यं ब्राह्मणदूषणम्, पैशून्यं निर्दयत्वं च जानीयात् शूद्रलक्षणम् .
461. ऊपर देखें, पृ . 108-9.
462. विनय पिटक, IV, पृ . 181-2.
463. वही, IV, पृ . 181-2, साकियदासका अवरुद्धा होन्ति ... साकियनियो अच्छिंदिमिसु च ...
464. जातक, V. पृ . 98 99.
465. जातक, IV, 159; 'कैंब्रिज हिस्ट्री ऑफ इंडिया', I, पृ . 210.
466. वही, I, पृ . 205.
467. जातक, I, पृ . 451-2, 458.
468. विनय पिटक, I, पृ . 74-6.
469. जातक, VI, पृ . 138.
470. बैशम : पूर्व निर्दिष्ट, पृ . 37.
471. जातक, VI, 69 (वर्तमान कथा).
472. बौधायन धर्मसूत्र, II. 2. 4. 18. आत्मत्राणे वर्णसंवर्गे ... वसिष्ठ धर्मसूत्र, III. 24-25. वर्णसंवर्गे शब्द पांडुलिपि 'बी' में आया है, जिसे फुहरर ने बहुत महत्वपूर्ण माना है (वसिष्ठ धर्मसूत्र, प्रस्तावना, पृ . 5) . अन्य पांडुलिपियों में धर्मसंवर्गे और वर्णसंकरे पाठ है .
473. वेस्टर मन्न : 'दि स्लेव सिस्टम्स ऑफ ग्रीक ऐंड रोमन एंटिक्विटी', पृ . 37; ग्रीकों और रोमनों के युद्ध में दासों से योद्धा का काम नहीं लिया जाता था .

मौर्यकालीन राज्यनियंत्रण और सेवि वर्ग

(लगभग तीन सौ ई . पू . से दो सौ ई . पू . तक)

मौर्यकाल में शूद्रों की स्थिति के अध्ययन का मुख्य स्रोत कौटिल्य का *अर्थशास्त्र* है और इसके पूरक हैं मेगस्थनीज़ की रिपोर्ट के कुछ अंश तथा अशोक के उत्कीर्ण लेख । किंतु प्राचीन भारतवर्ष के इतिहास के किसी प्रश्न को लेकर उतना विवाद नहीं हुआ है, जितना संभवतया *अर्थशास्त्र* की तिथि और प्रामाणिकता के संबंध में हुआ है ।[1] एक ओर जोरदार शब्दों में कहा जाता है कि यह रचना चंद्रगुप्त के मंत्री कौटिल्य की है, तो दूसरी ओर इसे सर्वथा अस्वीकार करते हुए रचना को ई . सन की पहली या तीसरी शताब्दी का माना जाता है । इस विवाद के पूरे अंश को दुहराना तो संभव नहीं है, किंतु कुछ विचारों को यहाँ उद्धृत करना आवश्यक जान पड़ता है । विरोध करनेवालों के तर्कों की सबसे बड़ी कमजोरी यह है कि उनका स्वरूप नकारात्मक है । *अर्थशास्त्र* के अंत में उल्लिखित पद्य से स्पष्ट है कि यह रचना उस व्यक्ति की है जिसने नंद वंश का नाश किया,[2] और यह ऐसी ऐतिहासिक परंपरा है जो बाद के ब्राह्मण और जैन ग्रंथों में भी मिलती है । यह पद्य इस दृष्टि से भी विशेष महत्वपूर्ण समझा जाता है कि धर्मसूत्रों और स्मृतियों के लेखकों के संबंध में ऐसे जीवनचरित संबंधी लेख अन्यत्र नहीं मिलते । इतना ही नहीं, किसी भी ग्रंथ से कोई वैकल्पिक सूचना नहीं मिलती कि कौटिल्य किसी अन्य काल के थे ।

एक लेख में कुछ नए आधार प्रस्तुत करके बताया गया है कि अर्थशास्त्र ई . सन की पहली से लेकर तीसरी शताब्दी तक की रचना है ।[3] कहा जाता है कि कौटिल्य ने जब ज्ञान का वर्गीकरण किया, तब प्रत्यक्ष विज्ञान दर्शन से अलग होने लगा था । अलग होने की यह प्रक्रिया ईस्वी सन की आरंभिक शताब्दियों की कही जा सकती है ।[4] किंतु इसमें कोई संदेह नहीं कि कौटिल्य ने शिक्षा की जिन मुख्य शाखाओं का, अर्थात कल्प (कर्मकांड) , व्याकरण और निरुक्त का उल्लेख किया है, वे मौर्यपूर्व काल में अध्ययन के विषय थे । यह भी ध्यान देने योग्य है कि *अर्थशास्त्र* में दर्शनशास्त्र की लोकायत शाखा का जो उल्लेख हुआ है, उससे उक्त ग्रंथ का रचनाकाल बाद का नहीं कहा जा सकता ।[5] संभवतया लोकायत शाखा

बुद्ध से पहले की है,[6] और इतना तो निश्चय ही है कि यह मौर्यों से पहले की है, क्योंकि प्राचीन बौद्ध ग्रंथों में इसका स्पष्ट उल्लेख है ।[7]

यह भी तर्क प्रस्तुत किया जाता है कि *अर्थशास्त्र* जैसे ग्रंथ के संकलन में राजनीति विज्ञान की दीर्घकालीन परंपरा का आभास मिलता है, जिसका विकास कई सौ वर्षों में हुआ होगा ।[8] स्वयं कौटिल्य ने इस बात को स्वीकार किया है और अपने विषय के दस पूर्ववर्ती विद्वानों का उल्लेख किया है ।[9] मौर्यपूर्व काल में इस तरह की दीर्घकालीन परंपरा थी जो धर्मसूत्रों से सिद्ध है । एक आकलन के अनुसार *आपस्तंब धर्मसूत्र* का 1/15, *बौधायन धर्मसूत्र* का 1/12, *गौतम धर्मसूत्र* का 1/6 और *वशिष्ठ धर्मसूत्र* का 1/5 भाग अर्थविषयक है ।[10] इससे पता चलता है कि अर्थ की महत्ता बढ़ रही थी, और उसकी चरम परिणति कौटिल्य के स्वतंत्र ग्रंथ *अर्थशास्त्र* के रूप में हुई ।

यह भी कहा जाता है कि अतिशयता को छोड़ने और मध्यम मार्ग अपनाने की अर्थशास्त्रीय नीति *मध्यांत विभंग* जैसे दार्शनिक ग्रंथ में भी पाई जाती है ।[11] यह ग्रंथ ई . सन की तीसरी शताब्दी का बताया जा सकता है । किंतु मध्यम मार्ग का सिद्धांत जिसे मज्झिम पटिपदा कहा जाता है, उतना ही पुराना है जितना *विनय पिटक ग्रंथ* ।[12] इसमें बुद्धदेव ने अपने प्रथम प्रवचन में ही अपने अनुयायियों को बताया है कि वे संन्यास और विलास जैसे दो चरम बिंदुओं का परित्याग करें ।

अंततः यह कहा गया है कि *अर्थशास्त्र* में उत्पादन, सामाजिक पद्धति और राजनीतिक संस्थाओं के जिस तरह के संबंधों का उल्लेख हुआ है वे मेगस्थनीज की रिपोर्टों और अशोक के उत्कीर्ण लेखों में किए गए वर्णन से कहीं अधिक विकसित हैं, और उनसे ई . सन की प्रथम और तृतीय शताब्दी के बीच के काल की विशिष्टता का बोध होता है ।[13] किंतु इस विचार का समर्थक साक्ष्य नगण्य-सा है । *अर्थशास्त्र* में उत्पादन के संबंधों का प्रमुख तथ्य यह है कि आर्थिक व्यवस्था के सभी क्षेत्रों पर राज्य का बहुत बड़ा नियंत्रण था । कौटिल्य के अनुसार राज्य व्यापार , उद्योग और खान का नियंत्रण तो करता ही है; राजकीय प्रक्षेत्रों (फार्मों) का अध्यक्ष दासों और कर्मकरों से काम कराने के साथ ही इस कार्य के लिए लोहारों, बढ़इयों और मिट्टी खोदनेवालों से भी काम लेता है ।[14] स्ट्रैबो ने मेगस्थनीज की रिपोर्ट से जो अंश उद्धृत किए हैं, उनसे भी इस बात के प्रमाण मिलते हैं । ऐसा पता चलता है कि राज्य के बड़े-बड़े अधिकारी न केवल नदियों की निगरानी और सिंचाई की देखभाल करते थे, बल्कि जमीन की पैमाइश भी करते थे और जमीन से संबंधित पेशेवरों, अर्थात लकड़हारों, बढ़इयों, लोहारों और खानों में काम करनेवालों पर भी नजर रखते थे।[15] फिर *अर्थशास्त्र* में सामाजिक व्यवस्था की जो रूपरेखा निर्धारित की गई है, वह ब्राह्मण ग्रंथ के ढाँचे पर निरूपित है ।

अर्थशास्त्र की राज्य-व्यवस्था की खास विशेषता यह है कि वह सभी प्रकार के प्राधिकारों में राज शासन को आगे बढ़ाना चाहती है,[16] और प्रजा को लगभग तीस विभागों के माध्यम से शासन के अस्तित्व का अनुभव कराना चाहती है। यह मौर्य साम्राज्य की आम नीति थी, जिसका पता मुख्यतया अशोक के उत्कीर्ण लेखों से चलता है। अशोक ने धर्मप्रचारक के रूप में काम किया था और उसके पास सुसंगठित अधिकारीतंत्र था। महत्वपूर्ण बात तो यह है कि राज्य को, राजा के रूप में, सर्वव्यापी सत्ता के तौर पर स्थापित करने की मनोवृत्ति सिकंदर के साम्राज्य में भी प्रकट हुई और उस साम्राज्य का पतन होने पर जो यूनानी राजतंत्र आया, उसने भी इस व्यवस्था को अपनाया।[17] इस प्रकार मेगस्थनीज़ की रिपोर्ट से उद्धरण देकर स्ट्रेबो ने ठीक ही भारत के मजिस्ट्रेटों की तुलना यूनानी मिस्र के ऐसे ही अधिकारियों से की है।[18] कौटिल्य का दावा है कि उसने तत्कालीन राज्यों में प्रचलित शासन-व्यवस्थाओं का अध्ययन किया है।[19] अतः उसने जिस राजतंत्र की स्थापना की उससे उस युग की व्यापक चेतना का आभास मिलता है।

किंतु इस तथ्य को अस्वीकार नहीं किया जा सकता कि बहुत-से अन्य ग्रंथों की तरह *अर्थशास्त्र* में भी परिवर्तन किए गए होंगे। अतएव समस्या है कि इस ग्रंथ के तात्विक अंशों में किए गए परिवर्तन का पता कैसे लगाया जाए।[20] फिर भी, अब सामान्यतया यह माना जाता है कि अर्थशास्त्र में वस्तुतः मौर्यकाल के संस्मरणात्मक तथ्य हैं। कुछ विद्वानों का मत है कि द्वितीय अधिकरण सबसे प्राचीन है। प्रस्तुत अध्याय में द्वितीय, तृतीय तथा चतुर्थ अधिकरण से अधिक सामग्री ली गई है ; बाद के अधिकरणों का उतना उपयोग नहीं किया गया है।

यद्यपि सुदूर दक्षिण को छोड़ प्रायः संपूर्ण भारत पर मौर्यों का शासन छाया हुआ था और यद्यपि कौटिल्य ने *अर्थशास्त्र* में व्यापक भौगोलिक पृष्ठभूमि का खयाल रखा है, फिर भी इसमें जिन बातों की चर्चा आई है, वे संभवतया उत्तर भारत में विद्यमान परिस्थिति को ही प्रतिबिंबित करती हैं। जहाँ तक संकीर्ण और स्थानीय नीतियों से दूर हटकर सारे साम्राज्य की आवश्यकताओं की पूर्ति के लिए *अर्थशास्त्र* में बताए गए उपायों का प्रश्न है, उन्हें पूरे साम्राज्य में लागू किया जा सका होगा, किंतु आर्थिक कार्यकलापों पर नियंत्रण रखने या परती जमीन को जोतने के संबंध में दी गई हिदायतें साम्राज्य के निकटवर्ती इलाकों तक ही सीमित रही होंगी।

शूद्र वर्ण के कृत्यों का निरूपण करने में कौटिल्य ने धर्मशास्त्र के पारिभाषिक शब्दों का प्रयोग किया है। उनका कहना है कि शूद्र का निर्वाह द्विजों की सेवा से होता है।[21] किंतु वे शिल्पियों, नर्तकों, अभिनेताओं आदि का व्यवसाय करके भी अपना निर्वाह करते हैं।[22] ये व्यवसाय स्पष्टतया स्वतंत्र थे और इनमें द्विजों की सेवा करना आवश्यक नहीं था।

कौटिल्य ने धर्मसूत्र की जिस पारिभाषिक शब्दावली का प्रयोग किया है, उससे यह प्रतीत होता है कि शूद्रों को अपनी जीविका के लिए पूर्णतया उच्च वर्ण के मालिकों पर निर्भर रहना पड़ता था। इसका आभास उसके जनपदनिवेश संबंधी नियमों से मिलता है। कौटिल्य का कथन है कि सौ से लेकर पाँच सौ परिवारों की बस्तियाँ बसाने में एक बस्ती से दूसरी बस्ती की दूरी दो या चार मील की होनी चाहिए और उसके निवासी मुख्यतया शूद्र और कर्षक ही होने चाहिए।[23] विद्वानों ने शूद्र और कर्षक शब्दों का द्वंद्व समास (शूद्रकर्षक प्रायम्) माना है,[24] और इस तरह उनके अनुसार शूद्र किसान नहीं थे, किंतु कुछ लोगों ने शूद्र शब्द को कर्षक का विशेषण माना है।[25] इस वाक्यखंड का अर्थ लगाना इसलिए कठिन हो गया है कि इसका प्रयोग *अर्थशास्त्र* में कहीं अन्यत्र नहीं हुआ है। *अर्थशास्त्र* पर जो टीकाएँ उपलब्ध हैं, उनमें जनपदनिवेश प्रकरण का समावेश नहीं है। एक स्थल पर कर्षक को कर्मकर, अर्थात भाड़े का मजदूर माना गया है,[26] किंतु संभवतया यहाँ इस शब्द को ऐसे अर्थ में प्रयुक्त नहीं किया जा सकता। संभव है कि शूद्र से दास कर्मकरों का और कर्षक से वैश्य किसानों का बोध होता हो।

कौटिल्य के अनुसार राज्य को चाहिए कि नई बस्तियों में भूमि को कृषि योग्य बनाकर करदाताओं को जीवन-भर के लिए दे दे।[27] मालूम होता है कि यह बंदोबस्त कृषकों के हाथ किया जाता था, जो राज्य को कर चुकाने के लिए जिम्मेदार थे। किंतु इन्हें जमीन रखने का अधिकार निर्धारित अवधि के लिए दिया जाता था, जो बात संभवतया पुराने गाँवों के कृषकों (प्रायः वैश्यों) पर लागू नहीं थी। कृषकों को अनाज, मवेशी और रुपए देने का उपबंध किया गया है।[28] उन्हें इस उम्मीद पर ऐसी सुविधा दी गई थी कि वे स्वेच्छया राज्य को कर चुकाएँगे। दूसरे यह कि कृषकों को यह सुरक्षा संभवतया नहीं मिली थी कि भूमि उनकी बनी रहेगी। कौटिल्य ने बताया है कि यदि बस्तियों में कृषक अपना कार्य ठीक से नहीं करें तो उन्हें अपनी भूमि से निकाल दिया जाए और भूमि वैदेहक या ग्रामभृतक को कृषि-हेतु दे दी जाए।[29]

नई बस्तियों में शूद्र को कृषि के अलावा अन्य कार्यों में लगाया जा सकता था। कहा गया है कि नई बस्ती, जिसके निवासी मुख्यतया शूद्र (अवर वर्णप्राय) होते हैं, निश्चित रूप से फल देने वाली होती है और उसमें राज्य द्वारा आरोपित सभी भारों को वहन करने की क्षमता रहती है।[30] नयचंद्रिका के अनुसार 'भोग' शब्द के अर्थ से पता चलता है कि शूद्रों को न केवल खेती में लगाया जाता था, बल्कि उनसे भार ढोने और किला बनाने का काम भी लिया जाता था।[31] यह भी कहा गया है कि शूद्रों की बस्ती को एक लाभ यह था कि उसकी जनसंख्या अधिक होती थी।[32] नई जमीनों को जोतकर खेती करने तथा पूर्ववर्ती खेतों का पुनरुद्धार करने के लिए शूद्रों को घनी आबादीवाले क्षेत्रों से मँगाया जाता था,

अथवा दूसरे राज्यों से उन्हें वहाँ आ जाने के लिए प्रेरित किया जाता था।[33] कहा गया है कि जनपद में निम्न वर्ण की आबादी अधिक होनी चाहिए।[34] इन सारी बातों से पता चलता है कि देश में शूद्रों की जनसंख्या काफी थी। देश में मुख्यतया वैश्य कृषि का कार्य करते थे; अतएव शूद्र भूराजस्व और अन्य व्ययभार चुकाने के लिए मुख्यतया दायी नहीं रहे होंगे, जैसा कि घोषाल ने सुझाव दिया है।[35] नई बस्तियों के किसान शूद्रों के समान बेगारी से मुक्त नहीं थे, क्योंकि जनपदनिवेश प्रकरण में कौटिल्य ने बताया है कि राजा को चाहिए कि अत्याचारी विष्टि (बेगार) से किसान की रक्षा करे।[36]

अधिकांश शूद्र, पहले ही की तरह, कृषि मजदूरों और दासों के रूप में काम करते रहे। धर्मसूत्रों से ज्ञात होता है कि दासों को घरेलू कार्यों में लगाया जाता था। कौटिल्य ही एकमात्र और प्रथम ब्राह्मण लेखक हैं, जिनसे पता चलता है कि दासों को बड़े पैमाने पर कृषि उत्पादन कार्य में लगाया जाता था।[37] प्राचीन पालि ग्रंथों में तो बड़े-बड़े प्रक्षेत्रों (फार्मों) के केवल तीन उदाहरण मिलते हैं, किंतु मौर्यकाल में ऐसे अनेक प्रक्षेत्र थे जिनमें दास और भाड़े के मजदूर सीधे सीताध्यक्ष (कृषि अधीक्षक) के अधीन रहकर काम करते थे। वह इन लोगों को कृषि के उपकरण और अन्य साधन देता था और कृषिकर्म के लिए बढ़ई, लोहार तथा अन्य शिल्पियों की सेवाएँ प्राप्त करता था।[38] मेगस्थनीज़ के विवरण से भी इस तथ्य की मोटे तौर पर पुष्टि होती है। उसने ऐसे अधिकारियों का उल्लेख किया है जो भूमि संबंधी धंधों और शिल्पियों की निगरानी करते थे।[39] एरियन ने कृषि-अधीक्षकों की चर्चा की है,[40] जो प्रायः सीताध्यक्ष का काम करते थे। स्ट्रेबो का कहना है कि गड़ेरिए और शिकारियों की एक तीसरी जाति थी, जो खानाबदोश का जीवन बिताती थी और खेतों से जंगली जानवरों तथा पक्षियों को भगाने के लिए राजा से अनाज के रूप में भत्ता पाती थी।[41] ये खानाबदोश आदिवासियों (सर्पग्राहादिकाः अर्थात साँप या अन्य जीवों को पकड़नेवाले) से मिलते-जुलते मालूम होते हैं।[42] सीताध्यक्ष उनसे कृषि संबंधी काम लेते थे।[43] इस तरह मौर्य साम्राज्य दासों, कर्मकरों, शिल्पियों और आदिवासियों का, जोकि स्पष्टतया शूद्र वर्ग के थे, बहुत बड़ा नियोजक था। इस दृष्टि से इस काल का कृषि उत्पादन संगठन ग्रीस और रोम के संगठन से कुछ हद तक मिलता-जुलता था।

कौटिल्य ने बताया है कि यदि (श्रमिकों के अभाव के कारण) खेतों की बोआई नहीं हो पाए तो खेत उन लोगों को पट्टे पर दे दिए जाएँ जो आधी उपज देकर उनकी जुताई करें।[44] जो व्यक्ति केवल शारीरिक श्रम करके जीवनयापन करते थे (अर्थात कर्मकर) उनके पास स्वभावतया खेती के आवश्यक उपकरण, यथा बीज और बैल नहीं रहते थे। ऐसे व्यक्ति यदि उपज का चतुर्थांश अथवा पंचमांश लेना स्वीकार करते थे तो उन्हें राज्य की ओर से बैल और बीज दिए जाते थे।[45] कौटिल्य ने यह सिद्धांत प्रतिपादित किया है कि

बटाईदारों को चाहिए कि स्वयं कोई कठिनाई न सहकर जितना अधिक राजा को दे सकते हों, दिया करें।[46] किंतु उन्होंने कठिनाइयों का कोई संकेत नहीं दिया है। मालूम होता है कि बटाईदारों को कुछ कड़ी मिट्टीवाली जमीन दी जाती थी, जिसके लिए उन्हें राज्य को कुछ भी नहीं चुकाना पड़ता था।[47] बटाईदार दो प्रकार के होते थे —एक वह जो उपज का आधा हिस्सा रखता था और दूसरा वह जो 1/4 या 1/5 हिस्सा रखता था। प्रथम कोटि के बटाईदार को भट्टस्वामिन् जैसे टीकाकार ने 'ग्राम्य-कुटुंबिनः' के रूप में चित्रित किया है।[48] दुर्गनिवेश (राजधानी का निर्माण) प्रकरण के सिलसिले में कौटिल्य ने बताया है कि कुटुंबिनों को राजधानी की सीमा पर बसाया जाना चाहिए, ताकि वे खेती संबंधी कार्य कर सकें और अन्य व्यवसायों की जरूरतें पूरी कर सकें।[49] कहा गया है कि वे फुलवारियों, वनों, सब्जी के बागानों और धान के खेतों में [50] काम करेंगे, और दिए गए अधिकार के अनुसार पर्याप्त अन्न तथा दूसरे प्रकार का सौदा आदि एकत्रित करेंगे। इस प्रसंग में टी० गणपति शास्त्री ने 'कुटुंबिनः' शब्द की व्याख्या करते हुए बताया है कि वह निम्नतम वर्ण का व्यक्ति था (वर्णावराणाम्),[51] पर शामा शास्त्री ने उसे कामगरों का परिवार बताया है।[52] इस प्रकार कुटुंबिन संभवतया शूद्र बटाईदार और कृषि मजदूर थे। इस शब्द का ऐसा प्रयोग अस्वाभाविक-सा लगता है, क्योंकि अधिकांश स्रोतों में 'कुटुंबिनः' का अर्थ केवल परिवार का प्रधान किया गया है। [53] किंतु प्रसंग से ऐसा मालूम पड़ता है कि यहाँ इसका विशेष अर्थ लगाया गया है।

संभवतया पुरानी बस्तियों में उच्च वर्णों के मालिक बहुत-से शूद्रों, कृषि मजदूरों, दासों और शिल्पियों को काम देते थे। कृषकों से कर उगाहने का प्रभारी गोप कहलाता था, और उससे कहा जाता था कि वह हर गाँव के निवासियों की कुल संख्या और समाज में उत्पादन-कार्य करनेवाले विभिन्न वर्ग, जिनकी संख्या आधा दर्जन थी, के लोगों अर्थात कर्षक (किसान), गोरक्षक (चरवाहा या पशुधन रखनेवाला), वैदेहक (व्यापारी), कारुक (शिल्पी), कर्मकर और दासों की कुल संख्या लिखकर रखे। [54] मालूम होता है कि इस सूची में दो निम्न वर्णों के लोग हैं, जिनमें से प्रथम तीन वर्ग वैश्य वर्ण के हैं और शेष तीन शूद्र वर्ण के। मेगस्थनीज़ ने इस प्रसंग में उत्पादन करनेवाली जातियों को नहीं गिनाया है। कौटिल्य के वैश्य कर्षक जहाँ सामान्यतया मेगस्थनीज़ द्वारा वर्णित खेतिहरों से मिलते-जुलते हैं,[55] वहाँ वैश्य व्यापारी और शूद्र शिल्पी तथा श्रमिक मेगस्थनीज़ की तीसरी जाति से मिलते हैं जो व्यापार करते हैं, बर्तन बेचते हैं और शारीरिक श्रमवाले कार्य में नियोजित होते हैं।[56] मेगस्थनीज़ ने यह भी बताया है कि इनमें से कुछ लोग कर चुकाते हैं और राज्य की कुछ विहित सेवाएँ करते हैं।[57] इस विवरण का प्रथम भाग संभवतया व्यापारियों के संबंध में है और दूसरे भाग में शिल्पियों और श्रमिकों की चर्चा की गई है।

अर्थशास्त्र में शूद्र संभवतया करदाता की कोटि में नहीं रखा गया है, किंतु गोप को उनकी भी संख्या लिखकर रखनी होती थी ।[58] जिन गाँवों के लोग कर का भुगतान करते थे उनमें ऐसे लोगों की सूची रखनी पड़ती थी जो राज्य को निःशुल्क श्रम (विष्टि) प्रदान करते थे ।[59] *अर्थशास्त्र* के एक परिच्छेद की टीका करते हुए भट्टस्वामिन् ने बताया है कि एक प्रकार के गाँव ऐसे थे जहाँ से कर के बदले श्रमिकों की मुफ्त आपूर्ति होती थी और उन गाँवों के निवासी किला आदि का निर्माण करने के लिए रहते थे ।[60] टी. गणपति शास्त्री ने ठीक ही कहा है कि इस तरह का काम कर्मकरों द्वारा किया जाता था,[61] क्योंकि दासों और कर्मकरों का वर्ग हमेशा बेगार करने का भागी समझा जाता था ।[62] इन बातों से पता चलता है कि शूद्रों को कर से मुक्त रखा गया था और उनसे सामान्यतया कृषि मजदूरों और दासों का काम कराया जाता था तथा उनकी कोई स्वतंत्र जीविका नहीं थी ।

कौटिल्य ने उन पशुपालकों की जीवनस्थिति की जानकारी दी है, जिन्हें राज्य ने पशु-अधीक्षक के सामान्य नियंत्रण के अधीन बहाल कर रखा था ।[63] उन्होंने इन लोगों की मजूरी घी का दसवाँ भाग नियत किया है, किंतु इनके कार्य के बारे में वे विशेष रूप से सतर्क हैं ।[64] पशुपालकों के उत्तरदायित्व पर जोर देते हुए कौटिल्य ने बताया है कि यदि चरवाहे की गलती के कारण मवेशी खो जाए तो उसे शारीरिक दंड भी दिया जा सकता है ।[65] इतनी कठोर सजा, जिसका उल्लेख मौर्यपूर्वकालीन विधिग्रंथों में नहीं किया गया है, या तो पशुधन को अधिक आर्थिक महत्व दिए जाने के कारण या बौद्ध और जैन धर्मों के उपदेश के कारण, अथवा दोनों ही कारणों से निर्धारित की गई थी । कठोर सजा का जो भी कारण हो, इतना स्पष्ट है कि मौर्यकाल तक असमान भूमि-वितरण और असमान पशु-वितरण उत्पादन संबंधों के अभिन्न अंग बन गए थे । इसलिए भूस्वामियों और बटाईदारों तथा खेत मजदूरों के बीच, और पशुस्वामियों तथा चरवाहों के बीच, संबंध निर्धारित करने के लिए *अर्थशास्त्र* तथा विधिग्रंथों में नियम बनाए गए ।

अब हम *अर्थशास्त्र* के उस साक्ष्य का विश्लेषण करें जो शिल्पियों के नियोजन, नियंत्रण और मजूरी के बारे में है और जिससे शूद्रों की सामान्य स्थिति पर प्रकाश पड़ता है । कृषि कार्य में सहायता पहुँचाने के लिए राज्य की ओर से जिन शिल्पियों को नियोजित किया जाता था, उनकी चर्चा पहले ही की जा चुकी है । बहुत से अन्य शिल्पियों को राज्य की ओर से बुनाई,[66] खनन,[67] भंडारपालन,[68] आयुधनिर्माण,[69] धातुकर्म[70] आदि में लगाया जाता था । पहले बुनकर जैसे शिल्पी गहपति के अधीन काम करते थे, किंतु बाद में राज्य उन्हें भारी संख्या में नियोजित करने लगा था ।[71] औजार प्रायः शिल्पियों का अपना ही रहता था, किंतु कच्चा माल राज्य की ओर से दिया जाता था । कहीं भी यह उल्लेख नहीं है कि इनमें से किन्हीं भी शिल्पों में दासों को लगाया जाता था । उन्हें खनन कार्य भी नहीं

करने दिया जाता था और यह काम कर्मकर से कराया जाता था।[72] ध्यातव्य है कि ग्रीस और रोम की खानों में भी दासों से काम लिया जाता था।

किंतु राज्य द्वारा शिल्पियों का नियोजन मुख्यतया राजधानी और प्रायः महत्वपूर्ण नगरों में ही सीमित था, जहाँ शिल्पी पर्याप्त संख्या में रहते थे। दुर्ग-निवेश विधान से पता चलता है कि शिल्पी राजमहल के उत्तर में रह सकते थे, और मजदूरों के शिल्पिसंघों तथा अन्य लोगों को राजधानी के विभिन्न कोणों में आवासस्थान दिए जाएँगे।[73] यह भी कहा गया है कि जो शूद्र और शिल्पी ऊनी और सूती वस्त्र, बाँस की चटाई, चमड़ा, कवच, हथियार और म्यान बनाते हैं, उन्हें राजभवन से पश्चिम की ओर निवासस्थान दिया जाना चाहिए।[74] संभवतया इनमें से कुछ लोग सूत्राध्यक्ष के अधीन[75] और कुछ शस्त्रागार अधीक्षक के अधीन कार्य करते थे।[76] मेगस्थनीज़ ने बताया है कि शस्त्रनिर्माता और जहाज बनानेवालों को राजा से मजदूरी और रसद मिलती थी और वे केवल उसका काम करते थे।[77] इनके अलावा, औद्योगिक शिल्प से संबंधित प्रत्येक बात की देख-भाल के लिए नगर में पाँच व्यक्तियों की एक कमेटी बनाई गई थी।[78] इनसे पता चलता है कि राज्य का नियंत्रण और शिल्पियों का रोजगार मुख्यतया नगरों तक ही सीमित था। किंतु मेगस्थनीज़ ने यह भी बताया है कि लकड़हारे, बढ़इयों, लोहारों और खनिकों के कार्यों की निगरानी राज्य के उच्च अधिकारी करते थे।[79] इसका अर्थ यह हुआ कि नगर से बाहर रहनेवाले शिल्पियों पर किसी न किसी ढंग का सामान्य नियंत्रण रखा जाता था।

अर्थशास्त्र प्राचीनतम भारतीय ग्रंथ है, जिसमें मालिकों (नियोजकों) और मजदूरों (नियोजितों) के आपसी संबंध के बारे में सामान्य नियम दिए गए हैं। शिल्पियों को विवाद का कारण माना गया है और कारुकररक्षणम् प्रकरण में इनसे बचने के बहुत-से उपाय बताए गए हैं। शिल्पियों के लिए यह आवश्यक है कि वे समय, स्थान और काम के स्वरूप के विषय में किए गए करार की पूर्ति करें। संकटों और आपदाओं को छोड़ अन्यथा चूक होने पर न केवल उनकी मजूरी का चौथा भाग जब्त कर लिया जाएगा, बल्कि उन्हें मजूरी की दुगनी राशि जुर्माने के रूप में चुकानी होगी और उनकी चूक के चलते जो घाटा होगा, उसे भी पूरा करना पड़ेगा।[80] काम के सिलसिले में अनुदेशों का उल्लंघन करने पर मजूरी जब्त कर ली जाएगी और उसका दुगुना जुर्माना लिया जाएगा।[81] जो सेवक किसी ऐसे काम को पूरा करने में टालमटोल करेगा, जिसके लिए उसे पहले ही भुगतान कर दिया गया है, वह 12 पण जुर्माना चुकाने का भागी होगा और उसको तब तक काम करते रहना पड़ेगा जब तक काम पूरा न हो जाए।[82] किंतु यदि वह अपने बूते के बाहर के किन्हीं कारणों के चलते काम करने में असमर्थ हो तो उससे ऐसा जुर्माना नहीं लिया जाएगा।[83] दूसरी ओर, कौटिल्य ने शिल्पियों के संरक्षण संबंधी कुछ विनियम भी विहित किए हैं। तदनुसार जो कोई

शिल्पियों के काम का दर्जा घटाकर या सामानों की खरीद-बिक्री में बाधा डालकर उन्हें अपनी उचित कमाई से वंचित करने का प्रयास करेगा, उस पर एक हजार पण जुर्माना लगाया जाएगा।[84] अपने मजदूर से काम न लेनेवाले मालिक से 12 पण जुर्माना लिया जाएगा।[85] और यदि वह पर्याप्त कारण के बिना काम लेने से इंकार करे तो माना जाएगा कि काम कराया गया है।[86] कौटिल्य ने संघबद्ध शिल्पियों को एक विशेषाधिकार प्रदान किया है। उन्हें अपनी संविदा के निष्पादन के लिए जो अवधि स्वीकृत की गई हो, उसके अतिरिक्त और भी सात रातों की मुहलत दी जाएगी।[87]

जहाँ तक मजदूरी नियत करने का प्रश्न है, कौटिल्य ने इसके लिए एक सामान्य सिद्धांत का प्रतिपादन किया है कि काम की किस्म और उसमें लगनेवाले समय को ध्यान में रखकर मजूरी नियत की जानी चाहिए। उन्होंने यह भी बताया है कि शिल्पियों, संगीतज्ञों, चिकित्सकों, रसोइयों और अन्य कामगरों को उतनी ही मजूरी मिलेगी, जितनी अन्यत्र काम में लगे इसी प्रकार के लोगों को मिलती है अथवा जितनी विशेषज्ञ नियत करे।[88] सेवकों को वादे के अनुसार मजूरी मिलेगी किन्तु यदि मजूरी का निर्णय पहले नहीं किया गया हो तो कृषक को (अर्थात कृषि मजदूर को) उपज का 1/10 भाग, पशुपालक को मक्खन का 1/10 भाग और व्यापारी को बिक्री से हुई आमद का 1/10 भाग मिलना चाहिए।[89] राजा की भूमि में उपजाई गई फसल का 1/4 या 1/5 भाग पाने के हकदार बटाई कृषि मजदूरों और फसल का 1/10 भाग पानेवाले सामान्य कृषि मजदूरों में विभेद किया गया है।

कौटिल्य के अनुसार मजूरी संबंधी विवादों का निपटारा गवाहों द्वारा प्रस्तुत साक्ष्य के आधार पर किया जाता था। यदि ऐसे साक्ष्य उपलब्ध नहीं होते थे तो नियोजक से पूछताछ की जाती थी।[90] विवाद के सिलसिले में कर्मचारी की जाँच नहीं की जाती थी, जिससे स्पष्ट है कि मालिक का अपराध सिद्ध करना कठिन था। किंतु यदि यह पाया जाता था कि उसने मजूरी का भुगतान नहीं किया है तो मालिक को या तो मजूरी की राशि का दस गुना अथवा 6 पण जुर्माना किया जाता था। इसके अतिरिक्त मजूरी का दुर्विनियोग करने पर 12 पण या मजूरी की रकम का पाँच गुना जुर्माना किया जाता था।[91] इन नियमों के आधार पर हमें मजूरी की दो विभिन्न दरों का पता चलता है, अर्थात 3/5 पण या 2-3/5 पण। इस तरह मालूम होता है कि श्रमिक की दैनिक मजूरी 3/5 पण से लेकर 2-2/5 पण तक थी। एक स्थान पर कौटिल्य ने बताया है कि इन उपबंधों के अतिरिक्त कृषि मजदूरों को 1-1/4 पण मासिक मजूरी मिलनी चाहिए। *अर्थशास्त्र* में उच्च वर्ग से नियुक्त उच्च अधिकारियों के वेतन और निम्न वर्ग के शिल्पियों के वेतन में बहुत बड़ा अंतर दिखाया गया है। सबसे अधिक वेतन की व्यवस्था ऋत्विज, अध्यापक, मंत्री, पुरोहित, सेनापति आदि के लिए की गई है और उन्हें प्रति मास अड़तालीस हजार पण वेतन मिलता था।[92] इनसे नीचे की

पंक्ति के अधिकारियों के लिए चौबीस हजार, बारह हजार या आठ हजार पण की सिफारिश की गई है,[93] किंतु शिल्पियों के लिए एक सौ बीस पण की ही अनुशंसा है।[94] फिर भी, यह उल्लेखनीय है कि वर्द्धकि के लिए, जो मुख्य बढ़ई होता था, चिकित्सक और सारथी की भाँति दो हजार पण का वेतन रखा गया है।[95] ग्रामभृतक (ग्राम अधिकारी)[96] और गुप्तचरों के मार्गदर्शक सेवक पर भी विचार किया गया है और प्रथम को पाँच सौ पण तथा द्वितीय को दो सौ पण वेतन दिया गया है।[97] चतुष्पदों और द्विपदों के प्रभारी सेवकों, विविध कार्य करनेवाले कामगरों, राजपुरुषों के अनुचरों, अंगरक्षकों और स्वतंत्र मजदूरों को जुटाने के लिए अल्पतम वेतन 60 पण की सिफारिश की गई है।[98] मान लिया जाए कि यह भुगतान मासिक आधार पर किया जाता था तो सामान्य मजदूर के लिए इसकी दर प्रतिदिन दो पण होती हैं। किंतु ऐसे भी मजदूर थे जिन्हें केवल 20 पण की मासिक मजूरी दी जाती थी। पहले जो 3/5 पण प्रतिदिन की दर से वेतन दिखाया गया है, उससे महीने की मजूरी 18 पण आती है।

समाज में सबसे कम भुगतान शिल्पियों और वेतनभोगियों को किया जाता था, किंतु हमें उनके रहन-सहन के स्तर का स्पष्ट ज्ञान नहीं हो सकता, क्योंकि पण की क्रयशक्ति की जानकारी नहीं मिल पाती है। कौटिल्य ने बताया है कि राज्य की सेवा करनेवाले दासों और कर्मकरों को अपने निर्वाह के लिए भंडार के अधीक्षक से खुद्दी मिलनी चाहिए।[99] इन्हें देने के बाद जितनी खुद्दी बच जाए वह रोटी पकानेवाले रसोइयों को दी जाए।[100] संभव है कि ये रसोइए दास रहे हों, क्योंकि मौर्यपूर्व काल में इन्हें रसोई के काम में लगाया जाता था। जहाँ तक विकृत मदिरा को निपटाने का प्रश्न है, कहा गया है कि यह दासों और कर्मकरों को मजूरी के रूप में दी जानी चाहिए, क्योंकि उनका काम हीन ढंग का है।[101] कौटिल्य ने सामान्य आर्य और शूद्र के आहार में विभेद किया है। आर्य को राशन के रूप में एक प्रस्थ शुद्ध चावल, 1/61 प्रस्थ नमक, 1/4 प्रस्थ शोरबा और 1/64 प्रस्थ मक्खन या तेल मिलना चाहिए, और अवर को चावल और नमक तो उतनी ही मात्रा में मिलना चाहिए किंतु शोरबा 1/6 प्रस्थ और तेल की मात्रा आर्य के लिए अनुशंसित मात्रा की आधी होनी चाहिए।[102] उसके लिए मक्खन की सिफारिश नहीं की गई है। इस प्रसंग में अवर का अर्थ है नीच जाति का व्यक्ति (निकृष्टनाम), जो शूद्र होता है। किंतु आर्य को उच्च वर्गों का सामान्य सदस्य माना गया है;[103] उच्च कोटि के आर्यों यथा राजा, रानी और सेनाध्यक्षों के लिए और अधिक मात्रा में राशन की व्यवस्था की गई है।[104] इन बातों से स्पष्ट है कि शूद्रों को हीन कोटि का भोजन दिया जाता था।

ऐसा ज्ञात होता है कि मौर्य काल में शूद्रों की आर्थिक स्थिति में बहुत-से परिवर्तन हुए। पहली बार शूद्रों को, जो अभी तक कृषि मजदूर थे, राज्य की भूमि में बटाईदारी भी

दी जाने लगी। किंतु कृषि-उत्पादन के लिए राज्य की ओर से शूद्रों को बहुत बड़े पैमाने पर दासों और श्रमिकों के रूप में नियोजित किया जाता था। नीचे दर्जे के लोग या तो खास-खास किसानों के अधीन अथवा स्वतंत्र रूप से काम करते थे और गाँवों में रहते थे। उनसे धर्मसूत्र काल की अपेक्षा बड़े पैमाने पर कर्वी (बेगार) ली जाती थी, हालाँकि उक्त कालावधि में यह मुख्यतया शिल्पियों तक ही सीमित रखी गई थी।[105] यह बात अब इतनी व्यापक हो गई थी कि सरकारी सेवक का एक वर्ग जो विष्टिबंधक कहलाता था, लोगों से निःशुल्क सेवा कराने की धुन में लगा रहता था।[106] यद्यपि समाज में शूद्र को मजदूर और शिल्पी के रूप में सबसे कम मजूरी दी जाती थी, फिर भी संभव है कि मजूरी की दर नियत हो जाने से उनकी दशा सुधरी हो। किंतु प्रायः उनके रहन-सहन के स्तर में कोई विशेष परिवर्तन नहीं दिखाई देता।

कौटिल्य ने स्पष्ट शब्दों में यह नहीं कहा है कि शूद्रों को उच्च प्रशासकीय पद नहीं दिए जाएँ, जबकि धर्मसूत्रों में ऐसा विधान किया गया है। किंतु राजा और उच्च शासकीय पद धारण करने के लिए अपेक्षित योग्यता की जो सूची उन्होंने बनाई है, उससे पता चलता है कि ये पद तीन उच्च वर्णों के लिए विशेष रूप से सुरक्षित रखे गये थे। उन्होंने बताया है कि हीन जाति के किसी बली राजा की अपेक्षा लोग अच्छे कुल के राजा की आज्ञा मानेंगे, भले ही वह कमजोर क्यों न हो।[107] अतएव उनकी राय है कि राजा को उच्च कुल में उत्पन्न होना चाहिए।[108] उनका कथन है कि जिस प्रकार चंडालों का जलाशय केवल उनके उपयोग के लिए होता है, उसी प्रकार नीच कुल में उत्पन्न राजा नीच जाति के लोगों को ही संरक्षण देता है, न कि आर्यों को। नीच कुल में उत्पन्न राजा के प्रति कौटिल्य को जितनी घृणा थी, उससे पता चलता है कि वे किसी शूद्र माँ से उत्पन्न राजा के अधीन सेवा करने को कभी तैयार नहीं हुए होंगे। अतः यह संभव नहीं लगता कि मौर्यों की उत्पत्ति शूद्र जाति से हुई हो, जैसा कहीं-कहीं कहा गया है।[109] यह प्रायः निश्चित है कि चंद्रगुप्त क्षत्रिय समुदाय के मोरिय वंश के थे।[110]

अर्थशास्त्र में अमात्यों का संवर्ग अधिकारियों का सबसे ऊँचा संवर्ग माना गया है। इसी संवर्ग से पुरोहित, मंत्री, समाहर्ता, सन्निधाता, अंतःपुर के प्रभारी अधिकारी, राजदूत और दो दर्जन से भी अधिक विभागों के अधीक्षक नियुक्त किए जाते हैं।[111] किंतु कौटिल्य और उनके द्वारा उद्धृत अन्य विद्वानों ने अमात्यों की योग्यताओं के बारे में जो सामान्य मानदंड निर्धारित किया है, वह है अच्छे कुल में जन्म लेना। यह बात विभिन्न रूपों में व्यक्त की गई है, यथा 'जिसका पिता और पितामह अमात्य हो', जो अभिजन और जानपदोभिजात हो।[112] यह संदिग्ध है कि इस तरह का मानदंड रहने पर शूद्रों के प्रवेश की कोई गुंजाइश रही हो। अरस्तू ने बताया है कि आभिजात्य परंपरागत समृद्धि और

गुणोत्कर्ष का समन्वित रूप है[113] —ऐसा गुण तो शूद्रों में विरल ही होगा। मेगस्थनीज़ ने ऐसे व्यावसायिक पार्षदों और करनिर्धारकों का उल्लेख किया है जो कम संख्या में होते हुए भी सरकार के उच्च कार्यपालक और न्यायपालक पदों पर एकाधिकार रखे हुए थे।[114] उन्होंने बताया है कि अतिभद्र और अतिधनवान व्यक्ति राज-काज के संचालन में भाग लेते थे, न्याय-व्यवस्था करते थे और राजा के साथ परिषद में बैठते थे।[115] इनकी जाति बिल्कुल भिन्न थी, यह तथ्य इस नियम से स्पष्ट होता है कि वे अपनी जाति से बाहर विवाह नहीं कर सकते थे, अपने व्यवसाय या व्यापार को छोड़ दूसरा ग्रहण नहीं कर सकते थे और एक से अधिक कारबार नहीं चला सकते थे।[116] इन बातों से स्पष्ट है कि निम्न जाति के लोगों के लिए उच्च आधिकारिक पदों पर पहुँचने के मार्ग बंद थे।

शूद्रों को जासूसी का कार्य दिया जाता था, जो मौर्य प्रशासनतंत्र का महत्वपूर्ण अंग था। कौटिल्य ने बताया है कि अन्य लोगों के साथ-साथ शूद्र महिलाओं को घुमक्कड़ जासूस के रूप में नियुक्त किया जा सकता है।[117] यह भी कहा गया है कि जो स्नान के लिए पानी लानेवाले, मालिश करनेवाले, शय्याकार, हज्जाम, प्रसाधन सामग्री निर्माता, पानी भरनेवाले सेवक, कलाकार, नर्तक और गायक के रूप में नियोजित हैं, उन्हें राजा के अधिकारियों के व्यक्तिगत चरित्र पर नजर रखनी चाहिए।[118] स्पष्ट है कि इनमें से अधिकांश लोग शूद्र होते थे। भृत्य के रूप में काम करते हुए वे निरंतर अपने मालिक के संपर्क में रहते थे, अतः उन्हें अपने मालिक के व्यक्तिगत चरित्र पर रिपोर्ट करने का सबसे अच्छा साधन माना गया था। इतना ही नहीं, कौटिल्य का मत है कि समाज के सभी वर्ग के लोगों को, जिनमें कृषक, पशुपालक और जंगली जातियाँ भी हैं, दुश्मनों की गतिविधि जानने के उद्देश्य से जासूस नियुक्त किया जाना चाहिए। यह ऐसा उपबंध है, जिसमें शूद्र भी आ जाते हैं।[119] निम्न जाति के लोग संवादवाहक के रूप में भी काम करते थे, क्योंकि कौटिल्य ने बताया है कि यद्यपि संवादवाहक अछूत होते हैं, फिर भी वे मृत्युदंड के पात्र नहीं हैं।[120]

विशेष महत्व की बात यह है कि *अर्थशास्त्र* में शूद्रों को सेना में बहाल करने का उपबंध किया गया है। धर्मसूत्रों से तो ऐसी धारणा बनती है कि सामान्यतया केवल क्षत्रिय और आपातिक स्थिति में केवल ब्राह्मण तथा वैश्य शस्त्र धारण कर सकते हैं। सेना को राज्य का अनिवार्य अंग बताते हुए कौटिल्य ने यह भी स्पष्ट कहा है कि परंपरानुसार वह सेना सर्वोत्कृष्ट है, जिसमें केवल क्षत्रिय सिपाही हों।[121] किंतु उन्हें ब्राह्मण सेना पसंद नहीं है, जिसे प्रणाम और अनुनय-विनय करके रिझाया जा सकता है।[122] दूसरी ओर, वह वैश्यों और शूद्रों की सेना पसंद करते हैं, क्योंकि उसमें लोगों की संख्या अधिक होती है।[123] किंतु यह संदिग्ध है कि इन दो निम्न वर्णों के सदस्य इस काल में वस्तुतः सैनिक के रूप में नियुक्त किए जाते थे। मेगस्थनीज़ ने साफ-साफ कहा है कि कृषक (जो सामान्यतया

वैश्य होते थे) सैनिक सेवा से मुक्त रखे गए थे और सेना उनकी रक्षा के लिए रहती थी।[124] एरियन और स्ट्रेबो, दोनों ने ही बताया है कि भारत में लड़ाकू लोगों की पाँचवीं जाति थी और उनके निर्वाह का खर्च राज्य वहन करता था।[125] अशोक के समय के उत्कीर्ण लेखों में 'भटमयेसु' शब्द के प्रयोग से यह निष्कर्ष निकाला जा सकता है कि सैनिकों का भी एक वर्ग था।[126] मेगस्थनीज़ से हमें जानकारी मिलती है कि सेना का एक अनुभाग (डिवीजन) ऐसा था जो विविध प्रकार के कार्य, यथा वाद्यवृंद वादक, अश्वपाल, मिस्त्री या उसके सहायक का काम करने के लिए आदमी भेजता था।[127] एरियन ने भी उन सेवकों की चर्चा की है जो न केवल सैनिकों की सेवा करते थे, बल्कि घोड़े, हाथी और रथों की भी देखभाल करते थे।[128] संभवतया स्थायी सेना में शूद्रों को भृत्यों और अनुचरों के रूप में बहाल किया जाता था, न कि सैनिकों के रूप में, किंतु कौटिल्य के नियम से संकेत मिलता है कि आपातिक स्थिति में शूद्रों को सेना में बहाल किया जा सकता था। नई बस्तियों में वागुरिक, शबर, पुलिंद तथा चंडाल जैसी जनजातियों को आंतरिक प्रतिरक्षा का भार सौंपा जाता था।[129]

विधि और न्याय के प्रशासन में कौटिल्य ने वर्णविधान का सिद्धांत अपनाया है। उनके अनुसार पतित, चंडाल और हीन व्यवसाय करनेवाले अपने-अपने समुदायों के दीवानी मामलों को छोड़ अन्यत्र गवाह नहीं बन सकते हैं।[130] उन्होंने यह भी बताया है कि नौकर अपने मालिक के विरुद्ध गवाही नहीं दे सकता है।[131] उसी प्रकार बंधक मजदूर और दास अपने मालिक की ओर से करारपत्र निष्पादित नहीं कर सकता है।[132] कौटिल्य ने इस बात का भी विधान बताया है कि विभिन्न वर्णों के लोगों को न्यायालय किन रूपों में चेतावनी दे सकता है। सबसे कड़ी चेतावनी शूद्र के लिए विहित की गई है, जिसे स्मरण करा देना है कि गलत बयान देने पर उसे कितने बुरे दैविक और भौतिक परिणाम भुगतने पड़ेंगे।[133] इस विषय में न्यायालय शूद्र को केवल जुर्माना और सेवा के लिए आबद्ध कर सकता है। तीनों उच्च वर्णों के लोगों के बारे में ऐसी किसी बात का कोई उल्लेख नहीं है।[134] इस उपबंध के तुरंत बाद एक और उपबंध है, जिसमें कौटिल्य ने गलत बयान देनेवाले गवाहों के लिए 12 पणों का जुर्माना विहित किया है।[135] इससे यह आभास मिलता है कि दंड का विधान प्रायः शूद्र गवाह के लिए ही विहित था। मेगस्थनीज़ ने लिखा है कि गलत बयान देने के लिए सिद्धदोष गवाहों के अंग काट लिए जाते थे।[136] हो सकता है कि यह दंडविधान या तो नीच जाति के लोगों अथवा किसी खास क्षेत्र के लोगों के लिए विहित किया गया हो।

दंड देने के संबंध में कौटिल्य ने धर्मसूत्रों के वर्णविभेदों को माना है। तदनुसार यदि चारों वर्णों और अंतावसायिनों (अछूतों) में से हीन जाति का कोई व्यक्ति उच्च जाति के किसी व्यक्ति की निंदा करे तो उसे अधिक जुर्माना चुकाना होगा, और यदि हीन जाति के

किसी व्यक्ति को उच्च जाति वाला बदनाम करे तो उसे कम जुर्माना देना होगा ।[137] *अर्थशास्त्र* में यह नियम भी दिया गया है कि शूद्र जिस अंग से ब्राह्मण पर प्रहार करे, वह अंग ही काट लिया जाए ।[138] हमें संदेह है कि यह परिच्छेद कौटिल्य के ग्रंथ का है, क्योंकि यह मनु के अतिवादी विचार से मिलता है । कौटिल्य ने एक दूसरा नियम यह भी बनाया है कि यदि कोई क्षत्रिय किसी आरक्षित ब्राह्मण महिला का गमन करे तो उसे उच्च से उच्च अर्थदंड दिया जाएगा, वैश्य की संपत्ति छीन ली जाएगी और शूद्र को चटाई में लपेटकर जिंदा जला दिया जाएगा ।[139] आर्य स्त्री का अवैध संभोग करनेवाले श्वपाक को मृत्यु दंड मिलेगा और महिला के नाक-कान काट लिए जाएँगे ।[140] यह आश्चर्य की बात नहीं कि शूद्रों और श्वपाकों को ऐसे कठोर दंड दिए जाते थे, क्योंकि श्वपाक जाति की महिला के साथ अवैध समागम के लिए भी कौटिल्य ने अपराधी को दागने और निष्कासित करने की सजा विहित की है ।[141]

कौटिल्य ने कुछ प्रकार के भोजन-पान के संबंध में जो निषेध किए हैं, वे सभी समान रूप में सभी वर्णों पर लागू नहीं होते । अतः यदि कोई व्यक्ति किसी ब्राह्मण को निषिद्ध भोजन-पान में सम्मिलित होने के लिए प्रेरित करे तो उसे प्रथम कोटि के अपराध का दंड दिया जाएगा; क्षत्रिय के संबंध में यही अपराध होने पर मध्यम कोटि का; वैश्य के विरुद्ध होने पर प्रथम कोटि के अपराध का दंड और शूद्र के विरुद्ध होने पर 54 पण का अर्थदंड दिया जाएगा ।[142] गबन या दुर्विनियोग के मामले में सबसे कड़ी सजा भृत्यों के बारे में निर्धारित की गई है । यदि कोई अधिकारी या किरानी इस तरह का अपराध करे तो उस पर जुर्माना किया जाएगा, किंतु सेवक को ऐसे मामले में शारीरिक दंड दिया जाएगा ।[143]

दायविधि में कौटिल्य ने वर्णों के बीच प्राचीन विभेद माना है । अंतर्मिश्रित (वर्णसंकर) जातियों से उत्पन्न पुत्र, यथा सूत, मागध, व्रात्य और रथकार अपना हिस्सा पाने के हकदार तभी हैं जब पैतृक संपत्ति प्रचुर मात्रा में हो ।[144] कौटिल्य ने यह भी व्यवस्था की है कि जो पुत्र ऊपर बताए गए पुत्र से हीन कोटि के हों, उन्हें कोई भी हिस्सा नहीं मिलेगा किंतु वे अपने निर्वाह के लिए सबसे बड़े पुत्र पर निर्भर कर सकते हैं ।[145] स्वाभाविक ही है कि इसके अनुसार आयोगव, क्षत्ता, निषाद, पुल्कस और चंडाल हिस्सा पाने से वंचित रखे गए हैं । लेकिन पारशव (अर्थात शूद्र महिला से ब्राह्मण द्वारा उत्पन्न पुत्र) की स्थिति अपेक्षाकृत अच्छी है । कहा गया है कि यदि कोई ब्राह्मण संतानविहीन हो तो उसकी पैतृक संपत्ति में एक तिहाई हिस्सा उसके पारशव पुत्र को मिलेगा,[146] और शेष दो हिस्से या तो उसके जीवित सपिंडों को अथवा, उनके अभाव में उसके गुरु या शिष्य को मिलेंगे ।[147] इससे संकेत मिलता है कि यदि ब्राह्मण पिता को संतान न हो तो शूद्र पत्नी से भी उत्पन्न पुत्रों को पर्याप्त हिस्सा मिलेगा । यदि किसी ब्राह्मण को चारों जातियों की पत्नियों से पुत्र हों तो उनके

लिए कौटिल्य ने संपत्ति के बँटवारे में धर्मसूत्र का सिद्धांत अपनाया है।[148] उन्होंने इस सिद्धांत का विस्तार क्षत्रिय और वैश्य पिता की तीन या दो जातियों की पत्नियों से उत्पन्न पुत्र तक किया है, किंतु हर हालत में शूद्रपुत्र को लघुतम हिस्सा दिया गया है।[149]

अर्थशास्त्र में दासों की स्थिति को ध्यान में रखते हुए शूद्र की नागरिक हैसियत के प्रश्न पर सावधानी से विचार करने की आवश्यकता है। धर्मसूत्रों के लेखकों की तरह कौटिल्य ने आर्य को स्पष्टतया स्वतंत्र माना है और कहा है कि किसी भी स्थिति में आर्य को दास नहीं बनाया जा सकता।[150] इसके परिणामस्वरूप उन्होंने नियम बनाया है कि जो शूद्र जन्मजात दास न हो, वयस्क नहीं हुआ हो और आर्यप्राण (आर्य से उत्पन्न) हो, उसका रिश्तेदार यदि ऐसे शूद्र को बेचे या बंधक रखे तो उसे 12 पण जुर्माना किया जाएगा तथा इस तरह के कार्य से जितने भी लोग संबद्ध होंगे, उन सबको कठिन दंड दिया जाएगा।[151] इससे ध्वनित होता है कि शूद्र पत्नी से उत्पन्न तीन उच्च वर्णों के पुत्रों को खरीद या बंधक के जरिए दास नहीं बनाया जा सकता था।[152] प्रायः उन्हें न्यायदंड, युद्धबंदी और ऐच्छिक दासता आदि के जरिए इस स्थिति में लाया जाता था।[153] इसी प्रसंग में कौटिल्य ने युद्ध में बंदी बनाए गए आर्यप्राण को दास बनाए जाने का हवाला दिया है।[154] अतएव उनके नियम में स्पष्ट बताया गया है कि तीन उच्च वर्णों के अवयस्क शूद्रपुत्रों को छोड़ चौथे वर्ण के अन्य सदस्यों को दास बनाया जा सकता था। इन बताए गए शूद्रों में भी, जिनकी संख्या अवश्य ही छोटी रही होगी, दास बनाने के लिए विहित किया गया जुर्माना अल्पतम है,अर्थात् 12 पण, जो वैश्य, क्षत्रिय या ब्राह्मण के मामले में क्रमशः बढ़ता जाता है।[155]

किंतु कुछ बिशेष परिस्थितियों में, यथा घरेलू संकट या जुर्माना अथवा ऋण का भुगतान करने में अक्षम रहने पर आर्य का भी जीवन बंधक रखा जा सकता था।[156] जहाँ तक इन बंधक रखे गए लोगों (आहितकों) का संबंध है, कौटिल्य ने कई उदार नियम बनाए हैं। यह विधान किया गया है कि रिश्तेदार बंधक रखे गए व्यक्तियों को यथाशीघ्र विमुक्त करा लेंगे। उसे अपवित्र कार्य करने के लिए नहीं कहा जाएगा। यदि बंधक रखी गई किसी महिला का मालिक नंगा होकर स्नान करते समय उसे किसी कार्य के लिए अपने पास बुलाएगा अथवा उस महिला का शीलहरण करेगा या गाली देगा अथवा मारे-पीटेगा तो वह ऐसी महिला का बंधक-मूल्य पाने का हकदार नहीं रह जाएगा और महिला स्वतः मुक्त हो जाएगी। बंधक रखी गई किसी युवती पर बलात्कार करने की दशा में उसके मालिक का न केवल क्रयमूल्य जब्त हो जाएगा, बल्कि वह युवती को कुछ रकम शुल्क के रूप में देगा और शुल्क की दुगुनी राशि सरकार को चुकाएगा। यदि परिचारिका के रूप में बंधक रखी गई दासी के साथ उसका मालिक समागम करे तो उसे प्रथम कोटि का दंड दिया जाएगा। इसी प्रसंग में कहा गया है कि यदि किसी उच्च वर्ण के परिचारक के प्रति हिंसात्मक प्रयोग किए

जाएँ तो उसे भाग जाने का अधिकार होगा।[157] इससे स्पष्ट है कि संभवतया आहितक भी उच्च वर्ण के थे। दुर्भाग्यवश, उपर्युक्त परिच्छेद के अनुवाद में शामा शास्त्री ने दास और आहितक के बीच भेद नहीं करके दोनों के लिए मनमाने ढंग से 'दास' शब्द का प्रयोग किया है।[158] किंतु कौटिल्य के कई कथनों से जाहिर होता है कि दास और आहितक दो भिन्न कोटियों के कर्मचारी थे। उन्होंने विहित किया है कि दास और आहितक द्वारा किए गए करारपत्र अवैध घोषित कर दिए जाने चाहिए।[159] उन्होंने यह भी बताया है कि राजा को देखना चाहिए कि लोग अपने दासों और आहितकों के दावों पर ध्यान देते हैं।[160] कौटिल्य ने यह भी विहित किया है कि जो औरतें अपने आप को किसी दास, परिचारक (सेवक) या आहितक के प्रति समर्पित करें, उनका वध कर दिया जाए।[161] इन सभी मामलों में शामा शास्त्री ने माना है कि आहितक दास से भिन्न थे। वे या तो बंधक रखे गए मजदूर थे या भाड़े के मजदूर।[162] चूँकि दसकर्मकरकल्प के अध्याय में आहितकों को दासों जैसा ही समझा गया, इसलिए आहितकों पर लागू होनेवाले नियम दासों पर भी लागू माने गए हैं।[163] किंतु उपर्युक्त विश्लेषण बताते हैं कि कौटिल्य के ये नियम बंधक रखे गए दासों पर लागू होते थे, जो अधिकांशतया आर्य वर्ण की महिलाएँ होती थीं। उपर्युक्त नियमों से यह भी प्रकट होता है कि सामान्य दासों को उसका मालिक पीट सकता था और उसे गालियाँ दे सकता था तथा गंदे कार्य करने के लिए भी कह सकता था।

कौटिल्य के अनेक नियम जो दासों की मुक्ति के बारे में हैं, मात्र दासता की स्थिति में पहुँचा दिए गए आर्यों पर लागू होते हैं। नियम बताता है कि जिसने अपने को बेच लिया हो, उसके बेटे को आर्य (स्वतंत्र) समझना चाहिए।[164] कोई व्यक्ति अपने मालिक के कार्य में विघ्न डाले बिना अर्जन करके और अपने पूर्वजों की संपत्ति विरासत में प्राप्त करके अपना क्रयमूल्य चुका सकता है और इस प्रकार अपना आर्यत्व पुनः प्राप्त कर सकता है।[165] युद्ध में बंदी बनाया गया आर्यप्राण मुक्ति-मूल्य चुकाकर मुक्त हो सकता है।[166] समुचित मुक्ति-मूल्य पा लेने के बाद किसी दास को आर्य नहीं मानने पर 12 पण जुर्माना किया जाएगा।[167] ऐसे सभी मामलों में आर्यत्व की पुनः प्राप्ति का प्रश्न केवल उन्हीं लोगों के लिए उठ सकता है जो पहले से ही आर्य रहे हों। शूद्रों के लिए यह प्रश्न नहीं उठ सकता। उपर्युक्त उपबंध अधिक से अधिक तीन उच्च वर्णों के उन पुत्रों पर लागू हो सकेंगे, जो शूद्र माताओं से उत्पन्न हुए हों।

कौटिल्य ने पराधीनता से मुक्ति के लिए दो अलग-अलग शब्दों का प्रयोग किया है। आर्यों के लिए 'आर्यत्वम्' शब्द प्रयुक्त हुआ है। किंतु जब आर्येतर गुलामों को मुक्त करने का प्रसंग आया है, तब 'अदास' शब्द का प्रयोग किया गया है। उदाहरणस्वरूप, यह बताया गया है कि यदि कोई मालिक अपनी दासी से बच्चा पैदा करे तो माँ और बच्चा दोनों

ही मुक्त समझे जाएँगे ।[168] यदि ऐसी कोई माँ अपने परिवार के भरण-पोषण के विचार से दास बने रहने का ही निश्चय करे तो उसकी माँ, भाई और बहन को मुक्त कर दिया जाएगा (अदासाः स्युः) ।[169] मालूम होता है कि ये दास गुलाम तो नहीं रह जाते थे, किंतु आर्य नहीं बन सकते थे । प्राचीन पालि ग्रंथों में दासों की दासत्व-मुक्ति के लिए 'भुज्जीस'[170] शब्द का प्रयोग हुआ है और स्पष्ट रूप से यह बता दिया गया है कि केवल यवनों में ही आर्य दास बन सकता है, और दास आर्य बन सकता है ।

यह कहना कठिन है कि क्रयमूल्य चुकाकर मुक्ति पाने का नियम आर्येतर दासों पर भी उसी रूप में लागू था, जिस रूप में वह आर्य दासों पर था । प्रायः मूल्य चुका देने पर भी शूद्र दासों का मुक्त किया जाना उनके मालिक की इच्छा पर निर्भर था । किंतु कभी-कभी उन लोगों को भी मुक्ति मिल जाती थी, क्योंकि यह विहित किया गया है कि जिस दास या दासी को एक बार उन्मुक्त करा दिया जाए उसे बेचने या बंधक रखने पर 12 पण जुर्माना देना होगा । किंतु यदि कोई इच्छापूर्वक दास बने तो ऐसा जुर्माना नहीं किया जाएगा ।[171] मालूम होता है कि सामान्य दास भी संपत्ति अर्जन कर सकता था और उसका मालिक धन से उसे वंचित नहीं कर सकता था ।[172] स्वभावतया इस संपत्ति से उसे अपनी मुक्ति में सहायता मिलती थी ।

दासों के प्रति किए जानेवाले बर्ताव को विनियमित करने के लिए कौटिल्य ने कुछ नियम बनाए हैं जो शूद्र दासों तथा उच्च वर्ण के दासों पर भी लागू होते हैं । उन्होंने बताया है कि जो दास आठ वर्ष से कम उम्र का हो और सगा-संबंधी विहीन हो, उसे हीन व्यवसायों में नहीं लगाया जा सकता और न उसे विदेश में बेचा या बंधक रखा जा सकता है ।[173] इसी प्रकार किसी गर्भवती दासी को प्रसव की व्यवस्था के बिना बेचा या बंधक नहीं रखा जा सकता है ।[174] पुनः, मालिक बिना किसी कारण के अपने दास को कैद में नहीं रख सकता ।[175] जनपदनिवेश संबंधी अध्याय में यह आदेश दिया गया है कि राजा को चाहिए, लोगों को बाध्य करे कि वे अपने दासों और आहितकों के दावे पर ध्यान दें ।[176] यह तथ्य अशोक द्वारा बार-बार दिए गए उन अनुदेशों से मिलता है जिनमें कहा गया है कि दासों और सेवकों के प्रति दयालुतापूर्ण व्यवहार किया जाना चाहिए ।[177]

कौटिल्य के उदार नियम अधिकांशतया आहितकों और भूतपूर्व आर्य दासों पर लागू थे, जिनकी संख्या निश्चय ही कम रही होगी । उनमें से कुछ ही नियम सामान्य दासों की बड़ी संख्या पर लागू होते थे, जो शूद्र थे । इस तथ्य पर ध्यान न देने के कारण यह गलत निष्कर्ष निकाला गया है कि कौटिल्य के विधान परोक्ष रूप से दासता का उन्मूलन करते हैं अथवा उनकी नीति ऐसी है कि उनका देश स्वतंत्र व्यक्तियों का देश बन जाए ।[178] उनके उदार नियम से मुख्यतया यह जान पड़ता है कि वे आर्येतर या शूद्र दासों की अपेक्षा भूतपूर्व

आर्य दासों की स्थिति बचाने के लिए चिंतित थे। यह स्वाभाविक है, क्योंकि मालूम होता है कि कौटिल्य ने साक्ष्य, परस्त्रीगमन और दाय संबंधी विधियों में शूद्र और उच्च वर्णों के बीच भेद रखा है।[179] यद्यपि कौटिल्य ने धर्मशास्त्रों की भाँति आर्य और शूद्र के बीच स्पष्ट विभेद नहीं किया है, फिर भी उन्होंने आहार सामग्री देने के विषय में आर्य और अवर के बीच स्पष्ट विभेद किया है,[180] और इसमें कोई संदेह नहीं कि 'अवर' शब्द का प्रयोग शूद्र के लिए किया गया है।

दासता के बारे में कौटिल्य ने अपेक्षाकृत अधिक विस्तार से नियम बनाए हैं, जैसा कि धर्मसूत्रों में नहीं पाया जाता। इससे यह पता चलता है कि मौर्यकालीन भारत में दासों की संख्या पर्याप्त थी। मेगस्थनीज़ का उद्धरण देते हुए एरियन ने बताया है कि कोई भी भारतीय दास नहीं रखता था।[181] किंतु ओनेसिक्रितोज के विवरण से इस उक्ति में बहुत अंतर आ जाता है। स्ट्रेबो ने ओनेसिक्रितोज को अधिक विश्वसनीय और मेगस्थनीज़ को झूठा बताया है।[182] ओनेसिक्रितोज ने बताया है कि मौसिकैनो देश—जिसमें आधुनिक सिंध का अधिकांश भाग शामिल था—के निवासियों में दास नहीं रखने की विचित्र प्रथा थी।[183] उसका कथन है कि वे लोग दासों के बदले नवयुवकों से काम लेते थे, जिस प्रकार क्रीटवासी स्कैमियोतई[184] और लैसिडिमोनिया के लोग गुलामों को रखते थे।[185] इससे पता चलता है कि मौसिकैनो में भी ऐसा वर्ग था जो पूरे समाज की गुलामी करता था और किसी खास व्यक्ति के अधीन नहीं था। इस प्रथा से ब्राह्मण काल के उस सिद्धांत की पुष्टि होती है, जिसके अनुसार दास और भाड़े के मजदूर बनकर शूद्र तीन उच्च वर्णों की सेवा करते थे।

आमतौर पर इस तरह का कोई संकेत नहीं मिलता कि मौर्यकाल में शूद्रों की नागरिक और आर्थिक स्थिति में कोई मूलभूत परिवर्तन हुआ। मौर्यकाल से पहले उन पर जो राजनीतिक और कानूनी अशक्तताएँ लादी गई थीं, वे मुख्यतया बनी रहीं। अशोक ने अपने चतुर्थ स्तंभ आदेश में राजुक को बताया है कि अपने प्रभार के अधीन रखे गए जनपद में वह व्यवहार-समता और दंड-समता लागू करे।[186] इन दोनों शब्दों का निर्वचन 'न्याय संबंधी कार्यवाहियों में निष्पक्षता' और 'दंड में निष्पक्षता' किया गया है।[187] किंतु प्राचीन विधियों में वर्ण पर आधारित भेदभावों को देखते हुए कह सकते हैं कि उपर्युक्त शब्द आदर्शवादी शासकों द्वारा ऐसे भेदभावों को छोड़ने के प्रयास के सूचक हैं। यह नीति वस्तुतया किस प्रकार और कहाँ तक लागू की जाती थी, यह स्पष्ट नहीं होता है। संभवतया दीर्घकालीन पूर्वाग्रहों के चलते यह नीति सफल नहीं हो सकी। इतना ही नहीं, चूँकि उपर्युक्त राज्यादेश 238 ई. पू.[188] में निर्गत हुआ, जबकि उसका राज्यकाल समाप्त हो रहा था, इसलिए उसकी मृत्यु से बहुत पहले शायद ही उस आदेश को कार्यान्वित किया गया होगा।

इस प्रकार इस निर्णय से केवल ब्राह्मणों की शत्रुता बढ़ी होगी और निम्न वर्ण के लोगों को कोई लाभ नहीं पहुँचा होगा।

मुख्यतया आर्थिक और राजनीतिक प्रश्नों से संबद्ध ग्रंथ के रूप में *अर्थशास्त्र* शूद्रों की सामाजिक स्थितियों पर उतना प्रकाश नहीं डालता, जितना धर्मसूत्र डालते हैं। किंतु इसमें शूद्रों की विवाह-प्रथा और उनकी महिलाओं की स्थिति की विशद चर्चा की गई है। इससे हमें जानकारी मिलती है कि ब्याही जानेवाली लड़की को पाणिग्रहण संस्कार से पहले तक अस्वीकार कर देना तीन उच्च वर्णों में मान्य समझा गया है, किंतु शूद्रों में यह मान्यता संभोग के पूर्व तक दी गई है।[189] यह भी कहा गया है कि प्रथम चार प्रकार के अनुमोदित विवाहों में तलाक की अनुमति नहीं है,[190] जिससे ध्वनित होता है कि गांधर्व, आसुर, राक्षस और पैशाच विवाह में इसकी अनुमति दी गई है। पहले बताया जा चुका है कि गांधर्व और पैशाच विवाह वैश्यों और शूद्रों में प्रचलित था,[191] जिससे पता चलता है कि वे लोग विवाह के बंधन को तोड़ना आसान समझते थे। कौटिल्य ने यह भी बताया है कि अनुमोदित ढंग के विवाहों के लिए पिता की सहमति अपेक्षित थी, और अनुमोदित ढंग के विवाहों के लिए माता की भी सहमति लेना आवश्यक था।[192] इससे परोक्ष रूप में यह सिद्ध होता है कि निम्न वर्णों में मातृप्रधानता के कई तत्वों के बने रहने के कारण उनके बीच स्त्रियों का कुछ स्थान था।

कौटिल्य ने जो उपर्युक्त नियम बनाए हैं, वे प्राचीन धर्मसूत्रों में नहीं दिखाई पड़ते। किंतु विभिन्न वर्णों के प्रवासी पतियों की पत्नियों के लिए कौटिल्य ने प्रतीक्षा की अवधि प्रायः वही रखी है जो वसिष्ठ द्वारा निर्धारित है और इसके लिए अल्पतम अवधि शूद्र की पत्नी के लिए विहित है।[193] ये सभी निषेधाज्ञाएँ बताती हैं कि शूद्रों में विवाह का बंधन उतना प्रबल नहीं था जितना उच्चवर्णों में, जिनकी महिलाएँ पुरुषों पर अधिक निर्भर रहती थीं।

कहा गया है कि कौटिल्य ने विवाह के लिए लड़कों की उम्र 16 वर्ष और लड़कियों की 12 वर्ष निर्धारित की है,[194] जो ब्राह्मण से भिन्न जातियों के लिए और खासकर ऐसे श्रमजीवी वर्ग के लिए है जो शीघ्र ही संतान पाने के इच्छुक रहते हैं।[195] वह उपबंध जिस प्रसंग में आया है, उसे ध्यान में रखते हुए ऐसा सोचना उचित नहीं लगता। दूसरी तरफ, ऐसा कोई निर्देश नहीं है कि यह उपबंध निम्न वर्णों पर ही लागू होगा। इसलिए माना जा सकता है कि यह उपबंध चारों वर्णों के लिए उनकी श्रेष्ठता के क्रम में आचरण का मानदंड स्थापित करता है।

कौटिल्य ने बताया है कि अभिनेता, खिलाड़ी, गायक, मछुआ, शिकारी, पशुपालक, आसवक और ऐसे ही अन्य लोग साधारणतया अपनी औरतों के साथ घूमते थे।[196] उच्च वर्णों की महिलाओं के साथ ऐसी बात नहीं थी। उनका कार्यकलाप केवल घर तक सीमित

रहता था। शूद्र वर्ण की महिलाएँ इसलिए घर से बाहर जाती थीं कि उन्हें अपने परिवार के गुजारे के लिए खेतों और चरागाहों में काम करना पड़ता था। कौटिल्य ने नियम बनाया है कि बटाईदारों और पशुपालकों की स्त्रियों पर अपने पति द्वारा लिए गए ऋण की अदायगी का दायित्व रहेगा।[197]

सामान्यतया इस काल में जातियों में सगोत्र विवाह प्रचलित था। एरियन का कहना है कि किसान शिल्पियों के वर्ग में और शिल्पी किसानों के वर्ग में विवाह नहीं कर सकते थे।[198] किंतु कौटिल्य की दाय विधि और वर्णसंकर जातियों के बारे में उनके द्वारा तैयार की गई अंतराल नामक सूची से स्पष्ट है कि कुछ विवाह उच्च वर्ण के लोगों और शूद्रों के बीच भी हुए थे। उन्होंने निषाद, पारशव, चंडाल, पुल्कस, श्वपाक, क्षता, आयोगव, कुटक (धर्मसूत्रों में कुक्कुटक), रथकार, वैण्य आदि की उत्पत्ति के विषय में ब्राह्मणकालीन सिद्धांत की ही पुनरावृत्ति की है।[199] कौटिल्य ने कहा है कि वैण्य और रथकार के कार्य समान ढंग के थे।[200] उन्होंने यह भी बताया है कि इन वर्णसंकर जातियों के लोगों को अपनी ही जातियों में विवाह करना चाहिए।[201] राजा को देखना चाहिए कि ये लोग अपना-अपना ही व्यवसाय करें।[202] उन्होंने बताया है कि राजा इस व्यवस्था को मान्यता दे और उसके अनुसार प्रजा को चलाए।[203] यह भी निर्धारित किया गया है कि पैतृक संपत्ति में सभी संकर जातियों के हिस्से समान होंगे।[204] उनका मत है कि चंडालों को छोड़कर संकर जातियाँ (अंतराल) शूद्र का पेशा अपनाकर अपना निर्वाह कर सकती हैं।[205] अतएव केवल चंडाल को घृणित जाति माना गया है और बौद्ध सूची के रथकारों, वेणों, पुक्कुसों और नेसादों को छोड़ दिया गया है।

पहले बताया गया है कि पाणिनि ने संभवतया चंडालों को शूद्र वर्ण में सम्मिलित किया है। किंतु कौटिल्य उन्हें शूद्र नहीं मानते।[206] उन्हें चतुर्वर्ण व्यवस्था में कोई स्थान नहीं है। इस प्रकार कौटिल्य का मत है कि चंडालों और जंगली जातियों को पशु और पक्षियों को नुकसान पहुँचाने के लिए उस राशि का आधा दंड दिया जाएगा, जो चार वर्णों को वैसे ही पशुओं और पक्षियों को नुकसान पहुँचाने के लिए दिया जाता है।[207] चार वर्णों के अतिरिक्त कौटिल्य ने अंतावसायिनों की जाति का उल्लेख किया है,[208] जो संभवतया चंडालों के समान ही थे, क्योंकि वे गाँव के बाहर श्मशान के निकट रहते थे।[209] यह विहित किया गया है कि यदि चंडाल किसी आर्य महिला को छू दे तो उस पर 100 पण का जुर्माना किया जाएगा।[210] इससे यह अर्थ निकाला जा सकता है कि यदि वह किसी शूद्र महिला का स्पर्श करे तो उसे ऐसा कोई दंड नहीं दिया जाएगा। इसी प्रकार चंडाल जिस तालाब के पानी का प्रयोग करता हो, उसे कोई दूसरा अपने उपयोग में नहीं ला सकता है, जिससे स्पष्ट है, चंडालों का पानी नहीं चलता था और उन्हें अलग रखा जाता था।[211]

इसलिए कोई संदेह नहीं कि चंडालों को अछूत माना जाता रहा। किंतु अन्य संकर जातियों, यथा पारशवों और निषादों के बारे में यही नहीं कहा जा सकता, क्योंकि कौटिल्य ने नियम बनाया है कि यदि ब्राह्मण पिता को कोई दूसरी संतान न हो तो उसके पारशव पुत्र को हिस्सा मिलेगा।[212] *अर्थशास्त्र* में चंडाल के नए व्यवसाय का उल्लेख किया गया है। उसे बीच गाँव में पापिनी औरत को कोड़े मारने के लिए बुलाया जा सकता है।[213] उससे यह भी कहा जा सकता है कि जो पुरुष या महिला भिन्न-भिन्न प्रकार से आत्महत्या करें, उनकी लाश को रस्सी से बाँधकर सड़क पर घसीटता हुआ ले जाए।[214]

कौटिल्य ने शूद्रों की धार्मिक स्थिति के बारे में कुछ जानकारी दी है। उन्होंने बताया है कि यदि कोई व्यक्ति देवता या पूर्वजों को अर्पित भोजन बौद्ध और आजीविक जैसे वृषल संन्यासी को खिलाए तो उस पर 100 पण का जुर्माना किया जाएगा।[215] शामा शास्त्री ने वृषल को शूद्र माना है, किंतु यह परिच्छेद वस्तुतया शूद्रों का नहीं बल्कि तपस्वियों का उल्लेख करता है, जिन्हें ब्राह्मणों ने मनमाने ढंग से शूद्र करार दिया था। फिर भी अशोक तपस्वियों का आदर जाति का विचार किए बिना करता था। कहा जाता है कि एक अवसर पर जब अशोक के मंत्री ने इस कार्य के लिए उसकी निंदा की तब उसने उत्तर दिया कि जाति का विचार विवाहों और निमंत्रणों में किया जाना चाहिए, न कि धम्म के पालन में।[216]

कौटिल्य के एक नियम से ऐसा संभव दिखाई पड़ता है कि कुछ शूद्रों को धार्मिक और शैक्षिक सुविधाएँ प्राप्त थीं। अमात्यों के चरित्र की जाँच के लिए कुछ रीतियाँ विहित करते हुए उन्होंने ऐसा तरीका बताया है जिसके जरिए यह जाँच की जा सकती है कि धार्मिक विश्वास के कारण राजाज्ञा की अवहेलना करने की प्रवृत्ति तो उसमें नहीं है। राजा को चाहिए कि उस पुरोहित को बर्खास्त कर दे जो आदेश होने पर किसी अनधिकारी को वेद पढ़ाने अथवा यज्ञ के अनधिकारी (अयाज्यायजनाध्यापने) द्वारा किए जानेवाले यज्ञ में भाग लेने से इंकार करे।[217] बर्खास्त पुरोहित को कोशिश करनी चाहिए कि अधर्मी राजा को उखाड़ फेंकने के लिए अमात्यों का समर्थन प्राप्त करे। यदि अमात्य इस धार्मिक दुर्बलता का शिकार नहीं बनें, तो समझना चाहिए कि वे सच्चरित्र हैं।[218] इस परिच्छेद में जयमंगला ने अयाज्य शूद्रापुत्र बताया है।[219] अतः इस नियम से यह संभव जान पड़ता है कि उच्च वर्णों के शूद्रापुत्र राजा के कहने पर यज्ञ का संपादन और विद्याध्ययन भी कर सकते हैं। इससे पता चलता है कि मौर्यकाल में राजा पूर्ण शक्तिसंपन्न होता था। किंतु सामान्य स्थिति का ज्ञान कौटिल्य के दूसरे कथन से होता है, जिसमें उन्होंने बताया है कि यदि यज्ञ का संपादन किसी ऐसे व्यक्ति के संग किया जाए जिसे शूद्र पत्नी हो, तो उस यज्ञ का महत्व घट जाता है।[220] इसलिए उन्होंने हिदायत की है कि ऐसे पुरोहित को स्थान नहीं मिलना

चाहिए ।[221]

मौर्यकाल में राज्य की ओर से शूद्रों को बड़े पैमाने पर गुलाम, मजदूर और शिल्पी के रूप में नियोजित किया जाता था । यद्यपि इनकी मजूरी निर्धारित थी, फिर भी इनकी आर्थिक दशा संकटपूर्ण थी । चूँकि राज्य की ओर से की जाने वाली खेती के लिए पर्याप्त दास और कर्मकर उपलब्ध नहीं थे, इसलिए यह आवश्यक समझा गया कि राजकीय भूमि बटाईदारों को पट्टे पर दी जाए । ये बटाईदार प्रायः निम्न वर्ग के होते थे । दूसरी बात यह मालूम होती है कि राज्य के घनी आबादीवाले क्षेत्रों से शूद्रों को मँगाकर उन्हें नई भूमि में कृषिकार्य में लगाया जाता था । राजनीतिक और सामाजिक क्षेत्र में शूद्रों के प्रति पुराना भेदभाव बना रहा, किंतु ऐसा लगता है कि कौटिल्य ने उच्च वर्गों के लोगों के शूद्रापुत्रों को अनेक रियायतें दी थीं । वे दास नहीं बनाए जा सकते थे, उन्हें पैतृक संपत्ति में हिस्सा मिल सकता था,[222] और विशेष परिस्थितियों में वे वैदिक यज्ञ और वेदाध्ययन के अधिकारी हो सकते थे । किंतु अधिकांश शूद्रों की पुरानी अशक्तताएँ बनी रहीं ।

अर्थशास्त्र से हमें निम्न वर्गों के सामान्य आचरण की झलक मिलती है । यह बताता है कि इस वर्ग के लोग जिस स्थिति में रहते थे, उससे वे बिल्कुल खुश नहीं थे । कौटिल्य ने अपराधियों और संदिग्धों की जो सूची दी है उसमें बहुतेरे ऐसे लोग हैं जिनकी जातियों और व्यवसायों को समाज में हीन माना जाता था (हीनकर्मजातिंम) । उन्हें हत्यारा, डकैत या कोषों और निक्षेपों के दुर्विनियोग का दोषी समझा जाता था ।[223] कौटिल्य का विचार है कि चोरी या सेंधमारी होने पर गरीब औरतों और अपराधशील नौकरों की भी जाँच करनी चाहिए ।[224] उन्होंने यह भी बताया है कि यदि मालिक की हत्या हुई हो तो उसके सेवकों की परीक्षा करके यह जानना चाहिए कि मालिक ने उनके प्रति कोई हिंसापूर्ण या निर्दयतापूर्ण व्यवहार तो नहीं किया है ।[225] इससे प्रकट होता है कि कभी-कभी घरेलू नौकर अपने मालिक की जान लेने का प्रयास करता था । कौटिल्य ने यह भी विहित किया है कि जब कोई शूद्र अपने को ब्राह्मण कहे, देवताओं की संपत्ति चुराए या राजा का बैरी हो तो विषैली दवाओं का प्रयोग करके उसकी आँखें नष्ट कर दी जाएँ या उससे आठ सौ पण जुर्माना वसूला जाए ।[226] इससे पता चलता है कि पुरोहितों और राजसत्ताधारियों के प्रति कुछ शूद्र बैरभाव रखते थे । एक ऐसा भी प्रसंग आया है जो पारशव के राजविद्रोहात्मक कार्यकलाप के संबंध में है । उसकी राज्यविरोधी गतिविधियों के दमन के लिए वही उपाय किए जाएँ जो किसी राज्यविरोधी मंत्री के लिए किए जाते हैं । कहा गया है कि राजा को चाहिए कि संदिग्ध व्यक्ति के परिवार में झगड़ा लगाने के लिए खुफिया बहाल करे, ताकि अंततः सरकार उसे फाँसी पर लटका सके ।[227] उपर्युक्त प्रसंग बताते हैं कि शूद्र वर्ण के सदस्यों का झुकाव अपने मालिक के प्रति अच्छा नहीं था । चूँकि उस समय उनकी प्रतिक्रिया

व्यक्त करने का कोई शांतिपूर्ण तरीका नहीं था, इसलिए कभी-कभी वे अपनी प्रतिक्रिया डकैती, सेंधमारी, मंदिर की संपत्ति की चोरी, मालिक की हत्या, ब्राह्मणों के आडंबर पर प्रहार और राज्य के प्रधान के प्रति विद्रोह जैसे आपराधिक कार्यकलापों के रूप में करते थे। ये कार्य उनके मन में व्याप्त असंतोष के प्रतीक थे। किंतु एक भी ऐसा प्रमाण नहीं मिलता, जिससे पता चल सके कि उन लोगों ने संगठित होकर विद्रोह किया था। इस संबंध में मौर्यकाल की परिस्थितियाँ प्राचीन काल की परिस्थितियों से कुछ अच्छी थीं। *अर्थशास्त्र* में शूद्रों के संगठित विद्रोह का मुकाबला करने के लिए वैसी कोई व्यवस्था नहीं मिलती, जिसका आभास धर्मसूत्रों की कुछ कंडिकाओं में पाया जा सकता है। दूसरी ओर, शूद्रों को सेना में भर्ती करने के लिए कौटिल्य का तैयार होना उस विश्वास-भावना का परिचायक है जो समझौता और निष्ठुर नियंत्रण की उनकी दुहरी नीति से उत्पन्न हुई थी।

संदर्भ

1. मजुमदार और पुसलकर : 'दि एज ऑफ इंपीरियल यूनिटी', पृष्ठ 285-6 में इस विषय के संदर्भ ग्रंथों का निर्देश है. आर० पी० कांगले : 'दि कौटिलीय अर्थशास्त्र', (बंबई, 1964); तथा टामस आर० ट्रौटमैन : 'कौटिल्य ऐंड दि अर्थशास्त्र' (लाइडेन, 1971) में संदर्भ ग्रंथों की और भी बड़ी सूची है.
2. अर्थशास्त्र, XV. 1.
3. वी कल्यानोव : 'डेटिंग दि अर्थशास्त्र', (23वीं इंटरनेशनल कांग्रेस ऑफ ओरिएंटलिस्ट्स में सोवियत प्रतिनिधि-मंडल द्वारा प्रस्तुत निबंध) पृ. 40-54.
4. वही, पृ. 44-45.
5. वही, पृ. 45.
6. आर. गार्बे : 'हेस्टिंग्स एनसाइक्लोपीडिया ऑफ रिलिजन ऐंड एथिक्स', VIII, पृ. 138; रयूबन : 'आइनफुहरुंग इन डी इंडियेनकुण्डे', पृ. 126.
7. दीघ निकाय, I, पृ. 130; मज्झिम निकाय, II, पृ. 165.
8. कल्यानोव : पूर्व निर्दिष्ट, पृ. 46.
9. अर्थशास्त्र, I. 2, 8.
10. के० वी० रंगस्वामी अय्यंगर : 'इंडियन कैमरेलिज़्म', पृ. 50.
11. कल्यानोव : पूर्व निर्दिष्ट, पृ. 48.
12. विनय पिटक, I, 10; संयुत्त निकाय, V. 421.
13. कल्यानोव : पूर्व निर्दिष्ट, पृ. 52.
14. अर्थशास्त्र, II. 14.
15. मैक्रिंडल : 'एनशिएंट इंडिया ऐज डिस्क्राइब्ड बाइ मेगास्थनिज ऐंड एरियन', पृ. 86.
16. अर्थशास्त्र, III. 1.
17. के. ए. नीलकंठ शास्त्री : 'रायल पावर इन एनशिएंट इंडिया', (दि प्रोसीडिंग्स ऑफ दि इंडियन हिस्टारिकल कांग्रेस 1944), पृ. 46.

18. मैक्रिंडल : 'एनशिएंट इंडिया ऐज डिस्क्राइब्ड इन क्लासिकल लिटरेचर', पृ. 53.
19. अर्थशास्त्र, II. 10.
20. कल्यानोव, पूर्व निर्दिष्ट, पृ. 54, टामस आर० ट्रोटमैन ने कम्प्यूटर की सहायता से अपनी पुस्तक 'कोटिल्य ऐंड दि अर्थशास्त्र' में दिखलाया है कि विभिन्न अधिकरणों के अलग-अलग लेखक हैं (पृ. 168-187).
21. अर्थशास्त्र, I.3; 'शूद्रस्य द्विजातिशुश्रुषा वार्ता' वाक्यखंड में वार्ता शब्द का प्रयोग तीन व्यवसायों, यथा कृषि, पशुपालन और व्यापार के अर्थ में नहीं किया गया है, जैसा कि शामा शास्त्री (अनुवाद, पृ. 7) ने माना है, बल्कि इसका प्रयोग जीविका के अर्थ में किया गया है. (जयमंगला, जर्नल ऑफ ओरियंटल रिसर्च, मद्रास), XX. 11.
22. अर्थशास्त्र, I.3.
23. अर्थशास्त्र, II. 1; शूद्रकर्षकप्रायं कुलशतावरं पंचशतकुलपरं ग्रामं क्रोशद्विक्रोशसीमानमन्योन्यरक्षं निवेशयेत्.
24. आई. जे. सोराबजी : 'सम नोट्स ऑन दि अध्यक्षप्रचार बुक II ऑफ दि कौटिल्यम् अर्थशास्त्रम्', अर्थशास्त्र, II. 1 में शूद्रकर्षकप्रायम्; जे. जे. मायर : 'दस अल्तिनदिस्चे बुक फाम नेल्ट-उण्ड स्टाटलेबेन', अर्थशास्त्र, II. 1 का अनुवाद.
25. टी. गणपति शास्त्री का अर्थशास्त्र का संस्करण, I, पृ. 109; शामा शास्त्री का अर्थशास्त्र का अनुवाद, II.1.
26. टी. गणपति शास्त्री की अर्थशास्त्र के दासकर्मकरकल्प शब्द की टीका, III, 13.
27. अर्थशास्त्र, II. 1; टी० गणपति शास्त्री के अर्थशास्त्र के संस्करण में 'ऐकपुरुषिकानि' शब्द का अर्थ 'एक व्यक्ति' किया गया है (I, 111) और शामा शास्त्री (अनुवाद) ने इसका अर्थ आजीवन किया है.
28. अर्थशास्त्र, II. 1.
29. वही.
30. तस्यां चातुर्वर्ग्याभिनिवेशं सर्वभोगसहत्वादवरवर्णप्राया श्रेयसी बाहुल्यात् ध्रुवत्वाच्च...अर्थशास्त्र, VII. 11. नयचंद्रिका (पृ. 33) में अवरवर्णप्राय की व्याख्या शूद्रपाय के रूप में की गई है.
31. नयचंद्रिका, पृ. 33; कर्षणभारवहनदुर्गकरणादिविनियोग, तदोग्यत्वादित्यर्थः.
32. अर्थशास्त्र, VII. 11.
33. अर्थशास्त्र, II. 1; परदेशापवाहनेन स्वदेशाभिष्यन्दवमनेन वा.
34. अर्थशास्त्र, VI. 1; अवरवर्णप्रायः.
35. घोषाल : 'हिंदू रेवेन्यू सिस्टम' पृ. 55.
36. अर्थशास्त्र, II. 1.
37. वही, II, 24.
38. वही.
39. मैक्रिंडल : 'एनशिएंट इंडिया ऐज डिस्क्राइब्ड बाइ मेगास्थनिज ऐंड एरियन', पृ. 86, खंड 34.
40. मैक्रिंडल : 'एनशिएंट इंडिया एज डिस्क्राइब्ड इन क्लासिकल लिटरेचर', पृ. 53, पाद टिप्पणी 4.
41. वही, पृ. 48, खंड 41.
42. (जर्नल ऑफ दि बांबे ब्रांच ऑफ दि रायल एशियाटिक सोसाइटी, बंबई, XII), पृ. 143; भट्टस्वामिन् के अनुसार रज्जुवर्तक श्वपाक और अन्य लोग थे तथा सर्पग्राहादिक शबर और अन्य लोग थे.

43. अर्थशास्त्र, II. 24.
44. अर्थशास्त्र, II. 24.
45. वही, II. 24. भट्टस्वामिन् की टीका : पूर्व निर्दिष्ट, पृ. 137.
46. अर्थशास्त्र, II. 24.
47. वही, अन्यत्र कृच्छ्रेरेभ्य:.
48. (जर्नल ऑफ दि बिहार ऐंड उड़ीसा रिसर्च सोसायटी, पटना, XII), पृ. 137.
49. अर्थशास्त्र, II. 4; कर्मान्तकक्षेत्रवशेन वा कुटिम्बिनम् सीमानम् स्थापयेत् .
50. अपने अनुवाद में शामा शास्त्री ने बताया है कि ये काम उन्हें सौंपे गए थे किंतु इस बात का समर्थन करने के लिए ग्रंथ में कोई तथ्य नहीं मिलता .
51. टी. गणपति शास्त्री का अर्थशास्त्र का संस्करण; I, पृ. 130.
52. शामा शास्त्री का अर्थशास्त्र का अनुवाद, पृ. 54.
53. घोषाल : पूर्व निर्दिष्ट, पृ. 200, पाद टिप्पणी 2.
54. अर्थशास्त्र, II. 35.
55. मैक्रिंडल : 'एनशिएंट इंडिया ऐज डिस्क्राइब्ड बाइ मेगास्थनिज ऐंड एरियन', पृ. 83-84, खंड 33.
56. मैक्रिंडल : 'एनशिएंट इंडिया ऐज डिस्काइब्ड इन क्लासिकल लिटरेचर', पृ. 53; स्ट्रैबो ; पूर्व निर्दिष्ट, खंड 46.
57. वही .
58. अर्थशास्त्र, II. 35.
59. वही .
60. अर्थशास्त्र, II. 15; एतावन्तो विष्टिप्रतिकरा:··· दुर्गादिकर्मोपयोगिभि:; (जर्नल ऑफ दि बिहार ऐंड उड़ीसा रिसर्च सोसायटी, पटना, xii) पृ. 198.
61. टी. गणपति शास्त्री : पूर्व निर्दिष्ट, I, पृ. 344.
62. अर्थशास्त्र, II. 15;····दासकर्मकरवर्गश्च विष्टि···
63. अर्थशास्त्र, II. 29.
64. वही, III. 13.
65. वही, II. 29; स्वयम् हन्ता घातयिता हर्ता हारयिता च बध्य:.
66. अर्थशास्त्र, II. 23.
67. वही, II. 12.
68. वही, II. 15.
69. वही, II. 18.
70. वही, II. 17.
71. वही, II. 23.
72. वही, II. 12.
73. वही, II. 4.
74. अर्थशास्त्र, II. 4; ततः परपूर्णासूत्रवेणुचर्मवर्मशस्त्रावरणकारवःशूद्राश्च पश्चिमम् दिशमधिवसेयु:.
75. वही, II. 23.
76. वही, II. 18.
77. मैक्रिंडल : 'एनशिएंट इंडिया ऐज डिस्क्राइब्ड इन क्लासिकल लिटरेचर', पृ. 53. स्ट्रैबो; पूर्व निर्दिष्ट, खंड 46.
78. मैक्रिंडल : 'एनशिएंट इंडिया ऐज डिस्क्राइब्ड बाइ मेगास्थनिज ऐंड एरियन', पृ. 87, खंड 34.

79. वही, पृ. 86, खंड 34.
80. अर्थशास्त्र, IV. 1.
81. वही .
82. वही, III. 14.
83. वही .
84. वही, IV. 2.
85. वही, III. 15; भर्तुरकारयतो भृतकस्याकुर्वतो वा द्वादशपणो दण्ड:.
86. वही .
87. वही, III. 14.
88. वही, III. 13; कारुशिल्पिकुशीलवचिकित्सकवाग्जीवनपरिचारकादिराशाकारिकवर्गस्तु यथान्यस्तद्विधः कुर्यात्, यथा वा कुशलाः कल्पयेयुः तथा वेतनम् लभेत.
89. वही, III. 13.
90. वही .
91. वही .
92. वही . V. 3.
93. वही .
94. वही .
95. वही .
96. ग्रामभृतक को गाँव का सामान्य नौकर नहीं माना जा सकता, जैसा कि शामा शास्त्री समझते हैं (अनुवाद, पृ. 277); पाँच सौ पण का उसका वेतन बताता है कि वह गाँव का एक अधिकारी होता था, जिसका अपना महत्व था .
97. अर्थशास्त्र . V. 3.
98. वही .
99. अर्थशास्त्र, II. 15; कणिकाः दासकर्मकरसूपकाराणामतोन्यद् उदनिकापूपिकेभ्यम प्रयच्छेत् . यहाँ संभवतया 'कणिका' शब्द का अर्थ है अनाज का कण . दवनी के बाद अन्न के जो कण बन जाते थे, वे कण कामगारों को दिए जाते थे .
100. वही .
101. अर्थशास्त्र, II. 25, टी . गणपति शास्त्री की टीका सहित, I, 292; दासकर्मकरेभ्यो वा वेतनम् दद्यात् .
102. प्राणनाथ : 'इकनामिक कंडीशंस इन एनशिएंट इंडिया', पृ. 150-1; तुलनीय, पुंसः षडभागस्सूपः अदर्धस्नेहमवराणाम् . 'प्रस्थ' शब्द जो पुंस के वैकल्पिक शब्द के रूप में शामा शास्त्री द्वारा उल्लिखित और टी . गणपति शास्त्री द्वारा स्वीकृत हुआ है, सही शब्द मालूम पड़ता है .
103. (जर्नल ऑफ बिहार एंड उड़ीसा रिसर्च सोसायटी, पटना, XI) पृ. 91; भट्टस्वामिन् ने उसे मध्यमप्रतिपन्तिक साधु पुरुष के रूप में चित्रित किया है .
104. अर्थशास्त्र, II. 15.
105. टी . डब्ल्यू . रीज डेविड्स :'बुद्धिस्ट इंडिया,' पृ. 49.
106. अर्थशास्त्र, V. 3.
107. वही, VIII. 2.
108. वही, VI. 1.

109. बी . एन . दत्त : 'स्टडीज इन इंडियन सोशल पालिटी', पृ . 185-7. जायसवाल : 'मनु ऐंड याज्ञवल्क्य' पृ . 171.
110. रायचौधरी : 'पालिटिकल हिस्ट्री ऑफ एनशिएंट इंडिया', पृ . 267.
111. अर्थशास्त्र, I.8 और 9.
112. वही .
113. अरस्तू : 'पालिटिक्स', पृ . 163.
114. मैक्रिंडल : 'एनशिएंट इंडिया ऐज डिस्क्राइब्ड बाइ मेगास्थनिज ऐंड एरियन', पृ . 85, खंड 33.
115. वही, पृ . 138, खंड 56.
116. वही, पृ . 85-6, खंड 33.
117. अर्थशास्त्र, I. 12.
118. वही .
119. वही .
120. अर्थशास्त्र, I. 16;... अन्तावसायिनोप्यवध्या :.
121. वही .
122. अर्थशास्त्र, IX. 2.
123. वही; बहुलसारं वा वैश्यशूद्रबलमिति .
124. मैक्रिंडल : पूर्व निर्दिष्ट, पृ . 83-84, खंड 33.
125. वही, पृ . 217; एरियन, खंड 12; 'एनशिएंट इंडिया ऐज डिस्क्राइब्ड इन क्लासिकल लिटरेचर', पृ . 53; स्ट्रैबो, खंड 47.
126. राक इडिक्ट ऑफ अशोक 4 (शाहबाजगढ़ी), I. 12.
127. मैक्रिंडल : पूर्व निर्दिष्ट, पृ . 88, खंड 34.
128. वही, पृ . 217, खंड 12.
129. अर्थशास्त्र, II. 1.
130. वही, III. 1.
131. वही .
132. वही, III. 1.
133. वही, III. 11.
134. वही, ... अन्यथावादे दंडश्चानुबन्धः, शामा शास्त्री ने जो अनुवाद किया है (पृ . 200) उसमें 'अनुबंधः' शब्द को छोड़ दिया गया है .
135. अर्थशास्त्र, III. 11.
136. मैक्रिंडल : पूर्व निर्दिष्ट, पृ . 70, खंड 27.
137. अर्थशास्त्र, III, 18.
138. वही, III. 19.
139. वही, IV. 13 ब्राह्मन्यामगुप्तायाम् क्षत्रियस्योत्तमः सर्वस्वम् वैश्यस्य, शूद्रः कटाग्निना दह्येत .
140. टी . गणपति शास्त्री ने इस अनुच्छेद को शामा शास्त्री से भिन्न ढंग का बताया है . जहाँ गणपति शास्त्री ने लिखा है 'श्वपाकस्यार्यागमने वधः' (II, 181), वहां शामा शास्त्री शूद्रश्वपाकस्य भार्यागमनवधः (अर्थशास्त्र, IV. 13, पृ . 236) लिखते हैं; टी . गणपति शास्त्री ने 'आर्य' शब्द का प्रयोग ठीक ही किया है, जो म्यूनिख की पांडुलिपि में भी पाया जाता है (अनुवाद, पृ . 264).
141. अर्थशास्त्र, IV. 13.

142. वही .
143. वही, II. 5.
144. वही . III.6.
145. वही .
146. वही .
147. वही .
148. वही, III. 6.
149. वही .
150. वही . III. 13.
151. वही, III. 13; उदरदासवर्जमार्यप्राणमआप्तव्यवहारं शूद्रम् विक्रयाधानं नयतस्वजनस्य द्वादशपणो दंड:···
152. जायसवाल : पूर्व निर्दिष्ट, पृ . 242.
153. अर्थशास्त्र (III. 3) में कुल मिलाकर दास बनने के नौ स्रोत बताए गए हैं, हो सकता है कि अन्य प्रकार का भी दासत्व रहा हो .
154. अर्थशास्त्र, III. 13.
155. वही .
156. वही, III. 13; अथ वार्यमाधाय कुलबन्धनतूर्याणामापदि निष्क्रयम् चधिगम्यबालं साहाय्यदातारं वा पूर्वम् निष्कृणीरन् .
157. अर्थशास्त्र, III. 13; सिद्धमपचारकस्याभिप्रजातस्य अपक्रमणम् .
158. शामा शास्त्री का अनुवाद, पृ . 206.
159. अर्थशास्त्र, III. 1.
160. वही, II. 1.
161. वही, IV. 13.
162. शामा शास्त्री का अर्थशास्त्र का अनुवाद, III. 1 और II. 1.
163. जायसवाल : पूर्व निर्दिष्ट; पृ . 209.
164. अर्थशास्त्र, III. 13; आत्मविक्रयिण: प्रजामार्या विद्यात् .
165. वही, III. 13.
166. वही .
167. वही .
168. वही III. 13; समातृकम् अदासम् विद्यात् .
169. वही . III. 13, गणपति शास्त्री के अनुसार .
170. पालि-इंगलिश डिक्शनरी; देखें 'भुज्जिस्स' .
171. अर्थशास्त्र, III. 13.
172. वही .
173. वही .
174. वही .
175. वही .
176. वही, II. 1.
177. राक इडिक्ट ऑफ अशोक 9 (गिरनार), I. 4; पिलर इडिक्ट ऑफ अशोक II (गिरनार), 1.2.
178. जायसवाल : पूर्व निर्दिष्ट, पृ . 209; बी . एन . दत्त : पूर्व निर्दिष्ट, पृ . 184-187.
179. ऊपर देखें, पृ . 161-2.

180. अर्थशास्त्र, II. 15. तुलनीय, अर्थशास्त्र में आर्य और नीच के बीच भेद, अर्थशास्त्र, I. 14.
181. मैक्रिंडल : पूर्व निर्दिष्ट, पृ. 211-3, खंड 10.
182. वही, पृ. 18-19.
183. मैक्रिंडल : 'एनशिएंट इंडिया ऐज डिस्क्राइब्ड इन क्लासिकल लिटरेचर', पृ. 58; स्ट्रैबो, खंड 54.
184. गुलामों की तरह वे भी भूमि से संबद्ध थे.
185. मैक्रिंडल : पूर्व निर्दिष्ट, पृ. 41; स्ट्रैबो, खंड 34.
186. पिलर इडिक्ट ऑफ अशोक 4 (दिल्ली-टोपरा शिलालेख), 1. 15.
187. कारपस इंसक्रिप्सनम इंडिकैरम, I, 125.
188. वही, इंट्रोडक्शन, पृ. XXXVI.
189. अर्थशास्त्र, III. 15; विवाहानान्तु त्रयाणाम् पूर्वेषां वर्णानामु पाणिग्रहणात्सिद्धमपावर्त्तनम् शूद्राणां च प्रकर्मणां. टी. गणपति शास्त्री ने प्रक्रमणः बताया है (II, पृ. 92). उन्होंने इसे योनिक्षतिमवधीकृत्य, अर्थात लड़की का कौमार्य भंग बताया है. शामा शास्त्री के विवाह के अर्थ में इसके अनुवाद से कोई अर्थ नहीं निकलता.
190. अर्थशास्त्र, III. 3
191. ऊपर देखें, पृ. 116.
192. अर्थशास्त्र, III. 2.
193. वही, III. 4.
194. वही, III. 3.
195. के. वी. रंगस्वामी अय्यंगर : पूर्व निर्दिष्ट, पृ. 66, पाद टिप्पणी 5.
196. अर्थशास्त्र, III. 4; तालापचारणमत्स्यबन्धकलुब्धकगोपालक शौण्डिकानामन्येषाम् च प्रसृष्टस्त्रिकाणाम् पथ्यनुसरणमदोषः.
197. वही, III. 11; स्त्री वा प्रतिश्राविणी पतिकृतम् ऋणम् अन्यत्र गोपालकार्धसीतिकेभ्यः.
198. (इंडियन ऐंटीक्वेरी, बम्बई, V), पृ. 92.
199. अर्थशास्त्र, III. 7; कौटिल्य ने व्रात्यों की नई परिभाषा की है, जो उनके मतानुसार, चारों वर्णों में से किसी वर्ण के पतित पुरुषों द्वारा निम्न वर्ण की महिला से उत्पन्न पुत्र थे.
200. अर्थशास्त्र, III. 7; कर्मणा वैण्यो रथकारः.
201. वही, टी. गणपति शास्त्री द्वारा एक अनुच्छेद के दिए गए पाठ के आधार पर यह अर्थ किया गया है (II, 44). शामा शास्त्री ने दूसरे ढंग की व्याख्या की है, जिससे पता चलता है कि सजातीय विवाह केवल वैण्य तक ही सीमित थे.
202. वही, III. 7; पूर्वावरगामित्वम् वृत्तानुवृत्तम् च स्वधर्मान् स्थापयेत्.
203. वही, III. 7.
204. वही.
205. वही. III. 7, टी. गणपति शास्त्री, II. 44 के अनुसार.
206. वही, III. 7.
207. वही, IV. 10; चण्डालारण्यचराणामर्धदण्डः.
208. वही, III. 18.
209. वही, II. 4.
210. वही, III. 20.
211. वही, I. 14.

212. वही, III. 6.

213. वही, III. 3; इन आदिम जातियों की क्रूरता के कारण इस कार्य के लिए चंडालों को विशेष रूप से चुना गया होगा .

214. अर्थशास्त्र, IV. 7; रज्जुना पढ़ें, शामा शास्त्री ने घातयेत्स्वयमात्मानं का अनुवाद किया है 'दूसरों से आत्महत्या करवाना', जो सही नहीं मालूम पड़ता .

215. वही, III. 20.

216. पी . एल . नरसू : 'दि एसेन्स ऑफ बुद्धिज़्म', पृ . 137 से उद्धृत .

217. अर्थशास्त्र, I. 10.

218. वही .

219. (जर्नल ऑफ ओरियंटल रिसर्च, मद्रास, XXII), 32. टी . गणपति शास्त्री ने अयाज्य का अर्थ वृषलीपति, अर्थात शूद्र स्त्री का पति किया है (I. 48) .

220. अर्थशास्त्र, III. 14.

221. वही, अदोषः त्यक्तुमन्योन्यम् .

222. यह रथकार और पारशव तक सीमित थी .

223. अर्थशास्त्र, IV. 6.

224. वही,

225. वही, IV. 7. ; दग्धस्य हृदयमदग्धं दृष्टवा वा तस्य परिचारकजनं वा दण्डपारुष्यादति मार्गेत् .

226. अर्थशास्त्र, IV. 10; शूद्रस्य ब्राह्मणवादिनो देवद्रव्यमवस्तृणतो राजद्विष्टमादिशतो द्विनेत्रभेदिनश्च योगव्जनेनान्धत्वमष्टशतो वा दण्यः . ब्राह्मणवादी शूद्र को देव संपत्ति चुरानेवाले या राजा के बैरी व्यक्ति से भिन्न मानने का कोई औचित्य नहीं दीखता, जैसा कि शामा शास्त्री ने इस अनुच्छेद के अनुवाद में किया है, (अनुवाद, पृ . 255).

227. वही, V. 1, टी . गणपति शास्त्री की टीका के आधार पर .

प्राचीन व्यवस्था का कमजोर पड़ना

(लगभग दो सौ ई. पू. से लगभग दो सौ ई. सन्)

इस काल में शूद्रों की स्थिति की अधिकांश सीधी जानकारी मनु के विधिग्रंथ से प्राप्त हुई है, जो सामान्यतया दो सौ ई. पू. से दो सौ ई. सन् तक की मानी जाती है।[1] मनु ने ब्रह्मावर्त्त (सरस्वती और दृषद्वती के बीच का प्रदेश)[2] और ब्रह्मर्षिदेश (कुरु, मत्स्य, पांचाल और शूरसेन की समतल भूमि) को पवित्र माना है।[3] इस आधार पर सुझाव दिया गया है कि अपेक्षाकृत इस छोटे प्रदेश में ही विधिग्रंथ का उद्‌भव हुआ और सर्वप्रथम उसे प्राधिकृत माना गया।[4] इस तरह का विचार यद्यपि संभव है, किंतु किसी भी तरह आवश्यक नहीं है और हो सकता है कि *मनुस्मृति* का प्रभाव अधिक व्यापक क्षेत्र पर पड़ा हो।

मनु ने जिस प्रकार की ब्राह्मणकालीन घोर कट्टरता का परिचय दिया है उससे उनके ग्रंथ में प्रस्तुत प्रमाण का मूल्यांकन करना कठिन हो गया है। किंतु शूद्रों की स्थिति से संबंधित परिच्छेद का विश्लेषण पतंजलि के *महाभाष्य*, भास के नाटक[5] और बौद्धग्रंथों, यथा मिलिंदपञ्हो (प्रश्न), *दिव्यावदान*, *महावस्तु* और *सद्धर्मपुण्डरीक* से प्राप्त जानकारी के आधार पर किया जा सकता है।[6] जैन ग्रंथ *पन्नवणा* भी, जिससे शिल्पियों के संबंध में महत्वपूर्ण जानकारी मिलती है, इसी काल का कहा जा सकता है।[7] इस काल के स्मृतिमूलक और संकल्पित लेख भी शूद्र समुदाय की स्थिति पर पूर्ण प्रकाश डालते हैं।

कतिपय प्राचीन पुराणों में कलियुग के जो वर्णन मिलते हैं, वे प्रायः इसी युग का संकेत करते हैं,[8] जबकि वर्ण के आधार पर विभाजित ब्राह्मण समाज की नींव अपधर्मी संप्रदायों के कार्यकलाप और बैक्टेरियन ग्रीक, शक, पार्थियन और कुषाणों जैसे विदेशियों की चढ़ाई के कारण हिल गई थी। अंशतः अशोक की बौद्धों की समर्थक नीति और अंशतः इन नए लोगों के आगमन के चलते ब्राह्मण समाज पर जो आघात हुआ, उससे मनु ने उसे बचा रखने की जी-तोड़ कोशिश की है, और इसके लिए उन्होंने न केवल शूद्रों के विरुद्ध कठोर दंड का विधान किया है, बल्कि बाहरी तत्वों को वर्णसमुदाय में समाविष्ट करने के उद्देश्य से उनकी समुचित वंशावली भी बनाई है। इतना ही नहीं, उन्होंने तलवार (दंड) की शक्ति की जो अत्यधिक महिमा बताई है, उसका भी अभिप्राय यही है।[9]

मनु ने इस पुराने सिद्धांत को दुहराया है कि ईश्वर ने शूद्रों को आदेश दिया है कि वे उच्च जातियों की सेवा करें।[10] राजा को चाहिए कि वैश्य को आदेश दे कि वह व्यापार करे, रुपए का लेन-देन करे, खेती करे या मवेशीपालन करे और शूद्र को यह आदेश दे कि वह तीन उच्च वर्णों की सेवा करे।[11] आपद्धर्म के अध्याय में मनु ने यह भी कहा है कि शूद्र ब्राह्मण की सेवा करे, जिससे उसके सभी उद्देश्य पूरे होंगे।[12] ऐसा नहीं होने पर वह क्षत्रिय की सेवा करे, अथवा किसी धनी वैश्य की भी चाकरी करके अपना जीवन-निर्वाह करे।[13] इस संबंध में 'अपि' (भी) शब्द पर विशेष ध्यान दिया जाना चाहिए, क्योंकि इससे ध्वनित होता है कि वैश्य शायद ही शूद्र का मालिक होता था।[14] इससे यह भी पता चलता है कि आपतकाल में शूद्र की सेवा मुख्यतया ब्राह्मणों और क्षत्रियों के लिए सुरक्षित रहती थी। एक अन्य स्थान पर मनु ने विहित किया है कि राजा सावधानी के साथ वैश्यों और शूद्रों को बाध्य करे कि वे अपने नियत कार्य किया करें, क्योंकि यदि ये दोनों वर्ण अपने कर्तव्यों से विमुख हो जाएँगे तो सारे संसार में गड़बड़ी फैल जाएगी।[15] इस परिच्छेद का विशेष महत्व है, क्योंकि यह किसी भी प्राचीन ग्रंथ में नहीं मिलता। इस तरह के विधान से सामाजिक-आर्थिक संकट का आभास होता है। *युग पुराण* से भी इस बात की पुष्टि होती है, जिसमें कहा गया है कि इस काल में स्त्रियाँ भी हल जोतती थीं।[16] मनु के एक नियम की जो टीका कुल्लुक ने की है, उससे यह निष्कर्ष निकाला जा सकता है कि कुछ ऐसे ह्रासोन्मुख किसान और व्यापारी थे जिन्हें राजा ने अपना गुप्तचर बहाल कर रखा था।[17] मनु का दूसरा नियम है कि जिन शूद्रों को जीवन-निर्वाह में कठिनाई हो, वे देश के किसी भी भाग में (अर्थात म्लेच्छों के देश में भी) बस सकते हैं।[18] इस नियम से ऐसे संकट का संकेत मिलता है जिसका प्रभाव उत्पादन करनेवाली जनता पर गंभीर रूप से पड़ा था। वैश्यों और शूद्रों से काम कराने का सुझाव देने की आवश्यकता मनु को इसलिए पड़ी होगी कि विदेशी आक्रमणों के कारण सामाजिक विप्लव गंभीर रूप धारण कर चुका होगा। प्रायः जब मौर्यों के कठोर शासन का अंत हुआ, तब वैश्यों और शूद्रों को उनके विहित कर्तव्यों की सीमा बाँध रखना और भी कठिन हो गया।

उपर्युक्त निर्देशों से यह भी पता चलता है कि वैश्यों और शूद्रों के कार्यों में पड़नेवाले अंतर क्रमशः मिटते जा रहे थे। मनु ने विहित किया है कि यदि आपतकाल में वैश्य के लिए अपने व्यवसाय से भरण-पोषण करना कठिन हो तो उसे शूद्रों के व्यवसाय अपनाने चाहिए, अर्थात द्विजों की सेवा करके जीवनयापन करना चाहिए।[19] *मिलिंदपञ्हो* के एक प्रश्न से भी इस बात की पुष्टि होती है, जिसमें कृषि, व्यापार और पशुपालन वैश्य और शूद्र जैसे सामान्य जन के कार्य माने गए हैं,[20] और इन दोनों वर्गों के कार्यों का अलग से कोई उल्लेख नहीं किया गया है।

यद्यपि वैश्य को शूद्र के निकट बताने की प्रवृत्ति चल पड़ी थी, फिर भी कोई ऐसा

प्रमाण नहीं मिलता जिससे पता चले कि शूद्र स्वतंत्र रूप से जीविकोपार्जन करते थे। सामान्यतया वे भाड़े के मजदूर और गुलाम के रूप में नियोजित होते रहे, क्योंकि मनु ने उस पुराने नियम को ही दुहराया है कि शिल्पी, यांत्रिक और शूद्र, जो शारीरिक श्रम करके अपना निर्वाह करते हैं, कर चुकाने के बदले महीने में एक दिन राजा का काम करें।[21] उन्होंने एक नया नियम बनाया कि वैश्य (अतिरिक्त) कर के रूप में अपने गल्ले का 1/8 हिस्सा चुकाकर और शूद्र शारीरिक श्रम लगाकर आपतकालीन स्थिति को सँभाले।[22] इस प्रसंग में कुल्लुक ने जोरदार शब्दों में कहा है कि बुरे दिनों में भी शूद्रों पर कर नहीं लगाए जाएँ।[23] मनु ने शूद्रों को करों से विमुक्ति दी है, जिसकी पुष्टि *मिलिंदपन्हो* से होती है। इससे हमें यह जानकारी मिलती है कि हर गाँव के अपने दास या दासी, भटक और कर्मकर होते थे, जिन्हें करों से मुक्त रखा जाता था।[24] अतः शूद्र को राज्य का कर चुकानेवाला किसान नहीं बताया गया है और यह स्थिति वैश्यों से भिन्न मालूम होती है। राजा के अष्टविध कर्म की चर्चा करते हुए मेधातिथि ने व्यापार, कृषि, सिंचाई, खनन, बस्तीविहीन जिलों की बंदोबस्ती, वनों की कटाई आदि का उल्लेख किया है;[25] किंतु इसका कोई प्रमाण नहीं मिलता कि राज्य अपनी पहल पर दासों और कर्मकरों को कृषिकर्म में नियोजित करता था, जैसा मौर्यकाल में होता था। *महावस्तु* में ग्राम-मुखिया का वर्णन आया है जो खेत का काम देखने के लिए तेजी से जा रहा है। किंतु यह पता नहीं चलता है कि वह इस कार्य का संपादन राजा की ओर से करता था।[26] मालूम होता है कि अलग-अलग मालिक शूद्रों से कृषि मजदूर का काम कराते थे। पतंजलि ने एक ऐसे भूस्वामी का जिक्र किया है जो एक जगह बैठकर भाड़े के पाँच मजदूरों द्वारा की जानेवाली जुताई का निरीक्षण करता है।[27] मनु ने किसान मालिक के नौकरों की भी चर्चा की है।[28] उनका कथन है कि कृषक को अपनी पारिवारिक संपत्ति के बँटवारे में ब्राह्मणपुत्र के लिए एक अतिरिक्त हिस्सा बनाकर रखना चाहिए।[29] स्पष्ट है कि यह ब्राह्मणों के अधीन रहनेवाले कृषि मजदूरों का हवाला देता है।

यद्यपि मनु ने इस विचार की पुनरावृत्ति की है कि शूद्रों को शिल्पियों का व्यवसाय तभी अपनाना चाहिए जब सीधे उच्च वर्णों की सेवा से उनकी जीविका नहीं चल सके,[30] फिर भी मालूम होता है कि इस काल में शिल्पियों की संख्या तो काफी बढ़ी ही, उनकी परिस्थिति में भी सुधार हुआ। यह बात बढ़इयों, लोहारों , गंधियों, जुलाहों, सुनारों और चर्म व्यवसायियों द्वारा बौद्ध भिक्षुओं को उपहारस्वरूप दी गई अनेक गुफाओं, स्तंभों, पट्टों, ताबूतों आदि से प्रमाणित होती है।[31] इनके अतिरिक्त उत्कीर्ण लेखों में रंगसाजों, धातु और हाथी दाँत के काम करनेवालों, जौहरियों, मूर्तिकारों और मछुओं के भी कार्य दिखाई पड़ते हैं।[32] गंधियों और कुछ हद तक स्वर्णकारों को बार-बार उदार उपासक कहा गया

है, जिससे लक्षित होता है कि शिल्पियों के कई समृद्ध वर्ग बन गए थे। यद्यपि गंधियों की तरह जुलाहों की चर्चा दानपत्रों में बार-बार नहीं मिलती, फिर भी *मनुस्मृति* में उपलब्ध प्रमाण से ज्ञात होता है कि शिल्पियों के रूप में उनका स्थान महत्वपूर्ण था, क्योंकि कहा गया है कि वे ग्यारह पल का भुगतान करें और चूक होने पर बारह पल दें।[33] स्पष्ट है कि ये कर जुलाहों द्वारा तैयार किए गए सामान पर वस्तु के रूप में लिए जाते थे। प्रायः मथुरा[34] और अन्य नगरों में उत्पन्न वस्त्रों के व्यापार में इन जुलाहों की खूब चलती थी। उत्कीर्ण लेखों से पता चलता है कि अधिकांश शिल्पी मथुरा और पश्चिमी दक्कन क्षेत्र में सीमित थे, जहाँ रोम के साथ बढ़ते हुए व्यापार से उन्हें अपना विकास करने का अवसर मिलता था।

पुरालेख बताते हैं कि शिल्पी अपने प्रधानों के अधीन संगठित थे जो प्रायः राजा के प्रिय पात्र होते थे। हमें आनंद के उपहार की भी बात सुनने में आई है, जो श्री शातकर्णि के शिल्पियों का प्रमुख था।[35] किंतु साहित्यिक प्रमाण बताते हैं कि पूर्व काल की अपेक्षा इस काल में शिल्पियों के संघ बहुत बड़े पैमाने पर बने थे। महावस्तु ने एक सूची में 11 प्रकार के शिल्पियों का उल्लेख किया है; यथा मालाकार, कुंभकार, बढ़ई, धोबी, रंगरेज, पात्र-निर्माता, स्वर्णकार, जौहरी, शंखसीपी वस्तु निर्माता, आयुधिक और रसोइया—जो अपने-अपने प्रधानों के अधीन काम करते थे।[36] इसी स्रोत से राजगृह के अष्टदश श्रेणियों का उल्लेख मिलता है जिसके अंतर्गत स्वर्णकार, गंधी, जौहरी, तेली, आटा पीसनेवाले आदि भी हैं। इस सूची में फल, कंद, आटा और चीनी के विक्रेता भी शामिल हैं।[37] स्वर्णकार और जौहरी का उल्लेख दोनों ही सूचियों में हुआ है और मालूम होता है कि इस काल में लगभग दो दर्जन शिल्पी संघ वर्तमान थे।[38] यह भी ध्यान देने योग्य है कि शिल्पी संघों की दूसरी सूची जातकों में वर्णित सूची से बिल्कुल भिन्न है।[39] यद्यपि शिल्पियों की नियुक्ति राजा करता था,[40] फिर भी संभव है कि शिल्पी संघों की संख्या बढ़ने से शिल्पियों पर राज्य का सीधा नियंत्रण कमजोर पड़ गया हो। विशेष महत्व की बात यह है कि *अर्थशास्त्र* में भी उतने प्रकार के शिल्पी नहीं दिखाई पड़ते, जितने इस अवधि में देखने में आते हैं। *महावस्तु* में छत्तीस प्रकार के कामगारों की एक सूची दी गई है जो राजगृह नगर में रहते थे।[41] यह सूची व्यापक नहीं मालूम होती, क्योंकि इसके अंत में कहा गया है कि सूची में जितने कामगारों का उल्लेख हुआ है, उनके अतिरिक्त और भी कामगार थे।[42] *मिलिंदपञ्हो* में इससे भी लंबी सूची दी गई है, जिसमें लगभग 75 प्रकार के व्यवसाय गिनाए गए हैं जो अधिकतर शिल्पियों के थे।[43] बौद्धों की सूचियों के बहुत से शिल्पियों की चर्चा एक जैन ग्रंथ में भी हुई है, जिसमें 18 प्रकार के शिल्पियों का उल्लेख हुआ है और एक खास बात यह है कि इस ग्रंथ में दर्जियों, बुनकरों और रेशम बुनकरों को भी आर्य शिल्पी बताया गया है।[44] इससे प्रकट होता है कि जैन इन शिल्पों को हीन नहीं मानते थे।

इन शिल्पियों की सूची का विश्लेषण करने पर पता चलता है कि इस काल में कई नए शिल्पों का विकास हुआ । *दीघ निकाय* में दिए गए लगभग दो दर्जन शिल्पों[45] के मुकाबले हमें *मिलिंदपञ्हो* में पाँच दर्जन शिल्पों की चर्चा मिलती है । इनमें से आठ शिल्प धातुकर्म संबंधी हैं,[46] जिनसे अच्छी प्रगति का पता चलता है । ऐसा जान पड़ता है कि वस्त्र-निर्माण, रेशम बुनाई[47] एवं अस्त्र-शस्त्र और विलास सामग्रियों[48] के निर्माण में भी अच्छी प्रगति हुई थी । इन सब बातों से पता चलता है कि इस काल के शिल्पियों ने तकनीकी और आर्थिक विकास में महत्वपूर्ण योगदान दिया था ।

ये शिल्पी अपने ग्राहकों से उस रूप में नहीं जुड़े थे, जिस प्रकार दास और कर्मकर अपने मालिकों से संबद्ध थे । इस तरह पतंजलि से हमें जानकारी मिलती है कि बुनकर (जुलाहे) स्वतंत्र रूप से अपना काम करते थे ।[49] दास और कर्मकर तो भोजन और वस्त्र पाने के उद्देश्य से काम करते थे, किंतु शिल्पी अपना काम करके मजदूरी पाने की आशा रखते थे ।[50]

मनु ने कई ऐसे विधान बनाए हैं जिनसे शूद्रों की स्थिति पर प्रतिकूल प्रभाव पड़ता है । उन्होंने वर्ण के अनुसार ब्याज की भिन्न-भिन्न दरें निर्धारित की हैं; यह पुराना नियम था ।[51] वर्णों के अनुसार ब्याज की दरें क्रमशः दो, तीन, चार या पाँच प्रतिशत होनी चाहिए ।[52] नासिक के उत्कीर्ण लेख से पता चलता है कि जब रुपए बुनकर संघ के पास जमा किए जाते थे, तब उनके द्वारा चुकाए जानेवाले ब्याज की दरें प्रति मास एक से लेकर 3/4 प्रतिशत तक होती थीं ।[53] ऐसा कोई प्रमाण नहीं मिलता कि शूद्र के रूप में उन्हें ब्याज की उत्तम दरें चुकानी पड़ती थीं । सनातन परंपरा के एक आधुनिक समर्थक ने ब्याज के इस वर्गीकरण को इस आधार पर उचित बताने का प्रयास किया है कि यह उधार लेनेवालों की सामाजिक सेवाओं के अनुपात को ध्यान में रखकर निर्धारित किया गया है,[54] जिसका अर्थ है कि शूद्रों द्वारा की जानेवाली सेवाएँ नगण्य-सी थीं । किंतु वास्तविकता यह है कि अपने उत्पादन-कार्य द्वारा वे, वैश्यों के साथ, पूरे सामाजिक ढाँचे को कायम रखे हुए थे । हो सकता है कि मनु का ब्याज संबंधी विधान अमल में नहीं लाया गया हो, किंतु ब्याज वसूलने में प्रायः ब्राह्मणों के प्रति कुछ नरमी बरती जाती थी और शूद्रों को अपना ऋण चुकाकर ही मुक्त होना पड़ता था ।

मनु का विचार है कि शूद्र को संपत्ति जमा नहीं करने देनी चाहिए, क्योंकि इससे वह ब्राह्मणों को सताने लगेगा ।[55] कहा गया है कि इस तरह की निषेधाज्ञा खुद शूद्रों को संबोधित अतिरंजित मंतव्य (अर्थवाद) है,[56] किंतु ऐसे विचार के लिए मूल ग्रंथ में कोई आधार नहीं है । इस निषेधाज्ञा की तुलना अंग्रेजी प्रार्थनाग्रंथ के उस प्रबोधन वाक्य से भी की जाती है, जिसमें गरीब को कहा गया है कि 'उसके पास जो कुछ भी हो, उसी से वह

संतुष्ट रहे।'[57] चूँकि प्रसंगाधीन परिच्छेद आपतकाल संबंधी अध्याय में आया है, अतः यह बौद्ध भिक्षुओं या विदेशी शासकों के संबंध में कहा गया होगा, जिन्हें शूद्र ही माना जाता था। जो भी हो, दाय विधि से स्पष्ट है कि शूद्रों की संपत्ति होती थी।[58] यह निष्कर्ष मनु द्वारा दुहराए गए उस पुराने नियम से भी निकाला जा सकता है, जिसके अनुसार वैश्यों और शूद्रों को धन से अनुदान द्वारा अपनी विपत्ति का निराकरण करना चाहिए।[59]

मनु के अनुसार रुपए जिस व्यक्ति के पास जमा किए जाएँ, उसकी एक योग्यता यह होनी चाहिए कि वह आर्य हो।[60] शूद्र स्पष्ट ही उस योग्यता से वंचित है। किंतु ई. सन की दूसरी शताब्दी में सातवाहन के राज्य में रुपए कुंभकारों, तेल मिल के मालिकों[61] और बुनकरों[62] के पास भी जमा किए जाते थे। यह प्रथा बौद्ध उपासकों में प्रचलित थी, जो भिक्षुओं को परिधान देने और अन्य आवश्यकताओं की पूर्ति के लिए रुपए जमा करते थे। ब्राह्मण धर्मावलंबी भी इन प्रथाओं का अनुसरण करते थे, क्योंकि ऐसा अभिलेख मिला है जिससे पता चलता है कि हुविष्क के राज्यकाल (लगभग 106-138 ई.) में एक प्रमुख ने मथुरा के आटा व्यापारी संघ के पास एक नियत धनराशि जमा की थी, जिसके ब्याज से प्रतिदिन 100 ब्राह्मणों को खिलाया जाता था।[63] इन प्रथाओं से भी सिद्ध होता है कि शिल्पकार संघ बनाकर स्वतंत्र रूप से काम करते थे। स्पष्ट है कि वे जमा की हुई इस धनराशि से अपने लिए कच्चा माल और उपकरण (औजार) खरीद सकते थे और उत्पादित सामग्री को बेचने से हुई आय से उक्त राशि का ब्याज चुका सकते थे।

मनु ने विहित किया है कि ब्राह्मण अपने शूद्र दास के सामान को निर्भयतापूर्वक जब्त कर सकता है, क्योंकि उसे संपत्ति रखने का अधिकार नहीं है।[64] जायसवाल का विचार है कि इसके द्वारा संभवतया बौद्ध संघ की संपत्ति जब्त करने की क्रिया को कानूनी मान्यता दी गई है, क्योंकि संघ के पास अपार संपत्ति इकट्ठी हो गई थी।[65] किंतु यह नियम संभवतया उन शूद्रों पर ही लागू होता है जो दास के रूप में काम करते थे। मनु का मत है कि क्षत्रिय भूखा क्यों न रह जाए, वह किसी पुण्यात्मा ब्राह्मण की संपत्ति हरण नहीं कर सकता, लेकिन वह किसी दस्यु या अपने पवित्र कर्तव्य से च्युत होनेवाले लोगों की संपत्ति हड़प सकता है।[66] इससे पता चलता है कि जो क्षत्रिय और वैश्य अपने अनिवार्य धार्मिक कृत्यों की अवहेलना करते थे, उनकी सम्पत्ति हरण कर ली जा सकती थी। ऐसी स्थिति में शूद्रों को सुरक्षित नहीं समझा जा सकता है, क्योंकि मनु ने नियम बनाया है कि चूँकि शूद्र को यज्ञ से कोई सरोकार नहीं है, इसलिए यज्ञ करनेवाले द्विज यज्ञ के लिए अपेक्षित दो या तीन सामग्री उससे ले सकते हैं।[67] इन सभी नियमों से मालूम होता है कि मनु ने शूद्रों को आर्थिक दृष्टि से हीन बनाकर रखने का प्रयास किया है।

मौर्योत्तर काल में कामगारों को दी जानेवाली मजूरी और निम्न वर्ग के लोगों के

जीवन-निर्वाह की सामान्य स्थिति का कुछ आभास मिलता है। एक बात में मनु ने कौटिल्य के सिद्धांत का अनुसरण किया है और बताया है कि मजूरी पर रखा गया चरवाहा मालिक की सहमति से दस गायों में से सबसे अच्छी एक गाय को दुह ले सकता था।[68] इस मामले में मनु भाड़े के मजदूर के प्रति कौटिल्य की अपेक्षा अधिक उदार मालूम पड़ते हैं,[69] क्योंकि उन्होंने मजदूर को सबसे अच्छी गाय का दूध ले जाने की अनुमति दी है। मनु ने चरवाहे के जिम्मे रखी गई गायों के प्रति उसकी जिम्मेवारी पर भी जोर दिया है, और भिन्न-भिन्न परिस्थितियों में उसके विभिन्न कर्तव्यों का उल्लेख भी किया है।[70] किंतु उन्होंने यह नहीं कहा है कि यदि कोई मवेशी खो जाए तो उसके चरवाहे को कोड़े से पीटा जाए, जैसा कि *आपस्तंब* में बताया गया है, अथवा उसे मृत्यु की सजा दी जाए, जैसा कि कौटिल्य ने कहा है। मनु ने एक नया प्रावधान बनाया है जिसके अनुसार गाँवों के चारों ओर लगभग चार सौ हाथ चौड़ा क्षेत्र और नगरों के चारों ओर इसका तिगुना क्षेत्र चरागाह के लिए रखा जाए। यदि इस क्षेत्र के अंतर्गत किसी के बाड़ा रहित प्लाटों में कोई मवेशी भटककर चला जाए और उसकी फसल को नुकसान पहुँचाए तो उसके लिए चरवाहे को जिम्मेवार नहीं ठहराया जा सकता।[71] इस तरह इस स्मृतिकार ने चरवाहों के हितों को कुछ हद तक सुरक्षा प्रदान की है।

यह बताते हुए कि शूद्रों का काम ब्राह्मणों की सेवा करना है, उन्होंने विहित किया है कि शूद्रों का निर्वाह-व्यय तय करने में उनकी योग्यता, काम और आश्रितों की संख्या का ख्याल किया जाना चाहिए।[72] उन्होंने गौतम के उस अनुदेश को दुहराया है कि इन सेवकों को जूठन और पुराने कपड़े तथा बिस्तर दिए जाने चाहिए। किंतु उन्होंने यह भी बताया है कि इन्हें अनाज के कण भी दिए जाएँ।[73] ये नियम स्पष्टतया उन शूद्रों के पारिश्रमिक का निर्देश देते हैं जो घरेलू नौकर का काम करते थे। मनु ने कहा है कि राजा की सेवा में नियोजित दासियों और दासों की मजूरी समय और स्थान को ध्यान में रखकर तय की जानी चाहिए।[74] उन उत्कृष्ट और अपकृष्ट कार्यकर्ताओं को एक पण से लेकर छः पण तक दैनिक मजूरी मिलनी चाहिए।[75] इसके अतिरिक्त उनके लिए भोजन और वस्त्र आदि का भी प्रबंध किया जाना चाहिए जो उनके ओहदे के अनुसार भिन्न-भिन्न किस्म के हो सकते हैं।[76] यह स्पष्ट नहीं है कि उत्कृष्ट और अपकृष्ट शब्द उच्च और नीच वर्णों के द्योतक हैं, जैसा कि एक अन्य प्रसंग में अर्थ लगाया गया है।[77] किंतु पतंजलि से हमें विदित होता है कि एक ओर कर्मकरों और भृतकों की मजूरी और दूसरी ओर पुरोहितों तथा अन्य लोगों की मजूरी में बहुत बड़ा अंतर था। इस प्रकार जहाँ पुरोहितों को मजूरी के रूप में गायें दी जाती थीं, वहाँ कर्मकरों और भृतकों को प्रतिदिन $\frac{1}{4}$ निष्क,[78] अर्थात महीने में $7\frac{1}{2}$ निष्क मिलते थे। कहा गया है कि निष्क और कार्षापण का मूल्य बराबर होता था।[79]

किंतु यदि इस कथन को स्वीकार किया जाए तो किसी कामगार की दैनिक मजूरी $\frac{1}{4}$ पण होगी, जबकि मनु के लगभग समकालीन प्रमाण बताते हैं कि श्रमिक की न्यूनतम मजूरी एक पण और अधिकतम मजूरी छः पण होती थी। *अर्थशास्त्र* में कामगार की दैनिक मजूरी $\frac{3}{5}$ पण से लेकर $2\frac{2}{5}$ पण तक बताई गई है, जो एक और चार के अनुपात में है,[80] किंतु इन स्रोतों के आधार पर पण की आपेक्षिक क्रयशक्ति का आकलन संभव नहीं है।

श्रमिकों की कार्यस्थिति को विनियमित करने के बारे में मनु ने जो उपबंध किए हैं, वे कौटिल्य के उपबंध जितने व्यापक नहीं हैं। किंतु कौटिल्य की ही तरह उन्होंने लापरवाह मजदूर के प्रति कड़ा रुख अपनाया है। भाड़े का मजदूर जोकि स्वस्थ रहते हुए भी, अहंकारवश, समझौते के अनुसार अपना कार्य-संपादन नहीं करेगा, उस पर आठ कृष्णल का जुर्माना लगाया जाएगा और उसे कोई मजूरी नहीं दी जाएगी।[81] किंतु जो मजदूर अस्वस्थता के कारण अपना काम नहीं कर सकेगा और स्वस्थ होने पर उसे पूरा कर लेगा, वह अपनी अनुपस्थिति की लंबी अवधि के लिए मजूरी पा सकेगा।[82] दूसरी ओर, यदि स्वस्थ होने पर वह अपना काम पूरा नहीं करेगा तो उसे उस अवधि के लिए भी मजूरी नहीं चुकाई जाएगी, जिसमें उसने काम किया हो।[83] इससे पता चलता है कि यदि अस्वस्थता के कारण मजदूरों को काम छोड़ना पड़ता था तो उन्हें कोई दंड नहीं दिया जाता था। लेकिन शर्त यह थी कि वे वादा करें कि चंगा होने पर काम पूरा कर देंगे, अथवा दूसरों से पूरा करवा देंगे। नियोजकों से मजदूर के हितों की रक्षा के लिए मनु ने और कोई अन्य नियम नहीं बनाए हैं, जैसे *अर्थशास्त्र* में मिलते हैं। उनके द्वारा प्रयुक्त एक उपमा से पता चलता है कि सेवक को अपनी मजूरी पाने के लिए धैर्यपूर्वक प्रतीक्षा करनी पड़ती थी।[84]

मालूम होता है कि नगरों में मजूरों के लिए अलग मुहल्ले होते थे। एक बौद्ध ग्रंथ में भृतकवीथी (संभवतया राजगृह में) की चर्चा आई है, जहाँ ब्राह्मण और गृहस्थ (संभवतया वैश्य) भाड़े के मजदूर ठीक करने जाते थे।[85] एक अन्य स्रोत में दरिद्रवीथी और नगर के सुसंपन्न व्यक्तियों के विलासपूर्ण भवनों के बीच तुलना की गई है।[86] संभवतया यह दरिद्रवीथी और भृतकवीथी एक जैसी थीं, जिनमें मजूरी पर निर्वाह करनेवाले गरीब रहते थे। हमें तीन ऐसे भृतकों की जानकारी मिलती है जो धनी व्यक्तियों के घर के आसपास की गंदगी साफ करते थे और उसी घर के निकट फूस की झोंपड़ी में रहते थे।[87] पतंजलि ने बार-बार बताया है कि वृषल अर्थात शूद्र का घर केवल एक दीवाल का होता था (कुड्य)।[88] इससे मालूम होता है कि उसके घर में मिट्टी या ईंट की प्रायः एक ही दीवाल होती थी और शेष तीन भागों में फूस के टाट लगे रहते थे। यह भी संभव है कि यहाँ 'कुड्य'[89] शब्द झोंपड़ी का द्योतक हो।

भृतक अपने जीर्ण शरीर, अस्त-व्यस्त बाल और मैले-कुचैले कपड़े से पहचाना जाता

था,[90] क्योंकि शुभ्र वस्त्र धारण करनेवाले को दिन-भर प्रतीक्षा करने के बाद भी भृतकवीथी में रोजी नहीं मिल सकती थी ।[91] मनु ने घरेलू नौकरों के रूप में नियोजित शूद्रों के भोजन और पोशाक का कुछ वर्णन किया है । इस संबंध में उन्होंने केवल गौतम के पुराने उपबंधों को दुहराया है और उनका विश्लेषण किया है । इसके अनुसार मालिक को चाहिए कि अपने शूद्र नौकर को उसकी योग्यता, परिश्रम और परिवार के आकार की दृष्टि से समुचित निर्वाह-व्यय दे ।[92] उसे जूठन, खुद्दी, जीर्ण-शीर्ण वस्त्र और पुराने बिस्तर दिए जाने चाहिए ।[93] *मिलिंदपञ्हो* में यह वर्णन आया है कि क्षत्रिय, ब्राह्मण और गहपतियों की कोमलांगी पत्नियाँ स्वादिष्ट रोटियाँ और मांस खाती हैं, लेकिन इस प्रसंग में शूद्रों की पत्नियों का कोई जिक्र नहीं हुआ है ।[94]

मौर्योत्तर काल में शूद्रों और वैश्यों के बीच आर्थिक भेदभाव मिटते जा रहे थे, पर शूद्र मुख्यतया अलग-अलग भूस्वामियों के खेतों में कृषि-मजदूर का काम कर रहे थे । पूर्व काल की अपेक्षा शिल्पी अधिक स्वच्छंद होकर अपना काम करते थे । इन शिल्पियों की न केवल संख्या बढ़ी थी और उनमें विविधता आई थी, बल्कि उनके उज्ज्वल भविष्य के लक्षण भी दिखाई पड़ने लगे थे । मनु के विधान, जिनके द्वारा शूद्रों पर नई आर्थिक अशक्तताएँ आरोपित की गई थीं, प्रायः प्रभावहीन हो गए थे । किंतु शूद्र समुदाय के रहन-सहन की स्थिति में किसी प्रकार के परिवर्तन का आभास नहीं मिलता ।

मनु ने मौर्योत्तरकालीन राज्य-व्यवस्था में शूद्रों की स्थिति के बारे में विशद सूचना दी है । उन्होंने विहित किया है कि स्नातक को शूद्र शासक के देश में नहीं रहना चाहिए ।[95] इससे स्पष्ट संकेत मिलता है कि उस काल में शूद्र शासक होते थे । किंतु ये शासक चतुर्थ वर्ण के नहीं मालूम होते हैं, क्योंकि उस काल के राजनीतिक इतिहास में इनकी कोई चर्चा नहीं है । ये प्रायः ग्रीक, शक, पर्थियन और कुषाण शासकों का निर्देश देते हैं जो बौद्ध धर्म और वैष्णव धर्म के अनुयायी थे और जिन्हें मनु ने ऐसा पतित क्षत्रिय बताया है, जो ब्राह्मणों से परामर्श न लेने और बताए गए वैदिक कृत्यों के संपादन में चूक के कारण शूद्रत्व की स्थिति में पँहुच गए थे ।[96] पुराण में कलियुग के जो वर्णन आए हैं, उनमें बताया गया है कि शूद्र राजा अश्वमेध यज्ञ[97] करते थे और ब्राह्मण पुरोहितों से यजन कराते थे ।[98] कलि शासकों का हवाला देते हुए *विष्णुपुराण* में कहा गया है कि विभिन्न देशों के लोग इन शासकों में मिल जाते थे और उनका अनुसरण करने लगते थे ।[99] संभव है यह बात विदेशी मूल के शासकों के बारे में कही गई हो । वे अपधर्मी संप्रदायों के अनुयायी थे,[100] जिसके चलते उनके प्रति मनु की वैरभावना और भी तीव्र रही होगी । ब्राह्मणों और इन शासकों में संपर्क नहीं बढ़ने पाए, इसके लिए मनु ने इन शासकों के राज्यों में स्नातकों का बसना निषिद्ध माना है । उन्होंने यह भी विहित किया है कि ब्राह्मणों को क्षत्रिय जाति के अलावा किसी भी

राज्य का उपहार नहीं ग्रहण करना चाहिए।[101] स्पष्ट है कि ये सारे नियम इस उद्देश्य से बनाए गए थे कि ब्राह्मण विदेशी शासकों को मान्यता न दें। किंतु धीरे-धीरे यह उत्कट वैरभावना घटने लगी और उनके प्रति सहिष्णुता बढ़ने लगी। अंततः विदेशी शासकों को हीन कोटि के ही सही, लेकिन क्षत्रियों की मान्यता दी गई।

इस काल के कुछ ऐसे बौद्ध भी मिलते हैं जो नीच जाति के शासकों को अच्छा नहीं मानते। मिलिंदपन्हो बताता है कि जिस व्यक्ति का जन्म नीच जाति में हुआ हो और जिसकी वंशपरंपरा हीन हो, वह राजा बनने योग्य नहीं है।[102]

मनु ने विहित किया है कि राजा को ऐसे सात या आठ मंत्री नियुक्त करने चाहिए, जिनके पूर्वज राजा के निष्ठावान अधिकारी रहे हों, जो अस्त्र-शस्त्र के संचालन में निपुण हों, जो संभ्रांत परिवार के हों और अनुभवी हों।[103] स्पष्ट है कि शूद्र शायद ही इतनी योग्यतावाला होगा।

मनु ने चेतावनी दी है कि जिस राज्य में शूद्र विधि (कानून) का व्यवस्थापन करे और राजा देखता रहे, उस राज्य की स्थिति वैसे ही गिरती जाती है, जैसे दलदल में फँसी गाय नीचे की ओर धँसती जाती है।[104] ऐसे नियम प्रायः उन बर्बर शासकों के राज्यों का निर्देश करते हैं जिन्होंने न्याय प्रशासन या अन्य प्रशासनिक कृत्यों के संपादन के लिए कुछ शूद्रों को नियुक्त किया होगा। किंतु मनु जोर देकर कहते हैं कि ऐसा ब्राह्मण भी जो मुख्यतया अपनी जाति के नाम पर (अर्थात अपने को केवल ब्राह्मण बताकर) ही जीवनयापन करता है, विधि का निर्वचन कर सकता है, पर शूद्र किसी भी दशा में न्यायाधीश (धर्मप्रवक्ता) नियुक्त नहीं किया जा सकता।[105] टीकाकारों का मत है कि आवश्यक होने पर क्षत्रियों की नियुक्ति न्यायाधीश के रूप में की जा सकती है,[106] लेकिन टीका में वैश्यों का उल्लेख नहीं हुआ है। यह मनु के विचार के अनुकूल जान पड़ता है, जिसके अनुसार क्षत्रिय ब्राह्मण के बिना और ब्राह्मण क्षत्रिय के बिना उन्नति नहीं कर सकते। किंतु मिल-जुलकर रहने पर वे इस लोक और परलोक में भी सुखी रह सकते हैं।[107] प्रायः ब्राह्मणप्रधान राज्यों में सभी प्रशासकीय और न्याय संबंधी पदों पर प्रथम दो वर्णों का एकाधिकार था।

मनु ने उस पुराने सिद्धांत को दुहराया है जिसके अनुसार चारों वर्णों के सदस्य और अछूत अपने-अपने समुदायों के मुकदमों में गवाह बन सकते हैं।[108] किंतु उन्होंने बताया है कि क्षत्रिय, वैश्य और शूद्र, जो गृहस्थ और पुत्रवान हैं और देश के रहनेवाले हैं, वादी द्वारा बुलाए जाने पर गवाही दे सकते हैं।[109] कुल्लूक की राय में यह बात दीवानी, अर्थात ऋण आदि से संबंधित मुकदमों में लागू होती है।[110] मनु का यह नियम पहले के नियमों की अपेक्षा अवश्य ही सुधरा हुआ है, जिसके अनुसार उच्च वर्णों के सदस्यों के मामले में शूद्रों को गवाह के रूप में उपस्थित होने की अनुमति नहीं दी गई है। जहाँ तक मानहानि,

हमला, जारकर्म और चोरी के मामले का प्रश्न है, किसी भी व्यक्ति को गवाही देने के लिए बुलाया जा सकता है, भले ही उसमें दीवानी मुकदमे के लिए अपेक्षित योग्यता हो या नहीं।[111] यदि योग्य गवाह उपलब्ध न हो तो मनु ने चाकरों और सेवकों को भी गवाह बनने की अनुमति दी है।[112] मनु ने गाँवों के बीच होनेवाले सीमा-विवादों के मामलों के लिए वर्ण-विभेद नहीं किया है; गवाहों की जाँच ग्रामीण समूह के समक्ष होती थी।[113] जिन लोगों को मनु ने गवाहों के रूप में (खासकर दीवानी मामलों में) उपस्थित होने की अनुमति नहीं दी है, वे हैं शिल्पकार, कलाकार और नर्तक।[114] कुल्लूक ने ऐसे निषेध को इस आधार पर उचित बताया है कि ये लोग बराबर अपने कार्य में व्यस्त रहते हैं और घूस देकर इन्हें अपने पक्ष में किया जा सकता है।[115] मनु के अनुसार जन्मजात गुलामों को भी गवाही देने की अनुमति नहीं है।[116]

मनु ने अभिसाक्ष्य देने के पहले विभिन्न वर्णों के लोगों को चेतावनी देने के पुराने नियम को दुहराया है।[117] यदि कोई शूद्र गलत साक्ष्य दे तो वह भारी पाप का भागी होगा,[118] और उसे भयानक दैवी यातनाएँ भोगनी होंगी।[119] किंतु उन्होंने बताया है कि न्यायाधीश को चाहिए कि ब्राह्मण को सत्यनिष्ठा की, क्षत्रिय को रथ की या जिस पशु की सवारी वह करता हो उसकी, और वैश्य को अपनी गाय, अन्न और स्वर्ण की शपथ दिलाए, और शूद्र को इस आशय की कि सभी रिष्टिकर पापों का अपराध उसके माथे चढ़ेगा।[120] किंतु यह बड़ा अर्थपूर्ण है कि मनु ने शूद्र गवाह के लिए कोई विशेष राजदंड विहित नहीं किया है। उन्होंने यह सामान्य सिद्धांत निरूपित किया है कि झूठी गवाही देने पर राजा तीन नीच वर्णों के लोगों को जुर्माना और निर्वासन का दंड दे सकता है, लेकिन ब्राह्मण को केवल निर्वासित ही करेगा।[121] इसी प्रकार, ब्राह्मण शारीरिक दंड के भी भागी नहीं हैं। यह दंड केवल तीन नीच वर्णों के लोगों को ही दिया जा सकता है।[122] इसलिए इन दृष्टियों से शूद्र को क्षत्रिय और वैश्य के साथ समान स्तर पर रखा गया है।

यह विहित किया गया है कि राजा को वादियों के मुकदमों को उनके वर्णक्रम से ग्रहण करना चाहिए।[123] विधि का व्यवस्थापन करने में उसे हर जाति के रीति-रिवाजों का ध्यान रखना चाहिए।[124] मनु भद्र लोगों के आचरण को विधि का स्रोत मानते हैं,[125] और जैसा कि ई. सन की 17वीं शताब्दी के एक टीकाकार ने बताया है; भद्र शूद्रों की प्रथा भी इसका स्रोत है।[126]

पुराने विधिनिर्माताओं की तरह मनु न्याय के प्रशासन में वर्णविभेद की भावनाओं से प्रेरित हैं, जिसका शूद्रों की स्थिति पर प्रतिकूल प्रभाव पड़ा है। यदि कोई क्षत्रिय किसी ब्राह्मण की मानहानि करे तो उसे सौ पण और इसी अपराध के लिए वैश्य को एक सौ पचास या दो सौ पण का जुर्माना किया जाएगा, किंतु शूद्र को शारीरिक दंड दिया

जाएगा ।[127] यदि कोई ब्राह्मण किसी क्षत्रिय, वैश्य या शूद्र की मानहानि करे तो उसे क्रमशः 50, 25 या 12 पण का जुर्माना किया जाएगा ।[128] यह ध्यान देने की बात है कि यदि कोई ब्राह्मण किसी शूद्र को अपशब्द कहे तो उसके लिए 12 पण का जुर्माना विहित किया गया है, क्योंकि *गौतम धर्मसूत्र* में ऐसी स्थिति के लिए किसी भी जुर्माने का उपबंध नहीं किया गया है ।[129]

साधारणतया मनु ने उच्च वर्णों के लोगों के प्रति अपराध करनेवाले शूद्रों के लिए बहुत कठोर दंड विहित किए हैं । यदि कोई शूद्र किसी द्विज को गाली देकर अपमानित करे तो उसकी जीभ काट ली जाएगी ।[130] द्विज (द्विजाति) शब्द केवल ब्राह्मण और क्षत्रिय के लिए प्रयुक्त हुआ है, क्योंकि किसी शूद्र द्वारा किसी वैश्य को दुर्वचन कहे जाने पर यह दंड देना स्पष्टतया निषिद्ध है ।[131] मनु ने यह भी विहित किया है कि यदि कोई शूद्र द्विज के नाम और जातियों की चर्चा तिरस्कारपूर्वक करे तो दस अंगुल लंबी गर्म लाल लोहे की काँटी उसके मुँह में ठूँस दी जाएगी ।[132] यदि वह उद्दंडता के साथ ब्राह्मणों को उनका कर्तव्य सिखाए, तो राजा उसके मुँह और कान में गर्म तेल डलवा देगा ।[133] जायसवाल की राय है कि ये नियम धर्मप्रचार करनेवाले विद्वान शूद्रों, अर्थात बौद्ध या जैन शूद्रों और उस तरह के अन्य शूद्रों के लिए बनाए गए हैं जो उच्च वर्णों के साथ समानता का दावा करते हैं ।[134] स्पष्ट है कि ये नियम मनु के उन राजनीतिक विरोधियों के प्रति उद्दिष्ट हैं जो सुस्थापित व्यवस्था का निरादर करते हैं ।[135] यह कहना कठिन है कि इस कानून का प्रवर्तन कहाँ तक हुआ । संभवतया वे कट्टरपंथी के प्रलाप थे और उन पर शायद ही अमल किया गया होगा ।[136]

प्रहार और इसी प्रकार के अन्य अपराधों के मामले में शूद्रों के लिए विहित दंड बहुत कठोर थे । ऐसा उपबंध किया गया है कि अंत्यज (नीच जाति) जिस अंग से उच्च जाति (श्रेष्ठः) को कष्ट पहुँचाए वह अंग काट लिया जाएगा ।[137] यहाँ कुल्लूक ने अंत्यज का अर्थ शूद्र किया है,[138] जो पूर्वकाल के ऐसे ही नियम से मिलता है ।[139] 'श्रेष्ठ' शब्द से ब्राह्मणों का बोध होता है, न कि तीन उच्च वर्ण के लोगों का जैसा कि कहीं-कहीं समझा गया है।[140] एक श्लोक में मनु ने बताया है कि जो कोई अपना हाथ या छड़ी उठाएगा उसका हाथ काट लिया जाएगा; जो क्रोध में आकर पैर से मारेगा उसका पैर काट लिया जाएगा।[141] संभवतया यह भी ब्राह्मणों के प्रति शूद्रों द्वारा किए जानेवाले अपराध का संकेत करता है । आगे यह भी विहित किया गया है कि यदि 'अपकृष्टजः' (नीच कुल में जन्मा कोई व्यक्ति) उसी स्थान पर बैठने का प्रयास करे जिस पर उच्च जाति का कोई व्यक्ति (उत्कृष्टः) बैठा हो तो उसका चूतड़ दाग कर उसे निर्वासित कर दिया जाएगा अथवा राजा उसके चूतड़ में घाव करवा देगा ।[142] 'अपकृष्टजः' शब्द शूद्र के लिए और 'उत्कृष्टः'

ब्राह्मण के लिए प्रयुक्त हुए हैं।[143] इसी प्रकार यदि अहंकारवश कोई शूद्र किसी ब्राह्मण पर थूके तो राजा उसके दोनों होंठ कटवा देगा; यदि वह उस पर पेशाब कर दे तो उसका लिंग और यदि उसके सामने गंदी हवा छोड़े तो उसकी गुदा कटवा देगा।[144] यदि शूद्र ब्राह्मण का बाल पकड़कर खींचे तो राजा बेहिचक उसके हाथ कटवा देगा। उसे ऐसी ही सजा ब्राह्मण के पैर, दाढ़ी, गर्दन और अंडकोश पकड़कर घसीटने के लिए दी जाएगी।[145] मनु ने ब्राह्मणों को जान-बूझकर कष्ट पहुँचानेवाले नीच शूद्र के लिए एक सामान्य दंड का विधान किया है, जिसके अनुसार राजा आतंक फैलाने के लिए कई प्रकार के शारीरिक दंड दे सकता है।[146] ब्राह्मणों को कष्ट पहुँचाने का अर्थ उसे शारीरिक दुःख देना या संपत्ति चुरा लेना किया गया है।[147]

ऊपर बताए गए अधिकांश नियम ब्राह्मणों के प्रति अपराध करनेवाले शूद्रों के लिए बनाए गए हैं। विधिग्रंथ में इन नियमों के मात्र लिखे रहने से भी यह पता चलता है कि उच्चतर और निम्नतर वर्णों के बीच संबंध बहुत तनावपूर्ण था। यह सुनिश्चित करने का शायद ही कोई प्रमाण मिलता है कि ये नियम अमल में लाए जाते थे। किंतु *महावस्तु* से जानकारी मिलती है कि भाड़े के मजदूरों से काम कराने के लिए उन्हें कठिन से कठिन शारीरिक यातनाएँ दी जाती थीं। इस ग्रंथ से ज्ञात होता है कि कुछ लोग इन मजदूरों को बेड़ियों और जंजीरों में जकड़वा देते थे और आदेश देकर कितनों के हाथ-पाँव छेदवा देते थे तथा उनकी नाक, मांस, नसों, बाँहों और पीठ को पाँच या दस बार चिरवा देते थे।[148] सद्धर्मपुंडरीक में कहा गया है कि एक संभ्रांत परिवार का नवयुवक काठ की बेड़ियों में जकड़ दिया गया था।[149] अतएव यह बहुत आश्चर्य की बात नहीं कि शूद्र अपराधियों को शारीरिक दंड दिए जाते थे। किंतु यह संदिग्ध बना हुआ है कि मनु के दंडविधान उन पर अक्षरशः लागू किए जाते थे।

एक ही कोटि की जातियों के लोगों के आपस में लड़ जाने पर कठोर दंड विहित नहीं हैं। कहा गया है कि जो अपनी समकक्ष जाति का चमड़ा उधेड़े या उसका खून बहाए, उस पर सौ पण जुर्माना किया जाएगा; जो मांसपेशी काटे उसे छः निष्क और जो हड्डी तोड़ दे उसे निर्वासित किए जाने की सजा दी जाएगी।[150] राघवानंद की राय है कि यह नियम शूद्र द्वारा शूद्र पर प्रहार करने का संकेत है।[151]

मनु ने हत्या के पाप का प्रायश्चित चांद्रायण व्रत द्वारा विहित किया है, जिसकी अवधि मारे गए व्यक्ति के वर्ण के अनुसार घटती-बढ़ती है। ब्राह्मण की हत्या करने पर तीन वर्ष का व्रत विहित किया गया है और शूद्र की हत्या के लिए $2\frac{1}{4}$ महीने का।[152] शूद्र की हत्या करने पर मनु के अनुसार दस गाय और एक साँड़ का वैरदेय चुकाना पड़ता है,[153] जैसा कि पुराने विधिग्रंथों में भी पाया जाता है। मनु ने यह भी बताया है कि इस जुर्माने का

भुगतान ब्राह्मण को किया जाएगा।[154] इसी प्रकार पूर्वकाल के विधिनिर्माताओं की भाँति उन्होंने शूद्र का वध करने के लिए वही व्रत विहित किया है जो छोटे-छोटे पशु एवं पक्षियों को मारने के लिए विहित है।[155] ये उपबंध निस्संदेह बताते हैं कि मनु शूद्र के जीवन को बहुत तुच्छ समझते थे। किंतु विस्मय की बात यह है कि हत्या के संबंध में मनु के एक नियम में वर्णविभेद की कोई चर्चा नहीं दिखाई पड़ती। यदि सत्य बोलने से किसी क्षत्रिय, वैश्य या शूद्र के वध की संभावना हो तो मिथ्या वचन बोला जा सकता है और उस पाप के लिए सरस्वती को चरु चढ़ाकर प्रायश्चित किया जा सकता है।[156] मनु ने यह भी स्पष्ट किया है कि नारी, शूद्र, वैश्य और क्षत्रिय का वध करना मामूली अपराध है, जिसके लिए अपराधी को जातिच्युत कर दिया जाता है।[157] किंतु इस नियम का एकमात्र उद्देश्य ब्राह्मण के जीवन की महत्ता पर जोर देना है।

मनु का विचार है कि वर्ण जितना ही ऊँचा हो, चोरी का अपराध उतना ही भारी होगा। शूद्र का यह अपराध लघुतम अपराध माना गया है,[158] क्योंकि यह समझा जाता है कि चोरी का अभ्यास उसके लिए सामान्य बात है।

दायविधि में मनु ने ब्राह्मण के शूद्र पुत्र को संपत्ति का दसवाँ भाग देने के पुराने नियम का समर्थन किया है, अगर उसे उच्च जातियों की पत्नियों से पुत्र नहीं भी हो।[159] यहाँ उस पुराने विचार को भी दुहराया गया है कि ब्राह्मण, क्षत्रिय या वैश्य का शूद्रपुत्र कोई भी हिस्सा पाने का हकदार नहीं है। उसका पिता उसे जो दे दे, वही उसका हिस्सा बन जाता है।[160] शूद्र को नातेदार तो माना जा सकता है, किंतु उत्तराधिकारी नहीं।[161] जहाँ तक शूद्रों में हिस्से देने का प्रश्न है, उन्हें सौ पुत्र क्यों न हों, सब के हिस्से बराबर होंगे।[162] इस प्रकार केवल उच्च जाति के लोगों के शूद्र पुत्रों को हिस्सा मिलना निश्चित नहीं था। सामान्यतया शूद्र वर्ण के सदस्यों को संपत्ति का अधिकार प्राप्त था। एक अन्य विधान से भी यह निष्कर्ष निकाला जा सकता है, जिसके अनुसार राजा को चाहिए कि जिस किसी वर्ण के सदस्यों की संपत्ति चोरों ने चुरा ली हो, उन्हें वह संपत्ति अवश्य वापस दिला दे।[163]

मनु के जारकर्म संबंधी नियमों में शूद्र महिला के प्रति उतना विभेद नहीं किया गया है जितना शूद्र पुरुष के प्रति। यदि कोई ब्राह्मण अपने से तीन छोटे वर्णों की किसी अरक्षित महिला का गमन करे तो उसे पाँच सौ पण जुर्माना किया जाएगा किंतु किसी अंत्यज महिला के प्रति इसी तरह का अपराध किए जाने पर जुर्माना बढ़ाकर एक हजार पण कर दिया जाएगा।[164] यदि कोई क्षत्रिय या वैश्य किसी रक्षित शूद्र महिला के साथ संभोग करे तो उसके लिए भी जुर्माने की राशि उतनी ही होगी।[165] यदि कोई ब्राह्मण किसी वृषली के साथ रात बिताए तो वह भिक्षाटन पर निर्वाह करके और प्रतिदिन धर्मग्रंथों का पाठ करके तीन वर्ष में उस पाप को दूर कर सकेगा।[166] यद्यपि अधिकांश नियम ब्राह्मणों के नैतिक पतन

को रोककर उसकी पवित्रता को अक्षुण्ण बनाए रखने के लिए हैं , फिर भी उनसे स्पष्ट है कि मनु शूद्र महिला के सतीत्व की भी रक्षा करना चाहते हैं। यह उनके सिद्धांत के अनुकूल है कि चारों वर्णों की महिलाओं की रक्षा की जानी चाहिए।[167]

किंतु मनु का यह नियम कि लोगों को दूसरे की स्त्री से बातचीत नहीं करनी चाहिए, शूद्रों के कुछ वर्णों यथा, अभिनेताओं और गायकों पर लागू नहीं होता, क्योंकि वे अपनी पत्नियों से प्रच्छन्न कर्म (वेश्या, कुटनी आदि का काम) कराकर निर्वाह करते हैं।[168] इतना ही नहीं, जो कोई इन स्त्रियों और किसी मालिक की अधीनस्थ दासी से बातचीत करे उसे मामूली जुर्माना चुकाना पड़ेगा।[169] इस कोटि में बौद्ध और जैन भिक्षुणियों को भी रखा गया है,[170] क्योंकि उन्हें प्रायः नीच जातियों से नियुक्त किया जाता था और भिक्खुओं की तरह उन्हें भी शूद्र मानकर हेय दृष्टि से देखा जाता था।[171] मनु ने जारकर्मी शूद्र पुरुष के लिए अत्यंत कठोर दंड विहित किया है। जो शूद्र द्विज जाति की किसी अरक्षित महिला का समागम करे, वह अपराध करनेवाले अंग और अपनी सारी संपत्ति से च्युत कर दिया जाएगा और यदि ऐसा अपराध किसी रक्षित महिला के साथ किया जाएगा तो उसे अपना सर्वस्व और अपनी जान भी गँवा देनी पड़ेगी।[172] यहाँ द्विज (द्विजाति) शब्द प्रायः ब्राह्मण का संकेत देता है, क्योंकि नीचे के दो नियमों में ब्राह्मण महिला के साथ क्षत्रिय और वैश्य द्वारा किए गए अपराध के दंड का विधान किया गया है।[173] किंतु यदि ये दोनों किसी रक्षित ब्राह्मणी, जो किसी श्रेष्ठ ब्राह्मण की पत्नी हो, के प्रति अपराध करें तो इन्हें भी शूद्र की तरह दंडित किया जाएगा अथवा सूखी घास की आग जलाकर उसमें जला दिया जाएगा।[174] स्मरणीय है कि ऐसे मामले में कौटिल्य ने केवल शूद्र अपराधी के लिए जलाकर मार डालने का दंड विहित किया है।[175] वसिष्ठ ने क्षत्रिय और वैश्य अपराधियों के लिए भी इसी तरह के दंड का प्रावधान किया है।[176] मनु के एक परिच्छेद का यह अर्थ लगाया जाता है कि इस तरह के मामले में शूद्र को मृत्युदंड दिया जाएगा।[177] चूँकि जारकर्मी शूद्र के लिए मृत्युदंड का समर्थन सामान्यतया अन्य स्रोतों से भी होता है, अतः मनु का यह प्रावधान निष्प्रभावी नहीं रहा होगा।

दासता के संबंध में मनु के नियभ शूद्र की नागरिक हैसियत पर पूर्ण प्रकाश डालते हैं। कौटिल्य का मत है कि आर्य माँ या बाप का शूद्र पुत्र दास नहीं बनाया जा सकता है। किंतु यद्यपि मनु ने शूद्र पुत्रों को परिवार की संपत्ति में हिस्सा पाने का अधिकार दिया है, फिर भी उन्होंने इस प्रथा का कोई हवाला नहीं दिया है। सर्वप्रथम उन्होंने ही यह सिद्धांत निरूपित किया कि दासता शूद्र के जीवन का शाश्वत रूप है। किंतु यह केवल ब्राह्मणों और शूद्रों के संबंध पर लागू होता है। मनु कहते हैं कि शूद्र खरीदा हुआ हो या नहीं, उसे दास बनना ही होगा, क्योंकि परमात्मा ने उसका सृजन ब्राह्मण की सेवा के लिए किया है।[178] बाद के

श्लोक में उन्होंने बताया है कि शूद्र भोगाधिकार से मुक्त नहीं किया जा सकता, क्योंकि भोगाधिकार उसमें अंतर्जात है।[179] शूद्र की तुलना में द्विज जातियों के सदस्य को दास नहीं बनाया जा सकता है। यदि कोई ब्राह्मण किसी द्विज जाति के लोगों को दास के रूप में कार्य करने के लिए बाध्य करे तो राजा उसे छः सौ पण जुर्माना करेगा।[180] इस संबंध में कौटिल्य ने जुर्माने की वर्गीकृत योजना बनाई है। सबसे अधिक जुर्माना48 पण है, जो ब्राह्मण को दास बनाने के लिए किया जा सकता है।[181] मनु ने इन विभेदों का कोई निर्देश नहीं दिया है, पर तीन उच्च वर्णों के लोगों को दास बनाने के अपराध के लिए कहीं अधिक जुर्माने का उपबंध किया है।

मनु के विधिग्रंथ में भी सभी शूद्रों को दास नहीं माना गया है।[182] शूद्र और दास के बीच कानूनी भेदभाव को मनु ने स्पष्ट रूप से मान्यता दी है और दासी (शूद्र के दास की दासी) से उत्पन्न शूद्र के बेटे की चर्चा की है।[183] इस प्रकार यद्यपि दास की बहाली सामान्यतया शूद्र वर्ण से की जाती थी, फिर भी कभी-कभी शूद्र भी दास रखते थे। किंतु शूद्र और उसके दास के बीच अंतर उतना व्यापक नहीं था जितना द्विज और उसके दास के बीच था। मनु का मत है कि यदि पिता की अनुमति मिले तो दासी से उत्पन्न शूद्र का पुत्र पैतृक संपत्ति में हिस्सा पा सकता है।[184] किंतु द्विज के ऐसे ही पुत्र के लिए उपबंध नहीं किया गया है। फलस्वरूप, मनु के उपर्युक्त नियम से जान पड़ता है कि दास को संपत्ति का अधिकार था। कुल्लूक ने मनु के एक परिच्छेद की जो टीका की है उसके अनुसार जब मालिक विदेश गया हो, तब उसके कारोबार संबंधी लेन-देन में दास उसके परिवार का प्रतिनिधित्व कर सकता है, जिसे उसका मालिक रद्द नहीं कर सकता है।[185] किंतु एक अन्य स्थल पर मनु ने इसे अस्वीकार किया है और कहा है कि वास्तविक स्वामी से भिन्न किसी व्यक्ति द्वारा की गई बिक्री अमान्य घोषित कर दी जाती है।[186] पहले बताया गया है कि सक्षम गवाहों के नहीं प्रस्तुत होने पर दास और नौकर भी गवाही दे सकते हैं। इन बातों से पता चलता है कि दासों को भी कानून की दृष्टि से कुछ हैसियत प्राप्त थी। कुछ दृष्टि से घरेलू दासों को परिवार का सदस्य माना जाता था। मनु ने परिवार के प्रधान को आदेश दिया है कि वह अपने माँ-बाप, बहन, पुत्रवधू, भाई, पत्नी, पुत्र, पुत्री और दास से वाद-विवाद नहीं करे।[187] उन्होंने इसका कारण बताया है कि पत्नी और पुत्र गृहपति के शरीर के अंग हैं,[188] पुत्री दया की पात्र है और दासों का वर्ग उसकी अपनी छाया है। इसलिए मनु का कहना है कि यदि ये लोग गृहपति का अनादर भी करें तो भी उसे शांतिपूर्वक उनके साथ रहना चाहिए।[189] क्या इसका यह अर्थ लिया जाए कि पुरानी पारिवारिक एकात्मकता अस्थायी रूप से शिथिल पड़ गई थी ? यह अजीब बात लगती है कि यह विधिनिर्माता मालिक को कहे कि दासों द्वारा किया गया अनादर सहन कर ले।

किंतु दासों और भाड़े के मजदूरों को नागरिकों की भाँति अधिकार प्राप्त नहीं थे। यह

निष्कर्ष मालवा और क्षुद्रक गणराज्यों में उस समय की स्थितियों से निकाला जा सकता है। पाणिनि के एक परिच्छेद की टीका करते हुए पतंजलि ने बताया है कि क्षुद्रकों और मालवों के बेटे तो क्रमशः क्षौद्रक्य और मालव्य कहलाते हैं, पर उनके दासों और मजदूरों के बेटों पर यह बात लागू नहीं होती।[190]

शूद्रों की राजनीतिक-सह-विधिक स्थिति के बारे में मनु अधिकतर पुराने विधिनिर्माताओं की राह पर चलते हैं। उनके नए नियमों में से कुछ नियम विदेशी शासकों और बाह्य धर्म के अनुयायियों के विरुद्ध हैं, जिन्हें अपमान की भावना से शूद्र कहा गया है और कुछ नियम खास शूद्र के लिए ही हैं। जो नियम शूद्रों के लिए ही हैं, वे भी मुख्यतया ब्राह्मणों के प्रति अपराध करनेवाले शूद्रों से ही संबंधित हैं, किंतु इस संबंध में भी शूद्रों के प्रति मनु की घोर भेदभाव की नीति का कोई उल्लेखनीय प्रभाव लक्षित नहीं होता। उन्होंने शूद्र की हत्या के लिए न केवल वैरदेय का पुराना नियम रख लिया है, बल्कि शूद्र को गाली देनेवाले ब्राह्मण के लिए 12 पण का जुर्माना भी विहित किया है। यह ऐसा प्रावधान है जिसे हम पूर्व के विधिग्रंथों में नहीं पा सकते। यह महत्वपूर्ण है कि इस काल के अंतिम भाग में सातवाहन शासक गौतमी पुत्र शातकर्णि (ई. सन 106-130) ने दावा किया है कि उन्होंने ब्राह्मणों और शूद्रों (अवरों) को समझा-बुझाकर वर्ण-व्यवस्था की गड़बड़ी को दूर किया और पुनः चातुर्वर्ण्य व्यवस्था स्थापित की।[191] वर्णों का यह नया व्यवस्थापन ब्राह्मण शासकों ने क्षत्रियों के विरोध में किया था,[192] क्योंकि ये क्षत्रिय प्रायः बाहर के शासक वंश के थे।

शूद्रों की सामाजिक स्थिति के बारे में मनु के नियम बहुत हद तक पुराने विधिनिर्माताओं के विचारों की पुनरुक्ति लगते हैं। किंतु उन्होंने शूद्रों के प्रति कुछ नए भेदभाव भी बनाए हैं। उन्होंने सृष्टि-रचना की पुरानी कथा दुहराई है, जिसमें शूद्र का स्थान सबसे नीचे है।[193] मनु ने चारों वर्णों के प्रति किए जानेवाले अभिवादन (प्रायः जैसा ब्राह्मण करते थे) की रीति की निर्धारक विधियों को भी दुहराया है।[194] किंतु उन्होंने यह भी बताया है कि जो ब्राह्मण सही ढंग से अभिवादन का उत्तर नहीं दे उसे विद्वतजन कभी अभिवादन नहीं करें, क्योंकि वह शूद्र के समान है।[195] पतंजलि बताते हैं कि अभिवादन का उत्तर देने में शूद्रों के संबोधन का ढंग गैरशूद्रों से भिन्न था। शूद्रों को संबोधित करने का स्वर तेज नहीं होना चाहिए। 'भो' शब्द का प्रयोग राजन्य या वैश्य के संबोधन में किया जाता था, शूद्र के संबोधन में नहीं।[196] अतः व्याकरण के नियमों में भी वर्ण विभेदों के आभास मिलते हैं। मनु का नियम है कि यदि कोई शूद्र सौ वर्ष का हो जाए तो उसका आदर किया जा सकता है।[197] किंतु यह नियम शूद्रों की बहुत सीमित संख्या पर ही लागू हुआ होगा।

मनु ने बच्चों के नामकरण संस्कार में भी वर्ण का विभेद किया है, जिससे स्वभावतया शूद्रों की हीनता झलकती है। उनका मत है कि ब्राह्मण का नाम मंगलसूचक, क्षत्रिय का नाम

बलसूचक, वैश्य का नाम धनसूचक और शूद्र का नाम निंदासूचक होना चाहिए।[198] इसी के अनुपूरक के तौर पर उन्होंने बताया है कि चारों वर्णों की उपाधि क्रमशः सुखवाचक (शर्मा), सुरक्षावाचक (वर्मा), समुन्नतिवाचक (भूति) और सेवावाचक (दास) होनी चाहिए।[199] इसके प्रमाण नहीं मिलते कि यह परिपाटी व्यापक रूप से प्रचलित थी, किंतु नामों के संबंध में मनु के नियमों से जान पड़ता है कि नीच वर्ण के लोग ब्राह्मणकालीन समाज में सामान्यतया घृणा के पात्र थे। इस प्रकार शूद्र के लिए प्रयुक्त 'वृषल' शब्द अपमानजनक माना जाता था। पाणिनि के समास संबंधी नियम का उदाहरण देते हुए पतंजलि ने बताया है कि 'दासी के सदृश (दास्याः सदृशः)' और 'वृषली के सदृश (वृषल्याः सदृशः)' पद गाली हैं,[200] जिनका अर्थ यह हुआ कि शूद्र और दास समाज में गर्हित माने जाते थे। वृषल को चोर की कोटि में रखा गया था और दोनों के प्रति ब्राह्मणप्रधान समाज वैरभाव रखता था।[201] यह भी जानकारी मिलती है कि वृषल, दस्यु और चोर घृणा के पात्र समझे जाते थे।[202]

शूद्र की संगत ब्राह्मण को दूषित करनेवाली समझी जाती थी। मनु ने बताया है कि जो ब्राह्मण भद्रजनों की संगत में रहता है और सभी नीच लोगों का परित्याग करता है, वह प्रतिष्ठित बन जाता है, किंतु इसके विपरीत आचरण करने पर वह भ्रष्ट होकर शूद्र की स्थिति में पहुँच जाता है।[203] उन्होंने इस प्रावधान को पुनः उद्धृत किया है कि स्नातक को शूद्रों के साथ नहीं घूमना-फिरना चाहिए।[204] मनु ने प्राचीन नियम को पुनः उद्धृत किया है कि यदि वैश्य और शूद्र, किसी ब्राह्मण के घर अतिथि बनकर आएँ तो उन्हें कृपापूर्वक नौकरों के साथ भोजन करने की अनुमति दी जानी चाहिए।[205] मनु का नियम है कि स्नातक को शूद्र का अन्न नहीं खाना चाहिए।[206] स्नातक को जिनका अन्न ग्रहण नहीं करना चाहिए, उनकी लंबी सूची में लोहार, निषाद, अभिनेता, स्वर्णकार, टोकरीनिर्माता, शिकारी कुत्ते पालनेवाला, शौण्डिकी (शराब चुलाने और बेचनेवाले), धोबी और रंगरेज शामिल किए गए हैं।[207] यह भी कहा गया है कि राजा का अन्न खाने से स्नातक का तेज क्षीण होता है, शूद्र का अन्न खाने से विद्या (ब्रह्मवर्चस्) का, स्वर्णकार का अन्न खाने से आयु का और चर्मावकर्त्तिन (चर्मकार) का अन्न खाने से यश का ह्रास होता है।[208] यह बड़े अचरज की बात है कि शूद्र समुदाय के विभिन्न वर्गों के अन्न के साथ ही राजा का अन्न भी स्नातक के लिए अकल्याणकारी बताया गया है। मनु ने यह भी बताया है कि शिल्पियों का अन्न खाने से स्नातक संतानविहीन होता है, धोबी का अन्न खाने से उसका बल घटता है और गण तथा गणिका (वेश्या) का अन्न उसे परलोक से च्युत करता है।[209] यदि वह अनजाने इन लोगों में से किसी का अन्न खाए तो उसे तीन दिन अवश्य उपवास करना चाहिए ; किंतु यदि उसने जान-बूझकर इनका अन्न ग्रहण किया हो तो उसे एक कठिन

प्रायश्चित, जिसे 'कृछ' कहते हैं, करना चाहिए।[210] मालूम होता है कि इन सभी प्रसंगों में प्रायः स्नातक का अर्थ है, वेद पढ़नेवाला ब्राह्मण वर्ण का छात्र। यदि इन प्रतिबंधों को लागू किया जाए तो परिणाम होगा नीच जातियों और शिक्षित ब्राह्मणों के बीच सभी प्रकार के सामाजिक संपर्क को निषिद्ध करना। मनु ने विहित किया है कि पंडित ब्राह्मण को शूद्र का, जो श्राद्ध नहीं करते, सिद्धान्न कभी नहीं खाना चाहिए। किंतु यदि उसके निर्वाह के अन्य सभी साधन लोप हो जाएँ तो वह शूद्र से उतना कच्चा अन्न ले सकता है जिससे एक रात गुजारी जा सके।[211] असामान्य स्थिति में ये नियम मान्य नहीं हैं। मनु ने श्रेष्ठ मुनियों के कई दृष्टांत प्रस्तुत किए हैं, जिन्होंने आपतकाल में निषिद्ध अन्न ग्रहण किया।[212] भूखे विश्वामित्र, जो अच्छे और बुरे में विभेद कर सकते थे, चंडाल से प्राप्त कुत्ते की रान खाने को तैयार थे।[213] सामान्य स्थिति में साधारणतया शूद्र का अन्न स्वीकार्य था। मनु का नियम है कि कोई व्यक्ति उस शूद्र का अन्न खा सकता है, जो उसका बटाईदार हो, उसके परिवार का मित्र हो, उसका चरवाहा हो, उसका दास और उसका हजाम हो।[214] पतंजलि में हमें सूचना मिलती है कि बढ़इयों, धोबियों और लोहारों ने जिस थाली में भोजन किया हो, उसे अच्छी तरह साफ करके उसका इस्तेमाल किया जा सकता है।[215] इससे पता चलता है कि उच्च वर्णों और शूद्र समुदाय के इन वर्णों के बीच भोजन करने-कराने की प्रथा थी। शूद्र का जूठा खाना महापाप समझा जाता था। कहा गया है कि जिसने औरतों और शूद्रों का जूठा खा लिया हो उसे सात दिन और सात रात तक जौ का घोल पीकर अशुचि का निवारण करना चाहिए।[216] प्रायः यह नियम ब्राह्मण के लिए है। इसी प्रकार जो ब्राह्मण शूद्र का जूठा हुआ पानी पी ले, उसे कुश डालकर तीन दिनों तक उबाला गया पानी पीकर अपने पाप का प्रायश्चित करना चाहिए।[217] मनु के नियम शूद्रों के आहार पर कुछ प्रकाश डालते हैं। द्विज को चाहिए कि यदि वह सुखाया हुआ मांस, जमीन में उगा हुआ कुकुरमुत्ता और कोई ऐसा मांस खा ले जिसके बारे में वह नहीं जानता हो कि मांस किस जीव का है अथवा मांस किस कसाईखाने से लाया गया है, तो उसे चांद्रायण व्रत रखना चाहिए।[218] इसी प्रकार यदि कोई द्विज मांसभक्षी प्राणी, सूअर, ऊँट, मुर्गा, कौआ, मनुष्य और गदहे का मांस खा ले तो उसे अति कठिन व्रत, जो 'तप्तकृछ्' कहलाता है, रखना चाहिए।[219] यदि इन प्रसंगों में द्विज को प्रथम तीन वर्णों का सदस्य माना जाए तो इसका अर्थ होगा कि शूद्र सभी प्रकार का मांस खाने के लिए स्वतंत्र थे। मनु के एक परिच्छेद की टीका में कुल्लूक ने बताया है कि लहसुन और अन्य निषिद्ध कंद खाकर शूद्र ऐसा अपराध नहीं करता कि उसे जातिच्युत कर दिया जाए।[220] इससे मालूम होता है कि लहसुन, प्याज और अनेक प्रकार के मांस नीच वर्ग के लोगों के वैध आहार माने जाते थे।

अनुमान है कि वैश्यों और शूद्रों के विवाह की रीति उच्च वर्णों से भिन्न थी। मनु ने

विधिनिर्माताओं के मत उद्धृत किए हैं, जिनके अनुसार प्रथम चार प्रकार के विवाह, अर्थात ब्राह्म, दैव, आर्ष और प्राजापत्य ब्राह्मण के लिए विहित हैं, राक्षस क्षत्रिय के लिए और आसुर वैश्य तथा शूद्र के लिए ।[221] उन्होंने यह भी बताया है कि ब्राह्मण 'आसुर' और 'गांधर्व' विवाह को भी अपना सकते हैं, क्षत्रिय भी आसुर, गांधर्व और पैशाच विवाह अपना सकते हैं और वही पद्धतियाँ वैश्य तथा शूद्र के लिए भी हो सकती हैं ।[222] इस तरह क्षत्रिय के लिए राक्षस पद्धति से विवाह करने का नियम बनाकर उन्हें केवल वैश्य और शूद्र से अलग किया गया है । किंतु यहाँ प्रायः मनु का मुख्य उद्देश्य है ब्राह्मणों को अन्य तीन वर्णों से अलग करना । जहाँ तक दो नीच वर्णों का संबंध है, वास्तविक स्थिति मनु द्वारा उद्धृत विवरण, जो आदिपर्व में भी आया है,[223] से स्पष्ट होती है, जिसमें कन्या का आसुर विवाह (खरीदकर विवाह करना) सामान्यतया वैश्यों और शूद्रों में प्रचलित था । मनु का विचार है कि 'आसुर' और 'पैशाच' पद्धति से विवाह कभी नहीं करना चाहिए ।[224] कुल्लूक ने अपनी टीका में बताया है कि यह नियम ब्राह्मणों और क्षत्रियों पर लागू होता है,[225] जिससे पता चलता है कि विवाह की ये दोनों पद्धतियाँ खासकर दो नीच वर्णों के लिए अभिप्रेत थीं ।

मनु के स्त्री धन संबंधी नियम विवाह की पद्धतियों के अनुसार भिन्न-भिन्न हैं । कहा गया है कि यदि आसुर, राक्षस और पैशाच पद्धति से विवाहिता स्त्री संतानहीन मर जाए तो स्त्री-धन उसके माँ-बाप को , अर्थात उसके माता-पिता के परिवार को मिलेगा न कि उसके पति के परिवार को, जैसा कि प्रथम चार और गांधर्व रीति के विवाह में होता है ।[226] इससे पता चलता है कि वैश्य और शूद्र द्वारा अपनाई गई वैवाहिक पद्धतियों में मातृकुल का महत्व था ।

मनु निश्चयपूर्वक कहते हैं कि जो विवाह वैदिक मंत्रों द्वारा संपन्न कराए जाते हैं, उनमें नियोग नहीं हो सकता ।[227] चूँकि ये मंत्र शूद्रों के विवाह में नहीं पढ़े जाते,[228] इसलिए यह स्पष्ट है कि नियोग मुख्यतया शूद्रों तक ही सीमित था । यह निष्कर्ष मनु द्वारा आगे बताए गए अन्य विवरण से भी निकाला जा सकता है जिसमें उन्होंने जोर देते हुए कहा है कि विधवा विवाह और नियोग को शास्त्रों के जानकार द्विज पशुजन्य प्रथा मानते हैं ।[229] जाली का विचार है कि नियोग और विधवा-विवाह के संबंध में मनु के विचार परस्पर विरोधी हैं,[230] क्योंकि कुछ परिच्छेदों में वह इनका समर्थन करते हैं और कुछ में उनकी निंदा करते हैं । किंतु यदि हम इस बात को ध्यान में रखें कि मनु ने नियोग और विधवा विवाह का समर्थन शूद्रों के लिए किया है और तीन उच्च वर्णों के संबंध में उन्होंने इनकी निंदा की है, तो इन परिच्छेदों का समाधान आसानी से मिल जाएगा । शूद्रों में उपर्युक्त प्रथाओं के चलन से यह पता चलता है कि महिलाएँ अपने समुदाय मे दूसरों पर बहुत निर्भर नहीं थीं ।

एक वर्ण के साथ दूसरे वर्ण के विवाह के संबंध में मनु ने पुरानी उक्ति उद्धृत की है जिसमें उच्च वर्ण के लोगों को नीच वर्ण की महिला से विवाह की अनुमति दी गई है।[231] लेकिन उन्होंने यह भी बताया है कि यदि द्विज अपने वर्ण और अन्य छोटे वर्णों की महिला से विवाह करे तो इन पत्नियों की वरीयता, हैसियत और निवास का निर्णय वर्णों के क्रम से किया जाएगा।[232]

मनु इस विचार को नापसंद करते हैं कि ब्राह्मण या क्षत्रिय की प्रथम पत्नी कोई शूद्र महिला हो। उन्होंने बताया है कि प्राचीन कथा में इसका कोई पूर्वोदाहरण नहीं मिलता है।[233] प्रायः उच्च वर्णों के लोगों की शूद्र पत्नी का दर्जा बहुत नीचे रहता था। पतंजलि हमें सूचित करते हैं कि दासी और वृषली उच्च वर्ग के लोगों के भोग-विलास के लिए होती थी।[234] मनु का कथन है कि जो द्विज शूद्र कन्या से विवाह करते हैं वे तुरंत अपने परिवार और बच्चों को पंक्तिच्युत करके शूद्र बना देते हैं।[235] कुल्लूक का मत है कि यह नियम तीनों उच्च वर्णों पर लागू होता है।[236] अपने कथन के समर्थन में मनु ने कई प्रमाण प्रस्तुत किए हैं। अत्रि का विचार है कि यदि कोई ब्राह्मण किसी शूद्र कन्या से विवाह करे तो उसे जाति से बाहर कर दिया जाए। शौनक कहते हैं कि पुत्र उत्पन्न होने पर क्षत्रिय का भी यही हाल होना चाहिए और भृगु का कथन है कि यदि वैश्य को केवल शूद्र स्त्री से पुत्र उत्पन्न हो तो उसे जाति से बहिष्कृत कर दिया जाए।[237] किंतु मनु ब्राह्मण द्वारा शूद्र महिला के समागम का घोर विरोध करते हैं। उनकी राय है कि ऐसा व्यक्ति मृत्यु के उपरांत नरक में जाएगा। यदि उसे शूद्र पत्नी से संतान उत्पन्न होगी तो वह ब्राह्मण नहीं रह जाएगा,[238] और शूद्र से भिन्न कोई संतान नहीं रहने पर उसका परिवार शीघ्र नष्ट हो जाएगा,[239] क्योंकि किसी ब्राह्मण के लिए उसका शूद्र बेटा जीवित रहने पर भी मुर्दे के समान है। यही कारण है कि वह पारशव कहलाता है।[240] जो व्यक्ति वृषली का अधरपान करता है, उसकी साँस से दूषित बनता है और उससे पुत्र उत्पन्न करता है, उसके लिए कोई प्रायश्चित नहीं हो सकता।[241] इस संदर्भ से स्पष्ट है कि यह निषेध केवल ब्राह्मण के लिए था।[242]

मनु ने पुरानी वर्णसंकर जातियों, यथा निषाद,[243] पारशव, उग्र, अयोगव, क्षत्तृ, चंडाल, पुक्कुस,[244] कुक्कुटक, श्वपाक और वेण[245] का उल्लेख किया है, जिनके बारे में कहा जाता है कि उनकी उत्पत्ति वर्णों के अंतर्मिश्रण से हुई है। उन्होंने इस तरह उत्पन्न नई जातियों की एक लंबी सूची दी है। ब्राह्मण— उग्र की बेटी से आव्रत, अम्बष्ट की बेटी से आभीर और आयोगव जाति की स्त्री से धिग्वण को उत्पन्न करता है।[246] इतना ही नहीं, आयोगव महिला से दस्यु द्वारा सैरंध्र, वैदेहक द्वारा मैत्रेयक, और निषाद द्वारा मार्गव या दाश उत्पन्न होता है, जो कैवर्त भी कहलाता है।[247] चंडाल वैदेहक महिला से पांडुसोपाक

को और निषाद आहिंडक को जन्म देता है ।[248] वैदेहक जाति की स्त्री से निषाद कारावर उत्पन्न करता है, और वैदेहक कारावर स्त्री से अंध्र को तथा निषाद स्त्री से मेद को जन्म देता है ।[249] निषाद स्त्री चंडाल से जो पुत्र उत्पन्न करती है वह अंत्यावसायिन् कहलाता है जिसे वे लोग भी घृणा की दृष्टि से देखते हैं, क्योंकि वह चातुर्वर्ण्य पद्धति से बाहर (बाह्य) है ।[250] मनु यह भी बताते हैं कि सूत, वैदेहक, चंडाल, मागध, क्षतृ और आयोगव इन्हीं जातियों की स्त्री से ऐसी संतान उत्पन्न करते हैं जो और भी अधिक हेय तथा अपने पिता से भी अधिक अधम समझी जाती है, और उसे वर्णव्यवस्था से बाहर रखा जाता है ।[251] उनका यह भी कहना है कि बाह्य और हीन (निम्न वर्ग के लोग) उच्च जातियों की महिलाओं से पंद्रह प्रकार की नीच जातियाँ उत्पन्न करते हैं ।[252] मनु ने इन जातियों का नाम नहीं गिनाया है, लेकिन जान पड़ता है कि वे ऊपर दी गई सूची के ही अंतर्गत हैं ।

उपर्युक्त जातियों में उनके व्यवसायों के आधार पर अंतर किया जाता था ।[253] चंडाल, श्वपाक और अंत्यावसायिन् अपराधियों को फाँसी देने का काम करते थे और उन्हें अपराधियों के वस्त्र, बिछावन और आभूषण दे दिए जाते थे ।[254] निषाद मछली पकड़कर अपना निर्वाह करते थे, और मेद, अंध्र, मद्गु और चुंचु का काम जंगली जानवरों का शिकार करना था ।[255] क्षतृ , उग्र और पुक्कुर विवर में रहनेवाले जंतुओं को पकड़ने और मारनेवाले बताए गए हैं ।[256] स्पष्ट है कि ये सभी लोग पिछड़ी जातियों के थे, जो ब्राह्मणप्रधान समाज में मिला लिए जाने पर भी अपना व्यवसाय करते रहे । मनु बताते हैं कि कुछ संकर जातियों ने महत्वपूर्ण शिल्पों को अपनाया । आयोगव ने लकड़ी का काम शुरू किया[257] और धिग्वण तथा कारावर ने चमड़े का[258] एवं पांडुसोपाक ने बेंत के कार्य का पेशा अपनाया ।[259] मार्गव या दाश नाविक के पेशे द्वारा जीविका अर्जित करते थे और आर्यावर्त के निवासी उन्हें कैवर्त कहते थे ।[260] वेण ढोल पीटनेवाले थे,[261] और सैरंध्र को शृंगार तथा अपने मालिक की सुश्रूषा में निपुण समझा जाता था । सैरंध्र यद्यपि गुलाम नहीं थे, फिर भी वे गुलाम की भाँति ही रहते थे, अथवा जानवरों को फँसाकर गुजर-बसर करते थे ।[262] मैत्रेयक के बारे में कहा गया है कि वह सुरीली आवाजवाला था और सुबह होने पर घंटी बजाता था तथा महापुरुषों के प्रशस्तिगान में लगा रहता था ।[263]

उपर्युक्त ढंग की कुछ नीच जातियों का उल्लेख एक बौद्ध ग्रंथ में भी हुआ है । कहा गया है कि बुद्ध या बोधिसत्त के अनुयायियों का चंडालों, कौक्कुटिकों (मुर्गीपालकों), संकरियों (सूअर-वधिकों), शौंडिकों (मदिरा-विक्रेताओं),[264] मनिसकसों (कसाइयों), मौष्टिकों (मुक्केबाजों), नट-नर्त्तकों (अभिनेताओं और नर्त्तकों) झल्लों और मल्लों (कुश्तीबाजों) से कोई ताल्लुक नहीं रहेगा ।[265] बौद्ध धर्मावलंबी इन लोगों से घृणा करते थे, क्योंकि वे

निर्दयी और अनैतिक कार्य करनेवालों के साथ रहते थे।

अधिकांश संकर जातियाँ, जिनका उल्लेख मनु ने किया है, अछूत थीं। निषादों, आयोगवों, मेदों, अंध्रों, चुंचुओं, मद्गुओं, क्षत्राओं, पुक्कसों, धिग्वणों और वेणों के कृत्यों का उल्लेख करके मनु ने कहा है कि उन्हें गाँवों के बाहर बड़े-बड़े वृक्षों , चैत्यों (कब्रगाहों), श्मशानों अथवा पहाड़ों और उपवनों में बसना चाहिए।[266] इससे पता चलता है कि ये जातियाँ ब्राह्मणों की बस्ती से बाहर रहती थीं। चंडाल और श्वपाक तो अवश्य ही गाँव से बाहर रहते थे। जिस पात्र में उन्हें भोजन कराया जाता था उसे सदा के लिए फेंक दिया जाता था। उनकी संपत्ति मात्र कुत्ते और गदहे थे; वे टूटी-फूटी थालियों में खाना खाते थे, लोहे के गहने पहनते थे और मृत व्यक्तियों के कपड़े धारण करते थे तथा एक जगह से दूसरी जगह घूमते रहते थे।[267] उन्हें रात को शहरों और गाँवों में आने की अनुमति नहीं थी। यहाँ ये दिन में ही काम कर सकते थे।[268] मनु ने बताया है कि चंडालों और श्वपाकों को पहचान के लिए राजशासन द्वारा निर्धारित चिह्न धारण करना चाहिए।[269] राघवानंद की इस व्याख्या के समर्थन में तत्कालीन कोई प्रमाण नहीं मिलता कि चंडालों के ललाट या किसी अन्य अंग पर कोई चिह्न दाग दिया जाए। प्रायः चंडालों और श्वपाकों को कहा गया था कि वे कुछ खास ढंग की पोशाक पहनें ताकि अन्य लोगों से उनमें स्पष्ट अंतर रहे।[270] वे विवाह में ऋण, उधार आदि का व्यवहार अपनी जाति के लोगों को छोड़ दूसरों के साथ नहीं कर सकते थे। मनु का आदेश है कि उच्च वर्णों के लोग इन्हें अपने हाथ से अन्न भी नहीं दें।[271]

किंतु मनु विशेषतया यह चाहते हैं कि ब्राह्मणों और अछूतों के बीच कोई संपर्क ही नहीं रहे। उन्होंने विहित किया है कि स्नातक को (जो सामान्यतया ब्राह्मण होता है) चंडालों, पुक्कुसों, अंत्यों और अंत्यावसायिनों के साथ नहीं रहना चाहिए।[272] श्राद्धकर्म करते समय ब्राह्मण पर जिनकी दृष्टि नहीं पड़नी चाहिए वे हैं चंडाल, ग्रामसूअर, मुर्गा, कुत्ता आदि।[273] मनु ने यहाँ तक कहा है कि यदि कोई ब्राह्मण किसी चंडाल या अंत्य महिला का समागम करे या उसका अन्न ग्रहण करे तो वह ब्राह्मणत्व खो देगा। किंतु यदि यह जान-बूझकर ऐसा करे तो वह भी चंडाल या अंत्य की स्थिति प्राप्त करेगा।[274] इससे यह अर्थ निकलता है कि ब्राह्मणेतर जातियों और चंडालों के बीच ऐसे संबंध को निंदनीय नहीं माना जाता था।

मनु अस्पृश्यों और संकर जातियों को शूद्र मानते थे या नहीं, यह स्पष्ट नहीं होता। उन्होंने खुलेआम कहा है कि वर्ण चार हैं।[275] इससे यह निष्कर्ष निकल सकता है कि संकर जातियों को शूद्र वर्ण में शामिल कर लिया गया था। उनकी उत्पत्ति संबंधी कथाओं से पता चलता है कि लोगों में ऐसी धारणा थी कि उनकी धमनियों में शूद्र का रक्त है।

मनुस्मृति में एक स्थल पर कुल्लूक ने अंत्यज को शूद्र के रूप मे चित्रित किया है ।[276] किंतु मनु ने 'अंत्यज' शब्द का प्रयोग चंडाल के अर्थ में किया है ।[277] सूत, वैदेहक, चंडाल, मागध, क्षतृ और आयोगव जैसी मिश्रित जातियाँ 'बाह्य' समझी जाती हैं, जिन्हें टीकाकारों ने चातुर्वर्ण्य से बाहर का माना है ।[278] मनु ने परस्त्रीगमन के अपराध का दंड विहित करते हुए शूद्र और अंत्यज में[279] तथा साक्ष्य-विधि में अंत्यावसायिन् और शूद्र में विभेद किया है। किंतु पतंजलि ने निरवसित शूद्र को चंडाल और मृतप बताया है तथा उच्च वर्णों के लिए उसके भोजन पात्र का उपयोग वर्जित माना है ।[280] इससे पता चलता है कि ये अछूत शूद्र समझे जाते थे । मनु ने इन शूद्रों के लिए 'अपपात्र' (अर्थात वे लोग जिनके पात्र का व्यवहार नहीं किया जा सकता) शब्द का प्रयोग किया है ।[281] इस तरह मालूम होता है कि संकर जातियों और अछूतों को हीन शूद्रों की कोटि में रखा जाता था और उनके अलग निवास, पिछड़ी संस्कृति और प्राचीन धार्मिक संप्रदाय के आधार पर साधारण शूद्रों से उनमें विभेद किया जाता था ।

मनु ने शूद्रों के अन्न, उनकी संगत और उनकी महिलाओं के बहिष्कार के बारे में जो नियम बनाए हैं, वे मुख्यतया ब्राह्मणों पर लागू हैं । [282] पतंजलि के *महाभाष्य* में हमें ब्राह्मण और वृषल के बीच इसी प्रकार का सामाजिक विभेद देखने में आता है । ब्राह्मणों के दाँत उजले हैं, तो वृषल के काले; [283] ब्राह्मण को ऊँचा स्थान मिलता है तो वृषल को नीचा।[284] कोई व्यक्ति वृषल और दासी के साथ अवैध और कुत्सित कर्म कर सकता है, किंतु उसे ब्राह्मणी के साथ भद्रतापूर्ण बर्ताव करना होगा ।[285]

भंडारकर का कहना है कि वृषलों का समुदाय ऐसा था जिसमें आर्यसमुदाय के ढाँचे पर चारों वर्णों के लोग सम्मिलित थे ।[286] किंतु साधारणतया वृषल शूद्र के समान थे । इसलिए जहाँ धर्मसूत्रों में स्नातक से कहा गया है कि शूद्रों के साथ यात्रा नहीं करे, वहाँ मनु उसे बताते हैं कि वृषलों के साथ यात्रा नहीं करे ।[287] उन्होंने ब्राह्मण और वृषली के बीच संपर्क की भर्त्सना उस प्रसंग में की है जहाँ उन्होंने ब्राह्मण और शूद्र के बीच सभी संपर्कों पर रोक लगाई है ।[288] यद्यपि *महाभाष्य* में कहीं भी 'वृषल' शब्द शूद्र का स्पष्ट संकेत नहीं देता,[289] फिर भी वृषली और दासी की समान हैसियत [290] और वृषल की सर्वविदित दरिद्रता से पता चलता है कि वृषल की स्थिति शूद्र से अच्छी नहीं थी ।[291] 'शूद्र' शब्द की तरह 'वृषल' शब्द का भी प्रयोग व्यापक अर्थ में बर्बर और अपधर्मी दोनों को समाविष्ट करते हुए किया जाता था । किंतु आमतौर पर वृषल को चतुर्थ वर्ण का सदस्य बताया गया है और यही कारण है कि *महाभाष्य* में ब्राह्मण और वृषल के बीच जो विषमता दिखाई गई है, वही विषमता ब्राह्मण और शूद्र में भी मानी जानी चाहिए ।

मनु ने पुरानी निषेधाज्ञा की पुनरावृत्ति की है, जिसके अनुसार वेद का अध्ययन द्विज

तक ही सीमित था।[292] इनकी तुलना में शूद्रों को 'एकजाति' अर्थात एक बार जन्म लेनेवाला कहा गया है।[293] आर्य का पहला जन्म अपनी माँ से होता है, किंतु दूसरा जन्म मूँज के मेखलासूत्रबंधन से होता है।[294] इसलिए कोई द्विज, जो वेद न पढ़कर दूसरे व्यवसायों में लग जाता है वह शूद्र समझा जाता है और उसकी संतान की भी वही गति होती है।[295] जब वेद की पढ़ाई हो रही हो, तब वहाँ शूद्र को कभी नहीं रहने देना चाहिए।[296]

इस नियम के होते हुए भी, सुनने में आता है कि कुछ अध्यापक शूद्र को पढ़ाते थे। मनु ने विधान किया है कि शूद्र को पढ़ानेवाले या शूद्र से पढ़नेवाले ब्राह्मण को श्राद्ध में आमंत्रित नहीं किया जाना चाहिए।[297] यह स्पष्ट नहीं है कि शूद्र शिक्षक या क्षात्र अपधर्मी समझे जाते थे। अध्यापक से जिन दस प्रकार के लोगों को शिक्षा मिल सकती थी, उनमें शुश्रूषु का नाम आया है जिसका अर्थ कुल्लूक ने नौकर (परिचारक) किया है[298] और इससे संभवतया शूद्र का निर्देश होता है।

किंतु साधारणतया ऐसा जान पड़ता है कि शूद्रों को शिक्षा से वंचित रखा गया था। वसिष्ठ की भाँति मनु ने भी आदेश दिया है कि कोई भी व्यक्ति शूद्र को परामर्श नहीं दे और न उसे कानून की व्याख्या करके समझाए।[299] इस उपबंध को उन्होंने यह नियम बनाकर सबल कर दिया है कि जो कोई इसके प्रतिकूल कार्य करेगा, वह उस व्यक्ति के साथ ही असंवृत नरक में जाएगा, जिसे उसने शिक्षा दी है।[300]

धर्म के क्षेत्र में शूद्र वैदिक यज्ञ के अधिकार से वंचित ही रहे।[301] कहा जाता है कि शूद्र जातिच्युत नहीं हो सकता, वह संस्कार पाने योग्य नहीं है और उसे आर्यों के धर्म का अनुसरण करने का कोई अधिकार नहीं है।[302] द्विज को चाहिए कि धार्मिक अनुष्ठानों में अपनी शूद्र पत्नी को शरीक न करे।[303] यदि वह मूढ़तावश ऐसा करेगा तो उसे चंडाल की भाँति घृणित समझा जाएगा।[304] संभवतया यह नियम ब्राह्मणों से संबंधित है। यह भी विहित किया गया है कि ब्राह्मण यज्ञ के लिए अपेक्षित किसी भी वस्तु की याचना शूद्र से न करे। यदि वह ऐसा करेगा तो अगले जन्म में चंडाल होगा।[305]

किंतु ब्राह्मणों का एक वर्ग ऐसा भी था जो शूद्रों के धार्मिक अनुष्ठान में सहायक का काम करता था। मनु के कथनानुसार जो ब्राह्मण शूद्र से धन लेकर अग्निहोत्र करें, उन्हें ब्रह्मवादिन् (वेदपाठी) शूद्रों के ऋत्विज् कहकर निंदित करते हैं और अज्ञानी मानते हैं।[306] *मनुस्मृति* के एक परिच्छेद की टीका करते हुए कुल्लूक ने बताया है कि शूद्र छोटे-मोटे घरेलू यज्ञ (पाकयज्ञ) कर सकते हैं।[307] हमें भास से ज्ञात होता है कि देवताओं की पूजा शूद्र बिना मंत्रों के ही करते थे।[308] मनु कहते हैं कि यदि गुणी शूद्र भद्रजनों जैसे आचरण करें तो वे प्रशंसा के पात्र हैं, किंतु उन्हें वेदों का पाठ किए बिना ही ऐसा करना चाहिए।[309]

उन्होंने यह नियम भी बनाया है कि शूद्र तीन उच्च वर्णों की तरह अपने पूर्वजों का तर्पण कर सकते हैं। इस प्रसंग में उन्होंने कहा है कि सुकालिन् शूद्रों के पितर हैं और वसिष्ठ उनके पूर्वज़ हैं।[310] इन तथ्यों से पता चलता है कि मनु ने शूद्रों को कुछ धार्मिक अधिकार दिए हैं जो उन्हें मौर्य या मौर्यपूर्व काल में प्राप्त नहीं थे।

मनु ने चारों वर्णों के लिए एक ही आचार-संहिता विहित की है। उन्हें अहिंसा और सत्य का पालन करना चाहिए, चोरी नहीं करनी चाहिए, पवित्र रहना चाहिए, इच्छाओं का दमन करना चाहिए, ईर्ष्या-द्वेष से बचना चाहिए और केवल अपनी पत्नियों से संतान उत्पन्न करना चाहिए।[311] किंतु धार्मिक दृष्टि से वे स्त्रियों और शूद्रों को समाज का अत्यंत अपवित्र अंग मानते हैं! चांद्रायण व्रत करनेवालों को इनका बहिष्कार करना चाहिए।[312] उन्होंने इन लोगों के शुद्धिकरण के लिए कम कठिन धार्मिक संस्कार विहित किए हैं।[313] शूद्र को महीने में एक बार बाल मुँड़वाकर अपने आपको शुद्ध रखना चाहिए और घर में जन्म और मृत्यु होने की दशा में वैश्यों की भाँति शुद्धिकरण संस्कार का पालन करना चाहिए।[314] किंतु उन्होंने प्राचीन विधिनिर्माताओं के इस विचार का समर्थन किया है कि वैश्य की अशौच अवधि 15 दिन की और शूद्र की एक महीने की होगी।[315] उन्होंने यह भी बताया है कि अशौच की अवधि के अंत में ब्राह्मण पानी का स्पर्श करके, क्षत्रिय अपनी सवारी के पशु और अस्त्रों को छूकर, वैश्य अपना अंकुश या अपने बैलों की नाथ (नाक में लगी रस्सी) छूकर तथा शूद्र अपनी लाठी छूकर पवित्र हो सकता है।[316] मनु ने यह नियम भी बनाया है कि ब्राह्मण के शव को शूद्र नहीं ढोएगा, क्योंकि शवरूप में भी शूद्र के स्पर्श से दूषित हो जाने पर उसे स्वर्ग प्राप्ति नहीं हो सकती।[317] इस प्रकार वे ब्राह्मण और शूद्र में मरने के बाद भी विभेद करना नहीं छोड़ते।

यदि पुराणों में आए कलियुग के वर्णन को मौर्योत्तर काल में प्रचलित स्थितियों का कुछ संकेत देनेवाला माना जाए,[318] तो यह स्पष्ट होगा कि शूद्र खुलेआम वर्तमान सामाजिक व्यवस्था की अवहेलना करते थे। शूद्रों की ज्यादती का वर्णन *कूर्मपुराण* में किया गया है : 'राजा के मूढ़ शूद्र अधिकारी ब्राह्मणों को अपना स्थान छोड़ने के लिए बाध्य करते हैं और उन्हें पीटते हैं। राजा बदलती हुई परिस्थितियों के कारण कलियुग में ब्राह्मण का अनादर करते हैं और ब्राह्मणों के बीच शूद्र उच्च पदों पर आसीन होते हैं। ब्राह्मण, जिन्होंने वेद का अल्प अध्ययन किया है और जो कम भाग्यशाली और शक्तिशाली हैं, फूलों, अलंकरणों और अन्य मांगलिक वस्तुओं से शूद्रों का सम्मान करते हैं। इस प्रकार सम्मानित किए जाने पर भी शूद्र ब्राह्मणों की ओर देखता तक नहीं है। ब्राह्मण शूद्रों के घरों में प्रवेश करने का साहस नहीं करता और उनका अभिवादन करने का अवसर पाने के लिए उनके दरवाजे पर खड़ा रहता है। ब्राह्मण, जो अपने जीवनयापन के लिए शूद्र पर निर्भर रहते हैं, उनकी सवारी के

चारों ओर इस उद्देश्य से खड़े रहते हैं कि उनका गुण बखान कर सकें और उन्हें वेद पढ़ा सकें ।'[319] कुछ इस तरह का ही वर्णन *मत्स्यपुराण* में भी है और यह भविष्यवाणी की गई है कि श्रुति और स्मृति का धर्म बहुत शिथिल हो जाएगा और वर्णाश्रम धर्म नष्ट हो जाएगा। इसमें यह क्षोभ भी प्रकट किया गया है कि लोग वर्णसंकर होंगे, शूद्र ब्राह्मणों के साथ बैठेंगे, खाएँगे और उनके साथ यज्ञादि करेंगे तथा मंत्रोच्चार भी करेंगे ।[320] *वायुपुराण* और *ब्रह्मांडपुराण* में कहा गया है कि कलियुग में शूद्र ब्राह्मणों जैसा और ब्राह्मण शूद्रों जैसा कर्म करते हैं । इन पुराणों से पता चलता है कि शूद्र का सब आदर करते हैं और राजा का आश्रय छूट जाने के कारण ब्राह्मणों को अपनी जीविका के लिए शूद्रों का भरोसा करना पड़ता है ।[321]

संभवतया उपर्युक्त विवरण मौर्योत्तरकालीन परिस्थितियों का निर्देश करते हैं । ऐसा नहीं मालूम होता कि वे अशोक के राज्यकाल पर लागू हैं, क्योंकि अशोक को बौद्ध धर्मावलंबी होने पर भी ब्राह्मणों के प्रति अनुदार नहीं बताया जा सकता, जैसा कि पुराणों में कहा गया है । यद्यपि *कूर्मपुराण* में कलियुग के वर्णन का समावेश ई . सन 700-800 में किया हुआ बताया जाता है,[322] फिर भी इससे पहले के मौर्योत्तर काल का संकेत मिलता है। इस वर्णन के कुछ परिच्छेद बिल्कुल वही हैं जो उससे पहले के *वायु* और *ब्रह्मांडपुराण* में पाए जाते हैं ।[323] ई . सन की पाँचवीं शताब्दी के पूर्वार्द्ध के एक उत्कीर्ण लेख में पल्लव शासक सिंहवर्मन् के बारे में कहा गया है कि वह कलियुग के पापों से धर्म को बचाने के लिए सतत उद्यत रहता है ।[324] इसके आधार पर कहा जा सकता है कि कलियुग की कल्पना बहुत पुरानी नहीं है ।[325] जैसा पहले बताया जा चुका है, म्लेच्छों का उल्लेख और कलियुग के विवरण में निर्दिष्ट विभिन्न लोगों के अंतर्मिश्रण मौर्योत्तर काल की परिस्थितियों के बहुत अनुकूल हैं । पुराणों में कही गई बात कि विदेशी शासक ब्राह्मणों को जान से मार डालेंगे और दूसरों की पत्नी तथा संपत्ति का अपहरण कर लेंगे, सामान्यतया इस काल में लागू होती है[326] और यह *युगपुराण* में वर्णित ऐसे ही आरोपों के अनुरूप है ।[327]

कलियुग के वर्णन को, जो ब्राह्मणों द्वारा शिकायत और भविष्यवाणी के रूप में किया गया है, केवल कपोलकल्पना कहकर टाला नहीं जा सकता ।[328] उससे ब्राह्मणों की उस दयनीय स्थिति का आभास मिलता है, जो ग्रीकों, शकों और कुषाणों के कार्यकलापों का परिणाम थी । संभव है, उनके आक्रमणों के कारण शूद्रों की स्थिति में परिवर्तन हुआ हो और वे उठ खड़े हुए हों । उनमें पहले ही से असंतोष उबल रहा था । स्वभावतया वे ब्राह्मणों के दुश्मन हो गए, क्योंकि उन्होंने उनके प्रति विभेदमूलक नियम बनाए थे । यह सामाजिक उथल-पुथल कब तक और देश के किस भाग में होती रही, इसका निर्धारण करना आँकड़ों के अभाव में कठिन है । किंतु जान पड़ता है कि अपधर्मी शूद्र राजाओं के प्रति ब्राह्मणों के

बैरभाव का कारण यह था कि ये राजा शूद्रों से भाईचारे का व्यवहार रखते थे। दास और भाड़े के मजदूर के रूप में शूद्रों की पराधीनता शक और कुषाण शासकों की विदेश नीति से कम हुई होगी, क्योंकि वे वर्णों में विभाजित समाज का आदर्श निभाने के लिए बाध्य नहीं थे।

मौर्योत्तर काल में समाज की स्थिति संभवतया वैसी ही थी जैसी मिस्र में पुराने साम्राज्य के पतन के बाद थी। इस काल में कुछ दिनों तक आम जनता पुरोहितों और अभिजातों से लड़ती रही और सुस्थापित व्यवस्था पर चोट करती रही। मनु के नियम मौर्य साम्राज्य का पतन होने पर सामने आनेवाले विघटनकारी तत्वों से निपटने के लिए बनाए गए थे, न कि अशोक के कार्यों को प्रभावशून्य बनाने के लिए। शूद्रों को गुलाम बनाकर रखने पर जो उन्होंने जोर दिया है उसकी आवश्यकता इसलिए हुई कि वे काम करने से इंकार करते थे। उन्होंने राजा को आदेश दिया है कि वह वैश्य और शूद्र को अपना-अपना कर्म करने के लिए बाध्य करे,[329] जिससे प्रकट होता है कि सामान्य जन को दो उच्च वर्णों के साथ अपना हित जुड़ा हुआ नहीं दिखाई देता था। मनु का कथन है कि राजा को वर्ण-धर्म कायम रखना चाहिए, क्योंकि जो राज्य वर्णों के अंतर्मिश्रण से दूषित होता है, वह अपने निवासियों सहित विनष्ट हो जाता है,[330] अर्थात सुस्थापित व्यवस्था नष्ट हो जाती है। ये आदेश सामान्यतया ई. सन की तीसरी शताब्दी में रोम साम्राज्य द्वारा जारी किए गए आदेशों के समान थे, जिनमें विभिन्न व्यवसाय के लोगों को अपने-अपने व्यवसायों से लगे रहने को कहा गया है। किंतु मनु ने कुछ धार्मिक अनुशास्ति और दंड का भी विधान किया है। शूद्र यदि अपना कर्तव्य नहीं करेगा तो उसका जन्म चैलाशक (कीट-पतंग खाकर रहनेवाले पिशाच) के रूप में होगा,[331] और यदि वह निष्ठापूर्वक अपना कर्तव्य निभाएगा तो अगले जन्म में उच्च वर्ण में पैदा होगा।[332]

मनु ने शूद्रों के शत्रुवत व्यवहार से बचने के बहुत से उपाय बताए हैं। कौटिल्य के विपरीत उन्होंने विहित किया है कि राजा को ऐसे देश में बसना चाहिए जहाँ के निवासी मुख्यतया आर्य हों,[333] क्योंकि जिस राज्य में शूद्रों का बहुमत होगा (शूद्र-भूयिष्ठ), वह तुरंत नष्ट हो जाएगा।[334] मनु ने राज्य के संरक्षण का भार उन लोगों तक ही सीमित रखा है जो आर्यों की तरह रहते हैं।[335] उन्होंने यह भी बताया है कि जो आर्येतर व्यक्ति (अर्थात शूद्र) आर्यों के चिह्न धारण करते हों, उन्हें काँटा समझकर तुरत हटा देना चाहिए।[336] संकर जातियों (अधिकतर शूद्रों) को खास तौर से आर्यों से भिन्न माना जाता था और वे निर्दयी तथा उग्र स्वभाव के होते थे।[337] मनु के ये सभी कथन शूद्रों के प्रति उनके पूर्ण अविश्वास और तज्जन्य शूद्रों के शत्रुवत व्यवहार (जो विदेशी आक्रमण के समय विशेषतया देखने में आता था या जिसकी उस वक्त खासतौर पर आशंका रहती थी) से बचने की

चिंता के अनुरूप ही हैं। मनु ने जब यह कहा है कि यदि क्रांति के फलस्वरूप तीन उच्च वर्णों को अपना कर्तव्य करने में बाधा उपस्थित हो तो उन्हें शस्त्र ग्रहण करना चाहिए, तब उनके मन में संभवतया ऐसी स्थिति की कल्पना रही होगी।[338] कलियुग के अंत में विद्यमान परिस्थितियों के वर्णन के प्रसंग में *वायुपुराण* के अंतर्गत प्रमिति (माधव के अवतार) के कामों की चर्चा की गई है, जिसने ब्राह्मणों की सशस्त्र सेना बनाई और अनेक प्रकार के लोगों, यथा म्लेच्छ तथा वृषल, का विनाश करने के लिए प्रस्थान किया।[339] यह एक ओर ब्राह्मणों और दूसरी ओर शूद्रों तथा विदेशी शासकों के बीच हुए भीषण संघर्ष का हल्का संकेत है। यह स्वाभाविक ही है, क्योंकि वृषल सुस्थापित व्यवस्था को तोड़नेवाले माने जाते थे, रक्षा करनेवाले नहीं।[340] मनु ने ब्राह्मणों के प्रति अपराध करनेवाले शूद्रों के लिए दंड का जो वृहत विधान किया है, उसका मुख्य कारण यह कहा गया है कि सुशिक्षित शूद्रों के विरुद्ध उनके मन में बैर की भावना थी।[341] किंतु उन्होंने जो नियम बनाए हैं, उन्हें समग्र रूप से देखने पर पता चलता है कि वे सामान्य शूद्रों के प्रति भी कम बैर-भाव नहीं रखते थे।

प्राचीन काल में मुख्य विभेद शूद्र और तीन उच्च वर्णों में था। यद्यपि मनु ने भी इस विभेद को माना है, फिर भी उनके ग्रंथ से प्रकट होता है कि कानूनी उपबंधों, भोजन और विवाह के मामले में वैश्यों को शूद्र के निकट लाने की प्रवृत्ति उनमें बहुत अधिक थी। इस तरह की स्थिति का कारण प्रायः यह था कि बहुत बड़ी तादाद में वैश्य शूद्र बनाए जा रहे थे। *विष्णुपुराण* में कहा गया है कि कलियुग में वैश्य कृषिकर्म और व्यापार छोड़ देंगे और दासत्व प्रथा एवं यांत्रिक शिल्पों को अपनाएँगे[342] और शूद्र जातियों का बाहुल्य होगा।[343] *मनु* के एक परिच्छेद से स्पष्ट होता है कि परंपरागत वैश्य वर्ण क्रमशः विलीन होता जा रहा था। उनके अनुसार ब्राह्मण में सत्व गुण और क्षत्रिय में रजस् गुण[344] तथा शूद्रों और म्लेच्छों में तमस् गुण होता है (मध्यमा तामसी गतिः), जो पूर्वजन्म के कर्म के अनुसार प्राप्त होता है।[345] इस क्रम में वैश्य की चर्चा तक नहीं हुई है। इससे संकेत मिलता है कि वैश्य शूद्र समुदाय में विलीन होते जा रहे थे।

हापकिंस ने बताया है कि मनु के कुछ नियमों से एक ओर दो उच्च वर्ण और दूसरी ओर दो नीच वर्णों के बीच दुश्मनी का आभास मिलता है।[346] इनके बीच होनेवाले संघर्ष से मालूम होता है कि उच्च वर्णों का नेतृत्व ब्राह्मण और निम्न वर्णों का नेतृत्व शूद्र कर रहे थे। पूर्वकाल में भी शूद्रों और अन्य वर्णों के बीच संघर्ष का आभास मिलता है। किंतु मौर्योत्तर काल में इस संघर्ष ने उग्र रूप धारण कर लिया। मनु के संबंध में एक रचना में बताया गया है कि भारतीय पद्धति पर निर्मित समाज में आर्थिक विषमता और वैमनस्य विरल ही संभव थे।[347] किंतु मनु के ग्रंथ में वर्णों के बीच जिस तरह का संबंध दिखाया

गया है, उससे इस तथ्य की पुष्टि नहीं होती है। मनु ने स्पष्ट शब्दों में कहा है कि शूद्र को धन इकट्ठा करने की अनुमति नहीं दी जानी चाहिए, क्योंकि वह ब्राह्मणों को दुख देता है।[348]

किंतु मनु के शूद्रविरोध के आधार पर यह कहना उचित नहीं होगा कि मौर्योत्तर काल में शूद्रों की स्थिति की अधिकतम अवनति हो चुकी थी। इस शूद्रविरोध को ऐसा अतिवादी उपाय मानना चाहिए जो नई शक्तियों के उद्‌भव से समाज के पुराने ढाँचे को टूटने से बचाने के लिए वांछनीय था। मनु के विधिग्रंथ में भी शूद्रों की स्थिति में हुए उन बहुतेरे परिवर्तनों का उल्लेख किया गया है, जो ब्राह्मणों के विरुद्ध उनके संघर्ष, नए-नए लोगों के आगमन और कला एवं शिल्प के विकास के परिणाम थे।

इस तथ्य के बावजूद कि मनु ने शूद्रों की दासता की बार बार चर्चा की है, वे अब उस पैमाने पर दास और मजदूर नहीं थे जिस पैमाने पर वे मौर्यपूर्व और मौर्य काल में थे। हमें किसी वैयक्तिक या राजकीय प्रक्षेत्र (फार्म) की सूचना नहीं मिलती है, जिसमें दास या भाड़े के मजदूर काम करते हों। प्रायः मौर्यों के राजकीय प्रक्षेत्रों में काम करनेवाले दास और भाड़े के मजदूर कर चुकानेवाले कृषक बनते जा रहे थे। मनु ही प्रथम लेखक हैं जिन्होंने स्पष्ट शब्दों में शूद्र को बटाईदार माना है,[349] और यह ऐसा तथ्य है जिसका निष्कर्ष केवल कौटिल्य के *अर्थशास्त्र* से निकाला जा सकता है। *अर्थशास्त्र* में बटाईदार (अर्द्धसीतिक) को उत्पादन का केवल 1/5 या 1/4 हिस्सा दिया गया है, किंतु मनु ने उसके लिए उत्पादन का आधा भाग (अर्द्धिकः) रखा है।[350] मालूम होता है कि न केवल बटाईदारों का हिस्सा बढ़ा दिया गया था, बल्कि उनकी संख्या भी बढ़ी थी। अर्थशास्त्र में वेतनभोगी अधिकारियों की व्यवस्था है, किंतु मनु ने इनके बदले अधिकारियों की एक वर्गीकृत सूची प्रस्तुत की है, जिन्हें पारिश्रमिक के रूप में जमीन दी जाती थी।[351] कृषिकर्म में लगे दासों की कोई चर्चा नहीं रहने के कारण हम यह अनुमान लगा सकते हैं कि ये भूखंड बटाईदारों और भाड़े के मजदूरों द्वारा जोते जाते थे। प्रायः किसी दूसरे काल में शूद्रों की संख्या इतनी अधिक नहीं बढ़ी। बहुतेरी आदिम जातियों और ब्राह्य तत्वों को मिलाने के उद्देश्य से मनु ने वर्णसंकर की कल्पना से अपने पूर्ववर्ती ग्रंथकारों की अपेक्षा अधिक काम लिया है। अधिकांश संकर जातियों को शूद्र जाति में मिला दिया गया, जिसके लिए उनके आनुवंशिक कर्तव्य आधार माने गए।[352] किंतु ऐसा नहीं मालूम होता कि जिस प्रकार पुराने शूद्र दासों और भाड़े के मजदूरों के रूप में बहाल किए जाते थे, उस प्रकार इन नए शूद्रों की बहाली होती थी। उन्होंने अपने पुराने व्यवसायों को अपनाया और संभवतया उन्हें खेती के नए तरीके सिखाए,[353] जिससे वे क्रमशः करदाता किसान बने। हो सकता है, मनु का दसवाँ अध्याय जिसमें वर्णसंकर का विशद वर्णन है, चौथी-पाँचवीं शताब्दी का हो। इस प्रकार एक ओर

तो आदिम जातियाँ ब्राह्मणकालीन समाज से सभ्य जीवन का ज्ञान प्राप्त करके लाभान्वित हुईं और दूसरी ओर ब्राह्मणकालीन समाज को भी उत्पादनकर्ताओं की संख्या बढ़ाने के कारण अपनी आंतरिक कमजोरियाँ दूर करने का अवसर मिला।

शिल्पियों के नए संघ बनने और नए-नए हस्तशिल्पों का उदय होने से उस काल के न केवल आर्थिक जीवन में, बल्कि शूद्रों की स्थिति में भी अनेक महत्वपूर्ण परिवर्तन हुए।[354] सर्वशक्तिसंपन्न मौर्य साम्राज्य का पतन हो जाने पर इन संघों के जरिए शिल्पियों को अपेक्षाकृत अधिक स्वतंत्रता मिली, जिससे उनकी हैसियत भी कुछ बढ़ी। यह बात इन शिल्पियों द्वारा बौद्धों को दिए गए अनेकानेक दान के पुरालेखों से प्रमाणित होती है। कुछ राजाओं की आर्थिक नीति से भी शूद्रों की स्थिति सुधरने में परोक्ष रूप से सहायता पहुँची। शक राजा रुद्रदामन, जो वर्णाश्रित समाज का समर्थक था,[355] दावा करता है कि उसने अपनी प्रजा से बेगारी कराए बिना सुदर्शन झील की मरम्मत कराई।[356] यह उन शूद्र दासों और मजदूरों के लिए अवश्य ही वरदान सिद्ध हुआ होगा, जिनसे सामान्यतया कर्वी (बेगार) ली जाती थी।

नए हस्तशिल्पों और शिल्पी संघों के उदय के साहित्यिक प्रमाण को सिक्का-साक्ष्य और विदेशी लेखकों की रचनाओं में वर्णित रोम तथा भारत के बीच के व्यापारसंबंध के साक्ष्य के साथ देखा जा सकता है। यह व्यापार ईस्वी सन की प्रथम दो शताब्दियों, खासकर सातवाहन काल में, अपने चरम उत्कर्ष पर था।[357] व्यापार के ऐसे विकास के फलस्वरूप व्यापारिक बंदरगाहों[358] और देश के भीतर के भी कुछ अन्य नगरों में जातिजन्य कटुता अवश्य घटी होगी, जिससे निम्न वर्ण के लोगों की सामाजिक स्थिति में सुधार हुआ होगा।

इस काल में विदेशियों के आगमन से वर्णव्यवस्था का बंधन शिथिल पड़ा। ग्रीकों, शकों और पर्थियनों की संख्या भले ही बड़ी नहीं रही हो, पर कुषाणों के समय की अनेक प्राप्त वस्तुएँ, यथा, सिक्के, टेराकोटा (मृण्मूर्तियाँ) और मूर्तियाँ, जो संपूर्ण उत्तरी भारत में मिली हैं, बताती हैं कि वे पर्याप्त संख्या में आए थे। स्वभावतया इससे तत्कालीन आबादी बिखरी होगी और नई-नई बस्तियाँ बसी होंगी, और इस तरह ई. सन की पहली शताब्दी में लोगों में गतिशीलता आई होगी। चूँकि जातिप्रथा मुख्यतया स्थिर जीवन पर निर्भर होती है, इसलिए इन जातीय विप्लवों से उच्च वर्णों के विशेषाधिकारों की बुनियाद कमजोर हुई होगी और शूद्रों की स्थिति पर उसका अच्छा प्रभाव पड़ा होगा।

इसी प्रकार शूद्र की कानूनी और राजनीतिक स्थिति में भी हमें कुछ सुधार दिखाई पड़ते हैं। शूद्र को गाली देने के कारण ब्राह्मणों को दंडित करने का जो विधान मनु ने बनाया है, वह बड़ा ही महत्वपूर्ण है,[359] क्योंकि धर्मसूत्रों के अनुसार ब्राह्मण इस कार्य के लिए दंड का भागी नहीं था। पुनः, गौतमी पुत्र शातकर्णि ने अवरों का समर्थन प्राप्त करने की

आवश्यकता महसूस की है,[360] जिससे पता चलता है कि ई. सन की दूसरी शताब्दी में उन्हें कितना महत्व दिया जाता था।

अंत में, मनु ने वसिष्ठ को शूद्र का जनक बताया है, जिससे उसकी अच्छी सामाजिक और धार्मिक स्थिति का बोध होता है।[361] शूद्रों की धार्मिक स्थिति सुधरी थी, इसका आभास इस तथ्य से भी होता है कि वे नामधेय संस्कार संपन्न कर सकते थे।[362] यह सुधार कुषाण शासकों के उदार धार्मिक दृष्टिकोण के कारण भी हुआ होगा। कट्टर ब्राह्मणवाद का समर्थक होने के बजाय वे मुख्यतया शैव और बौद्ध थे तथा निम्न वर्गों के प्रति उनका दृष्टिकोण अच्छा था। सातवाहन के राज्यों में भी ऐसी ही बातें हुई होंगी, जहाँ ई. सन की पहली और दूसरी शताब्दियों में निस्संदेह बौद्ध धर्म का बड़ा महत्वपूर्ण प्रभाव था।

शूद्र की स्थिति में परिवर्तन के इन लक्षणों से हम यह अनुमान लगा सकते हैं कि जिस पुराने समाज ने उन पर अनेकानेक अशक्तताएँ लादकर उन्हें गुलाम बना रखा था, वह विलीन होने लगा था और उसकी जगह ऐसा नया समाज पनप रहा था जिसने उन्हें बेहतर स्थान दिया था। परिवर्तन की इस प्रक्रिया को गुप्तकाल में और अधिक बढ़ावा मिला। 'युगांत' शब्द के बार-बार प्रयोग से उन मूल्यों के विनाश का संकेत मिलता है जो प्राचीन समाज के आधार थे। इस प्रकार जन्म को वर्णाश्रम का आधार मानने की बात कुछ दिनों के लिए क्षीण हो गई। विदेशी आक्रमणकारियों के आचरण का वर्णन प्रस्तुत करते हुए *विष्णुपुराण* में भविष्यवाणी की गई है कि इन विदेशी शासकों के समय में लोगों को धन के ही आधार पर ओहदा मिलेगा, संपत्ति ही धर्म का साधन बनेगी और दान ही धर्म का मूल होगा।[363]

संदर्भ

1. बुहलर : 'सेक्रेड बुक्स ऑफ दि ईस्ट', XXV, प्रस्तावना, पृ. CXIV-CXVIII; तुलनीय जायसवाल : 'मनु ऐंड याज्ञवल्क्य', पृ. 25-32; काणे: 'हिस्ट्री ऑफ धर्मशास्त्र'. II, पृ. XI. केतकर का यह तर्क कि यह रचना ई. पू. 272-320 (हिस्ट्री ऑफ कास्ट, पृ. 66) की है, युक्तिसंगत नहीं लगता.
2. मनु, II. 17.
3. वही, II, 19.
4. जोहांटगेन, हापकिंस : 'रिलेशंस ऑफ फोर कास्ट्स इन मनु' में उद्धृत, पृ. 4-5.
5. मजुमदार और पुसलकर : 'दि एज ऑफ इंपीरियल यूनिटी', पृ. 261. भास को ई. पू. पाँचवीं या चौथी शताब्दी का मानने का अतिवादी विचार सामान्यतया स्वीकार नहीं किया जाता है. भास की तिथि ई. पू. दूसरी या तीसरी शताब्दी रखी जा सकती है.

6. एच . कर्न : 'सेक्रेड बुक्स ऑफ दि ईस्ट', XXI, प्रस्तावना, पृ . XXI . चूँकि सद्धर्मपुण्डरीक का चीनी भाषा में अनुवाद सबसे पहले ई . सन की तीसरी शताब्दी में हुआ, अतः मूल रचना ई . सन की दूसरी या पहली शताब्दी की भी कही जा सकती है . एन . दत्तः सद्धर्मपुण्डरीक, प्रस्तावना, पृ . XVII.
7. जैन : 'लाइफ ऐज डिपिक्टेड इन दि जैन कैनन्स', पृ . 38 . इस पुस्तक में शकों, यवनों, मरुंडों, पह्लवों आदि का उल्लेख हुआ है (I, 58), जिससे मालूम पड़ता है कि यह ग्रंथ मौर्योत्तर काल की रचना है .
8. हाजरा :'स्टडीज इन दि पुराणिक रेकर्ड्स आन हिंदू राइट्स ऐंड कस्टम्स', पृ . 208-10.
9. मनु, VII. 13-30.
10. वही, I. 91.
11. वही, VIII. 410.
12. वही, X. 123; तुलनीय IX.334.
13. वही, X. 121-2; धमिनं वाप्युपराध्य वैश्यं शूद्रो जिजीविषेत् .
14. हापकिंस : 'दि म्युचुअल रिलेशंस आफ दि फोर कास्ट्स एकार्डिंग टु मानव धर्मशास्त्र', पृ . 83.
15. मनु, VIII. 418.
16. युग पुराण, पृ . 167.
17. कुल्लूक ने मनु, VII. 154 में आए 'पञ्चवर्गम्' शब्द का अर्थ पाँच प्रकार का गुप्तचर किया है, जिसके अंतर्गत 'कर्षकः क्षीणवृत्तिः' और 'वाणिजकः क्षीणवृत्तिः' भी हैं . हापकिंस : पूर्व निर्दिष्ट, पृ . 69; हापकिंस ने इस शब्द का अर्थ मन्त्री, साम्राज्य, नगर, संपत्ति और सेना किया है, किंतु पंचवर्ग को राज्य के पाँच तत्व मानना, जो सामान्यतया सात माने जाते हैं, उचित नहीं जँचता .
18. मनु, II.24.
19. वही, X. 98.
20. मिलिंद, पृ . 178, अवसेसानं पुथुवेस्सुद्दानं कसिवणिज्जा गोरक्खा करणीया .
21. मनु, VII. 138.
22. वही, X. 120.
23. मनु . की टीका, X. 120, न तु तेभ्य आपद्यपि करो ग्राह्यः
24. मिलिंद, पृ . 147.
25. मनुस्मृति की टीका, VII. 154 . हापकिंस : पूर्व निर्दिष्ट, पृ . 70-71; हापकिंस की राय है कि अष्टविधम् कर्म हमें राज्य के सात तत्वों की याद दिलाता है, किंतु अष्टविध कर्म और सप्तांग में कोई साम्य नहीं है .
26. महावस्तु, I, पृ . 301.
27. महाभाष्य, II, पृ . 33.
28. मनुस्मृति, VIII. 243,···भृत्यानामज्ञानात्क्षेत्रिकस्य तु .
29. वही, IX. 150.
30. वही, X. 99 और 100.
31. लूडर्स लिस्ट, सं . 53, 54, 68, 76, 95, 331, 345, 381, 495, 857, 986, 1006, 1032, 1051, 1061, 1177, 1203-4, 1210, 1230, 1273, 1298. तुलनीय, (इंडियन कल्चर, कलकत्ता, XII), पृ . 83-85.

32. वही, सं . 32, 53-4, 345, 857, 1005, 1092, 1129.
33. धर्मकोश I, भाग III, पृ . 1927; व्याख्यासंग्रह, स्तेयप्रकरण, पृ . 1727-8.
34. महाभाष्य, I, पृ . 19.
35. लूडर्स लिस्ट, सं . 346.
36. महावस्तु, II, पृ . 463-78.
37. वही, III, पृ . 442 एवं आगे .
38. वही, II, पृ . 463-78 और III, पृ . 442 एवं आगे, के आधार पर संगणित . इनमें से बहुत से कारीगर छोटे-मोटे व्यापारी थे .
39. (इंडियन कल्चर, कलकत्ता, XIV), पृ . 31-32.
40. 'पतंजलि ऑन पाणिनीज ग्रामर ', II. 1.1.
41. महावस्तु, III, पृ . 442-3.
42. वही .
43. मिलिंद, पृ . 331.
44. पन्नवणा, I, 61.
45. दीघ निकाय, II, 50.
46. मिलिंद, पृ . 331; सुवन्न, सज्झ, सीस, तिपु, लोह,वट्ट, अय , मणिकार .
47. पन्नवणा, I, 61.
48. मिलिंद, पृ . 331.
49. 'पतंजलि आन पाणिनीज ग्रामर', I 4. 54.
50. 'पतंजलि आन पाणिनीज ग्रामर', III 1. 26; तथा यदे तद्दास कर्मकरं नामेतेपि स्वभूत्यर्थमेव प्रवर्त्तन्ते भक्तं चेलम् च लक्ष्यामहे .
51. वसिष्ठ धर्मसूत्र, II. 48 में आया इसी प्रकार का एक नियम बाद में अंतर्विष्ट किया गया मालूम पड़ता है, क्योंकि यह अन्य तीन धर्मसूत्रों में नहीं मिलता है .
52. मनुस्मृति, VIII. 142. विष्णु के समानांतर अनुच्छेद (VI. 2) की जो टीका कृष्णपंडित तथा अन्य टीकाकारों ने की है उसके अनुसार तथा मनुस्मृति और अन्य स्मृतियों के अनुसार यह नियम वैसे ही ऋणों पर लागू होता है जिनके लिए कोई प्रतिभूति नहीं दी जाती थी . बुहलर : पूर्व निर्दिष्ट, xiv, पृ. 15.
53. लूडर्स लिस्ट, सं . 1133.
54. के . वी . रंगस्वामी अय्यंगर : 'आस्पेक्ट्स ऑफ दि पोलिटिकल ऐंड सोशल सिस्टम ऑफ मनु', पृ . 148.
55. मनुस्मृति, X. 129.
56. के . वी . रंगस्वामी अय्यंगर : धर्मशास्त्र, पृ . 120.
57. केतकर : 'हिस्ट्री ऑफ कास्ट', पृ . 98.
58. मनुस्मृति, IX. 157.
59. वही, XI. 34.
60. वही, VIII. 179.
61. लूडर्स लिस्ट, सं . 1137.
62. वही, सं . 1133.
63. (एपिग्राफिया इंडिका, कलकत्ता और दिल्ली, XXI), इंसक्रिप्शन नं . 10, प्रयुक्त शब्द है 'समितकर श्रेणी' . वही, पंक्ति 12.

64. मनुस्मृति, VIII. 417.
65. जायसवाल : 'मनु ऐंड याज्ञवल्क्य', पृ . 171.
66. मनुस्मृति, XI. 18.
67. वही, XI. 13.
68. वही, VIII. 231.
69. कौटिल्य ने चरवाहे के लिए दूध का केवल 10वाँ हिस्सा रखा है, किंतु यह नहीं बताया है कि उसे सबसे अच्छी गाय दुहनी चाहिए.
70. मनु, VIII. 229-44.
71. वही, VIII. 237-8.
72. वही, X. 124.
73. वही, X. 125.
74. वही, VII. 125.
75. वही, VII. 126.
76. वही .
77. पीछे देखें, पृ. 191-2.
78. पतंजलि ऑन पाणिनीज ग्रामर, I.3.72.
79. वी . एस . अग्रवाल : इंडिया ऐज नोन टु पाणिनी', पृ० 236-7.
80. ऊपर देखें, पृ . 155.
81. मनुस्मृति, VIII. 215.
82. वही, VIII. 216.
83. वही, VIII. 217.
84. वही, VI. 145.
85. कौवेल और नील : 'दिव्यावदान', पृ . 304.
86. सद्धर्मपुंडरीक, अध्याय IV, पृ० 76.
87. वही, IV. पृ . 78.''' कटपलिकुंचिकायाम् . 'सेक्रेड बुक्स आफ दि ईस्ट' , में दिया गया इस वाक्य खंड का अनुवाद सही मालूम पड़ता है . यह एडगर्टन की 'बुद्धिस्ट हाइब्रिड संस्कृत डिक्शनरी' में नहीं आया है .
88. पतंजलि आन पाणिनीज ग्रामर, I. 2. 47 और VI. 3. 61, कुड्यीभूतं वृषलकुलमिति .
89. 'कुडी' शब्द 'कुटी' शब्द का गलत पाठ है . (मोनियर विलियम्स : संस्कृत-इंगलिश डिक्शनरी), और कुड्यी कुडी का एक रूप हो सकता है .
90. दिव्यावदान, पृ . 304; स्फटित पुरुषा रुक्षकेशा मलिनंवस्त्रनिवसना:, एडगर्टन को संदेह है कि 'पुरुषा' शब्द अशुद्ध है, अतः उन्होंने पुरुषा की जगह 'परुषा' शब्द का सुझाव दिया है (देखें, स्फटित बुद्धिस्ट हाइब्रिड संस्कृत डिक्शनरी), किंतु वर्तमान पाठ से अधिक अच्छा अर्थ निकलता है .
91. दिव्यावदान, पृ . 304.
92. मनुस्मृति, X. 124.
93. वही, X. 125; तुलनीय V. 140.
94. मिलिंद, पृ० 68.
95. मनुस्मृति, IV. 61., न शूद्र राज्ये निवसेत् .
96. वही, X, 43.44, वृषलत्वं गता लोके ···

97. मत्स्य पुराण, 144.43a; ब्रह्मांड पुराण, II, 31.67b; वायु पुराण, 58.67a में गलत पाठ 'नाश्वमेधेन' है जो ब्रह्मांड पुराण के 'चाश्वमेधेन' के स्थान में आया है . हाजरा : पूर्व निर्दिष्ट, पृ . 206, पादटिप्पणी 59.
98. कूर्म पुराण, अध्याय 30, पृ . 304.
99. विष्णु पुराण, IV. 24.19.
100. ब्रह्मांड पुराण, II, 31.41, राजानः शूद्रभूयिष्ठाः पाखण्डानां प्रवर्त्तकाः,
101. मनुस्मृति, V. 84.
102. मिलिंद, पृ . 358.
103. मनुस्मृति, VII. 54.
104. वही, VII. 21.
105. वही, VIII. 20.
106. कुल्लूक, 'राघवानंद ऐंड नंदन आन मनु', VIII. 20.
107. मनुस्मृति, IX. 322.
108. वही, VIII. 68.
109. वही, VIII. 62.
110. कुल्लूक आन मनु, VIII. 62.
111. मनुस्मृति, VIII. 62 और 69, कुल्लूक की टीका सहित .
112. वही, VIII. 70.
113. वही, VIII. 254.
114. वही, VIII. 65.
115. कुल्लूक आन मनु, VIII. 65.
116. मनुस्मृति, VIII. 66, कुल्लूक की टीका सहित; अध्यधीन की व्याख्या गर्भदास (वही) के रूप में की गई है .
117. वही, VIII. 88.
118. वही .
119. संभवतः मनुस्मृति (VIII. 89-101) में न्यायाधीश द्वारा किए गए तमाम उपदेश शूद्र गवाह को संबोधित हैं .
120. मनुस्मृति, VIII. 113.
121. वही, VIII. 123.
122. वही, VIII. 124 5
123. वही, VIII. 24.
124. वही, VIII. 41.
125. वही, II. 6.
126. के . वी . रंगस्वामी अय्यंगर :'राजधर्म', पृ . 155-6.
127. मनुस्मृति, VIII. 267.
128. वही, VIII. 268.
129. गौतम धर्मसूत्र, XII. 13.
130. मनुस्मृति, VIII. 270.
131. वही, VIII. 277.
132. वही, VIII. 271.'द्विजाति' शब्द की व्याख्या कुल्लूक ने 'ब्राह्मण और अन्य' की है,. किंतु संभवतया यह शब्द केवल ब्राह्मणों के लिए प्रयुक्त हुआ है ..

133. मनुस्मृति, VIII. 272.
134. जायसवाल : 'मनु ऐंड याज्ञवल्क्य', पृ. 150.
135. के. वी. रंगस्वामी अय्यंगर : 'आस्पेक्ट्स ऑफ दि पोलिटिकल ऐंड सोशल सिस्टम ऑफ मनु', पृ. 132.
136. बैशम :'वंडर दैट वाज इंडिया', पृ. 80.
137. मनुस्मृति, VIII. 279.
138. कुल्लूक ऑन मनु, VIII. 279.
139. गौतम धर्मसूत्र, XII. 1; यह नियम अर्थशास्त्र में भी आया है.
140. बुहलर : पूर्व निर्दिष्ट, XXV. 303.
141. मनुस्मृति, VIII. 280.
142. वही, VIII. 281.
143. कुल्लूक आन मनु, VIII.28. मेधा. और गोविंदराज कूल्लूक से सहमत हैं. (बुहलर : पूर्व निर्दिष्ट, XXV. 303).
144. मनुस्मृति, VIII. 282.
145. वही, VIII. 283.
146. वही, IX. 248.
147. कुल्लूक आन मनु, IX . 248.
148. महावस्तु, I, 18. सेनार्ट ने हस्तिनिगडादिभिः शब्द माना है, किंतु बेली इसे हदियो पढ़ते हैं जो पाठ दिव्यावदान, पृ. 365 और 435 में बेड़ी के अर्थ में आया है (सेक्रेड बुक्स ऑफ दि ईस्ट, XVI, 15, पाद टिप्पणी 2). मैथिली में 'हरहीगोरही' शब्द काठ की बेड़ी के अर्थ में प्रयुक्त होता है.
149. सद्धर्मपुण्डरीक, पृ. 289.
150. मनुस्मृति, VIII. 284.
151. बुहलर : पूर्व निर्दिष्ट, पृ. 304.
152. मनुस्मृति, XI. 127; तुलनीय 129-131.
153. वही, XI. 128-31.
154. वही, XI.131.
155. मनु, XI. 132, 141. यह नियम मनु और अन्य विधिनिर्माताओं द्वारा विहित धर्म और धर्मनिरपेक्ष दंडों के बीच विषमता का संकेत देता है, क्योंकि किसी शूद्र की हत्या करने पर धर्मनिरपेक्ष विधि में दस गाय और एक साँड़ के वैरदेय का दंड विहित किया गया है.
156. मनुस्मृति, VIII. 104-5.
157. वही, XI. 67.
158. वही, VIII. 337-38.
159. वही, IX. 151-154.
160. वही, IX. 155.
161. वही, IX. 160.
162. वही, IX. 157.
163. वही, VIII. 40.
164. वही, VIII. 385.
165. वही, VIII. 383.

166. वही, XI. 179.
167. मनुस्मृति, VIII. 359.
168. वही, VIII. 361-2.
169. वही, VIII. 363.
170. वही .
171. जायसवाल : पूर्व निर्दिष्ट, पृ . 167-8.
172. मनुस्मृति, VIII.374.
173. वही, VIII. 375-6.
174. वही, VIII. 377.
175. अर्थशास्त्र, IV. 13.
176. वसिष्ठ धर्मसूत्र, XXI. 2-3.
177. मनुस्मृति, VIII. 359 कुल्लूक की टीका सहित . प्रयुक्त शब्द 'अब्राह्मण' है, जिसका अर्थ कुल्लूक ने शूद्र किया है .
178. वही, VIII. 413, शूद्रंतु कारयेद्दास्यं क्रीतमक्रीतमेव वा; दास्यायेव हि सृष्टोसो ब्राह्मणस्य स्वयम्भुवा .
179. वही, VIII. 414, न स्वामिना निसृष्टोऽपि शूद्रो दास्याद्विमुच्यते; निसर्गजं हि तत्तस्य कस्तस्मात् तमपोहति . मेधातिथि ने इसे अतिरंजना अर्थात अर्थवाद माना है, किंतु इस बात से संभवतया मनु की अपेक्षा टीकाकार के समय की स्थितियों का अधिक परिचय मिलता है .
180. वही, VIII. 412.
181. अर्थशास्त्र, III. 13.
182. जी. एफ . इलयिन ने इस प्रश्न पर विस्तारपूर्वक विचार किया है, 'शूद्राज उंड स्क्लेवन इन डेन एलटिण्डिश्चेन गेसेत्सबुकेर्न' (सोजेत्विस्सेनसेफ्ट गेजेलशेफ्टस्विसेनशेफ्टलिशे एब्टाइलुंग, 1952, सं. 2), पृ. 105-108. देखें, सेनार्ट : पूर्व निर्दिष्ट, पृ. 103.
183. मनुस्मृति, IX. 179, दास्यां वा दासदास्यां वा यः शूद्रस्य सुतो भवेत .
184. वही .
185. वही, VIII. 167, यहां 'अध्यधीन' शब्द का अर्थ कुल्लूक ने दास किया है .
186. वही VIII. 199.
187. वही, IV. 180.
188. वही, IV. 184.
189. वही, IV. 185.
190. नैतत्तेषां दासे वा भवति कर्मकरे वा . 'पतंजलि ऑन पाणिनीज ग्रामर', IV. 1. 168, तुलनीय 'काशिका ऑन पाणिनि', V. 3. 114. इदं तर्हि क्षौद्रकाणामपत्यं , मालवानामपत्यमिति . अत्रापि क्षौद्रक्यः मालव्य इति .
191. दिजावर कुटूब विवधनस''' विनिवतित चातुवण संकरस, वासिष्ठीपुत्र पुलुमावि का नासिक गुफा उत्कीर्ण-लेख, उ. ले. 11.5-6, डी. सी. सरकार : 'सिलेक्ट इंसक्रिप्शंस', I, 197.
192. वही .
193. मनुस्मृति, I. 31.
194. वही, II.127.
195. वही, II. 126.
196. पतंजलि ऑन पाणिनीज ग्रामर, VIII. 2.82-83. भो राजन्यविशां वा .

197. मनुस्मृति, II. 137 . तुलनीय गौतम, जो घोषित करते हैं कि अस्सी वर्ष की अवस्था हो जाने पर शूद्र आदर का पात्र हो जाता है .
198. मनुस्मृति, II. 31.
199. मनुस्मृति, II. 32. शर्मवद्ब्राह्मणस्य स्याद्राज्ञो रक्षासमन्वितम्, वैश्यस्यपुष्टिसंयुक्तं शूद्रस्य प्रेष्यसंयुक्तम् . कुल्लूक ने टीका की है कि ये उपाधियाँ क्रमशः शर्मन्, वर्मन्, भूति और दास होनी चाहिए .
200. पतंजलि आन पाणिनीज ग्रामर, VI. 2. 11.
201. वही, II. 2. 11 और III. 2. 127.
202. वही, V. 3. 66; तुलनीय वही, III. 1. 107-8.
203. मनुस्मृति, IV. 245.
204. वही, IV. 140, किंतु उन्होंने शूद्र के स्थान में वृषल शब्द का प्रयोग किया है .
205. वही, III. 112.
206. वही, IV. 211.
207. वही, IV. 215-16.
208. वही, IV. 218.
209. मनुस्मृति, IV. 219, कारुकान्नं प्रजां हन्ति बलं निर्णेजकस्य च; गणान्नं गणिकान्नं च लोकेभ्यः परिकृन्तति .
210. वही, IV. 222.
211. वही, IV. 223.
212. वही, X. 106-8.
213. वही, X. 108.
214. मूल ग्रंथ में संबंधवाचक सर्वनाम नहीं आया है , किंतु कुल्लूक ने इस अनुच्छेद का अर्थ लगाया है कि यह केवल किसी के अपने सेवकों पर लागू होता है . यह मनु की भावना के अधिक निकट मालूम पड़ता है, बनिस्बत इसके कि इसका अर्थ किया जाए सभी बटाईदार, आदि . मनुस्मृति, IV. 253. 'सेक्रेड बुक्स ऑफ दि ईस्ट', XXV.168 में 'आर्धिक' शब्द का अनुवाद 'लेबरर इन टिलेज' (जोतदार श्रमिक) गलत हुआ है . पतंजलि के महाभाष्य में चरवाहे को 'आभीर' बताया गया है .
215. पतंजलि आन पाणिनीज़ ग्रामर, II. 4. 10.
216. मनुस्मृति, XI. 153.
217. वही, XI. 149, कुल्लूक की टिप्पणी सहित .
218. वही, XI. 156.
219. वही, X. 157.
220. वही, X. 126.

राघवानंद ने इसके साथ 'कसाईखाना रखना' भी शामिल किया है .

221. वही, III. 24.
222. वही, III. 23.
223. आदिपर्व, अध्याय 67.11.
224. मनुस्मृति, III. 25.
225. मनुस्मृति, III. 25 पर टीका, कुल्लूक यह भी कहते हैं कि राक्षस पद्धति से विवाह वैश्यों और शूद्रों के लिए भी विहित किया गया है .

226. मनुस्मृति, IX. 196-7, कुल्लूक की टीका सहित .
227. वही, IX. 65.
228. वसिष्ठ धर्मसूत्र, I. 25.
229. मनुस्मृति, IX. 66, अयं द्विजैर्हि विद्वद्भिः पशुधर्मो विगर्हितः .
230. जाली: 'हिंदू ला ऐंड कस्टम', पृ. 155.
231. मनुस्मृति, III. 13.
232. वही, IX. 85.
233. वही, III. 14.
234. पतंजलि आन पाणिनीज ग्रामर , II. 3. 69 और I. 2. 43.
235. मनुस्मृति, III. 15.
236. मनुस्मृति की टीका, III. 15.
237. मनुस्मृति, III. 16, कुल्लूक की टीका सहित .
238. मनुस्मृति, III. 17.
239. वही, III. 64.
240. वही, IX. 178.
241. वही, III. 19.
242. वही, III. 17-19.
243. पंतजलि ऑन पाणिनीज ग्रामर, IV . 2.104; ' जूनागढ़ राक इंसक्रिप्शंस ऑफ रुद्रदामन्', I, 1. 11; सरकार, 'सिलेक्ट इंसक्रिप्शंस', I, 172. इस काल में भी हम निषादों के देश के बारे में सुनते हैं .
244. मनुस्मृति (XII. 55) में बताया गया है कि ब्राह्मण की हत्या करनेवाला चंडाल या पुक्कुस के गर्भ में उद्भूत होगा .
245. मनुस्मृति, X, 8-9, 12, 16, 18, 19. इस समय तक कुछ पुरानी जातियाँ आनुवंशिक बन चुकी थीं, क्योंकि हमें निषादों और चंडालों के बेटों की सूचना मिलती है . (पतंजलि ऑन पाणिनीज ग्रामर, IV. 1.97) .
246. मनुस्मृति, X. 15.
247. वही, X, 33-34.
248. वही, X. 37.
249. वही, X. 36.
250. वही, X. 39.
251. वही, X.26-29.
252. मनुस्मृति, X. 31, प्रतिकूलं वर्तमाना बाह्या बाह्यतरान्पुनः हीना हीनान्प्रसूयन्ते वर्णान् पंचदशैव च . अपनी टीका में कुल्लूक ने यह बताने का प्रयास किया है कि ऐसी कुल जातियाँ तीस थीं . हो सकता है कि यह बाद की बात हो .
253. वही, X. 40.
254. वही, X. 56.39; तुलनीय महावस्तु, II. 73.
255. मनुस्मृति, X. 48.
256. वही, X. 49.
257. वही, X. 48.
258. मनुस्मृति, X. 36, 49. प्रसंगवश इससे पता चलता है कि तीन कोटियों के लोगों, यथा,

चर्मकार, धिग्वण और कारावर के लिए चमड़े का काम महत्वपूर्ण शिल्प बन गया था .

259. वही, X. 37.
260. वही, X. 34.
261. वही, X. 49.
262. वही, X. 32.
263. वही, X. 33.
264. कर्न : 'सेक्रेड बुक्स ऑफ दि ईस्ट', XXI, 438 . इस शब्द का अनुवाद जो बकरी का मांस बेचने वाले कसाई के रूप में किया गया है, वह उपयुक्त नहीं मालूम पड़ता है .
265. सद्धर्मपुंडरीक, पृ . 180-1, 311-2; इस सूची में आजीविक, निर्ग्रंथ और लोकायतिक भी सम्मिलित हैं . देखें बोस : पूर्व निर्दिष्ट, II, 463-4, गोवधिक और उसके शिष्य सहायक का उल्लेख 'महावस्तु', II, 125 में किया गया हैं .
266. मनुस्मृति, X. 49-50.
267. वही, बालचरित, II. 5; अविमारक, VI, 5-6. पुसलकर : 'भास—ए स्टडी', पृ . 358 और 391.
268. मनुस्मृति, X. 54-55.
269. वही, X. 55,''' चिन्हिति राजशासने:.
270. बुहलर : 'सेक्रेड बुक्स ऑफ दि ईस्ट', XXV. 415, पादटिप्पणी 55; बोस : पूर्व निर्दिष्ट, II, पृ . 437 . मेधातिथि इन चिन्हों को कुल्हाड़ी, बसुला आदि के रूप में देखते हैं, जिनका प्रयोग अपराधियों का वध करने में किया जाता था और जिन्हें कंधे पर ढोया जाता था . गोविंदराज उन्हें 'छड़ी आदि ' बताते हैं और सर्वज्ञानारायण उन्हें लोहे का गहना, मोर के पंख आदि बताते हैं .
271. मनुस्मृति, X. 53-54; कुल्लूक का कथन है कि यह नौकरों के माध्यम से करना चाहिए .
272. वही, IV. 79.
273. वही, III. 239.
274. वही, II. 276.
275. वही, X. 4.
276. वही, VIII. 279.
277. वही, IV. 6. बाद के ग्रंथों के अनुसार 'अंत्यज' शब्द से रजक, कर्मकार, नट, बुरुद, कैवर्त्त, भिल्ल और मेद का बोध होता है . के. वी. रंगस्वामी अय्यंगर ने 'समआस्पेक्ट्स ऑफ दि हिंदू व्यू ऑफ लाइफ अकार्डिंग टु धर्मशास्त्र' , पृ . 115-6 में पराशर और अत्रि को उद्धृत किया है .
278. मनुस्मृति, X. 29-31. मेधातिथि, गोविंदराज और कुल्लूक की टीका .
279. मनुस्मृति, VIII. 385.
280. पंतजलि ऑन पाणिनीज ग्रामर, II. 4. 10; येर्भुक्ते पात्रं संस्कारेणापि न शुध्यति ते निरवसिता:.
281. मनुस्मृति, X.51.
282. महावस्तु, I. 188; ब्राह्मण और शूद्र शब्दों का प्रयोग 'महावस्तु' की पूरी आबादी का बोध कराने के लिए किया गया है .
283. पतंजलि आन पाणिनीज ग्रामर, II. 2. 8, 11.
284. वही, II. 2. 11.
285. वही, I. 3. 55.

286. भंडारकर : 'सम आस्पेक्ट्स ऑफ एनशिएंट इंडियन कल्चर', पृ . 51 और 54.
287. मनुस्मृति, IV. 140.
288. वही, III. 19.
289. एस . के . बोस: (इंडियन कल्चर, कलकत्ता, II), पृ . 596-7.
290. पतंजलि ऑन पाणिनीज ग्रामर, II . 3. 69 और I. 2. 48.
291. वही, I. 2. 47 और VI. 3. 61.
292. मनुस्मृति, II. 165.
293. वही, X. 4.
294. वही, II. 169-70.
295. वही, II. 163. देखें, II. 172, X. 110. बताया गया है कि लड़कियों और शूद्रों का 'उपनयन' औपचारिक समारोह के बिना ही किया जाता था, रंगस्वामी अय्यंगर : 'पोलिटिकल ऐंड सोशल आस्पेक्ट्स ऑफ दि सिस्टम ऑफ मनुस्मृति', पृ. 145, किंतु इसके लिए कोई प्रमाण नहीं मिलता .
296. मनुस्मृति, IV. 99 और 108.
297. वही, III. 156.
298. वही, II. 109.
299. वही, IV. 80.
300. वही, IV. 81.
301. पतंजलि ऑन पाणिनीज ग्रामर, IV. 1. 93.
302. मनुस्मृति, X. 126
303. वही, IX. 86.
304. वही, IX. 87.
305. वही, XI. 24.
306. वही, XI. 42-43.
307. वही, X. 126.
308. प्रतिमा, III.5.
309. मनुस्मृति, X.127.
310. वही, III. 196-198. मनुस्मृति, VIII. 140 में वसिष्ठ को विधिनिर्माता कहा गया है और मनुस्मृति, I. 35 में उन्हें दस प्रजापतियों में से एक कहा गया है.
311. वही, X. 63.
312. वही, XI. 224.
313. पतंजलि ऑन पाणिनीज ग्रामर, II.1. 1. वही, V. 139, पतंजलि दास और भार्या को एक ही कोटि में रखते हैं .
314. मनुस्मृति, V. 140.
315. वही, V. 83.
316. वही, V. 99.
317. वही, V. 104.
318. हाजरा : पूर्व निर्दिष्ट, पृ . 208-10
319. कूर्म पुराण, अध्याय 30, पृ . 304-5
320. मत्स्य पुराण, अध्याय 272, 46-7 एवं आगे.

321. वायु पुराण, अध्याय 58, 38-49. ब्रह्मांड पुराण, भाग II, अध्याय 31. 39-49.
322. हाजरा : पूर्व निर्दिष्ट, पृ० 178.
323. वही, पृ. 174-5. इन पुराणों में कलियुग से संबंधित वर्णनवाले अंश को हाजरा ने ई. सन 200-275 का माना है.
324. (एपिग्राफिया इंडिका, कलकत्ता और दिल्ली, VIII), उत्कीर्ण लेख, सं. 15, I. 10; कलियुग दोषावसन्न-धर्म उद्धरण-नित्य सन्नद्धस्य.
325. पार्जिटर का विचार है कि कलियुग भारतयुद्ध के समय से प्रारंभ होता है, किंतु एक युग के अंत में (युगान्ते) कलियुग के पापों का वर्णन प्रायः उस दुर्व्यवस्थापूर्ण काल का संकेत करता है जो मौर्य साम्राज्य के पतन और गुप्त साम्राज्य के उत्थान के बीच आता है.
326. जायसवाल : 'हिस्ट्री ऑफ इंडिया' (ई. सन 150-350), पृ. 151-2.
327. वही, पृ. 46. युग पुराण, 95 एवं आगे. युग पुराण में जो चित्र खींचा गया है, वह ग्रीक विजय के परिणाम के लिए अभिप्रेत है, इसके बारे में टार्न को संदेह है. टार्न : 'दि ग्रीक्स इन बैक्ट्रिया ऐंड इंडिया', पृ. 456.
328. हिब्रू पैंगंबरों ने असीरिया के पतन का वर्णन करने में इसी तरह की साहित्यिक शैली अपनाई थी.
329. मनुस्मृति, VIII. 418.
330. वही, X. 61.
331. वही, XII. 72.
332. वही, IX. 337.
333. वही, VII. 69. कहा गया है कि देश को अनाविलम् होना चाहिए. टीकाकारों (नारद स्मृति और नंद.) ने इस शब्द का अर्थ लगाया है, जातियों के मिश्रण जैसे दूषणों से मुक्त (सेक्रेड बुक्स आफ दि ईस्ट, XXV. 227).
334. टीकाकारों की ये व्याख्याएँ कि इनसे शूद्र न्यायाधीशों या प्रशासी अधिकारियों की प्रमुखता का संकेत मिलता है, निराधार मालूम पड़ती हैं.
335. मनुस्मृति, IX. 253.
336. वही, IX. 260.
337. वही, X. 57-8.
338. मनुस्मृति. VIII. 348. शस्त्रं द्विजातिभिर्ग्राह्यं धर्मो यत्रोपरुद्धयते द्विजातीनां च वर्णानां विप्लवे कालकारिते. वसिष्ठ धर्मसूत्र में भी इस विधान की चर्चा है, किंतु इतने स्पष्ट शब्दों में नहीं (III. 24.25).
339. पाटिल : 'कल्चरल हिस्ट्री फ्राम दि वायु पुराण', पृ. 74-75 में उद्धृत. लेखक का विचार है कि यह वर्णन गुप्तकाल के पहले की ईस्वी सन् की आरंभिक शताब्दियों का है (पृ. 128).
340. मनुस्मृति, VIII. 16. वृषो हि भगवान धर्मस्तस्य यः कुरुते ह्यलम् वृषलं तं विदुर्देवास्तस्माद्धर्म न लोपयेत्. शांतिपर्व में भी यह विधान दुहराया गया है, किंतु प्राचीन ब्राह्मण ग्रंथों में इसका उल्लेख नहीं है.
341. जायसवाल : 'मनु ऐंड याज्ञवल्क्य', पृ. 91-92.
342. विष्णुपुराण, VI. 1. 36.
343. वही, VI. 1. 51. शूद्रप्रायास्तथा वर्णा भविष्यन्ति कलौयुगे.
344. मनुस्मृति, XII. 46-8.
345. वही, XII. 43.
346. हापकिंस : 'म्युचुअल रिलेशंस ऑफ दि फोर कास्ट्स इन मनु', पृ. 78, तुलनीय, पृ. 82.
347. के. वी. रंगस्वामी अय्यंगर : पूर्व निर्दिष्ट, पृ. 151-2, उन्होंने स्वीकार किया है कि कभी-कभी 'नीतिशास्त्रों' ने 'लखपतियों की खिल्ली उड़ाई है', (पृ. 159).

348. मनुस्मृति, X. 129.
349. वही, IV.253.
350. अर्थशास्त्र, II. 23; मनुस्मृति, IV. 253 . 'अर्थशास्त्र' में बटाईदारों को राज्य से जमीन मिलने की व्यवस्था है, किंतु मनु में इन्हें व्यक्ति विशेष से जमीन मिलती है .
351. मनु, VII. 119. यहाँ हमें सामंतवाद का महत्वपूर्ण आभास मिलता है .
352. के . वी . रंगस्वामी अय्यंगर : पूर्व निर्दिष्ट, पृ . 108.
353. कोसंबी : 'जर्नल ऑफ दि अमेरिकन ओरिएंटल सोसायटी', (बाल्टीमोर, LXXV), पृ . 41.
354. स्वतंत्र हस्तशिल्पों का प्रचलन सामान्यतया मध्यकालीन यूरोप के सामंतवादी समाज की महत्वपूर्ण विशेषता मानी जाती है .
355. रुद्रदामन का जूनागढ़ का शिलालेख (राक इंस्क्रिप्शन) I. 1. 9.
356. वही, I 16.
357. वरमिंगटन : 'दि कामर्स बिट्वीन दि रोमन एम्पायर ऐंड इंडिया' पुस्तक में इस समस्या पर विचार किया गया है, हाल के पुरातात्विक प्रमाण के लिए देखें, व्हीलर : 'रोम बियांड दि इंपीरियल फ्रंटियर्स', अध्याय 12-13
358. व्हीलर : पूर्व निर्दिष्ट, पृ . 151. टालेमी ने समुद्र के किनारे के सोलह नगरों को वाणिज्य केंद्र बताया है .
359. मनुस्मृति, VIII. 268.
360. वासिष्ठीपुत्र पुलुमावि का नासिक गुफा-उत्कीर्ण लेख, 11. 5-6 (डी . सी . सरकार, सिलेक्ट इंसक्रिप्शंस, I, 197) .
361. मनुस्मृति, III. 196-198.
362. वही, II. 30-1.
363. विष्णु पुराण, IV. 24. 21-24; ततश्चार्थं एवाभिजनहेतुर धनमेवासेषधर्महेतुः··· दानमेव धर्महेतुः आढ्यतैव साधुत्वहेतुः, तुलनीय युग पुराण, 95-112.

रूपांतरण की प्रक्रिया

(लगभग दो सौ-पाँच सौ ई . सन)

इस काल में शूद्रों की स्थिति के अध्ययन के लिए मुख्य स्रोत हैं विष्णु, याज्ञवल्क्य, नारद, बृहस्पति और कात्यायन की स्मृतियाँ ।[1] इनमें याज्ञवल्क्य स्मृति सर्वाधिक महत्वपूर्ण प्रतीत होती है, क्योंकि बाद में चलकर उत्तर भारत में यही प्रमाण के रूप में अपनाई गई । गुप्तकाल में हुए सामाजिक विकासक्रम जिस वास्तविकता के साथ इसके प्रावधानों में प्रतिफलित हुए हैं, वह शायद अन्य किसी भी स्मृति में नहीं । इस स्मृति में शूद्रों के विरुद्ध मनुस्मृति में किए गए अतिवादी प्रावधानों को या तो खंडित कर दिया गया है या उनकी अवहेलना कर दी गई है और इसमें ब्राह्मणों के लिए भी दागने (अंकन), और देश से निकालने (निष्कासन) का दंड विहित किया गया है ।[2]

कौन स्मृतिकार किस क्षेत्र के थे, इस विषय में हम मात्र अनुमान कर सकते हैं । याज्ञवल्क्य संभवतया मिथिला के थे ।[3] नारद नेपाल के प्रतीत होते हैं ।[4] अन्य स्मृतिकार भी उत्तर भारत के रहनेवाले हो सकते हैं, क्योंकि उनकी स्मृतियों में जैसी स्थितियाँ चित्रित हैं, वैसी मुख्यतया उत्तर भारत में ही पाई जाती हैं ।

इन स्मृतियों में धर्मसूत्रों के वचन का विस्तार किया गया है और बहुधा *मनु* के श्लोक उतारे गए हैं ।[5] नई जानकारी केवल पाठांतरों से निकाली जा सकती है, जिनका प्रत्यक्ष संबंध हमारे आलोच्य विषय से हमेशा नहीं है । पर प्रायश्चित-कांड और संस्कारकांड कहीं-कहीं विस्तार से दिए गए हैं; उनसे शूद्रों की धार्मिक अवस्था का पता चलता है ।

स्मृतियों में लक्षित तथ्य कभी-कभी *महाभारत* और पुराणों के स्मृति-प्रकरणों से अनुसमर्थित और अनुपूरित होते हैं । हापकिंस का मत है कि *महाभारत* का उपदेशात्मक अंश अधिकतर दो सौ ई . पू . और दो सौ ई . के बीच जोड़ा गया क्षेपक है ।[6] यह बात शांतिपर्व के कई श्लोकों के विषय में सत्य प्रतीत होती है, क्योंकि वे ठीक वैसे ही *मनु* में भी मिलते हैं । हापकिंस की अपनी मान्यता है कि बढ़ता-बढ़ता अनुशासनपर्व शांतिपर्व से अलग होकर दो-सौ-चार सौ ई . के बीच पृथक पर्व के रूप में मान्य हुआ ।[7] पुराणों

में आए स्मृति-अंश का कोई निर्देश ईसा से पूर्व नहीं मिलता है।[8] *विष्णु,*[9] *मार्कण्डेय,*[10] *भविष्य*[11] और *भागवत*[12] पुराणों के वर्ण धर्म-संबंधी अध्याय मोटे तौर पर गुप्तकाल के माने जा सकते हैं।

इस काल के स्मृतिग्रंथों की एक खास विशिष्टता है वैष्णव मत की ओर झुकाव। यह विशेष रूप से *विष्णु स्मृति,* वृहस्पति स्मृति,[13] *विष्णु पुराण*[14] और *मत्स्य पुराण*[15] में लक्षित है। संभवतया कृष्ण की उपासना और वैष्णव मत के प्रभाव के कारण ही विचार में वह उदारता आई है, जो महागाथा काव्य *महाभारत* में व्यापक रूप से प्रतिफलित होती है।[16] जैसा कि आगे बताया जाएगा, वैष्णव भावना के उदय से शूद्रों के प्रति ब्राह्मणों के दृष्टिकोण में उदारता आई, और उन्हें धर्म के क्षेत्र में सीमित ही सही, पर सुनिश्चित अधिकार मिले।

कालिदास और शूद्रक की कृतियों से जो जानकारी मिलती है, वह भी स्मृतियों की भावना के अनुरूप है। कालिदास ने वर्णाश्रम के आदर्श का प्रतिपादन किया है,[17] और यह बात शूद्रक के विषय में भी कही जा सकती है।[18]

शूद्रों की स्थिति के बारे में बौद्धग्रंथ *लंकावतार* सूत्र और *वज्रसूची* में भी कुछ जानकारी मिलती है। पहला ग्रंथ 443 ईस्वी के पूर्व संकलित किया गया है,[19] किंतु द्वितीय ग्रंथ की तिथि निश्चित नहीं है। यह मौर्योत्तर काल के कवि अश्वघोष की रचना नहीं प्रतीत होती, क्योंकि चीनी यात्री इत्सिङ् ने इनकी कृतियों की जो सूची दी है उसमें इसका उल्लेख नहीं है।[20] 973-981 ई. के बीच किया गया इसका चीनी अनुवाद बौद्ध नैयायिक धर्मकीर्ति द्वारा किया गया बताया जाता है, जो सर्वथा संभव है कि पाँचवीं शताब्दी ईस्वी में हुए थे।[21] *वज्रसूची* में मनुस्मृति के श्लोक उद्धृत हैं, जिससे इसका परवर्ती होना सिद्ध होता है। मुख्य-मुख्य बौद्ध और जैन टीका ग्रंथों[22] में भी, जो संभवतया आलोच्य काल के हैं, हमारे अध्येय विषय की प्रासंगिक चर्चाएँ आई हैं।

कामंदक के *नीतिसार,* भरत के *नाट्यशास्त्र,*[23] वात्स्यायन के *कामसूत्र,*[24] अमरसिंह के *अमरकोश,* और वराहमिहिर की *वृहत् संहिता*[25] जैसे तकनीकी ग्रंथों से भी इस काल में शूद्रों की स्थिति के विषय में काफी जानकारी मिलती है।

हयशीर्ष पंचरात्र और *विष्णुधर्मोत्तर पुराण* के प्रतिमाविज्ञान विषयक भागों से भी कुछ जानकारी प्राप्त होती है। पहला ग्रंथ तो गुप्तकाल में रचा गया प्रतीत होता है,[26] लेकिन दूसरा ग्रंथ गुप्तोत्तर काल में संकलित जान पड़ता है, और गौण साक्ष्य के रूप में उपयोगी सिद्ध हो सकता है।

उत्कीर्ण लेखों में वर्ण के रूप में शूद्रों का उल्लेख नहीं है, किंतु करदायी किसानों और कारीगरों का बार-बार उल्लेख हुआ है और कारीगरों के संघ की भी चर्चा है। इससे हमें

शूद्रों की आर्थिक स्थिति में हुए परिवर्तनों का स्वरूप पता लगाने में सहायता मिलती है।

इसी काल में हमें यह सुपरिचित सूत्र वाक्य सुनने को मिलता है कि शूद्र का कर्त्तव्य है, अन्य तीनों वर्णों की सेवा करना।[27] मनु की भाँति ही यह दावा किया गया है कि शूद्र को विशेषतया ब्राह्मण की सेवा करनी चाहिए।[28] शांतिपर्व में एक राजा का दावा है कि उसके राज्य में शूद्र किसी विद्वेष के बिना सम्यक रूप से अन्य तीनों वर्णों की सेवा और परिचर्या करते हैं।[29]

अनुशासनपर्व में कहा गया है कि शूद्र मजदूर (कर्मकर) हैं,[30] और यदि शूद्र न हों तो मजदूर न होंगे।[31] इसमें संदेह नहीं कि शूद्रों का बहुत बड़ा भाग मजदूरी कमाता था, क्योंकि मजदूरी के ग्यारहों पर्याय *अमरकोश* में शूद्र वर्ग में आए हैं।[32] इसी तरह मजदूरों और सेवकों की विविध कोटियों के नाम भी इसी वर्ग में गिनाए गए हैं। इसमें भृत्यकों (वेतनार्जकों) के चार नाम हैं, वाहकों के दो नाम, कुलियों के दो नाम और भृत्यों के ग्यारह नाम हैं।[33]

नारद और वृहस्पति ने भृतकों को तीन कोटियों में रखा है, एक सेना में काम करनेवाले, दूसरे कृषिकर्म करनेवाले और तीसरे एक जगह से दूसरी जगह भार ढोकर ले जानेवाले।[34] इनमें प्रथम को उत्तम, द्वितीय को मध्यम और तृतीय को अधम कर्मकर माना गया है।[35]

यद्यपि कुली और वाहक अधम कोटि के मजदूर माने गए हैं, फिर भी श्रमिकों में उनका महत्व कम नहीं प्रतीत होता, क्योंकि उनके कर्म के बारे में बहुत से नियम इस काल के विधिग्रंथों में दिए गए हैं। वाहकों का नियोजन मुख्यतया सौदागर (वणिक) करते थे और ये वाहक सौंपे गए माल के लिए जवाबदेह होते थे, बशर्ते कि माल की हानि का कारण राजा और दैव (भाग्य) न हो।[36] विभिन्न अवस्थाओं में काम अधूरा छोड़ने के कारण उनके लिए विभिन्न दंडों का विधान है। नारद ने कहा है कि जो वाहक माल को लक्ष्यस्थान पर पहुँचाने का करार करके ढोने से इंकार कर दे, वह अपनी मजदूरी का छठा भाग हर्जाना देगा,[37] यदि सामान ले जाने का समय आ जाए और वह तब इधर-उधर करे तो उसे मजदूरी का दूना हर्जाना देना पड़ेगा।[38] याज्ञवल्क्य ने भी इस नियम का समर्थन किया है।[39] किंतु परवर्ती स्मृतिकारों के अन्य प्रावधानों के अनुसार यदि वाहक कार्य आरंभ करके बीच में ही छोड़ दे तो वह अपनी मजदूरी का सातवाँ हिस्सा चुकाएगा, और यदि आधा रास्ता जाकर छोड़े तो पूरी मजदूरी चुकाएगा।[40] नियोजक की ओर से करार भंग होने पर वाहक को मजदूरी चुकाने का नियोजक का दायित्व उतना कड़ा नहीं प्रतीत होता है। नारद ने कहा है कि यदि सौदागर भाड़ा तय करके गाड़ी या ढोर से काम न ले तो वाहक को भाड़े का चौथा हिस्सा दिलाया जाएगा, और यदि उसे रास्ते में छोड़ दे तो पूरा भाड़ा दिलाया जाएगा।[41]

यह नियम भारवाही गाड़ी और पशु के मालिकों के लिए, और पूर्ण संभवतया उन वाहकों के लिए है जो स्वयं मालिक और चालक भी हैं, न कि उन मनुष्यों के लिए जो पशु की भाँति स्वयं अपने ऊपर माल ढोते हैं। फिर भी इसका प्रतिस्थानी नेपाली पाठ, जो शुद्ध पाठ माना जाता है,[42] बताता है कि यदि नियोजक की गलती से वाहक कार्य रोके तो वाहक को उतनी मजदूरी दिलाई जाए जितना काम उसने संपन्न किया हो।[43]

कृषि मजदूरों और चरवाहों को मिलनेवाली मजदूरी के बारे में हमें कुछ जानकारी प्राप्त है। याज्ञवल्क्य, नारद और कात्यायन ने उन्हीं दरों को दुहराया है जिनका विधान कौटिल्य के *अर्थशास्त्र* में किया गया है। इसके अनुसार कर्षक (कृषि मजदूर) को फसल का दसवाँ भाग, गोपालक (चरवाहे)को घी का दसवाँ भाग और पैकार के भारवाहक को बिक्री-मूल्य का दसवाँ भाग वेतन मिलना चाहिए।[44] यह व्यवस्था परंपरागत प्रतीत होती है, और गुप्तकाल में मजदूरी में जो परिवर्तन हुए, उनका विचार इसमें नहीं किया गया है। ये परिवर्तन शांतिपर्व और नारद एवं वृहस्पति की स्मृतियों में पाए जानेवाले पाठांतरीय वचनों से लक्षित होते हैं। गोपालक (चरवाहे) की मजदूरी के विषय में शांतिपर्व में कहा गया है कि यदि वह दूसरों के लिए छह गायों का पालन करता है तो उसे मजदूरी में एक गाय का दूध मिलना चाहिए।[45] यह भी कहा गया है कि एक सौ गायों के पालन के लिए गोपालक को एक जोड़ा पशु मिलना चाहिए।[46] नारद ने इससे कम मजदूरी बताई है। एक सौ गाय चराने के लिए प्रति वर्ष एक बछिया दी जाएगी, दो सौ गाय चराने के लिए एक धेनु (दुधार गाय) और दोनों दशाओं में चरवाहे को हर आठवें दिन सभी गायों का दूध दिया जाएगा।[47] नारद के इस वचन से उन्हीं का वह पूर्वोक्त वचन बहुत कुछ बाधित हो जाता है, जिसमें चरवाहे के लिए घी का दसवाँ हिस्सा परंपरागत दर बताया गया है। समसामयिक जैन स्रोतों से ज्ञात होता है कि व्यवहार में इन नियमों का मोटे तौर पर ही पालन होता था। उदाहरणार्थ, एक चरवाहे की चर्चा आई है जिसे हर आठवें दिन गाय या भैंस का सारा दूध मिलता था।[48] एक दूसरे उदाहरण में पारिश्रमिक की दर इससे अधिक है; एक गोपालक को पारिश्रमिक के रूप में दूध का चौथा हिस्सा दिया गया था।[49] इससे प्रकट होता है कि चरवाहे की मजदूरी में निश्चित रूप से वृद्धि हुई। इतना ही नहीं, इस बात से कि मजदूरी में पशु दिया जाता था, पता चलता है कि अपेक्षाकृत चरवाहे की अपनी स्वतंत्र हैसियत भी थी, जिसका अपना घर होता था और चारे के लिए कुछ जमीन भी रहती थी।

कर्षकों के पारिश्रमिक की दरें शांतिपर्व और *वृहस्पति स्मृति* में उनसे अधिक विहित की गई हैं जो इस काल के आसपास के अन्य ग्रंथों में विहित हैं। यथा, शांतिपर्व के अनुसार यदि कर्षकों को बीज आदि दिए जाएँ तो उन्हें उपज का सातवाँ भाग मिल सकता है।[50] वृहस्पति तो और भी उदार हैं। उनके अनुसार खेती के काम में लगाए गए मजदूरों

(सीरवाहकों) को, यदि उन्हें अन्न और वस्त्र दिया गया हो, तो उपज का चौथाई भाग मिलेगा।[51] यदि अन्न और वस्त्र दिए बिना उनसे काम कराया जाए तो उन्हें उपज का तीसरा भाग दिया जाना चाहिए।[52] स्पष्टतया ये नियम खेती के मजदूरों के लिए हैं, न कि ऐसे बटाईदारों के लिए जो खेती के लिए बीज, बैल और औजार अपनी ओर से लगाते हैं। यह युक्तिसंगत नहीं है कि यहाँ की सीर भूमि वही है जो कौटिल्य की सीता भूमि।[53] सीता राजा की भूमि होती थी, लेकिन सीर भूमि व्यक्ति विशेष के कब्जे में रहती थी, जिसमें वह खेती के लिए मजदूरों को लगाता था।[54]

वृहस्पति द्वारा विहित पारिश्रमिक की दरों से विदित होता है कि गुप्तकाल के अंतिम भाग में कृषकों की मजदूरी दूनी हो गई। इतना ही नहीं, यह तथ्य कि वे अन्न और वस्त्र के बिना काम करते थे, सूचित करता है कि एक नवीन कोटि के कर्षकों का उदय हुआ था जो अपना भरण-पोषण आप करने के साधनों से संपन्न होते थे और इसलिए अपने नियोजकों पर कम आश्रित रहते थे। इस प्रकार यह स्पष्ट हो जाता है कि इस काल में पशुपालकों और कृषि मजदूरों के पारिश्रमिक में निश्चित रूप से वृद्धि हुई और इसके फलस्वरूप शूद्रों के एक विशाल वर्ग की आर्थिक स्थिति में सुधार हुआ।

भृत्यों (घरेलू चाकरों) की स्थिति के बारे में भी कुछ जानकारी मिलती है। *कामसूत्र* में कहा गया है कि भृत्यों को खाने-पीने के अलावा मासिक या वार्षिक वेतन मिलना चाहिए।[55] शांतिपर्व में जोर देकर कहा गया है कि शूद्र सेवकों का भरण-पोषण करना ऊपर के तीनों वर्णों का कर्तव्य है।[56] किंतु इसमें वही पुराना नियम दुहराया गया है कि द्विज अपने सेवक को पुराना छाता, पगड़ी, बिस्तर व आसन, जूते और पंखे, तथा फटे हुए कपड़े दे।[57]

शांतिपर्व इस सिद्धांत की पुष्टि करता है कि शूद्र की सृष्टि प्रजापति ने अन्य तीनों वर्णों के दास के रूप में की।[58] इसलिए उसे दासधर्म के पालन का उपदेश दिया गया है।[59] परंतु इसका यह अर्थ नहीं कि शूद्र दास थे। दासप्रथा प्रचलित थी,[60] इसलिए हो सकता है कि कुछ शूद्र दास रहे हों। किंतु वे उत्पादन कार्यों में लगाए जानेवाले दास नहीं थे। यद्यपि नारद ने पंद्रह प्रकार के दासों का उल्लेख किया है,[61] तथापि वे और वृहस्पति दोनों यह स्पष्ट कर देते हैं कि वे केवल अपवित्र कर्मों में लगाए जाते थे।[62] ये अपवित्र कर्म हैं प्रवेशद्वार, शौचालय और सड़क की सफाई, उच्छिष्ट भोजन, मल, मदिरा आदि हटाना, मालिक का हाथ-पाँव मलना और गुह्यांगों की मालिश करना।[63] इसके विपरीत जो लोग उत्पादन संबंधी कार्यों में, अर्थात कृषि या भारवाहन के काम में लगाए जाते थे, वे पवित्र कर्म करनेवाले समझे जाते थे।[64] इसलिए इस बात का शायद ही साक्ष्य मिलता है कि राजा द्वारा या प्रजाजन द्वारा कोई दास उत्पादन-कर्म में लगाया गया हो, जबकि मौर्यपूर्व और

मौर्यकाल में ऐसे उदाहरण पाए जाते हैं।

इस काल में ऐसी कई अन्य बातें भी दिखाई पड़ती हैं, जिनसे प्रकट होता है कि दासप्रथा सामान्यतया कमजोर पड़ती गई है और दास के रूप में काम करने की बाध्यता से शूद्रों को अधिकाधिक छुटकारा मिलता गया है। जैसा कि पहले बताया जा चुका है, कौटिल्य का दासमुक्ति संबंधी नियम केवल उन दासों पर लागू था जो आर्य-संतान हों या स्वयं आर्य हों। किंतु याज्ञवल्क्य ने बड़ा ही महत्वपूर्ण सिद्धांत स्थापित किया कि कोई भी आदमी अपनी मर्जी के बिना गुलाम नहीं बनाया जा सकता, ऐसे व्यक्तियों को मुक्त कर देना होगा।[65] जगन्नाथ तर्क पंचानन की टीका के अनुसार इसका यह अर्थ है कि जो कोई शूद्र, क्षत्रिय या वैश्य अपनी सम्मति के बिना दासकर्म में नियोजित किया गया हो, उसे मुक्त कराना राजा का कर्तव्य है।[66] इस प्रकार उपर्युक्त व्यवस्था ने मनु की उस मान्यता को एकदम उलट दिया, जिसके अनुसार शूद्र को बलपूर्वक दास बनाया जा सकता था।[67]

पहले के ग्रंथों के अनुसार किसी भी उच्च्य वर्ण (द्विज) को या शूद्र से उत्पन्न द्विज के पुत्रों को दास नहीं बनाया जा सकता था, किंतु गुप्तकाल की स्मृतियों में द्विजों के लिए ऐसा कोई विशेषाधिकार लक्षित नहीं होता है। याज्ञवल्क्य, नारद और कात्यायन कहते हैं कि दास अनुलोम क्रम से बनाया जाए, न कि प्रतिलोम क्रम से, अर्थात दास मालिक के वर्ण से नीचे के वर्ण का होना चाहिए।[68] किंतु कात्यायन का दावा है कि दासता निचले तीन वर्णों के लिए है, न कि ब्राह्मणों के लिए।[69] फिर भी इन नियमों से यह अर्थ निकलता है कि दासता शूद्रों तक ही सीमित न रही।

नारद और वृहस्पति ने ऐसे अधम व्यक्ति की घोर निंदा की है जो स्वतंत्र होते हुए भी अपने को बेच डालता है।[70] अनुशासनपर्व में कहा गया है कि कितनी ही संतानें क्यों न हों, किसी को मनुष्य का विक्रय नहीं करना चाहिए।[71] यद्यपि कौटिल्य ने दासों की, खासकर आर्यजाति के दासों की मुक्ति के नियम दिए हैं, तथापि दासमुक्ति के अनुष्ठान का विधान सर्वप्रथम नारद ने किया है।[72] इन सब बातों से दासप्रथा अवश्य कमजोर हुई होगी।

नारद ने कहा है कि स्थानीय विवादों में एक वर्गविशेष के लोग जो 'वर्गिन्' कहलाते हैं, अपने-अपने वर्गों के मामलों में गवाह के रूप में बुलाए जा सकते हैं।[73] कात्यायन के अनुसार जिनके लिए 'वर्गिन्' शब्द का प्रयोग होता है उनमें दासों के नायक भी हैं।[74] इस प्रकार दासों में संगठन होने से दासप्रथा में और भी कमजोरी आई होगी।

दासियों के अस्तित्व का भी पर्याप्त प्रमाण मिलता है। ये दासियाँ धनी लोगों के घरों में चेरियों का काम करती थीं। *अमरकोश* में समूहवाचक शब्दों के उदाहरणों में दासीसभम् (दासियों का दल) शब्द भी आया है।[75] इस काल के जैनग्रंथों का अध्ययन करने से इस

बात का स्पष्ट रूप से संकेत मिलता है कि आदिम जातियों से बहुत-सी दासियाँ और चेरियाँ बहाल की जाती थीं।[76]

अन्य विषयों में गुप्तकाल में दासों की सामान्य स्थिति अपरिवर्त्तित रही। उन्हें पीटा जा सकता था और बेड़ियों में बाँधा जा सकता था।[77] वे अविश्वसनीय समझे जाते थे।[78] विधि में उनके लिए कोई स्थान नहीं था।[79] वे संपत्ति की एक इकाई समझे जाते थे और तदनुसार साझे (सामूहिक स्वामित्व) में रखे जा सकते थे[80] तथा साझेदारों के बीच बाँटे जा सकते थे।[81] नारद और कात्यायन दोनों ने मनु के उस वचन को दुहराया है जिसके अनुसार दास को संपत्ति में कोई अधिकार नहीं है,[82] किंतु कात्यायन ने यह भी कहा है कि लोगों के बीच अपने को बेचकर दास जो मूल्य पाता है, उस पर मालिक का हक नहीं है।[83]

इन सारी बातों के होते हुए भी इतना तो स्पष्ट है कि गुप्तकाल में दासप्रथा सामान्यतया शिथिल हो गई थी। ऐसा लगता है कि वर्ण-व्यवस्था ही कमजोर पड़ गई थी और इस कारण दासप्रथा में भी कमजोरी आई। वर्ण-प्रथा का नियम था कि शूद्र को दास बनाना चाहिए। पर गुप्तकालीन पुराणों में जो कलि का वर्णन मिलता है, उससे पता चलता है कि वैश्य और शूद्र अपने वर्ण-धर्म का पालन नहीं करते थे। अर्थात किसान के रूप में अन्न पैदा कर वैश्य कर नहीं देते थे और शूद्र द्विजों की सेवा करने को तैयार नहीं थे। घोर वर्णसंकट की स्थिति पैदा हो गई थी। इसके लिए सोचा गया कि राज्य के अधिकारियों तथा पुरोहितों को गाँव दान में दिए जाएँ ताकि वे अपनी जीविका चलाएँ और प्रदत्त क्षेत्र में शांति बनाए रखें। मजदूरी बढ़ाकर और कुछ जमीन देकर शूद्रों को संतुष्ट करने की चेष्टा की गई।

दासप्रथा के कमजोर होने का प्रमुख कारण था, बँटवारों और दानों के फलस्वरूप भूमि का टुकड़ों में बँटते जाना। धर्मसूत्रों, कौटिल्य के *अर्थशास्त्र* और *मनुस्मृति* में तथा *याज्ञवल्क्य-स्मृति* में भी दायभाग (संपत्ति के बँटवारे) की जो विधियाँ हैं उनमें भूमि के बँटवारे की चर्चा नहीं है। इसकी चर्चा सर्वप्रथम नारद[84] और बृहस्पति[85] की स्मृतियों में पाई जाती है। इससे यह ध्वनित होता है कि गुप्तकाल के बीच या अंत में बड़ी-बड़ी जोत रखनेवाले बड़े-बड़े संयुक्त परिवार छोटे-छोटे टुकड़ों में विभक्त होने लगे। जब भूमि के बँटवारे का सिद्धांत मान्य हो गया, तब एक बार लोगों की आबादियों के बस जाने के बाद, उत्तर भारत की उर्वर नदी घाटियों में घनी होती जा रही आबादी कृषियोग्य भूमि के विखंडीकरण की प्रक्रिया में तेजी लाए बिना कैसे रह सकती थी ? भूमि पर आबादी का भार किस प्रकार बढ़ रहा था, इसका संकेत पाँचवीं शताब्दी ई. के एक पराभिलेख से मिलता है। इसमें कहा गया है कि उत्तर बंगाल (बांगला देश) में डेढ़ कुल्यवाप भूमि एक जगह मिलना संभव नहीं है, अतः इतनी भूमि छोटे-छोटे टुकड़ों में चार भिन्न-भिन्न जगह में

खरीदनी पड़ी।[86] यह खरीद दान देने के लिए की गई थी, इसके उदाहरण हमें इस काल में बहुत अधिक मिलते हैं। ब्राह्मणों और देवालयों को किए गए भूमिदानों से भूमि खंडन की प्रक्रिया में और भी मदद मिली। मौर्यपूर्व काल में जो पाँच-पाँच सौ करीष के बड़े-बड़े प्लाट या मौर्य काल में जो बड़े-बड़े राजकीय कृषिक्षेत्र थे, वे अब नहीं दिखाई पड़ते हैं। पुराभिलेखों में जो एक कुल्यवाप या चार, दो और एक द्रोणवाप के खेतों की चर्चा है उन्हें बड़े प्लाट नहीं कह सकते हैं।[87] पार्जिटर के अनुसार एक कुल्यवाप एक एकड़ से कुछ बड़ा होता था।[88] किंतु यदि असम के कछार जिले में प्रचलित भूमिमाप कुल्यवाय को कुल्यवाप का पर्याय समझें,[89] तो कुल्यवाप का मान 13 एकड़ के लगभग हो जाएगा। एक कुल्य आठ द्रोण के बराबर होता है, इसलिए ऐसा प्रतीत होता है कि उत्तरबंगाल में खेतों का विस्तार सात एकड़ से लेकर तीन एकड़ तक था। इसी काल में यदि गुजरात के अंतर्गत वलभी के मैत्रक राजाओं के भूमि-दानों (अग्रहारों) का सर्वेक्षण किया जाए तो उससे प्रकट होता है कि खेतों का विस्तार दो-तीन एकड़ से अधिक नहीं था।[90] स्वभावतया जोत का रकबा कम रहने के कारण भूस्वामियों का परिवार अपने खेतों को स्वयं सँभाल सकता था; स्थायी रूप से भारी संख्या में शूद्र दास और मजदूर रखने की जरूरत नहीं थी। अतः अधिकांश दासों को छाँट दिया गया होगा, और एक-एक कृषिक्षेत्र में दो-तीन दास से अधिक न लगते होंगे।

बताया गया है कि गुप्तकाल में ब्राह्मणों को अग्रहार (भूमिदान) दिए जाने से निजी उद्यम द्वारा ग्रामव्यवस्था को बढ़ावा मिला होगा,[91] यह बात मध्य और दक्षिण भारत के अविकसित क्षेत्रों में संभव रही होगी, किंतु उत्तर बंगाल में जहाँ एक जगह भूमि प्राप्त करना कठिन था, अथवा गुजरात में, नहीं। या तो केवल परती और अविकसित फाजिल भूमि शूद्र जनों के हाथ बंदोबस्त की गई होगी क्योंकि पुराने किसान अपनी आबाद जमीन को छोड़ना न चाहते होंगे अथवा आदिवासी कर्षकों को ही ब्राह्मणीय समाज-व्यवस्था में अंतर्भुक्त कर लिया गया होगा। कृषि उत्पादन में लगाए जानेवाले दासों और श्रमिकों की धीरे-धीरे छँटनी हो जाने से उन्हें स्वतंत्रता तो मिली ही, साथ ही बटाईदारों या स्वतंत्र किसानों के रूप में अपना कायापलट करने के लिए पृष्ठभूमि तैयार करने में मदद भी मिली।

वैश्य कर्षक थे, यह परंपरागत विचार इस काल के साहित्य में भी दुहराया गया है।[92] *अमरकोश* में कर्षक के पर्याय वैश्य वर्ग में गिनाए गए हैं।[93] किंतु यह मानने का भी आधार है कि शूद्र भी कर्षक हो जाते थे। मनु की भाँति विष्णु और याज्ञवल्क्य से भी प्रकट होता है कि आधी उपज पर शूद्रों को खेत दिया जाता था।[94] इससे यह सिद्ध होता है कि पट्टा देने की परिपाटी जोर पकड़ती जा रही थी। धीरे-धीरे उन्होंने भूमि पर स्थाई कब्जा पा लिया। इस काल (250-350 ई . सन) में पल्लवों के, जिनका शासन दक्षिण आंध्र प्रदेश और

उत्तर तमिलनाडु पर था, एक दानपत्र से ज्ञात होता है कि जब भूमि ब्राह्मणों को दे दी गई तब भी उस पर चार बटाईदार (आर्धिक) बने रहे।[95] इस दानपत्र में दो कोलिकों के हस्तांतरण का भी उल्लेख है,[96] जो कोल जाति के कृषक या कृषि मजदूर रहे होंगे।[97] इसी काल के एक दूसरे पल्लव दानपत्र में कहा गया है कि अतुक[98] नामक व्यक्ति द्वारा आबाद किया हुआ चार निवर्तनों का एक प्लाट हस्तांतरित किया गया। यह अतुक भी बटाईदार रहा होगा। इससे यह ध्वनित होता है कि अविकसित इलाकों में भूमि का हस्तांतरण हो जाने पर भी बटाईदार उस भूमि से बेदखल नहीं किए जा सकते थे ; वे संभवतया शूद्र की कोटि में थे। नारद ने कीनाश (किसान) की गणना उन लोगों में की है जो साक्षी बनाने के पात्र नहीं हैं।[99] सातवीं शताब्दी के एक टीकाकार असहाय[100] ने इस 'कीनाश' शब्द का अर्थ शूद्र किया है।[101] यह व्याख्या ठीक प्रतीत होती है, क्योंकि कीनाश के बाद शूद्रा स्त्री से उत्पन्न पुत्र के बारे में भी नारद ने कहा है कि वह साक्षी होने का पात्र नहीं है।[102] इससे लक्षित होता है कि शूद्र संभवतया किसान समझे जाते थे। *बृहस्पति स्मृति* से भी इसकी पुष्टि होती है। खेतों के सीमा-विवाद में आगे रहनेवाले शूद्र के लिए उसमें कठोर शारीरिक दंड का विधान है।[103] यह स्पष्ट है कि वे ऐसे विवादों में खेत के मालिक के रूप में ही अगुआ हो सकते थे। *मार्कण्डेय पुराण* में ग्राम उस बस्ती को कहा गया है, जहाँ बहुत से शूद्र जन हों और कृषक लोग समृद्ध हों।[104] इन कृषकों में कुछ शूद्र भी रहे होंगे। कात्यायन का विधान है कि यदि कोई ऋण न चुका सके तो उससे काम कराकर ऋण वसूला जाए और यदि वह काम करने योग्य भी न हो तो उसे जेल भेज दिया जाए। किंतु यह विधान निचले तीन वर्णों के किसानों पर लागू है, ब्राह्मण पर नहीं।[105] *बृहत्संहिता* में कहा गया है कि दक्षिण में आग लगने से उग्रों और वैश्यों को कष्ट होगा, और पश्चिम में आग लगने से शूद्रों और कृषकों को।[106] इससे ध्वनित होता है कि शूद्र और कृषक एक दूसरे के बड़े करीब माने जाते थे। इस प्रकार उपर्युक्त निर्देशों से यह प्रकट होता है कि शूद्र धीरे-धीरे किसान होते जा रहे थे।

मध्य भारत के एतत्कालीन दानपत्रों में कर चुकानेवाले कुटुंबिन् और कारु लोगों का बार-बार उल्लेख है।[107] इसमें कोई संदेह नहीं कि कारु कामगार होने के नाते शूद्र थे, किंतु उतनी ही दृढ़ता के साथ कुटुंबिन् के विषय में नहीं कहा जा सकता है। कुटुंबिन् का अर्थ कृषक[108] या घरेलू चाकर[109] किया गया है। ऐसा भी बताया गया है कि संभवतया कुटुंबिन् पेशेवर कारीगरों के ऐसे वर्ग के लोग कहलाते थे जो जीविका के गौण साधन के रूप में खेती करते थे।[110] किंतु प्रतीत होता है कि कारु के विपरीत कुटुंबिन् लोग कृषिकर्मी गृहस्थ होते थे। प्राचीन पालि ग्रंथों में ये धनवान गृहस्थ[111] प्रतीत होते हैं और संभवतया ये वैश्य रहे होंगे। कौटिल्य के अर्थशास्त्र में गणपति शास्त्री ने बटाई खेती करनेवाले

कुटुंबिन् लोगों को शूद्र माना है।[112] ऐसा लगता है कि कुनबी जो महाराष्ट्र में पाए जाते हैं और कुर्मी जो बिहार में पाए जाते हैं, कुटुंबिन् से ही संबंध रखते हैं। आजकल ये दोनों शूद्र माने जाते हैं पर यह परिवर्तन संभवतया गुप्तकाल में प्रारम्भ हुआ। अतएव यह असंभव नहीं कि गुप्तकाल के करदाता कृषक-परिवारों में शूद्र भी शामिल थे।

पुनश्च, यदि 'उपरिकर' शब्द का अर्थ अस्थाई किसानों से लिया जानेवाला कर विशेष माना जाए,[113] तो ऐसा प्रतीत होता है कि पूर्ववर्ती काल में जो दास और कर्मकर राज्य के या वैयक्तिक स्वामियों के कृषि क्षेत्रों में काम करते थे, उन्हें इस काल में अस्थाई रूप से खेत मिलने लगा था।

संभवतया कृषकों की संख्या बढ़ने, भूमि पर आबादी का भार अधिक होने और ऊँची दर पर कर चुकाने में नए किसानों के असमर्थ होने के कारण ही भूमि-राजस्व उपज के चतुर्थांश से घटाकर षष्ठांश कर दिया गया।[114] वृहस्पति का वचन है कि राजा खेती के स्वरूप और उसकी उपज को देखते हुए षष्ठांश, अष्टमांश, या दशांश उपज ले सकता है।[115]

सातवीं शताब्दी ई. के पूर्वार्द्ध में हुआन चाङ ने शूद्रों को खेतिहरों के वर्ग के रूप में वर्णित किया है।[116] *नृसिंह पुराण* से इस वर्णन की पुष्टि होती है। वहाँ कृषि को शूद्र का कर्म बताया गया है।[117] किंतु प्रतीत होता है कि यह महत्वपूर्ण परिवर्तन गुप्तकाल में हुआ होगा। कृषक वर्गों में बहुत बड़ा भाग शूद्र का है,[118] यह धारणा गुप्तकाल के विषय में जितनी सही होगी, उतनी शायद पूर्ववर्ती काल के विषय में नहीं।

अपरिपक्व सुझाव के तौर पर ऐसा विचार पेश किया जा सकता है कि इस महापरिवर्तन के आगमन में लोहे के प्रयोग का व्यापक प्रचलन भी सहायक हुआ होगा। *अमरकोश* में लोहे के सात नाम और लोहे के विकार (जंग) (आयरन रस्ट) के दो नाम आए हैं,[119] और इस काल के एक बौद्ध ग्रंथ में धातुओं का सविस्तार वर्गीकरण किया गया है।[120] *अमरकोश* में फाल के भी पाँच नाम दिए गए हैं,[121] जिससे यह अर्थ निकाला जा सकता है कि ये परम महत्वपूर्ण कृषि उपकरण सदा तैयार मिलते थे और खेती गहन रूप से की जाती थी। इस औजार की प्रचुर मात्रा में उपलब्धि के बिना पहले जमाने के दास, कर्मकर और आदिवासी जन तथा उच्च्व वर्णों के अधिकाधिक परिवार—ये सब लोग खेती के काम में नहीं लग पाते। दुर्भाग्यवश, उत्तर भारत की ग्रामीण बस्ती के विविध संस्तरों के उत्खनन की ओर अभी तक ध्यान नहीं दिया गया है जिससे यह पता चलता है कि पूर्वकाल में लोहे के कृषि उपकरणों का प्रयोग किस हद तक होता था। यों, स्मृतिकारों ने बताया है कि मजदूरों को औजार दिए जाते थे जो काम के बाद वापस कर देने पड़ते थे।[122] किंतु कृषि मजदूर स्वयं अपने औजार रखे बिना काश्तकार नहीं बन सकते थे। ये

औजार उन्हें इस काल में विकासोन्मुख लौह उद्योग की बदौलत ही मिलते होंगे।

इस काल में शूद्र कारीगरों के महत्व में वृद्धि हुई। पूर्ववर्ती काल के स्मृतिकारों ने शूद्रों को शिल्पकर्म की अनुमति उसी दशा में दी है जब वे द्विज की सेवा करके अपनी जीविका न चला सकें। इस काल में आकर यह शर्त हटा ली गई,[123] और शिल्पकर्म शूद्रों के सामान्य कर्तव्यों में आ गया।[124] वृहस्पति ने शिल्प का अर्थ किया है सोने, हीन धातु, काष्ठ, धागे, पत्थर और चमड़े का काम।[125] *अमरकोश* में शिल्पियों की सूची शूद्र वर्ग में है ; इसमें सामान्य शिल्पियों, उनके संघ (श्रेणी) के प्रधानों, मालियों, धोबियों, राजमिस्त्रियों, जुलाहों, दर्जियों, चित्रकारों, शस्त्रकारों, चर्मकारों, लुहारों, शंख-शिल्पियों और ठठेरों में प्रत्येक के दो नाम हैं।[126] इस सूची में स्वर्णकार के चार नाम और बढ़ई के पाँच नाम हैं।[127] अमर ने ढोल बजानेवाले, पानीवाले, वंशी और वीणा बजानेवाले,[128] अभिनेता, नर्तक और कलाबाज इन सभी का समावेश भी शूद्र वर्ग नामक प्रकरण में किया है।[129] इस सूची से सिद्ध होता है कि शूद्र सभी प्रकार के शिल्पों और कलाओं का व्यवसाय करते थे।[130]

यह पुराना नियम कि शिल्पी लोग मास में एक दिन राजा का काम करेंगे, वृहस्पति ने भी दुहराया है।[131] यह नियम चालू था, क्योंकि पश्चिम भारत में मिले छठी शताब्दी ई. के एक उत्कीर्ण लेख में कहा गया है कि ग्रामश्रेष्ठ (वारिक) सुनारों, रथकारों, नापितों, और कुम्हारों से बेगारी (विष्टि) लें।[132] वसिष्ठ का विधान है कि शिल्प द्वारा अर्जित धन पर करारोपण नहीं किया जाना चाहिए।[133] मौर्योत्तर काल में केवल बुनकरों पर कर लगाया गया था।[134] मगर इस काल में शिल्पियों पर कर लगाने की परिपाटी चल पड़ी। शांतिपर्व में यह विधान है कि शिल्पियों और व्यापारियों के उत्पादन की स्थिति और शिल्प के प्रकार को देखते हुए उन पर कर लगाया जाना चाहिए। करनिर्धारण उत्पादित वस्तुओं की संख्या के आधार पर किया जाए और उसकी वसूली जिन्स के रूप में की जाए।[135] इसमें कोई संदेह नहीं कि शिल्पी राजा को कर चुकाते थे, क्योंकि यह बात इस काल के उत्कीर्ण लेखों में बार-बार आई है। दक्षिण भारत में प्राप्त 446 ई. के एक पल्लव अभिलेख से ज्ञात होता है कि लुहार, चमार, बुनकर और नाई तक राजा को कर देते थे।[136] इन सारी बातों से यह प्रमाणित होता है कि इस काल में शूद्र शिल्पियों की आर्थिक स्थिति सुधरी थी और समाज में उनका महत्व बढ़ा था। *कामसूत्र* के एक संदर्भ की टीका से प्रकट होता है कि शूद्र भी शिल्पी, अभिनेता आदि के व्यवसाय से धन अर्जित करके नागरिक, अर्थात सम्मानित एवं प्रतिष्ठित नागरिक बन सकते थे।[137]

करारोपण संबंधी विधानों से प्रकट होता है कि कारीगर लोग जिस प्रकार मौर्यकाल में राज्य द्वारा नियोजित और नियंत्रित रहते थे, उस प्रकार इस काल में नहीं रह गए थे। शायद राजधानी में रहनेवाले कारीगर[138] राजाश्रित रहते होंगे। किंतु गाँवों के कारीगरों

का जो बार-बार उल्लेख मिलता है, उससे प्रकट होता है कि जनपदों में उनकी संख्या कहीं अधिक थी, जहाँ वे कुछ न कुछ स्वतंत्रता के साथ रह सकते थे और काम कर सकते थे।

संघों के सुदृढ़ होने से कारीगरों का महत्व बढ़ता गया। ये संघ (श्रेणियाँ) राजधानियों और नगरों के संगठन का अंग माने जाते थे।[139] ये स्पष्टतया कारीगरों और व्यापारियों के संघ थे।[140] जहाँ प्राचीन विधिग्रंथों और कौटिल्य के *अर्थशास्त्र* में कहा गया है कि राजा को संघों के रीति-रिवाजों (श्रेणिधर्म) का आदर करना चाहिए,[141] वहाँ गुप्तकाल के विधिग्रंथों में राजा को उपदेश दिया गया है कि वह संघों में प्रचलित रीति-रिवाजों (रूढ़ियों) का पालन कराए।[142] वृहस्पति ने कहा है कि संघों के प्रधान अन्य लोगों के प्रति विहित नियमों के अनुसार जो कुछ भी करें, राजा को उसका समर्थन करना होगा, क्योंकि वे कार्य व्यवस्थापक के रूप में नियुक्त घोषित हैं।[143] उन्होंने चेताया भी है कि यदि देशाचार, जात्याचार और कुलाचार का पालन न किया जाएगा तो प्रजा असंतुष्ट होगी और उससे संपत्ति घटेगी।[144] इससे प्रतीत होता है कि संघ जैसा चाहें, वैसा करने के लिए स्वतंत्र थे और राजा को उनका निर्णय मानना पड़ता था।[145] दूसरे शब्दों में संघ उत्पादन की बहुत कुछ स्वतंत्र इकाइयों के रूप में काम करनेवाले और राजकीय नियंत्रण से परे प्रतीत होते हैं। वे पूर्ववत निक्षेप के रूप में धन प्राप्त करते थे , उस पर ब्याज चुकाते थे और स्पष्टतया उस धन को अपने व्यापार में लगाते थे, जैसा कि इंदौर में स्थापित तैलिक संघ के पाँचवीं शताब्दी ई. के एक उत्कीर्ण लेख से ज्ञात होता है।[146] ऐसे कार्यकलापों के सहारे वे स्वभावतया समृद्धिशाली हो जाते थे, जैसा कि पाँचवीं शताब्दी ई. में मंदसौर के रेशमी वस्त्र बुनकरों द्वारा किए गए एक सूर्यमंदिर के निर्माण और मरम्मत से सिद्ध होता है।[147] यह समझना गलत होगा कि ब्राह्मण पुरोहितों की शक्ति के बढ़ने पर संघों का पतन होने लगा।[148] ब्राह्मण स्मृतिकारों ने संघों को मान्यता दी है। इतना ही नहीं, बल्कि गुप्तकाल के पुराभिलेखों में दो संघों को या तो ब्राह्मणों का संपोषण प्राप्त था या ब्राह्मण भी उससे संबद्ध थे।[149]

नियोजकों और कर्मकरों के पारस्परिक संबंध के विषय में जो नियम मिलते हैं उनसे प्रकट होता है कि शूद्रवर्ग से बहाल किये जानेवाले कई कोटि के कर्मकरों की स्थिति में सुधार हुआ। बताया जा चुका है कि अंगीकृत कार्य पूरा न करने पर कौटिल्य ने 12 पण जुर्माना विहित किया है, जो उनके द्वारा विहित मजदूरी का पाँच गुना से बीस गुना तक है।[150] किंतु गुप्तकाल के अधिकांश स्मृतिकारों ने यह नियम बनाया है कि यदि कर्मकर मजदूरी लेकर काम न करे तो उससे मजदूरी का दूना जुर्माना लिया जाए।[151] लेकिन वृहस्पति ने ऐसी स्थिति में कर्मकर की क्षमता के अनुसार अतिरिक्त जुर्माने का विधान किया है।[152] विष्णु का वचन है कि कोई कर्मकर अपना काम पूरा न करे तो वह अपनी पूरी

मजदूरी नियोजक को चुकाने के साथ-साथ सौ पण जुर्माना राजा को चुकाए।[153] परंतु इस विधान को उन्होंने एक और नियम बनाकर प्रतिसंतुलित कर दिया है, जिसमें काम पूरा न कराने पर नियोजक के लिए भी वैसा ही दंड विहित किया गया है।[154] इस संबंध में वृहस्पति ने कुछ ऐसे नियम दिए हैं जो इस काल के अन्य विधिग्रंथों में नहीं मिलते। एक नियम में वृहस्पति ने किसी विवेचना के बिना ही मनु का वह वचन उतार लिया है जिसमें कहा गया है कि यदि कोई कर्मकर शारीरिक रूप से स्वस्थ होते हुए भी केवल दर्पवश अंगीकृत कर्म पूरा न करे तो वह अपनी मजदूरी से वंचित होगा और साथ ही आठ कृष्णल के दंड का भी भागी होगा।[155] किंतु आगे उन्होंने यह भी कहा है कि यदि कर्मकर अपना काम पूरा न करे तो वह अपनी मजदूरी से वंचित होगा और उस पर न्यायालय में मुकदमा चलाया जाएगा।[156] वृहस्पति ने कर्मकर के हित की रक्षा के लिये नियम बनाया है कि यदि नियोजक किसी कर्मकर को काम पूरा कर देने पर भी मजदूरी न दे तो उसे राजा उचित दंड देगा।[157] नारद ने यह भी कहा है कि ऐसी स्थिति में नियोजक से ब्याजसहित मजदूरी दिलाई जाएगी।[158] यह स्पष्टतया उस नियम के प्रवर्तन के लिए कहा गया है, जिसके अनुसार नियोजित सेवक को प्रतिज्ञात मजदूरी नियमित रूप से देते रहना नियोजक का कर्तव्य है।[159] इनके एक अन्य नियम का उल्लेख पहले किया जा चुका है जिसमें इन्होंने कहा है कि यदि भारवाहक नियोजक के दोष से काम अधूरा रह जाए तो उसे उतने ही काम का पारिश्रमिक मिलेगा, जितना उसने पूरा किया हो।[160] यह नियम संभवतया अन्य प्रकार के कर्मकरों पर भी लागू किया गया होगा।

चरवाहों के बारे में जो विधान हैं, उनमें इस बात पर जोर दिया गया है कि चरवाहों को सौंपे गए पशुओं की रक्षा करना उनका कर्तव्य है,[161] किंतु पशुओं के नष्ट होने पर मृत्युदंड का विधान, जोकि कौटिल्य ने किया है, नहीं पाया जाता है। फिर भी वृहस्पति ने कहा है कि चरवाहों के जिम्मे लगाया गया पशु यदि फसल को नुकसान पहुँचाए तो चरवाहों को पीटना चाहिए।[162]

इस प्रकार, कुल मिलाकर, काम न करने का दंड जितना कठोर मौर्यकाल में था उतना इस काल में न रहा, और कुछ ऐसे नियम बने जिनसे नियोजक की ओर से मजदूरी न चुकाए जाने या बुरा बर्ताव किए जाने की स्थिति में कर्मकरों के हितों की रक्षा हो। फिर इस काल के स्मृतिग्रंथों में कर्मकरों के लिए प्रेरणादायक पारितोषिक का भी विधान किया गया है। कौटिल्य ने केवल बुनकरों के लिए पारितोषिक की सिफारिश की है,[163] किंतु याज्ञवल्क्य ने कहा है कि कर्मकर आशा से अधिक काम करे तो उसके लिए अतिरिक्त पारिश्रमिक दिया जाए।[164] अतः गुप्तकाल में नियोजकों और कर्मकरों के पारस्परिक संबंध के विषय में जो व्यवस्था दिखाई पड़ती है उससे यह धारणा बनती है कि पूर्व काल की

तुलना में इस काल में नियोज्य-नियोजक संबंध अधिक सदय और उदार था, और परिणामस्वरूप यह अनुमान किया जा सकता है कि मजदूरी पर खटनेवाले शूद्र वर्ग के लोगों की आर्थिक स्थिति में सुधार हुआ।

गुप्तकाल में वाणिज्य को भी शूद्रों का कर्तव्य माना जाने लगा। याज्ञवल्क्य कहते हैं कि यदि शूद्र द्विजाति की सेवा से अपनी आजीविका चलाने में असमर्थ हो तो वह वाणिज्य कर सकता है।[165] बृहस्पति कहते हैं कि हर प्रकार की वस्तुओं की बिक्री करना शूद्रों का सामान्य कर्तव्य है।[166] पुराणों में भी कहा गया है कि शूद्र क्रय-विक्रय[167] और व्यापारिक लाभ से जीवननिर्वाह कर सकता है।[168] सम्मिलित व्यापार का साझेदार यदि शूद्र हो तो राजा को अपने लाभ का षष्ठांश देगा, वैश्य हो तो नवमांश, क्षत्रिय हो तो दशांश और ब्राह्मण हो तो बीसवाँ अंश।[169] इससे प्रकट होता है कि शूद्रों के लिए व्यापार की शर्तें उतनी अनुकूल नहीं थीं, जितनी उच्च वर्णों के लिए। इतना ही नहीं, भले शूद्र कुछ वस्तुओं के क्रय-विक्रय से परहेज रखते थे, जैसे मद्यविक्रय;[170] किंतु इतना तो निश्चित है कि शूद्र व्यापार कर सकते थे और इस विषय में ब्राह्मण स्मृतिकारों ने न केवल शूद्रों और वैश्यों के बीच, अपितु शूद्रों और दो उच्चतम वर्णों के बीच भी भेदभाव खत्म कर दिया है। सामान्यतया शूद्र लोग पैकार (वैदेहक) का काम करते थे। इस काल के स्मृतिकारों ने *अर्थशास्त्र* के इस नियम को दुहराया है कि पैकार को विक्रयागम का दसवाँ भाग मिलना चाहिए,[171] किंतु शांतिपर्व में इसे बढ़ाकर सातवाँ भाग कर दिया गया है।[172] शायद यह परिवर्तन गुप्तकाल की स्थिति का सूचक है।

व्यापार और वाणिज्य की तीसरी शताब्दी में भारी उन्नति हुई,[173] और इनकी तरक्की में शिल्पी और व्यापारी के रूप में शूद्रों की भूमिका महत्वपूर्ण थी। संभवतया गुप्तकाल में किसान के रूप में भी शूद्रों ने प्रगति की, और देश के कृषिमूलक अर्थतंत्र को सुदृढ़ बनाए रहे।

किंतु उच्च वर्णों के लोगों की तुलना में शूद्रों का जीवनस्तर पूर्ववत निम्न बना रहा। वराहमिहिर ने गृहनिर्माण के बारे में जो नियम दिये हैं, उनके अनुसार ब्राह्मण के घर में पाँच कमरे, क्षत्रिय के घर में चार, वैश्य के घर में तीन और शूद्र के घर में दो होने चाहिए। हर स्थिति में मुख्य कमरे की लंबाई-चौड़ाई चारों वर्णों की हैसियत के अनुसार भिन्न-भिन्न होनी चाहिए।[174] ऐसे नियमों का पालन तो शायद कट्टर ब्राह्मण लोग ही करते होंगे, फिर भी इनसे प्रकट होता है कि निम्न वर्णों के लोगों के बारे में ऐसा नहीं सोचा जा सकता कि वे अच्छे भवनों में रहते हों।

इस काल में भी हमें शूद्र राजाओं की चर्चा मिलती है, जैसे सौराष्ट्र, अवंति, अबुर्द और मालवा के। इनके साथ-साथ परंपरागत शूद्र, आभीर[175] और म्लेच्छ राजाओं का भी

उल्लेख मिलता है, जो सभी सिंधु और काश्मीर प्रदेशों में शासन करनेवाले बताए गये हैं। पार्जिटर ने इनका समय चौथी शताब्दी ई. सन् बताया है।[176] परंतु इन्हें जो शूद्र कहा गया है इसका कारण यह नहीं है कि ये शूद्र वंश के थे, बल्कि इसलिए कहा गया है कि इन जनजातीय या विदेशी शासकों ने ब्राह्मणों को विशेष संरक्षण नहीं प्रदान किया था और वे ब्राह्मणधर्म के अनुयायी नहीं थे।[177] किंतु एक नाटक में एक चरवाहे के राजा हो जाने की कथा आई है।[178] याज्ञवल्क्य ने प्राचीन धमदिश दुहराया है कि स्नातक को ऐसे राजा से दान नहीं लेना चाहिए, जो क्षत्रिय न हो। उनके ध्यान में उस समय ऐसे ही राजा लोग (या तो जनजातीय या शूद्र) रहे होंगे।[179] किंतु कालक्रमेण इन शासकों को ब्राह्मणों ने मान्यता देकर सम्मान्य क्षत्रिय बना दिया।

मंत्रियों की नियुक्ति के विषय में याज्ञवल्क्य और कामंदक ने उसी पुराने मत को दुहराया है कि वे कुलीन और वेदज्ञ हों,[180] जिससे शूद्रों के मंत्री बनने की संभावना ही नहीं रह जाती। किंतु शांतिपर्व में नई व्यवस्था स्थापित की गई है, जिसके अनुसार आठ व्यक्तियों की मंत्रिपरिषद में चार ब्राह्मण, तीन राजभक्त, शिष्ट और विनीत शूद्र और एक सूत रखे जाएँ।[181] हमें ज्ञात नहीं कि इस व्यवस्था का कहाँ तक पालन हुआ, किंतु यह शूद्रों के प्रति ब्राह्मण समाज के रुख में महत्वपूर्ण परिवर्तन का सूचक तो है ही।

न्यायाधीशों और सभ्यों (कौंसिलरों) की नियुक्ति में ऐसी उदारता के चिह्न नहीं मिलते। याज्ञवल्क्य ने कहा है कि राजा विद्वान ब्राह्मणों की सहायता से न्याय करे, जहाँ राजा स्वयं न्याय करने में असमर्थ हो वहाँ वह इन ब्राह्मणों से न्याय कराए।[182] कात्यायन ने यह भी कहा है कि ब्राह्मण न मिले तो क्षत्रिय या वैश्य न्यायाधिकारी बनाया जाए, लेकिन शूद्र का सर्वथा परिहार किया जाए।[183] ठीक यही विचार वृहस्पति ने सभ्यों की नियुक्ति के बारे में व्यक्त किया है।[184] उन्होंने मनु की उस चेतावनी को भी दुहराया है कि जो राजा शूद्र (वृषल) की सहायता से राजकाज करेगा, उसके राज्य के बल और कोष का क्षय होगा।[185]

किंतु विषय (जिला) स्तर पर प्रशासन के कार्य में शिल्पियों के मुखिया का कुछ हाथ रहता था, और वह शूद्र होता था। दामोदरपुर में मिले 433 और 438 ई. के दो ताम्रपत्रों से ज्ञात होता है कि प्रथमकुलिक धृतिमित्र कोटिवर्ष (उत्तर बंगाल स्थित) की जनपद सभा का सदस्य था, जो कुमारामात्य के अधीन था।[186] 'कुलिक' शब्द का अर्थ कोई नगर न्यायाधीश प्रवर (सीनियर टाउन जज) लगाते हैं,[187] तो कोई वणिक्।[188] किंतु ऐसा अर्थ पूर्वकालीन ग्रंथों से समर्थित नहीं है। संभव है कि यह कुलिक शब्द *अमरकोश* का कुलक हो, जिसका अर्थ है शिल्पियों का प्रधान;और यह उक्त ग्रंथ में शूद्र वर्ग में आया है।[189] लगता है, यह शब्द शिल्पी के अर्थ में *नारद स्मृति* में भी आया है, जहाँ कुलिक की गणना

असत साक्षियों में की गई है।[190] अतः प्रथमकुलिक का अर्थ होगा कुलिकों में प्रथम,[191] अर्थात शिल्पिसंघ का अध्यक्ष; और इसी नाते वह उत्तर बंगाल स्थित कोटिवर्ष जिले की सभा में रखा गया होगा। शायद वैशाली जिला मुख्यालय में भी यही परिपाटी रही होगी, जहाँ दो प्रथमकुलिकों की अलग-अलग मुद्राएँ पाई गई हैं।[192] शिल्पिसंघों के प्रधान को जनपदीय प्रशासन में जो स्थान दिया गया है, वह इस काल में उनके बढ़ते हुए महत्व के अनुरूप ही है। इसका आभास हमें इस काल के एक जैन ग्रंथ में भी मिलता है, जिसमें बढ़ई अर्थात वास्तुकार को चतुर्दश रत्नों में गिनाया गया है।[193] इन सब बातों से प्रकट होता है कि शूद्र शिल्पियों की नागरिक प्रतिष्ठा में कुछ सुधार हुआ।

सामान्यतया शूद्र छोटे-छोटे प्रशासनिक कार्य करते रहे। कामंदक ने कौटिल्य के इस विचार को दुहराया है कि घरेलू सेवकों से राज्य के ऊँचे अधिकारियों की गतिविधि के संबंध में जानकारी प्राप्त करने का काम लिया जाए।[194] नारद ने कहा है कि चंडालों, जल्लादों (वधिकों) और इस तरह के अन्य लोगों से गाँव के भीतर चोरों का पता लगाने का काम लिया जाए और गाँव के बाहर रहनेवाले गाँव के बाहर चोरों का पता लगाएँ।[195]

न्यायप्रशासन में पुराने भेदभाव पूर्ववत बने रहे। वृहस्पति ने नियम बनाया है कि साक्षी कुलीन हों और नियमपूर्वक वेदों और स्मृतियों में विहित धार्मिक कर्म करनेवाले हों।[196] इनसे शूद्र स्वतः बहिष्कृत हो जाते हैं। शूद्र शूद्रों के लिए ही साक्षी हो सकते हैं, इस नियम को इस काल के स्मृतिकारों ने भी दुहराया है।[197] कात्यायन कहते हैं कि किसी मुकदमे में अभियुक्त के खिलाफ गवाही वही दे सकता है जो जाति में उसके समकक्ष हो। निम्न जाति का वादी उच्च जाति के साक्षियों से अपना वाद प्रमाणित नहीं करा सकता है।[198] नारद ने जो असत् साक्षियों की सूची दी है उसमें जादूगर, नट, मद्यविक्रयी, तेली, महावत, चर्मकार, चंडाल, शूद्र किसान (कीनाश), शूद्रापुत्र और जाति बहिष्कृत (पतित) लोग समाविष्ट हैं।[199] नारद ने साक्ष्य देने में पुरानी वर्णभेदमूलक व्यवस्था में कुछ सुधार लाते हुए कहा है कि सभी वर्णों के वाद में सभी वर्णों के साक्षी लिए जा सकते हैं।[200] व्यभिचार, चोरी, अवमानन, और हमले के मामलों में कोई भी साक्षी हो सकता है।[201] घरों और खेतों के सीमाविवाद में, वृहस्पति के अनुसार, कृषक, शिल्पी, मजदूर, चरवाहा, शिकारी, उञ्छक (सिल्ला बीननेवाला), कंद खोदनेवाले और कैवर्त (मछुवा) नैसर्गिक साक्षी हो सकते हैं।[202] यह महत्वपूर्ण परिवर्तन है, क्योंकि याज्ञवल्क्य ने यह प्रतिष्ठा, केवल खेतों के सीमाविवाद में, मात्र चरवाहों, किसानों और वनचारियों को दी है।[203] मनु ने तो इस विषय में इससे भी अधिक अनुदारता बरती है, क्योंकि उन्होंने केवल ग्रामसीमा के विवाद में ही शिकारियों, बहेलियों, चरवाहों, मछुओं, कंद खोदनेवालों, सपेरों, सिल्ला बीननेवालों और वनचारियों को साक्षी बनाने की अनुज्ञा दी है, और वह भी वहाँ जहाँ दो-चार पड़ोसी गाँवों में साक्षी न

मिलें।[204] वृहस्पति ने जो साक्षी गिनाए हैं वे अधिकांशतया शूद्र वर्ग के हैं, अतः उनकी इस व्यवस्था से शूद्रों की प्रतिष्ठा में महत्वपूर्ण वृद्धि हुई है, जो किसान और कारीगर के रूप में इनकी नई हैसियत के अनुरूप है। यह महत्वपूर्ण अधिकार है, क्योंकि सीमाविवाद स्वभावतया अन्य प्रकार के किसी भी विवाद से अधिक मात्रा में उठते रहे होंगे।

फिर भी इस काल के स्मृतिकारों ने पूर्ववत, गवाही लेते समय दी जानेवाली चेतावनी को, भिन्न-भिन्न वर्णों के लिए भिन्न-भिन्न बनाए रखा है। इसमें शूद्रों को दी जानेवाली चेतावनी सबसे कड़ी है।[205]

दिव्यों में (दैवी साधनों से दोष पता लगाने में) वर्णमूलक भेद व्यवहार, जो मनु में नहीं पाया जाता है,[206] इस काल के स्मृतिकारों ने स्थापित किया है।[207] याज्ञवल्क्य ने कहा है कि अग्नि, जल और विष का दिव्य केवल शूद्र से कराया जाए और ब्राह्मण से तुला दिव्य कराया जाए।[208] इस संबंध में उन्होंने क्षत्रिय और वैश्य का उल्लेख नहीं किया है, किंतु अन्य स्मृतिकारों ने कहा है कि ब्राह्मण की परीक्षा तुला से की जाए, क्षत्रिय की अग्नि से, वैश्य की जल से और शूद्र की विष से।[209] किंतु यहाँ भी वृहस्पति ने यह विकल्प रख दिया है कि सभी वर्णों से सभी दिव्य कराए जा सकते हैं, सिर्फ विषवाला दिव्य ब्राह्मण से न कराया जाए।[210] नारद का भी वैकल्पिक नियम है कि विष दिव्य क्षत्रिय, वैश्य और शूद्र से कराया जा सकता है।[211] विष्णु ने कहा है कि यह दिव्य ब्राह्मण से नहीं कराया जा सकता है,[212] जैसा कि नारद और कात्यायन का भी मत है।[213] विष्णु ने नकारे गए निक्षेप, या चोरी या लूट के माल के मूल्य के अनुसार शूद्रों के लिए विभिन्न प्रकार के शपथ और अभिमंत्रित जल पिलाकर दिव्य कराने का विधान किया है।[214] यदि मूल्य आधे सुवर्ण से अधिक हो तो न्यायाधीश शूद्र से तुला, अग्नि, जल और विष चारों में से कोई भी दिव्य करा सकता है।[215] किंतु विष्णु ने इन चारों दिव्यों के प्रयोग के बारे में विस्तृत नियम बताते हुए भी,[216] अन्य स्मृतिकारों की भाँति वर्णभेद से दिव्यभेद का विधान नहीं किया है। शायद ब्राह्मणों के विषय में कुछ विशेष अनुग्रह दिखाया गया है, जिनसे विषदिव्य नहीं कराया जा सकता है ; इसके सिवा दिव्य के विषय में वर्णमूलक व्यवहार-भेद नहीं होता था। जल का दिव्य तीसरी शताब्दी ई. में संभवतया सातवाहनों के राज्य में चलता था।[217] परंतु यह किसी खास वर्ण में ही चलता था, इसका कोई प्रमाण नहीं है। फिर भी ऐसा प्रतीत होता है कि जो कबीले और विदेशी जन ब्राह्मण समाज में लीन होने की प्रक्रिया में थे उनके बीच भिन्न-भिन्न प्रकार के दिव्य प्रचलित रहे होंगे। इसलिए कात्यायन ने कहा है कि अस्पृश्यों, अधर्मों, दासों और म्लेच्छों के जो अपने दिव्य हैं, उनसे वे ही दिव्य कराए जाएँ।[218]

मनु का विधान है कि न्यायालय में अर्जी वर्ण के क्रम से सुनी जाए,[219] किंतु इस काल के स्मृतिकारों ने शायद इस नियम का उल्लेख नहीं किया है। फिर भी

व्यवहार-विधियों में वर्णमूलक भेदभाव चलता रहा। जिन वादों में प्रतिभूति देने की आवश्यकता है, वहाँ कात्यायन ने द्विजों और शूद्रों के बीच भेद का विधान किया है। प्रतिभूति न देने पर द्विज को केवल प्रहरियों की देखभाल में रख देना चाहिए; शूद्र और अन्य लोगों को बेड़ी लगाकर कैदखाने में रखना चाहिए।[220] परंतु उन्होंने बंधन तोड़कर भागनेवाले सभी लोगों के लिए, चाहे वे किसी भी वर्ण के हों, समान रूप से आठ पण जुर्माने का विधान किया है।[221] उन्होंने यह भी कहा है कि बंधन में रहते समय किसी भी वर्ण के दैनिक नित्यकर्मों के अनुष्ठान पर कोई रोक-टोक नहीं होनी चाहिए।[222]

दाय विधि (लॉ ऑफ इनहेरिटेंस) में यह नियम पूर्ववत बना रहा कि उच्च वर्ण के शूद्रापुत्र को दाय में सबसे कम अंश मिलेगा।[223] विष्णु ने विविध परिस्थितियों में ब्राह्मण के शूद्रापुत्र का अंश निर्धारित करते हुए[224] उदारतापूर्वक यह नियम बनाया है कि द्विज पिता और शूद्र माता से उत्पन्न पुत्र अपने पिता के आधे धन का उत्तराधिकारी होगा।[225] किंतु वृहस्पति ने उसी पुराने नियम को दुहराया है कि शूद्रा के गर्भ से उत्पन्न पुत्र पिता के अन्य पुत्र न होने पर भी केवल भरणपोषण पाने का अधिकारी होगा।[226] कहा गया है कि द्विज पिता और शूद्र माता से उत्पन्न पुत्र भूमि संपत्ति में अंश पाने का हकदार नहीं है।[227] किंतु एक जगह अनुशासनपर्व में जोर देकर कहा गया है कि शूद्रापुत्र को संपत्ति अवश्य मिलनी चाहिए।[228] इस विधान की इस काल के अन्य स्मृतिग्रंथों से भी पुष्टि होती है।

ऐसा नियम है कि शूद्र की संपत्ति उसके पुत्रों के बीच समान अंशों में बाँटी जाएगी।[229] याज्ञवल्क्य ने कहा है कि शूद्र पिता और दासी माता से उत्पन्न पुत्र को संपत्ति में तभी हिस्सा मिलेगा, जब पिता चाहे।[230] अनुशासनपर्व में इतना और जोड़ा गया है कि यह अंश संपत्ति का दसवाँ भाग ही होगा।[231]

चारों विभिन्न वर्णों के लिए ब्याज की भिन्न-भिन्न दरें निर्धारित करनेवाला प्राचीन नियम इस काल के दो स्मृतिग्रंथों में भी दुहराया गया है।[232] परंतु याज्ञवल्क्य ने इसको सुधारते हुए बताया है कि करार से जो भी तय हो, वही ब्याज चुकाया जा सकता है।[233]

निखात निधि संबंधी नियम वर्णभेद पर आश्रित है। स्मृतिकारों के अनुसार यदि ब्राह्मण निखात निधि (गड़ा खजाना) पाए तो वह उसे पूर्णतया ले सकता है।[234] विष्णु ने इसमें यह भी जोड़ा है कि यदि क्षत्रिय निधि पाए तो उसका एक-एक चौथाई राजा और ब्राह्मण को देगा और आधा स्वयं रख लेगा, यदि वैश्य पाए तो एक चौथाई राजा को देगा, आधा ब्राह्मण को देगा और एक चौथाई स्वयं रखेगा, और शूद्र पाए तो उसे बारह भागों में बाँटकर पाँच-पाँच भाग राजा और ब्राह्मण को देगा और दो भाग स्वयं रखेगा। यद्यपि निखात निधि में शूद्र का अंश सबसे कम है, फिर भी यह कौटिल्य के अनुसार मजदूर (भृतक) को मिलने वाले अंश का दूना है।[236] यह कहना कठिन है कि निखात निधि संबंधी

यह नियम कहाँ तक प्रचलन में था। एक जैन ग्रंथ में ऐसा उल्लेख है कि जब निखात निधि एक वणिक को मिली तब राजा ने उसे जब्त कर लिया, किंतु जब इसी तरह ब्राह्मण को ऐसी निधि मिली, तब राजा ने उसे पुरस्कृत किया।[237]

सामान्यतया ब्राह्मण के विरुद्ध किए गए अपराध-कर्म के लिए शूद्रों को क्रूर शारीरिक दंड देने के विधान को, नारद ने, और कुछ मामलों में वृहस्तति ने भी, दुहराया है।[238] वृहस्पति ने कहा है कि शूद्र को आर्थिक दंड नहीं दिया जाए, बल्कि ताड़न, बंधन और निंदन का दंड दिया जाए।[239] वृहस्पति विशेष रूप से प्रतिलोमों (अर्थात उच्च वर्ण की माता और निम्न वर्ण के पिता की संतानों) और अंत्यों (अछूतों) के प्रति कठोर हैं, जिन्हें वे समाज का मल समझते हैं। यदि वे ब्राह्मण का अपराध करें तो उन्हें पीटना चाहिए और अर्थदंड कभी नहीं देना चाहिए।[240] यही विधान नारद ने श्वपचों, मेदों, चंडालों, हस्तिपों (महावतों), दासों आदि के लिए किया है।[241] नारद ने इतना और कहा है कि इन मामलों में अपराध से पीड़ित व्यक्ति स्वयं अपराधी को दंड दें, क्योंकि अपराधी को दिए जानेवाले दंड से राजा को कोई मतलब नहीं है।[242] यह राजकीय शक्ति के ह्रास का महत्वपूर्ण संकेत है। यदि कोई ब्राह्मण शूद्र को दुर्वचन कहे तो उसे साढ़े बारह पण का दंड दिया जाए, यह नियम इस काल की स्मृतियों में भी दुहराया गया है।[243] किंतु वृहस्पति ने यह भी कहा है कि यह नियम गुणवान शूद्रों के विषय में ही लागू होता है, गुणहीन शूद्रों को दुर्वचन कहने के लिए ब्राह्मण दंडनीय नहीं है।[244] संभवतया यह अस्पृश्य शूद्रों के विषय में कहा गया है, जिनके लिए ऐसे विषयों में विधि में कोई परित्राण नहीं है। किंतु इस विषय में शूद्रों के अन्य वर्गों को उच्च वर्ण के लोगों द्वारा किए गए अपराध के विरुद्ध कानूनी सुरक्षाप्राप्त थी।[245]

यद्यपि यह कहा गया है कि शूद्रों को शारीरिक दंड दिया जाए, तथापि वृहस्पति ने वैश्य, क्षत्रिय और ब्राह्मण को दुर्वचन कहने के लिए विहित दंडों की जो तालिका दी है, उसमें इसका कोई संकेत नहीं मिलता है।[246] फाहियान ने लिखा है कि मध्य देश में राजा मृत्युदंड या अन्य शारीरिक दंड दिए बिना ही शासन करता था।[247] यह अत्युक्ति हो सकती है, फिर भी इससे यह ध्वनित होता है कि शारीरिक दंड का प्रचलन पूर्व की तुलना में कम हो गया था, जिससे शूद्रों का कल्याण हुआ। याज्ञवल्क्य वर्णमूलक विधान का सिद्धांत तो मानते हैं,[248] फिर भी उन्होंने शूद्र अपराधियों के लिए मनु के क्रूर दंडविधान को दुहराया नहीं है। उनके हमला संबंधी एक नियम में वर्णभेद का आभास नहीं है। उन्होंने कहा है कि यदि दोनों पक्ष अस्त्रप्रहार की धमकी दें तो सबको समान दंड मिलेगा,[249] किंतु यदि कोई अब्राह्मण ब्राह्मण को पीड़ित करे तो उसका अंग काट लिया जाएगा।[250] यह स्पष्ट नहीं होता है कि यह नियम ब्राह्मण पर हमला करनेवाले शूद्रों पर भी लागू था या नहीं।

विष्णु ने अपनी जाति की परस्त्री का संग करने पर उत्तम कोटि के दंड का और निम्नतर जाति की परस्त्री का संग करने पर मध्यम कोटि के दंड का विधान किया है।[251] परंतु यह अदभुत बात है कि उन्होंने अंत्यज स्त्री से संभोग करने पर सीधे मृत्युदंड का विधान कर दिया है [252] (बशर्ते कि वहाँ 'वध्य' शब्द पिटाई के अर्थ में प्रयुक्त न माना जाए)। परंतु यह उनके अपने ही एक दूसरे विधान के विरुद्ध है, जिसके अनुसार यदि कोई ब्राह्मण चंडाल स्त्री से एक रात संभोग करे तो तीन वर्षों तक भिक्षाटन पर जीने और निरंतर गायत्री जपने से शुद्ध होगा।[253] किंतु यह द्रष्टव्य है कि द्विजाति स्त्री का संग करने पर शूद्र के लिए मनु ने जो कठोर दंड विहित किया है, वह इस काल की किसी भी विधि संहिता में नहीं पाया जाता।

इस काल के विधिग्रंथों में विभिन्न वर्णों के वध के लिए प्रतिकार का भिन्न-भिन्न मानदंड विहित नहीं किया गया है। फिर भी विष्णु ने हत्या के पाप के लिए प्रायश्चित के भिन्न-भिन्न मानंदड विहित किए हैं। जैसे, ब्राह्मण, क्षत्रिय, वैश्य या शूद्र की हत्या के पाप की शुद्धि के लिए क्रमशः 12, 9 और 3 वर्ष महाव्रत नामक तप करना है।[254] इसका कोई प्रमाण तो नहीं मिलता है कि ऐसे प्रायश्चित वस्तुतः कराए जाते थे, किंतु इससे प्रकट होता है कि चारों वर्णों के जीवन का आपेक्षिक महत्व क्या था। परंतु विष्णु और याज्ञवल्क्य क्षत्रिय, वैश्य या शूद्र के वध को चतुर्थ कोटि का अपराध (उपपातक) मानते हैं,[255] और विष्णु के अनुसार अपराधी को चांद्रायण या पराक नामक व्रत या गोमेध यज्ञ करना चाहिए।[256] इस तरह के उपबंध से शूद्र, वैश्य और क्षत्रिय एक कोटि में आते हैं और ब्राह्मण को उन सबों से विशिष्ट स्थान मिलता है। शांतिपर्व के एक हस्तलेख में पाए जानेवाले एक संदर्भ से भी यह चित्तवृत्ति लक्षित होती है। इसमें कहा गया है कि यदि कोई क्षत्रिय, वैश्य या शूद्र ब्रह्महत्या करे तो या तो उसकी आँखें निकाल ली जाएँ या उसे मार दिया जाए, किंतु यदि कोई ब्राह्मण ऐसा अपराध करे तो देश से निष्कासित कर दिया जाए।[257] उसी हस्तलेख के एक दूसरे संदर्भ में कहा गया है कि जो ब्राह्मण पापकर्म करनेवाला हो और हत्यारा हो या विप्रों के बीच चोर हो, तथा जो क्षत्रिय या वैश्य या शूद्र ब्राह्मण की हत्या का अपराधी हो, उसकी आँखें निकाल ली जाएँ।[258] इस प्रकार यहाँ दंड में वर्ण भेद नहीं किया गया है।

प्रतीत होता है कि दंडविधान में वर्णभेद गुप्तकाल में कमजोर हो चला था। पश्चिम भारत के छठी शताब्दी के एक उत्कीर्ण लेख में मानहानि, हमला और हिंसा के लिए वर्णानुसार दंडों का उल्लेख नहीं है।[259] फाहियान ने बताया है कि मध्य देश में हर अपराधी को उसके अपराध के गुरुत्व के अनुसार दंड दिया जाता था,[260] जिससे ध्वनित होता है कि अपराधी को उसके वर्ण के अनुसार दंड नहीं दिया जाता था। हो सकता है कि दंडविधान में ब्राह्मणों के प्रति कुछ अनुग्रह किया जाता हो, किंतु जिस प्रकार पूर्वकाल में

कठोर दंड केवल शूद्रों के लिए थे, वैसा इस काल में हम नहीं पाते हैं।

नारद ने इस पुराने मत को अपनाया है कि चोरी करने पर ब्राह्मण का अपराध सबसे अधिक और शूद्र का अपराध सबसे कम माना जाएगा।[261] यह शायद इस सिद्धांत पर आधारित है कि ब्राह्मण को धर्म के चारों चरणों (पूरी मात्रा) का पालन करना है, क्षत्रिय को तीन चरणों का, वैश्य को दो चरणों का और शूद्र को एक चरण का। चारों वर्णों के प्रायश्चित के लिए पाप का गुरुत्व या लघुत्व इसी सिद्धांत पर निर्धारित किया जाना चाहिए।[262] कात्यायन ने जो यह कहा है कि शूद्र के लिए जो दंड है, क्षत्रिय या ब्राह्मण को उसका दूना दंड मिलना चाहिए,[263] उसका भी तात्पर्य चोरी से ही रहा होगा। यहाँ वैश्यों का उल्लेख न होना इस बात का सूचक है कि वे शूद्रों में समाविष्ट होते जा रहे थे। किंतु इन सबों से यह लक्षित होता है कि शूद्र स्वभावतया चोर समझे जाते थे, और इस अनुमान का समर्थन *अमरकोश* से भी होता है जहाँ चोरों और दस्युओं के पर्याय शूद्र वर्ग में गिनाए गए हैं।[264]

दस्युओं का उल्लेख शांतिपर्व में राजा के शत्रु और प्रजा की सुख-शांति पर खतरा पहुँचानेवाले के रूप में बारंबार किया गया है।[265] संभवतया इसका संकेत राज्य के बाहरी शत्रुओं की ओर है, न कि शूद्रों की ओर, क्योंकि कहा गया है कि यदि दस्युओं के उत्पात से वर्णों के मिश्रण की आशंका हो तो ब्राह्मण, वैश्य और शूद्र सभी शस्त्र ग्रहण कर सकते हैं।[266] यह तर्क दिया गया है कि शूद्र हो या और कोई वर्ण, जो सेतुहीन धारा में सेतु का काम करे, पार होने के साधनों के अभाव में तरणि का काम करे, वह अवश्य ही सर्वत्र पूजनीय है।[267] जो व्यक्ति दस्युओं से असहायों की रक्षा करे वह स्वजनवत सबके लिए आदरणीय है।[268] *धनुर्वेद संहिता*[269] में कहा गया है कि तीन ऊँचे वर्णों के लोग सामान्यतया शस्त्र ग्रहण कर सकते हैं, किंतु शूद्र केवल आपतकाल में ही ऐसा कर सकता है।[270] लेकिन उसमें आगे यह भी कहा गया है कि ब्राह्मण धनुष का प्रयोग करें, क्षत्रिय तलवार का, वैश्य बरछे का और शूद्र गदा का।[271] इस प्रकार उपर्युक्त संदर्भों से सिद्ध होता है कि शूद्रों को शस्त्र ग्रहण करने का अधिकार दे दिया गया था। इससे शूद्रों की नागरिक प्रतिष्ठा में महत्वपूर्ण परिवर्तन की सूचना मिलती है, क्योंकि पूर्व काल के स्मृतिकारों ने उन्हें शस्त्र ग्रहण की अनुमति नहीं दी थी। यह नवीन परिवर्तन शूद्रों के कृषक वर्ग के रूप में परिणत होने के साथ-साथ हुआ, और यह सिद्ध करता है कि वर्णव्यवस्था के अनुयायियों के हृदय में अब पहले की यह आशंका नहीं रही कि शूद्र उनके काबू से कहीं बाहर हो जाएँगे। मालूम होता है कि शूद्र सेना में भरती किए जाते थे। इस काल के एक नाटक में दो सैनिक पदाधिकारी क्रमशः नाई और चमार जाति के हैं।[272]

परंतु शूद्रों के प्रति किए गए इन अनुग्रहों के बावजूद इन वर्णों के बीच भीतरी संघर्ष

का अंत न हुआ। शांतिपर्व में कम से कम नौ ऐसे श्लोक हैं, जिनमें ब्राह्मणों और क्षत्रियों के बीच मेलमिलाप की आवश्यकता पर जोर दिया गया है,[273] जिससे शायद यह सूचित होता है कि वैश्य और शूद्र वर्ग संयुक्त रूप से विरोध के लिए सन्नद्ध थे। कहा गया है कि एक बार शूद्रों और वैश्यों ने जान-बूझकर ब्राह्मणों की स्त्रियों का संग करना शुरू किया।[274] कई ऐसे प्रसंग आए हैं, जिनसे ध्वनित होता है कि शूद्र विशेष रूप से वर्तमान समाजव्यवस्था के विरोधी थे। अनुशासनपर्व में कहा गया है कि शूद्र राजा के नाशक होते हैं, इसलिए चतुर राजा को इस खतरे के प्रति लापरवाह नहीं रहना चाहिए।[275] अश्वमेधिक पर्व के एक लंबे परिच्छेद में जो अंशतः *वशिष्ठ धर्मशास्त्र* से उद्धृत है, शूद्रों को शत्रु, हिंसक, अहंकारी, क्रोधी, मिथ्याभाषी, परम लोभी, कृतघ्न, नास्तिक, आलसी और अपवित्र कहा गया है।[276] इसी प्रकार, मनु की भाँति शांतिपर्व में कहा गया है कि वृषल (अर्थात शूद्र) वह है जो धर्म (स्थापित समाज-व्यवस्था) का विरोध करे।[277] शूद्रों के विरोधी रुख का आभास *नारद-स्मृति* के एक श्लोक में भी मिलता है। इसमें कहा गया है कि यदि राजा दंड का प्रयोग न करे तो ब्राह्मण, क्षत्रिय और वैश्य सभी अपना-अपना कर्तव्य त्याग देंगे, किंतु इसमें शूद्र तो सबसे आगे बढ़ जाएँगे।[278] याज्ञवल्क्य ने कौटिल्य के इस वचन को दुहराया है कि यदि शूद्र दूसरों की आँखें निकाले,[279] ब्राह्मण होने का पाखंड करे, और राजविरोधी कार्य करे तो उस पर 800 पण जुर्माना किया जाए।[280] नट, जुआरी, जुआघर चलाने वाले आदि शूद्र राज्य में अव्यवस्था उत्पन्न करनेवाले माने जाते थे, क्योंकि वे भद्र नागरिकों (भद्रिकाः प्रजाः) का अपकार करते थे।[281] शांतिपर्व में कहा गया है कि दासों और म्लेच्छों के साथ निपटने की जिम्मेदारी एक ही प्रकार के अधिकारी को दी जाए और चंडालों व म्लेच्छों के प्रति बलप्रयोग किया जाए।[282] इन बातों से ध्वनित होता है कि शूद्रों और शासक वर्गों के बीच पुराना संघर्ष किसी न किसी रूप में बना रहा, पर इसकी पुरानी तीव्रता जाती रही, संभवतया इन कारणों से—शूद्र मंत्रियों का रखा जाना, जिला प्रशासन के कार्यों में शिल्पिसंघों के प्रधानों को सहयोजित करना, न्याय में वर्णमूलक भेदभाव में न्यूनता आना, और अंत में संकट की घड़ी में शूद्रों को हथियार उठाने का अधिकार मिलना।

चारों वर्णों की उत्पत्ति की पुरानी कहानी[283] तो पूर्ववत दुहराई जाती रही, किंतु *वायु* और *ब्रह्मांड पुराणों* में मनु के इस कथन का समर्थन किया गया है कि शूद्रों के मूल पुरुष वसिष्ठ थे,[284] जिसका अर्थ हुआ कि उनकी सुधरी सामाजिक प्रतिष्ठा की मान्यता कायम रही।

सफेद, लाल, पीला और काला—इन चार रंगों का संबंध जो क्रमशः ब्राह्मणादि चार वर्णों से जोड़ा गया है, वह वर्णों की सापेक्षिक सामाजिक प्रतिष्ठा का सूचक है।[285] नटों अर्थात अभिनेताओं का वर्णन करते हुए *नाट्यशास्त्र* में कहा गया है कि ब्राह्मण और क्षत्रिय

के लिए लाल परिधान होना चाहिए,[286] और वैश्य व शूद्र के लिए काला या श्याम ।[287] इस ग्रंथ में यह भी कहा गया है कि प्रेक्षागृह में ब्राह्मणों का स्थान सूचित करने के लिए एक श्वेत स्तंभ खड़ा किया जाए, क्षत्रियों का स्थान सूचित करने के लिए लाल स्तंभ, वैश्यों का स्थान सूचित करने के लिए पीला स्तंभ और शूद्रों का स्थान सूचित करने के लिए श्याम स्तंभ ।[288] ब्राह्मण स्तंभ के तल भाग में सोने के आभूषण डाले जाएँ, क्षत्रिय स्तंभ के तल भाग में ताम्र के, वैश्यों के स्तंभ के तल भाग में चाँदी के, और शूद्र स्तंभ के तल भाग में लोहे के ।[289] यह कल्पना प्लेटो की उस कल्पना से मिलती है जिसमें कहा गया है कि दार्शनिकों का निर्माण स्वर्ण से हुआ, सैनिकों का चाँदी से, तथा कृषकों और शिल्पियों का पीतल और लोहे से ।[290]

शूद्रों का ही उपनाम दास होना चाहिए,[291] इस नियम का अनुसरण शायद नहीं किया गया है । उदाहरणार्थ, रविकीर्ति नामक ब्राह्मण के एक पूर्वज का नाम वराहदास था,[292] और चंद्रगुप्त द्वितीय के सामंत सनकानीको के एक शासक का नाम महाराज विष्णुदास था ।[293] *नाट्यशास्त्र* में कहा गया है कि नाटक में ब्राह्मणों और क्षत्रियों के नाम अपने गोत्र और कर्म के सूचक, वणिकों के नाम उनकी उदारता के सूचक और सेवकों के नाम विभिन्न पुष्पों के सूचक होने चाहिए ।[294] मालूम नहीं, शूद्रों का नाम फूल पर क्यों रखा जाता था ।

कुशल पूछने में विभिन्न वर्णों के विषय में विभिन्न शब्द के प्रयोग का जो नियम था, उस पर इस काल में जोर दिया गया नहीं जान पड़ता । किंतु *नाट्यशास्त्र* में कहा गया है कि दासी-दासों, शिल्पियों और यांत्रिकों के साथ बातचीत करने में उन्हें आज्ञावाचक शब्दों से संबोधित किया जाना चाहिए ।[295] इससे यह सूचित होता है कि निम्न जाति के लोग अनादरपूर्वक संबोधित किए जाते थे। *मृच्छकटिक* नाटक में अधम वर्ग के लोगों के संबोधन में 'दासी के बेटे', 'रखैल के बेटे', 'जार के बेटे'आदि गालियों का प्रयोग किया गया है ।[296]

नाट्यशास्त्र में भी मंचस्थ नीच पात्रों का चित्रण करते हुए उनके लिए भिन्न प्रकार के पद-संचार और अंग-संचार का विधान किया गया है । इस विधान के अनुसार ऐसे पात्रों के शरीर का कोई भाग या माथा या हाथ अथवा पाँव झुका रहना चाहिए और उनकी नजर विभिन्न वस्तुओं पर फिरती रहनी चाहिए ।[297] ऐसी भंगिमाओं से उनमें आत्मबल का अभाव झलकता है और यह सिद्ध होता है कि उन्हें अपने प्रभुओं के समक्ष सिर ऊपर उठाने की गुस्ताखी नहीं करने दी जाती थी ।

याज्ञवल्क्य ने कहा है कि वयोवृद्ध शूद्रों का आदर करना चाहिए ।[298] पूर्व के स्मृतिकारों की भाँति इन्होंने इस बात पर जोर नहीं दिया है कि यदि वैश्य और शूद्र अतिथि

होकर आएँ तो उनसे काम कराया जाए और उन्हें भृत्यों के साथ खिलाया जाए। फिर भी इन्होंने यह विधान किया है कि अतिथियों का सत्कार और उनका भोजन उनके वर्ण के अनुरूप होना चाहिए।[299] परंतु इन्होंने जो कहा है कि शाम के समय आए अतिथि को जाने नहीं दिया जाए और जो भी कुछ संभव हो, उससे उसका सत्कार करना चाहिए,[300] वह किसी वर्ण विशेष तक ही सीमित नहीं है। वेश्वदेव अनुष्ठान के बाद चंडालों को खिलाने का जो नियम *धर्मसूत्र* में था वह इस युग में भी दुहराया गया है,[301] और इसमें चंडाल के साथ दास, श्वपाक और भिखारी का भी उल्लेख है।[302]

इस काल के ग्रंथों में बार-बार कहा गया है कि ब्राह्मण को शूद्र का अन्न नहीं खाना चाहिए क्योंकि इससे ब्रह्मवर्चस् (आध्यात्मिक बल) घटता है।[303] शांतिपर्व में बढ़ई, चर्मकार, धोबी और रजक का अन्न ब्राह्मण के लिए निषिद्ध बताया गया है।[304] याज्ञवल्क्य के अनुसार शूद्रों और पतितों का अन्न स्नातकों के लिए अग्राह्य है।[305] उन्होंने आगे स्पष्ट किया है कि स्नातक को रंगजीवी , बाँस का काम करनेवाले, स्वर्णकार, शस्त्रविक्रेता, शिल्पी, दर्जी, रंगरेज, कुत्तों से जीविका चलानेवाले, कसाई, धोबी या तेली का अन्न नहीं ग्रहण करना चाहिए।[306] कई शूद्रों के अन्न को क्षत्रिय के लिए भी अग्राह्य करने की परंपरा चली। कहा गया है कि जो शूद्र कुमार्गगामी और सर्वभक्षी हों, उनकाअन्न क्षत्रिय के लिए भी वर्जनीय है।[307] अनुशासनपर्व घोषित करता है कि जो शूद्र का अन्न खाता है, वह धरती का मल खाता है, शरीर का विकार पीता है और समस्त संसार के कलुष का भागी होता है।[308] शायद ऐसा इसलिए कहा गया है कि ब्राह्मण डरकर ऐसा करने से विरत रहे। जो ब्राह्मण शूद्र का अन्न ग्रहण करे या वैश्य और क्षत्रियों की पंगत में खाए, उसके लिए प्रायश्चित का विधान किया गया है।[309]

शूद्रान्न के वर्जन संबंधी नियम बहुत सीमित मात्रा में लागू होते हैं। वे या तो ब्राह्मणों पर लागू हैं या स्नातकों पर, जो अधिकतर ब्राह्मण होते होंगे। ब्राह्मण को भी शूद्र के घर से दूध और दही लेने की अनुज्ञा है।[310] यदि ब्राह्मण द्विजों से अन्न प्राप्त कर अपनी जीविका चलाने में असमर्थ हो तो वह शूद्र का अन्न भी ग्रहण कर सकता है।[311] याज्ञवल्क्य ने मनु के इस नियम को दुहराया है कि शूद्रों के बीच स्नातक अपने चरवाहे का, परिबार के मित्र का, दास का, नाई का, बटाईदार का, और भरण-पोषण के लिए शरणापन्न व्यक्ति का अन्न ग्रहण कर सकता है।[312] वृहस्पति ने भी दासों और शूद्रों का अन्न ग्राह्य बताया है।[313] शूद्र का उच्छिष्ट खाना या छूना द्विज के लिए घोर कुकर्म समझा जाता था और इसके लिए समुचित प्रायश्चित का विधान किया गया है।[314]

कोई प्रमाण नहीं मिलता कि चंडालों और अन्य अछूतों को छोड़कर कुछ शूद्र जातियों का पानी पीना निषिद्ध था। *मृच्छकटिक* में कहा गया है कि ब्राह्मण और शूद्र एक ही कुएँ

से पानी भरते थे।[315]

याज्ञवल्क्य ने कुछ वस्तुओं को द्विजों के लिए अखाद्य बताया है। द्विज को मद्य पीने की अनुज्ञा नहीं है। इस नियम का उल्लंघन करनेवाली ब्राह्मणी के लिए प्रायश्चित का विधान है,[316] किंतु विज्ञानेश्वर के अनुसार यदि शूद्र की स्त्री मद्यपान करे तो उसके लिए कोई प्रायश्चित नहीं है।[317] लगता है नशाखोरी की बुराई शूद्रों में खास तौर से थी, क्योंकि मद्यों, उनके निर्माण की प्रक्रियाओं और नशा के वाचक शब्द अमर ने शूद्रवर्ग में ही गिनाए हैं,[318] और जुआ संबंधी शब्द भी इसी वर्ग में परिगणित हैं।[319] *पंचतंत्र* में एक मदमत्त जुलाहे का चित्रण है[320] जो अपनी स्त्री को पीटता है। याज्ञवल्क्य ने ऐसी गाय के दूध को अखाद्य बताया है जो गरमाई हुई या दस दिन के भीतर ब्याई हुई हो या जिसका बछड़ा या बछिया मर गई हो; उन्होंने ऊँट, एक खुरवाले पशु, महिला, जंगली पशु, या भेड़ के दूध का भी निषेध किया है।[321] देवताओं के लिए अभिप्रेत वलि (उपहार), हव्य (यज्ञ के लिए बना खाद्य), अनुत्सृष्ट (देवताओं को न समर्पित) मांस, कवक (फफूँद), मांसभक्षी पशु, तथा कई पक्षी, जैसे तोता, हंस, वक, चकवा इत्यादि द्विजों के लिए अखाद्य घोषित किए गए हैं,[322] और कुछ विषयों में इस नियम के उल्लंघन के पाप को दूर करने के लिए प्रायश्चितों का भी विधान है।[323] याज्ञवल्क्य ने यह भी कहा है कि पंचनखों (पाँच पंजोंवाले जानवरों) में साही, घड़ियाल, गोह, कछुआ और खरहा द्विजों के लिए अभक्ष्य हैं, उन्होंने चार प्रकार की मछलियाँ भी बताई हैं जो द्विजों के लिए भक्ष्य हैं।[324] उन्होंने मूली, प्याज, लहसुन, घरेलू सूअर, कुकुरमुत्ता और गंदना (चम्मोकन) खाना भी वर्जित किया है और इसका उल्लंघन करनेवालों के लिए चांद्रायण व्रत का प्रायश्चित बताया है।[325] फाहियान ने कहा है कि प्याज और लहसुन केवल चंडाल खाते थे।[326] याज्ञवल्क्य कहते हैं कि जो व्यक्ति शूद्र को अखाद्य वस्तु खिलाए वह प्रथम कोटि के दंड के आधे दंड का पात्र होगा, और यह अपराध यदि उच्च वर्ण के लोगों के प्रति किया जाए तो दंड और अधिक होगा।[327] इससे ध्वनित होता है कि कुछ वस्तुएँ शूद्रों के लिए भी अभक्ष्य थीं, किंतु इनका नामोल्लेख याज्ञवल्क्य ने नहीं किया है। दूसरी ओर यह तो स्वतःसिद्ध है कि द्विजों के लिए जो वस्तुएँ अखाद्य बताई गई हैं, उन्हें शूद्र खा सकते थे। *बृहस्पति स्मृति* में कहा गया है कि मध्य देश में कर्मकर (मजदूर) और शिल्पी लोग गोमांस खाते थे,[328] जिससे यह प्रकट होता है कि गोवध के विरुद्ध प्रबल ब्राह्मण-भावना भी जनसाधारण में प्रचलित गोमांस-भक्षण की पुरानी प्रथा को रोकने में सदा समर्थ न हुई। इसका अनुमान एक उपदेशात्मक कथा से भी लगाया जा सकता है, जो संभवतया आलोच्य काल में *वायुपुराण* में प्रक्षिप्त की गई है। कथा है कि एक बार मनु वैवस्वत के पुत्र पृषध्र ने अपने गुरु की गाय का मांस खा लिया, और इस पर च्यवन ने शाप दिया कि तुम शूद्र हो जाओ।[329] इस आख्यान से प्रकट होता है कि

भोजन-परिपाटी द्विजों की भोजन-परिपाटी से कुछ भिन्न थी।

पारिवारिक जीवन के नियम शूद्रों के लिए भी वैसे ही हैं, जैसे अन्य वर्ण के लोगों के लिए।[330] किंतु शूद्रों में विवाह की अपनी खास परिपाटी पूर्ववत बनी रही।[331] अनुशासनपर्व में कहा गया है कि द्विजों का विवाह मंत्रपूर्वक पाणिग्रहण से संपन्न होता है, किंतु शूद्रों का विवाह संभोग से।[332] एक जैन ग्रंथ में चर्चा आई है कि तोसली में एक स्वयंवर भवन में एक दासकन्या ने दासकुमारों की एक जमात से अपने पति का वरण किया।[333] कई संदर्भों से ध्वनित होता है कि शूद्रों के बीच उच्च वर्णों की अपेक्षा स्त्रियों को अधिक स्वतंत्रता प्राप्त थी। याज्ञवल्क्य के एक श्लोक की व्याख्या करते हुए विश्वरूप ने यह मत व्यक्त किया है कि स्मृति ग्रंथों में जो नियोग का विधान है वह केवल शूद्रों के लिए है,[334] और अपने इस मत के समर्थन में उसने वृद्ध मनु के दो श्लोक और *वायुपुराण* की एक गाथा उद्धृत की है।[355] पति के दूर देश चले जाने पर विवाह-विच्छेद करके दूसरा पति कर लेना शूद्र स्त्री के लिए अन्य वर्णों की स्त्री की अपेक्षा अधिक आसान था। ऐसी दशा में अनुशासनपर्व ने शूद्र स्त्री के लिए प्रतीक्षा की अवधि केवल एक वर्ष विहित की है।[336] परंतु वैश्य, क्षत्रिय और ब्राह्मण की स्त्रियों के लिए प्रतीक्षा की अवधि विहित करते हुए नारद ने कहा है कि विदेश गए शूद्र की स्त्री के लिए प्रतीक्षा की कोई अवधि निर्धारित नहीं है।[337] यह उपबंध जो दुहराया गया है कि गोपालक, तेली, सूंडी आदि की स्त्रियाँ अपने पति द्वारा किए गए ऋण की अदायगी के लिए उत्तरदायी होती हैं,[338] उससे प्रकट होता है कि ये शूद्र स्त्रियाँ अपने जीवननिर्वाह के लिए हमेशा अपने मर्दों पर आश्रित नहीं रहती थीं।

विष्णु ने कहा है कि यदि युवती हो जाने के बाद भी कन्या विवाहित न हो तो वह पतित स्त्री समझी जानी चाहिए।[339] टीकाकार नंदराज ने कहा है कि यह नियम केवल निम्न वर्णों की युवतियों के लिए है,[340] किंतु मूल ग्रंथ में ऐसी कोई बात नहीं है जिससे कि ऐसा माना जाए।

उच्च वर्णों के लोग निम्न वर्णों से कन्या ले सकते हैं, यह मत इस काल के ग्रंथों में भी व्यक्त किया गया है।[341] किंतु यह भावना भी बनी रही कि अधम वर्ण अर्थात् शूद्र जाति की स्त्रियाँ केवल आनंद के लिए ब्याही जाती हैं।[342] *कामशास्त्र* ने कुंभदासियों (पनहारिनों या वेश्याओं) तथा धोबी और जुलाहे की स्त्रियों को वेश्याओं से भिन्न नहीं माना है।[343] इस ग्रंथ के अनुसार शूद्र स्त्री के साथ संभोग करना मना तो नहीं है, लेकिन उसे बहुत अच्छा भी नहीं माना जाता।[344] वात्स्यायन ने अपने ही वर्ण में विवाह को प्रशंसनीय बताया है।[345] इस काल के ग्रंथों में विशेष रूप से ब्राह्मणों के लिए शूद्रा से विवाह करना या उसके साथ

संभोग करना या उससे पुत्र उत्पन्न करना परम निंदनीय बताया गया है।[346] परंतु इस नियम के उल्लंघन के कई उदाहरण मिलते हैं। *मृच्छकटिक* नाटक में चारुदत्त नामक ब्राह्मण ने वसन्तसेना नामक वेश्या से विवाह किया है, हालाँकि यह विवाह राजा की विशेष अनुज्ञा से हुआ है।[347] इसी नाटक में शर्विलक नामक ब्राह्मण का विवाह मदनिका नाम की दासी से कराया गया है।[348] इस काल के साहित्य में ऐसे भी उदाहरण मिलते हैं जहाँ क्षत्रियों ने शूद्रा से विवाह किया है।[349]

विभिन्न उच्च वर्णों के बीच आपस में विवाह की परिपाटी पूर्णतया समाप्त नहीं हो गई थी, यह बात वर्णसंकरों की उत्पत्ति के पुराने सिद्धांत के आवर्तन से ध्वनित होती है।[350] अनुशासनपर्व में पंद्रह पुरानी संकर जातियाँ गिनाई गई हैं,[351] और चार नई जातियों का उल्लेख किया गया है —मंस, स्वादुकार, क्षौद्र और सौगंध, जो मागधी माता और क्रमशः चार वर्णों के दुष्ट पिता से उत्पन्न बताए गए हैं।[352] इनमें एक मद्रनाभ जाति का भी उल्लेख है और कहा गया है कि ये लोग निषाद से उत्पन्न हैं और गधों की गाड़ी पर चढ़ते हैं।[353] व्रात्य का उल्लेख अपने कर्मों से च्युत द्विजों के रूप में नहीं किया गया है, बल्कि यह कहा गया है कि क्षत्रिय स्त्री और शूद्र पुरुष से उत्पन्न संतान व्रात्य है,[354] और उसे चंडालों की कोटि में रखा गया है।[355] यह भी कहा गया है कि वैद्य का जन्म वैश्य माता और शूद्र पिता से हुआ है। पूर्व काल में चिकित्सकों की इज्जत कितनी कम थी, यह इसका एक ज्वलंत उदाहरण है। *अमरकोश* में एक नवीन जाति माहिष का उल्लेख है, जो वैश्य स्त्री (अर्या) से उत्पन्न क्षत्रिय की संतान बताया गया है।[356] संभवतया वे महिषकों के समान थे जिन्हें द्रविड़, कलिंग, पुलिन्द, उशीनर, कोलिसर्प, शक, यवन और काम्बोज के साथ पतित शूद्र बताया गया है।[357] यद्यपि वर्णों के मिश्रण से जातियों की उत्पत्ति की कहानी मनगढ़ंत है, तथापि इस काल में आकर इस अनुश्रुति ने सामाजिक विकास की दिशा को प्रभावित किया है, क्योंकि वर्तमान काल में भी असवर्ण विवाह के उदाहरण पूर्वी नेपाल में पाए जाते हैं। इस काल के स्मृतिग्रंथों में शूद्रों और अछूतों के बीच पूर्ववत अंतर रखा गया है; यथा, याज्ञवल्क्य कहा है कि चंडाल स्त्री के साथ संभोग करने से शूद्र चंडाल हो जाता है।[358] शूद्रों और श्वपाकों का पृथक रूप में उल्लेख कई ग्रंथों में मिलता है।[359] किंतु *अमरकोश* में वर्णसंकरों और अस्पृश्यों को शूद्र जाति का ही अंग माना गया है। इस ग्रंथ के शूद्रवर्ग में दस संकर जातियाँ गिनाई गई हैं, जैसे, करण, अम्बष्ठ, उदग्र, (संभवतया उग्र), मागध, महिष, क्षत्तृ, सूत, वैदेहक, रथकार और चंडाल।[360] लेकिन वैदेहक (व्यापारी) का उल्लेख वैश्यवर्ग में भी किया गया है।[361]

अमर ने चंडालों के दस नाम दिए हैं— उनमें प्लव, दिवाकीर्ति, जनंगम आदि कई जातियों का उल्लेख पूर्व काल के ग्रंथों में विरल है,[362] जिससे प्रकट होता है कि चंडाल

जाति की जनसंख्या बढ़ी । इसका अनुमान इस बात से भी लगाया जा सकता है कि चंडालों का उल्लेख पूर्व काल के ग्रीक लेखकों ने नहीं किया, जबकि इस ओर फाहियान का ध्यान विशेष रूप से आकृष्ट हुआ ।[363]

डोम्ब, जिस जाति के लोग परवर्ती काल में उत्तर भारत में बहुत बड़ी तादाद में अछूत माने गए, संभवतया गुप्तकाल में जाति के रूप में आविर्भूत हुए; जैन स्रोत उन्हें उपेक्षित वर्ग का मानते हैं ।[364] शायद ये एक आदिवासी कबीले (जन) के लोग थे, जो ब्राह्मणीय समाज के निचले वर्गों में मिला लिए गए । किरात, शबर और पुलिंद, ये वन्य जातियाँ म्लेच्छों के साथ-साथ *अमरकोश* में शूद्र वर्ग में समाविष्ट की गई हैं,[365] जिससे प्रकट होता है कि आदिवासी जनसमुदाय बड़ी संख्या में शूद्र समुदाय में लीन होते जा रहे थे ।

प्रतीत होता है कि इस काल में न केवल अस्पृश्यों की संख्या में वृद्धि हुई, बल्कि अस्पृश्यता की प्रथा भी कुछ दृढ़ हुई । वृहस्पति ने चंडालों के स्पर्श से होनेवाली अपवित्रता (पाप) को दूर करने के लिए प्रायश्चित का विधान किया है ।[366] फाहियान ने बताया है कि जब कोई चंडाल किसी नगर या बाजार के भीतर प्रवेश करता था तो वह एक लकड़ी को पीटता चलता था, ताकि लोग पहले ही समझ जाएँ कि चंडाल आ रहा है और उसके स्पर्श से बचने की कोशिश करें ।[367] *मार्कण्डेय पुराण* में ऐसे व्यक्तियों के लिए भी प्रायश्चित कर्म का विधान है, जिनकी नजर किसी अंत्यज या अंत्यावसायिन पर जाए ।[368] किंतु इस अस्पृश्यता-नियम का पालन मुख्यतया चंडाल के विषय में किया जाता था । ऐसा कोई प्रत्यक्ष प्रमाण नहीं मिलता है कि डोम्ब अस्पृश्य माने जाते थे । इसी प्रकार इसका भी कोई प्रमाण नहीं मिलता है कि चर्मकार, जो परवर्ती काल में अछूत समझे जाने लगे, इस काल में भी वैसा माने जाते थे ।

इन संकर जातियों और अछूतों की आजीविका के बारे में कोई विशेष जानकारी नहीं मिलती । मनु का यह नियम कि इन जातियों की पहचान इनके पेशों से की जाए, अनुशासनपर्व में भी दुहराया गया है ।[369] चंडालों का पेशा सड़कों, गलियों की सफाई करना, श्मशान का काम करना, अपराधियों को फाँसी पर लटकाना और रात में चोरों का अनुसंधान करना पूर्ववत जारी रहा ।[370] शिकार निम्नस्तरीय शूद्रों का एक प्रमुख पेशा था । बड़े कौतूहल की बात है कि *अमरकोश* में शूद्रवर्ग में न केवल बाजों और शिकारियों के पर्याय ही दिए गए हैं,[371] बल्कि साधारण कुत्ते, शिकार के लिए प्रशिक्षित कुत्ते, घरेलू सूअर और दाहिनी ओर घायल हिरण के भी पर्याय आए हैं ।[372] इसी वर्ग में चिड़ियों को फँसाने के फंदे, जाल, रस्सी और पिंजरे का भी उल्लेख किया गया है ।[373] फाहियान ने बताया है कि चंडाल लोग मछुवे और शिकारी होते थे तथा मांस बेचते थे ।[374] किंतु कालिदास ने चंडालों का उल्लेख बहेलियों और मछुओं से भिन्न रूप में किया है, हालाँकि ये

सब एक ही वर्ग के हैं।[375] इस प्रकार ऐसा प्रतीत होता है कि इस काल में चंडाल मूलतया शिकारी नहीं होते थे, किंतु शिकार उनका एक गौण व्यवसाय रहा होगा। एक जैन ग्रंथ में बताया गया है कि मेद जन दिन-रात तीर-धनुष से शिकार करते रहते थे।[376] यह भी पता चलता है कि श्वपाक कुत्तों का मांस पकाते थे और धनुष की ताँत बेचते थे।[377]

इन वर्णसंकरों और खासकर चंडालों के रीति-रिवाजों और धार्मिक विश्वासों के विषय में कुछ जानकारी मिलती है। ये संकर जातियाँ गाँव के बाहर बसती थीं और इनमें लोहे के गहनों का प्रचलन था।[378] एक चंडाल का वर्णन कुत्तों और गधों द्वारा उड़ाई गई धूलि से धूसरित रूप में किया गया है।[379] फाहियान ने बताया है कि चंडाल ही मद्य पीते थे और लहसुन-प्याज खाते थे,[380] जिससे सूचित होता है कि वे खासतौर से इन वस्तुओं के व्यसनी होते थे। बहेलिया और शिकारी होने के कारण स्वभावतया वे मांसभक्षी होते थे।[381] एक बौद्ध ग्रंथ में कहा गया है कि जो मांस खाता है, वह पुनः पुनः चंडालों, पुक्कुसों, और डोम्बो के कुल में जन्म लेता है।[382] आगे पुनः कहा गया है कि जब कोई कुत्ता मांस खाने के इच्छुक पुरुषों को दूर से भी देखता है तो वह ऐसा सोचकर आतंकित हो उठता है कि 'ये मुझे भी मार डालेंगे।'[383]

प्रतीत होता है कि लोगों के मनोरंजन के लिए गीत गाना संभवतया डोम्बों का महत्वपूर्ण पेशा था।[384] वे गीत गा-गाकर और डगरा, सूप आदि बेचकर अपनी जीविका चलाते थे।[385] *अमरकोश* में शूद्रवर्ग में एक प्रकार की ग्राम्य वीणा, चंडालिका का उल्लेख है,[386] जिससे सूचित होता है कि सार्वजनिक मनोरंजन में चंडालों का भी हाथ रहता था।

डोम्बों और मातंगों के अपने देवता होते थे जो यक्ष (जक्ख) कहलाते थे।[387] मातंगों के जक्खों का पूजास्थल सद्यःमृत मनुष्यों की हड्डियों पर बनाया जाता था।[388] यह परिपाटी शायद इसलिए चली कि चंडाल प्रायः श्मशानों से अनुबद्ध रहते थे।

अछूतों और खासकर चंडालों का वर्णन बड़े निंद्य रूप में किया गया है। कहा गया है कि अपवित्रता (अशुचि), असत्य, चोरी, नास्तिकता, निरर्थक कलह, काम, क्रोध और लोभ अंत्यावसायिनों के लक्षण हैं।[389] चंडता (अर्थात उग्रता) चंडालों के चरित्र की विशेषता है। *मृच्छकटिक* में चंडाल कहते हैं कि हम चंडाल कुल में उत्पन्न होकर भी चंडाल नहीं हैं, क्योंकि चंडाल और पापिष्ठ वे हैं जो निरपराध का गला काटते हैं।[390] एक बौद्ध ग्रंथ में कहा गया है कि यदि कोई ब्राह्मण सत्य, संन्यास, दम (इंद्रिय-निग्रह) और भूत दया से रहित हो तो वह चंडाल के तुल्य है।[391] ऐसे ही आशय से यह भी कहा गया है कि गायों और ब्राह्मणों की सेवा करने से, अक्रूरता, दया, सत्यवादिता और क्षमा का आचरण करने से और अपनी जान लगाकर दूसरों की जान बचाने से अंत्यज भी सिद्धि पा सकते हैं।[392]

सर्वप्रथम शांतिपर्व में घोषणा की गई है कि चारों वर्णों को वेद सुनाना चाहिए,[393] और शूद्र से भी ज्ञान प्राप्त करना चाहिए।[394] यह विधान मनु के विधानों के नितांत विरुद्ध

है जिन्होंने ऐसे मामलों में कठोर दंड बताया है। शांतिपर्व का यह उपदेश शूद्रों के वेद पढ़ने के अधिकार के विरुद्ध बद्धमूल धारणा के कारण अनसुना कर दिया गया होगा,[395] परंतु इतिहास-पुराण पढ़ने के द्वार शूद्रों के लिए वस्तुतः खोल दिए गए। *भागवतपुराण* में कहा गया है कि स्त्रियों और शूद्रों के लिए *महाभारत* ही वेद है।[396] यहाँ यह स्पष्ट नहीं कहा गया है कि शूद्र *महाभारत* पढ़ भी सकते थे या केवल सुन सकते थे। लेकिन पुराणों के विषय में *भविष्यपुराण* बताता है कि शूद्र इन्हें पढ़ नहीं सकते हैं, केवल सुन सकते हैं।[397] सदुपदेश और मोक्ष के लिए सभी वर्गों के लोगों को पुराण और *रामायण-महाभारत* की कथा सुनाने की धार्मिक परिपाटी शायद गुप्तकाल से ही चली है।

विद्या की दूसरी शाखा है *नाट्यशास्त्र,* जिसका द्वार शूद्रों के लिए खुला हुआ था। यह पंचम वेद कहा गया है, जो चारों वेदों के सार से रचा गया है और जिसका उपयोग सभी जातियों के लोग कर सकते हैं।[398] इतना ही नहीं, योग[399] और सांख्य[400] दर्शन भी, जो संभवतया गुप्तकाल में ही अपने चरम रूप में विकसित हुए थे, शूद्रों के लिए वर्जित नहीं थे।[401] यह तथ्य कि सांख्यदर्शन के अनुसार चार प्रमाणों में एक प्रमाण वेद भी है, उस दर्शन की दृष्टि से असंगत नहीं मालूम पड़ता है, क्योंकि वह सभी जातियों के लिए सुलभ है। इसी तरह वैदिक उद्धरणों से भरे इतिहास *(रामायण-महाभारत)* भी शूद्र समान रूप से सुन सकते हैं।[402]

गुप्तकाल में भी कई शिक्षित शूद्रों के उदाहरण दिखाई पड़ते हैं। याज्ञवल्क्य के एक श्लोक से प्रकट होता है कि भृतकों के लिए भी अध्यापक होते थे।[403] *मृच्छकटिक* में न्यायाधीश शकार को फटकारता है —'अरे नीच, तुम वेद की बात कर रहे हो, और तब भी तुम्हारी जीभ नीचे न गिरी!'[404] विद्वान शूद्रों का अस्तित्व *वज्रसूची* से भी प्रमाणित होता है, जिसमें वेद, व्याकरण, मीमांसा, सांख्य, वैशेषिक, लग्न आदि शास्त्रों के ज्ञाता शूद्रों की चर्चा है।[405] यह संदर्भ बौद्ध धर्मावलंबियों के बारे में नहीं बल्कि शूद्रों के बारे में है, क्योंकि ब्राह्मणीय मुहावरे में बौद्धों को निंदास्वरूप शूद्र कहा जाता था, बौद्धों के मुहावरे में नहीं। जायसवाल ने कहा है कि बौद्ध ग्रंथों में विद्वान और संस्कृत बोलनेवाले जिन शूद्रों की चर्चा है, वे शूद्रा के गर्भ से उत्पन्न ब्राह्मणों के पुत्र थे।[406] यह संभव तो है, किंतु हो सकता है कि शूद्रों के कुछ उन्नत वर्गों ने शिक्षा प्राप्त की हो और अपने बंधु वर्गों के उत्थान के लिए काम किया हो।

फिर भी इसमें कोई संदेह नहीं कि उच्च वर्णों की तुलना में शूद्रों का सांस्कृतिक स्तर नीचे था। उदाहरणार्थ, नाटकों में स्त्रियाँ और निम्न जाति के पात्र गँवारों की भाषा प्राकृत बोलते थे, जबकि उच्च वर्गों के पात्र शिक्षितों की परिष्कृत भाषा संस्कृत बोलते थे।[407] लेकिन *नाट्यशास्त्र* में कहा गया है कि रानियाँ, वेश्याएँ और कलाकार महिलाएँ परिस्थिति के अनुसार संस्कृत बोल सकती हैं।[408] कभी-कभी प्राकृत की विभिन्न बोलियों के प्रयोग में

भी जातीय स्तर का विचार किया जाता था, नाटकों में ऊँची हैसियत के पात्र सौरसेनी बोलते थे और नीच पात्र मागधी प्राकृत।[409] *नाट्यशास्त्र* में चंडालों, पुल्कसों आदि विभिन्न जातियों और पेशों के पात्रों के लिए विभिन्न स्थानीय बोलियाँ (विभाषाएँ) विहित की गई हैं।[410] इन सबों से पता चलता है कि निम्न वर्गों को लिखने-पढ़ने की शिक्षा नहीं दी जाती थी, जिससे वे परिमार्जित भाषा संस्कृत बोल सकें।

कहा जाता है कि धनुर्वेद के छात्र के रूप में शूद्र का वैदिक मंत्रपूर्वक उपनयन संस्कार होता था,[411] किंतु *धनुर्वेद संहिता* में इस संस्कार की चर्चा नहीं है। कारीगर के रूप में शूद्रों को व्यावसायिक और शिल्पिक प्रशिक्षण अपने ही परिवार में या किन्हीं बाहरी विशेषज्ञों से मिलता रहा होगा, किंतु इस प्रशिक्षण में लिखने-पढ़ने का कोई स्थान नहीं था। फिर भी इतना स्पष्ट है कि गुप्तकाल के ग्रंथों में शूद्रों के विषय में न केवल उदार दृष्टिकोण ही आया है, बल्कि कुछ शिक्षित शूद्रों के अस्तित्व का प्रमाण भी मिलता है।

शूद्रों को धर्म-कर्म का अधिकार नहीं है, यह पुरानी मान्यता इस काल में भी दुहराई गई है।[412] इसमें यह तर्क दिया गया है कि ऊपर के तीन वर्णों की सेवा ही शूद्रों के लिए यज्ञ कर्म है।[413] इसी दृष्टि से नारद ने कहा है कि अभिषेक जल नास्तिकों, व्रात्यों और दासों को न दिया जाए।[414] परंतु विष्णु ने कहा है कि कुछ परिस्थितियों में शूद्र को अभिषेक द्वारा दिव्य करना पड़ता है।[415] शूद्रों की धार्मिक हैसियत में परिवर्तन के अन्य आभास भी मिलते हैं। *मार्कण्डेय पुराण* ने दान देना और यज्ञ करना शूद्र का कर्तव्य बताया है।[416] इसमें संदेह नहीं कि शूद्रों को पंच महायज्ञ करने की छूट दी गई है।[417] मनु ने तो स्पष्टतया ऐसा नहीं कहा है, किंतु याज्ञवल्क्य ने साफ कर दिया है कि शूद्र ('ओंकार' के बदले) 'नमः' का प्रयोग करते हुए पंच महायज्ञ कर सकते हैं।[418] हापकिंस का यह कथन सही है कि यह वचन शूद्र के लिए नहीं है,[419] क्योंकि इस बात की अन्य स्रोतों से भी पुष्टि होती है।[420] मनु ने यज्ञ-दीक्षा को द्विज का एक जन्म माना है,[421] किंतु याज्ञवल्क्य के समानांतर श्लोक में द्विजों के इस विशेषाधिकार का उल्लेख नहीं है।[422] यह याज्ञवल्क्य की उदार मनोवृत्ति के अनुरूप ही है, जो शूद्रों को यज्ञ करने की अनुमति देते हैं। शांतिपर्व में मुक्त कंठ से कहा गया है कि त्रयी (वेदों) के अनुसार स्वाहाकार और नमस्कार मंत्र शूद्र के लिए विहित है और वह औपचारिक रूप से दीक्षित होकर प्रथम दो मंत्रों से पाकयज्ञ कर सकता है।[423] इस सुधार के समर्थन में शूद्र पैजवन ने एक पाकयज्ञ किया और एक दिन में पूरा होनेवाले ऐंद्राग्नि नामक यज्ञ के नियमानुसार उसने सौ हजार पूर्णपात्र (चावल से भरे कलश) दक्षिणास्वरूप दिए।[424] यह हमें आधुनिक युग के सामाजिक सुधारों की उस परिपाटी की याद दिलाता है, जिसमें विधवा विवाह, तलाक आदि के समर्थन में इसी तरह के प्राचीन उदाहरण ढूँढ़ निकाले गए। शूद्रों के लिए गृह्य यज्ञ की छूट देते हुए शांतिपर्व ने

यह महत्वपूर्ण बात कही है कि सभी वर्णों को यज्ञ करने का अधिकार है, बशर्ते उनमें श्रद्धा हो।[425]

शूद्रों को यज्ञ करने का अधिकार दिए जाने के एक महत्वपूर्ण उपांग के रूप में उन्हें व्रतानुष्ठान का भी अधिकार दिया गया। याज्ञवल्क्य ने चांद्रायण व्रत शूद्रों के लिए विहित किया है, जो स्पष्टतया इनके द्वारा प्रयुक्त अवकृष्ट शब्द के अर्थ के अंतर्गत है।[426] यह वचन प्रक्षिप्त माना जाता है,[427] किंतु यह याज्ञवल्क्य की उदार मनोवृत्ति के अनुरूप ही है और इसी तरह का वचन *वृहस्पति स्मृति* में भी आया है, जिसमें ब्राह्मण के यज्ञोपवीत को तोड़ने के अपराधी शूद्र के लिए प्राजापत्य व्रत का प्रायश्चित बताया गया है।[428]

वृहस्पति स्मृति में शूद्रों के लिए कर्णविधन[429] और चूड़ाकरण[430] संस्कार विहित हैं। इनमें प्रथम का उल्लेख गृह्यसूत्रों में नहीं है, किंतु द्वितीय का विधान इनमें किया गया है।[431] मनु ने इसे केवल द्विजों के लिए विहित किया था,[432] जिसका विस्तार अब शूद्रों तक हो चला था।

कई ग्रंथों में संन्यास आश्रम शूद्रों के लिए वर्जित है। कालिदास ने *रामायण* में किए गए शूद्र तपस्वी शंबूक के निंदन को दुहराया है।[433] राम ने जो शंबूक को प्राणदंड दिया, इसकी उन्होंने प्रशंसा की है और बताया है कि इस मृत्युदंड के परिणामस्वरूप उसने जो पुण्यात्माओं का पद प्राप्त किया उसे वह अपनी उग्र तपस्या से नहीं पा सकता था, क्योंकि तपस्या तो वह अपने वर्णधर्म के विरुद्ध कर रहा था।[434] किंतु आश्रमों के साथ वर्णों के संबंध के विषय में शांतिपर्व की मनोवृत्ति कुछ भिन्न है। इसके अनुसार ब्राह्मण के लिए चारों आश्रम अनिवार्य हैं, किंतु अन्य वर्णों के लिए नहीं;[435] अन्य तीन वर्णों के लिए संन्यास आश्रम वर्जित है।[436] इसका अर्थ हुआ कि शूद्र यदि चाहे तो प्रथम तीन आश्रमों में प्रवेश कर सकता है, और चतुर्थ का द्वार न केवल शूद्र के लिए अपितु वैश्य और क्षत्रिय के लिए भी बंद है। किंतु कात्यायन ने कहा है कि यदि शूद्र संन्यासी संन्यासाश्रम का परित्याग करे तो वह राजा द्वारा दंडनीय है।[437] याज्ञवल्क्य ने देवों और पितरों के निमित्त शूद्र संन्यासी को खिलाना वर्जित किया है।[438] इसका तात्पर्य या तो जैन या बौद्ध भिक्षुओं से हो सकता है या शूद्र वर्ण के संन्यासियों से।

शूद्रों की धार्मिक प्रतिष्ठा में सुधार का बड़ा संकेत मूर्तिस्थापन संबंधी नियमों में मिलता है। मूर्ति बनाने के लिए उपयुक्त वस्तुओं की गिनती कराते हुए एक वैष्णव ग्रंथ में कहा गया है कि सभी जातियों के लोग मूर्ति बना सकते हैं।[439] इससे प्रकट होता है कि शूद्र भी मूर्तियाँ बनाकर उन्हें पूज सकते थे और इनकी मूर्तियाँ भी उसी वस्तु की होती थीं जिसकी अन्य वर्णों के लोगों की। लेकिन इस काल के एक अन्य ग्रंथ में मूर्ति बनाने के लिए उपयुक्त लकड़ी चुनने में वर्णमूलक विभेद विहित किया गया है, और तदनुसार चार वर्णों के लिए

क्रमशः चार प्रकार की लकड़ी बताई गई है ।[440] एक गुप्तोत्तरकालीन वैष्णव उपपुराण में इसी तरह का नियम आया है, जिसमें कहा है कि मंदिर और मूर्ति बनाने में श्वेत काष्ठ ब्राह्मणों के लिए शुभ है, लाल क्षत्रियों के लिए, पीला वैश्यों के लिए, और काला शूद्रों के लिए ।[441] मूर्ति बनाने में इसी ग्रंथ में चारों वर्णों के लिए क्रमशः इन्हीं चार वर्णों के पत्थर विहित किए गए हैं ।[442] लकड़ी और पत्थर के चुनाव में वर्णविभेद के रहते हुए भी, प्रतिमाविज्ञान विषयक ग्रंथों के अवलोकन से इसमें कोई संदेह नहीं रह जाता है कि शूद्र भी मूर्ति बना सकते थे और उसकी पूजा कर सकते थे ।

कहा गया है कि शूद्र की अर्थी में ब्राह्मण शामिल नहीं हो सकता है ; यदि वह ऐसा करेगा तो वह स्नान करके आग को छूकर और घी पीकर शुद्ध होगा ।[443] वह पुराने नियम जिसमें शूद्र के मरने पर उसके परिवार के लोगों के लिए अशौच की सबसे लंबी अवधि बताई गई है, इस काल के कई ग्रंथों में भी पूर्ववत बना रहा ।[444] लेकिन इस विषय में याज्ञवल्क्य ने सामान्य शूद्रों के लिए एक मास तक और धार्मिक (न्यायवर्ती) शूद्रों के लिए 15 दिन तक अशौच बताया है । इस प्रकार धार्मिक शूद्र को वैश्य का दर्जा दिया है ।[445] व्रतों के अनुष्ठान में भी वैश्य और शूद्र समान कोटि में रखे गए हैं । कहा गया है कि वैश्य और शूद्र केवल एक रात के लिए व्रत करें ।[446] यदि मूर्खतावश वे द्विरात्र या त्रिरात्र व्रत करें तो उससे उनका अभ्युदय न होगा ।[447] फिर भी विशेष अवसरों पर वे दो रातों तक व्रत कर सकते हैं ।[448] लेकिन कभी-कभी इस बात पर भी जोर दिया गया है कि उपवास व्रत केवल ब्राह्मण और क्षत्रिय कर सकते हैं ।[449]

वृहस्पति ने कहा है कि मरे बच्चे का जन्म (जन्म हानि) होने पर ब्राह्मण दस दिनों में शुद्ध होता है, क्षत्रिय सात दिनों में, वैश्य पाँच दिनों में और शूद्र तीन दिनों में ।[450]

कर्मानुष्ठानों के अवसर के संदर्भ में महिलाओं और शूद्रों की अपवित्रता का विधान इस काल के ग्रंथों में भी सुरक्षित है ।[451] कई दशाओं में शूद्रों और पतितों (अंत्यजों) को, जो कुत्ते के समान अपवित्र माने जाते थे, देखने पर प्रायश्चित विहित किया गया है ।[452] यह भी विधान है कि यदि क्षत्रिय ब्रह्मचारी को वैश्य या शूद्र स्पर्श करे और वैश्य ब्रह्मचारी को शूद्र, तो उसे प्रायश्चित करना होगा ।[453]

गृह्यसूत्रों के अनुसार श्राद्ध कर्म शूद्रों के लिए विहित नहीं है,[454] किंतु इस काल के ग्रंथों में यह कर्म शूद्रों के लिए भी स्पष्टतया विहित किया गया है ।[455] शूद्र साधारण श्राद्ध तो कर ही सकता है,[456] असाधारण (वृद्धि) श्राद्ध भी कर सकता है, जिसमें पुत्रप्राप्ति आदि के विशेष अवसर पर पितरों की अर्चना की जाती है ।[457] यह भी बताया गया है कि मरने पर कर्मानुष्ठान करनेवाले ब्राह्मण को प्राजापत्य लोक मिलता है, रण से न भागनेवाले क्षत्रिय को ऐंद्रलोक मिलता है, अपने कर्तव्यों का पालन करनेवाले वैश्यों को मरुतलोक

मिलता है, और भृत्य कर्म में रत शूद्रों को गांधर्वलोक मिलता है।[458]

शूद्र अपने पितरों को, जो पुराणों में सुकालिन संज्ञा से अभिहित हैं[459] और काले रंग के बताए गए हैं,[460] जलांजलि और अन्य उपहार चढ़ा सकते थे। किंतु जहाँ ऋषियों की संतान के रूप में वर्णित द्विजों के प्रवर होते थे, वहाँ शूद्रों के प्रवर नहीं होते थे।[461]

इस काल की उल्लेखनीय धार्मिक घटना है शूद्रों के दान देने के अधिकार पर जोर।[462] दान शूद्रों के लिए सर्वोत्तम साधन माना गया है, इसके द्वारा वह सारी सिद्धियाँ प्राप्त कर सकता है।[463] जो शूद्र सत्य और ईमानदारी पर चलता है, मंत्र और ब्राह्मण का आदर करता है और दान देता है, वह स्वर्ग जाता है और अगले जन्म में ब्राह्मण होता है।[464] वेश्याओं के लिए विहित अनंगदान नामक विशेष व्रत में यह विधान किया गया है कि वेश्या से, जो सामान्यतया शूद्र जाति की मानी जाती थी, गोदान लेते समय ब्राह्मण वैदिक मंत्र पढ़े।[465] आगे हम यह भी पाते हैं कि लीलावती नामक शैव वेश्या और एक शूद्र सुनार ने दान दिए जिसके फलस्वरूप मृत्यु के बाद वेश्या को शिव लोक (शिव मंदिर) मिला और सुनार मूर्ति नामक सम्राट हुआ।[466] ईस्वी सन् की पाँचवीं शताब्दी के एक बौद्ध टीका ग्रंथ में ऐसे कम से कम एक दर्जन उदाहरण आए हैं जहाँ निम्न वर्णों के लोगों ने बुद्ध, भिक्षुओं, या संघ को दान देने के फलस्वरूप स्वर्ग का आनंद और बौद्ध 'विमानों' का सुखभोग प्राप्त किया।[467] इस प्रकार दान का सिद्धांत बौद्ध और ब्राह्मणीय, दोनों धर्मों में समान था।

ऐसा कोई प्रमाण नहीं मिलता है जिससे यह सिद्ध हो कि याज्ञवल्क्य स्मृति से पहले दान-धर्म को लोकप्रिय बनाने के लिए जोरदार प्रचार किया गया।[468] वृहस्पति स्मृति की रचना के बाद तो दान द्वारा मोक्षप्राप्ति का सिद्धांत पराकाष्ठा पर पहुँच गया।[469] दान की यह महिमा जो शूद्रों के संबंध में ही उदात्त स्वर में गाई गई है, यह सिद्ध करती है कि शूद्र वर्ग दान देने की स्थिति में था और यह स्थिति उसकी आर्थिक अवस्था में हुए परिवर्तन के अनुरूप ही है।

यज्ञ, व्रत, श्राद्ध, तथा अन्य कर्मों का अनुष्ठान जो शूद्रों के लिए विहित किया गया है, उससे यह निष्कर्ष निकलता है कि इन कर्मों में वे ब्राह्मणों को नियोजित करते होंगे, जो इन अवसरों पर किया गया दान ग्रहण करते होंगे।[470] शूद्रों द्वारा किए जानेवाले इन कर्मों में पुरोहित का काम करनेवाले ब्राह्मणों (शूद्र याजकों) की जो बार-बार निंदा की गई है,[471] उससे इन पुरोहितों के विरुद्ध परंपरागत पूर्वग्रह तो प्रकट होता ही है, साथ ही यह भी ध्वनित होता है कि इन कर्मों में ब्राह्मणों को नियोजित करने की प्रथा अधिकाधिक प्रचलित होती जाती थी। मनु ने जिस तरह शूद्र पुरोहितों (ऋत्विजों) की निंदा की है,[472] वैसा याज्ञवल्क्य ने नहीं किया है। *वज्रसूची* में दृढ़तापूर्वक कहा गया है कि ब्राह्मण कैवर्तों,

रजकों, और चंडालों के परिवार में भी मिलेंगे, जिनके बीच चूड़ाकरण, मुंज, दंड और काष्ठ आदि संस्कार किए जाते हैं।[473] इससे ज्ञात होता है कि ब्राह्मण निम्नतम कोटि के शूद्रों के यहाँ भी याजक होते थे। *वज्रसूची* में यह भी कहा गया है कि क्षत्रिय, वैश्य और शूद्र यज्ञ करते और कराते हुए, अध्ययन और अध्यापन करते हुए तथा दान लेते हुए देखे जाते हैं।[474] यदि यह परिवर्तन वस्तुतया हुआ हो तो इससे प्रकट होता है कि याजन (पौरोहित्य) कर्म पर ब्राह्मणों का जो एकाधिकार था उसके विरुद्ध कुछ वर्गों के लोगों में चेतना जग गई थी। इस तरह के कई आंदोलन हाल में भी हुए हैं।

इधर बौद्ध धर्म के महारथी जन्ममूलक वर्णभेद का खंडन करते रहे,[475] और उधर कई सुधारवादी विचारधाराओं, विशेषकर वैष्णव संप्रदाय का उदय हुआ, जिससे बहुत हद तक शूद्रों को धार्मिक समता प्राप्त हुई। वैष्णव धर्म गुप्तकाल में विकास की चोटी पर पहुँच गया था, जब न केवल उत्तर भारत में अपितु दक्षिण और पश्चिम भारत के कई भागों में इस संप्रदाय के अद्वितीय प्रभाव को प्रमाणित करनेवाले पुरालैखिक, मुद्रात्मक और मूर्ति संबंधी अभिलेख भारी संख्या में मिलते हैं।[476] महाभारत और पुराणों में इस संप्रदाय के जो सिद्धांत प्रतिपादित हैं, उनसे प्रकट होता है कि ब्राह्मण धर्म की प्राचीन कट्टरपंथी परंपरा की भाँति इस वैष्णव संप्रदाय ने शूद्रों और अस्पृश्यों के लिए अपना द्वार बंद नहीं रखा, बल्कि उन्हें भी ईश्वर को जानने और मोक्ष प्राप्त करने का अधिकार दिया।[477] वैष्णव ग्रंथों में इस बात पर हमेशा जोर डाला जाता रहा कि कृष्ण, नारायण या वासुदेव की भक्ति के द्वारा स्त्रियाँ और शूद्र भी मुक्ति पा सकते हैं।[478] भगवान को यह घोषित करते हुए चित्रित किया गया है कि ब्राह्मण से लेकर श्वपाक तक सभी मेरी भक्ति से पवित्र हो जाते हैं।[479] श्रद्धालु और भक्त श्वपाक भी मुझे उस ब्राह्मण से अधिक प्रिय हैं जो अन्य गणों से समन्वित रहने पर भी भगवान का भक्त नहीं है।[480] यदि अंत्यज एक बार भी ईश्वर का नाम लेता है तो वह जन्म-मरण के बंधन से मुक्त हो जाता है।[481] यह कहा गया है कि 'वेदज्ञ ब्राह्मण पुण्यवान शूद्र को विश्व के दीप्तिमान देव विष्णु जैसा ही मानते हैं और संसार में सर्वोत्तम भी मानते हैं।[482] जो व्यक्ति विष्णु भक्त शूद्र का अपमान करता है, वह करोड़ वर्ष तक नरक भोगता है।[483] इसलिए ज्ञानवान व्यक्ति को विष्णुभक्त चंडाल का भी अपमान नहीं करना चाहिए।[484] विष्णुभक्ति के द्वारा राजन्य विजय पाते हैं, ब्राह्मण विद्या पाते हैं, वैश्य धन पाते हैं और शूद्र आनंद पाते हैं।[485]

इसी प्रकार का मंतव्य चारों वर्णों के ऐसे लोगों के लिए अभिव्यक्त किया गया है जो महादेव की ऋचाओं का पाठ करते हैं।[486] जो वैश्य, स्त्रियाँ और शूद्र ब्राह्मण के मुँह से दक्ष-शिव युद्ध की कथा सुनते हैं, वे रुद्रलोक में स्थान पाते हैं।[487] द्विजों की भाँति शिवभक्त शूद्र भी गणपति की कोटि में पहुँच सकता है, बशर्ते वह मद्यपायी न हो।[488] इस

प्रकार यह प्रकट होता है कि शैव संप्रदाय का द्वार भी शूद्रों के लिए समान रूप से खुला था।

तंत्र में भी, जो वैष्णव और शैव दोनों संप्रदायों से संबद्ध है, धर्म के विषय में वर्णभेद नहीं माना गया है। ई. सन् की पाँचवीं शताब्दी के एक तंत्रग्रंथ *जयाख्य संहिता*[489] में कहा गया है कि चारों वर्णों के लोग ब्राह्मण से दीक्षा ले सकते हैं।[490] यदि ब्राह्मण न मिले तो क्षत्रिय, वैश्य और शूद्र वर्ण के योग्य व्यक्ति अपने-अपने वर्ण के लोगों के लिए और अपने से निम्न वर्ण के लोगों के लिए गुरु का काम कर सकते हैं।[491]

गुप्तकाल में शासक वर्ग के बहुत से लोग वैष्णव और कुछ लोग शैव थे। किंतु निचले वर्णों में इन संप्रदायों का कैसा प्रभाव था, यह जानने का साधन हमारे पास नहीं के बराबर है। कहा गया है कि वैशाली में शिल्पियों का वर्ग वैष्णव धर्म से बहुत प्रभावित था, क्योंकि दो शिल्पियों (कुलिकों) के नाम 'हरि' पाए गए हैं।[492] यह स्थिति अन्य स्थानों पर भी रही होगी।

सुधारवादी संप्रदायों के प्रभाव के फलस्वरूप इस काल के धार्मिक ग्रंथों का आग्रह कर्मकांडों और संस्कारों से हटकर सदाचार पर आ गया, जो व्यक्ति की सामाजिक प्रतिष्ठा का नियामक है। कहा गया है कि न अग्निहोत्र सार्थक है, न वेद का ज्ञान,[493] क्योंकि श्रुति के अनुसार देवता केवल सदाचार से संतुष्ट होते हैं। जो ब्राह्मण शीलवान नहीं है, वह शूद्रवत माना जाए,[494] और उसका आदर नहीं किया जाना चाहिए। इसके विपरीत यदि शूद्र भी धर्मात्मा हो तो वह आदरणीय है।[495] जो शूद्र शुद्ध हृदयवाला और मन वश में रखनेवाला है वह न केवल (यज्ञोपवीत संस्कार के बिना ही) द्विज हो जाता है, बल्कि वह द्विजों की भाँति पूजनीय भी हो सकता है,[496] क्योंकि न कोई जन्म से संस्कृत होता है, न संस्कार से, न विद्या से, और न संतति से, अपितु केवल शील से होता है।[497] *महाभारत* और पुराणों के उपदेशात्मक भागों में बार-बार कहा गया है कि आचारवान शूद्र अगले जन्म में ब्राह्मणत्व प्राप्त करता है,[498] और यह बात *वज्रसूची* में भी दुहराई गई है।[499]

उपर्युक्त मत के समर्थन में समुचित उपाख्यान उद्धृत किए गए हैं। वनपर्व में एक कहानी आई है कि कौशिक को एक धर्मज्ञ व्याध ने विभिन्न वर्णों के धर्म और आचार सिखाए।[500] मिथिला के धर्मव्याध ने दावा किया है कि वह गुरुजनों और बड़ों की सेवा करता रहा, सदा सत्य बोला, कभी किसी से ईर्ष्या नहीं की, विभवानुसार दान करता रहा तथा देवों, अतिथियों और आश्रितों के परितोषण के बाद बनी वस्तुओं से जीवननिर्वाह करता रहा। उसने न किसी की निंदा की और न किसी से घृणा।[501] ऐसा मत व्यक्त किया गया है कि यह कहानी बौद्ध संप्रदाय की है,[502] किंतु धर्मव्याध ने जो प्रतिपादन किया है उसका तत्व वैष्णव सिद्धांतों के अनुकूल ही है और उसे बौद्ध से प्रभावित मानना आवश्यक नहीं जँचता है। *वज्रसूची* में जो बौद्धों ने यह तर्क दिया है कि व्यास, कौशिक, विश्वामित्र

और वसिष्ठ सभी जन्मतः अधम होते हुए भी इहलोक में अच्छा आचरण करने के कारण ब्राह्मण माने गए,[503] वह भी स्पष्टतया पुराणों में वर्णित पुरानी परिपाटी से निकला प्रतीत होता है।

परंतु सुधारवादी संप्रदायों को अधिक महत्व देना ठीक न होगा। शासक वर्गों ने वैष्णव धर्म का उपयोग वर्णभेदमूलक समाज-व्यवस्था के मूलाधार को बनाए रखने के लिए ही किया था। वैश्य, स्त्रियाँ और शूद्र जन्मतः अधम माने जाते थे।[504] कहा गया है कि द्विजों की सेवा करना और विष्णु की भक्ति करना, इन दोनों के सिवा शूद्र के उद्धार का कोई अन्य उपाय नहीं है।[505] यह धारणा बहुत हद तक कर्मवाद के सिद्धांत का ही अंग है और इस सामान्य विश्वास पर आधारित है कि जिस वर्ण में जो उत्पन्न हुआ है, उसके लिए उसी वर्ण के कर्तव्यों का पालन अनिवार्य है। जान पड़ता है कि ब्राह्मणवादी आदर्श ने निम्न वर्णों के लोगों के बीच भी इस मत में आस्था उत्पन्न कर दी थी।[506] *मृच्छकटिक* में एक गाड़ीवान वसंतसेना को मार डालने के अपने मालिक के आदेश को इसलिए अस्वीकार करता है कि भाग्य ने और पापकर्मों ने मुझे जन्म से दास बना डाला है, मैं पुनः उसी दुर्गति में पड़ना नहीं चाहता, इसलिए मैं यह पापकर्म करने से इंकार करता हूँ।[507] निम्नवर्गों के लोगों में जो ऐसा विश्वास था, इससे अधिकांश लोगों के मन में यह जिज्ञासा कभी नहीं उठ सकी कि उनकी दुरवस्था के मानवकृत कारण क्या हैं।

लेकिन इसमें संदेह नहीं कि गुप्त काल में शूद्रों के धार्मिक अधिकारों में वृद्धि हुई और कई कर्मानुष्ठानों के विषय में उन्हें तीनों उच्च वर्णों की समकक्षता मिली। ऐसा मत व्यक्त किया गया है कि शूद्रों के आध्यात्मिक उत्थान के पीछे ब्राह्मणों का स्वार्थ काम कर रहा था, क्योंकि वे चाहते थे कि अधिक से अधिक लोग ब्राह्मणीय कर्मों का अनुष्ठान करें।[508] किंतु पूर्वकाल में भी तो ब्राह्मणों का ऐसा स्वार्थ रहा होगा, जबकि ऐसी प्रवृत्ति का आभास बहुत कम मिलता है। वास्तव में शूद्रों के धार्मिक अधिकारों में वृद्धि उनकी भौतिक स्थिति में भी परिवर्तन के कारण हुई। इसकी बदौलत वे पुरोहितों को समुचित दक्षिणा देकर संस्कार और यज्ञ कराने में समर्थ हुए, क्योंकि यज्ञ कराने की योग्यता व्ययवहन क्षमता के साथ निकटतः संबद्ध मानी जाती थी, जो स्वाभाविक ही है।[509] मोटे तौर पर कह सकते हैं कि गुप्तकाल में शूद्रों की धार्मिक प्रतिष्ठा में जो सुधार हुआ, उसकी तुलना हम मिस्र के मिड्ल किंगडम के आरंभ में हुए घटनाक्रमों से कर सकते हैं, जब केवल फेरो और सामंतों में प्रचलित कई अंतिम संस्कार संबंधी कर्म साधारण जनों में भी प्रचलित हुए।[510] इसके साथ उनकी आर्थिक स्थिति में भी सुधार हुआ था,[511] जो बात गुप्तकाल में शूद्रों की स्थिति के विषय में भी सही प्रतीत होती है।

गुप्तकाल में शूद्रों की हैसियत में कई भारी परिवर्तन हुए। यही नहीं कि मजदूरों,

कारीगरों और भारवाहकों की मजदूरी की दरें बढ़ीं, बल्कि दास और मजदूर लोग धीरे-धीरे बटाईदार और किसान होते जा रहे थे। सातवीं सदी तक पहले-पहल शूद्र बड़े पैमाने पर किसान के रूप में दिखलाई पड़ते हैं। यह परिवर्तन शूद्रों की राजनीतिक सहविधिक स्थिति में व्यापक रूप से प्रतिफलित हुआ है। शांतिपर्व में शूद्र मंत्री नियुक्त करने का जो उपदेश दिया है,[512] उसको तो अधिक महत्व नहीं भी दिया जा सकता है, किंतु इसमें संदेह नहीं कि शिल्पी संघों के प्रधान जिला प्रशासन के कार्य से जुड़े थे, और संकट की घड़ियों में शूद्रों को शस्त्र उठाने का अधिकार मिल गया था। वर्णविषयक कानूनों में कुछ ढिलाई आई और शूद्रों के प्रति बरते जानेवाले कई निष्ठुर नियम रद्द किए गए। शूद्रों के धार्मिक अधिकार में काफी वृद्धि हुई। हाँ, अस्पृश्यों की सामाजिक स्थिति पहले से भी अधिक बुरी हुई। यद्यपि वे सिद्धांततया शूद्र माने जाते थे, किंतु सभी व्यावहारिक विषयों में वे पृथक् समुदाय ही थे। फिर भी ऐसा सोचना गलत होगा कि गुप्तकाल में शूद्रों का कोई अन्य वर्ग भी सामाजिक दृष्टि से अधोगत था,[513] भोजन और विवाह के रिवाज के बारे में इसका कोई साक्ष्य नहीं मिलता है। जहाँ तक शिक्षा का प्रश्न है, शूद्रों को *रामायण-महाभारत* और पुराण सुनने का और कभी-कभी वेद सुनने का भी अधिकार निस्संदेह रूप से मिल गया था। सभी बातों पर विचार करते हुए, कह सकते हैं कि गुप्तकाल में शूद्रों की स्थिति में जो आर्थिक, राजनीतिक-सहविधिक, सामाजिक और धार्मिक परिवर्तन हुए, वे उक्त समुदाय की बदलती हुई सामाजिक स्थिति के सूचक हैं।

संदर्भ

1. काणे : 'हिस्ट्री ऑफ धर्मशास्त्र', II, भाग 1, पृ. XI; काणे ने इन स्मृतियों की तिथियाँ इस प्रकार बताई हैं—विष्णु 100-300 ई., याज्ञवल्क्य 100-300 ई., नारद 100-400 ई., वृहस्पति 300-500 ई. कात्यायन 400-600 ई. , यद्यपि विष्णु और याज्ञवल्क्य स्मृतियाँ कुछ पूर्व की प्रतीत होती हैं, यथापि मोटे तौर पर ये सभी स्मृतियाँ गुप्तकाल के संबंध में प्रामाणिक मानी जा सकती हैं.
2. याज्ञवल्क्य, II. 270; विष्णु, V. 3. हापकिंस : 'म्युचुअल रिलेशंस ऑफ दि फोर कास्ट्स इन मनु' पृ. 31; हापकिंस का मत है कि यह याज्ञवल्क्य के विषय में कदाचित् ही संभव हो सकता है. किंतु कई विषयों में याज्ञवल्क्य का जैसा जनप्रिय रुख देखते हैं तदनुसार यह संगत ही लगता है.
3. हापकिंस : 'कैंब्रिज हिस्ट्री ऑफ इंडिया', I, पृ. 279.
4. वही, पृ. 280.
5. गायकवाड़ ओरिएंटल सिरीज़, सं. LXXV, इंट्रोडक्शन, पृ. 118, वृहस्पति स्मृति अपने मूल रूप में मनु संहिता की अनुगामी टीका जैसी रही होगी.

6. हापकिंस : 'दि ग्रेट एपिक ऑफ इंडिया', पृ. 397-98.
7. वही, तुलनीय, 'कैंब्रिज हिस्ट्री ऑफ इंडिया', I, पृ. 258.
8. हाजरा : 'पुराणिक रेकड्र्स ऑन हिंदू राइट्स ऐंड कस्टम्स' पृ. 5.
9. वही, पृ. 175.
10. वही, पृ. 174.
11. वही, पृ. 188.
12. वही, पृ. 177; संभवतया छठी शताब्दी ई. का पूर्वार्ध.
13. "गायकवाड़ ओरिएंटल सिरीज़, अंक LXXXV. इंट्रोडक्शन, पृ. 173.
14. हाजरा : पूर्व निर्दिष्ट, पृ. 19.
15. वही, पृ. 51. ब्रह्मांड पुराण में कुछ अध्याय हैं जिनसे वैष्णव प्रभाव का संकेत मिलता है, वही, पृ. 18.
16. हापकिंस : 'इथिक्स ऑफ इंडिया' पृ. 241; तुलनीय.
17. दासगुप्त और डे : 'हिस्ट्री ऑफ संस्कृत लिटरेचर', भूमिका, पृ. XXX.
18. कहा जाता है कि शूद्रक महान ब्राह्मण मंत्री था. तुलनीय चारपेंटियर : (जर्नल ऑफ दि रायल एशियाटिक सोसायटी ऑफ ग्रेट ब्रिटेन ऐंड आयरलैंड, लंडन, 1923), पृ. 596-7.
19. सुजुकी : 'लंकावतार-सूत्र', इंट्रोडक्शन, पृ. XLIII.
20. एस. के. डे. : 'हिस्ट्री ऑफ संस्कृत लिटरेचर' पृ. 71.
21. दासगुप्त और डे : पूर्व निर्दिष्ट, पृ. 532, पाद टिप्पणी. कीथ इनका समय सातवीं शताब्दी ई. बताते हैं. कीथ : 'हिस्ट्री ऑफ संस्कृत लिटरेचर', प्रीफेस, पृ. XXII.
22. मोतीचंद्र : 'भारतीय वेशभूषा', अध्याय IX; मोतीचंद्र ने इनका उपयोग गुप्तकालीन वेशभूषा का वर्णन करने के लिए किया है.
23. मजुमदार और पुसलकर : 'दि एज ऑफ इंपीरियल यूनिटी' पृ. 270; तीसरी शताब्दी ई. इस ग्रंथ का संभाव्य रचनाकाल प्रतीत होता है. तुलनीय, द्वितीय शताब्दी ई., एम. घोष : 'नाट्यशास्त्र', अनुवाद, इंट्रोडक्शन, पृ. LXXXVI; और दासगुप्त और डे : पूर्व निर्दिष्ट, पृ. 522.
24. दासगुप्त और डे : पूर्व निर्दिष्ट, पृ. 645. पर उद्धृत. स्मिथ इसका काल द्वितीय शताब्दी ई. पू. रखते हैं और हरप्रसाद शास्त्री प्रथम शताब्दी ई., किंतु बनर्जी, शास्त्री, चकलादार, जाली और विंटरनिज इसे तीसरी-चौथी शताब्दी ई. का मानते हैं. चकलादार : 'सोशल लाइफ इन एनशिएंट इंडिया', पृ. 33-37. चकलादार का मत है कि वात्स्यायन पश्चिम भारत में हुए थे (वही, पृ. 96).
25. वराहमिहिर का काल 505-587 ई. माना जाता है, और इनकी सभी कृतियाँ छठी शताब्दी के मध्य की मानी जाती हैं.
26. बनर्जी : 'डेवलपमेंट ऑफ हिंदू आइकनोग्राफी', पृ. 28-9.
27. कामंदक नीतिसार, II. 21; 'सदर्न एडिशन ऑफ दि महाभारत, शांतिपर्व', 60.26; 92.2; अनुशासनपर्व 9. 18; भागवत पुराण, XI. 17.19; भविष्य पुराण, I. 44.27; मार्कण्डेय पुराण, 28.3-8; विष्णु पुराण, III. 8. 32 और 33.

28. सदर्न एडिशन ऑफ दि महाभारत, आश्वमेधिक पर्व, 97.29.
29. वही, शांतिपर्व, अध्याय 78.17.
30. वही, अनुशासन पर्व, 208.34.
31. वही, 208.33.
32. अमरकोश, II. 10. 38-39.
33. अमरकोश, II. 10. 15-18.
34. नारद, V. 23; वृहस्पति, XV. 12 और 13.
35. वही .
36. विष्णु, V. 155-6; याज्ञवल्क्य, II. 197; नारद, VI. 9
37. नारद, VI. 6. 7.
38. वही, VI. 3.
39. याज्ञवल्क्य, II. 198.
40. वही .
41. नारद, VI. 7.
42. जाली : 'सेक्रेड बुक्स ऑफ दि ईस्ट', XXXIII, पृ . 140-1.
43. वही, VI. 6 की पाद टिप्पणी .
44. अर्थशास्त्र, III. 13; याज्ञवल्क्य, II. 194; नारद, VI. 2-3; कात्यायन, श्लोक 656.
45. सदर्न एडिशन ऑफ दि महाभारत, शांतिपर्व, अध्याय 60. 24.
46. वही .
47. नारद, VI. 10. इसके अनुसार आठ गाएँ चराने का पारिश्रमिक एक गाय का दूध होता है .
48. पिंड निर्युक्ति, पृ . 368-369.
49. वृहत्कल्प भाष्य, 2.358.
50. शांतिपर्व, 60. 25. शांतिपर्व के नियम वैश्य गोपालकों और कर्षकों के प्रसंग में हैं, किंतु ये नियम शूद्रों पर भी लागू रहे होंगे .
51. वृहस्पति, XVI. 1-2.
52. वही .
53. प्राणनाथ : 'इकानामिक कंडीशन इन एनशिएंट इंडिया' पृ . 158.
54. तुलनीय, विल्सन : 'ए ग्लासरी आफ जुडिशियल ऐंड रेवेन्यू टर्म्स', पृ . 485.
55. कामसूत्र, IV. 1. 33 और 42, टीका सहित .
56. शांतिपर्व, 60. 31,'''अवश्यभरणीयो हि वर्णानां शूद्र उच्यते .
57. वही, 60. 32-33.
58. वही, 60. 27.
59. सदर्न एडिशन ऑफ दि महाभारत, अनुशासन पर्व, 208.34.
60. कार्पस इंस्क्रिप्शनम इंडिकोरम, III, सं . 6, पंक्ति 2 . गुप्तकाल के एक उत्कीर्ण लेख में दासों के क्रय-विक्रय की उपमा आई है . वृहस्पति ने दासलख्य अर्थात दास की बिक्री के दस्तावेज का

उल्लेख किया है (VI. 7) . मृच्छकटिक में दास वृत्ति राजा द्वारा अनुज्ञात एक प्रथा के रूप में वर्णित है . (इंडियन हिस्टारिकल क्वार्टर्ली, कलकत्ता, V), पृ . 307.

61. नारद, V. 26-28. इन दासों में कुछ को दास कहना, विवादार्णव-सेतु के एक उद्धरण के अनुसार, जो वृहस्पति का माना गया है, ठीक नहीं है, एच . टी . कोलब्रुक : 'ए डाइजेस्ट आफ हिंदू ला', II, 12. एतत्कालीन जैन ग्रंथों में छः प्रकार के दासों का उल्लेख प्रतीत होता है, जैन : 'लाइफ ऐज डिपिक्टेड इन जैन कैनन्स', पृ . 107.
62. नारद, V. 5; वृहस्पति, XV. 15-16.
63. नारद, V. 6-7.
64. वही, V. 23-25.
65. याज्ञवल्क्य, II. 182; बलाद्दासीकृतश्चौरैरविक्रीतश्चापि मुच्यते .
66. कोलब्रुक : पूर्व निर्दिष्ट, II, पृ . 25.
67. कात्यायन, श्लोक 722, इस मान्यता को कात्यायन ने दुहराया है .
68. याज्ञवल्क्य, II. 182-3; नारद, V. 39; कात्यायन, श्लोक 716.
69. श्लोक 715; तुलनीय विष्णु, V. 154.
70. नारद, V. 37; वृहस्पति, XV.243; विक्रीणीते स्वतन्त्रो यः स्वमात्मानं नराधर्मः, स जवेधन्यतमस्त्वां सोऽपिदास्यात्र मुच्यते.
71. अनुशासन पर्व, 45.23; काणे : पूर्व निर्दिष्ट, II, भाग I, पृ . 182 में उद्धृत .
72. नारद, V. 42-43; तुलनीय कात्यायन में दास मुक्ति संबंधी नियम, श्लोक 715. लेकिन नारद ने कहा है कि कुछ कोटियों के दास स्वामी के अनुग्रह के बिना मुक्त नहीं हो सकते थे (V. 29) .
73. धर्मकोश, I, भाग 1, पृ . 299 में उद्धृत .
74. कात्यायन, श्लोक 350.
75. अमरकोश, III. 5. 27.
76. जैन : पूर्व निर्दिष्ट, पृ . 362-65, वृहत्कथाभाष्य गाथा में तीन नापित दासियों की चर्चा है (6094) .
77. घोषाल : 'दि क्लासिकल एज', पृ . 558, कात्यायन, श्लोक 962-63, शूद्रक : 'मृच्छकटिक', VIII.25.
78. शूद्रक : 'मृच्छकटिक' (करमारकर संस्करण, पृ . 309) .
79. कात्यायन, श्लोक 92.
80. विष्णु, XVIII. 44.
81. कात्यायन, श्लोक 882, वृहस्पति (सेक्रेड बुक्स ऑफ दि ईस्ट), XXV. 82-83.
82. नारद, V. 41; कात्यायन, श्लोक 724.
83. श्लोक 724. यह विक्रय स्वामी की अनुमति के बिना संभव नहीं रहा होगा . काणे ने विवाद चिंतामणि के पाठ को अच्छा माना है, कात्यायन, पृ . 267, पाद टिप्पणी, श्लोक 724 पर .
84. नारद, XIII. 38.
85. वृहस्पति, XXVI. 10, 28,43,53 और 64.

86. (एपिग्राफिया इंडिया, कलकत्ता और दिल्ली, XX), उत्कीर्ण लेख सं. 5, पंक्ति 5-11; एस. के. मैती : 'दि इकानामिक लाइफ ऑफ नार्दर्न इंडिया इन दि गुप्ता पीरियड', पृ. 50-51.

87. (एपिग्राफिया इंडिया, कलकत्ता और दिल्ली, XX), उत्कीर्ण लेख सं. 5, पंक्ति 5-11.

88. (इंडियन एंटीक्वेरी, बम्बई, XXXIX), पृ. 215-16.

89. भारतवर्ष, 1349, भाग I, पृ. 384 (हिस्ट्री ऑफ बंगाल, I, 652 में उद्धृत).

90. कृष्णकुमारी जे. विरजी : 'एनशिएंट हिस्ट्री ऑफ सौराष्ट्र', पृ. 246-47, 267 और आगे.

91. कोसम्बी : (जर्नल ऑफ अमेरिकन ओरिएंटल सोसायटी, बाल्टीमोर, 1xxv), पृ. 237.

92. शांतिपर्व, 60. 24-26, 92.2.

93. अमरकोश, II. 9. 6.

94. मनुस्मृति, IV. 253 और विष्णु, LVII. 16 में आर्धिक शब्द का प्रयोग है, किंतु याज्ञवल्क्य I. 166 में अर्धसीरिक शब्द का.

95. (एपिग्राफिया इंडिका, कलकत्ता और दिल्ली, I.), उत्कीर्ण लेख सं. 1, पंक्ति 39. बुहलर ने आर्धिक शब्द का अनुवाद 'लेबरर' या मजदूर किया है, जो गलत है. वही, पृ. 9.

96. (एपिग्राफिया इंडिका, कलकत्ता और दिल्ली, XXIX), उत्कीर्ण लेख सं. 1, पंक्ति 39. कुलिकों को वृहस्पति (संस्कार 404) ने एक 'जन' बताया है. ये 11वीं शताब्दी के पाल उत्कीर्ण लेख में भी जनों की सूची में गिनाए गए हैं.

97. कोल छोटा नागपुर के मुंडा समुदाय का एक महत्वपूर्ण आदिवासी वर्ग है.

98. (एपिग्राफिया इंडिका, कलकत्ता और दिल्ली, VIII), उत्कीर्ण लेख सं. 12, पंक्ति 6.

99. नारद, I. 181.

100. मजुमदार और पुसलकर : 'दि एज ऑफ इंपीरियल यूनिटी' पृ. 299.

101. नारद, I. 181 की टीका, कीनाशः शूद्रः कदर्यो वा.

102. नारद, I. 181.

103. वृहस्पति, XIX. 6, यदि शूद्रो नेता स्यात् . . .

104. मार्कण्डेय पुराण, 49. 47. तथा शूद्रजनप्रायः स्वसमृद्धिकर्षीवला : तुलनीय, अनुशासनपर्व, अध्याय 68 में शूद्र ग्रामों का वर्णन. बंद्योपाध्याय : 'इकानामिक लाइफ ऐंड प्रोग्रेस इन एनशिएंट इंडिया', पृ. 329 में उद्धृत.

105. कात्यायन, श्लोक 479-80. कर्षकान् क्षत्रविट्शूद्रान् समहीनास्तु दापयेत्. यहाँ प्रसंग से सिद्ध होता है कि 'कर्षकान्' 'क्षत्रविट्शूद्रान्' का विशेषण है. काणे ने कर्षकान् का अनुवाद उसे स्वतंत्र संज्ञा मानकर किया है (श्लोक 479-80 का अनुवाद) जो संदर्भ के आशय के अनुकूल नहीं लगता है, क्योंकि संदर्भ में यह ब्राह्मण और क्षत्रविट्शूद्र इन दोनों पदों के बीच में आया है. तुलनीय, कात्यायन, श्लोक 586.

106. वृहस्पति, संस्कार, 31.3-4.

107. 'कार्पस इंस्क्रिप्शनम इंडिकेरम', III, उत्कीर्ण लेख सं. 60, पंक्ति 12; सं. 27, पंक्ति 6; सं. 26, पंक्ति 6.

108. फ्लीट : 'कार्पस इंस्क्रिशनम इंडिकेरम', III, पृ. 123.
109. कीलहार्न : (एपिग्राफिया इंडिका, III), पृ. 314.
110. प्राणनाथ : पूर्व निर्दिष्ट, पृ. 157.
111. पालि-इंगलिश डिक्शनरी; देखें 'कुटुंबिक' शब्द .
112. अर्थशास्त्र, I, 130.
113. फ्लीट : पूर्व निर्दिष्ट, III, पृ. 98 ; घोषाल : 'हिंदू रेवेन्यू सिस्टम', पृ. 191, 210. अन्य मतों के लिए देखें, बार्नेट : (जर्नल ऑफ दि रायल एशियाटिक सोसायटी ऑफ ग्रेट ब्रिटेन ऐंड आयरलैंड, लंडन, 1931), पृ. 165; सरकार : 'सेलेक्ट इंसक्रिप्शंस, 1', पृ. 266, पाद टिप्पणी 5.
114. रघुवंश, XVII. 65; नारद, XVIII. 48; वृहस्पति, आपद्धर्म, 7.
115. वृहस्पति, I. 43-44. मूल ग्रंथ में 'कीनाश' शब्द का प्रयोग है, जिसका अर्थ नारद I. 131 की असहाय कृत टीका के अनुसार शूद्र होता है .
116. वाटर्स : 'आन युआन चुआङ्स ट्रैवल्स इन इंडिया', I, पृ. 168, चतुर्थ वर्ग शूद्रों या खेतिहरों का है, ये खेत को आबाद करने का काम करते हैं और बोने व काटने के समय बड़े उद्यमशील रहते हैं .
117. नृसिंह पुराण, 58.10-15. यह पुराण अलबरूनी को ज्ञात था (साँची, I, 130), इसलिए इसके नवीनतम संकलन का काल दसवीं शताब्दी ई . रखा जा सकता है .
118. हापकिंस : 'कैंब्रिज हिस्ट्री ऑफ इंडिया', I, पृ. 268, हापकिंस शायद शूद्र के बदले 'स्लेव' शब्द का प्रयोग करते हैं .
119. अमरकोश, II. 9. 98 और 99.
120. विभङ्ग अट्ठकथा, पृ. 63, पालि-इंगलिश डिक्शनरी में 'लौह' शब्द पर उद्धृत . जैसा कि चंद्र के मेहरौली लौहस्तंभ से प्रकट होता है, लोहा बनाने की कला इस काल में उन्नति की चोटी पर पहुँच गई थी .
121. अमरकोश, II. 9. 13.
122. याज्ञवल्क्य, II. 193; नारद, V. 4.
123. किंतु यह विचार भागवतपुराण, XI. 18.49 में भी आया है .
124. कामंदक नीतिसार, II. 21; तुलनीय IV. 54-56; मार्कण्डेय पुराण, 28.3-8; विष्णु पुराण, III. 8. 32-33; याज्ञवल्क्य, I. 120; विष्णु, III. 5; शूद्रस्य ... सर्व शिल्पानि, वृहस्पति, संस्कार, श्लोक 530.
125. वृहस्पति, XIII. 33.
126. अमरकोश, II. 10. 5-10.
127. वही, II. 10. 8 और 9.
128. वही, II. 10. 13.
129. वही, II. 10. 12.
130. इनमें से कुछ शिल्पियों की चर्चा कामसूत्र (I. 4. 28, V. 2. 12, VI. 1. 9) में भी आई है, जो संभवतया 'नागरक' के विलासार्थ अपेक्षित होते थे, जैसे मालाकार, स्वर्णकार, धोबी,

अभिनेता, नर्तक आदि .

131. गौतम धर्मसूत्र, X. 31-33; वसिष्ठ धर्मसूत्र, XIX. 28; मनुस्मृति, VII. 138; विष्णु, III. 32.

132. (जर्नल ऑफ दि रायल एशियाटिक सोसाइटी ऑफ बंगाल, कलकत्ता, सीरीज III, XV) पृ. 121, ला. न. 72. यह स्पष्ट नहीं है कि यह बेगारी राजा के लिए ली जाती था या कि ग्राममहत्तरों के लिए .

133. वसिष्ठ धर्मसूत्र, XIX. 37.

134. पीछे देखें, अध्याय VI.

135. शांतिपर्व, 88.1-12 में श्लोक 12 पर टिप्पणी, राजधर्म के आलोचनात्मक संस्करण के श्लोक 12 पर टिप्पणी, भाग II, अनुलिपि 19, पृ. 668.तुलनीय 87.16-77.

136. (एपिग्राफिया इंडिका, XXIV), उत्कीर्ण लेख सं. 43, पंक्ति 18-19. इस अभिलेख में विवाह-कर का भी उल्लेख है, जो प्रथा हाल तक उत्तर भारत में प्रचलित थी .

137. कामसूत्र, I. 4. 1.

138. वृहस्पति, I. 34. कौटिल्य के अर्थशास्त्र में भी यह बात है .

139. अमरकोश, II. 8. 18.

140. शिल्पिसंघ का उल्लेख रघुवंश, XVI. 38 में आया है, तथा पंचतंत्र, पृ. 4-5 में प्रधान राजमिस्त्री के अधीन कई राजमिस्त्रियों की चर्चा है .

141. गौतम, XI. 21-22; मनुस्मृति, VIII. 41 और 46; मुखर्जी : 'लोकल गवर्नमेंट इन एनशिएंट इंडिया', पृ. 125-131.

142. नारद, X. 2; तुलनीय, विष्णु, V. 168 में संविद् शब्द का प्रयोग है; तेषां वृत्तिं पालयेत्, याज्ञवल्क्य, II. 192; तुलनीय, I. 361.

143. वृहस्पति, XVII. 18.

144. वही, I. 126.

145. मजुमदार : 'कार्पोरेट लाइफ इन एनशिएंट इंडिया', पृ. 62.

146. कार्पस इंस्क्रिप्शनम इंडिकेरम, III, स्कंदगुप्त का इंदौर ताम्रपत्र (465 ई.).

147. वही, उत्कीर्ण लेख सं. 18. पृ. 80-85.

148. नरसू : 'एसेंस ऑफ बुद्धिज्म', पृ. 141.

149. स्कंदगुप्त के इंदौर ताम्रपत्र के अनुसार इंदौर की 'तैलिक श्रेणि' (तेली-संघ) में एक ब्राह्मण ने धन-निक्षेप किया था; उसी प्रकार मंदसौर प्रस्तर अभिलेख के अनुसार रेशम के बुनकरों ने ब्राह्मणों के देवता सूर्य का मंदिर बनवाया था .

150. अर्थशास्त्र, III, 14; ऊपर देखें, पृ. 155.

151. याज्ञवल्क्य, II. 193; नारद, VI. 5; वृहस्पति, XVI. 5-6.

152. वृहस्पति, XVI. 5.

153. विष्णु, V. 153-4.

154. वही, V. 157-8.

155. मनुस्मृति, VIII. 215; वृहस्पति, XVI. 4 और 8; इसके एक पाठांतर में आठ कृष्णल की

जगह 200 पण आया है (सेक्रेड बुक्स ऑफ दि ईस्ट, XLIII, 345, वृहस्पति, XVI. 15 पर पाद टिप्पणी).

156. वृहस्पति, XVI. 3.
157. वही, XVI. 11.
158. नारद, नेपाली पाठ, 'सेक्रेड बुक्स ऑफ दि ईस्ट', XXXIII, 140-1, VI. 7 पर पाद टिप्पणी .
159. वही, VI. 2.
160. वही, पृ . 140-1, VI. 7 पर पाद टिप्पणी .
161. नारद, VI. 11-17; वृहस्पति, XVI. 10, 12-17.
162. वृहस्पति, XVI. 17.
163. अर्थशास्त्र, II. 23.
164. याज्ञवल्क्य, II. 195.
165. वही, I. 120.
166. वृहस्पति, संस्कार, श्लोक 530, . . . विक्रयः सर्वपण्यानां शूद्रधर्म उदाहृत:.
167. मार्कण्डेय पुराण, 28.3-8.
168. विष्णु पुराण, III. 8. 32-33.
169. वृहस्पति, XIII. 16.
170. भविष्यत् पुराण, I. 44.32.
171. अर्थशास्त्र, III. 13; याज्ञवल्क्य, II. 194; नारद, VI. 2-3; कात्यायन, श्लोक 656.
172. शांतिपर्व, 60. 25. यद्यपि शांतिपर्व में मजदूरी की व्यवस्था वैश्य पैकारों के लिए है, तथापि यह शूद्रों पर भी लागू रही होगी .
173. यह बात साझेदारी (सम्भू समुत्थान) के विषय में दिए गए विस्तृत नियमों से सिद्ध होती है, जो नियम सर्वप्रथम याज्ञवल्क्य में आए हैं . यह प्रेक्षणीय है कि कौटिल्य और मनु (XII. 206-210) का अनुसरण न करते हुए, याज्ञवल्क्य (II. 265) ने साझासंबंधी नियम प्रथमतः बनियों और विदेश व्यापारियों के लिए दिया है और आगे कहा है कि ये ही नियम पुरोहितों की और कृषकों एवं शिल्पियों की साझेदारी में लागू होते हैं . इसी प्रकार इस काल में जो विदेश-व्यापार बढ़ता जा रहा था, उसके चलते नारद को यह नियम भी देना पड़ा कि विदेशों में किए गए ऋण के करारों के स्थान में प्रचलित नियम ही लागू होंगे . नारद, I. 105-106. तुलनीय जायसवाल : 'मनु ऐंड याज्ञवल्क्य' पृ . 198 और 211. गुणाढ्य की बृहत्कथा में, जो लगभग 500 ई . की कृति है (कीथ : 'हिस्ट्री ऑफ संस्कृत लिटरेचर', पृ . 268), राजा-महाराजाओं की उतनी कहानियाँ नहीं हैं, जितनी बनियों, व्यापारियों, समुद्रयात्रियों और शिल्पकारों की (वही) . पर संभव है कि ये कहानियाँ दूसरी-तीसरी सदी की हैं, जब वाणिज्य व्यापार पराकाष्ठा पर था .
174. बृहत्संहिता, 52.12-13.
175. अमरकोश, II. 6. 13; अमरकोश में शूद्री और शूद्रा का अर्थ भिन्न-भिन्न किया गया है; शूद्री का अर्थ है शूद्र की पत्नी, किंतु शूद्रा का अर्थ है शूद्र जाति की महिला . आभीर जाति की महिला को

महाशूद्री कहा गया है .

176. पार्जिटर : 'डायनेस्टीज ऑफ दि कलि एज' पृ . 55.

177. वही .

178. आर्यक, जिसे गोपालदारक कहा गया है (मृच्छकटिक, VI. 11 .) इसमें कुछ संदेह है, क्योंकि हो सकता है कि गोपाल व्यक्ति विशेष का नाम हो .

179. याज्ञवल्क्य, I. 141.

180. मनुस्मृति, VII. 54; कामंदक नीतिसार, IV. 25; याज्ञवल्क्य, XIII. 312 तुलनीय कामंदक नीतिसार, V. 68-70; कात्यायन, श्लोक 11 में कहा गया है कि अमात्य ब्राह्मण होना चाहिए .

181. शांतिपर्व, 85.7-10, परंतु शांतिपर्व के आलोचनात्मक संस्करण में वह भाग नहीं है, जिसमें कहा गया है कि 37 के अमात्य-मंडल में चार ब्राह्मण, आठ क्षत्रिय, इक्कीस वैश्य, तीन शूद्र और एक सूत रहने चाहिए (शांतिपर्व, कलकत्ता, 85.7.11) .

182. याज्ञवल्क्य, II. 1-3; तुलनीय वृहस्पति, I. 67.

183. कात्यायन, श्लोक 67.

184. वृहस्पति, I. 79.

185. वही, I. 72.

186. (एपिग्राफिया इंडिका, XV), पृ . 130.

187. जायसवाल : 'हिंदू पालिटी', भाग I, पृ . 53; भाग II, पृ . 105.

188. टी . ब्लाख : 'आर्क्योलोजिकल सर्वे (ऑफ इंडिया) रिपोर्ट्स ', 1903-4, पृ . 104.

189. अमरकोश, II. 10. 5, कुलकः स्यात् कुलश्रेष्ठः दीक्षितार इस अर्थ को मानते हैं, गुप्त. पालिटी, पृ . 257.

190. नारद, I, 187, लगता है शूद्र साक्षियों के विषय में पुराना दुराग्रह इस काल में भी बना रहा .

191. ब्लाख : पूर्व निर्दिष्ट, पृ.114-16 ; कुलिकों (शिल्पि-संघों के प्रधानों) की अठारह मुद्राएँ बसाढ़ (वैशाली) में मिली हैं .

192. वही, पृ . 117 . ईसा की दसवीं-ग्यारहवीं शताब्दियों में चंबा राज्य में कुलिकों का उल्लेख शौल्किक, गौल्मिक आदि के साथ छोटे अधिकारी के रूप में हुआ है . फोगेल : 'एंटिक्विटीज़ ऑफ चंबा स्टट' भाग I, उत्कीर्ण लेख सं . 15, पंक्ति 8-9. उत्तर प्रदेश के गोरखपुर में मिले 1031 ई . के एक उत्कीर्ण लेख में शौल्किक, गौल्मिक आदि के साथ महापांधाकुलिक का भी उल्लेख है . (एपिग्राफिया इंडिका, VII, उत्कीर्ण लेख सं . 9, पंक्ति 34) . संभवतया कुलिक और महापांधाकुलिक शिल्पिसंघों से कर तहसीलनेवाले अधिकारी थे .

193. जंबुद्दीवपन्नत्ति, 3.55 (पृ . 229) .

194. कामंदक, XII. 44-45.

195. नारद, XIV. 26.

196. वृहस्पति, V. 38.

197. याज्ञवल्क्य, II. 69; कात्यायन, श्लोक 341; नारद, I. 154, उन्होंने अनिंद्य शूद्र शब्द का प्रयोग किया है .

198. कात्यायन, श्लोक 348.

199. नारद, I. 178, 181-185.

200. वही, I. 154.

201. याज्ञवल्क्य, II. 72.

202. वही, XIX. 26-27.

203. वही, II. 150.

204. मनु, VIII. 258-260.

205. विष्णु, VIII. 20-23; नारद, I. 199.

206. मनु, VIII. 114-116.

207. याज्ञवल्क्य, II. 98; वृहस्पति, VIII. 12; कात्यायन, श्लोक 422.

208. याज्ञवल्क्य, II. 98.

209. नारद, I. 334-335; वृहस्पति, VIII. 12; कात्यायन, श्लोक 422.

210. श्लोक 422. कात्यायन ने अग्नि, जल और विष वाले दिव्य उन लोगों के लिए भी वर्जित किए हैं, जो इनका कारबार करते हैं (श्लोक 424) .

211. नारद, I. 322.

212. विष्णु, IX. 27.

213. नारद, I. 335; कात्यायन, श्लोक 422.

214. विष्णु, IX. 3-10.

215. वही, IX. 11.

216. वही, IX, X, XI और XII.

217. जोहान्स स्ट्राबायो (500 ई.) द्वारा उद्धृत बार्डसन, मैक्रिंडल : 'एनशिएंट इंडिया ऐज डिस्क्राइब्ड इन क्लासिकल लिटरेचर', पृ. 172-4.

218. कात्यायन, श्लोक 433.

219. मनु, VIII. 24.

220. कात्यायन, श्लोक 118, द्विजातिः प्रतिभूहीनो रक्ष्यः स्याद् बाह्यचारिभिः, शूद्रादीन, प्रतिभूहीनान् बन्धयेत्रिगडेन तु .

221. वही, श्लोक 119.

222. वही .

223. याज्ञवल्क्य, II. 125; वृहस्पति, XXVI. 41-42; अनुशासनपर्व (सदर्न एडिशन ऑफ दि महाभारत), 82. 18 और 21, (नार्दर्न एडिशन ऑफ दि महाभारत) 47.18 और 21.

224. विष्णु, XVIII. 38-39.

225. वही, XVIII. 32.

226. वृहस्पति, XXVI. 125. तुलनीय अनुशासनपर्व, (सदर्न एडिशन ऑफ दि महाभारत) 85.15, (नार्दर्न एडिशन ऑफ दि महाभारत) 47.15.

227. वृहस्पति, XXVI. 122.

228. अनुशासनपर्व (सदर्न एडिशन ऑफ दि महाभारत), 19. 82, (नार्दर्न एडिशन ऑफ दि महाभारत) 47.19.

229. वही (सदर्न एडिशन ऑफ दि महाभारत), 82.57, (नार्दर्न एडिशन ऑफ दि महाभारत), 47.56.

230. याज्ञवल्क्य, II. 133.

231. अनुशासनपर्व, (सदर्न एडिशन ऑफ दि महाभारत) 84.18.

232. याज्ञवल्क्य, II. 37; विष्णु, VI. 15.

233. वही, II. 38.

234. विष्णु, II. 58; याज्ञवल्क्य, II. 34-35; नारद, VII. 6-7.

235. विष्णु, III. 59-61.

236. अर्थशास्त्र, IV. 1, द्वादशांशो भृतक:.

237. निशीथ चूर्णि, 20, पृ. 281; जैन : पूर्व निर्दिष्ट, पृ. 62 पर उद्धृत.

238. नारद, XV और XVI. 22, 23-25, 26-28. इंट्रोडक्शन टु प्लेट, II. 37

239. वृहस्पति, IX. 20, ताडनं बंधनं चैव तथैव च विडन्नकम्; एष दण्डो हि शूद्रस्य नार्थ दण्डो वृहस्पतिः. मातृका 1 का पाठ विडम्बनम्, जो रंगस्वामी अय्यंगर ने अपने वर्गीकरण में दिया है, विडन्नकम् की अपेक्षा अच्छा अर्थ देता है.

240. वही, IX. 18.

241. नारद, XV-XVI. 11-14.

242. वही, XV-XVI. 13.

243. मनुस्मृति, VIII. 267-9; नारद, XV और XVI. 16; वृहस्पति, XX. 12.

244. वृहस्पति, XX. 13.

245. वही, XX. 10.

246. वही, XX. 16.

247. जे. लेगि : 'ए रेकार्ड ऑफ बुद्धिस्टिक किंगडम्स' पृ. 43.

248. याज्ञवल्क्य, II. 206.

249. वही, II. 216, परस्परं तु सर्वेषां शस्त्रे मध्यमसाहस:.

250. वही, II. 215, इस संदर्भ में पीडनम् का अर्थ विज्ञानेश्वर ने ताड़नादि किया है.

251. विष्णु, V. 40-41.

252. वही, V. 41, अंत्यागमने वध्यः.

253. वही, LIV. 9.

254. वही, L. 6 और 12-14.

255. वही, XXXVII. 13, 34; याज्ञवल्क्य, II. 236.

256. विष्णु, XXXVII. 35. गोमेध का विधान स्पष्टतया बहुत प्राचीन है, और ऐसा नहीं माना जा सकता है कि यह गुप्तकाल में प्रचलित रहा होगा. निस्संदेह विष्णु ने बिना सोचे-विचारे इस विधान को प्राचीन स्रोत से लेकर रख दिया है.

257. हस्तलेख डी 7 एस (आलोचनात्मक संस्करण के वर्गीकरण के अनुसार), श्लोक 45. मृच्छकटिक (IX. 39) में न्यायाधीश ने ब्राह्मण चारुदत्त को प्राणदंड से छूट देने की सिफारिश की है. ऐसी छूट के लिए कात्यायन, श्लोक 483 भी देखें.

258. हस्तलेख डी 7 एस (आलोचनात्मक संस्करण के वर्गीकरण के अनुसार), श्लोक 55.

259. (जर्नल ऑफ दि रायल एशियाटिक सोसायटी ऑफ बंगाल, कलकत्ता, सीरीज़ III, XVI), पृ. 118.

260. एस. बील : 'ट्रैवेल्स ऑफ फाहियान', पृ. 54-55. जाइल्स ने भी ऐसा ही अनुवाद किया है (ट्रैवेल्स ऑफ फाहियान, पृ. 21), किंतु लेगि ने इस प्रकार अनुवाद किया है, 'अपराधियों को (हर केस की) परिस्थितियों के अनुसार दंड मिलता था'. 'ए रेकार्ड ऑफ बुद्धिस्टिक किंगडम्स', पृ. 43, जिससे वर्णभेद ध्वनित होता है.

261. मनुस्मृति, VIII.337 और 8; नारद, परिशिष्ट (स्तेय), परिशिष्ट, 51 और 52.

262. शांतिपर्व, 36.28-29.

263. कात्यायन, श्लोक 485.

264. अमरकोश, II. 10. 25-26. तुलनीय अनुशासनपर्व (सदर्न एडिशन ऑफ दि महाभारत), 143.21, (नार्दर्न एडिशन आफ दि महाभारत) 94.21.

265. शांतिपर्व, 12.27, 25.11, 67.2, 76.5, 88.26, 90. 8, 98.8, 101.3.

266. शांतिपर्व, 79. 17-18, अभ्युत्थिते दस्युबले क्षत्रार्थे वर्णसंकरे. ब्राह्मणो यदि वा वैश्य शूद्रो वा राजसत्तम। दस्युभ्योऽथ पूजां रक्षेद् दण्डं धर्मेण धारयन्... वही, 79. 34-36.

267. शांतिपर्व, 78.37.

268. वही, 78.38.

269. यद्यपि इसके रचयिता वसिष्ठ कहे जाते हैं, किंतु इसकी शैली वसिष्ठ धर्मसूत्र की शैली से नहीं मिलती है. फिर भी इसमें तीरंदाजी पर जो बहुत जोर दिया गया है, उससे लक्षित होता है कि इसका संकलन गुप्तकाल के बाद नहीं हुआ होगा.

270. धनुर्वेद संहिता, श्लोक 3.

271. वही, श्लोक 8.

272. मृच्छकटिक में वीरक और चंदनक के दृष्टांत, VI. 22 और 23.

273. शांतिपर्व, 73.9, 74.4, 5, 8, 10, 28, 32, 75.13, 22.

274. वही, 49. 60-61.

275. अनुशासनपर्व (सदर्न एडिशन ऑफ दि महाभारत), 214.58; शूद्रः पृथिव्यां बहवो राज्ञां बहुविरोधकाः तस्मात प्रमादं सुश्रोणि न कुर्यात् पण्डितो नृपः.

276. वसिष्ठ धर्मसूत्र, IV. 24; आश्वमेधिक पर्व (सदर्न एडिशन ऑफ दि महाभारत), 118. 17-20. अमरकोश (II. 10. 9) में शूद्रों को आलसी और दक्ष बताया गया है.

277. शांतिपर्व, 91.12-13.

278. नारद, XVIII. 14-16.

279. वीरमित्रोदय के अनुसार.

280. याज्ञवल्क्य, II. 304. मनुस्मृति (IX. 224) में द्विजलिंगी (ब्राह्मण का स्वाँग रचनेवाले) शूद्र के लिए प्राणदंड का विधान है. किंतु इस प्रसंग में राजा के विरोध की चर्चा नहीं है.

281. शांतिपर्व, 89. 13-14. कौटिल्य ने ऐसे लोगों के लिए नई बस्ती में प्रवेश वर्जित किया है. अर्थशास्त्र, II. 1.

282. पांडुलिपि, डी 7 एस (आलोचनात्मक संस्करण के वर्गीकरण के अनुसार) श्लोक 20.
283. याज्ञवल्क्य, III. 126.
284. वायु पुराण, II. 11.90; ब्रह्मांड पुराण, III. 10. 96.
285. वायु पुराण, परिशिष्ट सं . 818, पाटिल: 'कल्चरल हिस्ट्री फ्रॉम दि वायु पुराण', पृ . 304 में उद्धृत, यह विभेद शांतिपर्व में भी आया है .
286. एक अन्य हस्तलेख में 'गौर' वर्ण विहित किया गया है .
287. नाट्यशास्त्र, XXI. 113. पंचालों, शूरसेनों, मागधों, अंगों और कलिंगों के लिए काला भी विहित किया गया है (वही, XXI. 112) .
288. वही, II. 49-52.
289. वही, II. 55.
290. प्लेटो : 'दि रिपब्लिक' (जावेट का अनुवाद), पृ . 126-7.
291. विष्णु पुराण, XXVII. 6-9.
292. 'कार्पस इंस्क्रिप्शनम इंडिकेरम', III, सं . 35 (समयांक 533-34 ई .), पंक्ति 9-12.
293. वही, सं . 3 (समयांक 401-2), पंक्ति 1-2; तुलनीय फ्लीट, पूर्वोद्धृत, पृ . 11, पाद टिप्पणी 1.
294. नाट्यशास्त्र, XVII. 95-99.
295. वही, XVII. 73.
296. मृच्छकटिक, अंक 1, पृ . 5, अंक 2, पृ . 63-64 . इनमें से कुछ गालियाँ, जैसे 'छिण्णालिआ पुत्त' बिहार में आज भी प्रचलित है .
297. नाट्यशास्त्र, XII. 146-8, ' ' ' नीचादि चेटादिनाम् .
298. याज्ञवल्क्य, I.116, गौतम की भाँति, इन्होंने इसके लिए 80 वर्ष की वयः सीमा नहीं निर्धारित की है .
299. वही, I. 107.
300. वही .
301. आपस्तंब धर्मसूत्र, II. 4.9. 5; बौधायन धर्मसूत्र, II. 3.5.11.
302. याज्ञवल्क्य, I. 103; अनुशासनपर्व (सदर्न एडिशन ऑफ दि महाभारत), 154. 22; 250. 15.
303. आश्वमेधिक पर्व (सदर्न एडिशन ऑफ दि महाभारत), 110. 17-20, 61.44-45; वृहस्पति, श्राद्धखंड, श्लोक 43.
304. शांतिपर्व, 37.22-23. 'रंगजीवन' शब्द का अर्थ रंगरेज या अभिनेता किया जा सकता है .
305. याज्ञवल्क्य, I. 160.
306. वही. I. 161.5. चाक्रिक शब्द का अर्थ तेली, भारवाहक या गाड़ीवान हो सकता है .
307. अनुशासनपर्व, (नार्दर्न एडिशन ऑफ दि महाभारत) 135.2-3, (सदर्न एडिशन ऑफ दि महाभारत), 198.2-3.
308. वही (नार्दर्न एडिशन आफ दि महाभारत), 135.5,(सदर्न एडिशन ऑफ दि महाभारत) 198.5.
309. वही (नार्दर्न एडिशन ऑफ दि महाभारत), 136.20-22, (सदर्न एडिशन ऑफ दि महाभारत)

199. 20-22.

310. आश्वमेधिक पर्व (सदर्न एडिशन ऑफ दि महाभारत), 110. 24.

311. वही, 110. 32.

312. याज्ञवल्क्य, I. 166.

313. वृहस्पति, XV. 19.

314. वृहस्पति, प्रायश्चित, श्लोक 34, 86-88, आचार, श्लोक 87.

315. मृच्छकटिक, I. 32.

316. याज्ञवल्क्य, III. 255-6.

317. वही, III. 255-6 की टीका .

318. अमरकोश, II. 10. 39-43.

319. वही, II. 10. 44-46.

320. पंचतंत्र, पृ . 15

321. याज्ञवल्क्य, I. 170.

322. वही, I. 171-173.

323. वही, I. 175-6.

324. वही, I. 177-8.

325. वही, I. 176.

326. लेगि : पूर्व निर्दिष्ट, पृ . 43.

327. याज्ञवल्क्य, II. 296.

328. वृहस्पति, पृ . 21, श्लोक 128; मध्यदेशे कर्मकराः शिल्पिनश्च गवाशिनः.अंबेडकर का तर्क है कि गोमांसभक्षण अस्पृश्यता के उद्भव का एक मूल कारण था . अंबेडकर : 'दि अनटचेबुल्स', अध्याय 9 . किंतु यह सिद्ध करने का कोई आधार नहीं है कि ये मजदूर और कारीगर अछूत माने जाते थे .

329. पाटिल : पूर्व निर्दिष्ट, पृ . 38 में वायु पुराण से उद्धृत .

330. मार्कण्डेय पुराण, 69. 72, हाजरा : पूर्व निर्दिष्ट, पृ . 232 में उद्धृत .

331. अनुशासनपर्व (नार्दर्न एडिशन ऑफ दि महाभारत, 44.9, सदर्न एडिशन ऑफ दि महाभारत, 79. 9) में यह पुराना नियम दुहराया गया है कि आसुर और पैशाच विवाह शायद द्विजों के लिए श्रेयस्कर नहीं हैं .

332. अनुशासनपर्व (सदर्न एडिशन ऑफ दि महाभारत), 249. 9. उत्तमानां तु वर्णानां मंत्रवत्पाणिसंग्रहः विवाहकरणं चाहुः शूद्राणां सम्प्रयोगतः.

333. वृहत्कल्पभाष्य, 2.3446, जैन : पूर्व निर्दिष्ट, पृ . 159 में उद्धृत .

334. याज्ञवल्क्य, I. 69, एवं ताच्छूद्राणां नियोगाधिकारः उक्तः . काणे : पूर्व निर्दिष्ट, II. भाग 1, 604.

335. काणे : पूर्व निर्दिष्ट, II, भाग I, पृ . 604-5 में मूल उद्धृत .

336. अनुशासनपर्व (सदर्न एडिशन ऑफ दि महाभारत), 149. 15-16.

337. नारद, XII. 100.

338. याज्ञवल्क्य, I. 48; कात्यायन, श्लोक 568.

339. विष्णु, XXIV. 41.

340. जाली : 'सेक्रेड बुक्स ऑफ दि ईस्ट', VII, 109, पाद टिप्पणी 41.

341. नारद, XII. 4-6; अनुशासनपर्व (नार्दर्न एडिशन ऑफ दि महाभारत), 44.11, (सदर्न एडिशन ऑफ दि महाभारत) 79. 11.

342. अनुशासनपर्व (नार्दर्न एडिशन ऑफ दि महाभारत),44.12 और 13.

343. कामशास्त्र, VI. 6.54, टीका सहित .

344. वही, I. 5.3.

345. वही, III. 1.1.

346. याज्ञवल्क्य, I. 56-7; वृहस्पति, आपद्‌धर्म, श्लोक 47, संस्कार, श्लोक 375-7; अनुशासनपर्व (सदर्न एडिशन ऑफ दि महाभारत), 44.13, 47.8-9; आश्वमेधिक पर्व (सदर्न एडिशन ऑफ दि महाभारत) 117.10 . यदि कोई व्यक्ति पुक्सी के साथ संभोग करे तो पराक व्रत उसका प्रायश्चित है . वृहस्पति, प्रायश्चित, श्लोक 70.

347. मृच्छकटिक, अंक 10.

348. (एपिग्राफिया इंडिया, XV), पृ . 301 . ईस्वी सन की आठवीं शताब्दी के एक पुरालेख से हमें पता चलता है कि शासक लोकनाथ के मातृपक्षीय पूर्वज को, जो ब्राह्मण थे, शूद्र पत्नी से एक पुत्र (पारेशव) था .

349. मालविकाग्निमित्र, अंक 1, पृ . 10; जैन : पूर्व निर्दिष्ट, पृ . 155-6.

350. याज्ञवल्क्य, I. 91-94; नारद, XII. 108, 111 और 113; अमरकोश, II. 10,1-4.

351. अनुशासनपर्व, (नार्दर्न एडिशन ऑफ दि महाभारत) 48. 5-27 (सदर्न एडिशन ऑफ दि महाभारत) 83. 5-27, (सदर्न एडिशन ऑफ दि महाभारत) 84.17.

352. वही, (नार्दर्न एडिशन ऑफ दि महाभारत)47.22, (सदर्न एडिशन ऑफ दि महाभारत) 83.22

353. वही, (नार्दर्न एडिशन ऑफ दि महाभारत) 47.23, (सदर्न एडिशन ऑफ दि महाभारत) 83.23.

354. वही, (सदर्न एडिशन ऑफ दि महाभारत) 49. 9.

355. वही, पृ . 84.28.

356. वही, (नार्दर्न एडिशन ऑफ दि महाभारत) 49. 9.

357. वही, (कल .), 33. 21-23.

358. याज्ञवल्क्य, II. 294.

359. कात्यायन, श्लोक 351; आश्वमेधिक पर्व, (सदर्न एडिशन ऑफ दि महाभारत) 116.19.

360. अमरकोश, II. 10. 1-4.

361. वही, II. 9. 78.

362. वही, II. 10. 20.

363. लेगि : पूर्व निर्दिष्ट, पृ . 43.

364. व्यवहार-भाष्य, 3.92; निशीथ चूर्णि, 11, पृ . 747, जैन : पूर्व निर्दिष्ट, पृ . 360 में उद्धृत .

365. अमरकोश, II. 10. 21.

366. वृहस्पति, प्रायश्चित, श्लोक 49-50. यदि रजस्वला का श्वपाक से स्पर्श हो जाए, तो उसके लिए भी प्रायश्चित बताया गया है (वही, प्रायश्चित, श्लोक 87) .

367. लेगि : पूर्व निर्दिष्ट, पृ . 43.

368. मार्कण्डेय पुराण, 25. 34-36.

369. अनुशासनपर्व, (नार्दर्न एडिशन ऑफ दि महाभारत) 47.29-30, (सदर्न एडिशन ऑफ दि महाभारत) 83.29-39.

370. महावंश, X.93. व्यवहार-भाष्य, 7. 449-462, पृ.79; नारद, XIV. 26.

371. अमरकोश, II. 10. 14.

372. वही, II. 10. 22-24.

373. वही, II. 10. 26-27.

374. लेगि : पूर्व निर्दिष्ट, पृ . 43. जाइल्स ने चंडाल शब्द का अनुवाद 'फाउल मैन (लेपर)' किया है . जाइल्स : पूर्व निर्दिष्ट, पृ . 21.

375. उपाध्याय : 'इंडिया इन कालिदास' पृ . 170.

376. वृहत्कल्पभाष्यं, गाथा 2766.

377. व्यवहार भाष्य, 3.92; निशीथ चूर्ण, 11, पृ . 747, जैन: पूर्व निर्दिष्ट, पृ . 360 में उद्धृत .

378. अनुशासनपर्व, (नार्दर्न एडिशन ऑफ दि महाभारत) 47.32, (सदर्न एडिशन ऑफ दि महाभारत) 83.32.

379. वही, (नार्दर्न एडिशन ऑफ दि महाभारत) 101.3, (सदर्न एडिशन ऑफ दि महाभारत) 158.4.

380. लेगि : पूर्व निर्दिष्ट, पृ . 43.

381. तुलनीय, मृच्छकटिक, X.

382. लंकावतार सूत्र, पृ . 258.

383. वही, पृ . 246.

384. जैन : पूर्व निर्दिष्ट, पृ . 360. डोम्ब अधम गायकों की जाति है, जो उत्तर भारत की प्राचीन जातियों में एक है .

385. जैन : पूर्व निर्दिष्ट, पृ . 144-5.

386. अमरकोश, II. 10. 31-32.

387. जैन : पूर्व निर्दिष्ट, पृ . 220-22. जट्ट-जट्टी के गीत आज भी बिहार में निम्न जातियों के लोगों में प्रचलित हैं .

388. आवश्यक चूर्णि, II. पृ . 294, जैन : पूर्व निर्दिष्ट, पृ . 222 में उद्धृत .

389. भागवत पुराण, XI. 17.20, तुलनीय VII. 11.30.

390. मृच्छकटिक, X. 22.

391. वज्रसूची (एस), श्लोक 16, पृ . 5.

392. अनुशासनपर्व, (नार्दर्न एडिशन ऑफ दि महाभारत) 47.33-35, (सदर्न एडिशन ऑफ दि महाभारत) 83.33-5.

393. महाभारत, XII. 328.49, श्राव्येच्च चतुरो वर्णान . हापकिंस : 'दि रेलिजन्स ऑफ इंडिया', पृ. 425 में उद्धृत .

394. महाभारत, XII. 319. 87 और आगे, उद्धृत, वही, प्राप्य ज्ञानम्... शूद्रादपि...

395. मार्कण्डेय पुराण, XXI. 31; नाट्यशास्त्र, I. 14.

396. भागवत पुराण, I. 4. 25; I. 4. 29. स्त्रीशूद्रद्विजबन्धूनां त्रयी न श्रुतिगोचराः; कर्मश्रेयसि मूढानां श्रेय एवं भवेदिह ; इति भारतमाख्यानं कृपया मुनिना कृतम् .

397. भविष्यत् पुराण, I, 1. 72, ...श्रोतव्यमेव शूद्रेण नाध्येतव्यं कदाचन्

398. नाट्यशास्त्र, I. 12 और 13.

399. कीथ : 'दि सांख्य सिस्टम' पृ. 57. पतंजलि का योगसूत्र संभवतया तीसरी शताब्दी ई. से पहले का नहीं है .

400. वही, पृ. 57 . चीनी साक्ष्य के अनुसार सांख्यकारिका के रचयिता ईश्वरकृष्ण वसुबंधु के पूर्व समकालीन थे और वसुबंधु संभवतया 300 ई. के लगभग हुए थे .

401. वही, पृ. 100.

402. वही, पृ. 100.

403. याज्ञवल्क्य, I. 233, भृतकाध्यापक...

404. मृच्छकटिक, IX. 21. वेदार्थान् प्राकृतस्त्वं वदसि, न च ते जिह्वा निपतिता .

405. वज्रसूची (एम), पृ. 4.

406. जायसवाल : 'मनु ऐंड याज्ञवल्क्य', पृ. 241.

407. नाट्यशास्त्र, XVII. 37.

408. वही, XVII. 39.

409. कीथ : 'हिस्ट्री ऑफ संस्कृत लिटरेचर' पृ. 31.

410. नाट्यशास्त्र, XVII, 54-56.

411. मुखर्जी : 'एनशिएंट इंडियन एजुकेशन' पृ. 347.

412. याज्ञवल्क्य, III. 262; अनुशासनपर्व, (सदर्न एडिशन ऑफ दि महाभारत) 149. 13; तुलनीय शांतिपर्व, 70. 5.

413. अनुशासनपर्व, (सदर्न एडिशन ऑफ दि महाभारत) 147. 1, शूद्रा परिचारयज्ञाः... तुलनीय ब्रह्मांड पुराण, II. 29.55.

414. नारद, I. 332.

415. विष्णु, IX. 10.

416. मार्कण्डेय पुराण, 28. 7-8.

417. ब्रह्मांड पुराण, III. 12.19. यज्ञ पाँच हैं — ब्रह्मयज्ञ, पितृयज्ञ, देवयज्ञ, बलि और नृयज्ञ. मनुस्मृति, III. 69-70.

418. याज्ञवल्क्य, I. 121.

419. हापकिंस : 'म्युचुअल रिलेशंस ऑफ फोर कास्ट्स इन मनु', पृ. 36, पाद टिप्पणी 1.

420. ब्रह्मांड पुराण, III. 12.19.

421. मनुस्मृति, II. 169.

422. याज्ञवल्क्य, I. 39.

423. शांतिपर्व, 60. 36, स्वाहाकारनमस्कारौ मन्त्रः शूद्रे विधीयते . ताभ्यां शूद्रः पाकयज्ञैर्यजेत् व्रतवान् स्वयम् . सर्वाधिक महत्वपूर्ण हस्तलेखों में यह विभेद किया गया है कि कौन यज्ञ शूद्र कर सकता है और कौन द्विज . इसमें स्वाहाकार, नमस्कार और मंत्र का प्रयोग शूद्र के लिए वर्जित किया गया है, किंतु दीक्षाव्रत के बिना ही पाकयज्ञ करने की अनुज्ञा दी गई है. आलोचनात्मक टिप्पणी, शांतिपर्व, 60. राजधर्म, भाग II, खंड 19, पृ . 660-661. पाकयज्ञ सभी दस्युओं के लिए भी विहित है (शांतिपर्व, 65. 21-22), जिससे सूचित होता है कि ये यज्ञ ब्राह्मणिक समाज की परिधि से बाहर भी फैलते जा रहे थे . तुलनीय वृहस्पति, संस्कार, श्लोक 529.

424. शांतिपर्व, 60. 37-38.

425. शांतिपर्व, 60. 39-43. तुलनीय 51-52. ¨¨यज्ञो मनीषया तात सर्ववर्णेषु भारत; ¨¨तस्मात् सर्वेषु वर्णेषु श्रद्धायज्ञो विधीयते. टीका सी एन (आलोचनात्मक संस्करण के वर्गीकरण के अनुसार) में 'सर्ववर्ण', शब्द का अर्थ 'त्रैवर्णिक' किया गया है . पुलिंदा 19, पृ . 660-61.

426. याज्ञवल्क्य, III. 262.

427. गैम्पर्ट : 'डाई सुहनेजेर्रमोनियन इन डर अल्टिनडिस्वेन रेख्टस्लिटरेटुर', पृ. 94.

428. वृहस्पति, प्रायश्चित, श्लोक 60.

429. वृहस्पति, संस्कार, श्लोक 101. किंतु कान छेदने के अंकुश की धातु विभिन्न वर्णों के बच्चों के लिए भिन्न-भिन्न बताई गई है (वही).

430. वही, संस्कार, श्लोक 154(a).

431. आर . बी . पांडेय : हिंदू संस्कार, पृ . 161.

432. मनुस्मृति, II. 35, चूडाकर्म द्विजातीनां सर्वेषामेव धर्मतः .

433. संभवतः राम के हाथ से शंबूक के वध की कहानी, जिसमें मनु की मनोवृत्ति का आभास मिलता है, रामायण (उत्तरकांड, अध्याय 74-76) में मौर्योत्तर काल में प्रक्षिप्त की गई है .

434. रघुवंश, XV. 53; तुलनीय अनुशासनपर्व (सदर्न एडिशन ऑफ दि महाभारत) 270.11.

435. शांतिपर्व, 63. 9-11; 63.9 पुलिंदा 19, पृ . 662 पर आलोचनात्मक टिप्पणी .

436. वही, 63. 12-14.

437. कात्यायन, श्लोक 486, मार्कण्डेय पुराण में भी शूद्रसंन्यासी का उल्लेख है (22.19), किंतु उनके समय के बारे में हमें कोई जानकारी नहीं है .

438. याज्ञवल्क्य, II. 235.

439. हरिभक्ति-विलास के 18वें विलास में गोपालभट्ट द्वारा हयशीर्ष पंचरात्र से उद्धृत और वहाँ से बनर्जीकृत डेवलपमेंट आफ हिंदू आइकोनोग्राफी, पृ . 227, पाद टिप्पणी 1 में प्रत्युद्धृत .

440. वृहत्संहिता (सुधाकर द्विवेदी संस्करण), 89. 5-6.

441. विष्णुधर्मोत्तर महापुराण, III. 89. 12.

442. वही, III. 90. 2, शुक्ला शस्ता द्विजातीनां क्षत्रियाणां च लोहिता , विषां पीताहिता कृष्णा शूद्राणां च हितप्रदा .

443. याज्ञवल्क्य, III. 26.

444. ब्रह्मांड पुराण, III. 14.86-87; विष्णु पुराण, III. 13.19; वृहस्पति, अशौच, श्लोक 39.

445. याज्ञवल्क्य, III. 23.

446. अनुशासनपर्व, (नार्दर्न एडिशन ऑफ दि महाभारत) 101.11-12, (सदर्न एडिशन ऑफ दि महाभारत) 163. 11-12.

447. वही .

448. वही, (नार्दर्न एडिशन ऑफ दि महाभारत) 101.13, (सदर्न एडिशन ऑफ दि महाभारत) 163.12.

449. वही, (नार्दर्न एडिशन ऑफ दि महाभारत) 106.2, (सदर्न एडिशन ऑफ दि महाभारत)163.2.

450. वृहस्पति, अशौच, श्लोक 34-35. कुछ वर्ग के लोग सदा शुचि माने जाते थे, जैसे शिल्पी, कृषक, वैद्य, दास-दासी, नापित, राजा और वेदज्ञ ब्राह्मण . याज्ञवल्क्य, III. 28-29; वृहस्पति, अशौच, श्लोक 9.

451. शांतिपर्व, 36.35.

452. वृहस्पति, आचार, श्लोक 37.

453. वृहस्पति, प्रायश्चित, श्लोक 74-75.

454. पांडेय : पूर्व निर्दिष्ट, पृ . 439.

455. याज्ञवल्क्य, I. 121; वायु पुराण, II. 13.49.

456. मत्स्यपुराण, 17.63-64.

457. वही, 17.70.

458. मार्कण्डेय पुराण, 49. 77-81; विष्णु पुराण, I. 6.34-35.

459. ब्रह्मांड पुराण, III. 10. 96-99; वायु पुराण, II. 11.90; मार्कण्डेय पुराण, 96.23.

460. मार्कण्डेय पुराण, 96.36.

461. ब्रह्मांड पुराण, II. 32.90, 121-122.

462. मार्कण्डेय पुराण, 28.3-8.

463. मत्स्यपुराण, 17.71, दानेन सर्वकामाप्तिरस्य संजायते .

464. अनुशासनपर्व (सदर्न एडिशन ऑफ दि महाभारत), 217.13-15. पाप की शुद्धि के लिए दान की महिमा के बारे में देखें हाजरा : पूर्व निर्दिष्ट, पृ. 250.

465. मत्स्यपुराण, 69. 51-54.¨क इदं कस्मादादिति वैदिकं मन्त्रमीरयेत् . हाजरा ने जीवानंद के संस्करण के अध्याय 70-71 के समानांतर अध्याय 69-72 का काल लगभग 550-650 ई . रखा है . हाजरा : पूर्व निर्दिष्ट, पृ . 176.

466. मत्स्यपुराण, 91.23-32.

467. बी . 'सी . ला : 'हेवन ऐंड हेल', पृ . 36-45 में प्रस्तुत विमानवत्थु टीका के सार के आधार पर संगणित .

468. हाजरा : पूर्व निर्दिष्ट, पृ . 247.

469. के . वी . रंगस्वामी अय्यंगर : वृहस्पति, इंट्रोडक्शन, पृ . 162.

470. वृहस्पति, संस्कार, श्लोक 288.

471. विष्णु, LXXXII. 14 और 22; शांतिपर्व, पांडुलिपि डी एस 5; ब्रह्मांड पुराण, III. 15.44.

472. मनुस्मृति, XI. 42.
473. वज्रसूची, (बी बी) पृ. 7.
474. वही, (ओ), पृ. 4.
475. वही (ई ई) और (जी आई), पृ. 8 और 9.
476. के. जी. गोस्वामी : 'वैष्णविज्म', (इंडियन हिस्टारिकल क्वार्टर्ली, कलकत्ता, XXXI) पृ. 132.
477. रायचौधरी : 'दि अर्ली हिस्ट्री ऑफ दि वैष्णव सेक्ट', पृ. 117.
478. भगवद्गीता, IX. 32; भागवत पुराण, VII. 7. 54-55; XI. 5. 4.
479. भागवत पुराण, III. 16.6
480. वही, III. 33.7.
481. वही, V. 1. 35. देखें, आश्वमेधिक पर्व (सदर्न एडिशन ऑफ दि महाभारत), 117.2.
482. शांतिपर्व (कल.), 296.28, वैदेहकं शूद्रमुदाहरन्ति द्विजा महाराज श्रुतोपपन्नः... अहं हि पश्यामि नरेन्द्र देवं विश्वस्य विष्णुं जगतः प्रधानम्. यहाँ शूद्र के विशेषण के रूप में 'वैदेहक' शब्द का प्रयोग विचित्र है.
483. आश्वमेधिक पर्व (सदर्न एडिशन ऑफ दि महाभारत), 116.21.
484. वही, 116.22.
485. वही, 116.31.
486. अनुशासनपर्व (नार्दर्न एडिशन ऑफ दि महाभारत), 18.81, (सदर्न एडिशन ऑफ दि महाभारत) 49. 81.
487. वायुपुराण, I. 30. 18.
488. वही, II. 39. 352-4. वायुपुराण के परिशिष्ट में दी गई कहानी के अनुसार मंख नाम के नापित ने वाराणसी में गणेश क्षेमक की मूर्ति स्थापित की. पाटिल : पूर्व निर्दिष्ट, पृ. 38.
489. बी. भट्टाचार्य : जाख्यसंहिता, फोरवर्ड, पृ. 34, शिलालेखीय प्रमाणों से यह पुस्तक 450 ई. के आस-पास की मानी गई है.
490. जाख्यसंहिता, 18.3-5.
491. वही, 6-9, सु (स ?) जातीयेन शूद्रेण तादृशेन महाधिया. अनुग्रहाभिषेकौच कार्यौ शूद्रस्य सर्वदाः.
492. के. जी. गोस्वामी : पूर्व निर्दिष्ट, (इंडियन हिस्टारिकल क्वार्टर्ली, कलकत्ता, XXXI), पृ. 125.
493. फिर भी कई वचनों में विशेषतया ब्राह्मणों के लिए कर्मकांडों के अनुष्ठान की आवश्यकता पर जोर दिया गया है. यदि ब्राह्मण संध्यावंदन या अग्निहोत्र न करे और वाणिज्य-वृत्ति या कृषि-वृत्ति अपनाए तो वह शूद्र या वृषल की कोटि में आ जाएगा. अनुशासनपर्व (नार्दर्न एडिशन ऑफ दि महाभारत), 104.19-20, (सदर्न एडिशन ऑफ दि महाभारत), 161.20, (सदर्न एडिशन ऑफ दि महाभारत) 217.10-12, आश्वमेधिक पर्व (सदर्न एडिशन ऑफ दि महाभारत) 116.11-12, तुलनीय शांतिपर्व, XII. 63.3-5. अग्निहोत्र, उपनयन, व्रत आदि धार्मिक कर्मों और संस्कारों का अनुष्ठान न करना, अयाजकों के यहाँ यज्ञ कराना तथा शूद्रों की

सेवा करना ब्राह्मणों के लिए उपपातक बताए गए हैं, याज्ञवल्क्य, III. 234-242.

494. आश्वमेधिक पर्व (सदर्न एडिशन ऑफ दि महाभारत), 116.5-6.

495. अनुशासनपर्व, (नार्दर्न एडिशन ऑफ दि महाभारत) 48.48 (सदर्न एडिशन ऑफ दि महाभारत) 83.47.

496. वनपर्व (कल .), 215.13. यस्तु दमे सत्ये धर्मेच सततः स्थितः . तं ब्राह्मणमहं मन्ये वृत्तेन हि भवेद् द्विज: .

497. अनुशासनपर्व (कल .), 143.46-50. तुलनीय वनपर्व (कल .), 181. 42-43,''न योनिर्नापि संस्कारो न श्रुतं न च सन्तति: .

498. अनुशासनपर्व (कल .), 143-51; शांतिपर्व (कल .), 189. 8; वनपर्व (कल .), 180. 25-26, तुलनीय 35-36, भविष्य पुराण, I. 44.31, तुलनीय भागवत पुराण, VII. 11.35.

499. वज्रसूची, (के के), श्लोक 43, पृ . 10.

500. वनपर्व (कल .), 205.44; 206.10-25.

501. वही, 206.20-22.

502. हापकिंस : 'रेलिजन्स ऑफ इंडिया', पृ . 425 में उद्धृत, होल्त्समैन : 'न्यूजेन बूखेर', पृ. 86.

503. वज्रसूची,(जी), श्लोक 9 और 10, पृ . 2; तुलनीय (वाई), श्लोक 27, पृ . 7.

504. गीता, IX. 32. धर्मव्याध का भी ऐसा विश्वास है कि सेवा ही शूद्रों का धर्म है (कर्म शूद्रे)'''

505. द्विजशुश्रूषणं धर्मः भक्तितोमयि''' आश्वमेधिक पर्व (सदर्न एडिशन आफ दि महाभारत), 118.15-16.

506. मनुस्मृति, IX. 335.

507. मृच्छकटिक, VIII. 25, करमारकर का अनुवाद, पृ . 232. जेण ह्मि गब्भदासे विणिम्मिदे भाअधेअदोसेहिं . अहिअं च न किणिस्सं पलिहलामि .

508. घुर्वे : 'कास्ट ऐंड क्लास', पृ . 95.

509. अनुशासनपर्व (सदर्न एडिशन ऑफ दि महाभारत), 164.2-4, (नार्दर्न एडिशन ऑफ दि महाभारत) 107.2-3.

510. मरे : 'दि स्प्लेंडर दैट वाज़ इजिप्ट', पृ . 185.

511. मोरेट और डेवी : 'फ्राम ट्राइब टु इम्पायर', पृ . 222.

512. शांतिपर्व, 85.7-10.

513. घुर्वे : पूर्व निर्दिष्ट, पृ . 94. घुर्वे ऐसा ही सोचते हैं . उनकी राय है कि 300 ई . से 1000 ई . तक शूद्र सामाजिक दृष्टि से और भी अधोगत हुए .

सारांश और निष्कर्ष

आरंभिक काल से लेकर लगभग पाँच सौ ई. तक शूद्रों की स्थिति में हुए परिवर्तन के प्रमुख चरणों का विवरण मोटे तौर पर ही प्रस्तुत किया जा सकता है। ऐसा जान पड़ता है कि आर्यों और अनार्यों के पराजित और बेदखल कर दिए वर्ग शूद्र बना दिए गए और विजेता उसे अपनी सामूहिक संपत्ति मानने लगे। चूँकि अधिकांश शूद्र मूलतः आर्य समुदाय के ही अंग थे, इसलिए परवर्ती वैदिक समाज में भी उनके अनेक जनजातीय अधिकार, खासकर धार्मिक अधिकार, बने रहे। किंतु जब प्राक्मौर्य काल (लगभग छः सौ ई. पू. से तीन सौ ई. पू. तक) में वर्णाश्रित समाज पूर्णतया स्थापित हो गया, तब उन्हें इन अधिकारों से वंचित कर दिया गया और तमाम आर्थिक, राजनीतिक एवं कानूनी और सामाजिक तथा धार्मिक अशक्तताएँ उन पर लाद दी गईं। शूद्र को दास समझा जाने लगा, हालाँकि कानूनन शूद्रों का केवल एक वर्ग ही दास रहा होगा। 'शूद्र' शब्द को दास का पर्याय मानना गलत है, यद्यपि हापकिंस ने ऐसा ही माना है।[1] इसी प्रकार शूद्र को कृषि दास (सर्फ) कहना भी ठीक नहीं है, जैसा कि वैदिक इंडेक्स[2] में कहा गया है, क्योंकि कृषि दास वह है जो भूमि के साथ बँधा रहकर सेवा करता हो और उसके साथ हस्तांतरित किया जा सकता हो। मोटे तौर पर हम कह सकते हैं कि बहुत दिनों तक शूद्र शब्द का प्रयोग उन बहुविध मजदूर वर्गों के लिए सामूहिक रूप में किया जाता रहा, जो तीन उच्च वर्णों की ताबेदारी करते थे। इस दृष्टि से उसकी तुलना सामान्यतया स्पार्टा के गुलामों से की जा सकती है। शूद्रों की चाकरी कई प्रकार की थी। वे घरेलू नौकरों और दासों, कृषि दासों, भाड़े के मजदूरों और शिल्पियों के रूप में काम करते थे। हाल के एक लेखक ने निंदा भरे शब्दों में बताया है कि वे कोई रचनात्मक कार्य करने योग्य नहीं थे।[3] किंतु यह दृढ़ता के साथ कहा जा सकता है कि शूद्रों के श्रम और कौशल तथा वैश्य किसानों द्वारा किया गया अतिरिक्त उत्पादन प्राचीन भारतीय समाज के विकास के भौतिक आधार थे।

मौर्यकाल में शूद्र से कृषि मजदूर का काम लेने की प्रवृत्ति पराकाष्ठा पर थी और उसके पहले या पश्चात किसी भी समय दासों, भाड़े के मजदूरों और कारीगरों पर राज्य का इतना

अधिक नियंत्रण नहीं रहा। कहा गया है कि कौटिल्य के *अर्थशास्त्र* में शूद्रों को आर्य माना गया है और वे गुलाम नहीं बनाए जा सकते थे। किंतु संबद्ध परिच्छेदों के सूक्ष्म विवेचन से इस मत की पुष्टि नहीं होती।[4] अशोक ने न्याय-प्रशासन में वर्ण-विभेदों को दूर करने का जो प्रयास किया उससे प्रायः ब्राह्मण नाराज हो गए और निम्न वर्णों को भी लाभ नहीं पहुँचा।

मौर्योत्तर काल (लगभग दो सौ ई. पू. से दो सौ ई. सन) में शूद्रों की स्थिति में महत्वपूर्ण परिवर्तन हुए। मनु का कट्टर शूद्रविरोधी रुख और ब्राह्मणविरोधी कार्यों के लिए पुराणों में की गई शूद्रों की भर्त्सनाएँ तीव्र वर्णसंघर्ष का संकेत देती हैं और यह संघर्ष शूद्रों के हक में संभवतया विदेशियों द्वारा किए गए हस्तक्षेप से तीव्रतर हो गया था। संभवतया इस संघर्ष के फलस्वरूप और प्रबल मौर्य साम्राज्य के पतन तथा नए- नए कला कौशल के विकास के कारण शूद्रों की स्थिति में परिवर्तन के आसार दिखाई पड़ने लगे और गुप्तकाल (लगभग दो सौ ई. पू. से पाँच सौ ई. सन) में ये परिवर्तन अधिक स्पष्ट हो गए।

इस काल में शूद्रों ने कुछ धार्मिक और नागरिक अधिकार प्राप्त किए और कई दृष्टियों से वे वैश्यों के समकक्ष बन गए। वैश्यों और शूद्रों का संयुक्त उल्लेख तो प्राचीन ग्रंथों में भी मिलता है, किंतु मौर्योत्तर काल और गुप्तकाल के ग्रंथों में ऐसा उल्लेख अधिकाधिक संख्या में मिलने लगता है। अन्यान्य विकासों की रोशनी में, गुप्तकाल में, ऐसे उल्लेखों का अपना एक अलग और नया महत्व है। स्पष्ट है कि वैश्यों की हैसियत घटाकर उन्हें पराधीनता की ओर ढकेल दिया गया और शूद्रों का दर्जा बढ़ाकर उन्हें स्वाधीनता की ओर अग्रसर किया गया। इनमें पहली प्रक्रिया का अनुमान विकसित क्षेत्रों में ब्राह्मणों को दिए गए अनेकानेक भूमिदानों से किया जा सकता है, जिनके चलते पुराने किसानों और राजा के बीच एक मध्यवर्ती सत्ता कायम होने से इन किसानों की स्थिति ह्रासोन्मुख हो गई।[5] बेगार (विष्टि) की प्रथा जो मौर्यकाल में दासों और कर्मकारों तक ही सीमित प्रतीत होती है, अब किसानों पर भी लागू कर दी गई और इससे वैश्यों तथा शूद्रों के बीच की असमानता और भी कम हो गई। शूद्रों का वैश्यों के दर्जे में पहुँचना, किसान के रूप में उनके रूपांतरण और शिल्पियों तथा व्यापारियों के रूप में उनके बढ़ते हुए महत्व से भी स्पष्ट होता है। मालूम होता है कि अविकसित क्षेत्रों में ब्राह्मणों को दिए गए भूमिदानों से शूद्र किसानों की संख्या बढ़ी थी। ऐसे किसान आदिवासी जनजातियों से ब्राह्मणिक सामाजिक संगठन में आत्मसात किए जा रहे थे। प्राचीनकाल में शूद्रों का काम था उच्च वर्णों के लिए श्रम की आपूर्ति करना; किंतु गुप्तकाल के बाद अब उनका काम था शिल्पी, व्यापारी और विशेषकर किसानों के रूप में उत्पादन कर्म द्वारा सामानों की आपूर्ति। उनकी पुराने ढंग की

पराधीनता अब भी बनी हुई थी, किंतु ऐसी स्थिति में पड़े शूद्रों की संख्या इस काल के नए ढंग के शूद्रों की अपेक्षा कम थी।

गुप्तकाल से पहले की शूद्र समुदाय की पराधीन हैसियत और दयनीय स्थिति के बावजूद शूद्रों के विद्रोह का कोई प्रमाण शायद ही मिलता है। हाँ, मौर्योत्तर काल में इनके घोर ब्राह्मणविरोधी कार्यकलापों के प्रसंग मिलते हैं। रोम के दासों द्वारा की गई क्रांतियों की तुलना में शूद्रों के सांयोगिक और छिटपुट राज्यविरोधी कार्यकलाप महत्वपूर्ण नहीं हैं। उत्तर भारत की सामाजिक और ग्रामीण अर्थव्यवस्था (छः सौ ई. पू. से दो सौ ई. सन) संबंधी एक रचना में बताया गया है कि निम्नवर्गीय वैश्य मध्यमवर्ग (हीन मध्यमवर्ग) के थे,[6] और शूद्र एवं द्विज वर्णों के बीच संतुलन बनाए हुए थे।[7] 'द्विज वर्गों' (द्विज क्लासेज़) शब्द का प्रयोग ठीक नहीं है, क्योंकि वैश्यों को भी द्विज माना जाता था। किंतु यह तथ्य भी कि वैश्य एक ओर प्रथम दो वर्णों और दूसरी ओर शूद्रों के बीच संतुलन का काम करते थे; केवल ई. सन के आरंभ होने के पहले तक के काल के लिए ही सही हो सकता है, क्योंकि मोटे तौर पर उसी समय से दोनों निम्न वर्ण एक दूसरे के निकट पहुँचने लगे थे और गुप्तकाल आते-आते उनका अलग-अलग अस्तित्व समाप्त-सा हो चुका था।

किंतु प्राचीन भारतीय समाज में शूद्रों की आपेक्षिक शांतिप्रियता को स्पष्ट करने के लिए कुछ अन्य कारण भी बताए जा सकते हैं। भारत में संभवतया मुद्रामूलक अर्थव्यवस्था उस हद तक विकसित नहीं हुई थी जिस हद तक वह ग्रीस[8] और रोम में थी। अतः शूद्रों की सैद्धांतिक दासता के बावजूद, उनमें से बहुत कम को ही ऋण की अदायगी नहीं करने के कारण दास बनाया जाता था। ग्रीस में दासता का यह प्रमुख साधन था।[9] मौर्यपूर्व काल और मौर्यकाल को छोड़कर कृषि दासों से काम लेने के बहुत कम प्रमाण मिलते हैं। दास अधिकतर घरेलू कार्यों के लिए रखे जाते थे। इस व्यवस्था में मालिक के साथ उनका घनिष्ठ संबंध रहता था, तथा घरेलू सोपान-पंक्ति में दास को सर्वथा एक भिन्न वर्ग का नहीं माना जाता था, बल्कि उसे सदस्यों के बीच ही सबसे नीचे रखा जाता था।

हो सकता है कि जोर-जबर्दस्ती किए जाने की स्थिति में, शूद्र मजदूरों ने स्वतंत्र जनजातियों के पास शरण ली हो,[10] अथवा वे एक राज्य को छोड़कर दूसरे में चले गए हों। इतना ही नहीं, ब्राह्मणों और क्षत्रियों की तुलना में शूद्र कोई सुसंगठित, रुद्धद्वार समुदाय नहीं था जो अपने मालिकों के विरुद्ध कोई संयुक्त कार्रवाई करने नें सक्षम हो। ज्यों-ज्यों समय बीतता गया, शूद्र विभिन्न तरह की सामाजिक प्रतिष्ठा वाली अनेक उपजातियों में बिखर गए और अनेकानेक जनजातियों के अंतःप्रवेश से तो इन उपजातियों की संख्या और भी बढ़ती गई। कहा गया है कि *अमरकोश* में मालाकार, कुंभकार, राज कारीगर, जुलाहा, दर्जी, रंगसाज आदि को उत्तरोत्तर अपकृष्टता के क्रम से रखा गया

है।[11] इसमें कोई संदेह नहीं कि शूद्रों के बीच घरेलू नौकरों, बटाईदारों, चरवाहों और नापितों को अधिकांश अन्य प्रकार के शूद्रों की अपेक्षा, समाज में ऊँचे दर्जेवाला माना जाता था, क्योंकि उनके मालिक भी उनका अन्न ग्रहण कर सकते थे।[12] निचली जातियों की इससे भी बड़ी कमजोरी थी, शूद्रों और अछूतों के रूप में उनका विभाजन, जो पाणिनि के समय में प्रकट हुआ, बाद में भी रहा और गुप्तकाल में तीव्र हुआ। शूद्रों ने न केवल अपने को उच्च वर्णों की बराबरी में लाकर, बल्कि अपने को अछूतों से श्रेष्ठ बताकर अपना ओहदा बढ़ाया; ताकि ब्राह्मणिक समाज की सोपान-पंक्ति में वे अपने से नीचे की जाति के प्रति मिथ्या अभिमान कर सकें।

कदाचित असंतुष्ट शूद्र हथियार न उठा लें, इसके लिए विधिनिर्माताओं ने हमेशा उन्हें निःशस्त्र रखने की नीति बनाई, जिसमें संभवतया गुप्तकाल में परिवर्तन हुए।

वर्णव्यवस्था के बुनियादी ढाँचे को बनाए रखने और शूद्रों को अधम बनाकर रखने में जो एक बात बहुत सहायक हुई, वह है आम जनता को कर्म के सिद्धांत में विश्वास करा देना और यह समझा देना कि ईश्वर द्वारा निर्धारित वर्ण या जाति के कर्तव्यों का पालन नहीं करने के कुपरिणाम भोगने पड़ेंगे। कहा जाता है कि चूँकि आम जनता व्यापक रूप में शिक्षित थी और वह गुण-दोष का विचार करने में समर्थ थी, अतः वह उच्च वर्णों की स्वाभाविक श्रेष्ठता में विश्वास नहीं कर सकी।[13] किंतु ऐसे दावे का कोई आधार नहीं है। इसके विपरीत, मजदूर वर्गों का दिमाग ब्राह्मणिक आदर्श से इस तरह जकड़ा हुआ था कि शूद्रों को प्रत्यक्ष रूप से दबाने-सताने अथवा शूद्रों द्वारा उग्र विद्रोह की गुंजाइश बहुत कम थी।

किंतु ब्राह्मणिक सिद्धांतों को मानने वाले हमेशा अपने सिद्धांतों के गुलाम नहीं थे। आदिवासी और विजातीय शासकों के लिए उपयुक्त क्षत्रिय वंशावली गढ़ लेने में उन्हें उनके वास्तविक जन्म की भावना बाधा नहीं पहुँचा सकी।[14] प्रायः कुछ साहसी शूद्र, जो समय-समय पर अपनी धाक जमा सके होंगे, ब्राह्मणिक प्रणाली में बखूबी क्षत्रिय के रूप में अपना लिए गए होंगे, ताकि वे नवधर्मान्तरित व्यक्ति के समान पूरे उमंग और उत्साह से उच्च वर्णों की प्रमुखता की रक्षा कर सकें। ब्राह्मण कौटिल्य द्वारा शूद्र कुलजात चंद्रगुप्त को समर्थन देने का जो परंपरागत वृत्तांत मिलता है, उससे स्पष्ट है कि ऐसी घटनाएँ असंभव नहीं थीं।

बौद्ध, जैन, शैव और वैष्णव, इन सुधारवादी धार्मिक आंदोलनों में कर्मफलवाद पर, जोकि ब्राह्मणिक समाज व्यवस्था का सैद्धांतिक आधार था, कोई आपत्ति नहीं उठाई गई। इन आंदोलनों ने अन्य प्रकार की समानता के बदले धार्मिक समानता का आश्वासन देकर, नीच जाति के लोगों को वर्तमान सामाजिक ढाँचे के अनुकूल बनाया। सामाजिक विषमताओं

के प्रति विरोध की भावना, जो आरंभिक अवस्था में इन आंदोलनों का प्रमुख लक्षण थी, कालक्रम से विलीन हो गई और वे अपने को वर्णाश्रम व्यवस्था का अभिन्न अंग मानने लगे। इस प्रकार इन सारे तथ्यों के संयुक्त प्रभाव से शूद्र अपेक्षाकृत शांत बने रहे और उनकी पराधीनता स्थाई बन गई।

संदर्भ

1. हापकिंस : 'कैंब्रिज हिस्ट्री ऑफ इंडिया', I . पृ . 268 .
2. वैदिक इंडेक्स, II, पृ . 389 .
3. वल्वलकर : 'हिंदू सोशल इंस्ट्यूिशंस', पृ . 327-8.
4. कौटिल्य : अर्थशास्त्र, III . 13.
5. सरकार : 'सेलेक्ट इंसक्रिप्शंस', I, पृ . 188, उत्कीर्ण लेख सं . 82, पंक्ति 11, भूमिदान का प्राचीनतम शिलालेखीय साक्ष्य ई . पू . प्रथम शताब्दी का कहा जा सकता है, किंतु गुप्तकाल में ऐसे भूमिदान अधिक प्रचलित पाए जाते हैं .
6. तकनीकी दृष्टि से यह शब्द मध्यवर्गीय दुकानदारों के लिए प्रयुक्त होता था, किंतु इस काल में वैश्य मुख्यतया किसान थे .
7. बोस : पूर्व निर्दिष्ट, II, पृ . 486-87.
8. टामसन : 'स्टडीज इन एनशिएंट ग्रीक सोसायटी', II, पृ . 194-6.
9. 'सोलन्स डेट लाज टुवाड्‌र्स दि बिगनिंग ऑफ दि सिक्स्थ सेंचुरी बी . सी . ', तुलनीय .
10. पीड़ित प्रजा द्वारा पांचाल राज्य छोड़ने का एक उद्धरण जातक में मिलता है .
11. कोसंबी : (जर्नल ऑफ ओरिएंटल रिसर्च, मद्रास, XXIV, 61).
12. याज्ञवल्क्य, I, 166 .
13. के . वी . रंगस्वामी अय्यंगर : 'आस्पेक्टस ऑफ दि सोशल ऐंड पोलिटिकल सिस्टम ऑफ मनुस्मृति', पृ . 134.
14. 'सेन्सस ऑफ इंडिया', 1891, 13 (मद्रास), पृ . 213, (साइटश्रिफ्ट डेर डोयूचेन मेर्गेनलेंडिशेन गेज़ेलशाफ्ट, बर्लिन, 1, 510 में उद्धृत .) यह प्रक्रिया हाल तक चलती रही है .

परिशिष्ट : एक

मनुस्मृति का काल : अध्याय दस के विशेष संदर्भ में

बहुलर ने मनुस्मृति के लिए ई . पू . 200 से ई . 200 तक के कालखंड का जो सुझाव दिया है उसमें 400 वर्ष आ जाते हैं ।[1] जायसवाल ने इस कालखंड को काफी सीमित करके मनु को शुंग वंश के काल में होनेवाली ब्राह्मण 'प्रतिक्रांति' का समकालीन माना है ।[2] लेकिन नारद के विधि-ग्रंथ (पाँचवीं-छठी सदी) का सावधानी से अध्ययन किया जाए तो पता चलेगा कि इस विधिकार ने ब्राह्मणों को अधिक महत्वपूर्ण नहीं तो समान महत्त्वपूर्ण विशेषाधिकार अवश्य दिए हैं । मनु द्वारा प्रयुक्त कुछ पारिभाषिक शब्दों की तुलना शिलालेखों में प्राप्य शब्दों से करने पर भी इस स्मृति के काफी बाद में लिखे जाने का संकेत मिलता है ।

मनु ने जिन यवनों का उल्लेख किया है और जो भारतीय-यूनानी लोगों के समरूप हैं, उनका महत्व यद्यपि ईसवी सन् की आरंभिक सदियों में कम होने लगा था, मगर यही बात शकों,पह्लवों और आभीरों के बारे में सही नहीं है जो इस काल में पश्चिमोत्तर भारत में अपना वर्चस्व बनाए रहे । शिलालेख निःसंदेह पहली सदी ई . के बाद से पार्थियों का उल्लेख नहीं करते, मगर इनसे चौथी सदी के अंत तक शकों का अस्तित्व प्रमाणित है और दूसरी से चौथी सदी तक आभीरों का भी । अजीब बात यह है कि मनु ने मैत्र[3] नामक एक संकर जाति का उल्लेख किया है । इनको वलभी के मैत्रक माना जा सकता है जिनका उल्लेख पाँचवीं सदी के शिलालेखों में मिलता है, यद्यपि संभव है कि पहले एक कबीले के रूप में उनका अस्तित्व रहा हो ।

मनुस्मृति के दसवें अध्याय में[4] मेद और अंध्र नामक दो संकर जातियों का एक साथ उल्लेख मिलता है और पाल शिलालेखों में भी उनका उल्लेख इसी प्रकार हुआ है ।[5] अम्बष्ठों का उल्लेख पहले के विधि-ग्रंथों में संकर जाति के रूप में मिलता है, मगर मनु ने उनका उल्लेख चिकित्सकों के रूप में किया है; यह व्यवसाय उनके साथ आरंभिक मध्यकाल में ही संबद्ध हुआ था ।[6] *मनुस्मृति* के दसवें अध्याय के बारे में सबसे स्पष्ट बात यह है कि पहले के विधि-ग्रंथों में संकर जातियों की संख्या 20 थी तो वह इसमें एकाएक बढ़कर 60 से अधिक हो गई है । चूँकि ऐसा किसी अन्य स्मृति में नहीं है, इसलिए मनुस्मृति का दसवाँ अध्याय संदेहास्पद हो जाता है । दूसरी ओर, परवर्ती ग्रंथों जैसे *स्कंदपुराण* और *ब्रह्मवैवर्त पुराण* में संकर जातियों की संख्या बढ़ी है । अगर हम *ब्रह्मवैवर्त पुराण* में दी गई संकर जातियों की सूची को जोड़ लें तो मनु की संख्या 100 से ऊपर पहुँच जाती है ।[7]

इन सबसे संकेत मिलता है कि *मनुस्मृति* का दसवाँ अध्याय बहुत बाद की रचना है क्योंकि इनमें से कोई भी पुराण लगभग 700 ई. से पहले नहीं रचा गया था।[8]

मनुस्मृति के चौथे अध्याय में भूमि-दान की जो व्यवस्था है उससे यह संकेत मिलता है कि यह स्मृतियों और ईसा की आरंभिक सदियों के शिलालेखों के समकालीन होगा। मनु ने भूमि-दान की अनुशंसा की है और इसके पुण्य बतलाए हैं[9] जिस पर केवल कुछ धर्मसूत्रों में ही थोड़ा-बहुत कहा गया है। लेकिन यह शांति पर्व, विष्णु,[10] याज्ञवल्क्य[11] और बृहस्पति[12] की शिक्षाओं के अनुकूल है। *अनुशासन पर्व*[13] में *भूमिदान प्रशंसा* शीर्षक से एक खंड ही मिलता है। इस पाठ में और *विष्णु धर्मोत्तर पुराण*[14] (आठवीं सदी) में भूमि-दान को सर्वोत्तम दान कहा गया है। लेकिन मनु का विचार भिन्न है। उनका विचार है कि वेद या ज्ञान का दान (ब्रह्मदान) भूमि-दान समेत शेष सभी दानों से श्रेष्ठ है।[15] मनु ब्राह्मण द्वारा भूमि-दान स्वीकार किए जाने के पक्ष में इस आधार पर नहीं हैं कि इस प्रकार के प्रतिग्रह से प्राप्तकर्ता के पुण्य नष्ट हो जाते हैं।[16] स्पष्टतः इससे ऐसी स्थिति का पता चलता है जिसमें ऐसे दान प्रचलित हो चुके थे और एक शुद्ध ब्राह्मण की मनु की धारणा के लिए खतरे पैदा हो गए थे। लेकिन चूँकि यह प्रथा बहुप्रचलित हो चुकी थी, इसलिए मनु ब्राह्मण को इस शर्त पर भूमि-दान स्वीकार करने की अनिच्छापूर्वक छूट देते हैं कि बिन जुती (अकृत) जमीन को जुती हुई (कृत) जमीन पर वरीयता दी जाए।[17] भूमि-दान के छिटपुट आरंभ के अभिलेखीय संदर्भ तो संभवतः पहली सदी ई. पू. में ही मिलते हैं, मगर इसका स्पष्ट साक्ष्य दूसरी सदी में सातवाहनों द्वारा शासित महाराष्ट्र में मिलता है। लेकिन *मनुस्मृति* का व्यवहार तो आर्यावर्त में होता था और वहाँ ईसा की पहली दो या तीन सदियों में भूमि-दान का शायद ही कोई साक्ष्य मिलता हो। ऐसा लगता है कि चौथी सदी के आस-पास तक यह प्रथा इतनी सामान्य हो चली थी कि मनु का ध्यान इसकी ओर गया। अकृत भूमि स्वीकार करने संबंधी उनकी अनुशंसा हमें भूमिच्छिद्रन्याय[18] के सिद्धांत पर ब्राह्मण को खिल या अप्रहत भूमि दान दिए जाने की याद दिलाती है; इस प्रथा का सबसे पहले उल्लेख पाँचवीं सदी के शिलालेखों में मिलता है। नकली भूमि-दान के लिए मनु ने कूट-शासन शब्द का प्रयोग किया है;[19] इस शब्द का प्रयोग गुप्तकालीन विधि-ग्रंथों में और हर्षवर्धन के एक भूमि-दान पत्र में हुआ है।[20] इन सबसे हमें *मनुस्मृति* के काल की न्यूनतम सीमा निर्धारित करने में मदद मिल सकती है।

यद्यपि मनु ने हीनतर वर्गों के चाकरों को नकद या पण में भुगतान किए जाने की अनुशंसा की है, लेकिन वित्तीय तथा प्रशासनिक अधिकारियों को भूमि के रूप में भुगतान करने की अनुशंसा करनेवाले वे पहले विधिकार हैं।[21] इस व्यवस्था को बृहस्पति ने भी दोहराया है।[22] इससे भी हमें ऐसी स्थिति का पता चलता है जिसमें धार्मिक और धर्मेतर,

दोनों प्रकार के अधिकारियों को भूमि के रूप में भुगतान किया जाता था। अधार्मिक दानों के प्रत्यक्ष अभिलेखीय प्रमाण उपलब्ध नहीं हैं क्योंकि इनको कपड़े या भोजवृक्ष की छाल जैसे अटिकाऊ पदार्थों पर लिखा गया था, लेकिन पाँचवीं सदी में पार्थिव महत्ववाले व्यक्तियों को भूमि-दान दिए जाने के कुछ दृष्टांत हमें प्राप्त हैं।[23] लेकिन कौटिल्य द्वारा प्रयुक्त शब्द दशग्रामी तथा मनु द्वारा प्रयुक्त दशग्रामपति[24] का उल्लेख सबसे पहले नवीं सदी के एक पाल शिलालेख में ही हुआ है।[25]

उत्तराधिकार संबंधी अपने नियमों में मनु ने अनुशंसा की है कि कीनाश या काश्तकार ब्राह्मण के ज्येष्ठ पुत्र को ही मिलना चाहिए।[26] इससे संकेत मिलता है कि कुछ काश्तकार या बटाईदार पारिवारिक भूमियों से संबद्ध थे। यद्यपि मनु ने भूसंपत्ति के विभाजन की स्पष्ट अनुशंसा नहीं की है, लेकिन काश्तकारों की कल्पना उनके द्वारा जोती-बोई जमीनों से अलग करके कर सकना कठिन है। ई. 250-350 के आसपास के एक पल्लव प्राकृत ताम्रपत्र में बटाईदारों को भी भूमि के साथ ही एक लाभार्थी को हस्तांतरित किया गया है।[27] इसलिए मनु के यहाँ इससे संबंधित व्यवस्था इससे पहले के काल की नहीं रही होगी।

पिछड़े क्षेत्रों में दो से पाँच गाँवों तक के लिए गुल्म नामक एक सैनिक इकाई की स्थापना का विचार मनु के यहाँ ही मिलता है।[28] इसके प्रमुख को चौथी सदी के मध्य में एक पल्लव प्राकृत शिलालेख में उल्लिखित गुल्मिक या गुमिक का स्वरूप माना जा सकता है।[29] लेकिन बिहार और बंगाल में पाँचवीं सदी के शिलालेखों में गुल्मिक का स्पष्ट उल्लेख[30] है और परवर्ती चंब, पाल और सेन दानपत्रों में इसका बार-बार उल्लेख हुआ है।[31]

शासकों का दैवी चरित्र *मनुस्मृति* की एक सुस्पष्ट विशेषता है; इसमें आठ देवताओं के लक्षण शासक पर आरोपित किए गए हैं।[32] कुषाण और सातवाहन शिलालेखों में शासक के दैवत्व का विचार मिलता है,[33] लेकिन मनु के विचारों का एक अधिक विश्वसनीय प्रतिरूप गुप्तकालीन अभिलेखों में मिलता है। समुद्रगुप्त के इलाहाबाद वाले शिलालेख में, जो संभवतः चौथी सदी के मध्य का है, शासक की तुलना चार देवताओं से की गई है।[34] इससे संकेत मिलता है कि मनु के यहाँ आठ देवताओं का जो विचार पाया जाता है वह संभवतः बाद का विकास है। इसी तरह मनु ने ब्राह्मण के लिए जिस दैवत्व शब्द का प्रयोग किया है[35] उसका परमदैवत्व रूप में सबसे पहला प्रयोग गुप्त शासकों के लिए बंगाल के पाँचवीं सदी के शिलालेखों में हुआ है।[36] इससे *मनुस्मृति* के अध्याय 7, 9 और 11 के, जिनमें ये विचार व्यक्त हुए हैं, काफी बाद की रचनाएँ होने का संकेत मिलता है। दूसरी ओर, स्थायी कोष के अर्थ में मनु ने जिस अक्षयनिधि शब्द का प्रयोग किया है[37]

वह कुषाणों और सातवाहनों के दूसरी सदी के शिलालेखों[38] में और बाद में अनेक भूमि-दानपत्रों में भी अक्षयनीवि करके मिलता है।

मनु के यहाँ मुद्राओं का जो उल्लेख है उसके आधार पर इसकी तिथि का कुछ संकेत किया जा सकता है। विभिन्न अपराधों के लिए मनु ने पण रूप में अर्थदंड का आदेश दिया है, और इसमें कोई संदेह नहीं कि कुषाण और गुप्त कालों में मुद्राओं का व्यापक प्रयोग होता था। कुषाणों की मानक स्वर्णमुद्रा का भार 144 ग्राम था; यह मनु द्वारा एक स्वर्ण (मुद्रा) के लिए बतलाए गए भार 80 कृष्णल या रत्ती के बराबर लगता है।[39] लेकिन मनु ने जिस ब्याजदर की अनुशंसा की है वह नासिक के दूसरी सदी के एक शिलालेख में उल्लिखित दर से ऊँची है।[40]

गौतमीपुत्र सातकर्णी तथा रुद्रदामन के दूसरी सदी के शिलालेखों में शासक के एक प्रमुख कार्य के रूप में वर्ण-व्यवस्था की रक्षा पर बल दिया गया है। मनु ने भी इस पक्ष पर बल दिया है क्योंकि वे वर्णसंकर से बचने के प्रति बहुत चिंतित हैं। इन सबसे *मनुस्मृति* के आरंभिक भागों को 200 ई. के आस-पास का माना जा सकता है। लेकिन *मनुस्मृति* के कुछ अन्य भागों की अभिलेखीय परीक्षा करने पर वे पाँचवीं सदी के या उससे भी बाद के ठहरते हैं। इस कारण हम सन् 220-400 ई. के संशोधित कालखंड का सुझाव रख सकते हैं। इसका मेल शांति पर्व के तिथि-निर्धारण से भी बैठता है जिसमें मनु के कुछ श्लोक ठीक उसी रूप में मिलते हैं; यह कहना कठिन है कि इन्हें किसने किससे लिया था। लेकिन पाँच दर्जन से अधिक संकर जातियों की विवेचना करनेवाला दसवाँ अध्याय संभव है कि परवर्ती गुप्त काल या उसके बाद के काल का हो।

संदर्भ

1. *सैक्रेड बुक्स आफ दि ईस्ट,* 25, प्रस्तावना, पृ. cxiv-cxviii.
2. *मनु एंड याज्ञवल्क्य,* पृ. 25-32; तुलना करें काणे, *हिस्ट्री आफ धर्मशास्त्र,* 2. पृ. xi से। केतकर (*हिस्ट्री आफ कास्ट,* पृ. 66) का तर्क है कि यह कृति 272-320 ई. की है।
3. मैत्रकों का सबसे पहला शिलालेख ई. 502 का है, लेकिन वे पाँचवीं सदी में गुप्त शासकों के सामंत रहे प्रतीत होते हैं।
4. x. 49-50.
5. *एपिग्राफिका इंडिका,* 3, संख्या 36, पंक्ति 5-6, 22-23,
6. डी. सी. सरकार, *स्टडीज इन दि सोसायटी एंड एडमिनिस्ट्रेशन आफ एंशिएंट एंड मेडिवल इंडिया,* 1, 107-8.
7. ब्रह्म खंड, X. 14-136.
8. आर. सी. हाजरा, *स्टडीज इन पुराणिक रिकार्ड्स आफ हिंदू राइट्स एंड कस्टम्स* (द्वितीय संस्करण, दिल्ली, 1975), पृ. 165-67.

9. IV. 230
10. *विष्णु स्मृति,* अध्याय 91-92, *सैक्रेड बुक्स आफ दि ईस्ट,* 25, पृ. 165 की पादटिप्पणी में उद्धृत.
11. I. 210-11.
12. I. 8.
13. क्रिटिकल एडिशन आफ दि *महाभारत,* अध्याय 61.
14. III. 93.13.
15. IV. 233.
16. IV. 188-89.
17. x. 114.
18. *कार्पस इंस्क्रिप्शनम इंडिकारम,* 3, संख्या 31, पंक्ति 7-11, 13.
19. IX. 232.
20. *एपिग्राफिका इंडिका,* 7, संख्या 22, पंक्ति 10.
21. VII. 115-20.
22. *व्यवहार मयूख* (अनु.: पी. वी. काणे तथा एस. जी. पटवर्धन द्वारा उद्धृत), पृ. 25-27.
23. *इंडियन फ्यूडलिज्म,* पृ. 13-14.
24. VII. 115.
25. *एपिग्राफिका इंडिका,* 29, संख्या 13, पंक्ति 28-29 ; प्रयुक्त शब्द दशग्रामिक है।
26. IX. 150.
27. *एपिग्राफिका इंडिका,* 1, संख्या 1, पंक्ति 39.
28. VII. 114.
29. *सेलेक्ट इंस्क्रिप्शंस,* 1, ग्रंथ 3, सं. 65, पंक्ति 5; प्रयोग शब्द गूमिक का हुआ है। सुक्थंकर ने तीसरी सदी के पूर्वार्ध के एक सातवाहन शिलालेख में आए शब्द गामिक को गूमिक पढ़ा है, उपरोक्त, पृ. 212, पादटिप्पणी 6.
30. *कार्पस इंस्क्रिप्शनम इंडिकारम,* 3, संख्या 12, पंक्ति 29.
31. एन. जी. मजुमदार, इंस्क्रिप्शंस आफ बंगाल 3 (राजशाही, 1929), 184.
32. VIII. 4-8.
33. *सेलेक्ट इंसक्रिप्शंस,* 1, ग्रंथ 2, संख्याएँ 40,41,44, आदि; तुलना करें संख्या 86 से.
34. पंक्ति 26.
35. IX. 317, XI. 84.
36. *सेलेक्ट इंस्क्रिप्शंस,* 1, ग्रंथ 3, संख्या 18-19.
37. VII.83.
38. *सेलेक्ट इंस्क्रिप्शंस,* 1, ग्रंथ 2, संख्या 49, 1. 11; संख्या 58, 1.1.
39. VIII. 134.
40. VIII.139-42; *सेलेक्ट इंस्क्रिप्शंस,* 1, ग्रंथ 2, संख्या 58, पंक्ति 1-3.

परिशिष्ट : दो

भृत्य एवं कृषक जातियों की संख्या में वृद्धि

परवर्ती वैदिक ग्रंथों में चार वर्णों, निषादों और अंध्रों जैसे कुछ अनार्य कबीलों और कोई एक दर्जन हस्तशिल्पी समूहों की बात की गई है। इन सभी को यजुस् ग्रंथों में वर्णित पुरुषमेध में स्थान दिया गया है। इस बलिदान का उद्देश्य पशुपालन तथा हलों की खेती पर जीवनयापन कर रहे पुरुषसत्तात्मक 'आर्यों', तथा आखेट और कुदालों की खेती में लगे मातृसत्तात्मक अनार्यों के बीच किसी प्रकार का तालमेल स्थापित करना था। स्पष्ट है कि पुरुषमेध विभिन्न समूहों, व्यवसायों तथा अनार्य जनगण को एक ही व्यवस्था में लाने का एक धार्मिक उपाय था। लेकिन इन कबीलों और व्यवसायों ने ब्राह्मणवादी अर्थों में जातियों के लक्षण नहीं अपनाए। ब्राह्मणवादी व्यवस्था में अनार्य जनगण को समाहित करने के लिए परवर्ती वैदिक काल में जो दूसरा उपाय अपनाया गया वह व्रात्य का सिद्धांत था। बाद में कौटिल्य तथा मनु द्वारा की गई व्याख्याओं के अनुसार व्रात्य मूलतः द्विज थे जो आगे चलकर व्रत का पालन न करने के कारण 'दूसरे दर्जे के नागरिक' माने जाने लगे। मागध, जो मूलतः मगध में बसनेवाले एक जनगण थे, इसी श्रेणी में आते थे और परवर्ती वैदिक ग्रंथों में उनके शासक को व्रात्य शासक कहा गया है। लेकिन अनेक अन्य जनगण भी व्रात्य की श्रेणी में आते थे। यह एक ऐसा बहुअर्थी शब्द था जिसका प्रयोग ब्राह्मण पूर्वी क्षेत्र के उन आदिवासी लोगों के लिए करते थे जो कुदालों की खेती पर निर्भर थे, और गवेधुक[1] नामक कोई आदिम किस्म का मक्का पैदा करते थे जो उनका भोजन और उनके मवेशियों का चारा था। ये लोग मातृसत्तात्मक जनगण रहे लगते हैं। पशु-देवता रुद्र व्रात्यों का देवता था जो न तो हल चलाना जानते थे और न व्यापार करना। व्रात्य संभवतः काली-और-लाल भाण्ड वाले जनगण थे जो पूर्वी उत्तर प्रदेश, बिहार और बंगाल में लौह-पूर्व काल में सूक्ष्माश्मों (माइक्रोलिथ्स) का और कुछ ताम्र उपकरणों का प्रयोग करते थे, और मछली तथा चावल पर निर्भर थे। लेकिन उनकी भौतिक सामग्रियों से गंगा की वादी के घने वनों से ढके प्रांतों में बड़ी बस्तियों का संकेत नहीं मिलता। स्पष्ट है कि व्रात्य की श्रेणी में निषाद, पुंजिष्ठ और ऐसे अनेक अन्य कबीले शामिल थे जिनके नामों का उल्लेख नहीं हुआ है। किसी कुल के सदस्य अपने मुखिया के नेतृत्व में छः पीढ़ियों तक एक साथ रहते होंगे और किसी समय उनकी संख्या 200 रही होगी।[2] परवर्ती वैदिक कृषक समाज में किसी वंश को सामूहिक रूप से व्रात्यष्टोम नामक कर्मकांड के द्वारा ग्रहण किया जाता था, और

धीरे-धीरे वह हलों की खेती करने लगता तथा एक जाति बन जाता था। मनु के यहाँ प्राप्त कुछ नाम संभव है कि बहुत पहले के युगों के लगते हों, मगर यह सब कल्पना-मात्र है।

लोहे के हलों पर आधारित एक पूर्णरूपेण कृषक अर्थव्यवस्था की स्थापना के बाद 'आर्य' समाज विजय-अभियानों के द्वारा प्रसार करता रहा और मौर्य-पूर्व काल में कबीलों के परसंस्कृतिग्रहण की समस्या महत्वपूर्ण हो उठी। इस काल में हम उत्तरी भारत में कम से कम 16 बड़े क्षेत्र-आधारित राज्य देखते हैं जिनमें चारों मानक वर्णों के तथा अनेकों नए कबीलों के लोग रहते थे। पूर्वी उत्तर प्रदेश और बिहार में लौह-प्रौद्योगिकी के प्रसार, व्यापार और वाणिज्य के आरंभ, मुद्राओं के उपयोग तथा गंगा की वादी में नगरों के उदय से अनेक हस्तशिल्पों का जन्म हुआ जिसके कर्ताओं को ब्राह्मणवादी सामाजिक ढाँचे में स्थान दिया जाना आवश्यक था। इसलिए धर्मसूत्रों में अनुलोम और प्रतिलोम के सिद्धांत का विकास किया गया। इसका अर्थ था उच्चतर वर्णों के पुरुषों और निम्नतर वर्णों की स्त्रियों के बीच या इसके विपरीत प्रकार के संभोग से उत्पन्न संकर जातियाँ। धीरे-धीरे इन जातियों की संख्या में वृद्धि होती गई। धर्मसूत्रों में 24 संकर जातियों का उल्लेख है जबकि कौटिल्य के यहाँ इनकी संख्या 16 है; ये सभी व्रात्य को छोड़कर धर्मसूत्रों की सूची में भी हैं। व्रात्य को जोड़ लेने पर संकर जातियों की संख्या 25 हो जाती है। स्पष्ट है कि इस सूची में सभी हस्तशिल्पी शामिल नहीं हैं जिनमें से 28 का उल्लेख *दीघ निकाय* में हुआ है और जिनमें से 18, लगता है कि गिल्डों में संगठित थे जिनको आरंभिक पालि ग्रंथों में अष्टादश श्रेणी कहा गया है।[3] हस्तशिल्पियों के ये गिल्ड तब तक कठोर नियमों से युक्त जातियों में विकसित नहीं हुए जब तक कि मुद्रा का भरपूर उपयोग होता रहा, फलते-फूलते नगर और उनके ग्रामीण पृष्ठ क्षेत्र एक-दूसरे की आवश्यकताएँ पूरी करते रहे और पाँचवीं सदी ई. पू. से पाँचवी सदी ई. तक व्यापार और वाणिज्य का प्रसार जारी रहा। आर्थिक व्यवस्था में हस्तशिल्पियों तथा वणिकों के लिए पर्याप्त गतिशीलता के अवसर बने रहे और उनके लिए खान-पान और विवाहादि के नियमों में ढील दी जाती रही।

लेकिन जब हम *मनुस्मृति* के दसवें अध्याय तक आते हैं जिसे परवर्ती गुप्त काल का माना जा सकता है, तो 61 संकर जातियों का उल्लेखनीय दृश्य देखने को मिलता है जिनमें से अधिकांश प्रतिलोम विवाहों की उपज थीं। बाद में ह्वेनत्सांग ने इतनी संकर जातियाँ पाईं कि उनका वर्णन कर सकना भी उसे कठिन प्रतीत हुआ। इनकी उत्पत्ति के लिए मनु ने दो कारण बतलाए हैं। प्रथम, वे व्रात्य सिद्धांत का सहारा लेते हैं जिसमें वैदिकोत्तर काल में संशोधन किया गया। बोधायन ने व्रात्य को वर्णसंकर के समान माना है और कौटिल्य के *अर्थशास्त्र* का तृतीय ग्रंथ इस विचार का पूरी तरह समर्थन करता है।[4] कौटिल्य के अनुसार चार वर्णों में से किसी के भी अशुद्ध व्यक्ति द्वारा किसी नीच जाति की स्त्री से

उत्पन्न संतान ही व्रात्य है।[5] मनु ने भी व्रात्य को संकर जाति कहा है मगर व्रात्य उत्पन्न करने की प्रक्रिया से वे शूद्रों को बाहर रखते हैं। व्रात्यों को संकर मूल का मानते हुए कौटिल्य तथा मनु उनको स्थापित धार्मिक आचारों से भ्रष्ट भी बतलाते हैं। मनु के अनुसार एक द्विजाति पुरुष सवर्ण स्त्री से ऐसी संतान उत्पन्न करता है जो व्रत का पालन नहीं करती (अव्रतान) और ये व्यक्ति जो उपनयन-संस्कार के योग्य नहीं होते, व्रात्य कहलाते हैं।[6] ब्राह्मण स्त्री से ब्राह्मण व्रात्य द्वारा उत्पन्न संतानों में भूर्जकंटक, आवंत्य, वाटधान, पुष्पध और शैख आते हैं।[7] किसी क्षत्रिय स्त्री से राजन्य व्रात्य की उत्पन्न संतानों में झल्ल, मल्ल, लिच्छवी, नट, करण, खस और द्रविड़ आते हैं।[8] वैश्य स्त्री से वैश्य व्रात्य द्वारा सुगत्रा, आचार्य, करूष, विजन्म, मैत्र और सात्वत की उत्पत्ति होती है।[9] इस प्रकार मनु ने कुल 18 व्रात्य संकर जातियों की सूची दी है। यद्यपि ये ब्राह्मण, क्षत्रिय और वैश्य की तीन श्रेणियों में विभाजित हैं, मगर इन्हें उपनयन और फलस्वरूप वैदिक अध्ययन का अधिकार नहीं दिया गया है और उस सीमा तक ये शूद्रों के समकक्ष ला दिए गए हैं। इन व्रात्य जातियों के अलावा मनु ने ऐसी 12 क्षत्रिय जातियाँ भी गिनवाई हैं जिन्हें कर्मकांडों को छोड़ देने तथा ब्राह्मणों से संपर्क न रखने के कारण शूद्र के बराबर माना गया है।[10] ये हैं—पौण्ड्रक, औद्र, द्रविड़, कांबोज, यवन, शक, पारद, पह्लव, चीन, किरात, दरद और खस।[11] इनकी भी स्थिति व्रात्यों के समान है क्योंकि इन्हें भी उपनयन का अधिकार नहीं है। चूँकि दूसरी सूची में उल्लिखित दो संकर जातियाँ पहली सूची में पाई जाती हैं, इसलिए व्रात्य और अर्धव्रात्य जातियों की कुल संख्या 28 आती है।

उपसांस्कृतिक, भाषाई, भौगोलिक और व्यावसायिक दृष्टि से इन सभी 28 जातियों की पहचान कर सकना कठिन है। आवंत्य (अवंति का जनगण) तथा वाटधान (*महाभारत* में एक जनगण के रूप में उल्लिखित) निश्चित रूप से कबीलों और जनगणों की श्रेणी में आते हैं, और कम से कम प्रथमोक्त मालवा क्षेत्र में रहता था। सात्वत कबीला भी पश्चिमी भारत का रहनेवाला था, और अगर हम मैत्र को मैत्रक मानें (मैत्र व्याकरण की दृष्टि से मैत्रक का लघुतर रूप है) तो मैत्र गुजरात के काठियावाड़ क्षेत्र में वलभी के रहनेवाले थे। मल्ल प्राचीन काल में हिमालय की तराई में रहते थे और गुप्त काल में लिच्छवियों ने नेपाल में अपना शासन स्थापित किया था जहाँ उन्होंने ब्राह्मणों को भूमियों के दान दिए थे। झल्ल संभवतः उनके पड़ोसी रहे होंगे और वे संभवतः एक कबीले के अवशेष थे। झल्ल की उपाधि आज भी प्रचलित है और राजस्थान में झालवाड़ नामक एक जिला ही है। पौण्ड्रक उत्तर बंगाल के, औद्र उड़ीसा के तथा द्रविड़ दक्षिण भारत के रहनेवाले थे और मनु ने इन तीनों का उल्लेख भी इसी भौगोलिक क्रम में किया है। इसी प्रकार विदेशी जनगणों के एक समूह (यवन, शक, पारद और पह्लव) का उल्लेख भी एक सटीक भौगोलिक और कालिक

क्रम में हुआ है जिसमें सीमावर्ती कांबोज भी शामिल हैं; ये सभी पश्चिमोत्तर भारत के रहने वाले थे। हम उत्तरी और पूर्वी भारत के स्थानीय और विदेशी जनगण का एक और समूह भी देखते हैं। इनको चीन, किरात,दरद और खस कहकर एक साथ रखा गया है; इनमें अनेक का उल्लेख *महाभारत* में हुआ है और खसों का उल्लेख एक जनगण के रूप में, हूण और कुलिक के साथ, पाल शिलालेखों में भी हुआ है। करूष को बिहार के सासाराम और पलामू जिलों के जंगली क्षेत्रों का एक जनगण माना जा सकता है। कुल मिलाकर, मनु की 20 संकर जातियों में 19 देसी या विदेशी कबीले थे जो अधिकांशतः आर्यावर्त या ब्रह्मावर्त की सीमाओं पर रहते थे; मनु के अनुसार आर्य संस्कृति का क्षेत्र यही था। इस प्रकार व्रात्य स्थिति या कर्मकांडों के अ-पालन से उत्पन्न हीन स्थिति का मिथक स्थानीय या विदेशी कबीलों को अद्विज सदस्यों के रूप में समाज में लाने की प्रक्रिया को तेज करने के लिए किया गया। फिर भी, पतित ब्राह्मणों, क्षत्रियों, वैश्यों और शूद्रों के रूप में इन सदस्यों को भिन्न-भिन्न मात्रा में सम्मान प्राप्त होता रहा।

मनु द्वारा उल्लिखित शेष नौ व्रात्य जातियों में भूर्जकंटक, पुष्पध,[12] शैख और आचार्य पतित या विभिन्न धार्मिक संप्रदायों के अनुयायी लगते थे जो जातियों के रूप में विकसित होने लगे थे। नट और करण व्यावसायिक समूह हैं; सुधन्वा धनुषधारियों का कोई समूह रहा होगा, जबकि विजन्म का शाब्दिक अर्थ अवैध संतान है। इस प्रकार मनु ने बड़े पैमाने पर व्रात्य के सिद्धांत का उपयोग सभी उपसांस्कृतिक, व्यावसायिक और क्षेत्रीय समूहों को जातियों के रूप में ब्राह्मणवादी समाज-व्यवस्था में लाने के लिए किया। यह संभव है कि *मनुस्मृति* का जो दसवाँ अध्याय इन जनगणों को जातियों के रूप में वैधता प्रदान करने का सैद्धांतिक आधार प्रस्तुत करता है, वह पाँचवीं सदी के आस-पास की रचना हो जबकि ये सभी कबीले जातियों के रूप में ब्राह्मणवादी समाज-व्यवस्था में समाहित हो चुके थे।

अनेकानेक जातियों की उत्पत्ति के बारे में मनु की दूसरी व्याख्या अनुलोम और प्रतिलोम के सिद्धांत का विस्तार है; यह विचार व्रात्य के सिद्धांत का भी अंग है। इस सिद्धांत के सहारे 30 से अधिक जातियों की व्याख्या की गई है। इनमें से अनेक की उत्पत्ति की व्याख्या धर्मसूत्रों में की गई है, और अनेक मामलों में मनु का वर्णसंकर का सिद्धांत इस व्याख्या के विपरीत है। मनु समेत विभिन्न विधिकारों ने एक ही जाति के वर्णसंकर उद्गम की जो भिन्न व्याख्याएँ दी हैं उनकी असंगतियों को एक लेख में स्पष्ट किया गया है।[13] इनसे पता चलता है कि यह सिद्धांत मनगढ़ंत था। चाहे निर्दिष्ट वर्णधर्म से विचलन हो या विभिन्न वर्णों के बीच संभोग हो, या दोनों हों, चार मूल वर्णों का निष्ठुर तर्क इन सभी जातियों पर लागू किया जाता रहा है। मगर लगता है कि अनेक संकर

जातियों का चार वर्णों से, किसी भी अर्थ में, कुछ भी लेना-देना नहीं था। इसकी व्याख्या कुछ ऐतिहासिक प्रक्रियाओं में ढूँढ़ी जानी चाहिए।

इनमें अनेकों संकर जातियों के असंस्कृत नापों के तथा विभिन्न स्थानों पर कबीलों या व्यवसायों के रूप में उनके वर्णन से संकेत मिलता है कि वे पहले कबीले या व्यवसाय-समूह रहे होंगे जो जातियों के रूप में स्वीकार किए गए। संकर जातियों के बारे में मनु की सूची में हम संभवतः पुराने कबीलों के 18 अवशेषों की पहचान कर सकते हैं। ये हैं— आभीर, आहिंडक, अंबष्ठ, अंध्र, चंडाल, चुंचु, दाश, कैवर्त्त, मद्गु, माधुक, मागध, मार्गव, मेद, निषाद, पुक्कुस, सैरिंध्र, वैदेहक और वेण। शेष 13 अर्थात् आवृत, आयोगव, चर्मकार, धिग्वण, कुक्कुटक, कारावर, करण, क्षत्ता, मैत्रेयक, पाण्डु सोपाक, पाराशव, सूत, श्वपाक और उग्र संभवतः व्यवसाय-सूचक हों।[14] यद्यपि अंत्यावसायिन को वशिष्ठ और मनु ने एक अलग संकर जाति माना है, मगर लगता है कि यह सभी अस्पृश्यों के लिए प्रयुक्त एक सर्वग्राही शब्द रहा है।

मनु ने जिन व्रात्य और संकर जातियों का उल्लेख किया है उनकी कुल संख्या 61 आती है और अगर हम इनमें चार प्रमुख वर्णों को जोड़ें तो यह 65 हो जाती है। इस सूची में धर्मसूत्रों तथा कौटिल्य के *अर्थशास्त्र* में उल्लिखित लगभग सभी संकर जातियाँ आ जाती हैं। ये हैं— अंबष्ठ, अंत्यावसायिन, आयोगव, भृज्ज्यकंठ, चंडाल, करण, क्षत्ता, कुक्कुटक, मागध, निषाद, पाराशव, पुक्कुस या पौलकस, सूत, श्वपाक, उग्र, वैदेहक या वैदेह, वेण या वैन, और यवन। दौषमंत, धीवर, कृत, कुशीलव, महिष्य और मूर्धावषिक्त ऐसी संकर जातियाँ हैं जिनका उल्लेख पहले की सूचियों में तो है मगर मनु की सूची में नहीं है, हालाँकि मनु के नट कौटिल्य के कुशीलव के समरूप हो सकते हैं। व्रात्य कौटिल्य के यहाँ एक संकर जाति है मगर बौधायन और मनु इसे एक जातिवाचक शब्द मानते हैं और मनु ने 28 संकर जातियों को इस श्रेणी में रखा है। मगर ध्यान देने की बात यह है कि मनु के यहाँ संकर जातियों की संख्या दोगुनी से भी अधिक है। प्राचीनतर विधि-ग्रंथों में उनकी कुल संख्या 25 है, मगर *मनुस्मृति* के दसवें अध्याय में यह बढ़कर 60 से ऊपर हो जाती है। किसी भी मामले में इनकी सूची पूर्ण नहीं है लेकिन इनसे जातियों की संख्या में वृद्धि का निश्चित पता चलता है।

गुप्त-पश्चात् काल में 'संकर' जातियों की संख्या में निरंतर वृद्धि होती रही, और संख्या की दृष्ट से मनु की सूची *ब्रह्मवैवर्त-पुराण* के ब्रह्मखंड के दसवें अध्याय में दी गई सूची से बहुत भिन्न नहीं है। इस पुराण को दसवीं सदी का माना जा सकता है। इसमें 72 संकर जातियाँ गिनाई गई हैं जिनमें अनेक मनु की सूची में भी हैं। लेकिन इस पुराण

में उल्लिखित अतिरिक्त जातियों में लगभग 50 कबीले और हस्तशिल्पी-समूह आते हैं जिनका मनु के यहाँ उल्लेख नहीं मिलता।

स्पष्ट है कि जातियों की संख्या की वृद्धि के लिए न तो हम मनु की व्याख्या को स्वीकार कर सकते हैं और न ही परवर्ती काल में इसके प्रक्षेप को। फिर यह संख्या बढ़ी कैसे ? चूँकि अनेक संकर जातियाँ मूलतः कबीले थीं, इसलिए हमें उन दशाओं का पता लगाना होगा जिनमें ये कबीले जाति-व्यवस्था के अंग बने। जैसाकि कहा गया है, विजय और क्षेत्रीय प्रसार के कारण जाति या वर्ण में विश्वास रखनेवाले शासक पूरे देश में कबीलाई, आदिम जनगणों के संपर्क में आए। चूँकि शासक वर्ग की भाषा न समझनेवाले कबीलाई जनगण संपत्ति, सामाजिक श्रेणियों और पितृसत्तात्मक परिवार संबंधी स्थापित मूल्यों में विश्वास नहीं रखते थे, इसलिए पुरानी जीवन-शैली से चिपके रहकर उन्होंने इन शासकों के लिए परेशानियाँ खड़ी कीं। अशोक को कठिनाइयों का सामना करना पड़ा और उसने इनमें धर्म के सिद्धांतों का प्रचार कराकर उनसे सभ्य जीवन स्वीकार कराने का प्रयास किया। उसने सफलता पाने का दावा तो किया है, मगर उसकी मात्रा के बारे में हमें कोई जानकारी नहीं है।

मनु के पहले कबीलों को अपनानेवाला समाज तथा उसके द्वारा इस कार्य के लिए प्रयुक्त विधियाँ, दोनों में मनु के बाद परिवर्तन आए। यद्यपि पहले का समाज वर्णों में विभाजित अवश्य था, लेकिन उसमें भूसंपत्ति के वितरण की वैसी स्पष्ट असमानता नहीं पाई जाती थी जिसके कारण भूमि में जबर्दस्त निजी अधिकारों की स्थापना हुई। स्वतंत्र कृषक उस समाज की रीढ़ थे जिसमें पर्याप्त व्यापार और वाणिज्य, अनेक फलते-फूलते नगर तथा हस्तशिल्प और धात्विक मुद्रा का व्यापक प्रयोग भी पाए जाते थे। इस कारण चतुर्वर्णीय समाज में कबीलों का अधिग्रहण हुआ और उनमें से अनेक क्षत्रियों और वैश्यों के रूप में इसमें अवशोषित हो गए। मनु की व्रात्य-सूची में किसी विशिष्ट शूद्र जाति का उल्लेख नहीं मिलता। दूसरी ओर, इसमें दोयम दर्जे की 12 क्षत्रिय जातियों (जिनमें सभी मूलतः देशी या विदेशी कबीलाई जनगण थीं) और 6 वैश्य जातीय कबीलों की गिनती दी गई है। ब्राह्मण व्रात्य जातियों की संख्या पाँच है जिनमें केवल दो ही आदिम कबीलों के अवशेष लगते हैं। ऐसा प्रतीत होता है कि ब्राह्मणवादी समाज में अधिगृहीत कबीलों को मान्यता देने की दृष्टि से व्रात्य-सिद्धांत काफी पहले से प्रचलित था और अगर मनु के व्रात्यों के उदाहरण को प्राचीन प्रक्रिया का चरमोत्कर्ष मानें तो प्रतीत होगा कि अधिकांश कबीलाइयों को समाज की दूसरी और तीसरी अर्थात् क्षत्रिय और वैश्य श्रेणियों में स्थान दिया गया था।

कबीलों को अवशोषित करने की इस प्रणाली के लिए ब्राह्मण पुजारी वर्ग तथा बौद्ध भिक्षुओं का समर्थन आवश्यक था, जिन्हें नकद धन तथा भूमि-दानों के रूप में उपहार मिलते रहते थे। यह बात पश्चिमी महाराष्ट्र तथा साँची और भरहुत क्षेत्रों से प्राप्त अभिलेखीय साक्ष्यों के आधार पर कही जा सकती है। उपहार की प्रकृति का निर्धारण लगभग 200 ई. पू. से 200 ई. तक विनिमय के प्रचलित माध्यम से होता था। अशोक के धर्ममहामात्रों जैसे बौद्ध धर्मप्रचारकों ने कबीलाई जनगण के बीच बौद्ध सामाजिक नैतिकता के प्रचार में महत्वपूर्ण भूमिका अवश्य निभाई होगी। इस नैतिकता में पितृसत्तात्मक परिवार के मूल्यों, निजी संपत्ति, बड़ों, भिक्षुओं, पुजारियों आदि के प्रति सम्मान, पशुधन की रक्षा, क्षत्रियों और ब्राह्मणों के सम्मान पर जोर दिया जाता था, क्योंकि परवर्ती बौद्ध ग्रंथों के अनुसार बुद्ध का जन्म-पुनर्जन्म केवल दो उच्च वर्णों में हुआ था। यही समय है जब महाराष्ट्र और गुजरात के एक अच्छे-खासे भाग का उत्संस्कृतकरण हुआ और चतुष्वर्ण प्रथा की शक्ति के कारण इन क्षेत्रों में लगभग सभी चारों वर्णों की स्थापना हुई।

नकद धन के दान के पूरक रूप में भूमि-दान किए जाते थे जो पश्चिमी महाराष्ट्र में अधिकांशतः राजकीय संपत्ति (राजकं खेतम्) से दिए जाते थे; यही वह क्षेत्र है जहाँ से प्राचीनतम अभिलेखीय साक्ष्य उपलब्ध हैं। ग्राम-दानों का भी आरंभ हुआ, मगर इनमें हस्तांतरण दान दिए गए क्षेत्रों से प्राप्त राजकीय राजस्व का होता था, न कि उनके स्वामित्व का। बहरहाल, गुप्त और गुप्त-पश्चात् कालों में दान देने की पद्धति में भारी परिवर्तन आए। नकद धन की जगह मुख्यतः भूमि के दान दिए जाने लगे और बौद्ध लाभार्थियों की जगह ब्राह्मण लाभार्थियों ने ले ली।

परवर्ती शासकों ने धर्ममहामात्र या अंतमहामात्र भेजने की जगह भूमि-दान के द्वारा कबीलाई क्षेत्रों में ब्राह्मणों को बसाने की प्रथा अपनाई। दूसरी और पाँचवीं सदियों के बीच दकन (आंध्रप्रदेश और महाराष्ट्र) में बड़ी संख्या में ब्राह्मणों को भूमियों के दान दिए गए। मध्य प्रदेश में चौथी-पाँचवीं, उड़ीसा में पाँचवीं से सातवीं, पश्चिम बंगाल में तथा बंगलादेश में इन्हीं, असम में सातवीं तथा हिमाचल प्रदेश और नेपाल में पाँचवीं से सातवीं सदियों में ब्राह्मणों को पर्याप्त बड़े पैमाने पर भूमि-दान दिए गए। छठी-सातवीं सदियों में गुजरात में वलभी के मैत्रक नरेशों ने ब्राह्मणों को अच्छी-खासी संख्या में भूमि-दान दिए थे। संक्षेप में, चौथी से सातवीं सदी के बीच पुजारी वर्ग के सदस्यों को आंध्रप्रदेश, असम, बंगाल, गुजरात, हिमाचल प्रदेश, मध्य प्रदेश, महाराष्ट्र और नेपाल के बाहरी, सीमांत, पिछड़े (और कुछ मामलों में पहाड़ी) तथा आदिवासी क्षेत्रों में बड़े पैमाने पर भूमि-दान किए गए। कुछ मामलों में भूमि का लाभ पानेवालों की संख्या काफी बड़ी थी। पाँचवीं सदी में प्रवरसेन

द्वितीय के एक आदेश द्वारा 1000 ब्राह्मणों को एक ही जिले में भूमि-दान किए गए।[15] सातवीं सदी में असम में मात्र एक आदेश के द्वारा 205 ब्राह्मणों को और बंगलादेश के टिपरा जिले के जंगली इलाकों में एक ही आदेश के द्वारा 100 ब्राह्मणों को भूमि दी गई। उसी सदी में कटक क्षेत्र में एक मामले में 23 ब्राह्मणों को और एक और मामले में 12 ब्राह्मणों को भूमि दी गई। अगली सदी में उड़ीसा के बालासोर जिले में 200 ब्राह्मणों को भूमि-दान दिए गए।[16]

चूँकि पुजारी वर्ग के लाभार्थियों को ऐसे लगभग सभी वित्तीय अधिकार और विशेषाधिकार प्राप्त होते थे जिनका उपभोग शासकगण करते थे, इसलिए उनके सामने उपज में अपना नियमित भाग प्राप्त करने, भोजन, ईंधन, घास और इमारती लकड़ी आदि के रूप में जबरन वसूली करने तथा विष्टि या पीड़ा नामक बेगार कराने की समस्या खड़ी होती थी। आवश्यकता होने पर वे पट्टे पर अपनी भूमि और वितीय अधिकार दूसरों को दे देते थे और कुछ किसानों को हटाकर दूसरों को ले आते थे। परिवार और संपत्ति के प्रति किए गए अपराधों के लिए दंड देने का अधिकार भी उन्हें होता था। यद्यपि अनेक मामलों में ग्रामवासियों को निर्देश होते थे कि वे इन लाभार्थियों के आदेश का पालन करें और कुछ मामलों में ये ग्रामवासी स्वयं इन लाभार्थियों को हस्तांतरित कर दिए जाते थे, लेकिन अगर इन व्यवस्थाओं को लगातार लागू नहीं किया जाता तो अपने-आपमें इन ब्राह्मणों को कोई खास सहायता नहीं मिलनेवाली थी। लेकिन इन सभी वित्तीय-आर्थिक रिआयतों का उपभोग करने तथा कानून-व्यवस्था बनाए रखने के लिए इन ब्राह्मणों के पास कोई प्रशासन-तंत्र न था। एक तरह से वे उपज के एक अच्छे-खासे भाग के उपभोगकर्त्ता लगते तो थे मगर उत्पादन के लिए किसानों और दस्तकारों को बाध्य करने की कोई प्रणाली उनके पास न थी। उनके पास मुख्यतः जो चीज थी वह थी— परिष्कृत कर्मकांडों की शक्ति तथा वर्ण-विचारधारा का प्रचार कराने और लोगों से इन्हें स्वीकार कराने की योग्यता। विभिन्न दीवानी और फौजदारी अपराधों के लिए स्मृतियों में न केवल ऐसे अर्थदंड और दंड की व्यवस्थाएँ दी गई थीं जिन्हें शासन लागू करता, बल्कि प्रायश्चित के विस्तृत कर्मकांडों की व्यवस्था भी थी, जिन्हें स्पष्टतः ब्राह्मण ही लागू कराते थे। लेकिन वर्ण-व्यवस्था और उसके मूल्यों को न माननेवाले कबीलों के लिए ये सब अर्थहीन थे। इसलिए ब्राह्मणों ने अपने स्थापित सामाजिक ढाँचे में कबीलों को जातियाँ बनाकर समाहित कराने की प्राचीन पद्धति की गति को और भी तेज किया। यही कारण है कि मनु और बाद के पुराणों की सूचियों में ऐसी संकर (सभी शूद्र) जातियों की बड़ी संख्याएँ मिलती हैं जिनके कबीलाई उद्गम को बिना कठिनाई के पहचाना जा सकता है।

पिछड़े क्षेत्रों में भूमि-दानों की अर्थव्यवस्था के कारण अनेक कबीलों का वर्णसंकर शूद्रों के रूप में रूपांतरण हुआ, और आबाद क्षेत्रों में इसके कारण निचले स्तरों पर गतिशीलता कम हुई। विदेशी व्यापार के कम होने के कारण गतिशीलता में और भी कमी आई। ईसा की पहली दो सदियों में व्यापार के फलने-फूलने का एक कारण हान, कुषाण और ईरानी (आर्कासी) साम्राज्यों के फलस्वरूप काफी बड़े क्षेत्र में स्थायित्व का आना था; ये सभी साम्राज्य आपस में और रोम साम्राज्य के साथ व्यापार करते थे। तीसरी सदी के मध्य में इनमें प्रथम तीन साम्राज्य नष्ट हो गए,[17] और एक सदी बाद रोम साम्राज्य का भी पतन आरंभ हो गया। गुप्त काल में पूर्वी रोम साम्राज्य के साथ व्यापार कम परिमाण में जारी रहा; क्योंकि भारत में पाँचवीं-छठी सदी की कुछ बाइजेंटीनी मुद्राएँ पाई गई हैं। लेकिन छठी सदी के बाद इस व्यापार में भारी कमी आई। इसका एक कारण था बाइजेंटीन द्वारा रेशम की जानकारी पा लेना जिसके चलते वे सातवीं सदी से रेशम के लिए भारत पर निर्भर नहीं रह गए। पश्चिमी भारत में इसके पहले भी रेशम के उत्पादन में भारी कमी आने के संकेत मिलते हैं क्योंकि पाँचवीं सदी के मध्य में रेशम के बुनकरों का एक गिल्ड गुजराती बंदरगाहों के पृष्ठक्षेत्र में स्थित नौसरी-भड़ौच क्षेत्र से देशांतर करके मालवा-स्थित मंदसौर चला गया था, जहाँ उन्होंने अपना पुराना धंधा छोड़ दिया और धनुषज्ञों, कथावाचकों, धर्मगुरुओं, ज्योतिषियों, सैनिकों और संन्यासियों के काम अपना लिए।[18] ये सभी धंधे स्पष्टतः अनुत्पादक थे। धंधे की माँग में कमी आने के कारण छोटे पैमाने पर मालों के उत्पादन में लगे अन्य हस्तशिल्पी गिल्डों के साथ भी संभवतः ऐसी ही बातें हुई हों।

पश्चिमी जगत और मध्य एशिया से होनेवाले व्यापार के पतन की क्षति-पूर्ति चीन और दक्षिण-पूर्व एशिया के साथ होनेवाले व्यापार से न हो सकी; ये क्षेत्र तीसरी-चौथी सदियों में भारत को संभवतः फिरोजा, सूती कपड़ों और शक्कर के बदले सोना भेजते थे। वेइ राजवंश के शासनकाल (ई. 220-265) में चीनियों ने भारतीयों से पत्थर से रंगीन काँच बनाना सीखा जिन्हें फिरोजा कहकर चलाया जा सकता था।[19] छठी सदी के कुछ ही समय बाद उन्होंने कपास की खेती और कपड़ों की बुनाई भी मध्य एशिया और दक्षिण-पूर्व एशिया से सीखी जहाँ भारतीयों के संपर्क के कारण इनका प्रचार हुआ था।[20] तांग सम्राट तईत्सांग के शासन काल (ई. 627-649) में उन्होंने मगध से शक्कर बनाने की कला भी सीखी।[21] इसके कारण सातवीं सदी के आस-पास तक चीन और दक्षिण-पूर्व एशिया शक्कर, सूती वस्त्रों और कीमती पत्थरों के लिए भारत पर निर्भर नहीं रह गए। इसलिए इन क्षेत्रों में भारतीय व्यापार को धक्का लगा। बाद में भारत से मुख्यतः इत्र और हाथीदाँत का निर्यात होता था।

व्यापारिक पतन का इससे भी संकेत मिलता है कि कुषाणों की तुलना में गुप्त शासकों की स्वर्णमुद्राओं में शुद्ध स्वर्ण की मात्रा में अधिकाधिक कमी आती गई। वासुदेव की मुद्राओं में शुद्ध स्वर्ण की मात्रा 118 रत्ती, चंद्रगुप्त-कुमारदेवी की मुद्राओं में 109 रत्ती, समुद्रगुप्त की कुछ मुद्राओं में 105-04 रत्ती, समुद्रगुप्त की अन्य और चंद्रगुप्त द्वितीय की मुद्राओं में 99-98 रत्ती, कुमारगुप्त प्रथम की धनुर्धरवाली मुद्राओं में 92 रत्ती, स्कंदगुप्त की इसी प्रकार की मुद्राओं में 79-67 रत्ती तथा नरसिंह गुप्त के अधिकारियों की मुद्राओं में 73-54 रत्ती थी।[22] इस प्रकार पाँचवीं सदी के मध्य तक गुप्तकालीन मुद्राओं में शुद्ध स्वर्ण की मात्रा कुषाण मुद्राओं की तुलना में लगभग आधी हो चुकी थी। छठी सदी के अंत तक स्वर्ण मुद्राएँ लगभग लुप्त हो गईं और कोई चार सौ वर्षों तक दुर्लभ बनी रहीं। शकों और गुप्त शासकों के काल में पश्चिमी भारत में रजत मुद्राओं की अच्छी-खासी संख्या मिलती है जो, प्रतीत होता है कि, उस काल में व्यापार के लिए प्रयुक्त होती थीं, मगर गुप्त-पश्चात् काल में वे लगभग पूरी तरह लुप्त हो गईं। इन सबके कारण भारी व्यापारिक लेन-देन को भारी धक्का लगा होगा।

मझोले और मामूली दर्जे का लेन-देन, खासकर आंतरिक लेन-देन, ताम्र मुद्राओं के कारण जारी रहा। लेकिन चंद्रगुप्त द्वितीय के काल के बाद की ताम्र मुद्राएँ भी बहुत कम मिली हैं। देश के कुछ भागों में कुषाणों की ताम्र मुद्राओं की नकलें पाई गई हैं, मगर कुषाण मुद्राओं की तुलना में इनकी संख्या सीमित है। इसलिए मुद्राओं की दुर्लभता से पाँचवीं सदी के मध्य के बाद आंतरिक बाजार में भारी सिकुड़न का संकेत मिलता है।

गुप्त काल में नगरीय बस्तियों के पतन और गुप्त-पश्चात् काल में उनके वीरान होने से भी व्यापार और छोटे पैमाने के माल-उत्पादन में आए ह्रास का संकेत मिलता है। उत्तर भारत में खुदाइयों में मिले नगरीय केंद्रों में ई. पू. पाँचवीं से ईसा की तीसरी सदी तक भवनों की संरचना में निरंतर सुधार का पता चलता है; इनमें कुषाण काल के स्तरों से समृद्धतम चरण का संकेत मिलता है। पाकिस्तान में कुषाण काल इतना समृद्धि-भरा था कि उसे उस देश का स्वर्णकाल कहा जाता है। लेकिन उत्तरी भारत में गुप्तकालीन स्तरों तक जब हम पहुँचते हैं तो पाते हैं कि उनके भवनों में कुषाणकालीन ईंटों का पुनरुपयोग हुआ है। गुप्त-पश्चात् काल में खुदाई में मिले अधिकांश स्थान वीरान हो चुके थे, क्योंकि वहाँ आबादी के लगभग नहीं के बराबर होने का संकेत मिलता है। यह बात ह्वेनत्सांग से भी पुष्ट होती है। यद्यपि उसकी टिप्पणियाँ बौद्ध नगरों के ह्रास तक सीमित हैं मगर इनकी संख्या पर्याप्त है और अनेक मामलों में उसके वक्तव्यों की पुष्टि पुरातत्व से भी हो चुकी है।[23] इस तरह नगरों के पतन का अर्थ हस्तशिल्पों और व्यापार की गतिविधियों में कमी है।

भूमि-दानों की प्रथा और साथ में व्यापार के पतन से ऐसी दशाएँ उत्पन्न हुईं जिनमें माल-उत्पादन पर अंशतः आधारित व्यवस्था मिट गई और एक प्रकार की नैसर्गिक अर्थव्यवस्था फिर से स्थापित हुई, जिसमें लोग मुख्यतः भूमि से संबद्ध थे और सभी पारिश्रमिक भूमि के रूप में या उपज में भाग के रूप में दिए जाते थे। यद्यपि भूमि पाने के लिए ब्राह्मण स्थान-परिवर्तन करते थे, मगर हस्तशिल्पियों और वणिकों को कहीं जाने की जरूरत न थी। ब्याह और भोज के रूप में सामाजिक संसर्ग एक छोटे से दायरे तक सीमित था, और यह निर्दिष्ट किया गया है कि ब्राह्मण को अपनी बेटी किसी दूर रहनेवाले को नहीं देनी चाहिए। गतिशीलता में कमी आने के कारण, एक शुद्धतः कृषि-आधारित अर्थव्यवस्था में निचले स्तरों पर, हस्तशिल्पियों के व्यवसाय-आधारित गिल्ड जातियों के रूप में जड़ीभूत होने लगे। यह बात पहले से आबाद क्षेत्रों के बारे में विशेषकर सत्य रही होगी।

व्यापार और हस्तशिल्पों के पतन के कारण व्यापारियों और हस्तशिल्पियों का महत्व कम हुआ और उनके प्रति भूस्वामी वर्गों (ब्राह्मणों और क्षत्रियों) के दृष्टिकोण में कठोरता आई। बाँस और चमड़े का काम करनेवाले हस्तशिल्पी अस्पृश्य जातियों की श्रेणी में रख दिए गए। लेकिन संकर, शूद्र जातियों की संख्या में वृद्धि का बुनियादी कारण आदिवासी जनगणों के रूपांतरण में और हस्तशिल्पों के जड़ीभूत होने में भी कार्यरत था। यह भूमि-दान की अर्थव्यवस्था का विस्तार और सामंती स्थानवाद का आरंभ था जिसमें प्रत्येक व्यक्ति को अपनी भूमि, अपने ग्राम, स्वामी या जजमान से चिपके रहना पड़ता था। जजमान और स्वामी बदल भी जाते थे मगर उनके हस्तशिल्पी और कृषक नहीं बदलते थे। यह परिवर्तनहीनता छोटे पैमाने के माल-उत्पादन को व्यवहारतः बंद कर देनेवाले समाज का परिणाम थी और इसके कारण जातियों के स्थायित्व और उनकी संख्यात्मक वृद्धि का वातावरण तैयार हुआ।

ऐसा प्रतीत होता है कि पहले के कालों में हस्तशिल्पी अपने उत्पादों को बाजार में बेचते और नकद रूप में भुगतान पाते थे। लेकिन छठी सदी के आरंभ में उपज का एक भाग देने के अलावा भूमि-दान भी उनको भुगतान करने का महत्वपूर्ण ढंग हो गया। बंगलादेश के राजशाही जिले से प्राप्त सन् 507 के एक ताम्रपत्र पर एक बिक्रीनामा दर्ज है जिसमें सेवाओं के बदले दिए गए भुगतान का अप्रत्यक्ष संकेत मिलता है। ब्राह्मणों को दान में दिए जानेवाले भूभागों की सीमा बतलाते हुए इसमें पड़ोसी काश्तकारों की जमीनों का विस्तृत ब्यौरा भी दिया गया है। इस सूची में अनेक हस्तशिल्पी भी शामिल हैं। इसमें कालाक के खेत का उल्लेख मिलता है[24] जिसे कौलिक (बुनकर) माना जा सकता है। विष्णुवर्द्धकि नामक एक काष्टकार की[25] तथा एक वैद्य की[26] भूमियों का भी स्पष्ट उल्लेख मिलता है। भूमि के ऐसे तीन टुकड़ों का भी उल्लेख मिलता है जिनके स्वामी तीन व्यक्ति थे

और उनमें से प्रत्येक के नाम के अंत में विलाल आता था;[27] समझा जाता है कि वे काष्ठकार की तरह किसी यंत्रकर्मी जाति के रहे होंगे। इसके अलावा, ज (जो) लारी-क्षेत्र का उल्लेख है जो संभवतः एक बुनकर का रहा होगा। इसी तरह, शब्द वि (डु) ग्गुरिक-क्षेत्र का अर्थ संभवतः किसी वागुरिक (आखेटक) का क्षेत्र हो सकता है। यद्यपि इनमें से कुछ मामलों में हस्तशिल्पियों की पहचान संदिग्ध है, लेकिन इसमें संदेह नहीं कि हस्तशिल्पियों और अन्य लोगों को सेवाओं के बदले भूमि-दान दिए जाते थे। इसके तथा वस्तु-रूप में सेवाओं के पारिश्रमिक के भुगतान की प्रथा के कारण वे अपनी भूमि से बँध जाते थे और उनकी गतिशीलता कठिन हो जाती थी। इससे हस्तशिल्पों के जातियों में रूपांतरण की प्रक्रिया त्वरित हुई होगी और जजमानी प्रथा के विकास में सहायता मिली होगी।

संदर्भ

1. के. पी. चट्टोपाध्याय, *दि एंशिएंट इंडियन कल्चर कंटैक्ट्स एंड माइग्रेशंस* (कलकत्ता, 1970),पृ. 28.
2. उपरोक्त, पृ. 25-26.
3. 18 की संख्या का व्यवहार आगे चलकर तीर्थों (कौटिल्य-*अर्थशास्त्र* के अधिकारियों), परिहारों (उन्मुक्तियों), महाभारत के पर्वों और अक्षौहिणियों, पुराणों, इत्यादि के लिए किया गया है। इसके गुणक 36 का उपयोग आरंभिक मध्य काल में वर्णों की संख्या गिनवाने के लिए किया गया है।
4. *अर्थशास्त्र,* III. 7.
5. *अर्थशास्त्र,* III. 7 के कांगले कृत अनुवाद के अनुसार व्रात्यों की उत्पत्ति उच्चतर वर्णों के अशुद्ध पुरुषों द्वारा उसी वर्ण की स्त्री से होती है।
6. X.20.
7. X. 21.
8. X. 22.
9. X. 23.
10. X. 43-44.
11. उपरोक्त.
12. संभव है कि भूर्जकंटक का कुछ संबंध भोजक से हो जिनका प्रथम उल्लेख *ऐतरेय ब्राह्मण* में हुआ है।
13. विवेकानंद झा, "वर्णसंकर इन दी धर्मसूत्राज : थ्यौरी एंड प्रेक्टिस", *जर्नल आफ दि इकोनामिक एंड सोशल हिस्ट्री आफ दि ओरिएंट,* 13 (1970), 273-88.
14. व्यावसायिक अस्पृश्य जातियों की समस्या की विवेचना विवेकानंद झा ने पटना विश्वविद्यालय से पी. एच. डी. की उपाधि के लिए जमा किए गए शोध प्रबंध *अनटचेबिल्स इन अर्ली इंडिया,* अध्याय 3 में की है।
15. डी. सी. सरकार (सं.), *सेलेक्ट इंस्क्रिप्शंस,* 1, ग्रंथ 3, संख्या 62, पंक्ति 19-20.

16. और भी दृष्टांतों के लिए देखें बी . पी . मजुमदार, "कलेक्टिव लैंडग्रांट्स इन अर्ली मेडिवल इंस्क्रिप्शंस", *जर्नल आफ दि एशियाटिक सोसायटी,* 10 (1968), 7-17.
17. माइकेल लोव,"एस्पेक्ट्स आफ वर्ल्ड ट्रेड इन दि फर्स्ट सेविन सेंचुरीज आफ दि क्रिश्चियन एरा", *जर्नल आफ दि रायल एशियाटिक सोसायटी आफ ग्रेट ब्रिटेन एंड आयरलैंड,* अंक 2 (1971), 177.
18. सेलेक्ट इंस्क्रिप्शंस, 1, ग्रंथ 3, संख्या 24, पद्य 16-19.
19. तन चांग, "एंशिएंट चाइनाज क्वेस्ट फॉर इंडियन प्राडक्ट्स", *दि संडे स्टेट्समैन,* पत्रिका खंड, 6 अप्रैल 1969.
20. उपरोक्त.
21. उपरोक्त.
22. एस . के . मैती, *इकोनामिक लाइफ आफ नार्दर्न इंडिया इन गुप्त पीरियड* (कलकत्ता, 1957), परिशिष्ट 3, पृ . 202 एवं तालिका 1(स), पृ . 205 पर आधारित; साथ में देखें मेरा लेख, "इंडियन फ्यूडलिज्म रिटच्ड", *दि इंडियन हिस्टारिकल रिव्यू,* 1 (1974), 322-23.
23. आर . एस . शर्मा, "डिके आफ गैंजेटिक टाउंस इन गुप्त एंड पोस्ट-गुप्त टाइम्स", *जर्नल आफ इंडियन हिस्ट्री,* स्वर्ण जयंती अंक, 1973, पृ . 135-50.
24. *सेलेक्ट इंस्क्रिप्शंस,* 1, ग्रंथ 3, संख्या 37, पंक्ति 25.
25. उपरोक्त, पं . 19.
26. उपरोक्त, पं . 22.
27. उपरोक्त, पं . 19, 21-22, 28.
28. उपरोक्त, पृ . 345, पाद टिप्पणी 1.
29. उपरोक्त, पं . 24.
30. उपरोक्त, पं . 26.

ग्रंथ सूची

(एक से अधिक अध्यायों में प्रयुक्त संदर्भ ग्रंथ)

अ. मूल

महाकाव्य :

(कलकत्ता संस्करण) संपादक एन. शिरोमणि और अन्य, बिब्लिओथेका इंडिका, कलकत्ता, 1834-39. अनुवादक के. एम. गांगुली। पी. सी. राय, कलकत्ता द्वारा प्रकाशित, 1884-96.

(कुंभकोनम संस्करण) संपादक टी. आर. कृष्णाचार्य और टी. आर. व्यासाचार्य, बंबई, 1905-10.

(आलोचनात्मक संस्करण) संपादक विभिन्न व्यक्ति, पूना, 1927-64। जब तक अन्यथा उल्लिखित न हो, निर्देश इसी संस्करण के हैं।

रामायण, वाल्मीकिकृत,

संपादक काशीनाथ पांडुरंग, 2 खंड, बंबई, 1888.

पुराण :

अग्नि पुराण, अनुवादक एम. एन. दत्त, 2 जिल्द, कलकत्ता, 1903-4.

दि पुराण टेक्स्ट ऑफ दि डायनेस्टीज़ ऑफ दि कलि एज, अनुवादक एफ. ई. पार्जिटर, ऑक्सफोर्ड, 1913.

ब्रह्मांड पुराण, बंबई, 1913.

भविष्य पुराण, बंबई, 1910.

भागवत्त पुराण, बंबई, 1905.

मत्स्य पुराण, संपादक जीवानंद विद्यासागर, कलकत्ता, 1876.

मार्कण्डेय पुराण, संपादक माननीय के. एम. बनर्जी, बिब्लिओथेका इंडिका, कलकत्ता, 1862, अनुवादक एफ. ई. पार्जिटर, कलकत्ता, 1904.

वायु पुराण, संपादक आर. एल. मित्र, 2 जिल्द, बिब्लिओथेका इंडिका, कलकत्ता, 1880-88.

विष्णु पुराण, श्रीधरस्वामी टीका सहित, संपादक जीवानंद विद्यासागर, कलकत्ता, 1882. अनुवादक एच. एच. विल्सन, 5 जिल्द, लंदन, 1864-70.

उत्कीर्ण लेख :

डी . सी . सरकार, सेलेक्ट इंसक्रिप्शंस बियरिंग आन इंडियन हिस्ट्री ऐंड सिविलाइजेशन, i, कलकत्ता, 1942.

आ . शब्दकोश और निर्देश ग्रंथ

ए . ए . मैकडानल ऐंड ए . बी . कीथ, वैदिक इंडेक्स ऑफ नेम्स ऐंड सबजेक्ट्स, 2 जिल्द, लंदन, 1912.

एच . एच . विल्सन, ए ग्लासरी आफ जुडीशियल ऐंड रेवेन्यू टर्म्स, लंदन, 1885.

एच . जी . लिडेल और आर . स्काट, ए ग्रीक इंगलिश लेक्सिकन, 2 जिल्द, आक्सफोर्ड 1925-40.

जी . पी . मलसेकेरा, ए डिक्शनरी ऑफ पाली प्रापर नेम्स, 2 जिल्द, लंदन, 1937-8.

जे . म्यूर, ओरिजनल संस्कृत टेक्स्ट्स, i, लंदन, 1872.

टी . डब्ल्यू . रीज डेविड्स और डब्ल्यू . स्टीड, पाली-इंगलिश डिक्शनरी, पी . टी . एस ., लंदन, 1921.

डब्ल्यू . एच . गिलबर्ट, कास्ट इन इंडिया (ग्रंथ-सूची), खंड 1, चक्रमुद्रित प्रति, वाशिंगटन, 1948.

मोनियर-विलियम्स, ए संस्कृत इंगलिश डिक्शनरी, आक्सफोर्ड, 1951.

लक्ष्मणशास्त्री जोशी, धर्मकोश, जिल्द i (तीन खंडों में), वई, जिला सतारा, 1937-41.

इ . भारतीय साहित्य के इतिहास

ए . बी . कीथ, ए हिस्ट्री ऑफ संस्कृत लिटरेचर, ऑक्सफोर्ड, 1928.

एम . विंटरनिज, (i) ए हिस्ट्री ऑफ इंडियन लिटरेचर, जिल्द i, श्रीमती केतकर द्वारा जर्मन से अनूदित, कलकत्ता । (ii) गेसिस्टे डेर इंडिश्चेन लिटरेटुर, जिल्द ii-iii, लिपजिग, 1920.

एलब्रेख्ट वेबर, दि हिस्ट्री आफ इंडियन लिटरेचर, जे . मन्न ऐंड टी . जकराया द्वारा द्वितीय जर्मन संस्करण का अनुवाद, लंदन, 1876.

एस . एन . दासगुप्त और एस . के . डे, ए हिस्ट्री आफ संस्कृत लिटरेचर (क्लासिकल पीरियड), जिल्द i, कलकत्ता, 1947.

बी . सी . ला, ए हिस्ट्री ऑफ पाली लिटरेचर, जिल्द i, लंदन, 1933.

ई . सामान्य ग्रंथ

आर . सी . मजूमदार, एच . सी . रायचौधरी और के . के . दत्त, एन एडवांस्ड हिस्ट्री ऑफ इंडिया, लंदन, 1948.

आर . सी . मजुमदार और ए . डी . पुसलकर, (i) दि वेदिक एज, लंदन, 1951.(ii) दि एज आफ इंपीरियल यूनिटी, बंबई, 1951.
ई . जे . रैप्सन, दि कैंब्रिज हिस्ट्री ऑफ इंडिया, जिल्द i, कैंब्रिज, 1922.
ए . एल . बाशम, दि वंडर दैट वाज़ इंडिया, लंदन, 1954.
एच . सी . रायचौधरी, पोलिटिकल हिस्ट्री ऑफ एनशिएंट इंडिया, छठा संस्करण, कलकत्ता, 1953.
एल . डी . बार्नेट, एंटिक्विटीज ऑफ इंडिया, लंदन, 1913.
के . ए . नीलकंठ शास्त्री, दि मौर्याज ऐंड सतवाहनाज, बंबई, 1957.
क्रिश्चियन लैसेन, इंडिश्चे अल्टरथुम्सकुंडे, 4 जिल्द, लिपजिग, 1847-1861.
गुन्नर लैंटमैन, दि ओरिजिन ऑफ दि इनिक्वेलिटी ऑफ दि सोशल क्लासेज़, लंदन, 1938.
डी . डी . कोसंबी, एन इंट्रोडक्शन टु दि स्टडी ऑफ इंडियन हिस्ट्री, बंबई, 1956.
वाल्टर रुयूबेन, एनफुरंग इन डी इंडियनकुंडे, बर्लिन, 1954.
वी . ए . स्मिथ, अर्ली हिस्ट्री ऑफ इंडिया, चतुर्थ संस्करण, एस . एम . एडवर्ड्स द्वारा संशोधित, आक्सफोर्ड, 1924.

उ . प्राचीन भारत के सामाजिक और आर्थिक जीवन पर गौण कृतियाँ

अतींद्रनाथ बोस, सोशल ऐंड रूरल इकानमी ऑफ नार्दर्न इंडिया (लगभग छः सौ ई . पू .-दो सौ ई . पू .), 2 भाग, कलकत्ता, 1945.
आर . के . मुखर्जी, (i) एनशिएंट इंडियन एडुकेशन, लंदन, 1940.(ii) लोकल गवर्नमेंट इन एनशिएंट इंडिया, आक्सफोर्ड, 1920.
आर . सी . मजुमदार, कारपोरेट लाइफ इन एनशिएंट इंडिया, कलकत्ता, 1922.
आर . सी . हाजरा, स्टडीज इन दि पुराणिक रेकर्ड्स ऑन हिंदू राइट्स ऐंड कस्टम्स, ढाका, 1940.
ई . डब्ल्यू . हापकिंस, पोजिशन ऑफ दि रूलिंग कास्ट इन एनशिएंट इंडिया, जर्नल ऑफ दि अमेरिकन ओरिएंटल सोसायटी, बाल्टीमोर, XIII, 57-376.
ए . एस . अल्टेकर, एडुकेशन इन एनशिएंट इंडिया, बनारस, 1934.
एच . रिजले, दि पीपुल ऑफ इंडिया, लंदन, 1915.
एन . के . दत्त, ओरिजिन ऐंड ग्रोथ ऑफ कास्ट इन इंडिया, जिल्द i, (लगभग दो हजार ई . पू . -तीन सौ ई .), लंदन, 1931.
ए . बेन्स, एथनोग्राफी, स्ट्रैसबर्ग, 1912.
एमिल सेनार्ट, कास्ट इन इंडिया, फ्रेंच संस्करण, लेस कास्ट्स दा ल इंडे (पेरिस, 1896) का डेनिसन रास द्वारा अनुवाद, लंदन, 1930.
एस . ए . डांगे, इंडिया फ्रॉम प्रिमिटिव कम्युनिज्म टु स्लेवरी, बंबई, 1949.

एस . वी . केतकर, दि हिस्ट्री ऑफ कास्ट इन इंडिया, न्यूयार्क, 1909.
के . एम . शरण, लेबर इन एनशिएंट इंडिया, बंबई, 1957.
के . एल . दफ्तरी, दि सोशल इंस्टिट्यूशंस इन एनशिएंट इंडिया, नागपुर, 1947.
के . पी . जायसवाल, (i) हिंदू पालिटी, 2 खंड, कलकत्ता, 1924. (ii) मनु ऐंड याज्ञवल्क्य, कलकत्ता, 1930.
के . वी . रंगस्वामी अय्यंगर, सम आस्पेक्ट्स ऑफ दि हिंदू व्यू ऑफ लाइफ अकार्डिंग टु धर्मशास्त्र, बड़ौदा, 1952.
जगदीशचंद्र जैन, लाइफ इन एनशिएंट इंडिया ऐज डिपिक्टेड इन दि जैन केनन्स, बंबई, 1947.
जी . एस . धुर्वे, कास्ट ऐंड क्लास इन इंडिया, बंबई, 1950.
जे . एच . हटन, कास्ट इन इंडिया, ऑक्सफोर्ड, 1951.
जे . जाली, हिंदू ला ऐंड कस्टम, कलकत्ता, 1928, एस . के . दास द्वारा 1896 के जर्मन संस्करण से अनूदित.
देवराज चानना, स्लेवरी इन एनशिएंट इंडिया, पांडिच्चेरि, 1957.
नारायणचंद बंद्योपाध्याय, इकनामिक लाइफ ऐंड प्रोग्रेस इन एनशिएंट इंडिया, कलकत्ता, 1945.
पी . एच . वल्वल्कर, हिंदू सोशल इंस्टीट्यूशंस, लंदन, 1939.
पी . वी . काणे, हिस्ट्री ऑफ धर्मशास्त्र, जिल्द ii, पूना, 1941.
प्राणनाथ, ए स्टडी इन दि इकनामिक कंडीशन ऑफ एनशिएंट इंडिया, लंदन, 1929.
बी . आर . अंबेडकर, (i) हू वेयर दि शूद्राज ? (हाउ दे केम टु बी दि फोर्थ वर्ण इन दि इंडो-एरियन सोसायटी ?) बंबई 1946. (ii) दि अनटचेबुल्स (हु वेयर दे ? ऐंड हाउ दे बिकेम अनटचेबुल्स ?) नई दिल्ली, 1948.
बी . ए . सैलेटोर, दि वाइल्ड ट्राइब्स इन इंडियन हिस्ट्री, लाहौर, 1935। बी . सी . ला, ट्राइब्स इन एनशिएंट इंडिया, पूना, 1943.
भूपेंद्रनाथ दत्त, स्टडीज़ इन इंडियन सोशल पालिटी, कलकत्ता, 1944.
यू . एन . घोषाल, कांट्रिब्यूशंस टु दि हिस्ट्री ऑफ हिंदू रेवेन्यू सिस्टम, कलकत्ता, 1929.
रामशरण शर्मा, प्राचीन भारत के राजनीतिक विचार एवं संस्थाएँ, मैकमिलन, दिल्ली, 1977.
वाल्ट रूयूबेन, डी लाग डर स्कलैवेन इन डेर आल्टिनडिस्चेन गेजेलशाफ्ट, बर्लिन, 1957.
संतोषकुमार दास, दि इकनामिक हिस्ट्री ऑफ एनशिएंट इंडिया, कलकत्ता, 1944.

1. भूमिका

अलफ्रेड हिलब्रांट, ब्राह्मणेन उंड शूद्राज़, फेस्टस्क्रिफ्ट फुर कार्ल विनहोल्ड, पृ . 53-57, ब्रेसलौ, 1896.

आर . जी . भंडारकर, कलेक्टेड वर्क्स, संपादक एन . बी . उत्लिकर और वी . जी . परांजपे, 4 जिल्द, पूना, 1927-33.

एच . टी . कोलब्रुक, मिसलेनस एसेज़, संपादक ई . बी . कावेल, 2 जिल्द, लंदन, 1873.

एन . बी . हैलहेड, ए कोड ऑफ जेंटू लाज, लंदन, 1776.

जेम्स मिल, दि हिस्ट्री ऑफ इंडिया, जिल्द i और ii, द्वितीय संस्करण, लंदन, 1820.

जे . सी . घोष, ब्राह्मणिज्म ऐंड दि शूद्र, कलकत्ता, 1902.

माउंट स्टुअर्ट एलफिंस्टन, दि हिस्ट्री ऑफ इंडिया, लंदन, 1841.

राजा राममोहन राय, दि इंगलिश वर्क्स, 3 जिल्द, संपादक जे . सी . घोष, कलकत्ता, 1901.

विलियम जोन्स, इंस्टीट्यूट्स ऑफ हिंदू ला आर दि आर्डिनेंसेज ऑफ मनु, (अनुवाद) कलकत्ता, 1794 .

वी . एस . भट्टाचार्य, दि स्टेटस ऑफ दि शूद्राज़ इन एनशिएंट इंडिया, विश्वभारती त्रैमासिक, 1924.

स्वामी दयानंद सरस्वती, सत्यार्थ प्रकाश, अजमेर, संवत 1966.

2. उत्पत्ति

मूल ग्रंथ

अथर्ववेद (पैप्पलादों का), संपादक रघुबीर, लाहौर, 1936-41.

अथर्ववेद संहिता (शौनक मतावलंबियों का), संपादक सी . आर . लनमन, अनुवाद डब्ल्यू.डी . व्हिटने, ओरिएंटल सीरीज, vii और viii, हार्वर्ड यूनिवर्सिटी, 1905। संपादक आर . रौथ ऐंड डब्ल्यू . डी . व्हिटने, बर्लिन, 1856। सायण की टीका सहित, संपादक एस . पांडुरंग, पंडित, 4 जिल्द, बंबई, 1895-98। अनुवादक आर . टी . एच . ग्रिफिथ, 2 जिल्द, बनारस, 1916-17। जब तक अन्यथा न बताया गया हो, निर्देश शौनक संस्करण के माने जाएँ।

ऋग्वेद संहिता, सायण की टीका सहित, 5 जिल्द, वैदिक संशोधन मंडल, पूना, 1933-51. प्रथम 6 मंडलों का अनुवाद, एच . एच . विल्सन, लंदन, 1950-7। के . एफ . गेल्डनर, कैंब्रिज, मैच्यूसेट्स, 1951.

जे . डब्ल्यू . मैक्रिंडल (i) एनशिएंट इंडिया ऐज डिस्क्राइब्ड बाई टालेमी, कलकत्ता, 1885। (ii) दि इनवेजन आफ इंडिया बाई अलेक्जांडर दि ग्रेट, वेस्टमिंस्टर, 1893.

भविष्यत्कथा, लेखक धनपाल, संपादक सी . डी . दलाल और पी . डी . गुने, गायकवाड़ ओरिएंटल सीरीज, XX, बड़ौदा, 1923.

वेदांतसूत्र बादरायणकृत, शंकराचार्य की टीका सहित, 2 जिल्द, बिब्लिओथेका इंडिका, कलकत्ता, 1863। अनुवाद जार्ज थीबो, सेक्रेड बुक्स ऑफ दि ईस्ट, XXXIV, आक्सफोर्ड, 1890.

गौण रचनाएँ

आर. ई. मार्टिमर व्हीलर, दि इंडस सिवलाइजेशन (सप्लीमेंट वाल्यूम टु कैंब्रिज हिस्ट्री ऑफ इंडिया, I), कैंब्रिज, 1953.

आर. रौथ, ब्रह्म उंड डाइ ब्राह्मनेन, साइटशृफ्ट डेर डोयूचेन मार्गेनलैंडिशेन गेजेलशाफ्ट, बर्लिन, i, 66-86.

आर. गिर्समन, ईरान (पेलिकन सीरीज), 1954.

ई. एल. स्टीवेंशन, ज्याग्रफी ऑफ क्लाडियस टालेमी, न्यूयार्क, 1932.

ई. मैके, अर्ली इंडस सिविलाइजेशंस, द्वितीय संस्करण, लंदन, 1948.

एन. एन. घोष, दि ओरिजिन ऐंड डेवलपमेंट ऑफ कास्ट सिस्टम इन इंडिया, इंडियन कल्चर, कलकत्ता, xii, 177-191.

एफ. ई. पार्जिटर, इंडियन हिस्टारिकल ट्रेडीशंस, लंदन, 1922.

जार्जेज ड्युमेजिल, (i) फ्लामेन-ब्राह्मण, पेरिस, 1935. (ii) ला प्रिहिस्टूवायरे इंडो-इरानियेन डेस कास्ट्स, जर्नल एसियाटिक (पेरिस), ccxvi, 109-130.

जार्ल चारपेंटियर, ब्राह्मण, उप्पसला, 1932.

जी. जे. हेल्ड, दि महाभारत : एन एथनलाजिकल स्टडी, लंदन और एम्स्टरडम, 1935.

जे. वैकरनेगेल, इंड्वायरेनिसेज, सिजुंग्सबेरिसे डेर कानिग्लिच प्रुसिस्चेन अकाडेमी डेर विसेनशैफेन, 1918, पृ. 380-411.

टी. बरो, दि संस्कृत लैंग्वेज, लंदन, 1955.

डब्ल्यू. रूबेन, इंद्राज फाइट अगेंस्ट वृत्र इन दि महाभारत, एस. के. बेल्वलकर (फेलिसिटेशन वाल्यूम, बनारस, 1957), 113-26.

डी. डी. कोसंबी (i) अर्ली ब्राह्मिन्स ऐंड ब्राह्मनिज्म, जर्नल ऑफ दि बाम्बे ब्रांच ऑफ दि रायल एशियाटिक सोसायटी, बंबई, न्यू सीरीज, xxiii. 39-46. (ii) ऑन दि ओरिजिन ऑफ ब्राह्मिन गोत्राज, जर्नल ऑफ दि बाम्बे ब्रांच ऑफ दि रायल एशियाटिक सोसायटी, बंबई, न्यू सीरीज, xxvi, 21-80. (iii) अर्ली स्टेजेज़ ऑफ दि कास्ट सिस्टम इन नार्दर्न इंडिया, जर्नल ऑफ दि बाम्बे ब्रांच ऑफ दि रायल एशियाटिक सोसायटी, बंबई, न्यू सीरीज़, xii, 32-48.

पी. वी. काणे, दि वर्ड व्रत इन दि ऋग्वेद, जर्नल ऑफ दि बाम्बे ब्रांच ऑफ रायल एशियाटिक सोसायटी, बंबई, न्यू सीरीज़, xxix, 1-28.

बी. बी. लाल, प्रोटोहिस्टारिक इनवेस्टिगेशन, एनशिएंट इंडिया, दिल्ली, सं. 9.

रावर्ट शेफर, एथनोग्राफी ऑफ एनशिएंट इंडिया (महाभारत के आधार पर), विसबैडन, 1954.
रावर्ट हेन-गेल्डर्न, आर्कियोलाजिकल ट्रेसेज ऑफ दि वैदिक एरियन्स, जर्नल ऑफ दि इंडियन सोसायटी ऑफ ओरिएंटल आर्ट (कलकत्ता), vi, 87-115.
लुइ रनू, वैदिक इंडिया, कलकत्ता, 1957.
वी. एस. भट्टाचार्य शास्त्री, 'शूद्र', एनशिएंट इंडिया, दिल्ली, ii, 137-9.
वी. गौर्डन चाइल्ड, दि एरियंस, लंदन, 1926.
वी. गौर्डन चाइल्ड, न्यू लाइट ऑन दि मोस्ट एनशिएंट ईस्ट, लंदन, 1954.
सूर्यकांत, कीकट, फलिग ऐंड पणि, एस. के. बेल्वलकर फेलिसिटेशन वाल्यूम, 43-44.
हरमन ग्रासमन, वोर्टरबुक जुम ऋग्वेद, लिपजिग, 1873.

3. जनजाति से वर्ण की ओर

(लगभग 1000 ई. पू. से लगभग 600 ई. पू. तक)*

मूल स्रोत

आपस्तंब श्रौतसूत्र, रुद्रदत्त की टीका सहित, संपादक रिचर्ड गार्बे, 3 जिल्द, कलकत्ता, 1882-1902। संपादक और अनुवादक डब्ल्यू. कैलेंड, 3 जिल्द, गौटिंजेन-लिपजिग-एम्सटर्डम, 1921-1928.
ऋग्वेद ब्राह्मणाज़: ऐतरेय ऐंड कौशीतकि ब्राह्मणाज, अनुवादक ए. बी. कीथ, हार्वर्ड ओरिएंटल सीरीज़, xxv, हावर्ड, 1920.
ऐतरेय ब्राह्मण, सायण की टीका सहित, संपादक टी. वेबर, बान, 1879. अनुवादक मार्टिन हाग, बंबई, 1863.
कण्व संहिता, शुक्ल यजुर्वेदीय, संपादक माधव शास्त्री, बनारस, 1915.
कपिष्ठल-कठ संहिता, संपादक रघुवीर, लाहौर, 1932.
काठक संहिता, संपादक लियोपाल्ड फान श्रोडर, लिपजिग, 1900-1910.
कात्यायन श्रौतसूत्र, कर्काचार्य की टीका सहित, संपादक मदनमोहन पाठक, बनारस, 1904.

---

* जो रचना किसी खास काल के सिलसिले में बताई गई है, आवश्यक नहीं कि वह उसी काल की हो अथवा केवल उसी काल का विवरण प्रस्तुत करती हो।

कृष्ण यजुर्वेदीय तैत्तिरीय ब्राह्मण, सायण की टीका सहित, संपादक आर . एल . मित्र, 3जिल्द , कलकत्ता , 1859-70.

गोपथ ब्राह्मण, संपादक डिएंके गास्ट्रा, लेडेन, 1919.

छांदोग्य उपनिषद, मूल, अनुवाद और टीका, एमिल सेनार्ट, पेरिस, 1930.

जेंद अवेस्ता, खंड 1 वेंदीदाद, अनुवादक जेम्स डर्मेस्टेटर , सेक्रेड बुक्स ऑफ दि ईस्ट, iv, आक्सफोर्ड, 1880.

जैमिनीय या तलवकार उपनिषद ब्राह्मण, संपादक रामदेव, लाहौर, 1921.

जैमिनीय श्रौतसूत्र, संपादक और जर्मन भाषा में अनुवाद, डी . गास्ट्रा, लेडेन, 1906.

तैत्तिरीय संहिता, संपादक ए . वेबर, इंडिश्चेन स्टुडियेन, बैंड 11 और 12, लिपजिग,
1871-2। अनुवादक ए . बी . कीथ ., हावर्ड ओरिएंटल सीरीज, xviii और xix, हार्वर्ड, 1914.

दि थर्टीन प्रिंसिपल उपनिषद्स, अनुवादक आर . ई . ह्यूम , आक्सफोर्ड , 1931 .

डस जैमिनीय ब्राह्मण इन औसवाल, संपादक और जर्मन भाषा में अनुवादक, डब्ल्यू . कैलेंड, एम्सटर्डम, 1919.

द्राह्यायण श्रौतसूत्र, धनविन की टीका सहित, संपादक जे . एन . र्‌यूटर, लंदन,1904 .

निघंटु ऐंड निरुक्त, संपादक और अनुवादक लक्ष्मण सरूप । मूल, पंजाब विश्वविद्यालय, 1927 , अंग्रेजी अनुवाद और टिप्पणियाँ, ऑक्सफोर्ड, 1921.

वृहदारण्यक उपनिषद, शंकराचार्य की टीका सहित, अनुवादक स्वामी माधवानंद, अल्मोड़ा, 1950.

वृहद्देवता, संभवतः शौनककृत, संपादक और अनुवादक ए . ए . मैकडानल, हावर्ड ओरिएंटल सीरीज, V और VI, हार्वर्ड, 1904 .

मैत्रायणी संहिता, संपादक लियोपाल्ड फान श्रोडर, लिपजिग, 1923.

लाट्यायन श्रौतसूत्र, अग्निस्वामी की टीका सहित, संपादक आनंद चंद्र वेदांतरागेश, बिब्लिओथेका इंडिका, कलकत्ता, 1872 .

वाजसनेयि संहिता (माध्यंदिन पाठ), उवट और महीधर की टीका सहित, संपादक वासुदेव लक्ष्मण शास्त्री पंसिकर, बंबई, 1912 .

वाराह श्रौतसूत्र, संपादक डब्ल्यू . कैलेंड ऐंड रघुवीर, लाहौर, 1933.

शतपथ ब्राह्मण, (माध्यंदिन पाठ), संपादक वी . शर्मा गौड़ एवं सी . डी . शर्मा, काशी, संवत 1994-7.

शांखायन ब्राह्मण, आनंदाश्रम संस्कृत सीरीज़, सं . 35, 1911.

शांखायन श्रौतसूत्र, संपादक ए . हिलब्रांट, बिब्लिओथेका इंडिका, कलकत्ता, 1888.

सत्याषाढ़ (हिरण्यकेशिन)श्रौतसूत्र, महादेव की टीका सहित, आनंदाश्रम संस्कृत सीरीज़, 1907.

सामवेदीय जैमिनीय ब्राह्मण, संपादक रघुवीर एवं लोकेश चंद्र, नागपुर, 1954.

गौण रचनाएँ

आर . जी . फौर्बिस, मेटलर्जी इन एनटिक्वीटी, लेडेन, 1950.

ए . ए . मैकडानल, ए वेदिक ग्रामर फार स्टूडेंट्स,ऑक्सफोर्ड, 1916.

एच . एम . चैडविक, दि हिरोइक एज, कैंब्रिज, 1912.

एम . ब्लूमफील्ड, दि अथर्ववेद, स्ट्रैसबर्ग, 1899.

ए . वेबर, (i) कलेक्टानिया उबर डी क्स्टेनवेर हालिनिसे इन डेन ब्राह्मण उंड सूत्र, इंडिस्चे स्टूडियेन, X, 1-160. (ii) डेर अर्स्ट्रे अध्याय डेस अर्सटेन बुचेस डेस शतपथ ब्राह्मण, त्साइटशिफ्ट डेर डोयूचेन मेग्रेनलैंडिशे गेजेलशाफ्ट, बर्लिन , iv, 289-304.

ए . जी . बनर्जी, स्टडीज़ इन दि ब्राह्मणाज, पी-एच . डी . थीमिस, लंदन विश्व-विद्यालय, 1952.

ए . हिलब्रांट, जूर वेडिस्चेन माइथालजी उंड वाल्करबेवेगुंग, लिपजिग, बैंड 3, लिपजिग, 1925.

जार्ज टामसन, स्टडीज इन एनशिएंट ग्रीक सोसायटी, i, लंदन, 1949.

जी . सी . पांडे, स्टडीज इन दि ओरिजन्स ऑफ बुद्धिज़्म, इलाहाबाद, 1957.

जे . म्यूर, रिलेशन ऑफ दि प्रिस्ट्स टु दि अदर क्लासेज ऑफ इंडियन सोसायटी इन दि वेदिक एज, जर्नल ऑफ दि रायल एशियाटिक सोसायटी ऑफ ग्रेट ब्रिटेन ऐंड आयरलैंड, लंदन , न्यू सीरीज, ii (1866), 257-302.

विलहेम गाइगर, सिविलाइजेशन ऑफ दि ईस्टर्न इरानियन्स इन एनशिएंट टाइम्स, डी . डी . पोसोटन संजाना द्वारा जर्मन भाषा से अनूदित, जिल्द i, लंदन, 1885.

हेनरिक त्सिम्मर, अल्टिंडिस्चेस लेबेन, बर्लिन, 1879.

4. दासता और अशक्तता

(लगभग छः सौ ई . पू . से लगभग तीन सौ ई . पू . तक)

मूल ग्रंथ

अ . ब्राह्मण

आपस्तंब धर्मसूत्र, संपादक जी . बुहलर, बंबई, 1932.

आश्वलायन गृह्यसूत्र, हरदत्ताचार्य की टीका सहित, संपादक टी. गणपति शास्त्री, त्रिवेंद्रम, 1923.

गौतम धर्मसूत्र, संपादक ए. एस. स्टेंजलर, लंदन, 1876 , मस्करि की टीका सहित, संपादक एल. श्रीनिवासाचार्य, मैसूर, 1917.

पाणिनि-सूत्र-पाठ ऐंड परिशिष्टाज़, शब्द सूची सहित, संकलनकर्ता एस. पाठक और एस. चितराव, पूना, 1935.

पारस्कर गृह्यसूत्र, बंबई, 1917.

बौधायन गृह्यसूत्र, संपादक आर. शामा शास्त्री, मैसूर, 1927.

बौधायन धर्मसूत्र, संपादक ई. हुल्श, लिपजिग, 1884.

वसिष्ठ धर्मशास्त्र, संपादक ए. ए. फुहरर, बंबई, 1916.

शांखायन, आश्वलायन, पारस्कर , खदिर, गोभिल, हिरण्यकेशिन् और आपस्तंब के गृह्यसूत्र का अनुवाद, एच. ओल्डेनबर्ग, सेक्रेड बुक्स आफ दि ईस्ट, xxix और xxx, आक्सफोर्ड, 1886-92.

शांखायन गृह्यसूत्र, संपादक एच. ओल्डेनबर्ग, इंडिस्चे स्टूडियेन, xv, पृ. 13 आदि।

आपस्तंब, गौतम, वसिष्ठ और बौधायन के धर्मसूत्र का अनुवाद, जी. बुहलर, सेक्रेड बुक्स ऑफ दि ईस्ट, ii और xiv, ऑक्सफोर्ड, 1879-82.

आ. बौद्ध

अंगुत्तर निकाय, संपादक आर. मौरिस एवं ई. हार्डी, 5 जिल्द , पाली टेक्स्ट सोसायटी, लंदन, 1885-1900. जिल्द i , ii और v का अनुवाद एफ. एल. उडवर्ड द्वारा और iii एवं iv का अनुवाद ई. एम. हेअर द्वारा , पाली टेक्स्ट सोसायटी, लंदन, 1932-36.

जातक-टीका सहित, संपादक वी. फासबाल, 7 जिल्द, (जिल्द 7, अनुक्रमणी , डी. ऐंडरसन द्वारा) लंदन, 1877-97, अनुवाद विभिन्न व्यक्तियों द्वारा, 6 जिल्द, लंदन, 1895-1907.

दीघ निकाय संपादक टी. डब्ल्यू. रीज डेविड्स और जे. ई. कारपेंटर, 3 जिल्द, पाली टेक्स्ट सोसायटी, लंदन, 1890-1911, अनुवादक टी. डब्ल्यू. रीज़ डेविड्स 3 जिल्द, सेक्रेड बुक्स ऑफ दि बुद्धिस्ट्स, लंदन, 1899-1921। मज्झिम निकाय, संपादक वी. ट्रैंकनर एवं आर. चामर्स, पाली टेक्स्ट सोसायटी, 3 जिल्द, लंदन , 1888-1896, अनुवाद लार्ड चामर्स, 2 जिल्द, सेक्रेड बुक्स ऑफ दि बुद्धिस्ट्स, 1926-27.

विनयपिटक, संपादक एच. ओल्डेनबर्ग, 5 जिल्द, लंदन, 1879-83। अनुवाद आई. बी. हौर्नर, 5 खंड, सेक्रेड बुक्स ऑफ दि बुद्धिस्ट्स, लंदन, 1938-52.

इ . जैन

आयारंगसुत्त, श्वेतांबर जैन, संपादक एच . जैकोबी, पाली टेक्स्ट सोसायटी, लंदन, 1882.

उत्तराध्ययनसूत्र, संपादक जार्ल चारपेंटियर, उप्पसला, 1922.

उवासगदसाव, संपादक ए . एफ . रुडाल्फ हार्नले, कलकत्ता, 1890.

ओवाइय (या औपपातिक सूत्र), अभयदेव की टीका सहित, संपादक मुनि हेमसागर, आगमोदय समिति प्रकाशन.

अंतगड-दसाव ऐंड अणुत्तरोववाइय-दसाव, संपादक पी . एल . वैद्य, बंबई , 1932. अनुवादक एल . डी . बार्नेट, लंदन, 1907.

कल्पसूत्र, भद्रबाहु का, संपादक एच . जैकोबी, लिपजिग, 1879.

सूयगडम्, संपादक पी . एल . वैद्य, बंबई , 1928.

स्थानांग सूत्र, अभयदेव की टीका सहित, संपादक वेणिचंद्र सुरचंद्र, 2 जिल्द, बंबई, 1918-20.

गौण रचनाएँ

आइवर फाइजर, दि प्राब्लम ऑफ दि सेट्ठि इन बुद्धिस्ट जातकाज़, आर्किव ओरिएंटलानी, प्राग, xxii, 238-265.

आर . एन . मेहता, प्री-बुद्धिस्ट इंडिया, बंबई, 1939.

ए . एल . बैशम, हिस्ट्री ऐंड डाक्ट्रिन्स ऑफ दि आजीविकाज, लंदन, 1951.

एन . सी . बैनर्जी , स्लेवरी इन एनशिएंट इंडिया, दि कलकत्ता रिव्यू (अगस्त, 1930) पृ . 249-265.

एफ . मैक्सम्यूलर, दि हिब्बर्ट लेक्चर्स 1878, लंदन, 1880 .

जे . जे . मेयर, उबर डस वेसेन डर अल्टिन डिस्चेन रेख्टसक्रिफ्टेन उंड जेर वरहाल्टनिस आइनैन्डर उंड सू कौटिल्य, लिपजिग, 1927.

टी . डब्ल्यू. रीज़ डेविड्स, बुद्धिस्ट इंडिया, लंदन, 1903.

डब्ल्यू . एल . वेस्टरमन्न, दि स्लेव सिस्टम्स ऑफ ग्रीक ऐंड रोमन एंटीक्विटी, फिलाडेलफिया, 1955.

डी . डी . कोसम्बी, एनशिएंट कोशल ऐंड मगध, जर्नल ऑफ दि बांबे ब्रांच ऑफ दि रायल एशियाटिक सोसायटी, बंबई, न्यू सीरीज़, xxvii .

बी . सी . ला, इंडिया ऐज डिस्क्राइब्ड इन अर्ली टेक्स्ट्स ऑफ बुद्धिज़्म ऐंड जैनिज़्म, लंदन, 1941.

यू०. एन०. घोषाल, दि स्टेटस ऑफ शूद्राज़ इन दि धर्मसूत्राज़, इंडियन कल्चर, कलकत्ता , xiv, 21-27.

रिचर्ड फिक, दि सोशल आरगेनाइजेशन इन नार्थ-ईस्ट इंडिया इन बुद्धाज़ टाइम, कलकत्ता, 1920.

गेडाल्फ मांडाल्फो, ग्रीक ऐटिच्यूड टु मैनुअल लेबर, पास्ट ऐंड प्रेजेंट, सं. 6.

वी. एम. आप्टे, सोशल ऐंड रेलिजस लाइफ इन दि गृह्यसूत्राज, बंबई, 1954.

वी. एस. अग्रवाल, इंडिया ऐज नोन टु पाणिनि, लखनऊ, 1953.

शिवनाथ बसु, स्लेवरी इन दि जातकाज, जर्नल ऑफ दि बिहार ऐंड उड़ीसा रिसर्च सोसायटी, पटना, ix, 369-375.

5. मौर्यकालीन राज्य-नियंत्रण और सेवि वर्ग

(लगभग तीन सौ ई. पू. से लगभग दो सौ ई. पू. तक)

मूल स्रोत

ग्रंथ

कौटिल्य का अर्थशास्त्र, संपादक आर. शामा शास्त्री, तृतीय संस्करण, मैसूर, 1924 (जब तक अन्यथा न बताया गया हो, इस पुस्तक में जो निर्देश आए हैं वे इसी ग्रंथ के हैं)। अनुवादक आर. शामा शास्त्री, तृतीय संस्करण, मैसूर, 1929। टीका सहित संपादित टी. गणपति शास्त्री, 3 जिल्द, त्रिवेंद्रम, 1924-25। संपादक जे. जाली और आर.स्मिद्त, जिल्द i, लाहौर, 1924। अनुवादक आर. शामा शास्त्री, तृतीय संस्करण, मैसूर, 1929। अनुवादक डस अल्टिनडिस्चे बुक फाम वेल्ट उंड सटैटस्लेबेन, जे. जे. मेयर, लिपजिग, 1926.

टीकाएँ

जयमंगला (अर्थशास्त्र के खंड I के अंत तक है, पर कहीं कहीं छूटा भी है), संपादक जी. हरिहर शास्त्री, जर्नल ऑफ ओरिएंटल रिसर्च, मद्रास, xx-xxiii.

नय चंद्रिका, माधव यज्व (खंड VII-XII पर), संपादक उदयवीर शास्त्री, लाहौर 1924.

प्रतिपद पंचिका, भट्टस्वामिन् रचित (खंड II पर प्रकरण 8 से), संपादक के. पी. जायसवाल और ए. बनर्जी-शास्त्री, जर्नल ऑफ दि बिहार ऐंड उड़ीसा रिसर्च सोसायटी, पटना, xi-xii.

उत्कीर्ण लेख

अशोक के शिलालेख, संपादक ई. हुल्श, cll, i, आक्सफोर्ड, 1925.

विदेशियों के विबरण

जे. डब्ल्यू. मैक्रिंडल, (i) एनशिएंट इंडिया ऐज डिस्क्राइब्ड इन क्लासिकल लिटरेचर, वेस्टमिंस्टर, 1901. (ii) एनशिएंट इंडिया ऐज डिस्क्राइब्ड बाई मेगस्थनीज ऐंड एरियन, कलकत्ता, 1926. (iii) एनशिएंट इंडिया ऐज डिस्क्राइब्ड बाई टेसियाज दि निडियन, लंदन, 1882.

गौण रचनाएँ

आई. जे. सोराबजी, सम नोट्स ऑन दि अध्यक्ष प्रचार, कौटिल्य अर्थशास्त्रम का खंड ii, इलाहाबाद, 1914.

एन. सी. बंद्योपाध्याय, कौटिल्य आर एन एक्सपोजिशन ऑफ हिज सोशल ऐंड पोलिटिकल थ्योरी, कलकत्ता, 1927.

के. वी. रंगस्वामी अय्यंगर, इंडियन कैमरैलिज्म, मद्रास, 1949.

पी. एल. नरसू, दि इसेन्स ऑफ बुद्धिज़्म, मद्रास, 1912.

बर्नहार्ड ब्रोलर, कौटिल्य स्टुडियेन, 3 जिल्द, बान, 1927-34.

6. प्राचीन व्यवस्था का कमजोर पड़ना

(लगभग दो सौ ई. पू. से लगभग दो सौ ई. सन तक)

मूल स्रोत

ग्रंथ

ड्रामाज़ ऑफ भास : अविमारक, बालचरित, पंचरात्र और प्रतिमानाटक, संपादक टी. गणपति शास्त्री, त्रिवेंद्रम, 1912-15.

दिव्यावदान, संपादक ई. बी. कौवेल और एफ. ए. नील, कैंब्रिज, 1886.

पत्रवणा सूत्र (मलयगिरि की टीका सहित), 2 जिल्द, बनारस, 1884.

मनुस्मृति या मानव धर्मशास्त्र, संपादक वी . एन . मांडलिक, बंबई, 1886 , अनुवादक जी . बुहलर, सेक्रेड बुक्स ऑफ दि ईस्ट, xxv, ऑक्सफोर्ड , 1886.

महाभाष्य ऑफ पतंजलि, संपादक एफ . किलहार्न, 3 जिल्द, बंबई, 1892 -1909.

महावस्तु, संपादक ई . सेनार्ट, 3 जिल्द, पेरिस, 1882-97.

मिलिंदपंहो, संपादक वी . ट्रेंकनर, लंदन, 1928 ; अनुवादक टी . डब्ल्यू . रीज़ डेविड्स, सेक्रेड बुक्स ऑफ दि ईस्ट, xxxv-xxxvi, ऑक्सफोर्ड , 1890-4.

युगपुराण, संपादक डी . आर . मनकद, वल्लभविद्यानगर, 1951.

ललितविस्तर, संपादक एस . लेफमन्न, 2 जिल्द, हैले, 1902-1908.

सद्धर्मपुंडरीकसूत्र, जिसमें सेंट्रल एशिया की पांडुलिपियों के पाठ भी हैं, एन . डी . मिरोनोव के, संपादक एन . दत्त, कलकत्ता, 1952.अनुवादक एच . कर्न, सेक्रेड बुक्स ऑफ दि ईस्ट, xxi, ऑक्सफोर्ड, 1884।

उत्कीर्ण लेख

ल्यूडर की उत्कीर्ण लेखों की सूची, एपिग्राफिया इंडिका, X.

गौण रचनाएँ

आर . ई . एम . व्हीलर, रोम बियांड दि इंपीरियल फ्रंटियर्स, पेलिकन सीरीज़, 1955.

ई . एच . वार्मिंगटन्, दि कामर्स बिटविन दि रोमन एंपायर ऐंड इंडिया, कैंब्रिज़, 1928.

ई . डब्ल्यू . हापकिंस, दि म्युचुअल रिलेशंस ऑफ दि फोर कास्ट्स एकार्डिंग टु दि मानव धर्मशास्त्र, लिपजिग, 1881.

ए . डी . पुसलकर, भास— ए स्टडी, लाहौर, 1940.

के . पी . जायसवाल, हिस्ट्री ऑफ इंडिया, ई . सन 150 से ई . सन 350 , लाहौर, 1933.

के . वी . रंगस्वामी अय्यंगर , (i) आस्पेक्ट्स ऑफ दि सोशल ऐंड पालिटिकल सिस्टम ऑफ मनुस्मृति, लखनऊ, 1949. (ii) राजधर्म, मद्रास, 1941.

जी . एफ . इलयिन, शूद्राज़ उंड स्लावेन इन डेन अल्टि डिस्वेन गेसेत्सबुचर्न, साउजेत्विसेनशैफ्ट (बर्लिन), 1952, सं . 2, पृ . 94-107.

डब्ल्यू . डब्ल्यू . टार्न, दि ग्रीक्स इन बैक्ट्रिया ऐंड इंडिया, कैंब्रिज, 1938.

डी . ए . सुलेकिन, फंडामेंटल प्राब्लम्स ऑफ दि पीरियडाइजेशन ऑफ एनशिएंट इंडिया, मेडीइवल इंडिया क्वार्टर्ली (अलीगढ़), i, सं.3-4, 46-58.

बी . एन . पुरी, सम आस्पेक्ट्स ऑफ इकनामिक लाइफ इन दि कुषाण पीरियड , इंडियन कल्चर, कलकत्ता, xii.

7. रूपांतरण की प्रक्रिया

(लगभग दो सौ से पाँच सौ ई. सन्)

मूल स्रोत

ग्रंथ

अमरकोश या अमरकृत नामलिंगानुशासन, भट्ट क्षीरस्वामी की टीका सहित, संपादक ए. डी. शर्मा और एन. जी. सरदेसाई, पूना, 1941.

कात्यायन स्मृति, व्यवहार, विधि एवं प्रक्रिया संबंधी, नए पाठ सहित, संपादन, अनुवाद, टिप्पणी और प्रस्तावना, पी. वी. काणे, बंबई, 1933.

कामंदकीय नीतिसार, संपादक आर. एल. मित्र, बिब्लिओथेका इंडिका, कलकत्ता, 1884, अनुवादक एम. एन. दत्त, कलकत्ता 1896.

कामसूत्र, वात्स्यायनकृत, यशोधर की जयमंगला टीका सहित, संपादक गोस्वामि दामोदर शास्त्री, बनारस, 1929.

जंबूद्वीप प्रज्ञप्ति : शांतिचंद्र की टीका सहित, बंबई, 1920.

जयाख्य संहिता, संपादक एंबर कृष्णाचार्य, गायकवाड़ ओरिएंटल सीरीज़, liv, बड़ौदा, 1931.

थेरगाथा अट्ठकथा (परमत्थदीपनी), धर्मपाल की टीका, संपादक एफ. एल. वुडवार्ड, 2 जिल्द, पाली टेक्स्ट सोसायटी, लंदन, 1940-52.

नरसिंह पुराण, द्वितीय संस्करण, बंबई, 1911.

नाट्यशास्त्र, भारत मुनि कृत, अभिनव गुप्त की टीका सहित, संपादक मनवल्लि रामकृष्ण कवि, 3 जिल्द, गायकवाड़ ओरिएंटल सीरीज़, बड़ौदा, 1926-54, अनुवादक मनमोहन घोष, कलकत्ता, 1950.

नारद स्मृति, असहाय की टीका के उद्धरण सहित, संपादक जे. जाली, कलकत्ता, 1885, अनुवाद, जे. जाली, सेक्रेड बुक्स ऑफ दि ईस्ट, xxxiii, ऑक्सफोर्ड, 1889.

पंचतंत्र, प्राचीनतम पाठ, कश्मीरी, जिसका शीर्षक है तंत्राख्यायिका, संपादक जे. हर्टेल, हार्वर्ड ओरिएंटल सीरीज़, xiv, हार्वर्ड, 1915। ग्रंथ अपने प्राचीनतम रूप में, संपादक एफ. एडगर्टन, पूना, 1930 (निर्देश इसी ग्रंथ के दिए गए हैं).

पिंडनिर्युक्ति : भद्रबाहु स्वामी कृत, बंबई, 1918.

वृहत् कल्पसूत्र और स्थविर आर्य भद्रबाहु स्वामिन् की मूल निर्युक्ति तथा संघदास गणि क्षमाश्रमण का भाष्य, और टीका, जिसका आरंभ मलयगिरि ने और समापन क्षेमकीर्ति ने किया, 6 जिल्द, भावनगर, 1933-42.

वृहत् संहिता, वराहमिहिरकृत, हिंदी अनुवाद सहित, दुर्गाप्रसाद, लखनऊ, 1884.

वृहत् संहिता , वराहमिहिरकृत, भट्टोत्पल की टीका सहित, 2 खंड, संपादक सुधाकर द्विवेदी, बनारस, 1895-7.

वृहस्पति स्मृति (इस ग्रंथ का अनुसरण किया गया है), संपादक के . वी . रंगस्वामी अय्यंगर, गायकवाड़ ओरिएंटल सीरीज, lxxxv, बड़ौदा, 1941, अनुवादक, जे . जाली, सेक्रेड बुक्स ऑफ दि ईस्ट, xxxiii, ऑक्सफोर्ड , 1889.

मालविकाग्निमित्र, कालिदासकृत, संपादक पी . एस . सने, जी . एच . गोडबोले ऐंड एच . एस० उरसेकर, बंबई, 1950.

मृच्छकटिक, शूद्रक कृत, संपादक और अनुवादक आर . डी . करमारकर, पूना, 1937। अनुवादक आर . पी . आलिवर, एलिनाय, 1938.

याज्ञवल्क्य स्मृति, वीरमित्रोदय एवं मिताक्षरा सहित, चौखंबा संस्कृत सीरीज़, बनारस, संवत 1986 ।

रघुवंश, कालिदासकृत, संपादक रघुनाथ नंदर्गिकर, बंबई , 1891.

लंकावतार सूत्र, संपादक बुनियु नानजियो, क्योटो, 1923 । अनुवादक डी . टी . सुजुकी, लंदन, 1932.

वज्रसूची, अश्वघोषकृत, सुजितकुमार मुखोपाध्याय, शांतिनिकेतन, 1950.

विमानवत्थु अट्ठकथा (धम्मपालकृत परमत्थदीपनी का खंड IV), संपादक ई० हार्डी, पाली टेक्स्ट सोसायटी, लंदन, 1901.

विष्णुधर्मोत्तर महापुराण, बंबई, विक्रम संवत, 1969.

विष्णुस्मृति या वैष्णव धर्मशास्त्र (नंद पंडित की टीका के उद्धरण सहित),

संपादक जे . जाली, बिब्लिओथेका इंडिका, कलकत्ता, 1881 ; अनुवादक जे . जाली, सेक्रेड बुक्स ऑफ दि ईस्ट, vii, ऑक्सफोर्ड , 1880.

चीनी ग्रंथ

एच . ए . जाइल्स, दि ट्रैवेल्स ऑफ फाहियान आर ए रेकार्ड ऑफ बुद्धिस्टिक किंगडम्स (अनुवाद), कैंब्रिज, 1923.

जेम्स लेगि, ए रेकार्ड ऑफ बुद्धिस्टिक किंगडम्स (चीनी भिक्खु फाहियान की यात्रा का विवरण), (अनुवाद) ऑक्सफोर्ड, 1886.

टी . वाल्टर्स, आन युएन सान्स ट्रैवेल्स इन इंडिया, संपादक टी . डब्ल्यू . रीज डेविड्स एवं एस . डब्ल्यू . बुशेल, 2 जिल्द, लंदन, 1904-5.

सैमुअल बील, ट्रैवेल्स ऑफ फाहियान ऐंड सुंग-यंग (अनुवाद), लंदन, 1869.

अन्य ग्रंथ

एडवर्ड सी . सचौ, अलबेरुनीज़ इंडिया (अनुवाद एवं संपादन), लंदन, 1888.

उत्कीर्ण लेख

जे. एफ. फ्लीट, इंसक्रिप्शंस ऑफ दि अर्ली गुप्त किंग्स, CII, iii, लंदन, 1888.

गौण रचनाएँ

आर. एन. सेलेटोर, लाइफ इन दि गुप्त एज, बंबई, 1943.

आर. जी. बसाक, इंडियन सोसायटी ऐज पिक्चर्ड इन दि मृच्छकटिक, इंडियन हिस्टारिकल क्वार्टर्ली, कलकत्ता, V.

आर. जी. भंडारकर, वैष्णविज्म, शैविज्म ऐंड माइनर रेलिजस सेक्ट्स, स्ट्रैसबर्ग, 1913.

आर. सी. मजुमदार एवं ए. एस. अल्टेकर, दि गुप्त- वाकाटक एज, लाहौर, 1946.

आर. सी मजुमदार एवं ए. डी. पुसलकर, दि क्लासिकल एज, बंबई, 1954.

ई. डब्ल्यू. हापकिंस, (i) दि रेलिजन्स ऑफ इंडिया, लंदन, 1895, (ii) दि ग्रेट एपिक ऑफ इंडिया, न्यू हैवेन, 1901.

ई. पी. ओ. मरे, दि एनशिएंट वर्कर्स ऑफ वेस्टर्न घालभूम, जर्नल ऑफ दि रायल एशियाटिक सोसायटी ऑफ बंगाल, कलकत्ता, III क्रम, vi, 79-104.

एच. सी. चकलादार, सोशल लाइफ इन एनशिएंट इंडिया, कलकत्ता, 1929.

एच. सी. रायचौधरी, अर्ली हिस्ट्री ऑफ वैष्णव सेक्ट, कलकत्ता, 1920.

ए. बी. कीथ, दि सांख्य सिस्टम, आक्सफोर्ड, 1919.

एम. ए. मरे, दि स्प्लेंजर दैट वाज इजिप्ट, लंदन, 1949.

एस. के. मैती, दि इकनामिक लाइफ ऑफ नार्दर्न इंडिया इन दि गुप्त पीरियड, कलकत्ता, 1957.

के. एस. रामस्वामी शास्त्री, स्टडीज इन रामायण, बड़ौदा, 1944.

के. जे. विरजी, एनशिएंट हिस्ट्री ऑफ सौराष्ट्र, बंबई, 1952.

जी.एफ. इलयिन, ओसोबेन्नोस्टी राबस्त्वा व ड्रेवनीयइंडीये, वेस्तनिक ड्रेवनीय इस्तोरी, (मास्को-लेनिनग्राद), 1951, सं. I, पृ.33-52.

जे. एन. बनर्जी, दि डेवलपमेंट आफ हिंदू आइकोनोग्राफी, कलकत्ता, 1941.

डी. आर. पाटिल, कल्चरल हिस्ट्री फ्राम दि वायु पुराण, पूना, 1946.

डी. डी. कोसंबी, दि वर्किंग क्लास इन दि अमरकोश, जर्नल ऑफ ओरिएंटल रिसर्च, मद्रास, xxiv, पृ. 57-69.

रामशरण शर्मा, भारतीय सामंतवाद, राजकमल प्रकाशन, दिल्ली, 1973.

बी. एस. उपाध्याय, इंडिया इन कालिदास, इलाहाबाद, 1947.

बी. सी. ला, हैवेन ऐंड हैल इन बुद्धिस्ट पर्सपेक्टिव, कलकत्ता एवं शिमला, 1925.

वी. आर. आर. दीक्षितार, दि गुप्त पालिटी, मद्रास, 1952.

• • •

अनुक्रमणिका

(संस्कृत, पालि और प्राकृत शब्द)

अ

अंकन 220
अंतः 121
अंतमहामात्र 294
अंतावसायिन् 121, 158, 165, 199
अंत्य 121, 198, 238
अंत्यज 187, 189, 199, 239, 247-8, 252, 254
अंत्योनि 121
अंत्यावसायिन् 197-8, 247-8, 292
अकृत 284
अक्रतु 17
अक्रतून् 17
अक्षयनिधि 285
अक्षयनीवि 286
अग्न्याधानमन्त्र 58
अनंगदान व्रत 253
अनास 19
अनिंद्र 18
अनुत्सृष्ट 244
अनुलोम 113, 289, 291
अनुष्टुभ् छंद 58, 64, 71
अनृतदूत 54
अन्तनो पुरिस 99
अन्यव्रत 18, 26
अन्यस्य प्रेष्यः 60
अदास 161
अदासाः स्युः 162
अदेवीः विशः 19
अद्विज 291
अधम 117, 242, 245, 256
अधमाधम 118, 124
अध्वर्यु 55, 58
अपकृष्ट 182
अपकृष्टजः 187
अपपात्र 110, 199
अपव्रत 18, 26
अपहृत 20
अपि 177
अपृणतः 21
अप्रहत 284
अभिजन 156
अभिजात तंत्र 127
अभिषेक जल 250
अमात्य 156, 166
अमानय 109
अयज्ञान् 17
अयज्वानः 17
अयनांत कर्म 70
अयाज्य 166
अयाज्यायजनाध्यापने 166
अराधसम् 21
अर्द्धदास 98
अर्द्धसीतिक 205
अर्द्धिकः 205
अर्थवाद 180
अर्धव्रात्य 290
अर्य 57, 62, 70
अर्या 246
अवकृष्ट 251
अव्रत 18
अव्रतान 290
अशुचि 194, 248

अश्रद्धान् 17
अष्टविध कर्म 178
अष्टादश श्रेणियां 179, 289
असंवृत 200
असत् 235
असिक्नीविशः 18
अस्पृश्य 121, 123, 198, 238, 246-7, 254, 257, 292
अस्पृश्यता 118, 121, 122-3, 128, 247
आंगिरस 64
आगहि 65
आजीविक 127, 130, 166
आत्मनिग्रह 124
आद्रव 65
आधाव 65
आभिजात्य 156
आरोग्य 109
आर्यकृत 103
आर्यत्वम् 161
आर्यप्राण 160, 161
आर्यविश् 18, 120
आर्येतर 16, 116-17, 161-2, 203
आवुसो 126
आसुरीः सेनाः 19
आहत 98
आहतक 98
आहितक 160, 162
आहृत 98

इ

इतरा 63
इषुकार 72
इहलोक 256

उ

उच्चतभयग 99
उच्छिष्ट 95
उञ्छक 235
उत्कृष्टः 187
उत्कृष्ट 182
उत्थापन 61
उत्संस्कृतकरण 294
उदीच्य 88
उपक्रुष्ट 68
उपगम 128
उपनीत 67, 73
उपपातक 239
उपरिकर 229

ऋ

ऋत्विज् 154, 200, 252

ए

एकजाति 200
एकाह 52
एथमानद्विट् 21
एहि 65

ओ

ओदनसव 70

क

कपूयाम् 64
कबालभयग 99
कम्मकर 93-98, 101, 106, 122, 126-27, 129-30
कम्मी 52
करीष 227
करीसा 95
कर्णवेधन 251
कर्मकर 50, 129, 147, 150, 151-52, 155, 167, 178, 180, 182, 222, 229, 231-32, 244, 279
कर्मार 29, 54-55, 71
कर्वी 156, 206
कर्षक 151, 223-24, 227
कल्प 146
कल्याणीवाक् 65
कवक 244
कवि 30
कामोत्थाप्यः 60-61
कारु 228
कारुक 151

कारुकररक्षणम् 153
कार्षापण 182
कीनाश 228, 235, 285
कुंभकार 51, 71, 91, 93, 96, 117, 125, 127, 179, 280
कुंभकारी 91
कुंभदासी 245
कुटुंबिनः 151, 228
कुड्य 183
कुलाचार 231
कुलिक 234-35, 255, 291
कुल्यवाप 226-27
कृच्छ्र 194
कृत 284
कृषक 154, 157
कृष्ण (काला) 18
कृष्णयोनिः दासीः 19
कृष्णरूपाः असुरसेनाः 19
कृष्णल 183, 232, 286
कैवर्त 235
कौटतक्ष 92
क्रशाहत 125

क्ष

क्षतृ 113
क्षुद्र 37

ख

खत्तिय 101
खिल 284
खोरिस 100

ग

गण 17, 193
गणिका 63, 193
गर्भदास 53
गव्य 17
गहपति 12, 91-92, 95, 99, 101, 103, 129, 130, 183
गायत्री 58
गुमिक 285
गुल्म 285
गुल्मिक 285
गृहदास 117, 125
गृहपति 191
गृह्यकर्म 115
गार्हस्थ्य 65
गोप 151-52
गोपालक 223, 245
गोरक्षक 151
गोविकर्तन 54, 72
ग्रामणी 29
ग्रामतक्ष 92
ग्रामभृतक 149, 155
ग्रामभोजक 94
ग्रामशिल्पिन् 92
ग्राम शूकर 110
ग्रामश्रेष्ठ (वारिक) 230
ग्राम्य कुटुंबिनः 151
ग्राम्य वीणा 248

च

चंडालिका 248
चकवा 244
चतुष्पद 155
चम्मकार 117, 123
चम्मोकन 244
चर्मकार 28, 91, 120, 230, 235, 243, 247
चर्मम् 29
चर्मावकर्त्तिन 193
चूड़ाकरण संस्कार 251, 254
चोरघातक 119

ज

जक्ख 248
जगती 58
जन 22
जनपद 150, 231, 234
जनपदनिवेश 149, 150, 162
जन्म हानि 252
जन्य 58
जन्यमित्र 58

जलांजलि 253
जाति बहिष्कृत 235
जानपदोभिजात 156
जात्तभयग 99
जात्याचार 231
जेत्थक 92

त

तंतुवाय 117
तक्मन् 32
तक्षक 68
तक्षन् 29, 54-55, 74-76
तच्छक 120
तप्तकृछ् 194
त्वचमसिक्नीम् 18
तुन्नकार 92

त्र

त्रयी 250
त्रिरात्र व्रत 252
त्रिष्टुभ् 58
त्रैवर्णिक 69, 107

थ

थेर 124
थेरि 124
थेरिगाथा 124

द

दम 248
दरिद्रवीथी 183
दर्भ (घास) 30
दशग्रामपति 285
दशग्रामी 285
दश् 25
दस्युहत्या 26
दास (उपाधि) 193
दासकम्मकरपोरिस 99
दासत्व 126
दास परिभोग 96
दासप्रवर्ग 26
दासभोग 103
दास विश 26
दासीसभम् 225
दासहत्या 17, 26
दास्याः पुत्रः 63
दास्याः सदृशः 193
दिग्विजय 32
दिवसभयग 99
दिव्य 236
दुर्गनिवेश 151, 153
दुर्विनियोग 154, 159, 167
देशाचार 231
द्विज 102, 104, 115, 148, 177, 187, 190-91, 194-96, 199, 200, 224-26, 230, 237, 243-46, 250-51, 253-55, 280, 288
द्विजाति 239
द्विपद 155
द्विरात्र व्रत 252
द्र 36
द्रु 36, 37
द्रोणवाप 227

ध

धनिनः 17
धनुकार 72
धम्म 166

न

नमः 115, 250
नमस्कार मंत्र 250
नलकार 117
नहापित 117
नापित 125, 281
निकृष्ट जातीः 19
निकृष्टनाम 155
निम्नकुल 104
निर्वाण 97
निर्वासन 61
निवर्तन 228
निष्क 182, 188
निष्कासन 61, 220

प

पंचजनाः 69
पंचनख 244
पण (एक जनजाति) 119
पण (मुद्रा) 97, 154-55, 158-60, 162, 167, 182-83, 186-89, 191-92, 232, 237-38, 241, 284, 286
परिचरणकर्माणः 51
परिचारक 160, 161, 200
परिचारिका 160
पर्णि दहे 22
पल 179
पाठक 30
पाणिग्रहण 245
पादपीयताबीज 29
पादावनेकता 93
पार्षद 103
पालगली 64
पालागल 54
पीड़ा 295
पुरिस 99, 101
पुष्टम् 56
पूषण 50, 56
पूषन् 71
पेसकार 117, 123
पेस्स 97, 101, 106
पोषक 50, 56
पोषयिष्णुः 50
प्रक्षेत्र 95, 147, 150, 205
प्रतिग्रह 60, 284
प्रतिलोम 113, 238, 289, 291
प्रवर 253
प्रवर्ग्य 73
प्रस्थ 155
प्रेष्य 106

फ

फलम् 56

ब

बलि (कर) 28
बहुपशुः 50
बालखिल्य 26
बाह्य 121, 197, 199
बेकनाट 21
ब्रह्मचर्य 66, 107, 124
ब्रह्मचर्याश्रम 65
ब्रह्मचारिन् 66
ब्रह्मदान 284
ब्रह्मवर्चस् 193, 243
ब्रह्मवादिन् 63, 200

भ

भगोस 130
भटक 98, 101, 178
भटमयेसु 158
भद्रिकाः प्रजाः 241
भांडागारिक 103
भागिल्लभागिक 106
भिक्खु 124-26, 130, 190
भिक्खुनी 124
भिषक 30
भुज्जीस 162
भूत दया 248
भूति 193
भूमिच्छिद्रन्याय 284
भूमिपुरुषवर्जम् 52
भूमिशूद्रवर्जम् 52
भृतक 98-99, 182-83, 237
भृतकवीथी 183-84
भृति 98
भृत्य 157-58, 222, 224, 243, 253
भृत्यक (वेतनार्जक) 222
भो 192
भोग 149

म

मक्खलि गोसाल 130
मध्यमा तामसी गतिः 204
मन्यु 20
महाव्रत 70
महासाल 101

माध्यदिन 74
मांमतेय 25
मार्जन 115
मालाकार 125, 179, 280
माषपात्र 56
मासक 97
मृगयों 71
मृतप 118
मृध्रवाक 19
मेखलासूत्रबंधन 200

य

यक्ष 248
यजन 183
यथाकामप्राप्य 60
यथाकामवध्यः 60, 61
यव 111
याजन 254
युगांत 207

र

रंतहवींषि 55, 71-72
रत्निन् 54-55
रथकार 29, 54-55, 57, 67-68, 71, 73-75, 113, 117, 120, 122, 159, 165, 246
राजकं खेतम् 294
राज कुलाल (कुंभकार) 92
राजुक 163

ल

लुदआचारा खुद्दाचाराति 37
लुद्दाचार खद्दाचाराति 117
लोकायत 146

व

वक 244
वणिक 222, 234, 238, 242, 289, 298
वधिक 235
वध्य 239
वर्गिन् 225
वर्चस् 56
वर्णावराणाम् 151
वर्द्धकि 155
वर्मा (उपाधि) 193
वलि 244
वसोर्धारा कर्म 58
विदथ 17
विप्र 239
विभाषा 250
विमान 253
विश् 16, 23-25, 29. 35, 53, 55-57, 59. 71, 73
विषय 234
विष्टि 150, 152,, 230, 279, 295
विष्टिबंधक 156
वृषभओष्ठ 19
वृषल 36, 73, 117, 166, 183, 193, 199, 204, 241
वृषली 189, 196, 199
वृषल्याः सदृशः 193
वृषशिप्र 19
वैर 61
वैरदेय 22, 61, 107, 188, 192
वैरहत्या 61
व्रत (एक जनजाति) 18
व्रत (उपवास) 21, 96, 189
व्रात 18
व्रात्य 66, 72, 159, 246, 288-93
व्रात्यष्टोम 288

श

शय्याकार 157
शर्मा (उपाधि) 193
शुक् 36, 37
शुचू 37
शुचम् अभिदुद्राव 36
शुचा वा अभिद्रुवे 37
शुचा वा रैक्वम् अभिदुद्राव 37
शुश्रूषु 200

शूद्रकर्षक प्रायम् 149
शूद्र-भूयिष्ठ 203
शूद्रयोनि 63
शूद्रवर्जम् 110
शौण्डिकी 193, 197
श्यावाय 24
श्वनि 71
श्वपाक 159, 243, 246, 254
श्वी 37

श्र

श्रेष्ठः 187
श्रेणिधर्म 231
श्रमण 123-24

स

संग्रहीतृ 71
संघगण 103
सजात 55
सपिंड 166, 159
सभा 17, 103, 234
सभासद 57
सभ्य 234
समानस्थानवासी 104
समाहर्ता 156
समिति 17
सर्पग्राहादिकाः 150
सिप्प 118
सीताध्यक्ष 150
सीता भूमि 224
सीर भूमि 224
सीरवाहक 224
सुकालिन 253
सुत्त 89
सुद्द 37
सुद्दो वा सुद्द दासो वा 94
सेट्ठि 12, 92, 94-95, 98, 101, 103, 118
118
सेट्ठिछत्त 103
सोवाग 24
स्थपति 68-69
स्नातक 110, 193, 198-199, 234
स्नापक 125
स्वाहाकार 250

ह

हरि 255
हविष् 69, 71
हविष्कृत 65
हव्य 22, 244
हीनकर्मजातिम 167

सामान्य अनुक्रमणिका

इस सूची में भी संस्कृत और पालि भाषाओं के शब्द-विशेषकर साधारणतया प्रयुक्त होने वाले ग्रंथों, जातियों और व्यक्तियों के नाम—शामिल किए गए हैं।

अ

अंकुश 56
अंग 51
अँगिरस 18, 25
अंगुत्तर निकाय 89
अंगुलिमाल 123
अंतराल (सूची) 165
अंतस् 65
अंध्र 65, 197-98
अंबष्ठ 31, 36, 120, 196, 246
अंबेडकर, बी.बी. 12
अंशुमती (यमुना नदी) 18
अ कोड ऑफ जेंटू लाज 9
अग्नि 19, 20, 21, 57, 73
अग्निहोत्र यज्ञ 76, 200, 255
अग्नि वैश्वानर 18
अजातशत्रु 126
अजीगर्त्त 64-65
अतुक 228
अत्रि 196
अथर्वन 21, 24
अथर्वन (ईरान का) 24
अथर्ववेद 16, 18, 25, 27-33, 37-38, 49, 54, 55, 67, 75, 114
अनु 21
अनुशासन पर्व 220 222, 225, 237, 241, 243, 245-47
अबस्तनोई या संबस्तई 31
अबुर्द 233
अमरकोश 221-22, 225, 227, 229-30, 234, 240, 246-48
अमरसिंह 221, 230, 244
अरस्तू 156
अर्थशास्त्र (कौटिल्य) 12, 146-49, 152-54, 156-57, 159-60, 164, 166-68, 179, 183, 205, 223, 226, 228, 233
अलिन 21
अवंति 233
अवर 155, 163, 192
अशोक 127, 162-63, 166, 176, 202-03
अशोक के उत्कीर्ण लेख 146-48, 158
अश्वघोष 221
अश्विनी 24, 71
अश्वपति कैकेय 35
अश्वमेध यज्ञ 50, 52, 57, 62, 184
अश्वमेधिक पर्व 241
असम 227
असहाय (टीकाकार) 228
असुर 17, 19, 34, 67
अस्पृश्य 13, 65; पूर्व मौर्यकाल में 118-19, 121-23; मौर्यकाल में 158, 165-66; मौर्योत्तर काल में 196-98; गुप्तकाल में 248-50
अहुर 34
अहुर मज्द 66

आ

आजीविक संप्रदाय 127
आदिपर्व 195
आदिमानव (ब्रह्मा) 10, 29

आपस्तंब 88, 102, 105, 107-10, 113-14, 118, 122
आपस्तंब धर्मसूत्र 67, 95, 96, 99, 105, 109-10, 114, 121, 147, 182
आपस्तंब श्रौतसूत्र 49, 69, 73, 93, 107
आभीर 32, 33, 196, 233
आभीरी (बोली) 33
आयोगव 57, 159, 165, 196-98
आरुणि 51, 66
आर्य (आर्यजन) 16-17, 19-25, 27, 30-33, 35-36, 38-39, 53, 62, 72, 75, 88, 102, 109, 111-12, 116, 155-56, 160, 163, 181, 203, 225
आर्यकुल 123
आर्य समाज 118
आर्यावर्त 88, 197
आर्ष (विवाह) 195
आव्रत 196
आश्वलायन गृह्यसूत्र 115
आश्वलायन श्रौतसूत्र 52, 68
आश्रम 65, 116, 251
आसुर (विवाह) 164, 195
आसुरी सेना 19
आह्निक 197

इ

इंग्लैंड 10
इंद्र 16-21, 24, 71
इर्गलिंग, जे. 62
इतिहास पुराण 249
इत्सिङ् 221
इलिन, जे.एफ. 12
इसिदासी 94
ईरान 34, 68
ईरानी 66
ईश्वरचंद्र विद्यासागर 10
ईस्ट इंडिया कंपनी 9

उ

उग्र 113-14, 121, 196-97, 228, 245-46
उणादिसूत्र 37
उत्तर तमिलनाडु 228
उत्तर-पश्चिमी भारत 23, 32, 34, 37
उत्तर-पूर्वी भारत 91-92
उत्तर बंगाल (बांग्ला देश) 226, 227
उत्तर भारत 27, 148, 226, 229, 254
उदग्र 246
उदय (बोधिसत्त राजा) 97, 109
उपाल 117
उपनयन (यज्ञोपवीत) संस्कार 34-36, 65-68, 114, 120, 250
उवट (टीकाकार) 57
उशिज 25, 63
उशीनर 246

ऋ

ऋग्वेद 17, 19-32, 38, 49, 67, 69, 71, 75

ए

एज ऑफ कंसेंट बिल 10
एथनोलाजिकल क्लासिफिकेशन 33
एरियन 31, 150, 158, 165
एलफिंस्टन, एम. 9

ऐ

ऐटिका 95
ऐतरेय ब्राह्मण 31, 49, 51, 57, 60-63
ऐंद्रलोक 252
ऐंद्राग्नि यज्ञ 250

ओ

ओनेसिक्रितोज 163
ओल्डेनबर्ग 22, 91, 94

क

कछार 227

कण्व 24
कपिंजलाद 63
कपिलवस्तु 30-31
कपिष्ठल संहिता 73
करण 113, 246
कलिंग 118
कलिंग (जाति) 246
कलि (कलियुग) 176, 184, 201-02, 204
कवष 63
कवष ऐलूष 70
कश्मीर 234
कांति 56
काक्षीवंत 25, 63
काठक संप्रदाय 70
काठक संहिता 70, 73
काणे, पी.वी. 21, 88
कात्यायन 223, 225-26, 228, 234-37, 240, 251
कात्यायन श्रौतसूत्र 49, 52
कात्यायन स्मृति 220
कामंदक 221, 234-35
कामदेव 119
कामशास्त्र 245
कामसूत्र 221, 224, 230
कारावर 197
कालिदास 221, 247, 251
कासी 95
किरात 51, 247
कीकर (एक जनजाति) 17
कीथ, ए.बी. 23, 51, 54, 60, 75
कुक्कुटक (कुटक, कौक्कुटिक) 113, 165, 196-97
कुटुंब 53
कुद्रोस 33-34
कुमारामात्य 234
कुरु 176
कुरुपांचाल (देश) 49
कुर्माली 27
कुल श्यापर्ण 60
कुलाल 71
कुल्लूक (टीकाकार) 177-78, 185-87, 191, 194-96, 199-200
कुषाण 176, 184, 206
कुषाण शासक 184, 203, 207
कूर्मपुराण 201-02
कृष्ण (एक योद्धा) 18, 19
कृष्णगर्भा 19
कृष्ण यजुर्वेद संहिता 49, 55-56
कृष्ण ऋषि 24
केतकर, एस.बी. 11
केल्ट्स (भारोपीय जाति) 54
केसाइट 26, 27
कैंब्रिज हिस्ट्री आफ इंडिया 90
कैवर्त 196-97
कोटिवर्ष 234-35
कोल (जाति) 228
कोलब्रुक 9
कोलिक 228
कोलिसर्प 246
कोशल 101
कौटिल्य 89, 101, 146-67, 181, 183, 190-91, 203, 205, 223, 225-26, 228, 232, 235, 237, 241
कौशिक 255
कौषीतकि ब्राह्मण 49
क्रीटवासी 163

क्ष

क्षत्तृ 54, 196-98, 246
क्षत्र 56, 59, 60
क्षत्रिय (योद्धा), राजन्य 11-12; पूर्व वैदिक काल में 22, 29-32, 34, 35; उत्तर वैदिक काल में 36, 38, 51, 55-65, 67, 68, 73, 75; पूर्व मौर्यकाल में 90-91, 93-94, 100-103, 107-13, 116, 122, 124-25, 128, 130, मौर्यकाल में 157, 159-60 मौर्योत्तर काल में 177, 181, 184-87, 189-90, 192, 195-96;

गुप्तकाल में 225, 233-34, 236-37, 239-42, 251-52, 254-55
क्षुद्रक 192
क्षेम 63
क्षौद्र 246
क्षौद्रक्य 192

ग

गंगमाल जातक 97
गंगमाल हजाम 109
गंगा घाटी 23, 103
गंगा के मैदान 129
गंगा के निचले मैदान 94
गंधर्व (जाति) 67
गंधर्वलोक 253
गणपाठ 121
गणपति शास्त्री, टी. 151-52, 228
गांधर्व (विवाह) 112, 164, 195
गांधार 118
गाइगर, डब्ल्यू. 66
गायत्री (मंत्र) 239
गुजरात 227
गृह्य यज्ञ 250
गृह्य सूत्र 67, 76, 88, 90, 120, 251-52
गेल्डनर, के.एफ. 19, 21
गोदान 253
गोपथ ब्राह्मण 51
गोमेध यज्ञ 239
गौड 118
गौतम (धर्मसूत्र, विधिग्रंथ) 88, 91, 95, 98-100, 103-05, 107-10, 113-14, 116, 122, 147, 182, 184, 187
गौतम बुद्ध (बुद्धदेव) 35-37, 49, 89, 91, 94, 118, 123, 125-28, 147, 197, 253
गौतमीपुत्र शातकर्णी 192, 206
ग्रीक (जन) 206
ग्रीक नागरिक 102
ग्रीक शासक 184
ग्रीक समाज 122
ग्रीस 34, 93, 102-04, 107-08, 130, 150, 153

घ

घोषाल, यू.एन. 12, 59, 150

च

चंडाल, परवर्ती वैदिक समाज में 64-65, 75-76, 89, 109, 113-14; मौर्यपूर्व समाज में उनकी स्थिति 117-18; उत्पत्ति 118; ब्राह्मणप्रधान समाज में उनकी स्वीकृति 119; निषादों के साथ तुलना 119, 122-23; बौद्ध और जैन ग्रंथों में उनका स्थान 123-24; कौटिल्य की दृष्टि में 156, 158-59, 165; मौर्योत्तर समाज में 194, 196-200; गुप्त काल में 235, 238, 241, 243-44, 246, 248-49, 254
चंद्रगुप्त (मौर्य सम्राट) 156
चंद्रगुप्त द्वितीय 242
चांद्रायण व्रत 188, 194, 201, 239, 244, 251
चारुदत्त 246
चिल्डर्स 95
चीनी 33
चुंचु 197-98
चैत्य (कब्रगाह) 198
चैलाशक 203
च्यवन (ऋषि) 244

छ

छत्ता 159, 165
छांदोग्य उपनिषद 52, 65-67, 76

ज

जगन्नाथ तर्कपंचानन 225
जनक (राजा) 35, 53
जयमंगला 166
जयाख्य संहिता 255
जातक 89, 94, 118, 120, 130
जातिप्रथा 10-11
जानश्रुति 36-37, 52. 66-67

जायसवाल, के.पी. 55-56, 58, 103-104, 181, 187, 249
जाली, जे. 195
जुआ (खेल) 55
जैन शूद्र 187
जैमिनी 115
जैमिनी ब्राह्मण 49-50, 58

झ

झल्ल 197

ट

टी. गणपति शास्त्री 151-152

ड

डियोडोरस 31
डोम्ब 247-48

त

तक्षशिला 115
तमस् गुण 204
तरुक्ष 25, 27
तर्कसंग्रह 101
ताम्रयुग 23
तिलक, बाल गंगाधर 10
तुखार 32
तुर्वशस् 21
तैत्तिरीय ब्राह्मण 67, 71, 73
तैत्तिरीय संहिता 49, 58, 59, 72, 73
तोसली 245
त्रयी 250
त्रसदस्यु 19, 25
त्रेता युग 28

द

दक्ष-शिव युद्ध 254
दक्षिण आंध्र प्रदेश 227
दक्षिण भारत 89, 100, 148, 227, 230, 254
दत्त, एन.के. 11
दधीति 17
दम्भोद्भव 57
दरद 32
दर्भशातानीकि 58, 71
दलपति 29
दशपूर्णमास यज्ञ 59
दसकर्मकरकल्प 161
दस्यु 65, 196, 240
दहे 33
दानस्तुति 23
दामोदरपुर के ताम्रपत्र 234
दाशराज्ञ युद्ध 21
दाश 196-97
दास (गुलाम) 9, 11
दास 16-20, दास और दस्यु 21-24, ऋग्वेद में दास 30-34, 38 ऋग्वेद में दास (गुलाम) 26, 38-39 परवर्ती वैदिक काल में 51, पूर्व मौर्यकाल में 94-98, 101-03, 106, 122, 127-28, मौर्यकाल में 150, 152, 157 आहितक और दस्यु में अंतर 160-62 मौर्योत्तर काल में 180, 191-92, 195-96, गुप्तकाल में 220-26, 241-42
दासप्रथा 23
दास व्यापार 23
दासी 23, 25, 32
दास वर्ण 22, 30
दिवाकीर्ति 246
दिव्य 236
दि एज ऑफ इंपीरियल यूनिटी 90
दि हिस्ट्री ऑफ इंडिया (जे. मिल) 9
दिन (देव) 72
दिवोदास 27
दिव्यावदान 176
दीर्घतमस् 24, 25, 26, 63
दीघ निकाय 89, 117, 125-126, 180
दीप्ति 56
दैव (विवाह) 195
दृषद्वती 33, 176
द्रविड़ 33, 118, 122, 246

द्राह्यायन श्रौतसूत्र 49
द्रुह्यू 21

ध

धनुर्वेद संहिता 240, 250
धर्मकीर्ति 221
धर्मव्याध 255
धर्मशास्त्र 10, 12, 13, 29, 58, 90, 93, 148, 163
धर्मसूत्र 12, 61, 76, 88, 90-91, 93-95, 99-100, 104-08, 109, 110, 112-13, 115, 118, 120, 122, 126, 130, 146-49, 156, 158, 160, 163-64, 168, 199, 206, 220, 226, 243
धातुकर्म 29
धिग्वण 196-98
धुर्वे, जी.एस. 11
धृतिमित्र 234

न

नंदराज (टीकाकार) 245
नंद वंश 103, 146
नयचंद्रिका 149
नामधेय संस्कार 207
नाट्यशास्त्र 221, 241-42, 249
नारद 220, 222-34, 225-26, 228, 232, 234-38, 240, 245, 250
नारदस्मृति 220, 223, 234, 241
नार्थ ब्लैक पालिश्ड वेयर 89
नासिक के उत्कीर्ण लेख 180
निकाय 53
निकृष्ट जाति 19
निखात निधि 237
निघंटु ब्राह्मण 51
निरुक्त (ग्रंथ) 61,69
नियोग 195
निषाद (नेसाद) 51, 67-69, 71, 74, 108, 113-14, समाज में उनका स्थान 120-21, 123 निषाद गोत्र 121-22, कौटिल्य की दृष्टि में 159, 165, अन्य जातियों के साथ तुलना 196-98
नीतिसार 221
नेपाल 220
नृसिंहपुराण 229
न्यायसूत्र 13

प

पंच महायज्ञ 250
पंचतंत्र 244
पंचम वेद 249
पंचाल (देश) 71
पंजाब 88
पक्थ 21
पञ्चविंश ब्राह्मण 49, 63
पतंजलि 176, 178, 180, 182-83, 192-94, 196, 199
पणि 22
पन्नवणा 176
परशुराम 35
पराशर 63
परिषद 157
पर्णक 51
पर्णमणि 29
पर्णि 22
पर्थियन शासक 184
पल्लव 227
पल्लव दानपत्र 228
पश्चिम भारत 230, 239, 254
पर्षद 54
पल्लव 202
पश्चिमी दक्कन 179
पह्लव 32, 33
पांचाल 176
पांडुसोपाक 196-97
पाणिग्रहण 245
पाणिनि 37. 92. 96, 98, 121, 165, 192-93
पारशव 113, 159, 165-67, 196
पार्जिटर, एफ. ई. 227, 234
पार्थियन 176, 206
पालि-इंग्लिश डिक्शनरी 98

पालि ग्रंथ 29, 91, 93-94, 97, 109, 112, 117-118, 119, 121, 150, 162, 228
पालि धर्मग्रंथ 124
पीला स्तंभ 242
पुंजिष्ठ 71
पुंड्र 65
पुक्कुर 197
पुराण 28, 29, 176, 201, 220, 254-55
पुरुकुत्स 19, 25
पुरुषमेध यज्ञ 52, 64
पुरुष सूक्त 25, 29, 31, 62
पुरुष्णि (रावी नदी) 21
पुरोहित 22, 23, 24, 30, 31, 35, 64, 129, 154, 166-67, 182, 184, 203, 226, 253, 256
पुरोहित प्रथा 24
पुलिंद 33, 65, 158, 246-47
पुष्टि 56
पूरु 21
पूर्वी उत्तर प्रदेश 92
पूर्वी नेपाल 246
पृषध्र 244
पेस्स 97
पैकार 223, 233
पैजवन 12, 34, 36, 250
पैप्लाद शाखा 32
पैशाच (विवाह) 112, 164, 195
पौलकस (पुलकस, पुलकुस, पुक्कुस, पुक्कस) 51, 64, 76, 113, 118-20, 122-23, 159, 165, 196, 198, 248, 250
प्रजापति 50, 66, 70-71,224
प्रतर्दन दैवोदासि 25
प्रतिमाविज्ञान 221, 252
प्रतिलोम 238
प्रमिति 204
प्रवाहण जैवलि 35
प्राजापत्य (विवाह) 195
प्राजापत्य व्रत 251
प्राजापत्य लोक 252
प्राणायाम् 111
प्रायश्चित्तकांड 220
प्रार्थनाग्रंथ 180
प्रेक्षागृह 242
प्लव 246
प्लेटो 242

फ

फारस 26
फाहियान 238-39, 244, 247-48
फिक, आर. 11, 91, 97, 119, 124
फ्रिजियन (भारोपीय जाति) 54
फेरो 256

ब

बंगाल 9
बनारस 118-19
बर्नेल, ए.सी. 107
बलबूथ 25, 27
बलि (राजा) 63
बल्हिक 32
बादरायण 36-37
बाल विवाह 10
बिंबिसार 125
बिहार 88, 92
बृहदारण्यक उपनिषद् 71, 74, 76
बृहद्देवता 63
बेबीलोनिया 26
बैंद 51
बैक्टेरियन ग्रीक 176
बौद्ध (जन) 37, 101, 120, 123, 127-28, 176, 181, 185, 197, 207, 255
बौद्ध धर्म (संप्रदाय) 123, 125-26, 127, 184, 207, 255
बौद्ध भिक्षु, भिक्षुणी 117-18, 123-24, 126, 178, 181, 190, 206, 251
बौद्ध शूद्र 187
बौद्ध संघ 118, 126-27, 181, 253
बौद्धिसत्त 91
बौधायन 88, 100, 104, 107-08, 111-16, 120, 122

बौधायन धर्मसूत्र 113
बौधायन श्रौतसूत्र 49, 107
ब्रह्म 56, 59
ब्रह्मर्षि 35
ब्रह्मर्षिदेश 176
ब्रह्मलोक 76
ब्रह्मांडपुराण 202, 241
ब्रह्मा 27
ब्रह्मावर्त 176
ब्राह्म (विवाह) 195
ब्राह्मण (पुजारी) 11-12, पूर्व वैदिक काल में 22, 24, 29-31, 34-36, उत्तर वैदिक काल में 51, 55, 58-60, 62-73, 75, पूर्व मौर्यकाल में 90-91, 93-95, 100-01, 103, 105, 107-13,116-30, मौर्यकाल में 157, 159-60, 164, 166, 168, मौर्योत्तर काल में 176-77, 180-206, गुप्तकाल में 220-22, 227-28, 231, 233-34, 236-49, 251-56, 279, शूद्रों से विरोध 280-81
ब्राह्मण ग्रंथ 10, 13, 49-50, 59, 63-64, 66, 75, 88-90, 108, 120, 146-47
ब्रिटेन 9

भ

भंडारकर, डी.आर. 199
भंडारकर, सर. आर.जी. 10
भट्टस्वामिन् 151-52
भरत (मुनि) 221
भरहुत 89
भलानस् 21
भविष्य पुराण 63, 221, 249
भागदुध 71
भागवत पुराण 221, 249
भारत 9-10, 16, 26, 27, 34, 148, 206
भारत जनजाति 21, 36
भारत-युद्ध 33
भारतवर्ष 146
भास 176
भृगु 196

म

मंस 246
मगध 94, 101, 125
मज्झिम निकाय 89, 93, 105
मज्झिम पतिपदा 147
मत्स्य 176
मत्स्य पुराण 202, 221
मथुरा 179, 181
मदनपाल (मुनि) 63
मदनिका 246
मद्गु 197-98
मद्रनाभ 246
मधुपर्क समारोह 67, 115
मध्य देश 238-39, 244
मध्य भारत 227-28
मध्यांत विभंग 147
मनिसकस 197
मनु 90, 114, 159, 176-78, 180-85, 188-98, 200-01, 203-07, 222, 225-27, 232, 234-35, 241, 243, 245, 248, 251
मनु वैवस्वत 244
मनुस्मृति 9, 100, 176, 179, 200, 205, 220-21, 226
मन्यु 20
मरुत (देव) 18, 57, 71
मरुत आविक्षित 57
मरुतलोक 252
मल्ल 197
मस्करिन 114
महाभारत 27, 32, 34, 36, 50, 57, 63, 69, 71, 74, 220-21, 249, 254-55, 257
महाभार्ष्य 176, 199
महाराज विष्णुदास 242
महावस्तु 176, 178-79, 188
महावृष 32, 37, 66
महाव्रत (तप) 239
महिष 246
महिषक 246

महीदास 63
महीधर 57
मागध 113, 159, 197, 246
मागधी प्राकृत 250
मातंग 119, 124, 248
माधव 204
मामतेय 25
मार्कण्डेयपुराण 221, 228, 247, 250
मार्गव 196-97
मालवा 88, 192, 233
मालव्य 192
माहिष 246
मिड्ल किंगडम 256
मितन्नी 27
मिथिला 220, 255
मिल, जे. 9
मिलिंदपञ्हो 176-80, 184-85
मिस्र 203, 256
मीमांसा 249
मुजवंत 32
मुतिब 65
मूर्ति (सम्राट) 253
मृच्छकटिक 242-43, 246, 248-49, 256
मेगस्थनीज़ 147-48, 150-51,153, 157-58, 163
मेद 197-8, 238, 248
मेधातिथि 63, 178
मैत्रक राजा 227
मैत्रायणि संहिता 73
मैत्रेयक 196-97
मोरिय वंश 156
मौर्य शासक 177
मौर्य साम्राज्य 89, 149-50, 203, 205-06
मौष्टिक 197
मौसिकैनो देश 163
म्यूर, जे. 10, 11, 21
म्लेच्छ 177. 202, 204, 233, 236, 241, 247

य

यजमान 23
यजुर्वेद 62, 67, 71
यज्ञ-दीक्षा 250
यदु 21
यवन 88, 103, 113, 246
याज्ञवल्क्य 220, 222-24, 227, 232-40, 242-46, 249-50
याज्ञवल्क्य स्मृति 220, 226, 253
यादव 19
यास्क 69
युग पुराण 177, 202
युधिष्ठिर 33, 51, 56, 74
यूनान 102
यूनानी राजतंत्र 148
यूरोप 90
यूरोपवासी 11

र

रजक 254
रजस् गुण 204
रथकार 29, 54-55, 57, 67-68, 71, 73-75, 113 समाज में उनका स्थान 117, 120, 122, 159, अन्य जातियों से तुलना 165, 230, 246
रविकीर्ति 242
राक्षस (एक जनजाति) 27
राक्षस (विवाह) 164, 195
राघवानंद 188, 198
राजगृह 89, 179, 183
राजमिस्त्री 230
राजसूय यज्ञ 33, 54-60, 62
राजा 28-29, 107, 121,125, 166, 201, 233-34, 237-38
राज्याभिषेक यज्ञ 51, 60
रात (देव) 72
राम 251
राम मार्गवेय 60
रामायण 249, 251, 257
राय, राममोहन 10
रीज़ डेविड्स, टी. डब्ल्यू. 91, 120
रीज डेविड्स (श्रीमती) 130
रुद्रदामन 206

रुद्र पशुपति 69, 71-72
रुद्रलोक 254
रैक्व 37, 52
रोम 93, 102-03, 130, 150, 153, 206
रोमन नागरिक 33, 89
रोमन राजा 24
रोम साम्राज्य 203
रौथ, आर. 16

ल

लंकावतारसूत्र 221
लग्न (शास्त्र) 249
लाट्यायन श्रौतसूत्र 49
लाल स्तंभ 242
लीलावती 253
लैटिन फ्लामेन 24
लैसिडिमोनिया 163

व

वज्रसूची 221, 249, 253-55
वत्स 63
वराहदास 242
वराहमिहिर 221, 233
वरुण 20, 21, 31
वरुण यज्ञ 64
वर्द्धमान महावीर 35, 90, 124
वर्ण 58, 64-66, 70-71, 90, 104, 109. 112, 131, 158-59, 176-77, 237, 245, 251
वर्ण-प्रथा 226
वर्ण (विभाजन और व्यवस्था) 29-30, 31, 114, 127, 129-30, 165, 176, 192, 197, 206-07, 226, 240
वर्णाश्रम 221
वलभी 227
वसंतसेना 246, 256
वसिष्ठ 21, 63, 88, 100, 104, 107, 110, 113-14, 116, 121, 131, 164, 190, 200-01, 207, 230, 241, 256
वसिष्ठ धर्मशास्त्र 241
वसिष्ठ धर्मसूत्र 129, 147
वसोर्धारा कर्म 58
वागुरिक 158
वाजपेय यज्ञ 59
वाजसनेयि संहिता 58, 65, 70; 73-
वात्स्यायन 221, 245
वायुपुराण 202, 204, 241, 245
विधवा-विवाह 10-11
विनय पिटक 89, 96, 98, 117, 120, 130, 147
विलियम जोंस, सर 9
विल्सन, एच.एच. 9
विश्वजित् यज्ञ 69
विश्वदेव 57, 71
विश्वंतर सौषद्मन 60
विश्वामित्र 35, 65, 194, 255
विषाणिन 21
विष्णु (स्मृतिकार) 227, 236-37, 239,245
विष्णुधर्मोत्तर पुराण 221
विष्णुपुराण 69, 184, 204, 207, 221
विष्णुस्मृति 220-21
विज्ञानेश्वर 244
वृहत् संहिता 221, 228, 244, 251
वृहस्पति 18, 222-26, 229-30, 232-38, 243, 247, 252
वृहस्पतिस्मृति 220-21, 223, 228, 253
वृत्र 24
वेदांत सूत्र 36
वेबर, ए. 10, 72
वेण 120-22, 165, 196-98
वेणी 120
वेणुकार, वेलुकार 120
वैदिक इंडेक्स 22, 51, 62, 76
वैदेहक 120, 149, 196-97, 233, 246
वैदेहक (व्यापारी) 151
वैण 120
वैण्य 165
वैद्य 246
वैशाली 235, 255
वैशेषिक (शास्त्र) 249
वैश्य, प्रारंभिक वैदिक काल में 28-29, परवर्ती

वैदिक काल में 51, 55-56, 58-59, 62, 64-65, 67-68, 70-71, 73-75, मौर्यपूर्व काल में 88, 91, 93, 100-103, 105, 107, 109, 111-113, 115-16, 121, 125, 127-28, 130, मौर्यकाल में 149-51, 157-60, 164, मौर्योत्तर काल में 177-78, 180-181, 183, 185-87, 189-90, 193, 195-96, 201, 204, गुप्तकाल में 225-27, 233-34, 236-42, 245-46, 251-52, 254-57

वैश्वदेव अनुष्ठान 243

वैश्वेदेव यज्ञ 109, 111

वैष्णव उपपुराण 252

वैष्णव ग्रंथ 251

वैष्णव धर्म 184, 255-56

व्याकरण (शास्त्र) 249

व्याकरण (पाणिनि) 37, 88, 92, 103

व्यास 63, 255

व्हिटने, डब्ल्यू. डी. 30, 31

श

शंकर (टीकाकार) 36-37

शंबूक 251

शक 176, 206, 246

शक शासक 184, 203

शकार 249

शतपथ ब्राह्मण 49, 54, 57, 59-60, 62, 65. 67, 73, 74

शतरुद्रीय 71

शबर 33, 65, 118, 158, 247

शर्विलक 246

शांखायन श्रौतसूत्र 70

शाङ्खायन ब्राह्मण 49, 52

शांति पर्व 12, 34, 36, 220, 222-24, 230, 233-34, 239-41, 243, 248-51, 257

शाक्य 130

शामा शास्त्री 151, 161, 166

शास्त्री, वी.एस. 12

शिल्पी, ऋग्वैदिक काल में 28-29, परवर्ती वैदिक काल में 51, 53-54, 71, 75, पूर्व मौर्यकाल में 91-92, 101, 106, 127, 129-130, मौर्यकाल में 148, 150-55, मौर्योत्तर काल में 179-81. 206, गुप्तकाल में 228, 230-31, 244

शिव (एक जनजाति) 21

शिवलोक 253

शिवि 36

शुक्ल यजुर्वेद 55-56

शुक्ल यजुर्वेद संहिता 49

शुनःशेप 64-65

शूद्र 9-13, 16, 24, शूद्र जनजाति 29-35, शूद्र जनजाति के सैनिक कार्य 36, शूद्रों की स्थिति 49-57, 66-88, 90-91, जनसंख्या 93-95, 97-98, सेवा नहीं करने वाले शूद्र, शूद्रपुत्रों तथा अन्य में भेद 93-95, उनकी विभिन्न भूमिकाएँ 97-98, पूर्व मौर्यकाल में उनकी राजनीतिक-कानूनी स्थिति 102-106, उनकी सामाजिक अयोग्यता 106-107, उनका पेशा और भोजन 109-111, विवाह के नियम 112-114, उनकी शिक्षा के प्रकार 114-15, उनके श्राद्धकर्म 116, पांच प्रकार के निम्न पेशे 117, पांच हीन जातियां 117-18, शूद्र और अंत्ययोनि 121, बौद्ध धर्म में उनका प्रवेश 122-126, जैन लोगों का दृष्टिकोण 126-127, वैश्य और शूद्रों को समान मानना 128-29, निचले तबके का विरोध 130, कौटिल्य की दृष्टि में 148, कौटिल्य की मान्यता 150-56, 158-59, शूद्र और गुलाम 160-163, मौर्योत्तर काल में उनकी स्थिति 176-178, 180-182, 183-196, 198-207, गुप्तकाल में उनकी स्थिति 220-22, 224-25, 227-247, 249-57

शूद्रक 221

शूरसेन 36, 176

शैव संप्रदाय 255

शौंडिक 197

शौनक 196

श्याम स्तंभ 242

श्रमिक 12, परवर्ती वैदिक काल में 75, पूर्व मौर्यकाल में 93-99, 110-111, 128-29,

मौर्यकाल में 149-51, 153-55, 158, मौर्योत्तर काल में 181-84, गुप्तकाल में कृषि-श्रमिक 222-24, 231-32
श्रीशातकर्णि 179
श्रुति 202, 255
श्वपच 238
श्वपाक 63, 165, 196-98
श्वेतकेतु 51, 66
श्वेत स्तंभ 242
श्रौतसूत्र 49, 67, 74

स

संकरी 197
संन्यासाश्रम 251
संस्कारकांड 220
संयुत्त निकाय 89
संहिता 22, 25, 38, 59, 66, 72-73, 75
सांख्य दर्शन 249
सांख्य (शास्त्र) 249
सिंध 31
सिंधु 234
सिंधु घाटी की सभ्यता 23
सिंहवर्मन, 202
सूंडी 245
सजातीय विवाह 10
सेट्ठि 12
सती प्रथा 10
सत्यार्थ प्रकाश 10
सत्याषाढ़ श्रौतसूत्र 49
सत्व गुण 204
सद्दलपुत्त 91
सद्धर्मपुण्डरीक 176, 188, 197
सदाना 27
सनकानीको 242
सरस्वती (ज्ञान की देवी) 27, 189
सरस्वती नदी 33, 176
सर्वमेध यज्ञ 52
सांची 89
सातवाहन 89, 181, 192, 206-07, 236
सामञ्ञफलसुत्त 125
सामवेद 67
सामविधान ब्राह्मण 107
सायण 18, 19, 24, 32, 54, 61, 63, 65, 72
सावत्थी 89
सिकंदर 31, 148
सिद्धि 253
सीथियन जनजाति 22, 26
सुकरात 53
सुकालिन् 201
सुत्त (वार्तालाप) 89
सुदक्षिण क्षैमि 63
सुदर्शन झील 206
सुदास् 21, 36
सुमेर 23
सूत 29, 71, 159, 197, 234, 246
सूयगडम् 106
सेनार्ट, ई. 11, 22, 68
सेलंग 67
सैक्सन (भारोपीय जाति) 54
सैरंध्र 196-97
सोम (देवता) 18, 19
सोम यज्ञ 73
सोमरस 60, 69-70
सोद्रई 31
सौगंध 246
सौरसेनी 250
सौराष्ट्र 233
स्ट्रैबो 147-48, 150, 158, 163
स्पार्टन 66
स्पार्टा 53
स्फैमियोतई 163
स्मृति 146, 201
स्मृतिकार 220-22, 229, 236, 240, 242
स्मृतिग्रंथ 10, 221, 225, 232, 234-35, 237-38, 245-46
स्वादुकार 246
स्वामी दयानंद 10

ह

हड़प्पा 23

हड़प्पा समुदाय 23
हम्मुरबी संहिता 107
हयशीर्ष पंचरात्र 221
हरदत्त (टीकाकार) 110, 116-17, 121
हस्तिप 238
हार्पकिंस, ई. डब्ल्यू. 11, 204, 220, 250
हित्ति (हिट्टाइट) 27
हिमालय 88
हिरण्यकेशिन् गृह्यसूत्र 95
हिलब्रांट, ए. 11, 22
हुआन चांड 229
हुविष्क 181
हूइति वर्ग 68
हूण 33
हेग, एम. 61
हेसियोद 53
होमर 33
होमरकालीन ग्रीस 34